国家自然科学基金重点项目“城市交通治理现代化理论研究”（71734004）资助

面向未来的交通出版工程
城市交通交叉学科系列丛书

城市交通学总论

——兼论城市交通学的基础问题

汪光焘　陈小鸿　杨东援　郭继孚　杨　超　吴娇蓉　杨晓光　著

同济大学出版社
TONGJI UNIVERSITY PRESS
·上海·

图书在版编目（CIP）数据

城市交通学总论：兼论城市交通学的基础问题/汪光焘等著.—上海：同济大学出版社，2022.11

（面向未来的交通出版工程·城市交通交叉学科系列丛书/汪光焘总主编）

ISBN 978-7-5765-0510-8

Ⅰ.①城… Ⅱ.①汪… Ⅲ.①城市交通 Ⅳ.①U12

中国版本图书馆 CIP 数据核字(2022)第 230874 号

面向未来的交通出版工程

城市交通交叉学科系列丛书

城市交通学总论

——兼论城市交通学的基础问题

汪光焘 陈小鸿 杨东援 郭继孚 杨 超 吴娇蓉 杨晓光 著

丛书策划 高晓辉
责任编辑 高晓辉
助理编辑 孙铭蔚
责任校对 徐春莲
封面设计 唐思雯

出版发行 同济大学出版社 www.tongjipress.com.cn
（地址：上海市四平路 1239 号 邮编：200092 电话：021-65985622）
经 销 全国各地新华书店、建筑书店、网络书店
排版制作 南京文脉图文设计制作有限公司
印 刷 上海安枫印务有限公司
开 本 787mm×1092mm 1/16
印 张 28.25
字 数 705 000
版 次 2022 年 11 月第 1 版
印 次 2022 年 11 月第 1 次印刷
书 号 ISBN 978-7-5765-0510-8
定 价 128.00 元

本书编委会 EDITORIAL BOARD

汪光焘 陈小鸿 杨东援 郭继孚 杨 超 吴娇蓉 杨晓光 **著**

编写组成员

上 篇 汪光焘 安 健 叶建红 张 华 徐 韬 刘 翔

下 篇 张尚武 陈 明 葛天任 马洪范 骆 晓 陈艳艳
王 婷 魏 贺 熊 文 吴娇蓉

核稿统稿人 林航飞 张 华 涂颖菲

协调人 涂颖菲 高渝斐

编写组织具体分工

前 言 汪光焘

上 篇 城市交通学总论 汪光焘 安 健 叶建红 张 华 徐 韬 刘 翔

下 篇 城市交通学的基础问题

第一章 城市化地区形态的时代特点 张尚武 李 欣
第二章 我国城镇化进程中的城市问题 陈 明 王 颖 张丹妮 骆芊伊 王卓琳
第三章 中国特色行政体制与城市交通学科建设 葛天任 杨子奇
第四章 中国的财税制度与城市交通设施的资金运转 马洪范 胥 玲 谢 垚
第五章 绿色低碳视野下的城市交通 骆 晓 叶建红
第六章 信息化时代与城市交通学科建设 陈艳艳 陈 龙
第七章 新发展阶段，城市公共交通优先发展对策 王 婷 单肖年 叶 倩 贾思琦
第八章 国际交通语境与城市交通学科建设 魏 贺
第九章 国外城市交通空间一行政体系综述 舒诗楠 袁 泉 吴娇蓉
第十章 由学科沿革，谈城市交通学科建设 熊 文 刘良蕊 朱慧荣 刘晨露

前言 PREFACE

我国进入全面建设社会主义现代化国家、向第二个百年奋斗目标进军的新发展阶段，2035 年国家将基本实现社会主义现代化，主要特大城市和大城市将率先基本实现现代化。现代化城市发展应当以信息化、数字化发展为重要切入点，将实施城市更新行动和全面推行乡村振兴结合起来，使城市更健康、更安全、更宜居，成为人民群众高品质生活的空间。城市交通的规划、建设、政府管理和社会治理，不仅要关注人和货物的空间位移能力，更需关注人民群众的生产生活空间是否得到了拓展，能否在可接受的出行时间内获取更多元的就业选择，以及能否更加公平地享有城市高品质公共空间和各类优质公共服务资源，等等。城市交通学理论建设，也要从实践中总结提升，面对新问题，探索新方法。

城市交通学是城市科学的重要组成部分，是应用理论科学。我国城市交通学理论建设以国家自然科学基金项目为依托，具体包括我国城市交通公交优先发展战略研究（2012 年主任基金应急研究项目）、新常态下城市交通理论创新与发展对策研究（2016 年应急管理项目）、城市交通治理现代化理论研究（2018 年重点项目）等。

城市交通学的内涵，近些年不断得到总结完善。2014 年、2015 年关于城市交通学内涵的研究成果收录于笔者编著的《城市交通学导论》一书中。该书提出：城市交通学的研究目标是服务于人的需求，组织城市高效、安全、低耗（低能耗、低排放）与可持续运行。该书对城市交通、都市圈交通、城市群内城际交通关系专门研究作出论述，并介绍了城市间长途的综合交通运输关系。

2014 年中共中央、国务院印发的《国家新型城镇化规划（2014—2020 年）》提出，随着我国经济社会发展，城镇化发展进入了以城市群为主体形态、大中小城市与小城镇协调发展的阶段。2020 年十九届五中全会通过的《中共中央关于制定国民经济和社会发展第十四个五年规划和二〇三五年远景目标的建议》指出，优化行政区划设置，发挥中心城市和城市群带动作用，建设现代化都市圈。我们学习贯彻中央一系列决策部署，在多年深入研究论证之后，对城市交通学的内涵进行了完善，具体表述是：服务于人的需求，组织城市高效、安全、低耗、可持续运行，带动培育发展现代化都市圈，增强城市群实力和竞争力，支持新业态发展发挥引领作用。这一目标内涵表达在不同的学术论文里，系统介绍了论证的过程和基础工作。我们提出的城市交通复合网络构建与运行概念，强调的是从“单一方式网络构建”到“多种方式复合网络整体构建”，从“网络设施的物理构建与运行组织脱节”向“构建与运行一体化”转变。我们的研究成果"城市公共交通优先发展是国家城市发展战略",已经在《国务院关于城市优先发展公共交通的指导意见》(国发〔2012〕64 号)确定。从城市公共交通实践结果看,迫切需要就当前存在的问题,从国家城市发展战略视野进行研究并提出对策,落实习近平总书记指出的"发展公共交通是现代城市发展方向",等等。这些新的研究成果应丰富充实到城市交通学理论中。

城市交通学理论建设需要回应社会关切的重点:一是,城市交通学理论建设必须在对我国领导、行政体制研究的基础上开展。这是立足我国国情推动城市交通学理论建设的基本要求。二是,中央制定"双碳"目标的立意是通过能源利用效率和能源供应结构调整,带动发展模式转变和生活方式转变。应当研究城市交通如何适应新要求,促进城市实现可持续发展。三是,信息化技术的应用在城市交通领域越来越广泛。需要基于城市交通治理能力现代化建设,阐述信息化技术发展将对城市交通学带来的重大变革。四是,学术名词的统一释义和准确表达是学科建设的基本要求。我国语言体系丰富,词语含义广泛,但在学术上容易造成表意不明,加上东西方文化差异,引用国际学术经验时内涵差异客观存在,因此正本清源,明确城市交通学中名词的专业性概念,是城市交通学理论建设的一项基础工作。

同时,以城市交通学为主要内容的城市交通学科(又称城市交通交叉学科)建设,培养的学生应该是具有"工程基础、人文意识、管理思维"的综合型技术与管理人才,是今后一个时期的国家栋梁,甚至是领军人物。本书还将向学界和业内人士介绍城市交通交叉学科建设的新进展。

我们将上面这些情况汇总起来,组织编写《城市交通学总论——兼论城市交通学的基础问题》一书。本书分成上、下两篇。上篇为城市交通学总论,对《城市交通学导论》作出系统补充和完善,并介绍城市交通交叉学科建设。下篇就支撑城市交通学的基础问题进行论述。首先,城市交通问题从本质上讲属于城市的基础公共服务范畴。对城市交通内涵的认识应与城市交通发展目标具有一致性。具体讲,城市交通是政府以财政资金提供的,或者经政府特许经营由企业提供的;城市交通设施和运行服务(即城市交通网络的构建和运行),是为居住在城市里的人们的生活、就业及休憩提供基础公共服务,是城市可持续运行的基本保障。城市交通问题受本国行政制度、经济体制和社会发展水平影响,受各国科学技术水平影响,借鉴国外经验和国际交流时应当注意文化的差异带来的语境差异。为此,下篇分三个板块专门论述。

本书涉及多个领域,内容多、体量大,在此要感谢编委会成员和所有撰稿人的辛勤付出。感谢国家自然科学基金委管理学部的研究资助。感谢同济大学出版社的领导和责任编辑在本书出版过程中给予的帮助与支持。

著者

2022 年 9 月

目录 CONTENTS

上篇
城市交通学总论

导 读

城市是人类文明的产物。城市交通长期以来都是社会热点话题，涉及交通（拥堵）及其引发的安全（交通事故）、环境（废气、噪声等污染）等问题，往往与“城市病”联系起来。梁思成先生曾为《城市计划与道路交通》一书作序，提出城市交通的“计划之优劣与我们将来的生产效率和生活幸福乃至生命的安全有不可分离的联系”。因此，研究城市交通问题，迫切需要以城市总体效益为目标，与经济社会发展、信息技术应用、资源环境约束以及城镇化、都市圈的发展相结合，用创新的思维，寻求从根本上解决城市交通问题的理论方法和系统性的应对措施。进入21世纪以来，城镇化和机动化的双重作用使得城市交通需求猛增，给我国能源安全、土地资源、生态环境、交通系统带来巨大压力，要求我国城镇化走一条集约的、高效的，城市与交通协调发展的道路。这是建立和完善城市交通学理论和推动建设以城市交通学为主要内容的城市交通学科（又称城市交通交叉学科）的初衷和归宿。

为便于读者阅读城市交通学总论，将上篇结构做简要介绍。

一是突出一个总纲。即开篇的“引言”部分，简单扼要地对城市交通学的学科定位、研究目标、研究对象、研究特征、研究方法以及与其他学科的关系做整体介绍。这是全书编写和阅读的总纲。

二是回顾一个过程。即第一章城市交通学理论建立的回顾。这一章基于历史写实，阐述城市交通学理论建立和建设过程，也反映城市交通学是社会的需要，是各界专业工作者的共同成果。

三是阐述两个要点。包括第二章城市交通学的应用理论科学属性和第三章关于城市交通学的几个关键问题。第二章指出城市交通学是城市科学的重要组成部分，是用多学科思维、系统论方法研究城市交通问题，指出城市交通网络构建和运行是城市交通学的核心内容。

四是评述理论价值。即第四章城市交通学面向时代发展的阶段性特征和第五章城市交通学的创新价值和实践价值。第四章阐明城市交通学的价值在于立足现实、面向未来，是适应发展阶段性特征问题的研究。第五章对比国际社会研究的内容，讨论城市交通学的创新价值和实践价值。

五是讲述学科建设。即第六章以城市交通学为主要内容的城市交通交叉学科建设。

还需要说明的是，上篇设有两个附录。附录A为我国城市交通发展的路径回顾和未来影响要素分析。目的是考察我国城市交通的发展历程，深入洞察各阶段城市交通发展状况背后的驱动力量和制度因素，也帮助理解面向基本实现城镇化和信息化时代城市交通的特征，进而思考完善城市交通学理论和推进城市交通学科建设的路径。附录B为同济大学城市交通学科的发展历程。主要回顾自同济大学组织编写城市道路和交通、城市运输、城市交通规划等教材以来，学界、业界、政府部门对城市交通学科建设的推动工作，以及西南交通大学、北京交通大学、北京工业大学、东南大学等高校建立城市交通教学机构的历程。各地自改革开放以来普遍建立了城市交通研究机构，由此可以看到人才的社会需求与人才培养之间的缺口。同济大学试办城市交通交叉学科符合现代化强国和现代化城市建设，以及城市和城市交通治理能力现代化建设和制度建设所要求的学科建设方向。

引言
城市交通学的主要内容

得益于国家自然科学基金委员会近十年的持续资助，城市交通研究不断深入，城市交通学的内涵与外延更加丰富，时代特征更加突出。通过回顾、总结过去与现在城市交通在规划、设计、管理等各环节主要的学术思想与技术措施，综合相应的政治、经济、法律等人文社会学科的思维方法，提出了城市交通学的概念及城市交通的研究目标，即服务于人的需求，组织城市高效、安全、低耗、可持续运行，带动培育发展现代化都市圈，增强城市群实力和竞争力，支持新业态发展发挥引领作用。

研究城市交通问题，迫切需要以城市总体效益为目标，与经济社会发展、信息技术应用、资源环境约束以及城市群、都市圈的发展相结合，用创新的思维，寻求从根本上解决城市交通问题的理论方法和系统性的应对措施。因此，学科发展要融合学科形成的背景，采用多学科思维、系统性方法，形成城市交通相对独立的知识体系。进入信息化时代，城市交通学的建立和完善，需要利用信息化提供的条件和机遇，从空间维度和时间维度研究城市交通问题，使得人和物的流动更加有序，城市总体运行效率进一步提高。

总而言之，以城市交通学为主要内容的城市交通交叉学科建设的根本目的，是以效率为主线指导实践应用，依据国家发展战略安排，结合当地资源和环境状况，遵循城镇化发展规律，按照交通需求管理的理论，在运用工程技术措施完善工程设施的同时，注重运用法律、经济、财税等措施调控供需关系，制定和实施具有综合性、战略性的城市交通政策，保障和改善城市的运行效益。

一、城市交通学的学科定位

城市交通学的学科定位为基础性的理论方法,必须体现现实需求和时代精神。

探讨城市交通问题,可追溯至古希腊哲学家亚里士多德的名言“人们来到城市,是为了生活;人们居住在城市,是为了生活得更好”。在城市生活,交流与交往是同义词,公共服务是伴生需求。城市交通问题研究已经具有百年历史,尽管视角千变万化,但道路和交通始终是其基础内容。比如从城市规划视角研究城市交通,作为编制城市总体规划的一部分,注重土地利用的空间联系,即产业—空间—交通的关系。又如从交通工具研究城市交通,则从兽力车到自行车再到机动化汽车以及集约化的公共交通工具,城市交通与综合交通运输体系都采用先进的交通工具,二者有关联又有区别,简约讲是服务方式的区别——是付费购票享有特定服务,还是依法纳税享用公共服务。这就要求以城市整体运行效率为标准,以地方政府为管理主体,以行政法为依据,推动建立政府—社会(企业)—公众协同的城市治理机制。又比如对交通通畅和安全的保障,同样取名“交通工程学”,研究人—车—路—环境,但研究场景存在差别——是以机动车的路为载体,还是以人、车混合的道路和街道及周边服务为载体,换而言之,研究的是行驶机动车的公路、高速公路,还是人车混合的城市道路、街道。再如从分析的技术手段角度,数据是分析和研究的基础,从起讫点调查到四阶段法,都力图使问题描述与现实情况接近。随着信息技术的发展,“互联网 + ”技术的应用,城市交通问题研究,无论在采用的技术手段还是人的思维方式方面,都有了新的创造力。人和物的活动行为的研究,得以从借助交通工具的间接研究发展为对人和物的流动轨迹的直接研究。采用多学科思维和系统论方法开展城市交通研究呈现出新的活力。

特别值得回顾的是,钱学森先生在《城市规划》1985 年第 4 期上发表了《关于建立城市学的设想》,强调要解决复杂的城市问题,必须发展城市科学,并倡导建立城市科学的牵头学科——城市学。这是我们提出城市交通学的始端。《中国科学院院刊》2022 年第 2 期发表的《关于研究城市科学的思考》一文,详细介绍了我们对城市科学及城市交通学的认识,强调城市科学理论需要城市交通学研究来支撑,指出“信息化技术进步,数字经济发展,已经是经济社会发展的大趋势”,城市交通的研究思想要从空间维度向“空间维度 + 时间维度”转变,这是建设城市交通学的社会基础和时代要求。

总而言之,城市交通学是城市科学的重要组成部分。城市科学是应用理论科学,城市交通学是自然科学和社会科学的结合,这是城市交通学科学性的具体体现和内在要求。

二、城市交通学的研究目标

作为城市科学的重要组成部分,城市交通学的研究目标是满足城市运行和发展的基础性要求。

城市科学强调城市是一个复杂的巨系统。农业社会向工业社会的进步,人口向城市集中,本质是人们要纳税和享有公共服务。进入生态文明阶段,社会文明必须将居住环境和生态环境纳入城市和社会发展规划之中。这既是历史经验的总结，又是现实生活的要求。其要解决的最基础的问题，就是城市居民需求所带来的人与物的移动，与政府从城市总体运行效率出发提供的公共服务之间的协调平衡。当前我国城镇化将进入成熟阶段：以城市群为主体形态，积极推动以县城为主的城镇化，以培育现代化都市圈；信息化带动交通新业态出现；城市由拓展性发展转型到存量为主的高质量发展。城市交通理论应当顺应这样的变革，更加注重人本与社会需求，以确立城市交通学的研究目标。

归纳起来讲，城市交通学的研究目标就是服务于人的需求，组织城市高效、安全、低耗、可持续运行，带动培育发展现代化都市圈，增强城市群实力和竞争力，支持新业态发展发挥引领作用。学科研究成果要适应于不同的地域、规模、发展阶段，聚焦具有战略思维、因地制宜的城市交通政策和工程技术措施。

三、城市交通学的研究对象

明确研究范围及城市交通网络的构建和运行在城市交通学中的核心作用。

研究城市交通学，本质上是研究居住在城市的人们的需求与政府提供的公共服务间的协调平衡，处理好个体需求与社会公平问题。这必然联系行政体制和依托财税制度，本书下篇第一章至第四章就围绕这个主题展开讨论。

城市交通学的研究范围，是由我国现行的行政体制及其财政制度框架确定的，具体指城市内部交通、城市对外交通以及城际交通系统中的关联内容。对于城市内部交通系统，重点聚焦于地面道路交通、快速路、公共交通、停车、物(货)流、交通秩序管理6个系统及其协调关系。对于城市对外交通系统，重点聚焦于公路、铁路、航空、内河航运、海运、管道运输等交通运输系统与城市内部交通的衔接，即各类客货运场站与交通枢纽等。对于城际交通系统，重点聚焦于适应城镇密集地区中心城市与周边地区紧密联系的都市圈交通。都市圈交通的特征在于跨越行政边界，中心城市与周边中小城镇之间的衔接是重点，其内涵在于以城市交通的发展模式促进都市圈经济社会发展的同城化。城市群交通是城市和市镇密集地区的各类交通的综合，在空间范畴上关注国家重点经济发展区域、对国家经济实力与国际竞争力有影响甚至对世界经济发展有影响的区域。其中，除服务于机动车运行的公路与城市道路衔接外，跨行政区域的交通衔接问题的研究重点，应在于如何增强中心城市与周边城市或者区域各类客货运场站与交通枢纽之间的联系。

城市交通学探索城市交通与城市功能、结构、运行等的交互作用。城市交通的直接目标是通过存在于地理空间的交通网络，完成人、物移动或信息传输，以满足人的需求，实现城市高效(可持续)运行，见图0-1。因此，交通网络的构建和运行是城市交通研究的核心。

构建和运行的基本原则包括：①明确城市交通网络中各子系统的服务定位与功能，各系统之间要错位服务、差异化发展；②强调系统的整体性，坚持各子系统之间协同发展、融合发展，做到“整体大于部分之和”；③针对老城区和新建城区采用差异化的交通运行组织模式，兼顾新老城区差异化的特征，确保综合运行效益。城市交通网络构建和运行的效益，是实现城市可持续发展的关键。还要特别指出的是，城市公共交通系统是城市交通网络的重要内容，城市

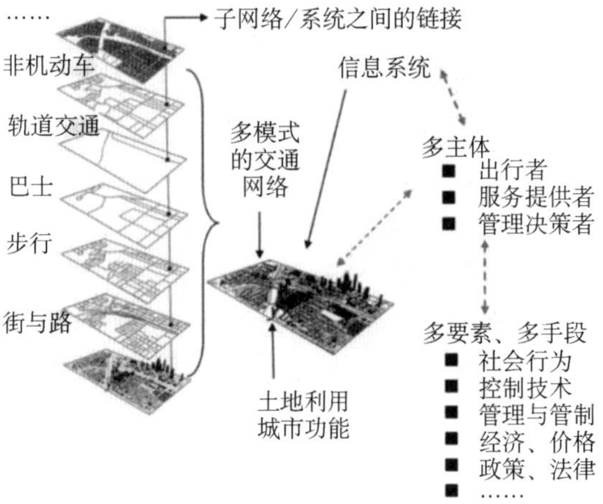

图 0-1 城市交通网络在城市交通中的作用

公共交通优先发展是国家的城市发展战略。

四、城市交通学的研究特征

城市交通学以服务功能和运行效率为研究主线,根本目的是指导实践应用。

城市交通学的研究特征决定于学科的定位,也必须融合学科形成的背景。宏观思维上,要吸纳城市规划对城市未来的展望,对生活环境的改善和生态环境的保护,以空间关系为主体制定城市综合交通规划。中观层面上,吸纳交通需求管理理论和方法来调控居民出行方式,减少对小汽车的依赖,提倡使用公共交通工具出行;用行政手段限制物流货运车辆在城市道路上行驶的时间空间范围等,改善城市的运行效率。此外还有微观工程措施,如采用交通工程学的技术方法改进局地的交通组织和运行秩序,解决局地拥堵,以及监测城市交通带来的能源利用效率和相应的污染,一般是用汽车的运行数量和运行速度来推算。如此等等,都需要从城市交通视角来理解城市问题的综合性与复杂性,理解钱学森先生所提出的"城市科学",这也要求研究城市交通必然要融合学科形成的背景,突出学科自身研究的特色。进入信息时代,城市交通学的建立和完善,积极利用了信息化提供的条件和机遇,如数据信息的即时采集、计算技术和计算能力的提升,让人们能够在空间维度和时间维度上统筹思考研究城市交通问题,使得人和物的流动更加有序,城市总体运行效率进一步提高。

城市交通学的研究目标中,服务于人的需求和组织城市可持续运行二者之间,是同一框架下不同利益主体、多元权力和利益关系的协调统一,以服务功能和运行效率为主线,必须建立政府、企业、社会、公众之间的协同关系,其基础是价值—信任—合作。以城市交通学为主要内容的学科建设的根本目的,是以效率为主线指导实践应用,依据国家发展战略安排,结合当地资源和环境状况,遵循城镇化发展规律,按照交通需求管理的理论,在运用工程技术措施完善工程设施的同时,注重运用法律、经济、财税等措施调控供需关系,制定和实施具有综合性、战略性的城市交通政策,保障和改善城市的运行效益。

五、城市交通学的研究方法

城市的发展是动态的、持续的、生机勃勃的。采用多学科思维、系统论方法研究城市交通是城市交通学的基本思想，旨在以战略眼光规划未来、解决现实问题。

一是战略的眼光。城市交通是一个有机的系统整体，由具有不同功能的若干子系统构成，各子系统相互耦合、新系统与现有系统相互耦合，共同促进城市交通的协调发展。城市交通与城市交融协同发展，城市发展对城市交通发展提出更高要求，城市交通发展也推动城市进步。

二是系统论的基本思想。将所研究和处理的对象当作一个系统，分析系统的结构和功能，研究系统、要素、环境三者的相互关系和变动的规律性，并优化系统。系统强调整体与局部、局部与局部、整体与外部环境之间的有机联系，具有整体性、动态性和目的性三大基本特征。

三是以信息数据为基础支撑。随着现代信息技术发展，数据、信息获取的渠道、维度得到了极大拓展，数据颗粒度、精度进一步提升，数据采集周期大幅缩短。城市交通领域的调查目的不仅在于清晰把握人的需求，更在于对人、车、路、事件的描述，以及在外部环境和交通支撑下，对社会大系统所产生的综合影响进行全面画像。因此，对国土空间、经济、产业、能源、环境、民生状况等其他相关资料的全面收集与持续观测也极为必要。采取各种技术手段获得数据，如应用交通模型预测需求、应用交通流理论模拟流量分布，并用信息化大数据方法分析这些数据，是科学研究城市交通的基础。

四是定性与定量相结合的方法。问卷、访谈、实地调研是社会学的基本调查方法，定性分析方法对于揭示城市交通问题的产生机理和背后的逻辑，从现象到本质地剖析城市交通问题，也十分重要，从而能实现对城市交通学的研究不受数学模型束缚，不为已有技术方法所局限，不被已有经验所绑架。

五是多学科交叉与多领域融合的视角。一是通过流量、速度、密度等技术指标探索交通运行的一般规律；二是通过通行能力、延误、行程车速等指标分析交通设施与管控方案的服务能力与运行效率；三是通过产业、经济、科技创新能力和交通外部性的监测，评估交通基础设施建设、交通政策调控的综合效益，构建规划和政策制定—实施—评估闭环；四是完善法律法规建设，遵循市场规律制定技术措施和经济政策，提高公众的法律意识和全局意识，强化经济、法律以及必要的行政措施保障，维持社会秩序的公平公正。

六、城市交通学与其他学科的关系

城市交通学是交叉学科。

城市交通是城市最基础、最关键的元素。城市交通的任何一个问题，比如人们的出行需求服务，城市出现的交通拥堵，都不是孤立的，都不是可以用单一学科或专业技术加以解决的。同时必须认识到，无论从产业—空间—交通来讨论，还是从交通工具视角讨论，抑或从城市的生活环境和生态环境角度讨论，研究城市交通问题都有独到之处。城市交通学研究城市交通与城市肌理、结构、形态、组织、运行等的关联及前者对后者的影响。信息技术的发展为多视角的研究创造了新的融合机遇。学科交叉融合达到一定程度时才能形成交叉学科。学科交叉是过程，交叉学科是结果。

交叉学科就是用不同学科的方法和手段，综合性地思考解决一个比较复杂的问题，形成相对固定的概念、研究对象、研究方法。交叉学科名称选择的一般规律是，如果问题的对象比较集中，其解决会影响到大量相关问题的突破，便直接以研究的问题进行学科命名，这反映出社会需求对交叉学科发展的主导作用。

城市交通学与城市经济学、城市规划学、城市生态(环境)学、城市社会学、城市地理学等都支撑城市科学的内容，但又相对独立。城市交通学具有交叉学科属性。国务院学位委员会印发《交叉学科设置与管理办法(试行)》(学位〔2021〕21 号)指出："交叉学科是多个学科相互渗透、融合形成的新学科，具有不同于现有一级学科范畴的概念、理论和方法体系，已成为学科、知识发展的新领域。"基于《学位授予和人才培养学科目录设置与管理办法》(学位〔2009〕10 号)所规定一级学科设置的基本条件之一"具有确定的研究对象，形成了相对独立、自成体系的理论、知识基础和研究方法"，同济大学在 2017 年形成"关于自主设置城市交通交叉学科论证方案"，按照学校教学和科研的实践，提出依托交通运输工程学科、城乡规划学科、管理科学与工程学科、土木工程学科等一级学科衍生，通过文理交融，形成了面对城市现状和未来的以城市交通学为主要内容的城市交通交叉学科。

第一章
城市交通学理论建立的回顾

近年来，我国新型工业化、信息化、城镇化和农业现代化快速发展，城市交通基础设施建设初具规模，公共交通系统的覆盖与服务水平大幅提升。城市交通发展不仅解决了百姓的出行难问题，也在引领城市空间拓展、保障经济社会健康发展、促进产业结构转型升级、支撑城市竞争力提升与永续繁荣等方面发挥了重要作用。同时，城市交通的发展与完善，为市民在可接受的时间内获得更多就业选择、更加公平地享有各类优质公共服务资源、获得全面均等的发展机会创造了条件。由此可见，城市交通承载了极为多元的价值，须在多个发展维度间博弈与保持平衡。因此，研究城市交通不能只采用综合交通运输系统的概念、理论方法和技术体系，要跳出交通工程学的视角，从城市交通的本质出发来看待建立这一学科的必要性。

城市交通学的探索与完善凝聚了几代学者的共同心血，其探索最早可追溯至 1922 年同济大学开设的“城市工程学”课程。虽然当时并未明确提出城市交通学的概念，但其相关议题广泛存在于包括交通工程学、城市规划学、城市经济学等在内的各个学科之中，为城市交通学的提出积累了丰富的理论与实践素材。

1995 年 11 月发布的由世界银行起草、5 个主办单位共同编制的纲领性文件《北京宣言：中国城市交通发展战略》明确了交通的目的是“实现人和物的移动，而不是车辆的移动”，“交通收费和价格应当反映全部社会成本”“环境的可持续性”等城市交通的基本内涵，是在深刻理解新时期经济社会发展环境和多元诉求的基础上，对于城市交通发展理念的一次重大革新。2015 年 5 月，在 2015 年中国城市交通规划年会暨第 28 次学术研讨会上，汪光焘先生在题为“论城市交通学”的演讲中首次提出了“城市交通学”这一概念，全面论述了城市交通的内涵，强调用多学科思维、系统论方法研究城市交通。过去十年，2012 年、2016 年、2018 年三次自然科学基金委员会项目支持和中国城市交通发展论坛的建立，对城市交通理论——城市交通学的建立和城市交通学科的建设起到了重要作用。

除此之外，根据来自于政、教、产、研、学等各方面的意见和建议，认为顺应时代发展，建立城市交通学具有必要性及必然性，办好以城市交通学为主要内容的城市交通学科，是各方的共同之愿，与时代发展需求同频共振。

第一节 城市交通学建设凝聚了几代学者的共同心血

一、城市交通学发端肇始于教学上的探索

1. 城市交通课程的开办起源：同济“城市工程学”

我国关于城市交通理论建设的探索，最早可以追溯至 1922 年同济大学的前身同济医工专门学校对土木科高年级学生教授的“城市工程学”课程。该课程内容源自德国高校同时期开设的“Straßen- und Städtebauwesen”课程，其不同时期的中文译名因认知有别而略有差异，先后被译作“道路及城市工程学”“道路及城市建筑法”“道路与城市设计”等，尤以“城市工程学”居多。1938 年赴德国达姆施塔特工业大学留学的金经昌先生即就读于此专业。课程内容主要包含国家道路规划、道路建设、城市规划、城市交通事业四个板块，涵盖道路规划、市内轨道交通、道路艺术、城市测绘等城市交通各方面的专业内容，并引入艺术、历史、规范、工程等多角度思维进行设计练习，所授内容以当今的标准来看也相当完备和系统化。课程提纲还提出了基于交通、卫生和城市美化等现代思想的规划理念，强调工程、经济和技术的重要性。该课程不仅培养了我国第一代本土的城市规划从业人员，并建立起一支教师队伍，也影响了同济大学的早期规划教育，授课一直延续至同济大学城市规划专业正式成立，其课程设置思想和教育体系是规划专业设立不可或缺的起源和基础。

2. 百废待兴时期的拿来主义：英国译著《城市计划与道路交通》

1951 年，龙门联合书局出版了英国交通管理译著《城市计划与道路交通》，该书由清华大学营建系程应铨先生编译、罗哲文先生译注图解、梁思成先生作序，是我国最早介绍现代交通规划的译作。该书译自英国大伦敦警察局副总监、苏格兰人屈甫 1942 年的著作 *Town Planning and Road Traffic*。全书由 9 个章节组成，针对交通管制学、城市计划学、道路设计、旧城与郊区道路布置及乡村道路等展开讨论。作者认为合理的城市计划只有在城市计划科学与动静交通科学基础上才有可能，指出现代城市道路系统必须保证交通循环流畅、全部道路交通安全并尊重和尽可能地保存历史建筑物（梁思成先生将其总结为“分离联系、安全畅通”），并创造性地提出主次支三级道路分级体系、步行区（Precinct）与绕行路（Bypass）等理念。梁思成先生盛赞该书“最简单扼要，能一针见血，最能解决问题”，同时也指出：“但我们必须注意，英国的情况与中国的情形不同，大处有政治经济制度之不同，小处如我们因目前有大量的人力车、三轮车、兽力车而不同。问题是不会完全相同的。我们只可借鉴，绝不可‘毫无批判地硬搬、模仿与替代’。”

3. 苏联经验与本地教学实践的有机融合：《城市计划与交通网》

1955 年，南京工学院（今东南大学）建筑系张烈先生编著的《城市计划与交通网》出版。该书以吸取苏联有关城市计划与街道交通书籍中的重要资料为主，结合历年教学中采用的材料编写而成。此后，建工部（住房和城乡建设部前身）成立“建筑学教材编审委员会”，杨廷宝任主任委员。委员会确定由南京工学院建筑系主编 7 本教材，张烈先生主编《城市道路》。全书由

6 部分 17 个章节组成，围绕社会主义城市建设理论方法、工业中心选址建设、城市改建扩建新建途径、城市建筑结构、城市交通网设施的各种设计、郊区乡村规划展开讨论。张烈先生建议，将该书作为高等学校城市道路专业按照统一教学计划所规定的专门化课程之教学用书，大专学校的城市建设与经营、工业与民用建筑、建筑学、道路桥梁、给水及下水道等专业各系科，凡有关城市设计的课程，均可将本书作为教材。城市建设工作中的建筑规划机构、工业建设机构、路政机构、运输机构、地下网道机构、绿地养护机构等的建设工作者，为认识新的城市建设任务、了解城市发展的整体布局，以便城市建设或改建工作的顺利进行，将本书作为自学或参考资料，均适用而有所裨益。

4. 融贯中外思想的自主教材：《城市道路与交通》和《城市运输》

1956 年，同济大学邀请苏联莫斯科城市建设学院杜拉也夫教授来校讲授"城市道路"课程。苏联专家向时任同济大学校长薛尚实建议，"我们首都设有莫斯科城市建设学院，应该帮你们向教育部申请成立这个系和这个专业"。之后同济大学采纳专家建议，设立了城市建设系、城市建设教研室和城建专业。彼时，杜拉也夫教授带来了大量的参考用书，包括苏联科学院通讯院士斯脱拉缅可夫编著的《城市街道与道路》《城市规划与公用设施》，彼沙也夫的《城市运输》，波良可夫的《城市交通与街道规划》等教学资料。在交流中，杜拉也夫教授分享了苏联城市道路与交通工程自 1950 年以来的发展历程，包括以生活功能为主的"街道"与以交通功能为主的"道路"之区分，城市街、道规划在交通规划中的重要作用，以及苏联"城市运输"等公共交通实践和取得的成就。

赵骅教授和杨佩昆等吸收了苏联等国家的先进经验，编写了《城市道路与交通》讲义。之后根据同济大学城市道路与交通运输教研组 1959 年、1960 年所写的两本城市道路与交通讲义，由同济大学、武汉城市建设学院编写了《城市道路与交通》。城市运输课程由罗孝登教授和徐循初老师负责编写教材并讲授，之后同济大学城市道路与交通运输教研组编写了《城市运输》。

《城市道路与交通》于 1961 年出版，内容以城市道路的线型设计和城市交通为主，着重介绍了城市道路的横断面和交叉口设计、线形的综合设计、技术经济的比较及路上的公用设施(不包括路面路基部分)，从道路与交通的要求出发，尽量避免与其他课程重复。主要章节包括：总述、城市交通对道路的基本要求、城市道路横断面设计、城市道路定线与平立面设计的综合处理、交叉口设计、个别条件下的道路设计、城市道路公用服务设施、城市道路设计的技术经济分析(论证)、城市道路勘测设计的步骤和内容。

《城市运输》同样于 1961 年出版，内容以城市运输(主要是城市公共交通)规划设计为主、经营管理为辅。该书介绍了城市客运货运基本知识，讨论了城市客运与城市规划的关系、公共交通网、客流量与客运工作量以及运输设备——客运车辆、公共交通的车场、电气运输的供电设备等。城市运输规划设计中所要确定的问题，如客流量、交通网、交通工具类型的选择、车场及牵引变电站的布置等的规划设计，都与城市规划和城市建设存在直接关系，所以该书作了详细阐述。城市出租汽车经营管理虽然是城市客运中的一个重要问题，但是由于当时行业规模较小、编者掌握资料不多，在教材中未展开论述。

以上教材的编写，为我国城市交通学科的建立奠定了重要的理论基础，启发了无数后来成为我国城市交通领域中坚力量的学者和从业人员。

二、理论创新的思想萌芽

1994 年 8 月,国家建设部和世界银行达成合作开展“中国城市交通研究”的备忘录。此后双方共同选定了 9 个研究专题,并邀请了一批国内外著名专家承担专项研究并撰写专题报告。以此成果为基础,1995 年 11 月 8 日至 10 日,建设部、财政部、中国人民银行、世界银行和亚洲开发银行在北京联合主办了“中国城市交通发展战略研讨会”。

这是改革开放以来,我国举办的层次最高、参加人员最广泛、涉及领域最多的一次城市交通研讨会。会议汇聚了国家城市交通主管部门和各有关部门的政府官员,近 40 座城市的市长和城市交通主管部门的官员、国际和国内著名城市交通专家学者、世界银行和亚洲开发银行的官员和专家,共同讨论和认识中国城市交通行业所面临的综合而复杂的问题,探讨未来城市交通政策与战略的走向。研讨会涉及城市交通的诸多重要领域,包括机动车污染、城市交通运输管理体制、自行车交通、大运量快速运输系统、公共交通体制改革、私营部门的作用、交通运输使用—收费和城市交通规划等。与会代表就我国城市交通发展的一系列战略性问题达成了高度共识,讨论通过了由世界银行起草、5 个主办单位共同编制的总体性文件《北京宣言:中国城市交通发展战略》(以下简称《北京宣言》)。该文件在总结中国城市交通发展历程的基础上,较为全面地提出了社会主义市场经济体制高速发展过程中,指导我国城市交通发展的五项原则、四项标准和八项行动,见表 1-1-1。

表 1-1-1 《北京宣言》主要内容

五项原则	原则 1	交通的目的是实现人和物的移动,而不是车辆的移动
	原则 2	交通收费和价格应当反映全部社会成本
	原则 3	交通体制改革应该在社会主义市场经济原则指导下进一步深化,以提高效率
	原则 4	政府的职能应该是指导交通的发展
	原则 5	应当发挥私营企业在交通运输市场中的作用
四项标准	标准 1	经济的可行性
	标准 2	财政的可承受性
	标准 3	社会的可接受性
	标准 4	环境的可持续性
八项行动	行动 1	改革城市交通运输行政管理体制
	行动 2	提高城市交通管理的地位
	行动 3	制定减少机动车空气和噪声污染的对策
	行动 4	制定控制交通需求的对策
	行动 5	制定发展大容量公共交通的战略
	行动 6	改革公共交通管理和经营
	行动 7	制定交通产业的财政战略
	行动 8	加强城市交通规划和人才培养

《北京宣言》中的诸多倡议，如"交通的目的是实现人和物的移动，而不是车辆的移动""交通收费和价格应当反映全部社会成本""环境的可持续性"等，是在深刻理解新时期经济社会发展环境和多元诉求的基础上，对于城市交通发展理念的一次重大革新。其对现实交通问题的超前洞察力和穿透力，已被后来大量的行业实践所证明。

2012 年，国家自然科学基金委员会管理学部设置应急科学研究专款项目"我国城市交通公交优先发展战略研究"。该项目由国际欧亚科学院中国科学中心牵头，来自北京、上海、广州、南京、深圳、杭州的 11 家科研机构共同组建申报团队，见图 1-1-1。项目全面梳理了中华人民共和国成立以来我国城镇化和城市交通发展的脉络，探讨了"公共交通优先发展"的战略、目标、体系、策略和途径。研究成果对 2012 年 12 月《国务院关于城市优先发展公共交通的指导意见》(国发〔2012〕64 号)的颁布起到重要作用，推动了在国家层面正式提出实施城市公共交通优先发展的战略。

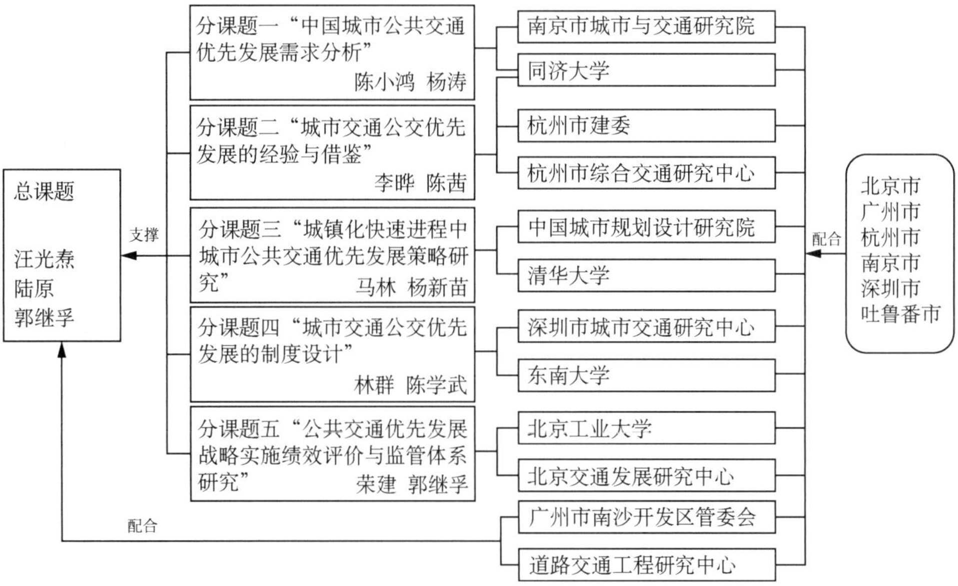

图 1-1-1 "我国城市交通公交优先发展战略研究"课题框架及研究团队

课题历时一年的主要成果有两个方面。一是提出了"城市公共交通优先发展"的新内涵，即在城市行政区域里，通过优先配置资源，构建适应市场机制、由政府调控监管、符合当地经济社会发展阶段、由多种类型企业等经营机构提供均等和高效的公共服务的公共交通体系，引导出行者优先选择，引导城市集约利用土地和节约能源、保护和改善人居环境。二是明确了公共交通优先发展的定位，并非公共交通行业或者公共交通方式的优先，而是一种城市发展模式。课题验收之际，《国务院关于城市优先发展公共交通的指导意见》(国发〔2012〕64 号)正式印发，项目组研究成果与国家发展战略形成了及时呼应。在课题验收后的一年中，项目组研究成果由同济大学陈小鸿老师精心整理，形成《中国城市公共交通优先发展战略——内涵、目标与路径》一书，公开出版发行。

同时，以项目组为基础，40 多位人员开展了"城市公共交通出行分担率研究"，重点梳理国内外对城市公交分担率的研究成果，全面评估城市公共发展战略的实施效果，希望相关成果能够对评估体系的建立起到抛砖引玉的作用。研究成果《城市公共交通出行分担率研究》的编写出版，得到了《城市交通》编辑部的支持。

为进一步巩固研究成果，深化城市交通研究，项目团队创办了“中国城市交通发展论坛”（下文简称“论坛”），这也是“我国城市交通公交优先发展战略研究”的另一重要成果。论坛由高校和主要城市交通研究机构定期开展业务交流，旨在常态化跟踪国内外城市交通热点问题，为国家在城市交通发展上的重大决策提供支持。团队愈发深刻地认识到，由于长期未能形成关于城市交通发展的理论体系、核心价值、法律基础、技术框架、人才结构等，在土地、资金等关键资源配置过程中，交通发展与产业、经济、科技等领域产生冲突时，城市交通往往处于妥协、让步的被动地位。论坛的创立也是重拾交通发展价值、促进交通与城市协调发展的一种努力。

截至 2022 年 12 月，中国城市交通发展论坛已走过了 8 年的发展历程，举办了 30 期定期和 10 期不定期研讨会。论坛针对诸多城镇化背景下城市交通面临的热点问题开展了深入研究和讨论，包括公交优先发展、城镇群发展环境下的大都市区交通发展策略、打车软件、中低速磁浮、出行的最后一公里、公共自行车与电动自行车、“十三五”规划、交通需求管理政策以及停车等。研讨会的召开积累了丰富的研究素材和国内外经验、形成了鲜明的观点。截至 2022 年 12 月，累计形成《中国城市交通发展论坛简报》及《中国城市交通发展论坛研究》共 45 期，其中多期以内参形式呈报国务院领导，建议交通运输部联合工信部等发布，报送国家有关部门研究，都得到了国家领导积极的回应，对国家制定相关政策产生了积极影响。同时，也为完善城市交通理论研究和城市交通学科建设作出了重要贡献。

三、提出城市交通学概念

2015 年 5 月 15 日，中国城市交通规划年会暨第 28 次学术研讨会上，汪光焘先生在题为《论城市交通学》的演讲中首次提出了“城市交通学”这一概念，全面论述了城市交通的内涵，强调用多学科思维、系统论方法研究城市交通。本次学术研讨会之后，依据演讲内容整理成文，由中国城市规划设计研究院、北京交通发展研究院以及南京、上海、广州、杭州、深圳等城市的研究单位共同研究修改，形成《论城市交通学》一文。需要特别提到的是，杨佩昆先生对文章进行了逐字逐句审核。研究成果在《城市交通》2015 年第 13 卷第 5 期以特稿形式发表，明确了城市交通学的定位与范畴，阐述了城市交通学的内涵、研究目标、研究对象、研究方法等。文章将城市交通网络的构建与运行作为城市交通学研究对象的同时，贯彻了中共中央、国务院印发的《国家新型城镇化规划（2014—2020 年）》关于“以城市群为主体形态，推动大中小城市和小城镇协调发展”的指导思想，将城市群与都市圈交通纳入研究范畴，并将城市交通与信息化等作为需要深入研究的内容。

随后，项目组先后在北京、上海等地组织了多轮研讨，并征求了来自各学科领域的老、中、青专家学者的意见，在形成充分共识的基础上，全面启动了《城市交通学导论》的撰写工作。该书前言指出：“城市交通学目前还不是一个成熟的学科，尽管中国城镇化过程对其产生了迫切的需要，但是从传统交通工程学科中破茧而出，还需要许多艰难的研究工作和社会实践。因此，本书讨论的内容，更多的是抛砖引玉，期待不同学科背景的研究都加入到城市交通学的队伍中，共同推进学科的创新。”《城市交通学导论》入选“十三五”国家重点图书出版规划项目，由同济大学杨东援教授协同组织编写工作。

四、理论方法的持续完善

《论城市交通学》一文发表后，再次得到了国家自然科学基金委员会的关注。文中明确提出“城市交通学是城市科学的重要组成部分”“城市交通学与城市经济学、城市规划学、城市生态(环境)学、城市社会学、城市地理学等相对独立，具有交叉属性”。2012 年以来，自然科学基金研究和论坛持续跟踪社会热点，为研究团队打下了坚实的前期研究基础，提出适应经济社会发展新常态，改善城市交通迫切需要建立和完善城市交通理论。国家自然科学基金委员会同意特别设立管理科学部 2016 年第 1 期应急管理项目“新常态下城市交通理论创新与发展对策研究”(研究期限为 2016 年 5 月至 2017 年 5 月)，旨在针对持续涌现且对经济社会发展的影响愈加显著的城市交通问题快速作出反应，及时为党和政府高层科学决策提供政策建议。项目充分论证了新常态下城市交通理论创新的必要性，通过“城市交通的研究目标是服务人的需求、组织城市高效可持续运行”“城市交通与综合运输体系的衔接与差异”“城市交通理论与其他(城市)学科之间的关系研究”“建立开放、共享和协同的城市交通网络构建和运行的服务体系”等 4 项专题研究，以及“国内外城市交通理论和方法的研究分析”“城市交通、城市群交通及都市圈交通特征研究”“公共交通优先发展理论和 TOD 理念为导向的城市规划实施综合评估研究”“以组织城市交通网络构建和运行为核心的城市交通学理论体系”“基于大数据的城市交通需求管理政策研究”“中国城市交通差异化发展典型案例研究及政策建议”共计 6 项分课题的深化，系统阐述了城市交通面对的科学问题、研究目标、研究对象、研究重点以及理论基本框架，见图 1-1-2。

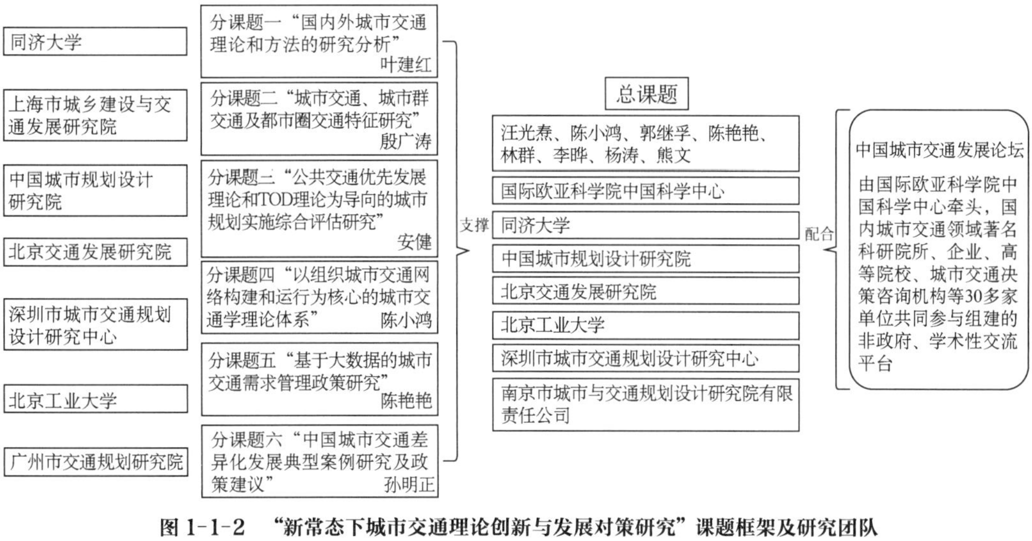

图 1-1-2 “新常态下城市交通理论创新与发展对策研究”课题框架及研究团队

这项研究在回顾城市交通学既有理论范式的基础上，提出在新的时代背景下，城市交通学的关注对象、基本逻辑、核心内容、理论需求、研究手段等亟须全面转变，课题进一步确认并完善了《论城市交通学》提出的核心观点。理论范式转变的重要论述，也为完善新常态下的城市交通理论奠定了基础。

2016 年 7 月 11 日，同济大学借助举办第十四届世界交通大会(World Conference on Transport Research, WCTR)的契机，召集参会高校领导和教师举办了“交通运输工程学科的未来——战略、机制与人才”专题研讨会。研讨会形成四点共识：一是提出既有的学科分类及课程设置已影响到我国交通运输学科和城市交通学科的发展；二是分析了交通运输、城市交通的研究对象的差异；三是提出加强学科的基础理论研究问题；四是提出了教育方法的改进。“新常态下城市交通理论创新与发展对策研究”在同一时间段进行，并于 2017 年 5 月顺利结题。其间依托中国城市交通发展论坛对城市交通学科建设进行了专题研讨(总第 26 期)，还调研了有关高校在教学培养中的问题、用人单位和新就业人员对教学的要求以及政府部门的反映，完成成果研究第 13 期《关于交通运输工程学科改革和建立城市交通学科的建议》。研究成果正式上报国务院，由国务院副总理刘延东批示，得到了教育部的回复，并获得了城市交通学界的高度关注。在该项研究的推动下，全国首个城市交通学科建设试点——同济大学城市交通研究院于 2019 年 4 月成立，依托同济大学交通运输工程学院、测绘与地理信息学院、经济与管理学院、土木工程学院、建筑与城市规划学院等学院的师资，以城市交通交叉学科建设为核心，开展人才培养、科学研究及社会服务。学科研究主要采用复杂适应系统的认识论与方法论、面向复合网络的空间行为观察分析方法、基于大数据的“证—析”方法，目前已形成交通服务科学、城市空间活动监测与分析技术、城市移动性规划、数据驱动的城市交通治理四个研究方向。同济大学城市交通研究院经批准于 2019 年招收第一批硕士、博士研究生以来，取得显著成效(详见上篇第六章)。

五、建设路径的探索实践

城市交通学的提出，为指导城市交通实践奠定了坚实的理论基础。尽管如此，现行的政府决策与管理范式仍面临诸多挑战。城市交通状况的改善，亟待加快改革与创新，主要体现在以下三方面。

一是城市交通发展中的公平与效率难平衡。公共交通过于强调社会公益，忽视市场竞争机制和出行者实际需求，导致运营效益不如人意，走上了“牺牲总体效益的表面公益”之路。个体交通过于强调运行效率，忽视实际社会成本和受害者利益补偿，仅实现了“牺牲大多数公平的局部效率”。资源环境约束下出行供需矛盾愈加尖锐，公平、高效、低公害的城市交通服务面临更大困境。

二是传统城市交通管理体系面临严峻挑战。交通设施规模、机动化水平虽然得到了空前发展，但交通政策实施的公平、公正性受到质疑，发展成效如何共享，成为交通政策制定的核心考量。可持续发展理念需要社会的共识，新型城镇化更需要更加集约、更加以人为本的交通服务，政府作为单一的实施主体难堪重负。面对“互联网＋”、无人驾驶、智能网联汽车等技术革命与交通新业态，政策制定的前瞻性不足。

三是城市和城市交通治理能力现代化建设的客观要求。党的十八大以来，中央召开了十八届三中全会、新型城镇化会议、城市工作会议，提出城市治理的水平，尤其是特大城市城市交通治理现代化，是国家治理能力的集中体现（图 1-1-3）。同时，城市交通展现出全新的发展趋势，出行需求个性化、差异化，服务模式多元化、融合化，公民理性和法律意识的提升，都迫切要求变革当前城市交通治理结构。

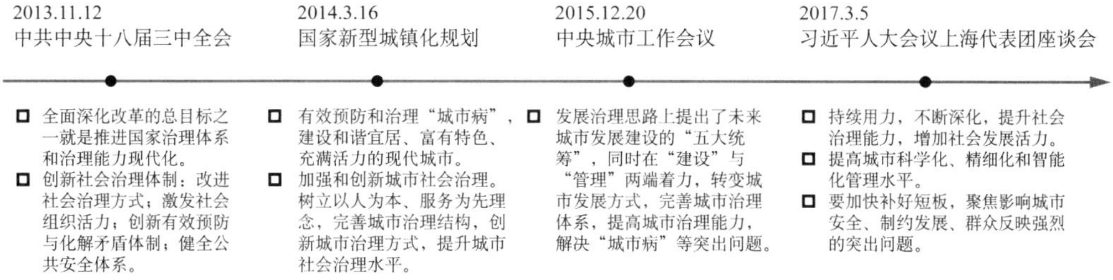

图 1-1-3 国家对于治理体系和治理能力现代化的论述

综上所述，仅依靠完善规律性研究（即城市交通学）尚不足以指导中国城市交通发展的实践。政府、市民、市场如何通过协同与合作，参与城市交通公共政策、谋求发展共赢、促进可持续发展，是进一步巩固夯实城市交通学理论体系、形成从理论向实践有机传导必须深入研究的议题。为此，2017 年 1 月 10 日起，项目组密集在北京、上海等地组织研讨，开始筹备新一轮自然科学基金课题研究，项目“城市交通治理现代化理论研究”成功获得国家自然科学基金委员会管理科学部 2018 年重点项目资助（图 1-1-4）。

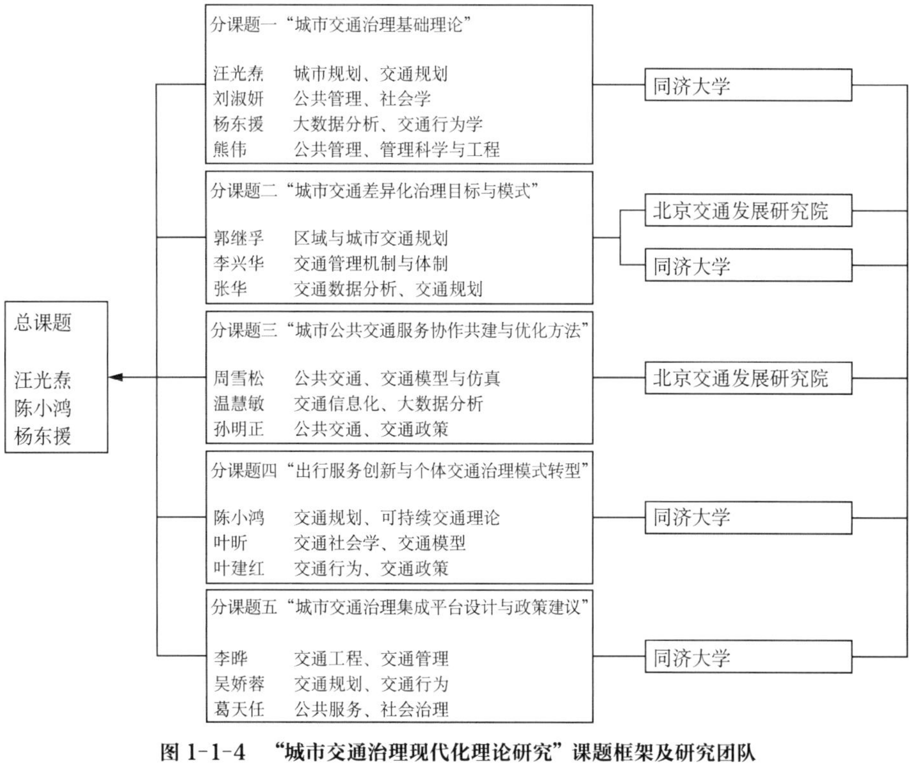

图 1-1-4 “城市交通治理现代化理论研究”课题框架及研究团队

项目研究的核心思想是转变城市交通的实施范式，通过共创共建共识，谋求共治共享共赢。针对基于"价值—信任—合作"的城市交通多元主体协作关系，生成动力与促进机制、政府主导的交通服务提供与市场机制下交通服务生产的合作机制，以及保障服务质量的反馈机制、多元价值导向下交通治理绩效评估与公共利益调控、补偿机制等关键科学技术问题，研究提出了城市交通治理的基本思想、内涵、根本目的、理论内核以及主要手段。具体包括：①提高共建能力和共享水平是城市交通治理的基本思想。②城市交通治理现代化建设的内涵，是运用公共治理基础理论方法，针对城市交通治理的特征与要求，建立政府、企业、社会组织、公众等多元主体在交通服务体系构建过程中的权责关系。利用信息化技术支撑与法治化保障手段，设计维系多元主体权责关系的正式与非正式制度安排。③城市交通治理的根本目的是优化资源配置，确保交通服务公平高效。既要面向国家战略，又要解决现实困境，更要谋划未来发展。④城市交通治理的理论内核是围绕交通服务链各个环节，研究治理主体行为及相互作用机理。⑤城市交通治理的主要手段是信息化、法治化、道德教育。

该项研究围绕"赋权"和"赋能"提出城市交通治理集成平台架构(图 1-1-5)。一是以"法治化赋权"为核心推动治理体系现代化，面向政府、企业、社会组织、公众等多元利益主体，开展规范、约束治理主体行为的制度建设，建立权责清晰、利益融合的包容性管制方针。二是以"信息化赋能"为核心推动治理能力现代化，解析各类主体参与城市交通治理的技术支撑需求，满足政府治理过程跟踪与绩效评估、企业交通服务生产过程监督、公众利益表达与交互反馈等功能需要。

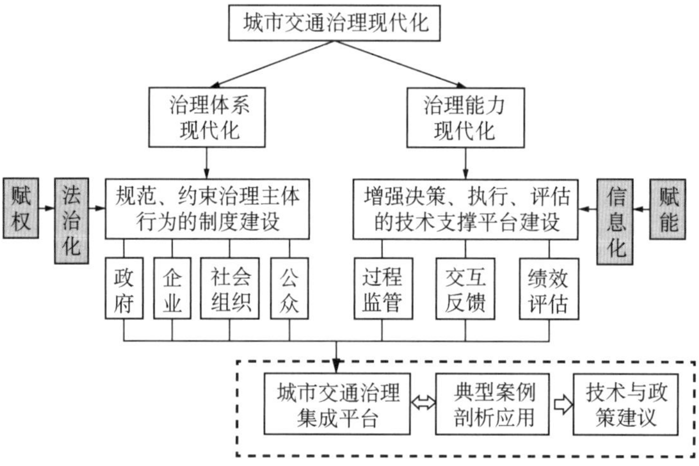

图 1-1-5　城市交通治理集成平台架构

与此同时，学科基础理论的编写和学科改革的探索从未停止。中国城市交通发展论坛成员单位共同撰写的《未来城市交通预判——2035 年愿景》和《新发展阶段的城镇化新格局研究——现代化都市圈概念与识别界定标准》于 2020 年和 2022 年相继出版；《城市交通与法治》于 2021 年 10 月出版发行，其由北京市政府部门、上海市政府部门、全国人大有关专门委员会工作人员和 9 所高校从事法律教学和研究的教授共同编写而成。《城市交通与法治》在编写过程中还得到了资深法律专家的指导。除本书《城市交通学总论——兼论城市交通学的基础问题》之外，城市交通研究团队正在策划编写《城市交通与信息化》。后续国家自然科学基金重点项目的成果将汇编成《城市交通治理现代化理论及应用》，向社会详细推介城市交通治理现代化课题成果。这些教学参考书，为城市交通学的正式建立奠定了坚实基础。

第二节 城市交通学的建立体现了政教产研学的共同之愿

本节采用纪事的方式回顾、介绍作者在不同场合关于改进交通运输工程学科教学、服务于建设大城市综合交通体系、建立城市交通学理论的呼吁以及所听取的意见和建议。

一、"交通运输工程学科的未来——战略、机制与人才"学科发展研讨会

2016 年 7 月 11 日，同济大学主办了第十四届世界交通大会，并约请参会的全国各高校有关领导和教师参加了"交通运输工程学科的未来——战略、机制与人才"学科发展研讨会。

研讨会主要围绕交通运输工程学科的内涵、学科评估与改革、办教育应围绕什么以及中国特色、世界一流教学的内涵等方面展开。

会议形成的建议如下：

一是，现在的学科分类，已经影响了我国交通运输和城市交通学科的发展。

二是，无论是交通运输还是城市交通，不能定位在工程学，而应该是研究综合运输体系和城市交通体系，要尽可能理清行业社会管理与教学内容的关系。

三是，应该用改革评估方案，丰富教育内容，增加经济、社会、文化等方面的课程。

四是，加强学科的基础理论研究。学校本身要有研究机构，不仅是汇集社会情况，还应该有前瞻性、指导性建议。首先要提高教师能力，注重实践经验和理论研究相结合。

五是，教育方法的改进。首先是分清三个层次的人才：①面向生产实践人才；②中高级现实问题研究人才；③基础研究人才。同时应当增加社会实践活动。

二、交通运输工程一级学科建设研讨会

受国务院学位委员会委托，交通运输工程学科评议组组织开展了《博士、硕士学位授权点申请基本条件》和《博士、硕士研究生课程建设调研报告》编写工作。为更好地完成相关工作，进一步提升我国交通运输工程一级学科的建设水平和人才培养质量，促进学科交流，由国务院学位委员会交通运输工程学科评议组主办、东南大学交通学院承办的"全国交通运输工程一级学科建设研讨会"于 2016 年 8 月 21—22 日在南京召开。

会议的主要议题有：①交通运输工程学科发展趋势与人才培养需求；②交通运输工程学科研究生课程建设及人才培养重点；③交通运输工程学科建设。

会议最大的亮点是提出以信息化发展方向来思考学科建设(图 1-1-6)。

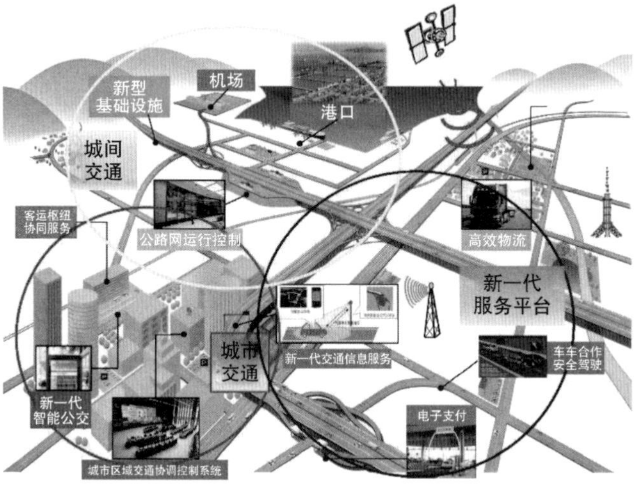

图 1-1-6 国家交通信息化图

三、针对交通运输工程学科发展趋势与人才培养需求的社会调查

为全面了解社会各界对于交通运输工程学科的发展方向与人才培养的愿望，城市交通学的研究团队展开了多方调研，征求了多方意见。调研对象主要包括用人单位和高校培养的交通运输类学生，其中用人单位分为建筑设计类技术单位和政府管理部门，高校培养的交通运输类学生涵盖在校学生和毕业从业人员。

1. 用人单位对学科发展和人才培养的愿望

1) 建筑设计类技术单位

调研对象包括北京、上海、南京等地多家交通建筑设计类技术单位，如北京交通发展研究院、上海市政工程设计研究总院(集团)有限公司、南京市城市与交通规划设计研究院股份有限公司等。技术单位对交通学科发展和人才培养需求提出了以下三点建议。

(1) 注重学科内涵和外延的变化。学科培养应当注重多学科的融合，比如人口学、经济学、社会学、法律政治等。未来的交通运输工程学科将是工程科学、人文科学等交叉学科融合发展又具有独立特色的分支学科。另外，学科发展应重视技术进步带来的新需求和挑战，提升学科的前沿技术水平，尤其应关注大数据、云计算的技术发展背景。

(2) 基础与应用并重。建议交通运输类高校加强基础理论教育，同时扩大学生知识面。注重培养学生解决问题的能力，使其具备系统分析、决策分析、市场经济分析、社会公共政策分析能力。并且强化学生的项目实践能力的培养，可聘请校外一线讲座教授和导师开设实践课程。

(3) 注重专业课程建设。应当在人才培养上确立基础学科和应用学科融合的学科建设方向。在专业课程设置上，要反映国家交通建设发展水平，尤其是加强交通规划和交通管理课程建设。另外，要加强学生的科学精神与创新意识培养。

2) 政府管理部门

针对政府管理部门对学科发展方向和人才培养需求，城市交通学研究团队调研了中央及省市政府机关相关人员的意见与建议，其中中央政府机关有交通运输部、住房和城乡建设部、国家发展和改革委员会等。政府管理部门主要从课程设置、师资结构、学科发展、行业需求等方面提出了以下四点愿望。

(1) 结合交通行业特点，优化课程设置。高校应致力于改变重微观技术、轻宏观管理的现状，扩大学生知识面，增加法律、经济、社会、城市学等课程，并且重视学科专业的协同建设。

(2) 优化师资结构，调整研究方向。学校应尽可能聘请经历丰富的研究人员充实教师队伍，并且结合交通发展的新形势，尽快建立学科建设的调整机制。

(3) 关注学科发展的包容性、综合性和前瞻性。学科发展要进一步打开边界，突出交通与产业、空间的关联研究，并且注重综合交通运输网中多种交通运输方式的整合。学科建设要走在前沿，支持供给侧结构性改革。

(4) 结合实际工作，培养复合人才。建议优化交通运输工程一级学科下的二级学科设置，研究设置城市交通学科的可能性。另外，要加强学生创新意识的培养，加强应急管理和社会沟通能力的培养。

2. 高校培养的交通运输类学生对学科发展的建议

1) 交通类高等院校毕业从业人员

调查结果显示，交通运输类毕业生入职后普遍面临的挑战包括：交通知识单一，综合能力欠缺，与交叉学科对接较少，实际问题处理能力不足等。调研充分征集了就职于中国城市规划设计研究院城市交通研究分院、北京交通发展研究院、同济大学等单位的交通运输类毕业生关于学科发展和从业需求的建议与愿望，结果包括以下五方面。

(1) 明确学科定位与目标。在明确学科内容和社会贡献的基础上，科学合理地制定学科培养目标和有特色的学科研究方向。

(2) 新形势下再认识学科的内涵。在我国现有发展阶段下深刻理解新型城镇化特点，结合行业模式转变和国家战略修订学科内涵，寻求行业新增长点，应重点研究大交通系统和大交通网络。

(3) 明确学科的理论知识体系。学科发展应以多学科交叉融合为导向建立理论知识体系，关注学科理论知识体系建立的可持续性。注重整合经济、社会学相关知识并引入学科知识体系。根据理论知识体系对课程体系进行制定与修正，建立大交通智库。

(4) 注重"工管兼容"的特色办学理念。人才培养应认识到学科涉及工学和管理学两大类知识体系，重点考虑如何在培养目标与课程体系设定中平衡二者关系，实现"工管并重"，并且促进学科在高校间的联合办学与交流培养。

(5) 对学生进行分层次能力训练。针对不同层次的学生制定相应培养目标，培养本科生基本掌握数据分析、地理信息系统、基础计算机编程等实用性技能，面向硕士生开设交通经济及财政、城市规划、交通规划及交通战略等方面的课程，注重对交通问题社会属性的理解与思辨，要求博士生关注国内与国外城市发展及城市交通发展的差别及其背后机制，城市发展及城市交通发展的历史路径等。另外，还需强化国际交流合作。

2) 交通运输类在校学生

调研对象包括北京、上海、南京、西安、成都等地高校，如北京交通大学、同济大学、东南大学、西安交通大学、西南交通大学等校的交通运输类在校学生。调研结果反映了在校学生对于学科发展和人才培养的三点建议。

(1) 重点加强多学科思维的培养,加强实用型人才的培育。人才培养应当做到四个方面：重视学科专业协同建设;重视外部协同,促进与社会资源的有机联合;引进国外先进的教学理念,开阔视野;注重毕业实践,在实际工作中成长。

(2) 对学生的教育需紧跟可持续发展的时代潮流。高校应加强新型交通模式的探索与研究,比如低碳交通、新能源交通、共享交通、车联网、无人驾驶等。

(3) 针对学科设立就业动员指导委员会。在校期间增加就业指导,针对不同学生的实际情况,从择业观、就业观到最后面试等,提供针对性的辅助和引导。学校和老师要进行跟踪反馈,帮助毕业生合理制定职业规划。

四、培养具有什么样基础知识的学生是学科建设需要回答的问题

1. 现在学科的分类已经影响到我国交通运输学科和城市交通学科发展

目前学术界存在着两大主流的学科划分方法,一种是按照交通工具划分,另一种是按照工程范畴划分。然而随着时代的发展,仍然沿用以往的学科分类方法是否合适,值得深思。

交通运输行业原本的学科划分已无法适应新时代背景下产生的新问题,尤其是无法讨论和解决涉及更多学科的交通运输和城市交通问题。交通运输工程学科的分类,既不能以交通工具的类同来划分,也不宜定位在土木工程学范畴,而应当从国家经济社会发展阶段和科技发展大趋势两方面重新思考学科的定位与需求。交通运输是组织国民经济运行的重要基础,城市交通是组织城市运行的重要组成部分。因此,应当从该层面来重新调整学科发展,突出交通运输工程学科在国民经济、科技进步发展中的地位与作用。

2. 明确交通运输、城市交通的研究对象

交通学科现有理论研究包括两大类,综合交通运输理论和城市交通理论。传统的综合交通运输理论就是将各种交通运输方式的相关理论合并,现阶段仍然适用还是需进行调整是需要讨论的问题之一。此外,城市交通所面向的研究已不再是简单的人、车、路、环境问题,应当以服务人的需求、组织城市运行为目标,其内涵与人的生活息息相关。

讨论交通学科的研究对象时,要理清政府部门的行业管理与教学单位的教学内容之间的关系。政府部门的行业管理侧重于市场行为,而教学内容围绕行业管理展开会更加有效合理。

3. 交通运输工程学科教学方法及评估改进

1) 加强学科基础理论研究

首先,学校本身应当设立研究机构研究指导教学课程设置。现在学生普遍反映的问题是教材缺少前瞻性内容,而学校设置的研究机构应当负责研究学科前瞻性内容,指导教材编写和教学课程设置。学科教材需与时俱进,并且学校应设置前瞻性课程。这些对于办好一流学科都是至关重要的。其次,要统筹重点学科的布局,加强学校间教育合作。社会需求是办学的目标,但需要明确学科发展的重点以及与其他学校间的合作关系,共同为一级学科的发展作出贡献。再次,要提高教师能力,注重实践经验和理论研究结合。

2）改进学科教育方法

学科教育应当做到分层次培育学生。需要分清以下三个层次：一是面向生产实践的人才培养，二是面向现实问题的中高级研究人才培养，三是基础研究人才培养。另外，应当组织丰富的社会实践活动，推动协同中心的建设。针对学生培养，以校企结合的方式，对学生进行深度培养。此外，面对国内外师资力量差异较大的问题，一方面要调整人才引进政策，另一方面要加强对年轻教师的培训。

3）研究改进专业评估方案

现行的学科建设评估和改革是否有利于学科的发展是学科发展过程中需要思考的关键问题。在此提出学科专业评估的两点改进措施：一是丰富教育内容，扩大学生视野，增加经济、法律、社会、文化等方面的教学课程；二是要改进专业系统的评估体系，应当有利于突出专业院系独特的发展优势。

五、结论

上述意见和建议来自于政、教、产、研、学等各个方面，无论从哪方面获取的意见，都将城市交通问题归至城市现代化的框架下，体现了人类对美好生活的向往，可以总结为：顺应时代发展，建立城市交通学具有必要性及必然性，办好以城市交通学为主要内容的城市交通学科，与时代发展需求同频共振。具体可以归纳为以下四点。

1. 创新城市交通理论，办好城市交通学科是高校的共同愿望

城市交通问题是世界城市的共同难题，这不只是针对当下的现实，更针对未来社会发展，以数据驱动建设新型智慧城市，让城市中的人们生活更美好。办好城市交通学科是面对未来发展的需要。

2. 城市现代化与城市交通现代化互动发展

现代化的眼光不能局限在出行方式、交通工具、建设工程的现代化，而应转变为更加关注城市宜居、宜业的高质量发展。城市现代化具有双重任务，既要扩展和提升城市文明的积极效应，又要抑制和消除城市文明长期面对的客观顽疾。所以在基本实现现代化的关键历史时期，更需要从创新融合的视角来思考城市交通发展愿景。

3. 新型城镇化新阶段的城市交通提升需求

中国已经进入城镇化提质发展的新时代，城市在经济、社会、生活等物质文明和精神文明方面具有提高发展质量的必然要求。城市交通亦是如此。一是人的生活质量提升带来的交通需求，二是支撑城市空间高效组织的交通需求，三是适配不同社会群体的多元化交通需求。通过研究世界主要城市 2035 年或 2040 年规划，可以发现，城市现代化和城市交通现代化是相互交融、互为支撑的，城市现代化转型发展和城市交通现代化过程是同步的。

4. 信息化技术发展是城市交通学科发展的催化剂

信息化引发城市交通变革，城市现代化必然选择以信息化为基础。一是改变城市交通供需适配模式和精准度，二是推动城市交通出行服务模式创新，三是对城市交通设施资源服务能力进行优化和挖潜，四是提高城市交通综合治理能力。城市交通与信息化的研究导向，要从基础设施和交通工具的发展，转变为更加关注城市宜居、宜业的高质量发展。

第二章
城市交通学的应用理论科学属性

城市交通学的科学属性和归类问题，是讨论城市交通学的关键内容之一，这直接关系到如何认识和建设城市交通学。

基于城市交通学理论与应用并重的基本属性，作者提出城市交通学是城市科学的重要组成部分，强调从城市整体上考虑服务居住在城市的人们的出行和物流需要。城市交通学属于理论科学与工程技术的中间层次，是两者兼具的应用理论科学，对于这样一门科学的研究，需要以马克思主义哲学为指导，用系统科学的观点和方法进行研究。

城市交通学强调运用自然科学和社会科学的交叉学科思维以及系统论的方法，从城市整体上研究服务城市居民出行和物流的组织。需要从物理(设施网络)—信息(信息网络)—社会(社会网络)三元空间探索城市交通网络的特征属性及相互之间发生的复杂交互与其规律，对子系统之间的关联性和协同性加以重视，强调系统的整体性，即“整体大于部分之和”。

需要特别强调的是，信息技术发展给城市交通学研究带来了新机遇，新技术的应用不是以某组数据解释某一现象，而是运用新的信息收集方法、探索建立新的数字模型分析方法、提出政策措施和工程措施，也就是从社会学视角审视居住在城市的人们的基本需求，围绕城市整体效益研究城市交通网络中人和物的移动。强调要从空间维度研究城市交通问题，更要关注从时间维度上研究人和物的移动效率。

第一节 钱学森城市科学思想

一、回顾钱学森关于建立城市学的设想

解决复杂的城市问题，首先得明确一个指导思想——理论。1985 年，钱学森在《关于建立城市学的设想》一文中首次提出城市学科的概念，他认为城市学是研究城市本身的，是城市的科学理论。他强调："城市建设要有规划，要搞城市学的研究，都是说整体考虑的重要性。城市也是一个大系统，没有系统的整体考虑怎么行！"城市科学不同于城市规划、土地工程、水利工程等以改造客观世界为学问的工程技术，也不等同于政治经济学、地理学等基础科学，是两者兼具的应用理论科学，属于理论科学与工程技术的中间层次，这样一门科学的研究，需要"以马克思主义哲学为指导""用系统科学的观点和方法"。

运用马克思主义哲学来指导这门科学的研究，就是要从辩证唯物主义与历史唯物主义的观点来看待城市，从人认识客观世界的高度来研究城市。系统科学体现在城市的体系性，特别是城市学研究的不仅是一个城市，而是一个国家的城市体系。所谓城市，也就是人们居住活动的区域，是由大大小小的人类日常聚居点所形成的结构，是由人的社会活动需要形成的。不同的时代，生产力和生产关系不一样，此种结构也不一样。这与系统科学的观点相一致，不能将系统割离开来研究，系统组成部分相互都是有密切关系的，所以客观的城市关系是城市科学研究的基础性内容。

除了对城市科学的概念与研究方法加以说明外，钱学森还对城市学的学科属性进行了阐释。他强调城市学属于应用理论科学，但并非一门独立学科，而是与其他学科形成嵌套交叉的关系。如以定量分析方法研究人类客观分布规律的人文地理学，可作为城市学的理论基础；而侧重通过工程技术改造客观世界的城市规划学，则可成为城市学的应用方向。最终形成科学技术的三个层次：第一个层次是直接改造客观世界的，第二个层次是指导这些改造客观世界的技术，第三个层次是更基础的理论层次，最终构成城市规划—城市学—计量地理学这样一组城市科学体系。而搞好城市建设规划，就有必要建立这样一个城市科学体系。

城市科学的重点与特点在于应用复杂系统方法来研究城市问题。1990 年钱学森等在《自然杂志》发表《一个科学新领域——开放的复杂巨系统及其方法论》一文，在系统论的基础上，进一步提出"开放的复杂巨系统"概念。它联系的对象——社会、人、人体、人的大脑、人的思维，还有我们所处的环境，都是开放的复杂巨系统。这样一些系统不能用从前已有的科学方法来处理，那是走不通的。因为开放的复杂巨系统包含了如此众多的复杂因素，必须采取新的科学方法去处理。用开放的复杂巨系统的观点看待这些复杂问题，是一个很重要的创新。从具体应用的系统工程开始，逐步发展成为新的现代科学技术大部门——系统科学，其理论和应用研究都已取得了巨大进展。在系统科学中涌现出了一个很大的新领域，即最早由马宾发起的开放的复杂巨系统的研究。钱学森在《再谈开放的复杂巨系统》一文中提出，"要解决开放的复杂巨系统问题，要建立从定性到定量的综合集成技术，需要这样的（从人工智能、知识系统的

角度来看开放的复杂巨系统问题)结合”,并指出开放的复杂巨系统的四大特征:“开放的”——系统本身与系统周围的环境有物质的交换、能量的交换和信息的交换;“巨系统”——系统所包含的子系统很多;“复杂的”——子系统的种类繁多;由此引出第四大特征——多层次的。这些特征与城市开放性、系统性、复杂性的基本特征相契合,可作为城市科学研究的指导思想理论与方法。

二、国内外城市科学的研究进展与经验

国内外其他学者和机构对城市科学也进行了相关阐述和研究。1984 年 1 月,《中国城市科学研究会成立公报》对城市科学的学科体系架构做了如下阐述:“城市科学是以城市为研究对象的综合性科学,是自然科学和社会科学的有机结合,是基础科学与应用科学在城市的汇合,是一个学科体系。它涉及自然科学和社会科学的许多方面,比如经济学、社会学、人口学、史学、法学、哲学、美学、地理学、国土学、地质学、气象学、环境科学、生态学、城市规划学、建筑学、市政工程学、园林学、交通工程学、城市管理学、城市防卫学等多种学科。”这里明确提出城市科学是自然科学和社会科学交叉的多学科的学科群。周干峙认为,随着社会经济和科学技术的进步以及城市化的迅速推进,城市及其区域已经形成了一个开放的复杂的巨系统,具有一些复杂巨系统的特点:具有联系紧密的层次和系列,系统作用大于系统各部分作用的简单之和,上一层次大系统决定性地影响下一层次的小系统,有边界并总是和更大的系统、旁系统进行种种交换,具有非均质性和相互作用,具有自组织性和自适应性,复杂性和运行的非定常性。他同时指出,城市的复杂性不仅包含海量的科学技术,包括巨大的物质系统,还包括人的因素。如果说人脑是客观世界中最复杂的一个巨系统,那么众多的人聚集的社会系统应更为复杂。所以复杂性是客观世界本质的反映,事物由简单向复杂发展,是可以认识和解释的。从城市这种社会现象产生至今,世界各地的城市发展具有共同的规律:简单的聚落—村镇—初始的城市—多功能的城市—综合复杂的大城市—更为复杂的城市群。此外,丰富的实践也带来了理论的繁荣,继城市地理学之后,城市生态学、社会学、经济学、政治学等学科近年来加强了与城市规划学科的相互渗透,推动了城市规划学科的发展。任致远以过去城市发展的失败教训为参考,指出不按城市科学规律和客观要求来指挥城市发展建设是不行的,必须研究城市科学。城市科学是一门对城市的产生、生存和成长发展进行研究的科学。它是以揭示城市本质、成因、机理、生存条件、系统运转、内在发展规律、外在表现特征和生命力为主要任务的科学学科,是对城市生命体和城市命运进行研究的科学门类。城市发展需要研究城市发展规律的专门科学,即城市科学学科,从历史、文化、社会、经济方面综合地研究城市的发展规律,来作为城市经济、文化建设和发展的指导学科。

国外关于城市科学的研究讨论也由来已久。早在 20 世纪初,苏格兰生物学家、社会学家、教育学家和城市规划理论家帕特里克・格迪斯(Patrick Geddes)就在其 1914 年出版的《进化中的城市》中提出城市学既是历史学、科学,也是哲学和艺术,同时也是政治学。在格迪斯看来,城市学的重点不是提供一种既成的城市形态改造方案,而是“通向新技术城市之路”所需要的城市学研究。新的城市学,乃是区域和城市的统一,是既往部门科学的融合,是对城市和居

民生活的彻底调查,是对城市问题的深入分析和对城市个性和精神的探索。格迪斯的“调查—分析—规划”理论的建立、发展和应用使得城市规划的系统思想由原先感性的、不自觉的认识观,实现了向理性的、自觉的认识观的飞跃。20 世纪 60 年代,受到系统论的影响,西方城市规划理论原来的纯粹注重物质形态的功能理论思想发生了重大改变,城市被当作包含一系列特殊空间子集的复杂系统,是不同土地使用活动通过运输或者其他交流中介连接起来的系统,城市内的不同部分是相互连接和相互依存的,而城市规划的实质就是进行系统的分析和系统的控制。1977 年的《马丘比丘宪章》也从系统论的思想角度批判了《雅典宪章》的功能区分思想,认为“不应当把城市当作一系列的组成部分拼在一起来考虑,而必须努力去创造一个综合的、多功能的环境”,强调城市发展的动态性和各组成要素之间相互作用的重要性、复杂性。在系统论思潮的影响下,城市规划者的角色由过去的设计师向“科学分析者”转变,许多人热衷于采用综合预测方法、建立数学模型,运用计算机来模拟某一系统或多个系统的变化规律,以解决城市科学“量化”问题。

系统论的广泛应用,标志着功能理性主义在 20 世纪 60 年代至 80 年代前后西方城市规划思想中得到极大发展。但是,用纯自然科学的方法来加强规划,并不能解决城市中大量实实在在的社会问题。城市并不是一个完全客观的,可以通过计算模拟来认知的自然物质,它本身的复杂性特别是不断变化的社会性,使得任何定量科学都不可能准确掌握城市发展的全部规律。而新自由主义的发展以及市场化提升带来的个体意识强化,取代了部分政府的决策权力范围。西方一些学者从理论和经验的角度判定:城市规划会逐渐过渡到由多元的政治性组织来完成,其他任何个体、团体都因没有那种综合认知而无法胜任,而且这一决策过程被描述为“分离渐进主义”。大量计算机辅助的数理模型支持理性分析的规划方法被认为“内容虚无、空洞”,对现实问题,特别是社会问题并没有积极影响。到了 20 世纪 80 年代,随着批判日益增多,系统理性规划思想逐渐失去了主导地位。

21 世纪以来,以互联网产业化和工业智能化为标志、以技术融合为主要特征的第四次工业革命正以一系列颠覆性技术深刻地影响和改变着我们的城市。人们的思维方式从传统的机械思维向大数据思维转换,认知方式也逐渐向虚实结合的体验过渡,而我们赖以生存的城市,其资源利用、社会状况和空间利用也正经历着一系列变革。新城市科学学派代表迈克尔·巴蒂(Michael Batty)指出:城市是一个以自下而上发展为主的复杂系统,其规模和形态遵循由空间争夺而导致的扩展规律;认识城市不仅仅是理解城市空间,还需要理解流动和网络如何塑造城市。巴蒂在复杂科学的基础上对城市科学中的区域科学及城市经济学内涵加以系统整理,称之为“新城市科学”(New Science of Cities)。吴志强在《新城市科学》一书的序中写道:“在信息化时代用数字化方法研究城市发展的问题,数字化方法在新城市科学中的重要作用不言而喻。其城市科学的理论构建与应用探索仍在进行中。”

需要强调的是,虽然新兴数据分析和建模技术对于推动“新城市科学”发挥了巨大促进带动作用,但也存在着侧重于技术工具,忽视“技术”与“人”的互动、“信息化”与“城市有机整体”的协调的问题。新城市科学应该从社会—技术的理论框架去思考如何生产、分析、研判数据,并将其运用于具有前瞻性的工程措施和政策措施的制定和实施中,让技术回归服务于人居环境的改善,使城市更健康、更安全、更宜居,成为人民群众高品质生活的空间。

综上所述，城市发展可以充分说明复杂科学的发展，体现复杂科学的规律，以及认识复杂科学对城市科学发展的重要意义。城市科学并非新概念，国内外对城市科学探索的价值共识有：①开放的巨型复杂系统是城市科学的基本理论思想，要比较全面地认识事物，就必须考察事物的方方面面特别是各主要方面的特点，并以此构成事物总的特点。②城市科学是自然科学和社会科学的结合，只偏重其中一个方面而忽略其他方面，则不可能真正解决问题。③伴随着时代的发展，城市科学的内涵和外延得到不断丰富、提高、完善，但所有这些还需要在未来继续实践，再实践，再探索。正如 1997 年 1 月钱学森在香山会议的书面报告中指出的："关于开放的复杂巨系统，由于其开放性和复杂性，……我们必须用宏观观察，只求解决一定时期的发展变化的方法；所以任何一次解答都不可能是一劳永逸的，它只能管一定的时期，过一段时期宏观背景变了，巨系统成员本身也会有其变化……。因此，对开放的复杂巨系统只能作比较短期的预测计算，过一定时期要根据新的宏观观察，对方法作新的调整。"以上三点思想共识对于综合解决城市复杂问题，都有着重要的指导意义。

第二节　当代城市科学的理论思考

一、关于城市的基本认识

城市是社会文明进步的表现。预计到 2035 年，我国 70% 以上人口居住在城市。城市不仅在变大，而且变得更加复杂。我国城市的世界排名不断上升，并带动形成跨行政区资源配置的京津冀、长三角和粤港澳大湾区城市群。城市作为一个完整的不可分割的系统/对象，其问题应该以系统论的思想研究。同时，城市科学理论是自然科学与社会科学交叉的应用理论科学。这意味着研究城市问题要研究人在城市社会的活动规律问题，建立新的思维视角。

城市存在和发展的基本原理，是人们居住于城市，相互之间沟通与合作。城市不只是空间区位的集合，还是不同空间区位之间相互关联的综合体。不同于传统城市规划的空间思维，城市不仅是简单的土地功能分区的空间配置，还包含人在空间中的流动关系，需要以完整网络体系来思考城市问题。信息化时代，数据成为关键生产要素，使时间维度的研究具备条件，并且需要学者和规划师完成从空间维度到"空间维度 + 时间维度"的思想转变。城市科学应当顺应这个转变，研究人们为什么集聚和生活，又如何进行社交活动等，要研究能源供应、城市交通、人居环境以及生态环境影响。

城市发展变化的不可预见性愈加显现。科技全面进步、新型交通工具兴起、物理空间相互作用和可达性的改变带动城市发展范式的转变，是当前阶段城市研究的基础问题。数字时代将改变我们传统认知的空间和距离，也能够促进形成人口从单一地向少数大规模城市聚集，转向同时向众多中小城市转移的趋势。这增加了城市发展的不可预见性，需要在城市发展的格局与问题研究中仔细思考。

人们关心和规划城市的未来。规划未来城市以广义建筑学和社会管理理论为基础，已历经了一个多世纪。城市物理空间状态改变的速度和人们行为改变的速度存在显著差距。城市规划仅研究城市物理状态不足以应对当前城市发展变化的不可预见性。空间是慢变量，人的行为是快变量。在存量提升的高质量发展阶段，慢变量是提高存量实际利用效率，快变量是人对城市发展动力的需求。研究城市科学，要运用系统论、多学科融合的思维和方法，将城市视为物质网络基础上人们活动的需求。

信息化技术进步，数字经济发展，已经是经济社会发展的大趋势。2019 年我国数字经济增加值达 35.8 万亿元，对 GDP 增长贡献率达 67.7%，工业互联网服务企业超 40 万家。当今城市研究和城市规划采用信息分析技术，有序推动数字城市建设，从而实现公共服务均等化。信息化带来生产链的变革，生产组织社会化和社群化制造是数字经济发展的趋势。从信息化到数字经济发展过程中，只有适应并研究信息化带来的变化，才能将规律性研究与社会发展结合起来，有序推动数字城市建设。

二、对“完善城市化战略”的认识

2020 年 4 月 10 日，习近平总书记就国家中长期经济社会发展战略若干重大问题发表了重要讲话，提出“完善城市化战略”。习近平总书记强调，这是我国经济社会发展的重大问题，关键是要把人民生命安全和身体健康作为城市发展的基础目标。要更好推进以人为核心的城镇化，使城市更健康、更安全、更宜居，成为人民群众高品质生活的空间。这是对城市发展的新要求，提出了“我国城市化道路怎么走”的问题。从中心城市到区域发展，强调将生态安全放在突出位置；坚持从社会全面进步和人的全面发展出发，建立高质量的生态系统和安全系统；强调全国城市都要根据实际合理控制人口密度，因地制宜推进城市空间布局形态多元化等。

习近平总书记对我国城镇化发展和城市发展问题，一以贯之地作出战略思考和部署。党的十八大之后不久，中央先后召开了城镇化工作会议和城市工作会议，习近平总书记发表了重要讲话，并下发了《国家新型城镇化规划(2014—2020 年)》和《进一步加强城市规划建设管理工作的若干意见》(以下简称《意见》)。中央城镇化工作会议指出，推进城镇化必须从我国社会主义初级阶段的基本国情出发。要以人为本，推进以人为核心的城镇化。要优化布局，把城市群作为主体形态。要注意处理好市场和政府的关系等。我国城市发展已经进入了新的发展时期。我们要深刻认识城市在我国经济社会发展、民生改善中的重要作用。城市工作是一个系统工程。城市工作要把创造优良人居环境作为中心目标，努力把城市建设成为人与人、人与自然和谐共处的美丽家园。《意见》提出了“一尊重五统筹一加强”的要求。“一尊重”即尊重城市发展规律。“五统筹”即统筹空间、规模、产业三大结构，提高城市工作全局性；统筹规划、建设、管理三大环节，提高城市工作的系统性；统筹改革、科技、文化三大动力，提高城市发展持续性；统筹生产、生活、生态三大布局，提高城市发展的宜居性；统筹政府、社会、市民三大主体，提高各方推动城市发展的积极性。“一加强”即加强党的领导。可以说，“一尊重五统筹一加强”为当前混乱不堪、各自为政、盲目扩张的城市发展指明了方向，为“城市病”开出了“药方”，是今后城市发展的指导思路和要求，具有重大的现实指导意义。

当今城市科学研究的必要性，一是与习近平总书记提出的使城市成为人民群众高品质生活的空间结合起来。以人为核心的城镇化，不仅体现在空间和人的活动，更体现在系统论思想上，特别强调共同富裕。新型城镇化的共同富裕，不是财富的均等，更不是简单地救济穷人，而是培养新的社会格局。该新格局是全体人民教育水平、文化水平提高，人的素质和就业条件提升，社会公共服务能力均等化和容纳非市民在城市生活的理念。二是与习近平总书记倡导的“七大思维”(战略思维、底线思维、系统思维、辩证思维、创新思维、法治思维、民本思维)结合起来。城市科学将城市作为一个完整的不可分割的系统/对象，以系统论的思想研究城市。城市科学是从完整体系来认识，从空间维度和时间维度融合来思考城市问题。三是与贯彻中央城市工作会议讲话精神结合起来。充分认识、尊重、顺应城市发展规律，统筹规划、建设、管理三大环节，提高城市工作的科学性及系统性。四是充分研究国家批复的关于城市群和都市圈的政策文件。结合京津冀、长三角、粤港澳大湾区、成渝城市群等发展规划，以及南京、福州、成都、长株潭和西安等都市圈发展规划，分类引导大中小城市发展方向和建设重点，完善城镇化空间布局。五是发展信息化技术(认知、数据、算法、算力)，推进智慧城市建设。中央智慧城市建设领导小组、住建部提出要把智慧城市建设作为国家信息化的目标。智慧城市建设，是把握时代精神，跟上时代步伐，构建新格局的重要方面。

三、当今研究城市科学的指导思想

城市科学研究应当贯彻习近平新时代中国特色社会主义思想，把握城市学科的时代特征，主要有以下四点：一是当今世界经历着百年未有的大变局。中国经济发展迅速，对世界政治经济格局产生深刻影响。随着我国城镇化建设进入中后期，坚持科技创新推动新型城镇化进程，越来越多的城市参与到国际城市竞争行列，我国城市和城市群正在改变世界格局。二是我国全面建成小康社会，进入建设社会主义强国的新阶段。中国将成为全球投资的热点新兴市场。经济力量由传统先进经济体向亚洲及其他地区的新兴市场转移。三是全球经济重心向亚洲转移的进程加快，预计 2030 年亚洲经济增长对全球经济增长的贡献率将达 60%，国际分工格局面临重塑，由超大规模市场和要素成本比较优势支撑的原有发展路径必须向高质量发展方式转变，而处在改革排头兵和开放先行区的城市群成为承担国际竞争和国家战略的重要载体。四是城镇化进入了由工业文明走向生态文明的时代。相比而言，在未来较长一段时期，我国城镇化率距离 80%还有超过 15 个百分点的增长空间，我们正从工业时代进入数字时代和绿色时代，把生态文明建设放在突出的战略位置，把生态文明融入到经济、社会、政治和文化建设的各方面和全过程，协同推进工业化、信息化、城镇化、农业现代化。

要立足新发展阶段、贯彻新发展理念、构建新发展格局来思考城市科学。人们向城市集聚是国家现代化的一般性规律，城市化进程的影响包括带动乡村社会变革。城市社会是技术进步和工业化的承载体，具有国际竞争力的核心城市及城市群是国家现代化的核心。城市宜居宜业、人和自然和谐相处是现代化应有内涵；现代化过程必然包括对自然资源的利用，要减少对自然环境自我修复能力的干扰并防止造成自然环境破坏。从全球性的视野下看中国的城市发展，虽然城市经济发展前景清晰，但全球气候变化下城市的自然和社会等方面的脆弱性和不确定性是当前城市问题研究的关键与重点。中国是全球气候变化的敏感区和影响显著区，升温速率明显高于同期全球平均水平。我国城市不能再走先污染后治理的工业文明城镇化道路,而是要走实现生态文明的同时带动乡村振兴的中国特色现代化城市建设道路。当前我国仍处于城镇化过程中,针对不同区域面对或可能面临的风险类型,应结合本区域的风险处理机制,增强城市韧性。中国在信息技术领域已进入并保持在全球第一梯队行列,并且创新能力处于与欧美国家“并跑”甚至“领跑”阶段。新冠肺炎疫情之后,大数据查询行动轨迹功能成为疫情防控的有效工具;城市交通,由传统交通网转向网络耦合的发展模式;居民生活保障,由原来的线下依赖转向线上与社区结合的服务模式;日常工作模式,由定时现场办公转向弹性工作机制。新型智慧城市是城市发展的全新范式,全方位资源利用效率和生态保护能力的提高,增加了城市居民的幸福感与获得感。

信息化技术的发展带动人们思维方式、生活方式转变,也带来资源利用效率和生态保护能力的提高。近几年全球治理体系的变革和调整,影响了人类的发展进程和趋势。世界百年大变局是思考城镇化和经济发展的宏观背景。中国的持续快速发展,中华民族伟大复兴不断前进,成为该格局的推动力。城市发展带来的经济总量增长、城市发展格局和城市影响力对我国以及世界城市格局具有重要而深远的影响。我国城镇化走向生态文明时代,信息化已经成为新生的生产力和发展方向,城市治理能力现代化必然选择以信息化为基础。信息化带来思维方式转变等也逐渐成为时代特征。以上提到的时代特点决定了城市研究要聚焦在党的十八大以后国家对城市和城镇化以及城市化战略提出的要求。

提高城市化率或城镇化率水平是社会发展阶段的定量化表述,本质上是为实现城乡的共同富裕,是社会发展的根本目标。要研究掌握全国城市间的人员流动特征,更好地研究解决农民工进城落户问题,推动人口要素更加合理配置,推动实现城乡区域共同富裕。城乡统筹既是一项系统性工作,要通过多领域的公共政策综合作用,引导各种社会经济要素在城乡间优化重组,最终实现城乡和谐发展;又是一项动态性工作,不同时期、不同城市的工作重点存在差异,其实现过程具有阶段性和层次性特征,需因时、因地制定相关政策。城市规划应从以推动经济增长为目标,调整到以构建高质量的城市生态系统和安全系统为基础,以及以推动经济高质量发展为目标。面对跨行政区域生态问题,采用政府间合作方式,协同规划,协同治理,实现区域生态治理;而在行政区内部,以生态环境容量为约束条件科学地规划和控制发展规模,以实现多尺度生态系统保护目标。完善城市化战略提出了以科学视野或者科学方法来探索城市未来的新要求。探索符合客观规律的城市、都市圈和城市群建设,这为当今城市研究学者和管理者提出了城市科学新的研究课题。

第三节 以交叉学科推动城市科学发展

一、交叉学科和交叉科学

交叉学科和交叉科学并非新事物。中国科学院原院长路甬祥指出,在 100 多年里,始终勃兴的交叉科学,包括边缘科学、横断科学、综合科学和软科学等,运用多种学科的理论和方法,消除各学科之间的脱节现象,填补了各门学科之间边缘地带的空白,将分散的学科综合起来,从而实现科学的整体化。交叉科学的意义在于把分化的专业学科综合紧密地联系起来，把过去人为分解的各个环节重新整合起来，解决了分化导致的对自然现象全部内在联系认识的不足。因此，学科交叉往往就是科学新的生长点、新的科学前沿，这里最有可能产生重大的科学突破，使科学发生革命性的变化。同时，交叉科学是综合性、跨学科的产物，因而有利于解决人类面临的重大复杂科学问题、社会问题和全球性问题。

早在 20 世纪 80 年代初，国内一些科教工作者已经意识到，科学技术最容易生长且发展最迅速的地方，往往就在各门学科的交界处，当时就有一种说法——学科交叉与边缘处是科技的生长点或突破口，由此出现的“交叉学科”“边缘学科”“横断学科”“综合学科”等名词也风光一时。彼时，人们还特别热衷于刚从西方引进的一些新学科。如 20 世纪 60 年代萌发的新学科“三论”(系统论、控制论、信息论)在当时热闹地复活起来，以比利时物理化学家普利高津的耗散结构理论为首的“新三论”(耗散结构论、协同论、突变论)也初露头角。在此基础上，北京大学党委于 1984 年制定的《关于北京大学建设与改革的几点意见》中，就已经明确规定了要设置 6 个跨学科的教学科研联合体——环境科学中心、信息科学中心、材料科学中心、生命科学中心、管理科学研究中心和社会主义建设研究中心。其中，仅信息科学中心联合的单位就有 10 个系所之多。需要指出的是，当时北京大学新设的专业基本上都是交叉边缘学科，如文科有社会工作与社会管理、行政管理、国际文化交流、科技情报学等，理科则有信息数学、工程科学(后改为结构工程)、微电子学、环境生物学与生态学等。总之，可将 20 世纪 80 年代看成我国的第一次交叉学科高潮，且那次高潮是与改革开放紧密联系的，是我国从计划经济向市场经济的转变在学科上的体现，同时也是从第三次工业革命到第四次工业革命在学科上所做的准备。

当前，我国已经开始经历第二次交叉学科发展的高潮期。从我国第一次交叉学科发展的经验来看，形成交叉学科要有相对固定、共同且比较复杂的科学或技术研究对象。首先，相关问题必须通过多种思路、方法、手段与工具协同加以解决，因而需要由多学科人员密切协作、互相配合。其次，在协同解决相关问题的过程中，不同学科的领头人必须对母学科有相当深入的理解，能掌握其精神实质和处理问题方法的精髓，并具有一定的融合能力，而不能只是对母学科了解皮毛，难以深入解决问题。再次，交叉学科成员应与母学科保持经常性联系，不断从母学科中获得新知识、新技术的滋养，并在交叉学科中发挥作用；相应地，母学科也可从交叉学科对实际问题的解决中获得新鲜血液。交叉学科与其母学科的经常性交流沟通体现出交叉学科的“开放”本质，而正是这种开放性使交叉学科充满活力，不断更新。

当下的时代，世界充满了不确定因素，大量难以解决的复杂问题不断出现，迫切要求建立大量新的交叉学科。我们需要切合实际地缜密思考如何建立这些交叉学科。交叉学科的活力和优势就在于“交叉”。这种“交叉”体现在开放和包容，不仅对母学科与其他相关学科应采取这种态度，还要扩大到向全社会的各种企业和事业单位开放，从而得到更多协同解决问题的助力。科学技术的发展要不断从邻近学科和相关学科汲取营养，才能发展繁荣。从这一点来说，强调学科交叉比建立交叉学科更重要。

路甬祥指出，为了增强学科交叉和交叉科学，学科体制机制要有一系列重大的变革：在科学发展战略布局中，强调交叉科学与非交叉科学并重，为了改变交叉科学落后状态，目前应更强调交叉科学的发展；在科学政策上，应引导和鼓励研究人员从事交叉科学研究；在组织管理上，应特别重视交叉科学的发展，甚至在具体科研项目、课题中，优先支持学科交叉与交叉科学；营造有利于学科交叉和交叉科学发展的环境，在科学共同体中形成一种鼓励交叉的学术氛围；在新的科学发展时期，在学部结构改革中，也应重视交叉科学应有的地位；要培养能适应学科交叉和交叉科学发展的宏大的科学家队伍。因为没有某一门专门学科的研究可以仅靠本专门学科，以单科独进方式深入下去。为此，应提倡对大学生、研究生的科学教育，加强跨学科教育。

二、学科交叉是城市科学的内在特征

钱学森认为，交叉科学是自然科学和社会科学相互交叉地带生长出的一系列新生学科。现代科学技术体系结构中的九个部门，都是与人类科学知识的最高概括——马克思主义哲学紧密相连的。如果能在交叉科学的研究中用好马克思主义哲学，那交叉科学在我国的发展前途就是光明的。该论述与钱学森提出的城市科学设想一脉相承，从学科层面指明了如何实现城市科学发展可遵循、可实践的路径。交叉学科的融合性、创新性与城市学科的系统性、复杂性具有高度的一致性。

当前，我国城市发展已经进入一个新的发展阶段，市场经济体制改革、城市化战略和数字化建设给我国城市发展注入了强大的动力和活力。城市科学面对新时期城市发展出现的新情况、新问题和新要求，需要打破部门和学科局限，用各种学科的思想方法，通过学科间的交流，来重新认识新型城镇化相关问题，准确把握城市发展规律。未来城市研究是体系工程，需要基于系统思维和设计思维，推动学科融合和创造性整合。通过日益庞大的物联网数据、快速演进的算法与算力，未来城市可以更高效、更精准地匹配人们对美好生活的需求。实现此种城市新图景，传统单一学科难以完全承担，必须依靠多学科的知识，以重大城市发展问题为导向，相互交叉融合，为未来城市发展提供新的知识。

第四节　城市交通学的科学属性

一、对城市交通的本体认识

对城市交通的认识是城市交通学研究最基础的问题。对城市交通的认识理解主要分为三个方面：①交通运输或交通工程中的交通；②城市规划中的交通；③有关行政部门及企业中的交通。

交通运输或者交通工程一般从交通设施和工具，或是客运、货运组织着手研究。一是将城市交通作为交通运输的一种方式，在公路、铁路、航空、内河航运、海运、管道运输之后讲城市交通，即在交通运输的基础上增加城市交通。二是从交通工程学角度研究，将人、车、路、环境等综合在交通工程学这一统一体进行研究，具体包括：对城市居民出行需求的源头引发的交通

产生、分布、分配进行分析;城市土地使用与交通系统规划(包括道路系统规划);交通流分析与交通工程设计、道路设计;交通对环境影响与交通效益分析;交通运行组织与分析;交通管理与控制、交通安全分析、预防措施;等等。

城市规划主要从城市功能布局与城市土地使用来研究城市交通网络的基础设施问题。这一技术路径起源于《雅典宪章》《马丘比丘宪章》中的交通观点。《雅典宪章》将城市交通作为城市的四大功能活动(居住、工作、游憩、交通)之一,即在区域规划基础上,按居住、工作、游憩进行分区及平衡后,建立三者联系的交通网。强调交通引导城市功能布局,提出各种功能区布局要有一个网络将其联系起来,这个网络就构成交通的要素。《马丘比丘宪章》对原有的城市功能分区认识进行了更正,指出在道路分类、增加车行道和设计各种交叉口方案等方面根本不存在最理想的解决方法。城市规划师与政策制定者必须要把城市看作在连续发展与变化的过程中的一个结构体系,它的最后形式是很难事先看到或确定下来的。该宪章还提出公共交通是城市发展规划和城市增长的基本要素,城市必须规划并维护好公共交通系统,在城市建设要求与能源衰竭之间取得平衡。公共交通优先理念一直延续至今并作为规划界研究城市交通的主要原则。在此基础上制定城市规划时,提出通过城市交通的走向,结合环境资源的约束,协调和引导土地使用和城市功能布局;关注城市规划区范围内的交通问题,关注交通外部效应的影响及其处理;规划城市交通廊道;强调公共交通优先的技术措施。

各行政部门及企业的研究往往侧重于自己职责范围在社会或在业务上遇到的问题,以及研究各自业务范围内的行政管理措施或企业策略。这些管理事务的处理过程归纳起来包括:①在现有基础设施的基础上,更加注重人的自由选择,例如公共交通优先发展;②更加注重使人们的出行更有效率,提出"1 小时通勤圈"、改善最后一公里交通等概念;③更加注重信息化和经济政策在城市交通领域发挥的重要作用,综合运用经济、财税、法律等政策治理城市交通;④更加关注降低能耗、减少交通污染,提出绿色交通等概念;⑤更加关注社会现象引起的交通情况(如学区交通、医院交通等),注重用人文社会方法研究人的出行方式和习惯。

事实上,在现实的城市交通设施建设和运行管理中,需要用综合系统的视角来认识理解城市交通,而不能局限于工程、规划等,应该包含政策、社会、经济、生态、地理等不同维度。正如 1995 年 11 月发布的《北京宣言:中国城市交通发展战略》,提出城市交通发展战略的首要原则是满足人和物的移动而不是车辆的移动,并指出城市交通是一个高度综合而复杂的问题,必须从政策、机构、体制、管理、收费与价格、基础设施建设和投资等各个方面同时入手解决。只偏重其中一个方面而忽略其他方面,则不可能真正解决问题。发展政策和规划制定应统筹兼顾,符合四项标准:经济可行性、财政可承受性、社会可接受性、环境可持续性。2021 年,第二届联合国全球可持续交通大会发布的成果文件《北京宣言》也明确指出,可持续交通是可持续发展的核心。可持续交通为人员出行和货物流动提供基础设施和服务,其发展目标包括提高交通通达性,加强交通安全,增强交通系统韧性,提升交通服务效率,减少交通运输对于环境和气候的影响。可持续交通的解决方案应以最佳方式整合各种运输方式的相对优势,使其发挥最大效能。这些共识与我国城市交通的目标和内涵有着显著的相似性。所以,只有综合各视角来认识城市交通,才能全面理解我国城市交通的基本内涵,这也是社会对城市交通的客观需求。

二、城市交通学是城市科学的组成部分

钱学森提出的城市科学并不是学科，而是一个学科的体系。城市交通作为城市最基础、最关键的元素，是城市科学的重要组成部分。由于城市交通学研究城市交通与城市肌理、结构、形态、组织、运行等的关联和前者对后者的影响，城市交通学必须用系统的思维方式，从自然科学和社会科学的角度来完善，从而构建基础理论、技术方法、工程应用三个层次的知识体系。

基础理论，是指将城市交通问题研究和处理当作一个系统，分析系统的结构和功能，研究系统、要素、环境三者的相互关系和变动的规律性，并优化系统。系统强调整体与局部、局部与局部、整体与外部环境之间的有机联系，具有整体性、动态性和目的性三大基本特征。同时，城市交通是一个有机的系统整体，由各个不同功能的子系统构成，各子系统相互耦合、新系统与现有系统相互耦合，促进城市交通的协调发展。城市交通研究需要有战略眼光，既需要解决现实问题，也需要面向未来寻找解决问题的方案。

技术方法，是在系统性和战略性思维下，形成的对下一层次工程应用的技术方法。由于城市交通学具有自然科学和社会科学的交叉属性，城市交通学的技术方法需要应用定量和定性相结合的综合集成方法。概括起来讲，就是将专家群体(各种有关的专家)、数据和各种信息与计算机技术有机结合起来，把各种学科的科学理论和人的经验知识结合起来，形成城市交通发展规律的基本知识内容。这三者本身也构成了一个系统，这个方法的成功应用，就在于发挥这个系统的整体优势和综合优势。

工程应用，是形成直接改造客观世界的学问，也是将基础理论与技术方法进一步落实的具体环节。城市交通的工程应用不仅包含通过通行能力、延误、行程车速等评价指标，定量分析交通设计方案的服务功能与运行效率，通过交通设施设计保障城市交通网络安全、快捷运营，也包括通过政策、法规等管理技术实现城市交通可持续发展的良性循环。

三、城市交通学的理论框架

城市交通学的研究目标是服务于人的需求，组织城市可持续的高效、安全、低耗(低能耗、低污染)运行。研究城市交通应以服务功能和运行效率为主线，既注重工程技术，又注重与法律、经济、财税等之间的关系，体现社会公平和可持续发展。城市可持续的运行要在高效、安全、低耗三个层面实现整合统一。高效指人流、物流的通达、有序，是基本要求；安全是保障流通过程中人、财、物的完好无损；低耗是从城市环境质量的角度要求降低交通的物耗、能耗和排放，保护和改善人居环境。

城市交通学的研究对象是城市交通网络①的构建和运行。强调系统的整体性，即“整体大于部分之和”；明确城市交通网络中各子系统服务功能，探讨各子系统的协调，使城市交通网络

---

① 又称城市交通复合网络，由地面道路系统、快速路系统、公共交通系统、停车系统、物(货)流系统、交通秩序管理系统六大系统要素，以及自行车和人行组织、对外交通枢纽构成。

发挥各系统自身功能和实现系统间的融合，以及发挥各系统要素在相关系统中的作用；区分老城区和新城区不同区域的运行组织模式，维持城市运转，提高其运行效益。同时，城市发展和有机更新，决定了城市交通网络的构建和运行是动态的，构建与运行之间是互动、互补的。城市交通网络构建和运行的效益是提高城市可持续发展的关键。

传统城市交通网络的基本逻辑是“通过增加设施供给来满足交通流运行需求，规划的重点是构建分方式单一物理设施网络并确定建设标准”。然而，面对城市空间与交通基础设施从增量扩张向存量优化的阶段性转变，城市交通网络自身已出现以下诸多变化。

(1) 就城市交通基本要素而言，城市交通网络内存在出行工具的多类别(如小客车、常规公交、轨道交通、出租车、自行车等)，出行模式的多样性(如个体交通、公共交通、共享交通、物流配送等)，以及多个子网络在地理空间上的叠加，即同一空间位置存在道路网络、公交站点及轨道交通站点等多种类型的交通子网络。

(2) 从功能特征上，城市交通网络中的多个子网络还存在空间尺度、拓扑结构、运行规则、控制规则的异质性。此外，就交通服务和决策对象——“人”而言，同时具有复杂反应能力，不同社群之间、不同立场之间存在差异反馈，且反馈是动态变化的，无法通过既有数学模型进行刻画描述。就运行规则而言，即使同一个网络中，不同模式的运行机制也不同，道路网络中的小汽车自主选择路径，而公交系统则有规定的路线、站点和运营时刻。

(3) 城市交通问题的复杂性在于规划与工程设计有明确期限，而城市拓展和有机更新却是一个持续的过程，有期限的设施规划与不受期限约束的城市更新，形成城市交通研究的永恒主题。从这点来看，城市交通网络须应对中长期的空间演变、结构演变，还需要处理短期的需求波动、行为变化、状态变化。

(4) 城市交通网络是开放的复杂巨系统。复杂性来源于子系统种类多，每个主体既参与整个系统的行为，又受整个环境的影响，形成复杂的相互作用，具体体现在城市交通多个主体之间的博弈过程、混合网络交通流的复杂性。非线性体现在主体行为选择、网络演化、影响机理的非线性上。

(5) 多模式子网络的涌现使得多要素的时空整体关联呈现高度的复杂性，与此同时，多模式子网络为跨网络选择行为和需求转移提供了可能，使得“网络需求分析—外部干预引导—个体行为反馈”的网络状态可调节目标成为可能。

面对大城市交通网络化和功能复合化的发展现实，单一系统的研究方法难以准确把握复合网络中各子系统之间的交互关系，需要从物理(设施网络)—信息(信息网络)—社会(社会网络)三元空间维度上探索特征属性和内在规律及相互之间发生的复杂的关联与作用，必须对子系统之间的关联性和协同性加以重视。从城市交通网络构建与运行的综合视角去探索、认识、构建新的城市交通理论框架，不仅需要关注系统内的物理要素之间的关系、不同系统要素间的相互配合，还不能忽视人与系统、环境之间的互动作用，两者是一对动态互补的关系。

概括起来讲，城市交通网络构建与运行相较于既有交通网络规划理论及交通控制、运行理论，更强调服务提供与需求引导并重、供给与需求的双向调整。由此衍生出来的新的理论研究方向有交通行为理论、网络交通流理论、复合交通网络分析理论、交通大数据分析理论、交通治理理论等。衍生过程中需要运用开放复杂巨系统的城市科学思维来指导城市交通学的理论与方法创新。这些创新不可能通过单一学科来推进完成，必须采用多学科交叉的方式才有可能实现。

需要强调的是，城市交通的载体是交通网络，城市交通对策的落脚点和作用效果也体现在交通网络之中，但是，城市交通学并不是把交通网络作为一个孤立的研究对象，而是将其视为城市生命体的有机构成。也就是说，交通网络自身形态的演化，需要从城市的发展过程中加以认识；交通网络状态的变化，需要从城市空间活动和空间要素集聚过程中加以剖析；城市交通网络的效能，要从对城市经济、社会活动的影响角度加以评估。

四、城市交通学的应用理论学科属性

城市交通的研究对象已经从传统的技术系统，拓展为社会—技术系统，这促使城市交通逐渐从学科交叉走向交叉学科，城市交通学正在逐步形成独立完整的学科构架。城市交通学首先力图重新定义城市交通问题，资源和环境约束成为发展的重要前提，交通需求更加注重以人为本的本质属性，可持续发展的理念对于交通规划和管理的指导作用受到高度关注，交通政策在对策体系中的总纲地位需要强化，组织城市高效、安全、低耗运行的目标需要转化为对策体系中的各项具体管理指标，信息化的深刻影响正在被逐步认识。

需要强调的是，随着大数据、云计算、人工智能等技术的蓬勃发展，城市交通的研究方法和数据资源得到极大丰富，分析对象从车辆、系统运行扩展至个体活动，OD 流转向活动流，政策措施干预、个体行为反馈、多模式网络评估的溯源有了更多定量化依据，但由此也出现了“重技术轻应用”“重投入轻实效”的问题。应当明确的是，新技术的科学应用不是以某组数据解释某一现象，而是运用新的信息收集方法、探索建立新的数字模型分析方法、提出政策措施和工程措施。也就是从社会学视角审视居住在城市的人们的基本需求，围绕城市整体效益研究城市交通网络人和物的移动。

城市交通学是自然科学和社会科学的结合，这是城市交通学科学性的具体体现，更是内在要求。在方法论上，城市交通学强调采用多学科的思维和系统论方法来研究城市与交通的协调可持续发展问题，所研究的领域既包含了采用新视角和新理念重新审视城市交通规划、公交运行管理、交通网络构建等传统领域的问题，也包含了从传统社会管理走向社会治理过程中所面临的新问题，同时还将城市交通的空间研究范围从相对封闭的城市空间，扩展到都市圈、城市群范围。归纳来讲，城市交通学的交叉学科属性是建立在新技术发展和新型城镇化背景下，结合社会系统与技术系统特征规律，从制度框架与政策议程、空间结构与行为模式、服务体系与规制政策、对策组织与行为响应等四个方面，研究技术系统对个体、群体活动行为等社会系统的影响，探索社会系统中的制度框架、政策杠杆对交通技术系统的结构优化作用。因此，城市交通学的学科知识体系源于交通运输工程学、城乡规划学、经济学等学科知识内容，但又拥有自身的概念、理论和方法体系，是在中国特色新型城镇化发展过程和未来的迫切需求中破茧而出的学科、知识发展新领域。

城市的发展呼唤着城市科学的革命，需要以“大科学”的发展观建立和构筑中国城市科学的学科研究体系。城市是一个“开放的复杂巨系统”，在其发展过程中，面对错综复杂的自然与社会问题，需要借助复杂性科学的方法论，组织多学科共同参与，从整体上予以探索。城市交通学作为城市科学的重要组成部分，也必须要用系统性思维，以自然科学和社会科学结合的方式来完善。

具体来说，研究城市交通问题，需要以城市总体效益为目标，与经济社会发展、信息技术应用、资源环境约束以及城镇化、都市圈的发展相结合，用创新的思维，寻求从根本上解决城市交通问题的理论方法和系统性的应对措施。对于城市交通网络所涉及的行为机理和系统演化机理，需要从物理—信息—社会三元空间维度上探寻特征属性和内在规律，汲取现有交通运输工程学、城市规划学、经济学、法学等学科知识，发展城市交通学理论，完善城市交通学知识体系，形成适应中国特色的新型城镇化发展道路和完善城市化战略的城市交通学研究，这是城市交通学科学属性的具体体现和内在要求。

第三章
关于城市交通学的几个关键问题

我国发展正面临深刻的变革，所有工作与研究都需要贯彻新发展理念，遵循供给侧结构性改革的总体要求。从一般意义上讲，城市交通研究在现已形成的城市框架下人的出行需求，研究出行方式，即人、车、路、环境的关系，以及交通工具提供的服务，包括客运和货运。进入以城市群为主体形态的城镇化发展阶段，应将城市交通发展置于城市群、都市圈发展的大背景下思考。资源环境约束下绿色出行理念的推进将对城市发展产生重大影响，城市交通发展进入新的历史时期。城市交通的发展目标呈现从关注车行转向以人为本的态势，既关心交通系统效率，也关注个体出行便利，通过规划、财政甚至立法来保障老年人、残疾人、低收入群体的出行基本权利，体现公平；既关心城市的环境保护与资源集约，也关注人的出行环境改善，普遍提出了让出行更加安全、便捷、愉悦的发展目标，体现多元；既关心公共交通优先发展、步行和自行车交通保护，也关注步行和自行车交通与公共交通的衔接，着力于限制核心区小汽车过度使用，体现绿色。一系列新的问题和挑战亟须通过理论创新和方法创新来应对和解决。

本章在对城市交通的本源及城市交通研究目标的进一步论述的基础上，围绕城市交通网络构建和运行、城市公共交通优先发展、城市交通治理等城市交通学中的关键问题进行论述。介绍了城市交通网络的定义、内涵与核心特征，以及由此带来的科学问题，辨析了城市交通网络的构建和运行与既有交通网络规划理论的关系。介绍了对城市公共交通优先发展内涵的再认识，并提出城市公共交通优先发展战略的实施，要以出行即服务(Mobility as a Service, MaaS)理念为主导展开，研究数字化转型背景下多种交通方式提供服务和多元主体企业参与提供服务。提出城市交通治理应聚焦城镇化国家战略、城市公交优先发展现实困境、共享交通服务创新三类重点场域，围绕城市交通治理内部多元主体间的合作关系、外部对新型城镇化的支撑关系两大界面关系，建立系统的、可实施的、可度量的城市交通治理理论体系和技术方法。

第一节　回归城市交通本源的讨论

城市与城市交通共生发展是基本特点,《雅典宪章》明确交通是城市的四大基本功能之一,是居住、工作、游憩的派生功能。城市交通的第一本教材尽管只是英国伦敦警察局长的工作经验总结,但在中华人民共和国成立之初百废待兴的时代显得格外珍贵。随着第一个五年计划实施,以骨干工业带动城市发展,以城市道路为主要内容的城市交通工程启动建设,以自行车为主要交通工具的道路网初步建成。同时形成了我国城市道路和交通的一系列标准,称作《城市道路设计准则》。最初城市道路的横断面仅为机非混行的一块板,后演变为分向行驶的二块板,再后来逐步形成了机非分道行驶的三块板格局。彼时,国产解放牌 4 吨货车是城市道路各要素决策的依据,城市道路的交叉路口的通行效率是交通工程学的重要内容,地面公共电汽车是解决居民就业出行难的机动化交通工具。这些至今仍是我国城市规划和城市建设的基本格局。

20 世纪 80 年代,我国汽车工业发展加快,小汽车开始进入家庭生活,以人—车—路为主要研究内容的交通工程学逐渐兴起。到 20 世纪 90 年代后期,交通拥堵成为城市突出矛盾,汽车排放和大气污染引起政府和社会各界高度重视,在加强城市交通秩序管理的同时,城市交通需求管理进入了城市管理者的视野。信息技术的飞速进步给城市交通问题的研究——特别是城市居民出行需求的研究创造了前所未有的技术条件。此外,技术革命对城市和城市交通的影响不仅表现在交通工具的更新应用上,也表现在人们思想观念和生活方式的变化上,比如去商场购物变成网购物流配送,希望节约通勤时间以使生活丰富多彩,等等。其实,上述回忆都是现象,本质是城市居民来往和生活就业需求的满足。这也意味着城市功能区域仅作为物理空间而存在,不同地区产生联系才能成为真实意义上的城市,因此,从时间维度上讨论城市显得格外重要。

城市交通研究的目标是“服务于人的需求,组织城市高效可持续运行”。其中,服务于人的需求指的是人和物的移动需求。交通作为城市的四大基本功能之一,伴随着城市的产生而出现,人口集中于城市,必然产生就业和生活需求,服务这两种需求,交通是最基本的保障。就业需求的本质是产业发展和就业岗位,以及相应的物流。生活需求指衣食住行的基本需求和教育、医疗、休憩等社会服务需求。这是对城市交通服务需求定义的进一步完善。在不同的历史发展阶段,城市交通面临的问题和解决的对策有所不同,因而城市交通的关注点也在不断变化,但服务于人的需求一直是城市交通的根本目的。

组织城市高效可持续运行是指最有效地服务于人的需求。从一般意义上讲,城市交通研究在现已形成的城市框架下人的出行需求,研究出行方式即人、车、路、环境的关系,以及交通工具提供的服务,包括客运和货运。面对现代社会人们生活方式的多元化、技术手段的创新发展、交通工具的现代化,尤其是当今社会对环境绿色发展的高要求,城市交通已不仅仅是基础设施和交通工具的提供,而要从更广义的服务于人的需求角度研究城市交通问题,更重要的是体现城市整体的综合服务功能与运行效益。

由此可见,“服务于人的需求,组织城市高效可持续运行”是城市交通研究的目标,是城市交通的永恒主题。不同的阶段由于环境、文化、科技水平的变化,人们的生活方式也在发生着变化,对城市交通的诉求也产生了相应的变化。城市的发展、人的需求的演化与城市交通都是紧密相关的。

这里要明确的是,物流(货运交通)是城市交通的重要构成,是居民生活和城市经济生产的命脉系统。将物流作为城市交通学的研究内容,主要是在城市交通网络构建和运行过程中,充分考虑物流的运行特征和对城市其他系统(如环境、噪声、生态等)的影响,通过指定物流配送车辆线路和限制通行来管理。对于生产需要的物资运输,企业原材料的分类输入和产品的集中输出的运输组织,一般要设计专用通道与枢纽和对外交通综合运输体系结合起来,并依托专业化机构或平台统筹组织实现。近年来,随着信息技术发展,生活性物资的物流配送服务体系发展已成为城市和城市交通研究的新课题,关键是物流配送中心的布局和建设以及配送交通工具的小型化与电动化。

第二节 体现时代发展的阶段特征,充实城市交通学研究的目标

近十年来,在国家自然科学基金项目的支持下,各地参与者结合地方工作实践,相互融合补充,不断深化城市交通学研究,完善和丰富了城市交通学的目标内涵,“引言”里已有完整表述。

自2014年以来,随着网络预约出租汽车和共享单车的问世,新业态已成为城市交通学研究的应有内容。同时,信息化技术应用对人和物的移动带来了多方面的影响,比如网购业态出现,大量人的购物出行转化为物流配送;比如新冠肺炎疫情影响下,网上教学和网上办公成为新潮流,改变了城市交通的时空分布;再比如应防疫要求控制轨道交通和地面公共电汽车同一车厢载客人数,北京预约出行的试点是信息化技术改善城市交通拥堵的新实践。因此,需要将“支持新业态发展发挥引领作用”补充至城市交通学的研究目标体系中。

在城市交通学的研究和建设中,城市交通学研究目标中还增加了内容,即“带动培育发展现代化都市圈,增强城市群实力和竞争力”。这涉及我国的行政制度以及财政体制,跨区域设施规划建设运行与城市行政区域内实施机制和机构有明显差异。随着我国进入以城市群为主体形态的城镇化阶段,必须充分认识都市圈和城市群的重要性,必须研究城市交通与都市圈交通和城市群交通的内在关系。

事实上,都市圈和城市群交通一直都是城市交通学研究的内容,在有关研究中都有专门讨论。《城市交通学导论》专节论述,明确指出“上述各类交通概念涉及的交通工具、需求特征、服务功能等可能存在局部的重叠,但各自均有明确的边界,经济、法律、标准以及运行组织方式存在明显差异。以上述各类交通概念为对象开展研究,在尊重工程技术通用性、普适性的同时,更要关注研究对象各具特点这一现实背景下的个性化问题,以兼顾区别化对待和有机结

合为原则，处理好城市交通与都市圈交通的关系，以及综合交通运输与城市群交通的关系”。

2014 年，中共中央、国务院印发的《国家新型城镇化规划（2014—2020 年）》明确指出，我国城镇化进入了以城市群为主体形态的发展阶段。2016 年国家自然科学基金项目“新常态下城市交通理论创新与发展对策研究”分课题二“城市交通、城市群交通及都市圈交通特征研究”中，关于城市交通与城市群、都市圈交通的差异的研究成果，可以归纳为三点：一是，功能内涵的差异性。城市群的核心是城市之间的经济联系，是在城镇化过程中，在特定的城镇化水平较高的地域空间里，以区域网络化组织为纽带，由若干个密集分布的不同等级的城市及其腹地通过空间相互作用而形成的城市—区域系统；都市圈是城市功能空间组织的实际区域，是城市化地区居民活动的自然地域概念，基于对社会经济联系及人的活动空间的识别（主要基于通勤交通）而确定，有时会突破行政边界；城市交通是城市行政区划范围内各种交通方式的综合，其任务是满足城市内人们出行和货物运输的需求。二是，交通需求的差异性。城市群交通需求的重点是长距离的商务出行和货物运输；都市圈交通需求的重点是通勤交通，是服务于将中心和外围构成完整城市功能的需求；城市交通需求的根本在于服务城市活动的组织，源头在于空间布局，挑战在于高密度、高强度、高流量的需求，解决的核心在交通方式结构的平衡。三是，交通供给的差异性。城市群交通供给系统的重点在于强化城镇密集地区交通枢纽地位，提升核心城市面向区域的通达能力和服务功能，构筑与功能中心耦合布局、面向区域的多层次枢纽体系，引导开放性、多中心空间体系形成；都市圈交通供给系统的重点在于中心辐射通道的通行能力的提供以及辐射通道和中心地区的客流换乘组织，多层次的轨道交通网络成为都市区通勤交通的主体方式；城市交通的重点在于加强城市空间布局与交通的协调发展、优先发展公共交通、加强交通需求管理。

需要强调的是，城市交通需求关系并不限定于行政管制空间范围，而是由特定的功能及活动决定，包括生产组织、居住模式、公共服务以及支撑共同享有城市基础设施的一系列税收等管理制度，由此决定的具有规律性、时段强度和空间密度的城市交通问题。交通的便利性推动城市功能及流动在空间上的扩张，城市空间延绵又使得城市交通活动扩散到更大的区域，由此决定了城市交通服务的空间范围取决于活动特征，而不仅仅是城市行政边界。

回顾我国城镇化发展历程，城市空间尺度与人的活动范围的演变存在互动关系，具体体现在城市内部和城市之间，大致可分为独立发展阶段、强核发展阶段、都市圈发展阶段和城市群发展阶段。城市群交通、都市圈交通、城市交通的本源在于服务于某种功能的空间组织，三者服务的对象不同、主题不同，因此需要用不同的分析方法来对其分别进行研究，从而发挥城市交通在以城市群为主体形态的发展中应起到的重要引导作用。

城市群交通以区域网络化组织为纽带，由若干个密集分布的不同等级的城市及其腹地通过空间相互作用形成城市—区域系统。新型城镇化发展下，以经济活动区域化为特点的城镇群内部的互动交流更加活跃。城市群是经济圈，是相互之间有较强的产业关联、资源一体化优化配置的区域，城市群长距离的交通需求主要是商务出行和货物运输，城市群一体化发展的核心是优化配置资源，提升区域经济活力和整体竞争力。要转变以前城市群范围服务依托于单一的核心城市的观点，城市群交通的格局和组织模式要有利于产业集群组织的城市群单元空间布局优化，通过构建多模式交通网络、提供多种交通方式，提高区域的可达性，满足客货运输的需求。

都市圈是由一定规模以上的中心城市及与其保持密切社会经济联系、非农业活动发达的外围地区共同组成的具有城乡一体化倾向的城市功能地域。都市圈的形成是城市化水平达到一定高度的产物，是城市功能区域化组织、职住分离诱发通勤跨行政边界分布的结果。因此，都市圈交通的发展要关注职住关系，注重中心城市与周边中小城镇之间的衔接，促进中心城区与郊区实现城市功能组织的一体化，并通过选择合适的技术形式、交通组织方式以及服务体系来高效经济地满足交通需求。都市圈交通不是城市交通基础设施的延伸，这是由城市行政管理体制特别是财税体制所决定的，需要建立符合各方利益的投资和运行机制。

城市交通主要是指城市行政区划范围内各种交通方式的综合，其任务是满足城市居住人群出行和货物运输的需求。由于城市财政制度、行政管理等原因，应关注城市交通作为一种公共服务对所有城市中活动的人的均等化，体现公平性，并保障城市生态环境的可持续性。

总体而言，为更好地发挥城市交通在以城市群为主体形态的发展中应起到的重要引导作用，城市群、都市圈以及城市内的城市交通要体现核心城市在城市群中对区域经济发展的带动作用，要注重中心城市与所辐射城市的职住联系，要满足城市行政区内的公共服务均等化要求。

第三节　以城市交通网络构建和运行为核心的城市交通学理论体系

城市交通学明确提出城市交通研究的对象是城市交通网络构建和运行，强调研究各类交通工具和各类运行系统之间的融合，其中行人和自行车融合在人和物的移动的全过程中处于独特的位置。这个主题在《城市交通学导论》中已有论述：在城市内部交通、城市对外交通以及城际交通系统中均各有侧重。以上三大范畴以及研究重点之间具有紧密的关联关系，是城市交通的整体性、综合性的集中体现，共同构成了城市交通网络。城市交通网络的具体含义是：由地面道路交通系统、快速路系统、公共交通系统、停车系统、物（货）流系统、交通秩序管理系统六大系统融合构成，并注重六大系统与自行车、行人组织的融合，在“边界”问题上处理好城市交通与对外交通枢纽、场站的交通衔接，在“空间范围”问题上围绕中心城市与形成的都市圈范畴，解决好城镇和集中居住区域的交通衔接关系。

自然科学基金委员会管理科学部应急管理项目“新常态下城市交通理论创新与发展对策研究”进一步丰富了城市交通网络构建和运行的内容，特别提出了“城市交通的直接目标是通过存在于地理空间的交通网络完成人、物移动或信息传输，以满足人的需求，实现城市高效（可持续）运行，由此网络构建和运行是城市交通研究的核心”。

一、城市交通网络的定义与内涵

城市交通是指依托交通基础设施网络、交通服务网络和信息网络等，按照一定的运行规则和规律，在空间、时间维度上持续运行，以实现人和物的空间移动服务，从而满足人的需求和实现城市高效运行。网络已被广泛应用于描述各种物理结构、信息结构和社会结构。网络化是交通系统的自然属性，交通基础设施建设与管理、系统的运营与服务，以及相关调控政策和管理措施对于系统网络化都有内在需求，从“网络”入手是研究城市交通系统的有效途径，也符合现代复杂系统科学的发展趋势。

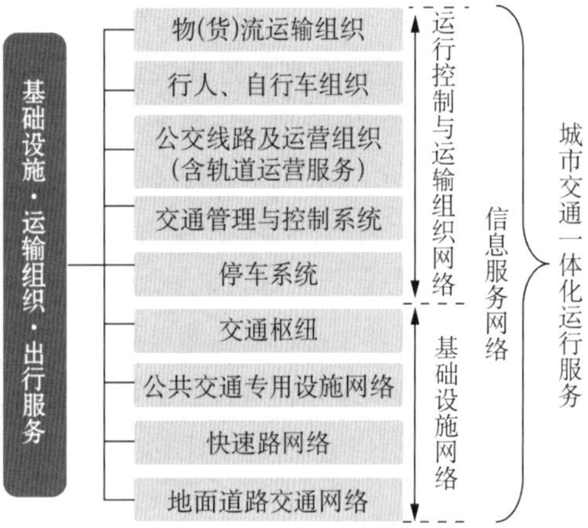

图 1-3-1 城市交通网络的构成

根据城市交通系统的现实存在，将城市交通网络定义为：各类交通基础设施网络、交通运输组织网络、交通信息服务网络的总和(图 1-3-1)，包括城市中人和物的出行所依赖的各类设施、交通工具等物质条件和干预调控等软环境。在城市交通的地面道路交通系统、快速路系统、公共交通系统、停车系统、物(货)流系统、交通秩序管理系统的基础上，根据子系统属性特征进一步将城市交通网络归纳为基础设施网络、运行控制与运输组织网络和信息服务网络三类网络。为应对我国城镇化发展需求和未来态势，将城市交通网络的空间范围界定为“以城市建成区为主，但也包括围绕核心城市的都市圈范围和城市群、国家尺度层面的对外交通枢纽”。

二、城市交通网络的核心特征

1. 多工具、多模式的复合性

城市交通网络中的直接主体包括步行与非机动车、轨道交通、机动车等多种类别，不同类别的交通工具或主体的运行模式和行为模式不同。以小汽车为例，包括出租车、私人小汽车、共享小汽车等不同运行模式，各自的运行机制存在显著差异。不同的交通子网络或交通服务的运行网络在空间上是叠加的。例如，公共交通服务网络、物流服务网络、小汽车交通网络、行人及非机动车网络都基于道路网络运行。空间位置属性也具备多重叠合特征，地理世界中的一个点对应着交通网络中不同的属性表达，一个位置可能同时代表着交通网络中的公交站点、交叉口、出行起讫点等不同属性的对象。

2. 网络多元构成要素的异质性

城市交通网络具有主体异质、子网络结构异质和子网络运行机制异质等多重异质性。主体异质性是指出行者属性、需求、决策和行为反馈是异质的；结构异质性是指道路网络、轨道交通网络和地面公交网络的拓扑结构以及拓扑性能是异质的；运行机制异质性是指同一个子网络中不同方式的运行机制不同，例如道路网络中的公交车辆(按固定线路和时刻运行)和小汽车(出行者自由决策)的运行规则是异质的。

3. 状态的多尺度时空动态性

从长时间周期和大尺度空间视角，城市交通网络与城市整体扩张、收缩、更新和演化一直相伴发生，网络结构和网络性能具有动态性。1977 年《马丘比丘宪章》指出，“城市处在连续发展与变化的过程中，未来难以确定或预测，运输系统的设计应允许随着增长、变化及城市形式作经常的试验”。从中—短周期和小空间尺度视角，交通网络运行状态是短时、局部的动态变化，短时、局部的内外部因素也会显著影响网络状态（例如短时天气变化、交通事故等）。交通网络状态的动态性对交通服务质量以及交通需求的反馈有着关键影响。

4. 网络运行的复杂性、非线性

城市交通网络的异质性和开放性带来了其复杂性和非线性特征。城市交通网络结构、网络控制与网络需求形成复杂的相互作用，且每个网络的构成都呈非线性特征（例如机动车交通流速度—密度—流量关系也是非线性的）。另一方面，网络需求与网络干预的非线性反馈进一步加剧了系统的复杂性。复杂性是对既有交通网络开展相对独立的研究难以实现交通整体性能提升的关键所在。

5. 网络运行的交互性、可调性

尽管城市交通网络具有动态性、复杂性等特征，但其网络容量、网络状态和网络性能的可调节性也是真实存在的，为网络的构建和运行提供了切实可行的依据。通过运输组织（公共交通专用网络）、网络控制、行为及态度诱导和其他干预手段（停车禁令、价格杠杆等）等，实现出行需求满足和网络服务能力提升正在被实践探索，尤其是在各类重大活动的交通组织与管理中。

三、城市交通网络的构建和运行

城市交通网络的构建和运行定义为“以满足人的需求、城市高效运行为目标，通过城市复合交通网络的动态构建与高效运行，即网络结构调整、组织与控制优化和行为机制调整的持续过程，为人与物在城市的移动提供完整、连续、高效服务”。

(1) 研究对象：多模式复合交通网络。随着各子网络的扩张，交通网络趋向多模式网络的复合化发展，居民出行过程也形成多模式衔接或竞争局面，利用多模式的复合网络获得完整出行服务。

(2) 直接目标：提高交通服务供给能力。城市发展和居民生活质量提高持续对交通服务的舒适性、可达性、可靠性、可选择性、社会公平性、环境友好等特征提出要求，也就是对服务能力提出更高要求。需要在基础设施总量不变或受约束的条件下，通过动态的交通网络构建和运行，提高交通网络资源利用效率、交通网络供需匹配能力、网络动态反馈能力和复合网络中不同交通方式协作效率，实现交通服务供给能力提升，满足城市运行和人的需求的动态变化。

(3) 实施手段：以信息技术为支持，采用控制、管理、法律、经济等综合措施。城市交通一直以来是信息技术运用的典型场域，城市交通网络的构建和运行将更加需要以信息技术为基础条件，贯穿于交通需求识别、网络状态分析、网络调控和干预、网络状态模拟和网络效益评估等各个环节。交通网络构建和运行的综合措施则不仅包括技术性措施（控制方案调整、设施重新分配等），还包括通过管理、法律、经济等综合措施（价格调整、法律引导、机制激励等）影响或干预网络主体（出行个体、运营企业、第三方组织和不同级别的政府部门等）行为模式，以实现网络需求再组织、网络资源利用再优化，提高城市交通对城市高效运行和人的需求满足的支持能力(表 1-3-1)。

表 1-3-1 与既有交通网络规划理论的辨析

要点	既有范式	网络构建和运行
逻辑范式	以增加设施手段单向适应需求和带动城市扩张,关注交通系统容量、饱和度、速度	以网络整体优化、组织提供交通服务,并利用交通服务提供引导需求,实现供给—需求的双向调整,以满足人的需求和整体城市运行效益保障
理论基础	以目标年用地—人口—就业的静态分布为依据,确定网络设施规模	面向城市功能—人口—就业分布的动态调整,重新调整网络结构和网络设施利用方式
	不同子系统间的反馈以单一节点的稳态为依据;出行方式划分后以子系统内部的供应满足需求的均衡点确定	以复合交通网络为整体,观测多情景下的不同子系统间的竞争—合作过程(出行者和交通服务提供者的行为驱动),实现复合网络的整体供应—网络需求的整体再均衡
数据手段	小样本的时间断面抽样调查数据(居民出行调查、车流量调查、客流调查等) 10 年的人口、经济、用地普查数据	① 基于连续获取的、多源的、大样本个体位置数据、轨迹数据(人和交通工具); ② 大样本、连续的网络运行和社会背景面板数据
技术方法	基于小样本、集计的时间断面数据进行模拟分析,寻找单一的供给—需求均衡点	基于连续的、个体的面板数据和轨迹数据,基于计算实验的供应—需求的均衡演变过程分析

四、城市交通网络相关的科学问题

现代城市是一个社会与技术系统多重交织的复杂适应系统,具有异质性、相互关联性、规模缩放性、循环因果性和演化性。城市交通学作为城市科学的有机构成,也具有城市科学的普遍性特征。城市交通网络具有的五方面特征使其具有不确定性、复杂性和协同性的科学属性,由此带来三个需要重点解决的科学问题。

(1) 复合交通网络的构造发展机理。包括复合交通网络的结构特征、网络性能度量以及二者的相互关系,复合交通网络在需求驱动和诱发增长双重作用下发展演化的内在规律。复合交通网络的构造发展机理是研究复合交通网络的流通规律,建立网络构建和运行具体方法的理论基础,也是政策、经济等外部干预手段介入时机选择的理论依据。

(2) 异质网络交通流的流通规律和相变机制。包括多模式交通流在不同层次交通网络内的流通规律,子网络拥堵产生机制及跨网络传播规律,异质交通流的自组织行为和平衡过程、平衡点的稳定性,以及异质交通流在子网络和全网络中的相变机制。异质网络交通流的流通规律和相变机制为交通网络设计提供性能指标和约束条件,为网络控制提供状态方程,同时为网络发展演化提供动力机制等。

(3) 复合交通网络演化过程干预和运行状态调控理论。根据网络演化规律和复合网络交通流理论,建立网络结构调整和运输组织优化方法,提出调控网络状态的跨网络集约协同控制理论。复合交通网络的干预和运行状态调控理论既依赖于网络演化和流通的理论,又为网络目标制定、网络流通和相变提供驱动力。

关于城市交通网络构建和运行的研究思维、基础理论以及科学问题的研究已经开展了多年，还将继续深入渐进。既有交通网络研究大多针对交通网络中单一子网络、单一交通方式建立研究方法论，采用还原论的思想，但无法有效应对当前城市交通多元要素交互作用产生的问题。城市交通系统是千万级个体出行与多模式交通供应构成的复合网络，是典型的开放性复杂巨系统，必须运用系统论的思维将城市交通网络作为整体进行研究(图 1-3-2)。要依托信息化实现城市交通网络构建和运行的技术途径，建设城市交通网络构建和运行的信息化服务体系，以数据支撑下的需求管理优化城市交通网络构建和运行(图 1-3-3)。

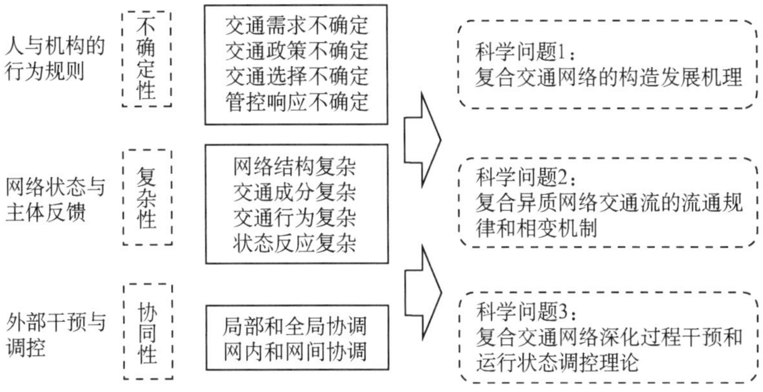

图 1-3-2　城市交通网络构建和运行的科学问题

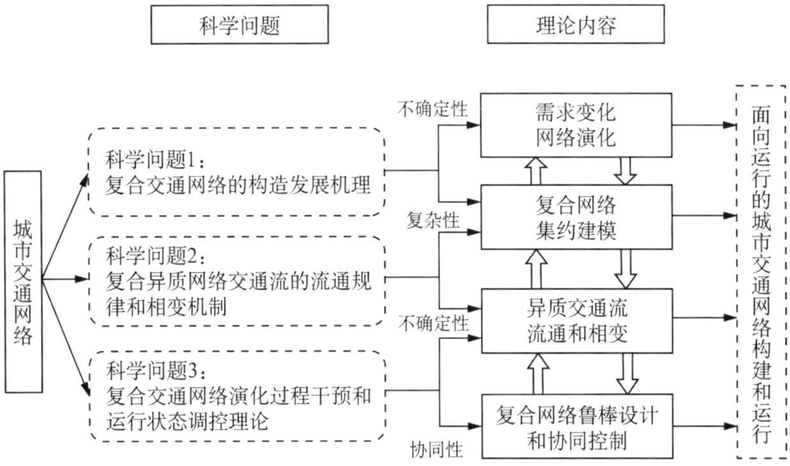

图 1-3-3　城市交通网络构建和运行的理论内容

第四节　城市公共交通优先发展是国家的城市发展战略

区别于发达国家，我国城市公共交通发展历程伴随着城市发展和机动化发展的全过程，而且是先于机动化的。以国产解放牌货车为基础，各地建立的改装车厂是公共汽车生产的主渠道。因此，在很长一段时间内，国家城市公共交通的主要评价指标是每万名居民拥有公共电汽车的数量。随着我国汽车工业兴起，小汽车快速进入家庭。1985 年以来，国务院下发文件，进一步强调城市公共交通优先发展的理念，并制定了相关改革措施和政策支持。2005 年《国务院办公厅转发建设部等部门关于优先发展城市公共交通意见的通知》(国办发〔2005〕46 号)(以下简称《通知》)指出，“优先发展城市公共交通是提高交通资源利用效率，缓解交通拥堵的重要手段”，“优先发展公共交通符合城市发展和交通发展的实际，是贯彻落实科学发展观和建设节约型社会的重要举措”，“各地区和有关部门要进一步提高认识，确立公共交通在城市交通中的优先地位”。

《通知》下发后，各地认真贯彻实施。当时在实践中面对的情况和问题是，“进入 21 世纪以来，城镇化和机动化的双重作用使得城市交通需求猛增，给我国能源安全、土地资源、环境保护、交通运行带来巨大压力。以公共交通优先发展引导城市发展、优化交通方式结构、推动土地集约化使用、实现能源节约与环境友好，是我国城市践行绿色低碳发展路径、实现可持续发展的核心措施，也是建设资源节约型和环境友好型社会的必然途径”。“由于长期以来人们对城市公共交通的内涵认识存在分歧，对支持城市公共交通发展的经济技术政策认识不一，尽管许多城市大幅度增加了公共交通投入，但公共交通仍然与医疗、住房等同样是受民众关注较多而满意程度较低的公共服务问题。相对滞后的公共交通服务水平与人民群众不断增长的机动化出行需求产生了愈来愈大的矛盾，导致小汽车拥有与使用过快甚至过度增长，使诸多城市陷入公共交通发展滞后于个人机动化交通方式—公共交通吸引力下降—公共交通发展环境进一步恶化的恶性循环，成为我国城市可持续发展、国家节能减排目标实现的重大障碍”。“影响中国城市公交优先发展战略实施的问题，首先是‘公共交通’和‘公交优先发展’的内涵均不够明确；公共交通优先发展多着眼于缓解拥堵，缺乏国家层面能源安全、生态环境、集约用地等战略高度的考虑；对公共交通的定位不够清晰，混淆了公益性和市场化的责权界限，对如何在维护公共利益的同时尊重市场规律方面缺乏有效手段；新交通工具、新服务模式的出现未能从战略上给予合理安排。公共交通优先发展未能充分结合我国快速城镇化、机动化背景和发展特点，未充分认识到城市公共交通能够组织引导城市发展的主动性作用，未处理好公共交通与其他交通方式的发展关系，公共交通优先发展体制不健全，缺乏有效的政策、制度保障和评价、监管方法。”①由此，2010 年，城市交通研究团队策划和组织了“我国城市公共交通优先发展战略研究”项目，并于 2012 年 2 月得到了国家自然科学基金委员会的支持，批准为应急科学研究专款项目。

回顾这段历程的目的是强调“我国城市公共交通优先发展战略研究”课题的定位和研究价值。“应急研究项目设立的目的是为党和政府高层科学决策及时提供政策建议，但并不是代替政府进行决策。为了对当前人们所关注的经济、科技和社会发展中出现的一些重大管理问题快速做出反应，为党和政府高层科学决策及时提供政策建议，国家自然科学基金委员会于 1997 年特别设立了管理科学部主任基金应急研究专款，主要资助开展关于国家宏观管理及发展战略中急需解决的重要的综合性问题的研究，以及与之相关的经济、科技和社会发展中的

① 以上内容均引自《中国城市公共交通优先发展战略——内涵、目标与路径》前言。

'热点'与'难点'问题的研究。"[1]课题成果形成了《中国城市公共交通优先发展战略——内涵、目标与路径》专著，最关键的是明确提出了"城市公共交通优先发展是国家的城市发展战略"，并就其内涵作了阐述，推动了 2012 年 12 月《国务院关于城市优先发展公共交通的指导意见》(国发〔2012〕64 号)(以下简称《指导意见》)的颁布，在国家层面正式提出"实施城市公共交通优先发展的战略"。

城市交通学理论体系以城市交通网络构建和运行为核心，其中城市公共交通系统的效用是十分关键的话题。换言之，在以城市交通学为主要内容的城市交通学科建设里，应将城市公共交通优先发展战略的实施放在突出位置，并不断实践和深入研究。在《城市交通学导论》里，专门设立的"6 城市公共交通优先发展"一章，主要是以"我国城市公共交通优先发展战略研究"课题成果为基础的介绍。我们始终认为，城市公共交通优先发展的实施，是各地政府一直十分重视的工作，并且取得了长足的发展，同时实施中有许多新情况新问题，也还存在认识不一致的地方。为此，我们在国家自然科学基金委员会管理科学部 2016 年应急管理项目"新常态下城市交通理论创新与发展对策研究"中设立了分课题三"公共交通优先发展理论和 TOD 理念为导向的城市规划实施评估研究"，在 2018 年重点项目"城市交通治理现代化理论研究"中设立了分课题三"城市公共交通服务协作共建与优化方法"。本书下篇中设立了"第七章 新发展阶段，城市公共交通优先发展对策"，概要总结颁布《指导意见》以来的成效和问题，详细讨论对策。这里围绕城市交通学研究目标和城市公共交通优先发展战略的内涵，就实施的关键问题进一步谈点认识。

一、关于城市公共交通的可持续发展

自 2012 年 12 月国务院下发《指导意见》以来，城市公共交通发展取得了长足进步，设施供给能力不断增强、车辆装备提质升级、多样化服务持续推进(详见本书下篇第七章)。特别是中国城市轨道交通发展已具有较大规模，截至 2020 年，44 个城市共有 226 条轨道交通线路，总里程达到 7 354.7 公里。超大、特大城市的城市轨道交通设施经历了由线到网的发展历程，初步形成了与城镇化地区相互协调的城市轨道交通系统。同时，全国公共电汽车总量由 2011 年的 45.33 万辆，增加至 2020 年的 70.44 万辆，对缓解城市交通拥堵、引导优化城市空间布局、改善城市居民出行起到了重要作用。近些年来各地还应对市场变化，支持新业态发展，差异化多样化服务模式的探索创新正在持续推进。

如何评价城市公共交通优先发展战略实施效果，讨论城市公共交通可持续发展的经济效益、社会效益、环境效益，是敏感而又现实的问题。将最关注点概括起来讲，政府财政补贴无论占财政收入的比例，还是占财政支出的比例都在持续提高，导致政府财政的支持能力持续下降。人们选用城市公共交通工具的比例在提高，但使用小汽车出行比例没有明显下降，有的地区不降反升。城市公共交通系统内部，轨道交通服务能力显著增强，但地面公共电汽车数量增

① 以上内容引自《中国城市公共交通优先发展战略——内涵、目标与路径》"国家自然科学基金应急项目系统丛书"总序。

加、载客量下降是普遍现象。日客流量时空分布不均衡是一般规律,直接影响企业经营成本和总体能耗,能耗也可以认为是碳排放问题。是否可能通过特许经营权制度改进企业组织运行方式是尚需研究的重要课题。

对上述现实问题产生的根源进行深层次分析:一是,城市公共交通系统与职住空间契合度不高。通勤通学过去是、现在仍然是由城市公共交通承担的主要服务项目。根据《2022 年度中国主要城市通勤监测报告》,我国主要城市仅 45% 的通勤人口能在 45 分钟内乘坐公共交通完成通勤。北京轨道 800 米覆盖通勤人口比重仅为 20%,45 分钟内能够通过公共交通完成通勤的人口比重仅为 31%,上海相应的数据分别为 26% 和 41%。究其原因,既要认识到战略的实施和改善成效的取得是一个长期过程,又要认识到城市公共交通优先发展战略的整体概念还没有建立。系统内部,各类交通工具分治;轨道制式较为单一,与地面公交布局和服务模式不匹配;出租汽车定位不清晰,目前提供叫车服务的同类市场主体实行不同的政策导向和价格机制。系统外部,比如对 15 分钟生活圈建设、机动停车设施建设和城市公共交通枢纽站、骨干线路和站点间的衔接等问题缺乏研究。二是,城市公共交通各种方式缺乏融合发展的机制。门到门、户到户是人们出行的根本需要。大运量城市公共交通方式具有集约式特征,也是公共服务提供的主要形式,"换乘"和最后一公里是人们出行选择乘用公共交通工具的瓶颈。轨道交通有专用通道和车辆,地面公共电汽车运用公交专用道和 BRT 方式都立足于发挥公交优势,但在建设中都存在障碍。实践中,必须将定制公交、出租汽车、共享交通、共享单车等与定线定点的大运量方式结合起来,将轨道交通规划、地面公交线网规划、居住区规划转换成以枢纽和换乘站点及其停车场点展开的、多种交通工具融合的城市公共交通规划。尤其是当前轨道交通已经成网的城市,应当改进地面公交规划方案,指导提高城市公交效率。三是,如何发挥市场配置资源优势和更好地发挥政府作用是城市公共交通面临的巨大挑战。我国城市公共交通系统的经营模式尽管形式上多为由企业主导,但无论是超大城市、特大城市,还是中小城市,都普遍高度依赖政府财政支撑。一般而言,轨道交通建设资金主要依赖城市政府的平台公司支撑,运行资金不足由平台公司补充或者城市财政补贴;地面公共电汽车的购车资金和运营补贴更多依赖城市政府财政补贴。这种机制的形成有一定的合理性,即政府支持公共服务的基本职责;也存在不合理的方面,城市公共交通服务不是基本公共服务内容①。关键是企业经营权制度设计(正确处理政府与企业责权关系)和票价制度设计(公交的票价属于地方政府定价目录的范围,考虑使用者合理负担和企业运行效率、政府社会管理之间关系)能否发挥市场机制在资源配置中的重要作用。

城市公共交通系统的经济效益、社会效益、环境效益问题,关系到全面认识城市公共交通优先发展战略的内涵。不能局限于轨道交通和地面公共电汽车的服务方式,而要从和城市转型发展关系的研究出发,注重轨道交通建设与土地存量发展之间的互动,注意发挥市场机制在城市公共交通建设中的作用,注意处理城市公共交通建设与运营中地方财政收入和企业财务费用收支之间的关系。

---

① 根据国务院发布的《"十三五"推进基本公共服务均等化规划》,八大领域的基本公共服务包括:公共教育、劳动就业创业、社会保险、医疗卫生、社会服务、住房保障、公共文化体育、残疾人服务。

二、关于城市公共交通优先发展战略内涵的再认识

尽管《指导意见》在国家层面正式提出实施城市公共交通优先发展战略，但总结十年来的贯彻执行情况，各城市对公共交通优先发展战略内涵认识的不一致，仍然是城市公共交通发展中的突出问题。为此，有必要再次进行讨论。

回顾"我国城市公共交通优先发展战略研究"课题成果："该课题系统、完整地阐述中国城市公交优先发展的定义，强调城市公交优先并非一般意义上城市内部公共交通工具运行的优先，而是大力倡导集节约土地资源、节能减排、改善人居环境等要素于一体的科学的城市发展模式。从公交优先发展的差异化需求、公共政策扶持体系、规划编制、设施建设资金筹措、运营管理、立法保障、效果评估等方面，提出中国城市公交优先理念与发展目标、基本原则与目标体系；总结国内外城市公交优先发展成功经验及失败教训，评价城市公交优先发展与改革策略的适应性，提出适用于中国的城市公交发展模式选择与改革途径；考虑中国城市公交分级服务体系和多元公交协调发展机制，对不同类型城市提出规划、建设、管理方面的实施建议，以及各个层级的公交优先发展保障政策及实施的监督—评价—反馈体系。"①现在着重介绍课题成果中，城市公共交通优先发展战略的内涵和实施绩效评价与监管体系两部分的主要内容。

首先介绍城市公共交通优先发展战略的内涵，具体表述为："在城市行政区域里，通过优先配置资源，构建适应市场机制、政府调控监管的、符合当地经济社会发展阶段、由多种类型企业等经营机构提供均等和高效的公共服务的公共交通体系，引导出行者优先选择，引导城市集约利用土地和节约能源、保护和改善人居环境。"②具体见表 1-3-2。要特别强调的是，城市公共交通优先发展战略的内涵，包括实施区域、资源配置、发展阶段、实施主体等方面的要求，尤其应当注重其中的两点：一是出行者优先选择，二是政府与市场关系。事实上，前文对城市公共交通系统问题的分析，可对应此内涵来进一步讨论。国家层面政府主管部门在建设"公交都市"活动中，突出了大运量交通工具，收窄了城市公共交通系统服务方式，建设运营过度依赖政府财力，公众使用付费低和选择使用率（尤其是地面公交）有待提高等问题并存。也应当指出，我国快速发展过程中土地利用和大运量公交特别是轨道交通发展存在时间差问题，存在客流培育的过程，下文中将谈到信息化时代城市公共交通发展模式探索的问题。

表 1-3-2　城市公共交通优先发展战略内涵解读

关键表述	内涵解读
城市行政区域	由公共服务属性和财政体制决定

① 引自《中国城市公共交通优先发展战略——内涵、目标与路径》。

② 在《中国城市公共交通优先发展战略——内涵、目标与路径》中有详细论证，在《城市交通学导论》第 6 部分中也有详细解释。

(续表)

关键表述	内涵解读
优先配置资源	包括政策、规划、建设、运营、管理等方面优先配置资源
适应市场机制	市场机制是配置公共资源的基础,资源的配置必须符合市场机制
政府调控监管	政府的调控手段是规划调控、财政调控,应当实行特许经营权
符合当地经济社会发展阶段	适应经济发展水平、财政收入和社会承受能力,要适应社会主义市场经济改革的阶段,要适应城市定位和规模
多种类型企业等经营机构提供	由经营企业和机构提供公共汽(电)车、轨道交通、出租汽车、轮渡、租赁自行车等
均等	任何人都有平等的使用权
高效	出行成本低和时间短

城市公共交通优先发展战略实施评价与监管体系的主题思想是:"城市公共交通优先发展战略实施过程中涉及政府(中央及地方)、公交企业和社会公众三个主体,需要三者相互配合、相互监督,才能促进公共交通优先发展战略的顺利实施,保证公共交通优先发展政策的充分执行"①。围绕城市公共交通优先发展战略的实施监管与反馈机制,从实施与推进态势评价两方面提出了参考的指标体系。反思评价指标体系,从初期的城市每万人拥有公共汽车标准台数,到中期的城市公交分担率评价②,以及现在开展的"国家公交都市建设示范城市"评价指标体系,有几个方面需要慎重考虑。一是未对"公交都市"进行明确定义,易导致实施推进过程中"公交"与"都市"被割裂对待,混淆"公交都市"与"城市公交"的概念。二是一个区域的公共交通服务与城市形态互相配合默契,可以有效发挥公交优势。经常被引用的"公交都市"理念的原著《公交都市》(*The Transit Metropolis*)中将公交都市划分为4种类型,即具有适应能力的城市(Adaptive Cities)、具有适应能力的公共交通(Adaptive Transit)、强中心城市(Strong-Core Cities)、混合型具有适应能力的城市和公共交通(Hybrids: Adaptive Cities and Adaptive Transit)。而我国城市形态问题复杂得多。三是评价指标的选取需要对行业内企业服务能力和水平进行评价,更重要的是需要从城市整体对公共交通服务水平进行评价,人的出行行为不能局限在大运量公共交通工具服务上评价,或许是收窄城市公共交通内涵的直接后果。

三、进入信息化时代,城市公共交通发展模式的探索

我国城镇化进入了新发展阶段,课题回顾了我国城市公共交通优先发展与交通引导城市发展(Transit-Oriented-Development, TOD)实践,在总结取得成就的同时,深刻反思了我国城市交通面临的若干挑战。课题提出,只有跳出城市公共交通自身做强做大的认识局限,从国家的城市发展战略的高度和引导城市发展模式转型的视角出发,采用多学科、系统论的方法,统筹

① 引自《中国城市公共交通优先发展战略——内涵、目标与路径》。
② 详见《城市公共交通出行分担率研究》。

考虑城市公共交通与小汽车的关系、城市公共交通与城市功能布局的关系、城市公共交通与不动产资源配置关系，才能准确、全面贯彻实施“城市公共交通优先发展”战略。建议国家要求各城市建立自己的城市公共交通可持续发展目标，在从高速度发展向高质量发展转型中，可以围绕经济效益、社会效益、环境效益问题设立指标。

新发展阶段，城市公共交通优先发展战略的实施，要按照城市性质和规模建立提倡绿色出行、提高自行车服务能力、鼓励并支持步行实现基本生活保障的城市公共交通服务体系。“数字化转型不仅仅表现为新技术应用，同时对社会生产方式、社会治理的组织方式以及解决问题的思维方式均带来深远影响。”《数字化转型下的城市交通治理》①一文表达了有关意见，概括讲述了 MaaS 和城市公共交通服务。研究城市公共交通优先发展战略实施的方向，超大、特大城市应统筹轨道、地面公交、出租汽车及公共自行车协同发展，建立以轨道交通为骨干，地面公交为支撑，定制公交、出租汽车、共享单车等为辅助的公交服务体系。大城市应坚持发展地面公交为骨干的城市公共交通服务体系，同时依托于信息技术，整合不同出行服务供应商，形成“出行即服务”的一体化服务模式。

城市公共交通系统效率提升，关键是定线定点定时定方式运行的轨道交通和大运量地面公共电汽车效率的提升，方法是寻求与辅助的服务于“最后一公里”的公共交通工具使用的结合。借助信息化技术，进行出行服务组织模式的创新探索，可以建立第三方服务体系，更重要的是可以探索地面公共电汽车实行区域服务的特许经营制度，明确政府提供推进 MaaS 的环境保障和考核标准，要求服务企业开展 MaaS 服务。在新冠肺炎疫情防控期间，为降低人流密度和提升出行体验，2020 年 3 月，北京地铁在昌平线沙河站、5 号线天通苑站开展了预约出行的试点工作，该试点工作持续至今，已经初步证实了这种模式的可行性。总结经验，还要探索如何建立起公共交通企业的责任，将主体责任采用区域特许经营制度，与企业经营效率挂钩。

总之，对于城市发展进入存量高质量发展的新阶段，城市公共交通优先发展战略的实施，要以 MaaS 理念为主导展开，研究数字化转型背景下多种交通方式提供服务和多元主体企业参与提供服务。在高密度人居环境和资源环境紧约束条件下，城市交通治理理论的资源配置机制和利益协调机制可为城市公共交通体系结构优化、城市公共交通衔接服务优化和城市公共交通服务治理评估提供改进方法。

第五节　城市交通治理是城市交通学的内在应有之意

城市交通学的研究目标是服务于人的需求和组织城市可持续运行，二者是同一框架下不同利益主体、多元权力及权利和权责关系的协调统一。城市可持续运行的物理载体是城市交通复合网络，现象是人和物的移动；人的需求得到服务，体现出行需求和生活生产物资在物理载体上获得；政府承担起为纳税人提供公共服务的义务和规范企业服务行为的责任，权衡各利益主体得失与城市可持续运行公共利益，由此提出政策，包括基础设施建设和运维管理。

---

① 详见《城市交通》2022 年第 1 期。

以城市交通学为主要内容的学科建设的根本目的是实践应用，必须建立政府、企业、社会、公众之间的协同关系，建立不同利益主体之间的价值—信任—合作关系。价值认同：关于城市交通基本观点的再认识。坚持需求管理战略，要重视信息技术给解决城市交通、城镇化问题带来的机遇和挑战。坚持综合协同战略，突出三个协同，即复合网络多模式交通的协同、城市交通与城市的协同以及城市交通、都市圈交通与城市群交通的协同。坚持城市公交优先战略，要思考公交改革、出租车定位与发展思路等重要问题。信任构建：以可信赖服务强化信任关系。公众需要诚信出行，共同创造有序、文明的城市交通环境。政府需要基于充分的调研及研究论证，制定透明且权威的交通规制，让公众在透明的信息环境下安心地享受城市交通出行服务。提供公交、出租车、共享出行等服务的企业需要采取高效、精细化的管理措施，保障出行安全、数据安全，提供可靠的服务保障，全面提高出行服务品质。合作治理：明晰权责划分。公众的主要任务是以开放的心态对待新技术、积极配合治理决策中的公众参与环节，客观公正地反馈信息。政府的主要任务是完善城市交通治理的体制、机制及评估体系，制定相关法律法规，提供必要的保障。企业的主要任务是研发先进的技术，在法律规制范围内提升数据采集能力、提高数据安全性保障及数据处理效率，根据城市交通治理的应用场景，协助政府搭建分析平台、分析模型以及开发决策支持工具。

由此，基于多元主体利益诉求，构建利益相关者合作博弈模型，以公共目标和公共价值为导向，以数据的量化分析为支持，探寻由价值认同向情感信任、利益合作传导的机理，建立政府—企业、社会组织—公众等多元主体之间的协同机制和实施具体干预措施。团队在“服务于人的需求与组织城市可持续运行融合一体”的目标下，提出了物理、信息、社会三元空间视角下的城市交通治理理论。

一、城市交通问题应对范式的创新需求[①]

城市交通问题是“城市病”的突出体现，是世界性难题。作为实现人流、物流空间移动的载体，城市交通与就业机会获取、生活质量提升等民生问题息息相关，成为体现出行权益与社会公平、公正、共享的焦点场域。尽管交通管理受到城市政府高度重视，但小汽车增长导致交通拥堵、尾气污染等“城市病”暴发，而需求管理政策却难以形成共识，城市公共交通优先发展政策推动多年却收效甚微，已凸显当前城市交通管理模式的困境，倒逼城市交通发展理念更新、理论重构与方法创新。近年来，随着移动互联网与智能手机等新技术的应用普及，网约车、共享单车、共享汽车等新型交通服务模式与业态不断涌现，在改善公众出行便利性的同时，也引发了一系列新的交通与社会矛盾，如网约车不仅冲击传统出租车行业，也模糊了拥有与使用、营运与共享的界限；共享单车不仅引发了对国民素质与社会公德大讨论，也提出了公共空间使用规则、企业与用户的信任困境、政府与企业责任分担等新问题。

新老矛盾交织与新旧利益碰撞，城市交通已经呈现出与以往差异显著的基本特征

① 本部分为 2016 年应急管理项目“新常态下城市交通理论创新与发展对策研究”中分课题一“国内外城市交通理论和方法的研究分析”的主要观点和内容。

(表 1-3-3),交通服务共建、共享、共治成为新要求和新趋势。提供安全、高效、公平的交通服务以满足人的活动需求是组织城市高效运行的基本要求,对城市交通发展的认识,必须由提供基础设施向提供均等的公共服务转变;衡量城市交通的发展,也必须向能否满足人的需求、能否提高交通服务共建共享水平转变。政府包建、包管的交通管理手段,既不能解决旧矛盾,也无法应对新问题。必须打破对传统城市交通管理的路径依赖,从设施建设管理、系统运行管理和行业管理范畴向公共服务供给和社会治理转型。

表 1-3-3 城市交通问题与特征演变

核心关注	问题焦点	解决问题的学科知识	解决问题的核心理念与价值	解决问题的基本手段
交通资源配置	交通功能冲突	工程科学	功能合理,效率优先	政府管理
交通需求—供给匹配关系	交通政策选择	公共管理	公共选择,社会秩序	
多元交通需求间的矛盾	多元交通主体利益冲突	管理学、社会学	利益协调,公平优先	协同治理

城市交通研究与实践说明,任何单一的对策(如道路交通拥堵的治理)或对单一系统的改善(如公共交通系统线网与票价调整),都不能对综合交通体系甚至交通模式的结构产生决定性影响。北京奥运会、上海世博会等大型活动交通的成功经验,证明了将多模式交通网络作为一个整体,同时通过政策和信息对交通行为、交通系统进行干预与调控,是城市综合交通体系构建与完善应遵循的基本规则。

综上,城市交通不是单纯的工程技术问题,而是一个涉及多学科的复杂公共治理问题,解决城市交通问题的手段也应从工程和管理向社会和治理方向转变。当前,中国正进入新型城镇化发展时期,城市群成为城镇化主体形态,深化供给侧结构性改革与经济转型发展同步推进,交通也由城市发展的配套设施转变为调控城市发展模式、引导城镇群健康发展的重要手段。在此背景下,城市交通发展既要面向国家战略,也要面向现实问题,更要面向未来前景。

二、城市交通治理现代化理论创新需求①

1. 城市交通治理重点场域

城市交通治理应聚焦城镇化国家战略、城市公交优先发展现实困境、共享交通服务创新三类重点场域,着重处理两大界面关系。

第一,城市交通对城市群为主体形态的新型城镇化的支撑关系。发挥交通引导城市发展的作用,通过交通治理落实增强城市群的综合竞争力,培养中心城市都市圈发展,带动以县城为重要载体的城镇化等国家确定的重大城市发展战略,重点是解决好跨行政区域政府和不同层级之间的合作协同机制,并对新技术发展趋势下城市未来发展前景提出前瞻性引导策略。

第二,城市交通内部多元主体间的合作关系。坚持以公交优先组织和改善城市空间布局,

① 本部分为 2018 年重点项目“城市交通治理现代化理论研究”中分课题一“城市交通治理基础理论”的主要内容。

提升改善通勤时效和提高公共交通运行企业服务水平。基于城市交通设施供给和运行服务是公共服务的基本属性定位，构建政府主导的政府、企业、社会组织、公众多元主体“价值—信任—合作”新型关系，改变当前政府为主体的交通管理模式，通过参与主体重组、权益关系重构、行为模式重塑与治理绩效重估，提升交通服务共建、共治能力与共享水平。

针对上述三类重点场域和两大界面关系，需要从城市交通治理基本理论、核心内涵、治理工具三个层面开展基础研究，探索以交通服务为对象、以权益关系为内核、以大数据为技术支撑的交通治理现代化理论体系，为解决城市交通新老矛盾交织与新旧利益碰撞提供新的研究范式和实施途径。这既是解决交通“城市病”的现实需要，也是落实与提升国家及城市治理能力的战略需要和具体抓手。

这里要特别强调，第二界面是在同一行政建制中的设区城市政府，尽管也存在政府的层级关系，但建立多元一体的治理关系相对于第一界面较为容易。第一界面的城市交通对城市群为主体形态的新型城镇化的支撑关系，既是难点又是重点问题。这取决于我国行政制度和发展阶段。20 世纪 80 年代以来，国家主要以调整行政边界的方式去解决发展中城乡关系和相邻建成区发展关系问题，建区城市的市域范围大，据统计数字显示，80% 以上是农业地区，公共服务比较完善的建成区，以中心城区与分离隔离的建成区，共同组合形成城镇体系布局。2014 年新型城镇化规划指出，我国进入以十九个城市群为主体形态的发展阶段，亟待探索相关地区和部门的利益协调机制，实现“规划同图、建设同步、运输一体、管理协同”机制，以解决我国跨区域交通一体化发展问题。

2. 城市交通治理的理论需求

公共治理的理论发展为城市交通治理理论研究提供了有益的一般性理论分析范式，但目前的理论框架中宏观多于中观和微观，治理目标、价值、过程、工具和能力之间的联系还没能被清晰描述，研究方法的科学性、系统性、针对性较为薄弱。从现有研究来看，人文和技术的交融、治理的多元化和技术的信息化是公共治理理论发展的未来趋势，也是学科交叉发展的未来方向。治理理论建模的技术化表达越来越倾向于基于大数据分析和多层次、网络化治理模型的运用。

城市交通治理研究是城市交通发展到新阶段的理论支撑和转型发展的需要，既要继承城市交通学科已有理论方法，更要引入公共治理领域的理论成果与方法体系，结合城市交通治理的特点与要求进行多学科交叉研究。重点开展以下三个方面的理论创新研究。

创建城市交通治理现代化理论，完善城市公共治理体系。从政府主导的治理模式、价值与共识达成及推进机制、社会行为模式引导机理等方面，建立城市交通治理现代化理论内核。所提出的城市交通治理框架、治理结构、治理评估的理论方法，是我国新常态城市治理体系不可或缺的组成部分，与现有的公共交通优先理论、城市交通网络构建和运行理论共同完善、发展城市交通学科理论体系。

创新城市交通治理范式，成为国家治理现代化水平和城市治理现代化能力提升的标杆。直面现实问题，以交通服务的共建、共享、共治为价值导向，明晰政府—企业—公众在机动化进程中的合作共赢机制、公共资源的公平共享，形成新型城镇化要求下可实施、可推动、可评价的城市交通治理范式，完善现有公共治理研究宏观—中观—微观完整框架体系的理论范式。

基于大数据建立支持城市交通治理创新的技术方法。针对城市交通治理涉及参与主体重组、权益关系重构、行为模式重塑与治理绩效重估，通过交通大数据与社会大数据的融合和系统开发，形成对城市交通治理价值辨识—信任度量—合作效益的平台交互、过程跟踪和效果评价能力，为城市交通治理从工程—技术系统向复杂、开放的社会—技术系统转型奠定基础。

三、城市交通治理的理论体系

鉴于当前城市交通治理理论研究碎片化的现状，城市交通治理理论建构应围绕城市交通治理内部多元主体间的合作关系、外部对新型城镇化的支撑关系两大界面关系，建立系统的、可实施、可度量的城市交通治理理论体系和技术方法。城市交通治理的基础理论包含以下三个方面。

(1) 城市交通多元主体协作关系理论。研究政府、企业、社会组织、公众等多元城市交通主体间协作关系生成动力，分析法律法规、利益分享、价值认同、道德约束等要素对多元主体间信任、协作关系的驱动作用。建立多元主体协作关系识别与划分方法，剖析其演化规律，提出协作关系维系和提升策略。

(2) 基于协作的城市交通服务共建理论。将城市交通服务分为提供、生产、消费和评估4个环节，面向网络构建和运行的交通行为理论需要面向出行个体，建立出行过程识别理论，建立人的需求与交通行为的关联机理，研究网络状态—交通服务—交通行为的相互作用效应，研究各类主体行为与外部干预之间(信息、经济等措施)的反馈效应；在分析不同交通模式(方式链)排他性、竞争性和外部性的基础上，综合考虑资源配置效率和公共利益保护，提出各类交通模式服务提供机制与生产机制，明确政府、企业、社会组织在服务提供和生产中的职责、权益，建立基于协作关系的服务生产准入制度、奖惩制度、退出制度等相关机制，形成政府主导与市场配置融合的交通服务共建理论。

(3) 面向包容共享的城市交通服务绩效评估与调控方法。研究不同阶层出行者对交通服务消费过程与结果的期望需求。以公平、高效和低公害为基本准则，构建尊重个体选择、体现公共利益的城市交通服务绩效度量指标体系，提出指标量化与评估方法；建立数据—证据—决策的可信度分析框架和大数据平台，运用多源、海量数据的时空融合理论和技术，构建网络干预—行为反馈—网络均衡的大数据分析模型；建立受益主体与受损主体识别方法，以阶层包容、权益共享为目标，提出交通服务绩效再分配的调控方法。

综上所述，城市交通治理理论可为多层次政府的交通合作模式确定、合作机制设计和合作效益评估及反馈优化等提供方法指导。城市交通治理理论可支撑"互联网+"与共享经济在城市交通领域先行先试，探索面向技术创新和服务创新的治理理念与方法，为创新驱动、转型发展的政府、企业、公众协同治理提供可借鉴的模板。通过城市交通治理理论的研究，带动新型城镇化、城市公共交通优先等重大城市发展战略有效推进，带动城市交通技术创新与服务模式创新规范有序，为破解交通"城市病"这一世界性难题提供新的理念、方法和技术手段，具有广阔的应用前景。

第四章
城市交通学面向时代发展阶段性特征

我国的城市交通是在特定的制度、经济、社会、文化环境下发展起来的，具有鲜明的自身特色。研究中国城市问题，需要放到我国新型城镇化、新型工业化、信息化的历史进程中来看待。本章回顾过去我国城市交通不同发展阶段的特征，梳理我国城市交通发展路径，综合评述其特征，分析未来城市交通需求演变与愿景展望，提出完善城市交通理论要关注的若干议题。这是研究建立城市交通学的基础，也是学习国际社会经验必须要考虑的因素。

城市交通学的重要性在于要以战略的眼光解决现实问题，未来将面临以人为核心的新型城镇化、人民日益增长的美好生活需要、"双碳"目标、数字化发展等多个维度的需求。为适应城镇化、信息化这两个划时代变量引发的系统相变，城市交通需要在发展目标、基本认知、服务供给和综合治理方面大胆变革、不断创新，才能实现高质量发展的目标。单纯从空间维度研究城市交通难以满足高质量发展的要求，亟须立足城市产业、居住、交通之间的时间—空间互动关系开展研究，完善城市交通理论。我国独特的行政管理体制以及各级政府的事权、财权分配，决定了当前城市交通的发展格局，需研究解决行政区划分割与交通一体化发展需求之间的矛盾等问题。提高城市交通学的科学性，亟须正确学习借鉴国际经验，在这个过程中需特别关注国内外在城市与交通发展背景、发展阶段、文化与语境等多方面的差异性，并应当充分认识发展中国特色城市交通学的必然性与科学性。

第一节 对我国城市交通特征的综合评述

为认识我国城市交通发展过程及其特征，兹从城市交通方式的时代变迁、城市交通设施建设投资模式演变、城市公共交通发展理念的演进和我国行政体制对于城市交通的影响四个方面展开，形成了“我国城市交通发展的路径回顾和未来需求分析”，详见附录 A。改革开放以来，中国城市交通发展历程呈现以下突出特征。

一、四十年快速城市化带动交通设施规模和出行需求爆发式增长

我国城镇化率从 1978 年的 18%飞速增长至 2021 年的 64.7%，短短四十多年完成了欧美发达国家超过百年的城市化历程。截至 2021 年末，我国居住在城镇的人口达到 9.1 亿人，城市建成区总面积约 6.24 万平方公里。城市人口、面积以及交通设施规模的扩张，带动了交通需求的快速增长。以上海市为例，1986—2014 年，城市居民出行量增长了 2.5 倍，出行周转量增长了 4 倍。到 2019 年，居民日均出行总量达到 5 731 万人次，较 2014 年增长 3.3%。

二、始终坚持并不断深化城市公共交通优先发展战略

中国政府始终坚持优先发展公共交通。1985 年提出“城市公共交通是社会生产的第一道工序”；2005 年《国务院办公厅转发建设部等部门关于优先发展城市公共交通的意见》（国办发〔2005〕46 号）确立了城市公共交通优先发展的战略地位；2012 年《国务院关于城市优先发展公共交通的指导意见》（国发〔2012〕64 号）强调“将公共交通发展放在城市交通发展的首要位置”，指出优先发展公共交通是构建资源节约型、环境友好型社会的战略选择。

三、从“自行车王国”转变为“机动化时代”

1907 年，美国人亨利·福特（Henry Ford）研制成汽车生产流水线，机动车开始进入普通家庭，欧美等国开始从马车时代迈入汽车时代。而我国的城市交通机动化历程则肇始于机动车对于自行车的大规模替代。改革开放以来，随着居民收入水平提升、出行距离增加和汽车工业发展，我国机动车保有量快速增长，千人机动车保有量从 1978 年的 1.4 辆快速增长至 2020 年的 193.6 辆。然而，在由“自行车王国”迈向“机动化时代”的过程中，地方政府出台的交通政策多以“缓堵、保畅”为首要目标，相对忽视了步行和自行车出行环境。城市居民自行车出行比重急剧萎缩，2014 年，北京、上海、深圳等城市自行车出行比例（全方式）已低于 10%。片面追求机动车交通的畅行无堵一定程度上背离了城市交通发展的根本目的——服务人的需求，是对城市交通问题的认识缺乏系统性、全局性思维的体现。近年来，北京、上海、深圳等城市逐步认识到慢行交通的重要性，纷纷出台相关规划设计导则和标准，其本质是对于国内多年来忽视

慢行交通发展的一种纠偏。

四、房地产驱动的城市化模式强化了“宽路疏网”的城市交通格局

我国城市“宽路疏网”的空间格局起源于计划经济时代职住一体的单位大院，当时居民的日常出行基本上可通过非机动化方式完成。1998 年住房商品化改革以来，住房建设的任务从计划经济时期的单位、政府大包大揽转移到房地产开发商手中。为了满足传统观念对于安全性、私密性的生活环境要求，开发商用围墙将小区内部的道路、公共设施、公共绿地等业主产权与外界进行了隔离，地块内规划的次支路被随意取消。与此同时，为了适应小汽车出行需求的快速增长，城市道路交通基础设施进入快速发展建设期。2000 年前后住房商品化改革时期，全国私人载客汽车拥有量增速高达 30%，这一时期北京三环路、四环路、五环路、上海外环高速公路相继建成通车(见图 1-4-1)。以快速路为代表的超大尺度道路基础设施为迅速拉开城市空间格局、促进经济社会发展发挥了重要作用，但客观上也推动形成了“宽路疏网”的城市空间形态。根据《2022 年度中国主要城市道路网密度与运行状态监测报告》，36 个主要城市的平均道路网密度仅为 6.3 公里/平方公里，与国家提出的 8 公里/平方公里的目标存在一定的差距。

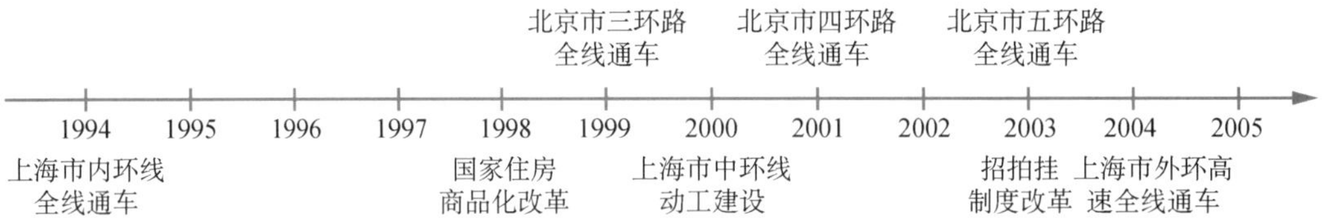

图 1-4-1　北京、上海城市环路建设历程

2021 年，《中共中央　国务院关于进一步加强城市规划建设管理工作的若干意见》提出，新建住宅要推广街区制，原则上不再建设封闭住宅小区。已建成的住宅小区和单位大院要逐步打开，实现内部道路公共化，解决交通路网布局问题，促进土地节约利用。虽然国家从顶层设计层面明确要求推广街区制，但如何处理好这一过程中面临的法律风险、产权纠纷和社会稳定风险等问题，是从“宽路疏网”迈向“窄路密网”过程中面临的重要挑战。

五、城市轨道交通有力支撑了我国高密度城市的可持续发展

轨道交通是支撑城市高密度发展的唯一选择。早期由于我国财政体制难以支撑巨大的建设和运维成本，城市居民日常生产生活范围较小，城市轨道交通建设起步较晚。1965—1976 年，我国建设了北京地铁一期工程，彼时地铁建设更加注重人防功能。改革开放以来，随着城市化、机动化快速发展，轨道交通成为城市道路交通拥堵日趋严重背景下的必然选择。21 世纪初，我国城市轨道交通步入快速发展建设阶段，内地城市轨道交通线路里程从 2000 年的 117 公里迅速增长至 2021 年的 9 192.62 公里。城市轨道交通为支撑我国高密度城市可持续发展、拉动经济高速增长发挥了重要作用。同时也要看到，部分地方城市在开展轨道交通规

划建设管理的过程中，出现了忽略城市发展水平、过度超前建设、运营亏损严重等现象，国家先后出台了《国务院办公厅关于暂停审批城市地下快速轨道交通项目的通知》（国办发〔1995〕60 号文）、《国务院办公厅关于加强城市快速轨道交通建设管理的通知》（国办发〔2003〕81 号文）、《国家发展改革委关于加强城市轨道交通规划建设管理的通知》（发改基础〔2015〕49 号文）等文件，以规范地方政府投资建设行为。

另一方面，随着我国主要城市轨道交通逐步成网运营，推动轨道和公交两网融合发展，提升公共交通系统的整体效益，逐步成为地方政府的普遍共识。然而，我国多数城市至今仍然采用轨道、公交分开管理的模式，没有从整体上对服务网络进行优化，造成轨道交通与常规公交争抢客流。其主要原因是常规公交承载着政府、企业、公众等多元主体的利益诉求，在与轨道交通融合发展的过程中面临诸多隐性障碍和利益牵绊。例如频繁的线网调整使得公交企业管理成本骤增和资产流失风险加大、部分公交司机下岗隐含的社会稳定性风险、市区两级政府的管理职责在新的管理体制下如何分配，等等。如何妥善处理多元利益的博弈冲突，谋求多方共赢，是下阶段推动两网融合发展、提高居民出行质量的关键所在。

六、城市交通规划研究囿于城市规划学科和规划体系

在我国现行的规划体系中，城市总体规划具有法定地位，统筹各类专项规划。而城市交通规划不具有法定地位，其方案必须纳入总体规划才能实施，因而成为城市总体规划的附属内容。这种状况不利于城市交通系统的整体发展，因为纳入城市总体规划中的交通内容主要是设施空间落位，而较少涉及运行、服务和管理以及人的交通行为特征和规律，无法体现城市交通系统更广泛的内涵和多学科交叉属性。

产生上述问题的根源在于对城市交通的学科属性认识不足。城市交通学是城市科学的重要组成部分，作为新技术、新服务、新模式广泛应用的领域，城市交通学相关学术研究已是当今城市科学研究的前沿阵地，是进一步推动城市科学发展的重要力量。相对于静态的物质和空间形态，城市交通是动态的时间和空间关系，不仅要考虑城市发展、人的活动需求，还应考虑信息技术、管理学、社会学、生态学等多种因素的影响。面对城市和城市交通复杂巨系统，需要以多学科思维、系统论方法来研究城市交通问题，并转变研究理论和方法范式，以更好地适应新时代的发展要求。

七、我国行政体制影响下跨界交通设施和服务互联互通难以破冰

随着中心城市规模不断壮大和辐射能力不断增强，围绕中心城市功能形成的交通圈、生活圈、商务圈也不断扩大，超出了行政边界。在此情况下，跨行政区的交通需求日益增长。但由于中国城市行政体制的特性，城市政府建制和行政边界直接影响行政职权和财政规则实施。城市的设施建设、投资补贴和管理机制过于倚重行政区划，造成了城市之间以邻为壑，跨行政区的交通设施建设和服务对接协调难度极大。

第二节 城市交通的未来需求分析

城市交通学作为城市交通应用理论科学，前景和重要性在于以战略的眼光解决现实问题，不仅需要直面我国从“高速发展”迈向“高质量发展”过程中的诸多问题和矛盾，更要对城市及城市交通未来发展的多重战略需求，开展前瞻性预判。在“两个一百年”奋斗目标的交汇点上，讨论城市和在城市生活的人们，未来的交通需求是应有主题。

一、以人为核心的新型城镇化

《中华人民共和国国民经济和社会发展第十四个五年规划和2035年远景目标纲要》(以下简称国家“十四五”规划)第八篇“完善新型城镇化战略提升城镇化发展质量”提出，“坚持走中国特色新型城镇化道路，深入推进以人为核心的新型城镇化战略，以城市群、都市圈为依托促进大中小城市和小城镇协调联动、特色化发展，使更多人民群众享有更高品质的城市生活”，为未来一个时期我国城镇化和城市交通发展指明了方向。

1. 人口向重点城市、成熟城市群集聚

根据第七次人口普查数据，2010—2020年，全国人口主要向东部集聚，西部地区人口比例略有提升，东北和中部地区人口外流明显。地市层面，人口重点向直辖市、省会城市、计划单列市集中。36个直辖市、省会城市、计划单列市中，35个城市人口为正增长，仅哈尔滨市域人口减少62.6万人。36个城市合计人口增量为6 922.8万人，占全国新增人口的96%。随着人口进一步向少数超大、特大城市及周边城镇群集聚，城市土地、财政、生态等综合承载力将迫近极限。坚持公共交通优先发展战略、引导居民绿色出行已成为实现可持续发展的必然选择。

2. 农民工总规模稳定增长但增速放缓

2011—2019年，我国农民工规模稳定增长，但增长速度逐步放缓(图1-4-2)。2020年，全国农民工总量28 560万人，比上年减少517万人，近十年来首次下降。空间分布上，2015—2020年，东部地区输入的农民工数量稳定减少，从2015年的16 008万人减少至2020年的15 312万人，中部、西部农民工输入规模稳定增长，分别增加628万人和1 070万人。进城农民工对所在城市的归属感和适应度不断增强，2020年进城农民工中，41.4%认为自己是所居住城市的“本地人”，比上年提高1.4个百分点。从进城农民工对本地生活的适应情况看，83.3%表示对本地生活非常适应和比较适应，其中，23.8%表示非常适应，比上年提高3.0个百分点。未来一个时期，农民工仍然是我国城市化发展的重要建设者，城市交通应当更加关注对于农民工群体的包容性，为全体居民提供公平可达的发展机会和公共服务资源，为农民工群体分享城市发展成果、推进共同富裕提供有力保障。

3. 即将进入深度老龄化和少子化社会

2020年第七次全国人口普查公报显示，我国60岁以上老年人口2.64亿人，占全国总人口的18.70%。65岁及以上老年人口1.91亿人，占全国总人口的13.5%，已接近14%的深度老龄化社会标准。同时，如图1-4-3所示，我国于1999年进入少子化阶段(人口出生率低于

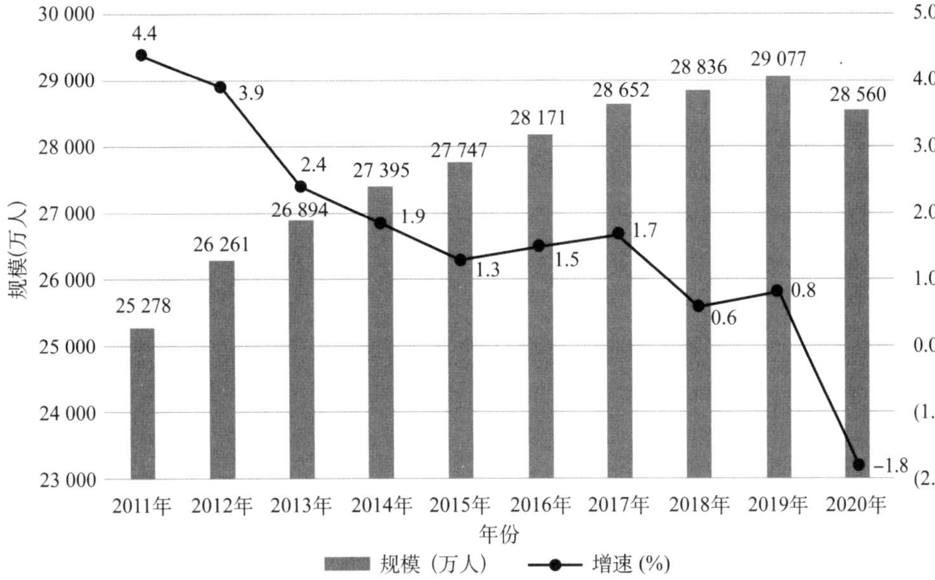

图 1-4-2 2011—2020 年农民工总量及增速

15‰），并在 2002 年快速进入严重少子化阶段（人口出生率低于 13‰）。到 2021 年，我国人口出生率仅为 7.52‰，人口增长拐点逼近，对我国经济社会的长期稳定发展造成极大压力。城市交通作为经济社会发展的基础性和先导性服务，与居民获取就业机会、享受医疗、教育、游憩等优质公共服务紧密相关。如何针对老年人的生理特征、行为偏好、心理需求和文化观念，提供安全、包容、便利的交通出行服务，激发老龄化社会的潜在活力，是未来一段时期城市交通发展面临的重要课题。同时，应当不断加强交通出行服务的公平性和便利性，为降低市民生活成本、提高生活品质和改善生育意愿发挥积极作用。

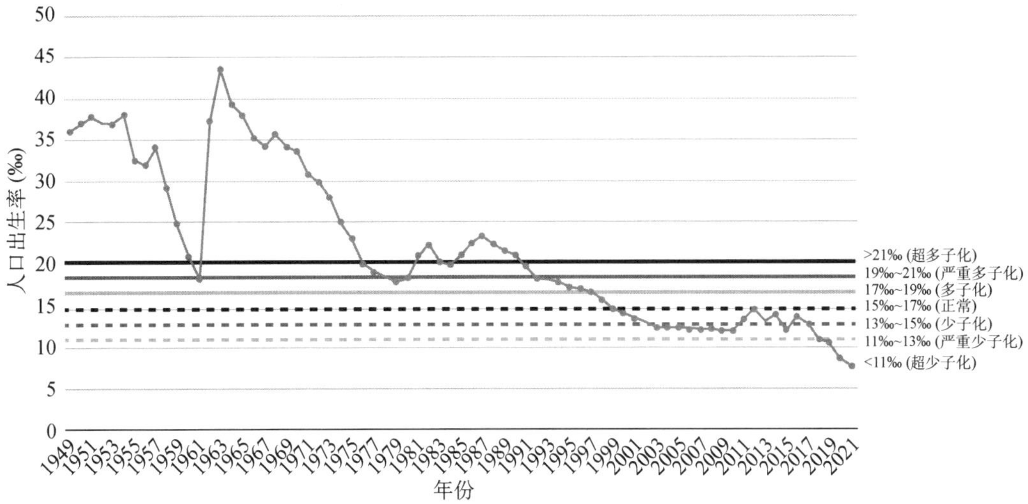

图 1-4-3 我国人口出生率变化

4. 进入城市群为主体形态的发展阶段

随着我国进入城镇化中后期，以超大和特大城市建成区为中心的跨行政区域都市圈出现，这是市场配置资源的必然结果，也是我国城镇化发展的基本规律。在京津冀、长三角、粤港澳大湾区等率先发展起来的区域，城市群交通已经出现明显的多中心、网络化组织特征，城市之间的分工协作不断加强，呈现以空间连绵为主要特征的城镇密集地区，城际交通和城市交通的界限逐渐模糊，在交通需求分布上表现为“区域交通城市化”和“城市交通区域化”特征。这一特征要求城市群、都市圈内的城市政府突破行政壁垒，以成本共担、利益共享为原则，建立健全交通一体化协调发展机制，统筹推进交通基础设施协调布局和交通服务一体衔接。依托辐射带动能力较强的中心城市，以城际铁路和市域(郊)铁路等轨道交通为骨干，打通毗邻城市之间的“断头路”“瓶颈路”，为畅通城市群、都市群生产要素畅通流动提供强有力的交通保障。

5. 城乡融合发展和乡村振兴深入推进

随着社会经济的快速发展，中小城市吸纳的农村劳动力数量不断增加，大量务工农民居住在农村、工作在城市，城乡之间出现了较强的通勤联系。随着都市圈一体化的推进，城乡之间逐渐发展成为高度关联的社会。都市圈作为跨行政区划的城市空间形态，是政府统筹城乡公共服务的重要载体，有利于实现城乡在教育、医疗、社会保障、就业等优质公共服务资源方面的双向对流。这些新需求和新趋势的出现，势必要求我们对现有的城乡交通二元化模式进行深度调整。应构建由中心城市紧密连接周边中小城市和农村的，由城际轨道、高速公路、国省干线、县乡公路等组成的城乡交通一体化复合网络，畅通城乡要素流通渠道，实现中心城市和周边农村的资源匹配和共享，为城乡融合发展和乡村振兴提供有力支撑。

随着以人为核心的新型城镇化深入推进，我国城市将面临公共服务供给能力不足、老龄化和少子化并存、行政壁垒限制城市群一体化、城乡发展结构失衡等多重挑战。城市交通学作为城镇化发展的基础理论支撑之一，应当超前研判和及时回应上述现实挑战，并就公共交通优先发展、老龄友好和儿童友好交通建设、跨区域交通一体化建设协调机制、城乡交通融合发展等重大课题展开深入研究，为提升我国城镇化发展质量提供有力保障。

二、人民日益增长的美好生活需要

国家“十四五”规划提出，经济社会发展必须“以满足人民日益增长的美好生活需要为根本目的”。作为实现人流、物流空间移动的载体，城市交通与就业机会获取、生活质量提升等民生问题息息相关，是满足人民对美好生活向往的重要基础。亟须以人的本源性需求为核心，推动城市交通学科在价值导向、评价体系、政策体系、保障机制等方面的深入变革。

1. 价值导向：更加关注健康、公平、包容、安全等人本价值

国际城市在城市化中后期的发展历程，面对小汽车导向的城市交通发展模式带来的一系列社会问题，以及人口、经济规模的增长压力，普遍确立了“以人为核心”的价值取向，从仅仅关注交通出行效率，到更加追求健康、安全、公平、包容等价值(表 1-4-1)。例如，“健康街道、健康市民”是英国伦敦《大伦敦市长交通战略》(*Mayor's Transport Strategy*)的核心战略之一；再

如瑞典、挪威、纽约等国家和城市对于交通事故伤亡的零容忍态度和主题行动，也体现了高质量发展阶段对于“人民生命安全”这一首要价值的至高追求。

表 1-4-1 国际城市交通发展愿景

战略/规划文件	核心愿景
《一个纽约 2050》 (*One New York 2050*)	为市民提供可靠、安全、可持续的出行选择，打造不依赖小汽车的城市交通系统
《大伦敦市长交通战略》 (*Mayor's Transport Strategy*)	降低对小汽车依赖，打造健康幸福、运作高效的伦敦
《新加坡陆路交通规划 2040》 (*Land Transport Master Plan 2040*)	打造更便利、更快捷和连接性良好的陆路交通系统，提供优雅又具包容性的乘车体验，以及更健康和安全的行程
《首尔交通战略 2030》 (*Seoul Traffic Vision 2030*)	打造具备高度便利性、不依赖小汽车的交通系统
《苏黎世城市交通 2025》 (*Stadtverkehr 2025*)	品质提升、环境友好、可持续发展
《哥本哈根可持续交通解决方案》 (*Copenhagen Solutions for Sustainable Cities*)	注重经济增长和生活品质的可持续宜居城市
《柏林城市发展概念 2030》 (*Urban Development Concept Berlin 2030*)	通达世界、运作高效、紧凑布局的多中心城市，可负担的、可达的、安全的、公平的、智慧的移动性

2. 评价体系：建立更细颗粒度、更贴近群众主观感受的评价体系

传统交通发展指标往往只能粗略反映宏观层面的变化，如公交平均速度、平均通勤时间等，导致弱势群体原本欠佳的出行体验“被平均”，难以切身感受到城市交通服务的逐步提升。近年来，国际城市在指标体系的精细化、可感知设计上探索出了极具借鉴意义的成果。

例如，《大伦敦市长交通战略》在更加微观的空间尺度下对公交出行效率进行了十分精细的指标分解，包括公交出行时间可靠性分布、45 分钟可达到工作地点的居民分布、轨道交通网络拥挤度分布等(图 1-4-4)。用更细颗粒度的评估尺度、更贴近人们实际感受的指标设计，弥补了仅用一两个宏观数字来体现发展目标的严重缺陷。

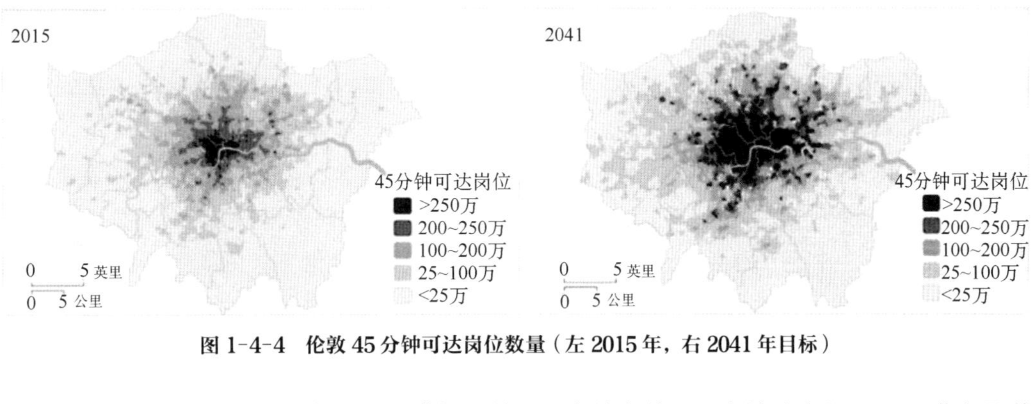

图 1-4-4 伦敦 45 分钟可达岗位数量（左 2015 年，右 2041 年目标）

再如，《新加坡陆路交通规划 2040》提出的“20 分钟市镇、45 分钟城市”愿景，承诺市民若采用“走、骑、搭”等绿色出行方式，邻里社区出行可在 20 分钟内完成、高峰期超过 90% 的通勤

出行可在 45 分钟内完成(图 1-4-5)。如此面向全体市民“保障下限”的指标设计,体现了政府对于弱势群体和全链条出行体验的关注。

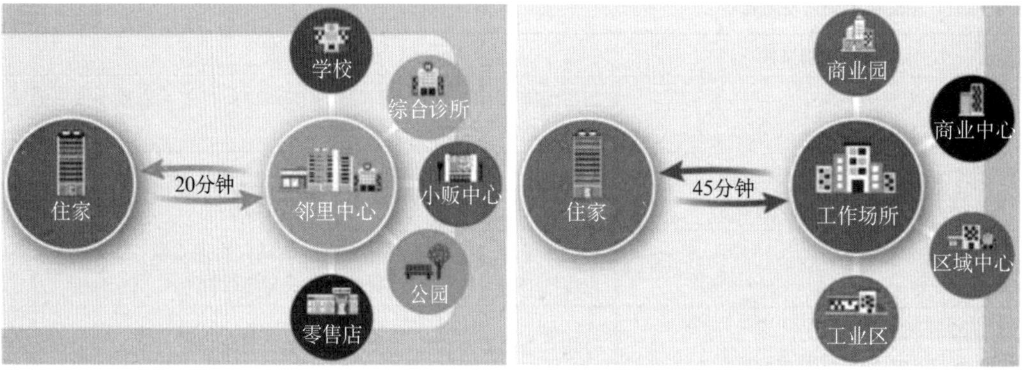

图 1-4-5 《新加坡陆路交通规划 2040》“20 分钟市镇、45 分钟城市”愿景

3. 政策体系:从“重设施、轻运行”迈向全过程闭环评估管理

传统城市交通发展模式存在“重设施、轻运行”“重规划建设、轻闭环评估”的弊端,导致城市化中后期随着土地、环境、财政等约束趋紧,传统模式对于提高生产效率、改善生活品质的边际效益快速下降。因此,从“满足人们对美好生活的向往”出发,以综合社会效益最大化为目标,构建贯穿项目“规划建设—实施效果评估—规划检讨与修编”的全生命周期治理闭环,成为实现高质量发展的必由之路。国际城市在本轮交通规划中普遍引入“编制—实施—评估—调整”的滚动闭环流程,为重大交通规划及政策的实施效果评估、过程调控提供了有效抓手。典型如欧盟《可持续城市移动性规划编制与实施指南》,通过建立一整套指标体系,监测和评估绩效目标的实现程度,并定期公布评估结果,公众和相关利益团体可以及时掌握这些信息,以更好地参与规划编制、实施与修正过程。

4. 保障机制:更加强调多元主体参与、多元利益融合

传统城市交通发展规划是“为民做主”式的精英规划,相对忽略了人民群众的切身诉求。随着我国社会经济快速发展、政治文明现代化稳步推进,人们参与城市交通决策过程的意愿愈加强烈。为满足公众参与的迫切需求,也为了保障相关主体的利益诉求,城市交通学必须将信息公开、听证辩论、反馈评估等公众参与机制作为重点研究内容,不断提升行政决策的合法性、正义性和科学性。

《新加坡陆路交通规划 2040》的诞生过程正是践行这一理念的典范。2018 年,新加坡陆路交通管理局启动新一轮交通战略的编制工作,发布了《新加坡陆路交通规划 2040》公众咨询文件,提出三大议题:如何使绿色交通方式更受欢迎、如何使绿色交通方式更具包容性、交通系统如何改善生活品质。通过在线投票、反馈表格、专题座谈会等方式,陆路交通管理局共收集了 7 405 份个人反馈意见和 13 个相关利益组织提交的报告。由 15 名不同专业背景的专家学者组成的顾问小组对公众意见进行了整理和总结,并于 2019 年 2 月份向陆路交通管理局呈交了最终建议报告(图 1-4-6)。

图 1-4-6 《新加坡陆路交通规划 2040》公众参与过程

三、“碳达峰、碳中和”上升为国家战略

1. 城市交通是实现“碳达峰、碳中和”的重要领域

为应对温室气体排放带来的气候异常、海平面上升、传染病增加等危害，欧盟、美国、日本、中国等主要经济体近年来相继出台了“碳减排”“碳中和”目标和措施。我国是全球最大的二氧化碳排放国，2019 年二氧化碳总排放量为 98.26 亿吨，占全球排放量的 29%，分别是排在二、三位的美国、欧盟的 2 倍、3 倍，碳减排任务艰巨。

总体而言，我国在国际上提出的碳减排量化目标主要分为三个阶段。

第一阶段：首次提出温室气体减排清晰量化目标。2009 年 9 月 22 日，时任国家主席胡锦涛出席联合国气候变化峰会，并发表题为《携手应对气候变化挑战》的重要讲话。2009 年 11 月 26 日，哥本哈根会议召开前夕，我国政府公布了温室气体排放的行动目标：到 2020 年全国单位国内生产总值二氧化碳排放比 2005 年下降 40%～45%。这是我国首次提出二氧化碳减排的量化目标，强调降低碳排放强度。

第二阶段：首次提出碳总量达峰概念。2015 年 11 月 30 日，国家主席习近平出席联合国气候变化巴黎大会开幕式，并发表题为《携手构建合作共赢、公平合理的气候变化治理机制》的重要讲话。在降低碳排放强度基础上，进一步增加碳总量达峰的目标：2030 年左右使二氧化碳排放达到峰值并争取尽早实现，2030 年单位国内生产总值二氧化碳排放比 2005 年下降 60%～65%；非化石能源占一次能源消费比重达到 20%左右；森林蓄积量比 2005 年增加 45 亿立方米左右。

第三阶段：进一步明确碳达峰时间，首次明确碳中和时间点。2020 年 9 月 22 日，国家主席习近平在第七十五届联合国大会一般性辩论上发表重要讲话，提出“采取更加有力的政策和措施，二氧化碳排放力争于 2030 年前达到峰值，努力争取 2060 年前实现碳中和”，进一步将碳达峰时间明确到 2030 年前，并首次提出碳中和时间点。

“碳达峰”“碳中和”充分展示了中国应对全球气候变化作出的巨大的实质性努力，体现了大国担当的责任，同时也为中国的发展转型提供了机遇和挑战。我国二氧化碳排放中工业、建筑和交通领域呈“三分天下”态势，工业、建筑和交通领域二氧化碳排放占比分别为 65%、20%

和 10%。中共中央、国务院印发的《国家综合立体交通网规划纲要》明确指出，加快推进绿色低碳发展，交通领域二氧化碳排放尽早达峰。交通领域作为第三大二氧化碳排放源，是我国“碳达峰”“碳中和”战略的重要发力领域。

2. “双碳”目标有望催生一系列能源技术创新和制度创新

以下以碳捕集利用与封存技术、新能源汽车技术和碳交易机制为例进行说明。

1）碳捕集利用与封存技术

碳捕集利用与封存技术(Carbon Capture, Utilization and Storage, CCUS)是指将二氧化碳从工业排放源中分离后或直接加以利用或封存，以实现二氧化碳减排的工业过程。作为一项有望实现化石能源大规模低碳利用的新兴技术，CCUS 可以在避免能源结构过激调整、保障能源安全的前提下完成减排目标，使我国能源结构实现从化石能源为主向可再生能源为主的平稳过渡。近年来，CCUS 各技术环节均取得较大进步，已经具备大规模示范基础；低能耗的第二代捕集技术可大幅改善 CCUS 技术的经济性，有望以更低成本实现煤电和煤化工等传统产业的高效减排。二氧化碳利用技术在实现减排的同时，形成具有可观经济社会效益的新业态，对促进可持续发展具有重大意义。

2）新能源汽车及相关技术

在“双碳”目标的推动下，交通运输工具将经历一场由传统燃油汽车向新能源汽车转变的能源结构转型。世界多个国家和汽车制造企业纷纷加快部署，将推广新能源汽车作为未来发展的核心战略。多个国家、地区及城市陆续公布燃油车禁售时间表(表 1-4-2)，向企业或消费者传达了一条确定性信息：传统燃油车的退出已是不可逆转的全球性趋势，企业需提前进行战略部署，消费者也需要转变意识。

表 1-4-2　全球各国（地区/城市）燃油车禁售计划汇总

“禁燃”地	提出时间	提出方式	实施时间	禁售范围
挪威	2016	国家计划	2025	汽油/柴油车
荷兰	2016	议案	2030	汽油/柴油乘用车
德国	2016	议案	2030	内燃机车
印度	2017	官员表态	2030	汽油/柴油车
中国台湾	2017	政府行动方案	2040	汽油/柴油车
法国	2017	政府表态	2040	汽油/柴油车
意大利罗马	2018	官员表态	2024	柴油车
爱尔兰	2018	官员表态	2030	汽油/柴油车
以色列	2018	官员表态	2030	进口汽/柴油乘用车
中国海南	2018	政府规划	2030	汽油/柴油车
美国加利福尼亚州	2018	政府法令	2045	燃油卡车
瑞典	2019	政府报告	2030	汽油/柴油车
英国	2020	政府法令	2035	汽油/柴油车

从2009年国家开启“十城千辆”示范工程，到2012年3月科学技术部确立“纯电驱动”技术转型战略，再到“双积分”政策创新推动新能源汽车市场走向成熟，如今中国已成为全球新能源产业发展最活跃的地区之一。2019年，全球新能源汽车销量排名前20的品牌中，中国上榜的汽车品牌数最多，共10个，占市场总份额的38%，位居世界第一位。同时，受益于下游新能源汽车的发展，中国动力电池产业也在行业中占领了制高点。2019年，在全球动力电池装机量排名前10的企业中，中国企业有5家，总装机量约52.6亿瓦时，占比51.9%(图1-4-7)。

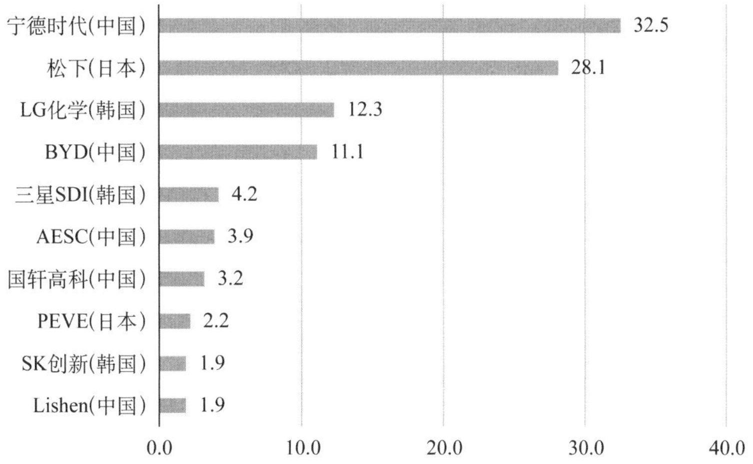

图1-4-7 2019年全球排名前10的动力电池企业装机量（单位：亿瓦时）

电动化、网联化、智能化、共享化正在成为汽车产业的发展潮流和趋势。新能源汽车发展也从单纯的整车研发生产、零部件制造及营销服务之间的“链式关系”，逐步演变成新能源汽车、清洁能源、智慧电网、交通出行、信息通信等多领域多主体参与的“网状生态”。相互赋能、协同发展成为新能源汽车与其他领域未来发展的方向，也是各自提升壮大的内在需求。互联网、大数据、人工智能等多种新科技的应用，不仅会给新能源汽车产业发展带来变革，还会对城市交通体系和城市运行管理产生深远影响。

3) 碳排放权交易机制

碳交易作为一种缓解气候变化的市场化减排机制，通过控制碳排放总量，并允许碳配额交易，为排放主体提供了灵活的履约方式，可以降低全社会减排成本，帮助国家更高效、更经济地实现既定减排目标。2011年起，国家发展和改革委员会在9个省市开展碳交易试点；2021年7月16日，全国碳排放权交易市场正式启动上线交易。在国家碳交易政策框架下，各城市开展了积极探索。如北京市依托MaaS探索了绿色出行碳普惠机制，通过MaaS平台收集市民绿色出行产生的碳减排量，通过将碳市场交易转化为个体激励，建立基于市场机制的绿色出行可持续激励新模式，取得了良好效果。

3. “双碳”将推动经济社会发展模式的全方位变革

当前气候问题已成为全球共识，推动城市发展模式、产业经济结构、生产生活模式的全方位变革，不仅是落实“碳达峰”“碳中和”国家战略的迫切需要，更是推动我国实现新旧发展动能转换、迈向更高级的社会文明形态的内在要求。

一是城市发展模式从“追求单一经济增长”向“更加关注生态效益”转变。城乡建设是推动绿色低碳发展的重要载体。在生态优先的价值导向下，城市发展模式将从过去追求单一的经济绩效，向更加低能耗、低排放的高质量绿色发展转变。节能降碳将有机融入城市发展的评价指标体系、行政管理体制、财政税收政策、国土空间规划、交通发展模式中，为如期实现“双碳”目标提供坚实的体制机制保障。

二是产业结构从“粗放式发展”向“以节能降碳为导向”转变。产业是国民经济的根基，推动产业结构的深度调整和绿色转型，是实现绿色低碳发展的关键。对于建筑、交通运输、钢铁、石化化工等主要碳排行业和领域，通过健全碳排放统计监测体系，强化其碳排放总量和强度双控，倒逼工业领域低碳工艺革新。对于钢铁、水泥、平板玻璃等高耗能高排放项目，通过产能等量或减量置换、提高能耗准入标准等措施，坚决遏制其盲目发展。同时，大力发展绿色低碳产业，加快发展新一代信息技术、新材料、新能源汽车、高端装备等绿色低碳战略新兴产业。

三是生活模式从“置身事外”向“内生驱动的绿色生活”转变。“双碳”目标的实现与每一个人的生活息息相关。应当通过碳知识科普、宣传推广、低碳日活动等方式，真正改变人们的价值理念，激发人们绿色消费、绿色出行的内生动力。同时，建立碳积分、阶梯收费等激励机制，对践行绿色生活方式的居民给予可感知的奖励和回报。

4. 城市交通学科建设助力城市交通率先实现“双碳”目标

城市交通是实现“碳达峰”“碳中和”的重点领域之一。城市交通学科建设应当立足当前社会经济和科技发展趋势，从调控出行需求、优化用能结构、完善支撑体系等方面，探索城市交通率先实现“双碳”目标的实施策略。

一是调控出行需求。机动化出行需求是城市交通碳排放的主要来源。以 TOD 模式促进混合开发和完善各类公共服务功能，加强职住平衡，降低机动化出行总量。通过打造优越的慢行环境、可靠的公共交通服务和制定需求管理政策，提升绿色交通出行比例。

二是优化用能结构。与燃油机汽车相比，电动汽车具备巨大减排优势，因此，机动车能源结构转型是实现城市交通碳中和最具潜力的途径。通过探索设立低排放区、出台新能源汽车优惠政策、加强能源补给设施建设布局等措施，推动机动车能源结构转型。

三是完善支撑体系。建立全市交通碳排放监测分析平台，实现全量数据汇聚、动态监测、精准核算和诊断评估，支撑科学制定城市“碳达峰”“碳中和”实施方案。探索碳交易在城市交通领域的融合应用，引导和调节交通需求和行为，实现交通资源更加精细化、合理化配置。

四、数字化发展驱动城市交通预期

近年来，移动互联网及大量新兴科学技术手段日渐成熟，在揭示城市空间要素分布、交通运行状态、出行特征等应用方面不断普及，为破解新常态下的城市、交通、公共交通问题提供了新契机。物联网、大数据、云计算、5G 等技术快速发展，以海量、流式数据源为基础，机器学习为基础支撑，精准自动化的决策与修正模型为核心的数据驱动技术将突飞猛进，并通过无死角感知、大计算力和精准决策，有望推动基础设施、出行服务、运输组织、治理模式深入变革，为城市交通回归服务人的需求本源提供精准改善方案。

1. 可感知、可学习、可生长的新型交通基础设施

基于大数据、5G、人工智能等新一代信息技术，推动智慧道路、智慧枢纽、智慧轨道、智慧港口等交通基础设施数字化、智能化升级，将成为城市交通提效能、扩动能、增动能的重要举措。交通基础设施将成为可感知、可学习、可迭代、可生长的智能生命体，精准支撑城市交通规划设计、施工管理、运营调度、监测预警、应急处置等城市交通全业务场景。

同时，移动互联网、大数据等技术与城市交通服务的深度融合，打破了城市交通服务供给和需求之间障碍，将进一步提高城市基础设施的利用效率。例如，导航软件的利用在帮助小汽车躲避拥堵路段的同时也提高了其他可选道路的利用率，有助于交通基础设施资源的再分配；停车诱导系统有助于优化城市停车空间布局和提高停车场使用效率；分时租赁服务有助于提高车辆的使用效率；等等。

2. 单车智能与车路协同并举的智能网联汽车

共享化、智能化作为载运工具的主要特征是广泛的，智能网联汽车是全球新一轮产业竞争的焦点之一。智能网联汽车指通过搭载先进传感器等装置，运用信息通信、互联网、云计算等新技术，具有自动驾驶功能，逐步成为智能移动空间和应用终端的新一代汽车，是单车自动驾驶(AV)与网联式汽车(CV)融为一体的新产品、新模式、新生态，未来将逐步成为新一代智能移动空间和应用终端。其应用场景包括智能网联出租车服务、干线物流运输、末端物流配送、智能网联公交车、封闭园区物流、无人环卫以及自主代客泊车等，在国内外均已展开实测及商业模式探索。短期内，智能网联汽车面临初期投资成本高昂、安全性有待提升、法律法规障碍等问题，随着法律法规体系不断完善、技术持续迭代升级、商业化运营走向成熟，智能网联汽车将在降低人力成本、提升运输服务效率与水平、改善城市及交通环境等方面显现出巨大优势。

3. 全链条、一站式、伴随式的出行服务体验

信息化、“互联网＋”深刻改变了人的思维模式，使得人们更加注重商品和服务的即时性、开放性和体验性，培养了人们全新的生产生活组织方式。网约车、定制公交、共享单车等“互联网＋交通”应用，促进了资源供给与出行需求的高效对接，丰富了人们的出行选择。而与用户位置信息结合的交通信息查询、电子站牌和导航服务，将促进个体出行决策的合理与优化。未来，交通行业将逐步迈向“体验经济”时代，人们更加偏好全链条、一站式、伴随式的出行服务体验，这一需求特征将成为城市交通服务数字化升级的核心驱动。

4. 一体化、智能化的物流运输组织

提高综合交通运输的一体化水平是物流业降本增效的重要举措。近年来，物联网、云计算、北斗系统、人工智能等新兴技术快速发展，为多式联运下的货物识别、状态监测、溯源分析和可视化管理提供了技术条件，有望大幅提升仓储配送、装卸搬运、分拣包装等物流作业效率，从而实现不同载运工具间货物高效装运接驳与转运。同时，基于大数据的物流供需匹配规划模型，也将为未来物流运输需求预测和物流规划决策提供精准支撑。

5. 融合多元主体利益诉求的跨三元空间协同治理

新一代信息技术的快速发展有望重塑物理空间、社会空间和信息空间关系，为城市交通治理体系和治理能力现代化深度赋能。一是交通供给模式从“物理空间供给”向“物理空间＋信息空间协同供给”转变。基于物联网、大数据和人工智能等信息技术，城市交通基础设施、载

运工具等物理实体将实现泛在互联,其物理状态在信息空间中进行知识提取、协同计算、态势推演和综合研判,使得物理空间中的设施、设备、工具更加安全高效地服务于社会需求。二是社会互动模式从“单向、低频、间接”向“双向、实时、直接”转变,互联网社区平台和自然语言处理技术为实现政府和公众的双向、直接、实时互动提供了前所未有的条件,使得主管部门和技术单位在规划编制、运营服务、政策评估等场景中能够综合考虑多元社会主体的利益诉求。三是服务模式从“供给主导的被动服务”向“需求导向的伴随式服务”转变。大数据、云计算、移动互联等信息技术为实时获取人们多样化的出行需求提供了可能,使得运力供给可以与出行需求快速精准对接并实现伴随式的主动服务。三元空间有机融合使信息技术更好地服务人的需求、激发物理空间生产力、提高科学决策水平,是在城市交通愈加呈现复杂巨系统特征下实现高质量发展的关键(图 1-4-8)。

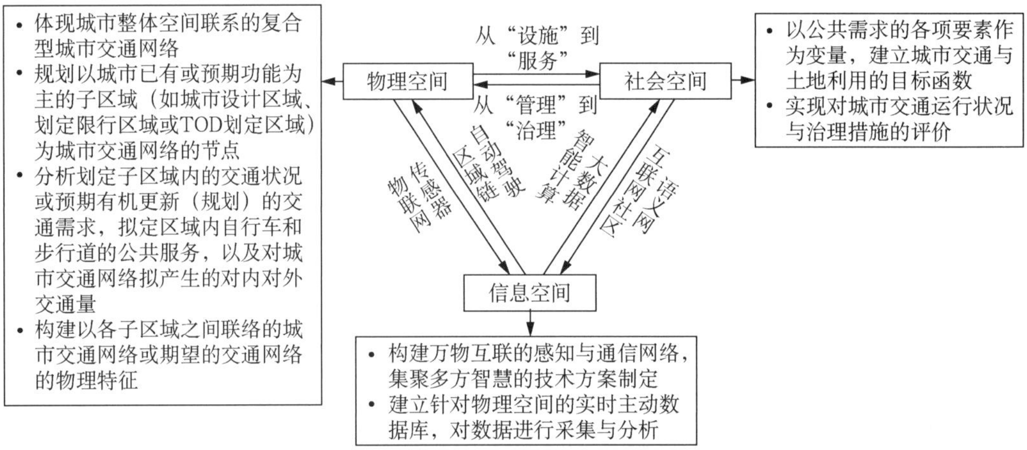

图 1-4-8　信息化时代的城市交通三元空间——物理空间、信息空间、社会空间

还要指出,交通模型是指导城市交通发展的重要技术基础,是城市交通研究中的基础问题之一。传统交通模型的一些固有弊端,如模型假设偏离实际情况、抽样数据以偏概全、对个体交通行为的考虑不足等,导致模型结果的准确性和有效性难以满足城市交通高水平治理的要求。大数据技术的发展改变了数据的获取、分析和应用方式,使得基于个体活动链分析的城市交通模型技术成为发展趋势。首先,大数据提供了海量多元数据样本,为非集计交通行为的深入研究奠定了基础。其次,大数据着眼于全部时间内的动态过程,为解释交通现象及其演化机理提供了重要的观察手段与研究保障。此外,大数据可以通过社交网络了解人与人之间的互动、社会舆情的动态变化,还可以通过网络舆论引导和优化需求(例如通过网络舆论引导居民错峰出行等),为重新认识和重构需求提供技术条件。

总而言之,大数据技术为对微观个体行为、出行需求特征与演变规律和传统交通模型等多方面的重新认识乃至重构提供了重要的技术支撑。应当利用大数据时代的全样本优势,创新基于个体活动链的非集计交通模型技术,刻画个体的选择决策过程,进而更深层次分析城市活动机理及交通网络状态,为城市交通研究提供更加精准的量化支持。

第三节　完善城市交通理论要关注的若干议题

一、新时期城市交通发展的愿景

为适应城镇化、信息化这两个划时代变量引发的系统相变，城市交通需要在发展目标、基本认知、服务供给和综合治理方面大胆变革、不断创新，才能实现高质量发展的目标。

1. 城市交通要回归为人服务的本源

居民出行的方方面面均被信息技术所改变，但是，评价移动性改善效果的指标不是这些技术本身，而是能否把人的需求置于出行服务的核心位置。因此，可持续移动性的目标是基于人、服务于人的。

城市交通系统重点关注人的可持续移动性，通过技术创新为个体提供更好的移动性并满足其活动需要。未来的出行服务将针对不同出行者的个性化需求和个体偏好，以预约或定制的形式，采用多模式、网络化、协同化组织技术，对出行链进行一体化整合与优化，提供差异化、多样化的全过程服务方案，满足高品质、高效率的出行需求。

2. 建立基于复杂系统的交通新认知

为适应交通复杂巨系统建设需要，城市交通数据感知体系要由被动建设、浅层理解向深度洞察、全息感知转变。通过打造覆盖全对象、全时空、全粒度的新一代智慧交通感知系统，揭示城市交通复杂巨系统的演化规律，提高对城市交通运行机理的认知水平。

要重塑大数据与智能网联时代的城市交通认知，建立认识城市交通复杂系统的新思维和新手段。加快城市交通基础理论、研究范式和评估方法的变革与创新，提高既有交通理论模型的精度，适应大数据时代的交通分析要求。

3. 提供公平、包容的城市交通服务

城市应保障人人享有可接受的交通服务。公平的交通意味着向所有人提供安全、便捷、可负担的交通服务，弱势群体不能因为年龄、身体状况、经济能力等方面的显著劣势而被排斥。城市通过法律制度、技术创新、社会保障等各种途径改善弱势群体的交通服务水平，使其获得机会参与相关活动。

未来城市交通服务应具有包容性和平衡性。人的出行行为是动态且多样化的，交通系统要提供给人们更多的出行选择，而不是迫使人们去使用一种或者几种固定的出行方式。既要满足通勤、通学等时间相对固定的日常出行需求，还要满足人们生活水平提高以后衍生的其他出行需求。

4. 制定面向现代化治理的交通规则

实现未来的可持续交通需要在行为、系统和政策方面作出重大改变。未来城市更多强调治理而非管理，突出政府的服务转型，体现社会共识价值。城市治理体系将凝聚城市战略体系、公共政策体系、智慧交通支撑体系和治理机制体系为一体，关注交通需求的精准管控和交通服务的个性提供，提升未来城市智慧化治理水平。

面向城市交通物理空间、社会结构、创新技术、交通参与者及其行为在内的复杂巨系统，需要建立高效、多元的城市交通综合治理体系，提高城市交通治理的现代化水平；出台指导交通技术发展的政策、法规和规则，规范并引导城市交通领域的创新活动。

二、从“单一空间维度”到“时空双重维度”

我国已进入城市化“下半场”，单纯从空间维度研究城市交通已难以满足高质量发展要求，亟须立足城市产业、居住、交通之间的时间—空间互动关系，以为全体居民提供公平可达的就业机会和人人可享的公共服务为目标，就轨道建设重塑职住关系、激发居民职住自平衡潜力、构建都市圈 1 小时生活圈等重点课题开展研究。

1. 强化“三规融合”，通过产业布局和国土空间布局耦合平衡增量职住关系

统筹国土空间规划、产业发展规划和综合交通体系规划，建立“规划—实施效果评估—规划检讨与修编”的治理闭环，通过空间耦合与交通联通，动态调整产业—居住—交通之间的互动关系。一是空间耦合，通过加强“产业—居住”用地协同，平衡一部分就业增量和居住增量的职住关系。二是交通联通，同步推动城市建设与交通服务供给升级，促进增量岗位（如新区建设）与存量居住（如老城区）之间、存量岗位（中心区）与增量居住（如改善型居住外迁）之间的高效连接。

2. 坚持“TOD”理念，优先将轨道作为承载职住平衡的核心空间载体

以轨道交通站点为中心，形成高度聚集、逐级递减、功能复合的土地开发模式，提高轨道站点周边居住和岗位规模的比重，围绕轨道走廊重塑职住关系。积极发展“站—产—城”高度融合的枢纽体系，引导建立基于枢纽的生产、生活方式，将轨道交通枢纽和枢纽片区打造成为承载多元城市生活的重要空间载体。对于超大城市而言，优先推动轨道快线主骨架建设，实现外围副中心到城市核心区 45 分钟通达，强化外围长距离出行的轨道交通竞争力，进一步拓展市民生产生活空间，为市民提供更加多元的就业选择。

3. 推动供给侧改革，提升职住格局对产业格局演化的弹性适应能力

政府除了通过规划建设引导以外，也要激活全社会在“新职住”问题上的自平衡潜力。通过优化户型布局、调整住房结构、完善旧城配套、剥离教育属性，让“难流动”的不动产“动起来”，强化居民的职住自平衡能力。鼓励用地混合、分层使用，持续优化社区级公共资源配置，满足市民多样化的出行需求，在 15 分钟生活圈内平衡居住、就业和多彩生活。融合交通设计、城市设计、景观设计、智慧设计，推动高品质街道连续成网，串联市民生产、生活空间，突破传统职住概念，实现“随处可业、随处为家”。

4. 打造区域共建共享共赢格局，以共同市场促进职住关系重构

在从城市迈向都市圈、城市群的过程中，在区域范围内组织生产、生活将成为新常态，亟须为新职住格局的形成提供交通保障。一是共建城市群 1 小时优质生活圈，推动四网融合，推动城际出行城市化、铁路出行公交化，为更加密切的产业往来、更加便捷的优质资源共享注入全新动能。二是都市圈核心城市应坚持“以我为主”，推动都市圈轨道交通的一体化、网络化运营，形成以大城市为中心、以 1 小时通勤圈为基本范围的现代化都市圈，促进优质资源向都市圈外围圈层外溢，重新平衡居民的生产生活关系。三是推动枢纽布局与城市功能布局的空间耦合，优化高铁、城际铁路枢纽的衔接交通服务体系，强化枢纽对城市、辖区级重点发展组团和功能片区的覆盖，打通城市群、都市圈出行的“最后一公里”。

5. 立足“人民满意”创新可持续发展评价体系，揭示城市交通本源价值

“人民满意”成为强国时代城市交通发展的核心要求，建立更贴近人的需求、更有温度的评价体系，成为开创城市交通可持续发展新时代的迫切要求。由深圳市城市交通规划设计研究中心牵头编制的《2021年城市可持续移动性观察报告》在这方面探索出了颇具借鉴意义的研究成果。报告围绕“出行有效率、街道有魅力、城市有活力”三方面对城市交通发展状况进行了评估（评价指标体系见图1-4-9），其中，“出行有效率”是城市交通的基本职能，“街道有魅力”是对交通环境的更高层次追求，“城市有活力”则是对前两者发展水平的直接检验和直观体现。三者互为表里、互为因果，共同揭示了城市交通的本原价值——城市居民的获得感、幸福感和安全感。

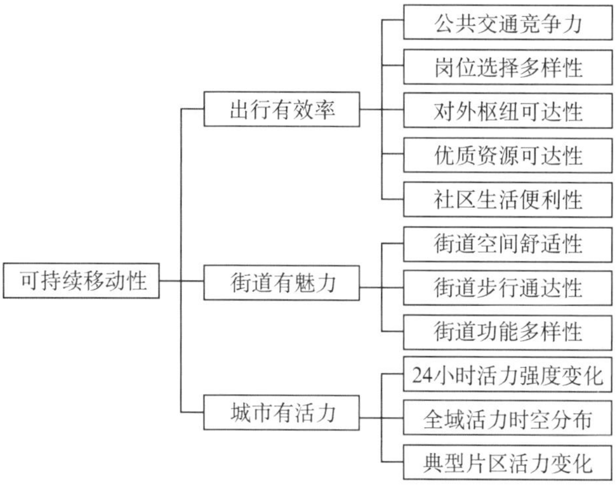

图1-4-9 城市交通可持续移动性评估指标体系

三、制约城市群一体化的行政体制障碍

1. 现行行政管理体制成为制约城市交通一体化发展的瓶颈

我国独特的行政管理体制以及各级政府的事权、财权分配，决定了当前城市交通的发展格局。我国行政区划具有多级建制并存的特点，一般的行政区域基本上设有省、县、乡（镇）三级建制，直辖市为市区两级建制，实行民族区域自治、设立自治州的地方以及实行市管县的地方则是四级建制。现行的财政预算管理体制的核心问题是各级政府之间的收支划分，通过规定中央政府与地方政府之间，以及地方各级政府之间财政预算的管理权限和收支范围，来处理国家各级政府之间的财政分配关系。总体而言，地方财政预算管理与行政区划相对应，形成了以行政区域为基本单位的管理格局，地方各级政府编制本级政府预算草案，并由同级人民代表大会批准后执行。

城市交通一体化是区域协同发展的基础保障和先行领域，开展交通一体化建设需要投入

大量的建设资金，需要一体化区域内各地方政府通过财政协同进行共同投资。理论上，各地方政府间财政关系的理想状态是财政支出平衡，进而保证一体化区域内各地所提供的交通设施和服务达到均等状态。但是，由于一体化区域内不同城市的经济发展水平存在差异，资金投入的来源和分担问题就成为财政协同过程中面临的难题。以京津冀交通一体化发展为例，自2015 年 12 月国家发展和改革委员会和交通运输部联合发布《京津冀协同发展交通一体化》以来，京津冀交通一体化战略已经实施多年。京津冀三地中，北京、天津两地在经济发展水平和交通基础设施方面具有较大优势，而河北省的交通基础设施发展比较落后，其高速公路密度仅为北京的 1/2、天津的 1/3，城市内轨道交通的运营城市仅有省会石家庄。这就意味着要实现一体化建设目标，河北省需要投入的财政资金可能最高，这无疑会形成巨大的财政压力。换句话说，囿于财政预算和财政能力，面对交通一体化建设巨大的资金需求，完全由政府财政资金提供支持是远远不够的。总而言之，行政区划的分割与交通一体化的发展需求在经济利益分配的公平性、发展资源的共建共享、问题诉求的一致性等方面都存在难以调和的矛盾。

2. 建立健全投融资制度是城市交通一体化发展的出路

如前所述，目前传统的投融资渠道已经无法满足城市交通基础设施建设的需要，社会资本的参与显得尤为迫切。在这种背景下，政府和社会资本合作模式(Public Private Partnership, PPP)作为一种新的投融资模式，近年来在城市交通一体化发展中备受关注。我国学者认为，PPP 模式是指政府公共部门与民营部门在合作过程中，让非公共部门所掌握的资源参与提供公共产品和服务，在履行政府公共部门职能的同时也能为民营部门带来利益。其优势在于，一方面，社会资本的引入可以在很大程度上弥补政府财政资金的不足，满足城市交通一体化建设的资金需求；另一方面，社会资本的引入可以打破政府在基础设施领域的垄断地位，同时社会资本往往比公共部门掌握更先进的技术和管理能力，能够提供更高质量的产品与服务，进而促进资本的有效配置。

PPP 投融资模式也存在一定的劣势。城市交通基础设施的建设项目，相对于其他基础设施项目对经济的增长可产生正的空间溢出效应。因此，在此类 PPP 项目中，政府、社会资本和作为使用者的社会公众之间的关系更为复杂，各方主体利益诉求的交织程度也更深，各方利益的平衡难度更大。特别是在以保护公共利益为目的的利益保障诉求下，社会资本的利益往往处于弱势地位，由此导致实践操作中在项目合作方式、项目回报分配等方面，容易出现社会资本利益无法得到有效保障的情况。法律法规的建立健全是确保 PPP 模式有效运行的关键。应当基于维持社会资本拥有与政府部门相同经济地位的理念，加快相应领域的法治建设，从鼓励灵活多元的项目合作方式、构建合理动态的回报机制、完善公益保障补偿机制等方面，实现对社会资本利益的充分保障，实现城市交通 PPP 项目各方主体的利益平衡，进而促使各方发挥各自的优势，最终实现共担风险、共享收益。

3. 投融资模式创新为跨区域交通一体化发挥重要作用——以京津冀为例

为解决行政区划分割与交通一体化发展需求之间的矛盾，近年来，我国在跨区域交通一体化投融资模式方面开展了积极探索。以京津冀协同发展为例，根据《京津冀交通一体化发展白皮书(2020—2035 年)》，通过先行先试、突破藩篱，三地以资本为纽带的合作不断深化，市场机制作用进一步增强，为解决跨区域、跨方式交通一体化发展积累了宝贵经验。

铁路投资体制改革加快实施。京津冀三省市政府和中国国家铁路集团有限公司共同出资组建京津冀城际铁路投资有限公司,并在2020年年底完成改革调整工作。通过推动京唐、京滨、津兴铁路、城际铁路联络线等城际铁路项目的投资、建设及运营,不断探索铁路投融资改革、土地综合开发、站城融合发展和资本运营新模式新机制,积极服务京津冀交通一体化发展大局。截至2020年年底,相邻城市间基本实现铁路1.5小时通达,京雄津保"1小时交通圈"已经形成。京津冀区域营运性铁路总里程达10 480公里,较2014年增长33.6%。

津冀港口集团合作不断深化。天津港集团和唐山港集团共同组建津唐国际集装箱码头有限公司,实现两港之间的集装箱资源统筹和航线共享,推动津冀两地集装箱运输跨越发展。天津港和河北港口集团联合成立渤海津冀港口投资发展有限公司,联合对河北和天津的港口基础设施和业务运营进行投资和管理,对推进津冀港口资源集约利用、促进两地港口提质增效作用明显。以资本为纽带,着眼错位发展,实现优势互补,在2020年津冀港口群货物吞吐量中,河北港口占比70.5%,天津港占比29.5%;在津冀港口群集装箱吞吐量中,河北港口占比19.6%,天津港占比80.4%。

四、国内外经验的文化和语境差异辨析

提高城市交通学的科学性,亟须正确学习借鉴国际经验,既要学习成功经验更要借鉴失败教训,既要学习借鉴正确的经验更要正确地学习借鉴经验,既要统筹空间资源要素更要明确时间发展约束,既要去背景化解构国际语境更要再背景化重构中国特色。

一是,学习借鉴国际经验应当辩证地认识到城市与交通发展背景的差异性,包括政治体制、意识形态、行政机构、治理体系、政策机制、法律规章、财税制度、经济科技、社会结构、理念价值、地理区位等方面。只有对这些差异性建立深入的认识并开展详实的研究,才可能回答好"学什么、为什么学、谁来学、学谁、如何学、学到何种程度、达到何种效果"等一系列问题,避免简单趋同的手段与技术复制或效仿,实现政策理念组合与启发下的创新适应型学习借鉴。

二是,学习借鉴国际经验应当客观地认识到不同发展阶段对交通有着不同的理解与要求。20世纪五六十年代,清华大学、东南大学与同济大学等高校引入英国、苏联等国交通著作编译教材,初步建立了城市建设发展下的交通基本认识。1979年改革开放时期,美籍华人张秋先生在我国举办交通工程讲习班,各大高校创办交通工程专业,构建了以"四阶段法"为代表的基本理论与技术框架。20世纪90年代可持续发展理念传播时期,我国与世界银行合作研究,发布《北京宣言:中国城市交通发展战略》,形成了城市交通政策和交通规划制定应遵循的价值观和方法论。2014年全球合作治理时期,欧盟发布《可持续城市移动性规划》,强调交通要从关注交通设施与运输效率回归关注人的移动与出行,我国亦于2018年开展"城市交通治理现代化理论研究",认识到其是提升交通服务共建、共享、共治水平的新要求和新趋势。

三是,学习借鉴国际经验应当清晰地认识到交通词语在不同文化(领域)背景下的内涵区别。交通工程中的交通(Traffic)关注交通设施的供需匹配和交通流的高效安全运行。交通运输中的交通(Transport)关注载运工具及承载设施的运营组织优化与综合成本效益。可持续交通中的交通(Mobility)则以跨学科综合规划、多元合作治理,行动计划共识的视角聚焦可持续

性、交通出行、环境质量、生活品质、公共服务与公平可达等方面。交通词语在内涵上既具有传统工程方法上的技术属性，又具有社会发展要求下的政策属性，唯有将两者结合，形成社会—技术、工程—政策维度的复合内涵，才能真正推进城市交通治理体系完善和治理能力加强。

四是，学习借鉴国际经验应当充分地认识到发展中国特色城市交通学的必然性与科学性。治理逻辑下的城市交通学是提升国家及城市治理能力的战略需求和重要抓手，其发展与完善必然要立足于符合我国国情特征的交叉、重大、动态、复杂的社会及科学问题，并以面向高质量发展、交通强国、健康中国、碳达峰碳中和、发展培育都市圈等国家战略为目标。发展逻辑下的城市交通学将加速推动社会需求承载空间与科学技术应用场景的塑造与迭代，国际经验的去背景化解构和中国特色的再背景化重构将有助于具有中国特色的城市交通学实现“请进来”和“走出去”，真正达成“与世界相交，与时代相通”的宏伟愿景。

第五章
城市交通学的创新价值和实践价值

人类文明由农业社会过渡到工业文明社会的重要标志是城市化。人口向城市集中，通过依法纳税的方式享用政府提供的公共服务，城市交通就是其中之一。人类正走向生态文明时代，城市建设和运行水平代表着社会文明水平，城市和城市交通适合时代的变革是永恒的主题。居住在城市的人们的生活丰富多彩，决定了城市社会的复杂性，决定了城市交通是永恒的难题，也决定了讨论城市交通学的理论价值。城市交通学建设的实践价值在于其经得起时间的询问。城市交通学作为应用理论科学，关键在于其学科体系和主要内涵是否稳定和经得起推敲，具体内容是否能够随时间延续更丰富，基本原理是否影响到后来的研究和思考。

本章介绍了国际城市交通的理论研究，包括自 20 世纪 20 年代小汽车在欧美普及使用以来，逐步形成的城市交通需求分析、供给分析和交通流分析的基础理论体系，以及近些年随着新理念及新技术的发展，呈现出的新的国际前沿动向。可以发现，一方面，国内外城市交通研究理论创新的大方向总体上是一致的，另一方面，发达国家交通自身供需矛盾还在激化，发展中国家在使用欧美城市交通理论方法解决自身问题时也遭遇了种种不适应，这都对当前城市交通理论方法创新提出了迫切的需求。

本章从行政管理体制、财税制度、决策机制、发展愿景、交通政策、交通基础设施投资、交通需求管理等方面对比分析了世界主要城市交通发展状况及存在的问题。认为“城市交通学”提出围绕城市交通网络构建与运行的出行服务体系研究范式，既是新常态下中国城市交通模式转型发展的应有之义，也是国际最新交通研究与实践的前沿方向。立足中国实际情况，率先建立和实现这一范式，创新城市交通理论，对世界各国学者和政府研究应对各自的城市交通问题，具有积极意义。

第一节　国际城市交通理论研究简介

自20世纪20年代小汽车在欧美普及使用以来,现代意义上围绕"人—车—路—环境"的交通工程学开始建立并指导交通设施规划、设计、建设与管理实践。近100年来,国内外城市交通研究取得了丰硕成果,形成城市交通需求分析、供给分析和交通流分析的基础理论体系,并随着数据获取与分析技术的提升,基础理论仍在持续拓展与更新。当前,世界各国城市交通问题(拥堵、安全、能耗、污染等)仍十分严峻。发达国家交通自身供需矛盾还在激化,发展中国家在使用欧美城市交通理论方法解决自身问题时也遭遇了种种不适应,这都对当前城市交通理论方法创新提出了迫切的需求。

一、城市交通理论研究整体架构

将城市交通置于城市总体发展环境下,以"跳出交通看交通"的思维方式梳理国际城市交通理论和方法的演变历史,可以看到,现代西方城市交通研究理论萌芽于20世纪30年代,发展于50年代,成型于70年代。当前交通研究理论总体可分为两大领域,一是基础理论研究领域,二是应用研究领域。基础理论研究针对交通系统的基本组成要素进行本原性探索,包括交通行为与需求分析理论、交通网络供给分析理论和交通流理论;应用研究则是基础理论在规划、建设、管理等应用方向的实践与拓展,包括公交导向开发理论、人车分流理论、道路分级理论、交通系统管理、交通需求管理理论等(图1-5-1)。

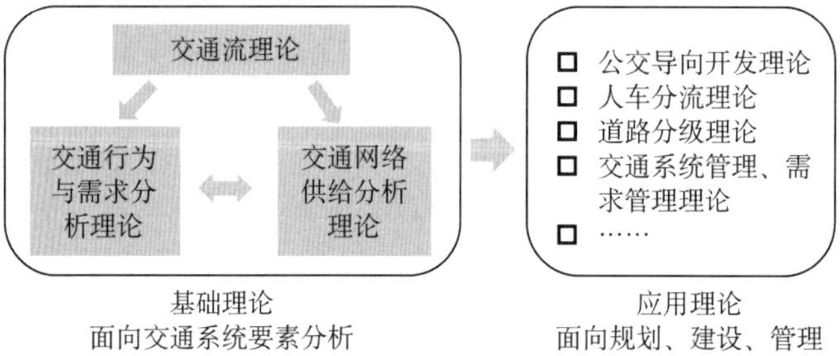

图1-5-1　城市交通研究理论的基本内容

1) 交通行为与需求分析理论方面

在交通行为与需求分析理论方面,形成了基于出行的交通需求分析理论和基于活动的交通需求分析理论。前者形成于20世纪50年代,为了配合以美国州际高速公路为骨架的交通基础设施规划设计,开发了基于交通小区的出行需求"四步骤"集计分析方法,即交通需求产生—需求分布—交通方式划分—交通量分配。该方法以数理统计理论为基础(statistically-oriented),以单一出行作为基本统计单元,它更多关注需求预测结果的获得,而不注重解析产生结果的内在原因(但这也许正是这种方法得以推广应用的主要原因)。后者产生于20世纪

70 年代，随着随机效用理论、离散选择模型的开发应用，研究人员开始探索基于个体的非集计需求分析理论。到了 20 世纪 90 年代，随着 IT 技术、GIS 分析、计算机分析能力的提升，基于活动(activity-based)和出行链(trip-chain)的需求分析新理论逐步得以建立。

与基于出行的需求分析理论不同，基于活动的需求分析理论最突出也是最具魅力的特点是寻求人们出行的内在原因。因此，这类模型主要以研究人类行为(特别是出行行为)的理论为基础(behaviorally-oriented)，紧紧抓住“人们为什么要出行”这一内在的实质性问题，来揭示出行只是人们日常活动的许多属性中的一种特有属性。进而，行为模型将人们的活动需求或参与活动的愿望看作产生出行的真正原因，并认为对出行行为的任何理解都应从属于对活动参与的先行认识。由于视活动与出行具有直接的因果联系，行为模型就有可能把出行行为放在一个社会经济背景更宽阔但同时又受到时间空间限制的条件下来加以研究。

基于出行和基于行为的两类交通需求分析理论存在根本性差异(表 1-5-1)。行为模型从理论上强调是活动需求生成了出行需求，与基于出行模型的本质区别是，出行分析和模拟基于变量之间的行为关系而不是统计联系。行为模型引入了时间变量，认为活动—出行行为既受空间限制，也受时间限制，从而能分析出行需求在任意时间周期(如一天)内随时间的变化，反映出行者随交通拥挤情况和其他有关信息(如停车)来选择出行时间的属性。

表 1-5-1　两类需求分析理论对比

特征 \ 需求分析理论	基于出行的四步骤需求分析理论	基于行为（活动）的需求分析理论
基本思想与本质差异	以单一出行为基本统计单元，构建基于统计关系的模型	强调交通需求派生于活动，构建基于行为(决策)关系的模型
需求分析周期	面向中长期的需求预测	面向中短期的需求预测
短期交通政策评估适用性	不适用	适用
易推广性	易推广	尚未普及

近 10 年来，行为模型在实用开发方面取得了长足的进步，在多源大数据环境支撑下，基本具备了一定的实践应用能力。由于其具有概念清晰、理论连贯、对中短期出行需求预测可靠以及对短期政策测试具有特有的灵活性等优势，被普遍认为将成为交通系统进入存量优化时期的重要交通分析手段，标志着出行分析理论和技术的一个划时代的变革。

2) 交通网络供给分析理论方面

在交通网络供给分析理论方面，形成了道路与公共交通通行能力、交通网络拓扑结构与承载力等理论成果。道路通行能力的研究最早始于美国。从 20 世纪 40 年代起，为了加强国防和适应战后经济发展的需要，美国加快了全国公路网的建设。在建设中，针对公路的规划、设计、修筑、养护及运营中出现的问题，美国开始了通行能力方面的研究，以求使公路建设在合理、科学、规范的基础上进行。1950 年，美国交通工程师协会在道路通行能力的研究成果基础上，编写出版了《道路通行能力手册》(*Highway Capacity Manual*，HCM)，至今已连续修订了 6 版，2016 年发布了最新版本——HCM6。早期的 HCM 聚焦于机动车通行能力，之后逐渐引入公共交通、行人、自行车的通行能力分析。从 2010 版本之后，开始强调多模式交通通行能力与服务水平的整体分析，将机动车、公交车、自行车、行人等多类出行主体进行交叉、关联性评价，如图 1-5-2 所示。继美国之后，英国、法国、德国、澳大利亚、日本等许多发达国家，也根据本国的实际情况，编制了 HCM 手册。

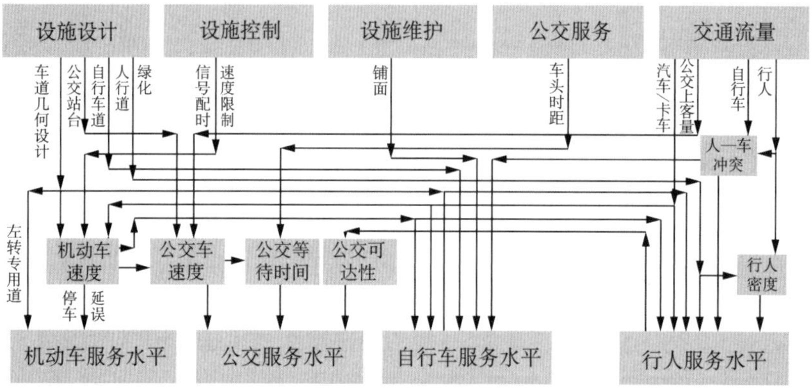

图 1-5-2　城市多模式交通通行能力与服务水平整体评价

除了道路通行能力之外，公共交通通行能力及服务水平的研究也得到广泛关注，美国于 1999 年出版了第一版《公交通行能力与服务水平手册》(*Transit Capacity and Quality of Service Manual*, TCQSM)。经过两轮修订，2013 年发布了第三版 TCQSM。第三版 TCQSM 在总结一系列相关研究的基础上，给出了常规公交车、需求响应式公交、轨道交通、渡轮、中途站及首末站等公交系统/要素的通行能力与服务水平分析方法。

21 世纪初兴起的一门新兴交叉学科——复杂网络理论，关注个体之间微观相互作用导致的系统的宏观现象，能把微观和宏观性质联系起来，能够预言复杂系统丰富的整体行为，包括自组织特性、涌现等，从而成为研究交通网络的有力工具。在城市交通系统分析中，可以将复杂网络研究应用于城市交通复杂网络的实证研究、交通复杂网络演化机制研究、交通网络动力学研究、交通拥堵控制研究等方面。

对城市交通网络的实证研究主要集中在城市道路网络和公共交通网络两个方面。在城市道路网络研究方面，利用拓扑理论实证分析了不同形态和历史背景的城市道路交通网络特性，均为无标度网络，并且表现出了小世界特性。在城市公共交通网络方面，基于对公共汽车网络的分析，表明公共汽车网络的度分布表现为幂律分布(或指数形式)，所有的网络都展现了小世界特性。这些实证研究对不同地域的城市道路网络和公共汽车交通网络进行了复杂网络统计特性分析，从而不断证实了城市交通网络(道路网络和公共交通网络)表现了复杂网络的特性，保证了将复杂网络理论应用到交通网络研究中的可行性和正确性。

3) 交通流理论方面

在交通流理论方面，形成了包括利用流体力学、物理学等建立的“流—密—速”基本关系、跟车理论、车流波动理论、排队论等在内的微观交通流理论，也包括面向交通设施网络运行状态分析的宏观网络交通流理论。自 1935 年 Greenshields 等提出流量—速度关系模型以来，微观交通流理论已经有 80 余年的发展历史，先后形成了三版交通流理论研究专著。交通流基本图模型是针对宏观交通运行特性指标(流量、密度和速度,简称流密速三参数)之间关系进行分析与建模的理论与方法,是交通流理论和交通工程学科的基石。近年来随着交通流自动检测设施的大规模安装,基于实证数据的交通流运行特征经验分析取得重要进展。三相交通流理论以及交通流失效、通行能力下降、磁滞现象、交通流震荡现象等得到深入分析。除了交通流密速基本关系外,针对个体车辆(或非机动车/行人)交通运行特性进行分析与建模的理论与方法,是解析、描述和预测交通流运行规律的重要手段之一。理论研究的重点内容包括车辆跟驰模型、换道模型、元胞自动机模型、行人与非机动车模型、车路协同环境下的微观交通流模型、微观模型的参数标定、微观交通仿真系统等。

网络交通流理论是模拟交通网络上各要素(如路段、路径、OD 对)的流量和费用模式,为交通网络评价和优化设计提供决策依据。网络交通流模型的核心是出行者的路径选择行为准则,重点关注用户均衡和系统最优、随机用户均衡。Wardrop 提出了两类经典的路径选择行为准则:用户均衡(User Equilibrium, UE)和系统最优(System Optimal, SO),二者又分别被称为 Wardrop 第一准则和 Wardrop 第二准则。在 UE 状态下,每个 OD 对间所有使用路径的行程时间都相等,且不大于所有未被使用路径的行程时间。在 SO 状态下,系统的总行程时间或平均行程时间最小,每个 OD 对间所有使用路径的边际行程时间都相等且最小。用户均衡交通分配模型的求解算法,可分为基于路段、基于路径和基于起点。

在既有研究基础上,网络交通流呈现出几类重要的扩展方向,包括弹性需求和组合需求问题、非对称和非可加性问题、条件约束问题、不确定性环境下的交通分配等。未来网络交通流模型领域的重点研究方向包括能够应用于大规模真实交通网络且具有不同时间尺度的动态交通流网络模型,不确定性环境下的网络交通流建模与分析方法,基于长期连续数据的模型标定和实证研究,多维度出行选择行为的精细化建模,车联网和自动驾驶环境下的网络交通流模型和分析方法等。随着交通拥堵和不确定性逐渐成为新常态,车联网、自动驾驶和大数据技术的不断发展,网络交通流研究将会进入重要的变革和颠覆时期。

二、城市交通理论研究前沿动向

当前城市交通理论研究领域,基于活动的出行行为与需求分析理论、面向出行服务的复合交通网络性能分析理论,以及面向异质混合交通的交通流运行理论仍在持续完善。在基于活动的出行行为与需求分析理论方面,个体活动特征识别与机理解析是核心内容,出行链分析技术(可能发生于多个设施网络)、基于智能体的建模技术是核心手段,信息技术是支撑工具,需要克服分析方法的复杂性与数据获取的庞杂性。在面向出行服务提供的复合交通网络性能分析理论方面,以提供服务为导向,既关注不同方式网络间的关联,又注重网络构建与运行调控的统一,适应需求与引导需求并重。多智能体建模、计算实验与平行执行是复合网络性能分析的核心手段。在异质混合交通的交通流运行理论方面,微观上要求以小汽车为主导的机动车交通流,向考虑行人、非机动车在内的混合异质交通流拓展;宏观上要求不仅关注单一网络,还需考虑多方式复合网络;不仅关注静态的网络均衡,更需注重网络状态的演变(如拥堵传播与消散),建立复合网络交通动力学理论、模型和方法。在此基础上,进一步探索交通网络拓扑结构的统计特性与交通网络上的出行行为(出行选择、自组织等),解析“个体出行者—交通网络拓扑结构—网络交通流”之间的映射机理。

近些年随着以人为本、可持续发展等理念的深入人心以及信息化、智能化等技术能力的快速发展,城市交通研究与实践呈现出一些新的国际前沿动向。欧洲提出了从交通设施规划转向出行服务规划的基本架构,认为交通规划需要从面向车的移动到面向人的移动,最后迈入面向人的生活质量阶段。一方面强化步行和非机动车交通服务的回归,另一方面加强多模式交通的一体化整合,推动建立 MaaS 体系。美国由于特定的交通发展模式,其更侧重小汽车出行效率的优化提升,运用车辆网联技术、按需服务(Mobility on Demand, MOD)运营组织技术等提高小汽车使用效益。具体包括以下三方面。

(1) 由关注交通流(Traffic)转向关注移动性(Mobility)。2014 年欧盟发布《可持续城市移动性规划》(*Sustainable Urban Mobility Plan*, SUMP)编制与实施导则,作为指导新时期欧盟城市交通发展规划的纲领性文件。SUMP 认为公共服务与设施的可获得性(Accessibility)是城市移动性规划的目的,交通只是达成这一目的的手段。SUMP 的一个基本原则是使用尽可能少的交通为城市居民提供出行服务。更少的交通,意味着更少的能源与资源消耗,更少的污染,更低的成本,更少的交通事故,等等。传统对交通流通行能力、交通速度的关注,也进一步转向对可达性与生活品质的追求,对经济活力、社会公平、公众健康和环境质量等多维度的关注。

(2) 推行 MaaS 理念重塑城市交通。MaaS 被认为是近年来交通领域最重要的概念之一。其目标是建立一个无缝、协作运营、可持续的交通生态系统,生产以用户为中心的出行和货运服务。该概念代表了一次范式转变——交通提供方从提供交通工具和设施转向提供交通服务,从消费者端将所有分段的、各自为营的出行服务整合为整体而连续的出行服务。

MaaS 概念最早出现在 2014 年欧盟智能交通系统(Intelligent Transport Systems, ITS)大会上,并在 2015 年世界 ITS 大会上逐渐成为全球智能交通领域的热门议题。MaaS 系统由交通运营商、政府部门、服务提供商、数据提供商和用户五部分组成。其中,交通运营商包括共享单车运营商、分时租赁汽车运营商、公共交通运营商、网约车运营商及出租车运营商,这些运营商为用户提供无缝衔接的出行服务功能;政府部门在 MaaS 系统中起指导性作用,主要负责政策制定、数据开放、财政支持及市场监督管理,也有部分学者认为政府应充当主导性作用,如芬兰 Whim 平台即以政府为主导,利用硬性和软性政策措施支持平台发展;服务提供商为 MaaS 系统提供技术支持,包括运营服务平台、交易平台和出行大数据平台;数据提供商包括地图提供商、通信提供商、出行者信息和服务定价信息;用户通过支付一定费用,享受 MaaS 系统提供的一站式出行服务。

(3) 基于人工智能与计算试验的交通研究。在现代信息技术和移动互联网支撑下,交通观测手段和数据获取能力发生了质的变化,大数据技术催生并加速了人工智能、计算实验和平行执行方法在城市交通中的应用。通过构建人工交通系统、计算实验以及平行控制来解决交通系统的复杂性、实时性和动态性。具体思路是:应用人工系统(Artificial Systems)建立所有交通实体的微观模型(目前多采用基于多智能体建模技术);应用计算实验(Computational Experiments)通过人工系统有目标、系统化的运行来评估和优化交通方案;应用平行执行(Parallel Execution)将得到的方案作用于实际系统,并根据实际运行效果调整人工系统的模型、参数以及实验方案,通过二者之间多次迭代得到实际交通系统的最优方案,如图 1-5-3 所示。

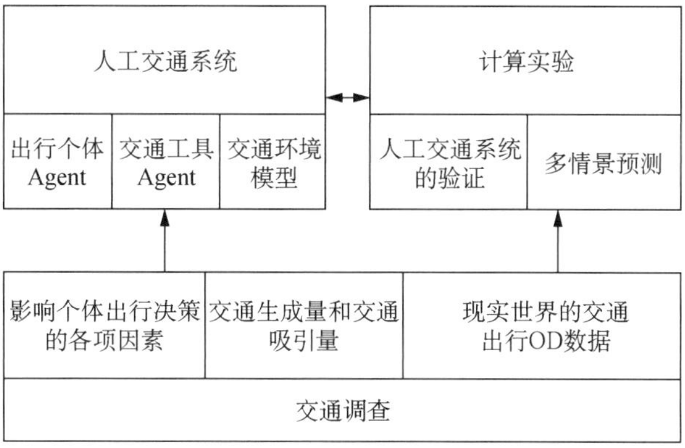

图 1-5-3　基于计算实验方法的研究架构示意

以 MATSim(Multi-Agent Transport Simulation)为代表的基于个体出行决策和活动链模拟的大规模城市出行仿真,在美国、英国、德国、新加坡、韩国等国的城市交通分析中已得到实际应用。如在英国伦敦出行仿真中,针对 M25 内部的 940 万人建立了出行活动仿真模型;德国则实现了全境 8 000 万人一天的活动出行模拟。

三、有待完善的城市交通理论研究问题

无论是可持续城市移动规划、移动及服务理念的实施,还是基于人工智能与实验的交通研究,都面临两个突出问题。

(1) 个体出行活动数据的大样本(或全样本)采集与分析。个体出行活动与行为决策分析是城市交通理论研究范式转变的基础理论。受制于数据的可获得性,目前国外还未能做到对城市或更大空间范围内所有个体活动的数据采集及活动链分析,这大大限制了基于个体的大规模城市出行仿真应用效果。

(2) 计算机计算实验能力。由于是针对个体活动的计算与仿真,当个体样本量达到千万甚至更多时,会对计算机的计算能力提出很大挑战。譬如在使用 Matsim 对伦敦 940 万个体进行模拟时,花了 6 天时间才完成 1 次全过程迭代运算①。

第二节　世界主要城市交通发展政策的对比分析

城市交通既涉及交通系统的运行和管理,也受城市的特征与背景所影响。不同国家与城

① 计算机硬件配置为 Windows Server 2012R2Standard,Intel(R)Xeon(R)3. 30GHz(16nodes),内存(RAM)128 GB,64 位操作系统。

市在自身发展过程中形成了不同的空间组织形态、行政体制、财税政策等，导致城市交通问题呈现的方式和原因各有差异，也使得各自对交通战略的定位、采取的交通政策有所差异。本书下篇第九章选取了五个国际主要城市——伦敦、巴黎、纽约、东京、首尔，从城市空间特征、行政体制及交通政策三个方面进行比较研究，通过对全球主要城市的上述特征进行梳理和对比，深入理解城市交通研究需求的异质性与多元性。

为了保证结论的可比性，我们将北京市域和国外主要城市的都市圈进行对比(表 1-5-2)。从人口总量上看，都超过 1 000 万，从城镇化水平看，城镇化率都超过 80%，属于城镇化后期。从产业结构看，第三产业比重都超过 80%。

表 1-5-2 六个城市指标对比

城市	伦敦	巴黎	纽约	东京	首尔	北京
研究对象定义	大伦敦地区	大巴黎地区	纽约大都市区	东京都市圈	首尔都市圈	北京市
总面积(平方公里)	14 552	12 012	21 482	13 562	12 685	16 410
第二圈层面积(平方公里)	1 574	627	784	2 155	605	1 381
第一圈层面积(平方公里)	33.7	105	60	628	90.2	93
居住人口(万人)	1 496	1 203	2 009	3 592	2 570	2 154
城镇化率	83.9%	80.98%	87.9%	91.78%	81.4%	87.5%
人口密度(万人/平方公里)	0.103	0.100	0.094	0.265	0.203	0.131
就业人口(万人)	769	568	933	1 843	515	1 238
就业密度(万人/平方公里)	0.053	0.047	0.043	0.136	0.041	0.075
职住比(就业/居住)	0.51	0.47	0.46	0.51	0.20	0.57
GDP(亿元)	44 327	54 593	120 240	108 843	51 590	29 165
第三产业比重	91%	90%	91.33%	88.7%	88.9%	83.8%
公交占机动化出行比例	48.4%	33.9%	43.2%	81%	71%	51.8%
轨道交通占公交的比例	42%	67%	64%	92%	62%	54%

一、行政管理体制

在国家层面，英、法、美、日、韩等几个国家的行政体制大都自上而下分为三到四级，中央政府负责全国性的行政、经济、法律、外交等方面的事务，地方事务由地方政府全面负责，并受到中央政府的监督、管理和约束。我国是国、省、市、县、乡五级，主要城市如直辖市或副省级城市相当于省市级。

在城市层面，伦敦、巴黎、纽约、东京、首尔等几个都市圈的行政自下而上分为三级：城市内各区、城市、包括周边其他城市在内的都市圈。在事权上,各城市不尽相同,伦敦各区享有广泛的自治权利;巴黎实行上下级分明的“强市长制”,下级政府受到上级政府的强大约束;纽约大都市区则依靠半自治的公共性治理结构来解决经济社会的各项问题;东京设立了全国独有的“都区制度”,职责分明,既确保了东京行政的一体化和统一性,又保证了各区的自主性;首尔都市圈成立各种公共性机构来处理该地区的政府间问题。我国针对自身特点和城镇化发展阶段,提出城市群和都市圈建设。城市群一般跨省,而都市圈一般跨行政市。但城市群和都市圈都不是行政实体,而是通过组建的议事机构进行协调推进。

二、财税制度

财税制度方面各国情况不同。英国的中央与地方财权划分明确,实行严格的分税制;法国各级政府间财政相对独立,不存在隶属关系,但国家对地方财政具有事后法律监督权;美国各级政府拥有其各自的税法,拥有独立的税收体系和主体税种以及税收立法权和征管权,没有全国统一的税法,三级政府在财政上既有统一,又有分权,既有平等,又有先后;日本的各级政府财政分配明确,中央对地方都道府县和市町村两级财政均有直接补助关系;韩国的国家财政事务则由九大机构介入,较为混杂,中央对地方的转移支付是地方财政的主要来源。我国城市政府的财政来源包括地方税收和中央转移支付。

三、决策机制

决策机制方面,英国中央政府控制外交、国防、总体经济和货币政策、就业政策以及社会保障等,地方政府全面负责地方事务;法国中央政府的主要职能是保障安全、司法、大学教育、就业、公共卫生、领土单位之间的平衡以及在发生危机时介入,地方政府的主要职能是协调经济发展、承担社会连带责任等;美国各州与中央联邦政府均有司法主权,但中央联邦政府受到美国宪法的约束,而各州则有相当大的司法主权,各州主权不能凌驾于中央联邦政府及美国宪法之上,州宪法权限不能超过国家整体主权;日本的地方自治制度由都道府县与区市町村的双层结构构成,都道府县是包括市町村的广域地方行政机构,负责广域行政事务,市町村是与居民直接相关的地方公共团体,负责居民身边的事务;韩国实行地方自治,地方政府负责处理当地居民的福利事务和财产管理,并将根据国家法律和法规范围制定地方自治条例。总体而言,国外城市的常规事务和管理工作主要由地方政府负责,自治程度较高,决策权限也较为独立于更高层级政府。

四、发展愿景

发展愿景方面,国外城市强调以人为本、促进交通安全、建设环境友好型交通、发展公交优先、建设共享交通等。例如,伦敦强调出行领域创新的收益必须具有平等性、通过空间的高效利用来实现缓解拥堵、保持出行市场的开放性、安全出行和合理共享交通出行数据、提高货运管理水平等交通发展策略；而巴黎强调优先发展铁路沿线地区、跨区地带的多中心发展、连接市郊铁路网络、确保对外枢纽联络畅通、构建全球物流体系、压缩摩托车的停车空间、全面的交通无障碍建设、保证交通规划信息完全公开透明、唤醒市民和企业的责任感等内容；纽约强调提升交通安全、完善最初和最后一公里的交通接驳、促进均等的交通使用机会、提升交通系统的适应性和恢复力及保护修复现有的交通基础设施等发展策略；东京着重强调降低通勤拥堵、推动新的铁路线路建设、铁路交通发展适应去中心化的城市发展趋势、推动无障碍和无缝衔接的交通服务、推动多式联运和建立跨区域和跨国家的客货运网络体系等内容；首尔强调建立行人导向型交通环境、建设共享交通、建立铁路导向的公共交通系统、鼓励私家车交通共享、增加公共交通使用机会和建立综合交通系统等内容。

我国城市的发展愿景主要是绿色、低碳、安全等，特别注重城市总体发展的水平和阶段性，在发展模式上强调“公交优先”战略，通过更为集约式的交通模式提高城市综合交通系统的可持续发展能力。

五、交通政策

从交通政策上看，国外城市均重视公交优先和绿色环保出行，政策涉及优化公交出行、促进低碳和零排放出行、鼓励自行车出行、推动使用新能源汽车、减轻汽车出行依赖等措施。但在落实公交优先的策略上，以伦敦为代表的一些城市（如新加坡、中国香港等），通过常规公交和轨道交通共同发展，保持公交在机动化出行中的占比优势。以东京为代表的城市，通过大力发展轨道交通，保持公交对私人小汽车出行的比较优势。而以轨道交通为主的发展需要足够的财力支持其建设和运维，这也是最近国家发改委修改城市轨道网建设规划审批要求的背景。

常规公交目前在我国主要还是由国有企业负责提供服务，政府通过财政提供补贴维持企业运行。我国大多城市都面临常规公交网络、车辆和财政补贴增加，但客流不断下降的局面，如何保障公交补贴的可持续也成为地方政府面临的难点问题。

新加坡、纽约、伦敦等公交发达的国外城市的公交运营采用了高度市场化的运营管理模式，该模式通过市场竞争机制，有效保障了服务效率和服务要求。在提升公交吸引力和公交分担率方面，国外大城市提供了功能明确、层次清晰的公交网络体系，并缩短了车内乘车时间、提升了车内乘车舒适度。

六、交通基础设施投资

我国特大城市核心区经过了大规模基础设施建设阶段，进入建管并举的阶段。但政府仍将基础设施投资作为拉动经济的重要手段，围绕城市群、都市圈的建设，推进市域轨道、城际轨道的建设。同时，通过城市更新、TOD项目，推动产业升级，保持经济持续发展，也维持地方财政收入的可持续。

国外发达城市基础设施建设起步较早，并促进了早期的工业化发展和经济增长，但由于维护和资金不足，许多基础设施老化严重，基础设施投资和建设的潜力下降。交通基础设施建设和投资是国外城市交通最为重要的议题之一，由于基础设施存量较大，维护成本高企，如何在保持基础设施安全的前提下保持财政可持续性颇具挑战。

七、交通需求管理

我国特大城市主要通过牌照拍卖或摇号控制私人小汽车的增长，同时鼓励私人购买新能源汽车，降低排放。同时，基本实现公交车和出租车的新能源替代。通过公交和轨道的低票价，鼓励绿色出行。

从国外城市的经验来看，美国的措施重点在于减少机动车的低效使用和减少高峰出行需求，鼓励公共交通和高承载率汽车制度、部分工作岗位家中办公、实行可变工作时间、鼓励交通工具合乘、设立收费车道等；欧洲对机动车实行严格限制与管理，措施包括停车空间收费、制定道路收费和交通税政策、基础设施改建如建设单行道和物理限速等；日本的轨道交通建设较为发达，日本政府出台了一系列措施来推动公共交通的发展，并将交通建设与土地利用相结合，以期创造附加价值。

综上所述，各国主要城市的交通发展现状和存在的问题各不相同。然而，在复杂的交通发展历程中，无论城市经济如何发展，或城市结构如何变迁，重视公交优先、促进环保出行、减少交通拥堵、提升交通安全以及建立综合客货运交通体系一直是各国发达地区和主要城市的发展共识。我国是人口大国，有巨大的交通运输需求，同时我国也是能源消耗大国，因此有必要在上述发展方向上进一步作出努力，以实现高效的、可持续的交通发展。

第三节 城市交通学的价值评估

国际上出现的新的交通发展理念、交通研究手段一方面表明国内外城市交通研究理论创新的大方向总体上是一致的，另一方面也为不同国家/地区创新城市交通研究提供了相互交流和借鉴的平台。我国城市交通研究理论创新，要及时吸取国外先进经验，结合中国自身特色与国情，探索符合我国城市与交通发展阶段和特征的理论创新路径。尽管中国与欧美等其他国家在文化、城市和交通发展历程上存在显著差异，但城市交通的根本属性——为出行者提供服务是一致的，城市交通理论研究的目标——构建安全、舒适、高效、可持续的城市出行服务体系也是相同的。在信息化和大数据技术支撑下，国内外都在探索城市交通理论研究的新范式。“城市交通学”提出围绕城市交通网络构建与运行的出行服务体系研究范式，既是新常态下中国城市交通模式转型发展的应有之义，也是国际最新交通研究与实践的前沿方向。立足中国实际情况，率先建立和实现这一范式，创新城市交通理论，对世界各国学者和政府研究应对各自的城市交通问题，具有积极意义。

城市交通理论创新，在于建设了城市交通学。它关心标志人类文明进步的城市问题，明确学科属性是城市科学的重要的组成部分，目标是服务于人的需求和城市的高效、安全、可持续运行；又体现了中国特色、时代精神，即培育现代化都市圈、增强城市群竞争力；还具有包容思维,不仅重视交通工具的进步带来的城市交通问题,而且研究各类人和物的移动的服务方式创新的新业态。

城市交通学创新在于城市交通问题研究方法的创新。“以提供可持续出行服务为宗旨、以主动引导交通需求为导向、以复合网络构建与运行为核心,综合运用工程、经济、法律、社会等多学科交叉手段,依托现代信息技术和大数据分析技术,建立城市交通研究理论新范式。”研究成果表明,“城市交通已经呈现与以往差异显著的基本特征,交通服务共建、共享、共治成为新要求和新趋势。提供安全、高效、公平的交通服务以满足人的活动需求是组织城市高效运行的基本要求。对城市交通发展的认识,必须由提供基础设施向提供均等的公共服务转变;衡量城市交通的发展,也必须向能否满足人的需求、能否提高交通服务共建共享水平转变”。从这个意义上讲,城市交通治理是城市交通学的应有内容。

城市交通学的创新价值在于,将服务于人的需求与组织城市高效、安全、低耗可持续性运行融合于同一目标之中。“必须打破对传统城市交通管理的路径依赖,从设施建设管理、系统运行管理和行业管理范畴向公共服务供给和社会治理转型。”城市交通治理是构建政府主导,企业、社会组织、公众多元主体的价值—信任—合作新型关系。城市交通是指依托交通基础设施网络、交通服务网络和信息网络等,按照一定的运行规则和规律,在空间、时间维度上持续运行,以实现人和物的空间移动服务,从而满足人的需求和实现城市高效运行。城市交通网络是各类交通基础设施网络、交通运输组织网络、交通信息服务网络的总和,是完成城市中人和物的出行所依赖的各类设施、交通工具及辅助设施的物质性条件。城市交通学的研究对象是城市交通网络的构建和运行,即“以满足人的需求、城市高效运行为目标,通过城市复合交通网络的动态构建与高效运行,即网络结构调整、组织与控制优化和行为机制调整的持续过程,为人与物在城市的移动提供完整、连续、高效服务”。城市交通治理具有“物理—信息—社会”三元空间维度上的特征属性和内在规律,并且相互之间发生复杂的关联及作用。

城市交通学建设进入信息时代的新机遇在于,信息的适时收集与数字化分析能力的提升。信息技术的变革让交通数据的时间—空间—对象的粒度及广度不断增强,分析对象从车辆、系统运行扩展至个体活动,分析内容从 OD 流转向活动流,实现了人、地、车、网、货等多源数据的融合。在大数据平台支撑下,政策措施干预、个体行为反馈、多模式网络评估的溯源有了定量化依据。数据成为关键要素,数据的流动、汇聚与应用能力决定了交通系统平台的核心竞争力。其中,分析技术模块的科学应用,需要体现在对微观对象的整体规律把握和数字化描述,以及推演对研究目标的基本取向。展望未来,能源及工具变革、感知与计算融合、服务模式创新等新系统将引导信息技术变革方向。在此背景下,未来的城市交通信息化发展目标不能停留在智能交通技术自身的先进性上,更应当与城市整体发展目标相一致,以此来研究信息化与城市交通的结合。只有这种结合,才能将城市转型发展提高至一定高度。由此,要把面向人需求的信息化服务,特别是出行服务与智能交通技术提升结合,把城市的可持续性运行与智慧城市建设结合,实现城市发展战略目标。进入信息时代,城市交通信息化的顶层设计,有可能逐步实现城市交通网络上运行活动的可监测、可诊断、可预测、可学习、可决策,甚至实现可验证、可交互。城市交通学的建设预期将有新的重要手段。

城市交通学建设的实践价值在于,其经得起时间的询问。前文已对学科体系的基础性架构进行了回顾,作为应用理论科学的关键是学科体系和主要内涵是否稳定和经得起推敲,具体内容是否能够随时间延续更丰富,基本原理是否影响到后来的研究和思考。城市和城市交通由农业文明社会走向工业文明,现在正在走向生态文明时代,新型交通工具发展带动交通方式的变革,人类进入了信息化时代,过去的城市发展经验告诉我们,人们脱离了农业散居向公共服务优质区域集中或者适度分散,总离不开居民出行和人与人之间的交流交往,人和物移动的基础性问题是永恒的话题,新情况新问题层出不穷,以多学科思维、系统论方法研究城市交通问题的城市交通学会持续创新发展。

第六章
以城市交通学为主要内容的城市交通交叉学科建设

城市交通学是应用理论科学,形成基本理论、基本框架;城市交通学科是培养人才、解决社会问题的体系,是问题导向的学科交叉知识体系。城市交通交叉学科以城市交通学为主要内容,是促进城市交通相关学科交叉融合,加快知识生产模式变革和人才培育模式创新的基础单元。以城市交通学为主要内容的城市交通学科建设是建立在社会的客观需求上,适应我国经济社会发展需求的主动选择,旨在为人才培养、科学研究、社会服务、国际合作与交流、文化传承与创新提供机会与平台,进而构成相对独立且完整的理论体系和教学科研体系。

国内许多高校不仅成立了具有交叉学科性质的城市交通研究机构,也设立了以城市交通为对象展开研究、培养人才的学院,并出版系列教材,目的是为社会培养更多元、复合型城市交通人才。从国外高校研究机构的发展动态也可以看出,将"城市交通"作为新兴战略学科增长点已初现端倪。同济大学自 2017 年启动创设"城市交通"学科工作,依托相关学科,紧密围绕国家需求开展科研和社会服务,以解决国家现实问题和培养"与城市交通相关决策者有效沟通并提供解决方案"的城市和城市交通管理人才与高级咨询服务人才为目标。"城市交通"作为学校交叉学科建设先行先试的试验田,不断探索并建立促进协同发展的新型交叉融合平台,已取得了初步成效。

基于总结国内外交叉学科建设要素,探索学科亲缘关系较远的学科之间交叉形成的交叉学科建设管理模式和组织形式,以及同济大学城市交通交叉学科的实践经验,从指导原则、培养体系、创新机制、愿景等方面对城市交通交叉学科建设提出建议。

第一节　城市交通学科建设的基本内容

一、城市交通学科的学科内涵

城市交通学科建设以城市交通学为主要内容，是建立、完善城市交通学科需要开展的行动。城市交通学是城市交通学科的基础理论，是城市交通学科最核心、最能体现学科思想、学科研究基本内容及方法的课程，与城市交通交叉学科建设在人才培养、科学研究、社会服务、国际合作与交流、文化传承与创新五方面的要求相互呼应，进而构成相对独立且完整的理论体系和教学科研体系。

城市交通学科具有新的、明确的研究对象，即以人的活动与货的流动需求解析和服务组织为主要对象，在现代城市建成环境与信息环境下，系统研究城市活动规律、服务构建理论、网络调控方法、系统综合治理的理论与方法，支撑城市高效、安全、低耗（低能耗、低污染）运行，破解并预防“城市病”，促进城市健康、可持续发展。城市交通学科需要通过多学科理论和方法交叉融合解决新的科学问题和现象，具有形成相对独立的理论、知识和方法体系的发展潜力。

社会对城市交通学科人才有一定规模的迫切需求，并具有稳定的需求发展趋势。近年我国城镇化发展进入质量提升的转型期，更加注重经济运行的可持续化、社会安全和生态安全等领域。城市交通问题已经成为各地政府的重要议题，交通引导城市发展的作用得到高度认可。同时，随着移动互联的普及与便利、智能网联汽车和共享交通服务的涌现，未来城市及其交通服务形式、运行组织出现巨大变革，城市交通解决方案由学习跟踪转向创新引领。由此看来，以“城市交通”为核心的人才需求将在很长一段时期内保持旺盛势头。城市交通学科人才培养的目标就是要积极应对国家新型城镇化、国家治理现代化、信息技术与移动互联科技等新战略、新技术发展所产生的对高层次、复合型城市交通管理人才的需求。

二、城市交通学科的理论基础

在资源和环境约束、信息化条件下，城市交通学科综合社会科学、工程科学的理论与方法，研究具有复杂适应特征的城市交通系统演化机理、调控机制，实现“可控需求与理性供给”引导城市健康发展的目标。学科的理论基础主要包括行为科学、系统科学、数据科学、复杂网络理论等。

行为科学：服务人的需求是城市交通的基本出发点。城市移动性的主体是人，由此决定了城市交通的复杂性、交互性和不确定性。行为科学是运用自然科学的实验和观察方法，融合心理学、社会学、社会人类学和其他学科的观点和方法，研究自然和社会环境中人的行为的科学，包括个体行为、群体行为、领导行为和组织行为等。行为科学以人的行为及其产生的原因作为研究对象，从人的需要、欲望、动机、目的等因素与角度研究人的行为规律，特别是研究人与人之间的关系、个人与集体之间的关系，并借助这种规律性的认识来预测和调节人的行为，以实现提高效率、达成组织的目标。个体行为、群体行为、组织行为(企业、政府等)、社会行为均会影响城市交通的系统性能、运行状况和决策过程，所以行为科学是解析城市交通的理论基础之一。城市交通学科应用行为科学理论，研究多元主体时空行为的刺激—适应演化过程，信息环境下人的需求—活动行为—网络行为及其关联性，信息和共享背景的虚拟活动、网络行为、人—物流动转换等，为构建高效化、品质化的交通服务系统提供理论基础。

系统科学：系统科学是研究系统的结构与功能关系、演化和调控机理的科学，揭示各种系统的共性以及演化过程中所遵循的共同规律，提供系统优化和调控的方法论。系统科学结合运筹学、控制论、信息科学等技术科学发展起来，在工程、社会、经济、军事、生命、生态、管理等领域得到发展与应用。系统科学研究紧密结合近现代数学物理方法与信息科学技术等现代研究工具，如科学计算、模拟、仿真等，以系统为研究对象构筑基础理论和应用方法，考察各系统间的关系和属性，揭示其活动规律。系统科学的理论和方法正在从自然科学和工程技术向社会科学广泛转移。城市交通是复杂适应社会系统，在与城市建成环境、社会运行等发生交互作用的过程中，其结构和行为方式不断演化，也改变着外部环境，这也是城市交通系统发展的基本动力机制。作为交叉学科的城市交通学科运用系统科学和复杂适应系统理论，探讨复杂环境条件下城市交通治理的原理与方法，强调形成共识基础的复杂适应系统认识论和方法论，以及作为对策整合的系统战略调控协同性。

数据科学：数据科学的研究对象来源于各种载体与形式中的数据，即研究数据本身具有或呈现出的各类类型、特点、存在方式及其变化形式和规律等，并为社会科学和自然科学提供新的研究方法。其方法和技术包括数据获取、数据存储与管理、数据安全、数据分析、数据相似性与簇论、数据可视化等。数据科学的理论和方法将改进现有的科学研究方法，形成新型的科学研究方法，并且针对各个研究领域开发出专门的理论、技术和方法。城市交通运行产生的海量数据，是数据科学的重点应用领域，而交通大数据的发展与应用为城市交通研究提供了新契机。以各种载体与形式中的数据作为核心研究对象的数据科学，对城市交通而言不仅是一种重要的技术手段，更是一种可以对城市交通这一复杂系统进行多方位、深入持续观测和深度挖掘的战略技术手段。

复杂网络理论：复杂网络指有数量巨大的节点和节点之间错综复杂关系共同构成的网络结构。复杂网络理论作为一门新兴科学，是对存在的网络现象及其复杂性进行解释的科学。所研究的网络现象包括自然界中的星系、食物链网络、神经网络、蛋白质网络；人类社会中存在的社交网络、传染病传播网络、知识传播网络；人类创造的交通网络、通信网络、计算机网络等。其研究内容包括网络的几何性质、网络的形成机制、网络演化的统计规律、网络上的模型性质，以及网络的结构稳定性、网络的演化动力学机制等问题。复杂网络理论及分析方法广泛应用于交通工程学、地理学、经济学、城市规划学等领域。城市交通网络由道路、轨道和常规公共汽电车交通等多层子网构成，是一个大尺度、多模式、多主体开放性复杂巨系统，其拓扑具有多元异构性，输送对象具有能动反应能力，需求具有显著的潮汐性，具备典型的复杂网络特征。因此复杂网络理论是城市交通学科的理论基础之一。运用复杂网络理论对城市交通复合网络进行分析,研究位空间与流空间的功能结构,网络时空演化动力机制等,是城市移动性规划的主要量化分析方法。

由于城市交通学科内容的复杂性、交叉性、综合性特征,专业理论基础还包括经济学、社会学、管理学和交通、信息等工程科学,迫切需要在借鉴现有理论的基础上,融合城市交通学科自身特性进行多学科深度交叉。

三、城市交通学科的建设需要

城市交通学科建设建立在社会的客观需求上,是适应我国经济社会发展需求的主动选择。城市交通学科形成的主要内外部条件可以划分为:①新型城镇化对物理设施改造的新约束;②信息化应用对发展模式转变的新突破;③国家治理体系和治理能力现代化对社会多元协作关系的新要求。它们共同形成了以城市交通学为主要内容的城市交通交叉学科的建设需要,也迫切需要围绕城市交通学科建设来引领未来城市交通研究。

新型城镇化对物理设施改造的新约束。2021 年我国常住人口城镇化率达到 64.72%。根据世界城镇化发展的普遍规律,我国仍处于城镇化率 30%～70%的快速发展区间。但是,随着内外部环境和条件的深刻变化,我国城镇化已进入以提升质量为主的转型发展新阶段。具体体现在:中心城市对周边地区辐射带动能力增强,形成都市圈引领城市群、城市群带动区域高质量发展的空间动力系统;规模经济效益和生态健康安全“双目标”导向下,市域城镇体系更加强调在中心城区周边科学发展郊区卫星城,促进多中心、组团式发展,实现产城融合和职住平衡;对于已进入城镇化成熟发展阶段的超大特大城市,要更加注重建设宜居、创新、智慧、绿色、人文、韧性的高品质生活空间的城市更新。城市发展模式的转变必然要求调整城市交通的视角和重点,需要更多从培育发展现代化都市圈,增强城市群实力和竞争力的角度找到城市交通物理设施的拓展方向。此外,城市交通更加关注节约能耗、减少交通污染,提出绿色交通等概念。更加注重交通需求管理在调控交通时空需求总量和结构方面的价值,以交通资源约束条件下的交通供需基本平衡为城市交通问题的解决方法。

信息化应用对发展模式转变的新突破。信息化进入加快数字化发展、建设数字中国的新阶段。对于城市交通而言,数字科技的全面进步,新型交通工具的兴起,将改变传统认识上的空间和距离,未来需要从空间维度和时间维度融合来思考城市交通问题。传统城市交通体系面临“洗牌”,常规公交、分时租赁、网约车、出租车等交通方式或将殊途同归。各交通方式之间的规划、建设、监管、运营服务壁垒将全面打通,城市交通系统的复杂性以及各类矛盾的严峻性将全面升级。自动驾驶、共享交通、电气化三大技术进入“制度建设与科技革命、产业发展齐头并进”的发展阶段,未来 5～10 年,将呈现爆发式增长,技术融合将为交通组织模式变革带来无限可能,小汽车运行服务效能和成本效益大幅提升,公交优先实施路径或将迎来更加多元的选择。物联网、大数据、云计算、5G 等技术突飞猛进,采集死角基本消除、传输带宽大幅提升、计算性能全面突破,认知、评估、推演和治理交通复杂巨系统的能力显著提升,城市交通管理将加速迈入“协同联动 + 动态优化 + 精准调控”时代。

国家治理体系和治理能力现代化对社会多元协作关系的新要求。伴随着国家治理体系和治理能力现代化建设的逐步展开,城市交通治理是提升国家及城市治理能力的战略需求和具体抓手。政府包建包管的交通管理手段,既不能解决旧矛盾,也无法应对新问题。必须打破对传统城市交通管理的路径依赖,从设施建设管理、系统运行管理和行业管理范畴向公共服务供给和社会治理转型。城市交通涉及社群广泛,以公共交通为主体的城市综合交通系统涉及大量公共政策性内容,因此,城市交通治理最主要关注公共政策的安排,关键在于如何形成相关的政策议题,以及实现议题决策过程中的开发参与及科学判断。实现城市交通内部多元主体间的合作关系,需要基于公共服务的基本属性定位,改变当前以政府为主体的交通管理模式,积极构建政府主导的政府、企业、社会组织、公众多元主体"价值—信任—合作"新型关系,通过参与主体重组、权益关系重构、行为模式重塑与治理绩效重估,提升交通服务共建、共治能力与共享水平。

上述三大内外部条件构成了城市交通学变革的重要方向与动力。现有的与城市交通相关学科的学者围绕上述议题积累了一定研究,包括交通工程学、城市规划学、经济学、社会学、法学、公共管理学等在内的学科为城市交通学的提出积累了应用理论的素材。基于此,构建了以城市交通复合网络的构建和运行为研究对象,围绕服务于人的需求,组织城市可持续的高效、安全、低耗(低能耗、低污染)运行、推动都市圈和城市群发展、促进新业态发展三大研究目标的城市交通学理论。其中,服务于人的需求、组织城市运行是从研究人行为的社会学出发,以城市经济社会发展为基本要求;带动培育发展现代化都市圈,增强城市群实力和竞争力是体现时代发展阶段的特征,充分体现了城市交通的开放性对我国城镇化进入以城市群为主体的重要支撑;支持新业态发展发挥引领作用充分体现了城市交通支持创新发展的包容性,借助新技术新业态促进城市居民出行和服务的公平。用学科交叉思维、系统论方法,用战略的眼光,规划未来,解决现实问题,并通过学科交叉融合的方式进一步完善城市交通学的知识体系,是推动城市交通学科发展的基本动力。

第二节　城市交通学科建设和发展情况

一、国内外城市交通学科的发展情况

目前与城市交通相关的学科有交通运输工程、城乡规划学、公共管理、管理科学与工程、地理学、社会学、测绘科学与技术、土木工程、计算机科学与技术等。越来越多的大学、科研院在上述相关一级学科下设置交叉研究方向(表 1-6-1),在交通运输工程一级学科下设置"交通测绘与信息技术""地图学与地理信息工程""物流工程与管理"等研究方向,在管理科学与工程一级学科下设置"交通运输规划与管理""现代物流与供应链管理"等研究方向,在公共管理一级学科下设置"交通战略与社会管理""行政管理与城市治理—交通治理""交通运输管理""城乡发展与规划"等研究方向,在测绘科学与技术一级学科下设置"虚拟地理环境与智慧城市""空间大数据分析""互联网与智慧城市关键技术"等研究方向,在应用经济学一级学科下设置"运

输经济理论与政策”“电子商务与物流信息化”等研究方向，在城乡规划学一级学科下设置“城市交通规划与设计”“城乡交通和基础设施”“城市环境治理与可持续发展”“土地利用与交通”“交通与城乡空间发展”等研究方向，在地理学和电子科学与技术一级学科下设置“智能技术与交通”“土地利用与交通”等研究方向。

表 1-6-1 部分高校“城市交通”相关学科及研究方向

高校	学院—学科	研究方向
西南交通大学	交通运输与物流学院—交通运输工程一级学科	交通运输规划与管理
		交通运输经济
		物流工程与管理
	地球科学与环境工程学院—测绘科学与技术一级学科	地图学与地理信息系统
		虚拟地理环境与智慧城市
	公共管理与政法学院—公共管理一级学科	城市发展与管理
		交通战略与社会管理
东南大学	建筑学院—城乡规划学一级学科	交通与城乡空间发展
		城市空间理论与应用方法
	交通学院—交通运输工程一级学科	交通运输规划与管理
		交通信息工程及控制
		地图学与地理信息工程
北京交通大学	交通学院—交通运输工程一级学科—交通运输规划与管理二级学科	运输组织理论与技术
		城市交通工程理论与技术
		运输与物流理论与技术
		智能运输系统理论与技术
		综合交通运输理论与技术
	交通学院—系统科学一级学科	复杂系统的建模、优化与分析
		交通运输系统分析与集成
		复杂系统控制理论与应用
	交通学院—安全科学与工程一级学科	交通安全测控工程
		运输安全工程
	交通学院—控制科学与工程一级学科	系统工程
		交通运输智能自动化
	经济管理学院—应用经济学一级学科	运输经济理论与政策
		电子商务与物流信息化
	建筑与艺术学院—城乡规划学一级学科	城市规划与设计
		城市交通规划与设计

（续表）

高校	学院—学科	研究方向
同济大学	交通运输工程学院—交通运输工程一级学科	道路与铁道工程
		交通信息工程及控制
		交通运输规划与管理
	经济与管理学院—管理科学与工程一级学科	现代物流与供应链管理
	经济与管理学院—应用经济学一级学科	城市与区域经济规划
	经济与管理学院—公共管理一级学科	行政管理与城市治理
	建筑与城市规划学院—城乡规划学一级学科	城乡交通和基础设施
		城乡规划方法和技术
		土地利用与交通
		大数据与城市规划设计
北京工业大学	城市交通学院—交通运输工程一级学科	交通运输规划与管理
		道路与铁道工程
	城市交通学院—控制科学与工程一级学科	交通信号网络与车路协同控制理论与技术
		交通模式识别与智能系统
		交通系统工程
		车辆导航与自动驾驶技术
		交通检测技术与自动化装置
	城市交通学院—计算机科学与技术一级学科	机器学习及其应用
		模式识别与图像处理
		多媒体技术与图形学
		智能信息系统
北京航空航天大学	交通科学与工程学院—交通运输工程一级学科	交通运输系统规划与网络分析
		交通行为分析与交通管理
		交通规划理论与政策分析
	经济管理学院—管理科学与工程一级学科	公共政策分析
		交通运输规划与管理
武汉大学	测绘学院—测绘科学与技术一级学科	数字地图制图理论与技术
		城市地理信息系统
		空间大数据分析
		智慧城市与城市计算
		互联网与智慧城市关键技术
	土木建筑工程学院—交通运输工程一级学科	道路与铁道工程

（续表）

高校	学院—学科	研究方向
中山大学	工学院—智能交通研究中心	交通地理信息系统平台及二次开发
		交通数据采集及图像处理
		交通流仿真及交通环境仿真
		交通导航与信息服务系统
		交通安全监控及管理系统
		交通政策规范与技术标准研究
	地理科学与规划学院—城乡规划学	城市 GIS 与空间信息服务
		土地利用与交通
长安大学	公路学院—交通运输工程一级学科	交通运输规划与管理
	经济与管理学院—公共管理一级学科	交通运输管理
	地质工程与测绘学院—测绘科学与技术一级学科	地图制图学与地理信息工程
		地图学与地理信息系统
浙江大学	建筑工程学院—城乡规划学一级学科	城市规划管理
		区域经济与发展
		城市环境治理与可持续发展
中国人民大学	公共管理学院—公共管理一级学科	城乡发展与规划
		城市经济学

面对转型时期城市交通发展新环境与日益严重的“城市病”等问题，高校与研究机构逐渐认识到城市交通的复杂性、独特性、综合性。国内许多高校不仅成立了具有交叉学科性质的城市交通研究机构，也出现了以城市交通为对象展开研究、培养人才的学院，并出版系列教材，旨在为社会培养更多元、复合型城市交通人才。2013 年 12 月，北京工业大学整合了交通运输工程、计算机科学与技术、控制科学与工程等优势学科和师资队伍，在计算机科学与技术一级学科下成立了创新性研究型试点学院——城市交通学院，发展定位是成为国家和北京市交通政策制定、决策支持的咨询中心，构建综合性交通领域国家研究基地。2014 年，北京交通大学出版社出版了共 14 本“城市交通系列教材”，涵盖城市总体规划、交通调查、交通流理论、公共交通、交通管理与控制、交通设计、安全、经济、智能交通、枢纽等方面。2016 年，北京交通大学成立了交通系统科学与工程研究院，将城市群交通运输系统作为研究重点之一；中山大学在工学院下设智能交通研究中心、广东省智能交通系统重点实验室，在交通政策与规划、平台性关键技术研究、产品开发及应用示范等方面开展了大量的工作，包括交通地理信息系统平台及二次开发、交通数据采集及图像处理、交通导航与信息服务系统、交通政策规范与技术标准研究。

与我国高校的学科与学院设置不同，欧美各国没有专门的交通运输工程类学院、系，很多学校把交通运输类研究生的教育放在工学院或商学院甚至人文学院完成。一般在工学院或商学院下设置运输工程与规划、交通工程、交通规划等研究方向(如加州大学伯克利分校、伊利诺伊大学香槟分校、代尔夫特理工大学)。麻省理工学院在工学院下设置了城市系统研究方向,包括交通规划、公共交通营运及系统优化、交通政策等。即便是市政与环境工程系的交通研究方向,通过设置交叉类、特色类课程和项目训练也在不断创新城市交通类人才培养。例如,为交通方向研究生开设"数据挖掘""交通金融""环境政策""交通及城市""社会学""项目管理"课程,强化方法论、数学建模、数据分析、系统分析以及软件技能方面的学习。

从国外高校部分研究机构(如美国 MIT 城市创新实验室、密歇根大学的 M-city)发展动向可以看出,将"城市交通"作为新兴战略学科增长点的端倪已经显现。美国纽约大学城市科学与进步中心(Center for Urban Science + Progress, CUSP)成立于 2013 年,是一个针对城市问题,综合运用数据分析与信息技术展开相应研究和教育计划的研究中心。该中心以纽约城市为实验基地,研究如何使城市变得更高效、宜居、公平、有弹性,并培养适应现代城市与交通管理的人才。该中心的教学与研究队伍由"城市信息"和"城市系统"(包括交通、卫生、公用事业、建筑等)的高级研究人员组成。研究课题涉及"大数据"数据库、可视化,系统化、机器学习、数据以及应用统计学、运筹学、决策与优化、地理信息系统、遥感(包括新型物理传感器的发展)等。美国亚利桑那大学交通研究院(UATRI)成立于 2016 年 5 月,交叉整合了 6 个学院——建筑学院、公共卫生学院、光电科学院、社会行为科学院、管理学院、工学院,致力于应对来自不断变化的交通生态系统的诸多挑战,包括交通拥堵、交通安全、汽车自动驾驶、交通能源问题。

二、城市交通学科与相近学科的关系

城市交通学科是自然科学、工程科学与社会科学的交叉,是城乡规划学、交通运输工程学、城市经济学、公共管理学、统计学、社会学等学科的衍生,通过文理交融、理工结合而成为具有独立研究对象、核心内容、理论基础、技术方法的学科。已有的各个相关学科从不同的侧面对城市交通问题进行研究,但都只是分析了城市交通的局部而非系统。从城市交通学科研究对象和研究目标来看,急需从交通 + 城市、交通 + 管理、交通 + 社会、交通 + 信息、交通 + 政策、交通 + 环境、交通 + 经济、交通 + 工程、交通 + 法律、交通 + 服务多维视角,对城市交通的本质、运行机理进行研究,并系统建立解决城市交通问题的手段和方法。

1. 城市交通学科与交通运输工程学科的关系

交通运输工程学科以交通设施和工具为对象,或是从客运、货运组织着手研究,从工程技术角度关注交通活动的成本效益。但对于复杂的城市交通系统,单一系统或者工程技术手段均无法有效解决交通问题。城市交通学科将城市交通中的社会系统与技术系统结合研究,从制度框架与政策议程、空间结构与行为模式、服务体系与规制政策、对策组合与行为响应等四个层面,探讨技术系统对个体、群体的行为方式,以及社会系统对组织方式和管理的影响,探讨制度框架、政策杠杆对技术系统结构优化的作用。城市交通交叉学科与交通运输工程学科携手形成支撑城市交通对策分析的两大理论支柱。

2. 城市交通学科与城乡规划学科的关系

城乡规划学科是以城乡建成环境为研究对象,以城乡土地利用和城市物质空间规划为学科的核心。城市规划主要从城市功能布局与城市土地使用来研究城市交通系统重要设施布局的问题。《马丘比丘宪章》提出，城市运输中公共交通是城市发展规划和城市增长的基本要素，城市必须规划并维护好公共运输系统，在城市建设要求与能源衰竭之间取得平衡。城市交通学科与城乡规划学科在这个方面具有一致的研究基础，城市交通将公共交通优先提升到城市发展战略角度，在顶层设计层面，考虑环境资源约束，协调和引导土地使用和城市空间功能布局。同时，城市交通学科还将研究延伸到交通网络构建、制度安排、政策调控、状态监测等，寻求交通问题的系统解决手段和技术。

3. 城市交通学科与管理科学与工程学科的关系

管理科学与工程是综合运用系统科学、管理科学、数学、经济和行为科学及工程方法，结合信息技术研究解决社会、经济、工程等方面的管理问题的学科。该学科的公共治理理论为城市交通治理理论研究提供了有益的一般性理论分析范式。城市交通学科从政府主导的治理模式、价值与共识达成及推进机制、社会行为模式引导机理等方面，建立城市交通治理现代化理论内核，所提出的城市交通治理框架、治理结构、治理评估的理论方法，是我国新常态城市治理体系不可或缺的组成部分，与现有的公共交通优先理论、城市交通网络构建和运行理论共同成为城市交通学科理论体系的重要组成部分。

4. 城市交通学科与土木工程学科的关系

土木工程既指所应用的材料、设备和所进行的勘测、设计、施工、保养、维修等技术活动，也指工程建设的对象，即建造在地上或地下、陆上或水中，直接或间接为人类生活、生产、军事、科研服务的各种工程设施。土木工程需要解决的根本问题是工程和技术的可行性，使设施结构能够承受各种自然或人为的作用力。城市交通学科中研究的绿色交通设施、未来城市交通系统基础设施的创新均需要这两个学科不断交叉与融合，既保证结构的安全与防灾要求，又实现交通基础设施的全寿命设计和智能化。

5. 城市交通学科与测绘科学与技术学科的关系

测绘科学与技术研究的对象是地球及其表面和外层空间的各种自然物体的有关信息。测绘学中的大地测量学、工程测量学、摄影测量学等在城市交通学科中有着非常广泛的运用。随着大数据时代的来临，地理信息系统(Geographic Information System, GIS)在交通领域发挥越来越重要的工具作用，基于 GIS 可以对城市交通系统中各类空间信息和属性信息进行高效管理，并建立二者的有效连接。GIS-T(T-Transport)是在测绘学、计算机科学与交通学科交叉基础上形成的空间分析系统，在理论与方法上需要实现数据管理从静态到实时、数据分析从空间到时空、数据应用从专业到大众的转变，用以支撑智能交通系统下的各类城市交通决策及信息服务。正待推进的城市交通大数据的深度挖掘与融合、复杂城市交通网络优化建模与仿真等研究工作都必须依托 GIS-T 技术和工具开展。

三、同济大学办学实践的初步成效

同济大学城市交通交叉学科缘起于 2017 年 1 月 20 日，中国城市交通发展论坛向国务院提出“关于交通运输工程学科改革和建立城市交通学科的建议”，得到批复。同年 3 月，学校向教育部汇报关于城市交通交叉学科建设设想;4 月,中共同济大学第十届委员会第 90 次常委会决定启动试点创设“城市交通”一级学科,成立城市交通研究院,支持学科建设工作;9 月,同济大学学科建设方案通过教育部学位中心自设平台完成公示后提交国务院学位办备案;2018 年 5 月,学校研究生院发文,同济大学自主设置“城市交通”等 3 个交叉学科;同年 6—7 月,编制完成《城市交通交叉学科建设发展规划》,成立城市交通交叉学科委员会,完成硕士、博士培养方案编制,组建城市交通交叉学科导师队伍(22 人);2019 年 4 月,城市交通研究院机构成立发文。

“城市交通”作为学校第一批教育部备案的交叉学科(学科代码:99J3),依托学校交通运输工程、测绘科学与技术、管理科学与工程、土木工程、城乡规划学等学科,紧密围绕国家需求开展科研和社会服务,以解决国家现实问题和培养“与城市交通相关决策者有效沟通并提供解决方案”的城市和城市交通管理人才和高级咨询服务人才为目标。“城市交通”作为学校交叉学科建设先行先试的试验田,不断探索并建立促进协同发展的新型交叉融合平台。经过 3 年的探索和努力,已有四届研究生入学,并且在学科体系、课程体系、教材体系、队伍体系四个方面取得了一定的成果,形成了从无到有的突破,为学科的持续建设奠定了较为坚实的基础。

1. 围绕国家战略,开展学科交叉研究及社会服务

在新技术发展和新型城镇化背景下,以服务国家创新驱动战略为导向,统筹协调国家重大需求、前沿基础研究和关键共性技术研究,“城市交通”突破传统的工科门类内部学科间的“小交叉”,从城市学、管理学、社会学、经济学、工程学视角,形成“大交叉”,开展学科交叉研究,拟解决城市活动规律发现、交通服务理论构建、城市移动性规划与政策、城市交通综合治理的社会学方法和法治基础等科学问题,支撑城市高效、安全、低耗(低能耗、低污染)运行,破解并预防“城市病”,促进城市健康、可持续发展,服务国家交通强国建设战略需求。

“城市交通”学科平台围绕城市—交通—空间,面向热点问题,运用新的感知监测技术、新的数据分析手段,构建时空模拟—问题诊断—综合评估—决策优化—多元治理的技术方法与应用平台。交通服务科学、城市空间活动监测与分析技术、城市移动性规划、数据驱动的城市交通治理等四个研究方向的导师团队,在各方向责任教授的带领下,梳理研究基础、拟突破的关键技术及重大的典型应用场景,开展学科交叉研究,发表学术论文,形成咨询专报,开展社会服务。

2. 构建交叉学科委员会,统筹协调研究队伍

城市交通研究院是具体负责城市交通交叉学科建设的校内平台机构,由交叉学科委员会指导,城市交通研究院院长牵头,责任教授具体负责开展人才培养、科学研究、基地建设、对外合作等工作,并配备教辅及行政管理人员辅助日常行政及教务工作。研究院基本架构见图 1-6-1。

城市交通交叉学科委员会是城市交通交叉学科建设的主要决策组织,由来自交通运输工程学院、建筑与城市规划学院、测绘与地理信息学院、经济与管理学院、土木工程学院、政治与国际关系学院的 11 位教授组成。基于“城市交通”交叉学科近期建设规划,面向交叉学科近期重点科研布局,本着开放、包容、互补、共赢的原则,在城市交通交叉学科委员会的指导下,依托全校交通运输工程、城乡规划、土木工程、管理科学与工程等多个学科组建四大研究方向的跨

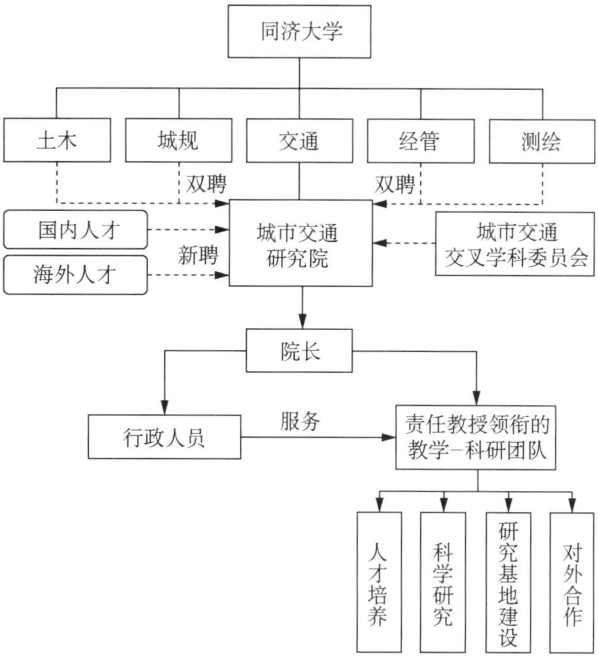

图 1-6-1　城市交通研究院组织架构

学科研究生导师团队。研究院导师目前实行双聘制，由交通运输工程学院、建筑与城市规划学院、测绘与地理信息学院、经济与管理学院、土木工程学院、政治与国际关系学院等学院的教师担任。未来拟新聘国内外优秀人才，作为研究院的专任教师并加入科研队伍。

对双聘导师队伍的管理，主要由城市交通研究院院长统筹，具体由各方向责任教授牵头，目前重点包括两个方面工作：一是基于各自方向的团队的最新科研成果，持续完善关键技术、应用场景，实现研究方向的与时俱进、创新发展；二是通过把关，保障所带领的团队始终能围绕城市交通交叉学科的内涵开展教学和论文指导等人才培养工作。

3. 以人才培养为引领，凝练交叉人才培养体系

在课程体系方面，城市交通交叉学科整体课程体系为“实践模块＋基础模块＋方法模块＋应用模块”。针对城市交通交叉学科生源背景多元，本科非交通专业背景占近 50% 的特点，以“跨学科研究能力、创新能力、专业知识和研究设计能力”3 维度能力项前置精细化培养为目标，充分依托学校优势学科和国际知名学者和业界资深专家资源，第 1—6 周串接开设 2 门“3 周学段式”实训课程“城市交通挑战周”“城市交通分析训练与实验”，作为新生入学的先导课，营造学生深度参与交叉融合的外部环境，拓宽视野，增强学生主动探索交叉研究热点的意识。第 1—17 周同步开设 2 门基础课程“城市交通发展前沿”“研究设计与论文写作”。利用新生入学的黄金 3 周，依托“城市交通挑战周”课程，以精心设计的挑战课题为抓手促进师生深度参与，增强实训促进本硕融合。指导教师及行业专家联合密集指导新入学研究生，以约 1∶1.8 的高师生比配置实现交叉学科新生的短期高频研究思维“扰动”和“碰撞”，打造新型课堂生态，实现“承接本硕融合、后延创新研究”的桥梁与传导功能。“城市交通分析训练与实验”

"研究设计与论文写作"课程侧重研究方法和分析技能的递进深化培养;"城市交通发展前沿"作为学科导论侧重专业知识和理论的培养。

此外,城市交通交叉学科实行双导师制,制定了《城市交通交叉学科副导师聘任管理办法》,由主导师配一名跨方向或跨学科的校内导师或一名校外导师为副导师,为学生提供更为全面的学术指导。为保证学生学位论文质量,研究院还制定了《城市交通交叉学科"博士、硕士学位论文指导委员会"试点办法》,为每一位学生组建学位论文指导委员会,对开题、中期审核、答辩全过程进行指导和把关。在学位论文开题、中期审核和答辩阶段,研究院设置了预答辩和正式答辩两个环节,以保证对学位论文质量的全过程把关;并针对交叉学科的特点制定了《城市交通交叉学科博士硕士学位标准及发表学术成果规定》,兼顾了多个学科对发表学术成果的认定范围。

第三节　城市交通交叉学科建设的指导原则

一、城市交通交叉学科的基本属性

交叉学科的本质属性:一个本体论,两个以上认识论,基于多个方法论,形成一套新的知识体系。对城市交通交叉学科而言是工程科学与社会科学要更好地融合和结合,学科板块设计和团队建设要围绕本体论,坚持城市交通研究多视角、多维度,课程板块应在认识论和方法论层面进一步探索。

城市交通学研究是为了解决城市发展质量和民生问题,是自然科学和社会科学交叉学科,属于技术科学与应用科学类型,是一门应用理论科学。城市的复杂性决定了城市交通学研究具有交叉性、开放性、包容性特征。其研究目的是服务于人的需求、组织城市运行,是从研究人的行为的社会学出发,以服务城市经济社会发展为基本要求。

城市交通交叉学科是以城市交通学为主要内容的学科,是用多学科思维和系统论方法研究解决城市交通问题的新学科。城市交通学科建设需要首先认识交叉学科的基本属性与城市交通学的研究目标与内涵,同时借鉴协同学(Synergetics)基本原理和交叉类型来指导城市交通交叉学科发展。

二、借鉴协同学理论优化学科布局

完整的学科体系由基础理论、应用技术和实验手段所构成。城市交通学具有自然科学与社会科学的双重属性,是一门应用理论科学,城市交通学科的体系建设特别需要处理好多学科相互协同的问题,包括板块设计、团队建设和课程设置等学科子系统内容之间的关系。协同学亦称"协同论",为解决此类问题提供了可借鉴的理论基础,它对于描述复杂动态系统是如何从无序到有序发展的演变规律、相变机制、关键变量具有很强的解释力。其对城市交通学科建设的借鉴之处在于以下三个方面。

1. 用慢变量与快变量区分处理城市交通学科体系中的板块内容

在系统中，针对临界行为，系统参量可以分为两类：绝大多数参量仅在短时间内起作用，它们的临界阻尼大、衰减慢，对系统的演化过程、临界特征和发展前途不起明显的作用，这类参量被称为快变量。另一类参量只有一个或少数几个，它们出现临界无阻尼现象，在演化过程中由始至终都起作用，并且得到多数子系统的响应，起着支配子系统行为的主导作用，所以系统演化的速度和进程都由它决定，这类变量被称为慢变量。慢变量与快变量互为条件、相互影响，差别在于各自影响效果的周期差异，处理的重点在于根据问题和目标做好跨周期的设计和逆周期的调节。

城市交通的“慢变量”是城市交通网络的系统构建，是对行政体制、政策法规、财税制度、城市化地区形态、居民空间活动模式、交通相关政策法规以及出行模式的引导和调控，是一个长期积累、渐进演化的变化过程。城市交通的“快变量”是城市交通网络的系统运行，包括道路交通信号控制等控制手段、公共交通运行组织等服务手段以及交通诱导等引导手段，运行调控的目的是在已有的基础设施条件下，最大限度地提高系统的运行效率，并改变使用者的短期行为，是一个可以实现快速反馈、灵活调配的策略手段。从系统工程角度来看，快变量的影响效应具有有限性，如道路交通信号控制等控制手段仅能优化局部路段的交通拥堵状况，难以对城市整体产生改变，需要从城市空间结构的优化、用地布局调整、交通需求管理等策略对城市交通系统进行根本性优化。但慢变量的不足之处在于改变调整的长周期性，短时间内难以发挥效果，且调整的精细度亦不及对快变量调整的效果。需要注意的是，城市交通中的慢变量与快变量之间存在可交替性。如城市交通中的法律法规在变动上为慢变量，但在制定实施时为快变量，背后体现为从量变到质变的转变过程。

城市交通学科建设的慢变量，是指以城市交通学为主要内容的城市交通交叉学科体系的构建；城市交通学科建设的快变量，是指应用领域的学科实践，即在实践过程中加深对学科体系内涵的理解，检验学科体系建设的成效，完善学科的方法论。城市交通交叉学科建设可借鉴协同学原则设计课程、政策、机制、规划、文化等慢变量，扎实基础知识；设计建设、管理、服务等快变量，注重社会实践。

2. 采用自组织与他组织的方式构建城市交通学科的交叉融合机制

自组织和他组织是系统实现协同的方法。系统由组元、部分或子系统构成，但这些子系统彼此之间会通过物质、能量或者信息交换等方式相互作用。通过子系统之间的这种相互作用，系统将形成一种整体效应或者一种新型的结构，这种整体效应（协同效应）具有某种全新的性质，而这种性质可能在微观层面是不具备的，因此需要对组织方式进行干预，即他组织。自组织的优势在于组织的灵活性与自主性，但其劣势在于组织能力的有限性。在无干预的情况下，高度自组织的系统虽然表现出一种活跃波动状态，但从宏观层面来看，系统仍然处于一种混沌无序状态。因此，这时需要他组织的力量来改变子系统之间的强弱关联和改变子系统独立运动与协同运动的相对低位的作用，特别是提供组成子系统之间协同关联的转化条件，才能让系统从混沌无序发展到协同有序阶段。

学科自组织和他组织涉及学科发展的全过程，最终目的是让学科中的每一个人都参与，共同发挥创造力，基于共同的规则制定与遵守，追求一定的价值目标。城市交通学科的自组织首先来自对学科基本内涵的认同，这是自组织发生的原点，其次来自对城市交通学科发展的基本预期，这是自组织发生的动力。而他组织更多的是对城市交通学科的自组织的促进、引导和规制，促进为学科发展提供资金、物质保障；引导包含构建与完善学科系统内外部的开放融合机制；通过学术委员会发挥对其对学科布局优化的效力，并通过规范规章制度以及决策、议事程序将效力固化，划定自组织的约束底线。

3. 注重序参量在城市交通学科建设中的主导影响

系统从无序向有序的演化过程中，要素之间、要素所形成的序参量之间、序参量与环境之间的非线性作用机制表现为一种竞争与协同的复杂因果作用。在协同学中，哈肯用序参量这一重要的宏观概念来揭示系统演化的自组织性，把序参量比喻为使一些事物有条不紊地组织起来的“无形之手”，序参量对系统要素的行为有一种役使作用，使系统要素服从于序参量所代表的新的宏观结构，最后使系统在宏观上呈现出一种新的整体有序状态，这是一种从宏观到微观的下向因果关系。然而，序参量的产生是一种自发的行为，它来源于系统要素之间的非线性作用，这是一种从微观元素到宏观整体的上向因果关系。

城市交通交叉学科的序参量可以理解为重大现实问题或学科前沿方向，它们是影响城市交通学科最终演化结构的决定性因素，也是对城市交通交叉学科各板块产生一种役使作用的关键。如城市交通学中城市群协同共治体系与交通差异化治理目标、城市公共交通服务协作共建与优化方法、共享出行服务创新与个体交通机构治理模式转型等交叉学科重点研究问题和方向都可看作是学科中的序参量。对于问题本身而言，它是由于外在环境多种要素变化所形成的变量，对于学科而言，它将是学科能够在临界点附近实现“旧结构—非稳态—新结构”的关键，也是引导学科快变量与学科慢变量走向学科有序的关键，而对于这些关键序参量内部机理、机制的认知程度可作为评价学科协同性的重要指标。

三、根据交叉类型促进学科融合

就交叉学科的建设而言，城市交通交叉学科体系建设是循序渐进的过程，多学科交叉融合往往不可能一蹴而就，而是需要通过多次努力、逐步逼近，经历先整合重组，再交叉渗透，甚至是比较替代，最终才能实现实质性融合。对于交叉的模式，可以通过研究对象交叉、科学认识主体交叉、学科范式交叉来实现(图 1-6-2)。

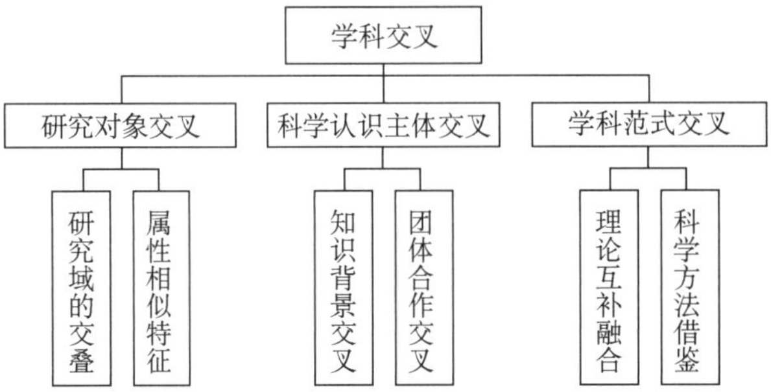

图 1-6-2 学科交叉模式的理论分析框架

研究对象交叉。诺贝尔奖获得者H·A·西蒙(Herbert A. Simon)说:“交叉学科不应该是人为形成的,而应该是对一个真正的科学机会的反应。”研究对象是科学认识活动中一个重要因素,是科学认识主体运用科学语言进行指向和表征的对象。作为一种学科交叉的模式,研究对象交叉构成不同学科领域间推动跨学科问题出现的动力机制,也是诱导交叉学科发生的重要因素。根据“近”与“远”之间的关系,研究对象交叉又可以细分为“研究域的交叠”和“研究对象属性相似”两种。前者体现在不同学科在研究本体上的共域性,如物理化学、量子化学的出现分别是同一层次和不同层次研究域交叠的结果,这种相邻学科的交叉共域是诱导交叉学科发生的重要因素;后者则体现在不同学科认识客体交叉行为的相似性,如经济学主要研究人类行为的理性化特征和选择能力,在交通运输工程学中出行者同样具有选择性,这种研究对象行为的经济化选择性把经济学和交通运输工程学联系起来。

科学认识主体交叉。在交叉学科发生与演化过程中,科学认识主体即科学家或研究者扮演着重要的角色。在这种情况下,科学家或研究者具备“T”型结构的知识储备及研究主体,即在某一专业领域有非常深厚的基础,同时又对相关领域,甚至是远缘领域有比较广泛的了解和浓厚的兴趣,它有两个层面上的表现形式:一是个体研究者知识背景交叉,主要以个体研究者受教育期间获得不同专业的学位或在本学科领域中具备跨学科知识为标准;二是不同研究领域的专门人才组成具有跨学科性质的研究中心和研究团队,共同对某一复杂性问题进行聚焦研究和合作交叉,从而形成“T”型结构的知识储备。

学科范式交叉。范式是对包括学科理论、方法、话语体系等在内的学科专业性内容的统称。交叉学科的范式交叉具体表现在:一是理论互补融合,如基于复杂巨系统理论,结合城市交通自身特征,提出城市交通网络构建与运行理论。二是科学方法的借鉴共用,由于跨学科研究的对象高度综合,所涉及的学科理论种类繁多,从不同领域借鉴和移植先进的研究方法能够达到事半功倍的效果。如在城市交通的建成环境与出行行为的分析中,可以采用计算机科学的机器学习算法,分析两者之间的非线性关系,从而更精准地认识两者间的互馈机理。

第四节　城市交通交叉学科的建设培养体系

一、培育满足社会需求的城市交通人才

培养城市交通人才,是学科创新发展的内在需求。随着新一轮科技革命和产业变革加速演进,要实现重要科学问题和关键核心技术的革命性突破,学科之间的深度交叉融合势不可挡。当今,知识的组织、探索、发现过程越来越具有系统性与复杂性,亟须培养具有多学科知识结构、宽领域视野、综合素质突出的复合型创新型人才,才能应对未来城市交通发展中遇到的机遇和挑战。中国城市交通发展论坛对未来城市交通领域人才适用性进行了调研,调研对象涵盖政府管理部门、城市交通研究与规划设计单位、高校等,结果表明,培养具有多学科知识、系统性思维的城市交通人才的需求及迫切性,在高校与研究部门、应用单位间达成共识。

培养城市交通人才，是对接与实施国家战略的需要。中央城市工作会议以“五个统筹”系统清晰地阐释了城市未来建设“以人为本”的思路，明确要求转变城市发展方式，完善城市治理体系，提高城市治理能力，着力解决城市病等突出问题，走出一条中国特色城市发展道路。“加快培养一批懂城市、会管理的管理人员，用科学态度、先进理念、专业知识去规划、建设、管理城市，促进城市治理体系和治理能力现代化。”《交通强国建设纲要》提出，到 2035 年基本建成交通强国，到 21 世纪中叶全面建成交通强国。提出推动发展要求、发展方式、发展动力的“三个转变”，打造设施、技术、管理、服务“四个一流”，构建安全、便捷、高效、绿色、经济的现代化综合交通体系。《交通强国建设纲要》要求坚持绿色发展、开放共赢、改革创新，提升治理能力。科技创新是建设交通强国的关键要素，以科技为引领，实施设备制造、服务品质、安全保障等各项重点任务，信息化发展将在提升服务品质、保障安全水平方面发挥重要作用。《交通强国建设纲要》将人才队伍建设放在突出的位置。建设交通强国需要高素质人才队伍保障，加强交叉学科建设能力，提高复合人才教育培养是交通强国建设的要求和现实需要。当前高校对城市交通战略性人才的培养与储备与现实需求相比存在巨大缺口。城市交通交叉学科在学科专业目录上进行直接体现，不仅可以提高学术界、行业企业、社会公众对交叉学科的认同度，为交叉学科提供更好的发展通道和平台，更重要的是能突破传统的管理模式，为科技创新和交叉领域高层次人才培养提供新的框架。

二、借鉴国际经验建设城市交通学科

城市交通问题历来是国际城市共同面对的问题，我们要以国际视野、中国特色来建设以城市交通学为主要内容的城市交通交叉学科。世界上主要发达国家在 20 世纪中期也经历过城镇化从高速增长到存量优化的发展阶段转变，在大规模机动化和城市化发展之后，出现不同程度的交通拥堵、空气污染、社会公平、宜居健康等城市交通问题。在此背景下，国外众多科研机构特别是高等院校启动了针对性的研究创新，并设置了相关课程，希望通过培养具备思考、分析和解决城市交通问题的专业性人才，来更好地协调城市中的空间资源配置，提高城市运行效率、安全、绿色、公平。在一定程度上，今天我国众多城市正在经历发达国家城市曾经经历的发展过程，也面临着许多类似的问题。这些国外高校相关学科设置和课程组织的经验能够为我国建设城市交通交叉学科提供有益的借鉴和参考。通过对国外多所知名大学（如麻省理工学院、加州大学伯克利分校、华盛顿大学、纽约大学等）的交叉学科硕士、博士培养项目案例的研究梳理，兹总结出六大共性特征。

城市交通学科建设均注重多学科交叉。城市交通的学科交叉不局限在与交通工程和城市规划的交叉互动，还包含注重定量分析方法的地理学、计算机科学、测绘学等理工科，以及注重价值观引导定性分析维度的公共政策、经济学、社会学等人文社科类学科。

关注城市实际问题，项目和课程设计紧密围绕城市交通具体问题和前沿科技进展。公共交通规划、交通数据分析、智能交通系统、物流规划、空间分析、交通可持续性发展、交通和土地利用、交通系统设计、交通基础设施管理等课程主题为各高校相关项目所共同关注，虽具体侧重有所不同，但基本思路和结构都趋于一致。人工智能、实时通信、地理信息系统、自动驾驶、创新交通方式等则是紧跟科技发展和行业升级而设置的课程主题，不同高校的相关课程设计也与其产学研的深入情况相关联。

强调理论、方法和实践相结合。大部分项目的基本要求都包含理论课程、方法课程和实践性课程。理论课程如交通系统理论、城市经济理论、可持续性理论等，为学生构建完整的学科体系提供基础性的支持。方法课程涵盖内容非常广泛，从计量经济学、项目分析方法到空间分析方法和算法、编程和数学模型构建，涉及多个城市交通相关学科和具体研究方法的方方面面。实践性课程包括课程实习、交通工作室实践等。

积极拓展政府—高校—企业之间的互动。城市交通的问题出现、变化和解决均与公共政策和政府导向高度相关，也同时依赖于大量交通企业的服务实现。因此各高校城市交通相关学科对三者间的互动非常重视。公共政策和城市规划学科特别注重与政府和公共机构的沟通和交流，交通工程学科则努力建立强大的高校—科技企业的合作关系。一方面，高校可以通过科研报告的形式为政府的政策制定和企业的效率提升提供参考和支持；另一方面，高校为这些机构、企业输送人才、提供培训，进一步加强三者之间的互动效率。

致力于建立不同院系、不同高校间的交流平台和渠道。各高校在交通学科的基础上建立交通研究中心，将全校各院系的相关学科内容整合纳入研究中心的研究和教学资源，同时通过交通研究中心建立区域性、全国性甚至全球性的交通研究合作平台和研究集合体。在教学层面，不同院系、不同高校之间的壁垒被打破，选课、科研和社会实践的互通互联逐渐成为一个主要的趋势，为深入的跨学科人才培养提供保障。

由于在学科资源、发展历史、实践环境等方面有所差异，项目设置和课程组织各有特色。如麻省理工学院独立的交通交叉学科结构完备，加州大学伯克利分校以土木与环境工程系为基础设置的并行交通工程/城市规划学位课程选项庞大，南加州大学以公共政策学院为基础设置的城市规划学位注重社会科学。

以上六大共性特征为我国城市交通交叉学科建设提供了值得借鉴的原则和方向。在建设过程中，国外城市交通学科的建设经验突出了从学科交叉走向交叉学科的重要意义和在实践中建设和完善学科的基本特征，也就是边建设边应用。在新工科、交叉学科等学科方向逐渐得到重视认可的背景下，各地高校可以针对自身优势和资源，从不同的方面和角度推动城市交通交叉学科建设，在不同区域和城市突出特色，在全国范围内形成合力，共同促进学科发展。同时，致力于解决城市交通实际问题，在实践的基础上促进理论创新。

三、城市交通交叉学科建设的创新机制

城市交通交叉学科建设要围绕五方面要求——人才培养、科学研究、社会服务、国际合作与交流、文化传承与创新，构成相对独立的又完整的理论体系和教学科研体系。为了培养符合新时代要求的高层次创新型、复合型、应用型城市交通人才，城市交通交叉学科需要构建校内多学科交叉、校外与社会力量交叉，校际与国外一流大学深度合作的培养体系，在机构与平台基地建设、师资队伍建设、培养体系建设三个方面进行体制创新。

机构与平台基地建设机制。城市交通交叉学科建设需要统筹协调各相关学科的科研与

教学力量。可以探索组建集教学、科研、智库及机制探索等功能为一体的城市交通研究院来支撑城市交通交叉学科建设的模式。从顶层设计上创新研究院组织架构和运行机制设计，拓展校外平台、落实校内共建，夯实内部组织。须重点厘清城市交通研究院与校内相关学科和学院的关系，探索利用校内资源和社会力量协同办学的创新机制。

师资队伍建设机制。结合城市交通交叉学科总体布局，以学术影响力、行业影响力、社会影响力等为基本遴选要求，形成梯队化、国际化、互补型的师资队伍。师资队伍由学术方向责任教授、学术梯队骨干教师、校外合作教师、专职科研队伍、行政管理队伍组成。研究生培养全部采用双导师或多导师制，即双学科、校内＋校外、国内＋国外导师联合培养机制。

培养体系建设机制。创建以需求为导向，以交叉为基调、以国际化为鲜明特色的模块化研究生跨学科培养体系。主要包括培养方案制定、课程体系设计、教学实验实践基地建设等。①培养方案制定。首先考虑生源的学缘结构多元化，注重培养方案的柔性化，充分整合优质资源，构建打通学科、打通课堂、打通教学和科研、打通校内和校外的人才培养过程链，增加国际会议、学术报告的国际化实践学分和国际学分互认，在培养方案各环节设计中将学科交叉落实到人才交叉培养；②课程体系设计。强调知识结构完整性、知识内容的引领性、课程设计的国际性与学校其他项目的差异性。搭建交叉课程团队，配备国内外优秀师资，实行境内境外双教授课程负责制。课程体系按照三大模块——基础与理论模块、方法与领域应用模块、实践模块进行设计，培养学生系统思维和整体思维以及解决复杂问题的综合能力。③教学实验实践基地建设。面向交叉学科研究需要和交叉人才培养需要，着力建设共建共享“产—学—研”一体的科教平台基地。

第五节　城市交通交叉学科建设愿景

城市交通是城市最基础、最关键的元素，城市交通的高效、可持续发展，不仅需要通过城市交通学科体系建设促进多专业、跨领域融合，培养与新时代交通发展特征相适配的人才体系，还需系统化、法治化的实施路径，通过与交通治理体系与治理能力现代化建设相结合，打造强国时代共创、共建、共享的城市交通发展新格局。建设社会主义强国，实现城市和城市交通治理能力现代化，是立足新发展阶段、贯彻新发展理念、构建城市新发展格局的迫切需要。进入信息化、数字化时代，思维模式、发展模式、生活模式发生了转变，以三元空间（物理空间—社会空间—信息空间）研究变与不变的统一，提升城市交通网络构建和运行的整体效益，将是以城市交通学为主要内容的城市交通交叉学科建设面临的新任务。

未来，城市交通学应以城市交通学研究目标、对象、特征等恒变量为中心，通过多学科理论和方法交叉融合，加快城市交通知识生产方式变革和人才培养模式创新，并跟随产业经济环境、信息科技发展、市民生活模式等城市内涵的不断丰富，持续拓展城市交通的内涵与外延，立足新发展阶段、贯彻新发展理念、构建城市新发展格局，推动完善城市化战略，推动国家治理体系和治理能力的现代化。这将是以城市交通学为主要内容的城市交通交叉学科建设的应有之义。

参考文献

[1] 程应铨. 城市计划与道路交通[M]. 北京:龙门书局,1951.
[2] 张烈. 城市计划与交通网[M]. 北京:中科图仪公司,1955.
[3] 同济大学. 城市道路与交通[M]. 北京:中国工业出版社,1961.
[4] 同济大学. 城市运输[M]. 北京:中国工业出版社,1961.
[5] 王慧明. 北京宣言中国城市交通发展战略[J]. 城市规划,1996(4):32-34.
[6] 汪光焘,陈小鸿. 中国城市公共交通优先发展战略——内涵、目标与路径[M]. 北京:科学出版社,2015.
[7] 汪光焘. 城市公共交通出行分担率研究[M]. 北京:中国建筑工业出版社,2018.
[8] 汪光焘. 论城市交通学[J]. 城市交通,2015,13(5):1-10.
[9] 汪光焘. 城市交通学导论[M]. 上海:同济大学出版社,2018.
[10] 汪光焘. 未来城市交通预判——2035 年愿景[M]. 北京:中国建筑工业出版社,2018.
[11] 汪光焘,李芬,刘翔,等. 新发展阶段的城镇化新格局研究——现代化都市圈概念与识别界定标准[J]. 城市规划学刊,2021(2):15-24.
[12] 汪光焘,周继东,沈国明,等. 城市交通与法治[M]. 上海:同济大学出版社,2021.
[13] 吴志强,杨婷. 同济规划设计教育的早期发展[J]. 城市规划学刊,2019(3):11-19.
[14] 钱学森. 关于建立城市学的设想[J]. 城市规划,1985(4):26-28.
[15] 钱学森,于景元,戴汝为. 一个科学新领域——开放的复杂巨系统及其方法论[J]. 自然杂志,1990(1):3-10+64.
[16] 钱学森. 再谈开放的复杂巨系统[J]. 模式识别与人工智能,1991(1):1-4.
[17] 中国城市科学研究会. 中国城市科学研究会成立公报[R]. 1984.
[18] 周干峙. 城市及其区域——一个典型的开放的复杂巨系统[J]. 城市发展研究,2002(1):1-4.
[19] 周干峙. 城市发展和复杂科学[J]. 规划师,2003(S1):4-5.
[20] 周干峙. 用科学规划开创城镇建设的新局面——论规划的历史机遇和"龙头"地位[J]. 城市规划,2006(11):25-29.
[21] 任致远. 解析城市与城市科学[M]. 北京:中国电力出版社,2008.
[22] 帕特里克·格迪斯. 进化中的城市:城市规划与城市研究导论[M]. 李浩,吴骏莲,叶冬青,等,译. 北京:中国建筑工业出版社,2012.
[23] 孙施文. 城市规划哲学[M]. 北京:中国工业出版社,1997.
[24] 张京祥. 西方城市规划思想史纲[M]. 南京:东南大学出版社,2005.
[25] 迈克尔·巴蒂. 新城市科学[M]. 北京:中信出版集团,2019.
[26] 路甬祥. 学科交叉与交叉科学的意义[J]. 中国科学院院刊,2005(1):58-60.
[27] 钱学森. 交叉科学:理论和研究的展望[J]. 机械工程,1985(3):48.
[28] 姚祖康,顾保南. 交通运输工程导论[M]. 2 版. 北京:人民交通出版社,2008.
[29] 任福田. 新编交通工程学导论[M]. 北京:中国建筑工业出版社,2011.
[30] 杨东援. 三元空间中的城市交通系统与学科融合[J]. 城市交通,2021,19(3):9.
[31] 汪光焘. 中国城市交通问题,对策与理论需求[J]. 人民公交,2017(4):28-31.
[32] 中华人民共和国国家统计局. 中国统计年鉴[M]. 北京:中国统计出版社,2020.
[33] 李福民,宗传苓,高龙. 城市轨道交通规划建设需要探讨的几个问题[C]//北京:2020 年中国城市交通规划年会,2020.
[34] 汪光焘,李芬,高楠楠,等. 关于研究城市科学的思考[J]. 中国科学院院刊,2022,37(2):177-187.
[35] 科学技术部社会发展科技司. 中国碳捕集、利用与封存(CCUS)技术发展路线图研究[R]. 2018.
[36] 深圳市城市交通规划设计研究中心. 城市智能交通行业发展研究报告[R]. 2020.

[37] 汪光焘. 大数据时代城市交通学发展的机遇[J]. 城市交通,2016,14(1):1-7.
[38] 汪光焘,叶青,李芬,等. 培育现代化都市圈的若干思考[J]. 城市规划学刊,2019(5):14-23.
[39] 张晓春,邵源,孙超. 面向未来城市的智慧交通整体构思[J]. 城市交通,2018,16(5):1-7.
[40] 深圳市城市交通规划设计研究中心. 2021 年城市可持续移动性观察报告[R],2021.
[41] Susan Shaheen, Adam Cohen. Mobilityon Demand (MOD) and Mobility As a Service (MaaS): early understanding of shared mobility impacts and public transit partnerships[EB/OL]. (2019-12-06)[2021-12-24]. https://doi. org/10. 1016/B978-0-12-815018-4. 00003-6.
[42] Robert Bauer(Marsh), Joern Buss(Oliver Wyman), Leslie Chacko(Marsh McLennan Advantage). Mobility-as-a-Service: a sum of parts present today. [EB/OL]. (2020-02-15)[2021-12-24]. https://www. marshmclennan. com/insights/publications/2020/february/mobility-as-a-service. html.
[43] 李晔,王密,舒寒玉. 出行即服务(MaaS)系统研究综述[J]. 综合运输,2018,40(9):56-65.
[44] 陈坚,纪柯柯,汤昌娟. 出行即服务 MaaS 系统发展研究综述[J]. 公路与汽运,2021(6):29-36,54.
[45] 刘向龙,刘好德,李香静,等. 中国出行即服务(MaaS)体系框架与发展路径研究[J]. 交通运输研究,2019,5(3):1-9.
[46] 王炜,过秀成. 交通工程学[M]. 南京:东南大学出版社,2000.
[47] 范冬萍. 探索复杂性的系统哲学与系统思维[J]. 现代哲学,2020(4):97-102.
[48] 李春景,刘仲林. 现代科学发展学科交叉模式探析——一种学科交叉模式的分析框架[J]. 科学学研究,2004(3):244-248.
[49] 吴娇蓉,陈小鸿,叶建红,等. 新工科背景下城市交通交叉学科创建探索[J]. 交通与运输,2020,36(2):101-104.

附录 A
我国城市交通发展的路径回顾和未来影响要素分析

考察我国城市交通的发展历程，不外乎交通工具演变、基础设施建设、发展理念转变、行政管理体制等视角。其中，交通工具演变、基础设施建设最为直观地展现了我国城市交通的发展轨迹和建设成果。而发展理念和行政管理体制沿革的研究视角，可以深入洞察各阶段城市交通发展状况背后的驱动力量和制度因素。

从城市交通方式变迁看，我国城镇化与机动化同步发展与推进，从曾经的“自行车王国”逐步进入机动化快速发展的阶段。如今，科学技术快速发展、社会主义市场经济不断完善以及居民出行场景极大丰富，我国城市交通服务体系开启了多元化繁荣发展的新阶段，同时也对政府行业治理能力提出了更高要求。从城市交通设施建设投资模式演变看，早期城市交通设施建设滞后于经济社会发展，后形成房地产投资拉动城市交通设施建设模式，一方面促进了社会经济的快速发展，另一方面粗放式道路基础设施增量建设模式也引发了交通拥堵等一系列衍生问题。从城市公共交通发展理念演进看，城市公共交通发展理念经历了从“以解决百姓乘车难为导向”到“提出优先发展公共交通”再到“公交优先上升为国家的城市发展战略”的转变。实施“公共交通优先发展”战略，是解决国家城镇化、土地、能源、环境、民生等问题的重要途径和必然选择。从行政管理体制看，我国的行政管理体制决定了城市发展建设方式和实施路径，尤其是城市建制和行政边界、城市政府职权和财权等，与城市交通的规划、管理、建设运营、服务保障等密切相关。

上述四个视角互为表里、各有利弊，但综合来看，既可认识我国城市交通发展演变的完整图景，也有利于思考面向基本实现城镇化和信息化时代城市交通的特征，进而思考城市交通学理论的完善和推进城市交通学科建设。

一、城市交通方式的时代变迁

1. 新中国成立到20世纪80年代：曾经的“自行车王国”

中华人民共和国成立初期，经济发展水平低下，城市发展重心集中在中小城市，城市化水平和城市规模发展受限。20世纪40年代，上海自行车厂（上海永久股份有限公司前身）成立，我国拥有了自有品牌自行车生产企业，从此自行车成为我国城市大众普及的重要交通工具[1]。80年代初期我国主要大城市在通勤高峰期间就已经出现了严重的自行车交通拥堵。1986年，北京市每3名居民就拥有1辆自行车，居民自行车出行分担率达到62.7%。1977年，我国自行车产量为743万辆，至1988年达4 122万辆[2]，同年底我国汽车销量仅为65万辆（附图A-1）。彼时，中国被称为“自行车王国”，自行车曾是经济繁荣的象征。在这一背景下，路权分配毫无悬念地向步行和自行车交通倾斜，《北京城市建设总体规划方案》（1982年）中明确规定在一般干路上每侧布置5～8米宽的自行车道。人行道在主干路上一般要求每侧10～15米，次干路和支路每侧7～10米。直至20世纪90年代，自行车、助动车等非机动车在我国城市交通体系中都占据重要位置。

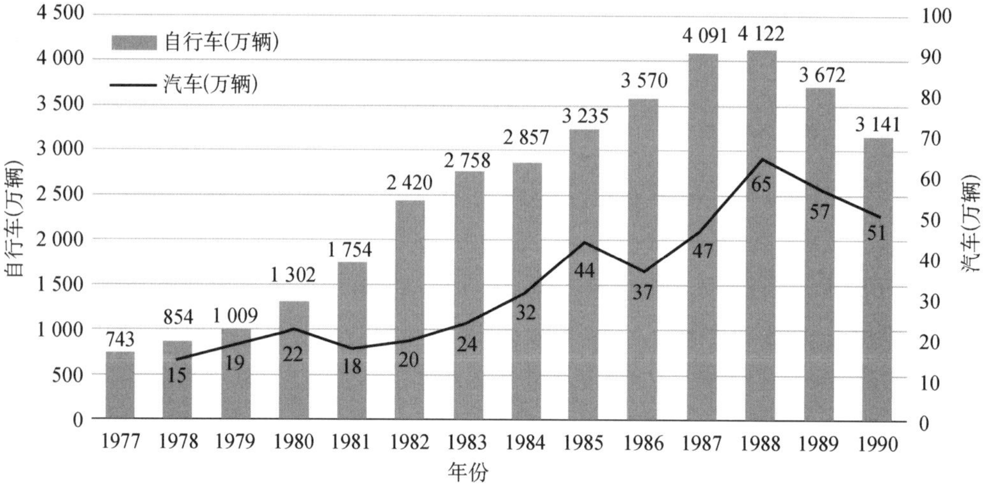

附图A-1　中国自行车和汽车产量变化

2. 20世纪90年代至2000年：机动化快速发展

改革开放以后，我国进入城镇化快速发展时期，城市空间的拓展和日益增长的出行需求使得被压抑的交通需求得到释放。从20世纪90年代开始，我国以非机动交通为主的城市交通出行结构逐渐改变，从早期的“自行车王国”，逐步过渡发展到个体机动化、公共交通、慢行交通等多种交通方式协同发展阶段。中国机动化发展呈现以下三点特征。

一是总体速度较快。1994年，中国第一部汽车产业政策《汽车工业产业政策》发布，首次提出鼓励汽车消费，允许私人购车。1994—2004年，汽车产量年均增长14.5%，高于13.1%的经济增长速度，私人汽车保有量则以22.2%的增速远超经济增长速度。截至2020年年底，中国千人汽车保有量已接近 200 辆[3]，等同于美国 1930 年的水平。但是，美国用了 40 年才达到这一水平，而中国城市仅用了 20 余年。

二是伴随着城镇化的发展，机动车保有量迅速增长。改革开放以来，我国城镇化进入了快速发展阶段。机动车数量迅猛增长，城市交通拥堵迅速蔓延。1980—2000 年，中国城镇化率从 19%提升至 35%，同时千人机动车保有量从 1.8 辆增长至 12.7 辆[3]，机动化与城镇化同步推进(附图 A-2)。而美国城镇化早于机动化发展，1917 年美国城镇化率已超过 50%，而千人机动车保有量仅为 48 辆(附图 A-3)。欧美等国家的机动化是在较早实现高度城镇化的基础上逐步发展起来的，而我国的机动化则是与快速城镇化同步发展起来。

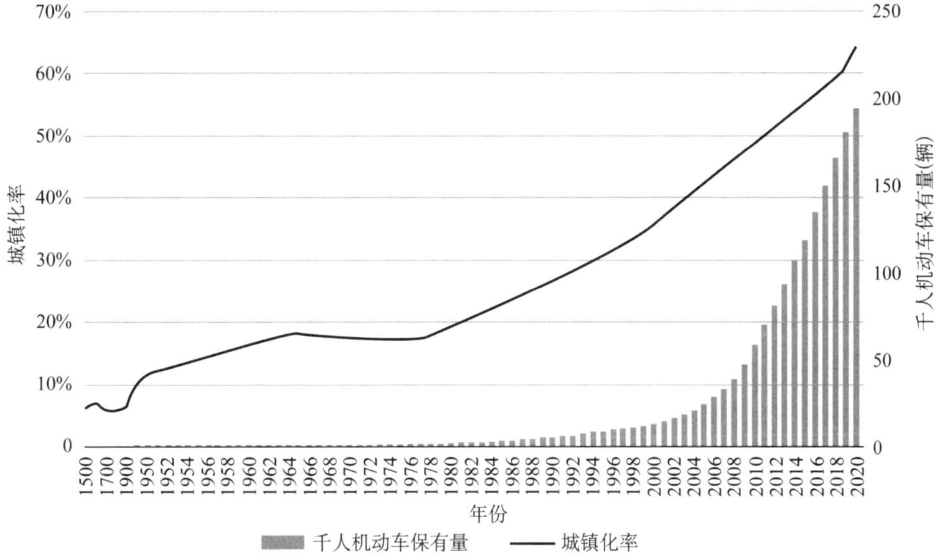

附图 A-2　中国历年千人机动车保有量和城镇化率变化

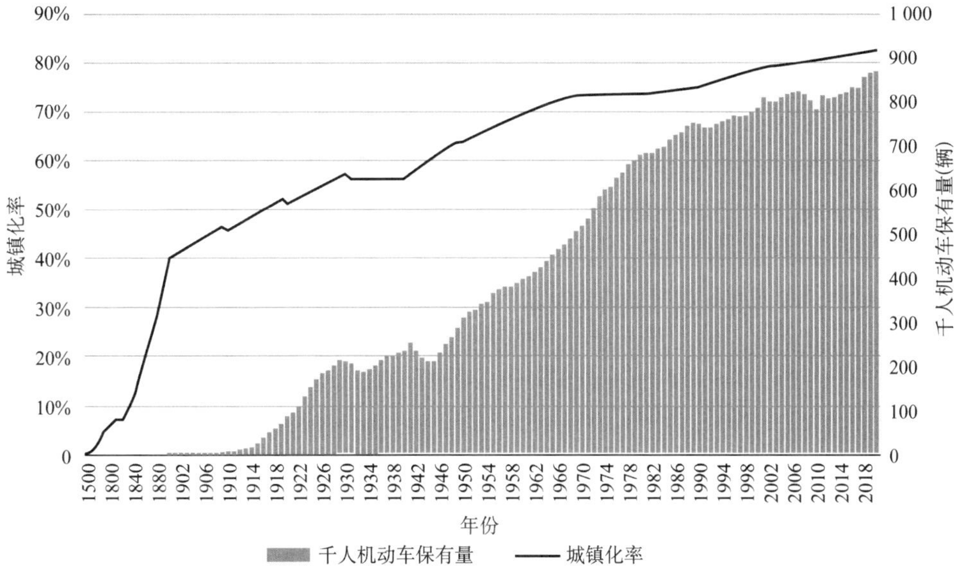

附图 A-3　美国历年千人机动车保有量和城镇化率变化

三是个体机动化速度远远超过公共机动化速度。尽管公共交通和轨道交通建设运营投入不断增加,但公共交通运营中仍存在舒适度不足、时间可靠性难以保障等问题,导致大部分非机动交通在出行距离和时间逐渐增加的趋势下转向个体机动交通。我国千人机动车保有量在近 20 年内的年均增长速度达 14.5%,而万人公交拥有率的年均增长速度仅为 7.5%[3]。以北京市为例,1986—2000 年公交出行分担率缓慢下降,而小汽车出行分担率则由 5% 快速增长至 23.2%。

3. 2000 年至今:交通方式多元化发展

20 世纪初,我国城市机动化快速发展,小汽车大规模进入家庭。为应对城镇化、机动化所带来的道路交通拥堵问题,国家层面开始重视并提出优先发展公共交通策略。2004 年《建设部关于优先发展城市公共交通的意见》(建城〔2004〕38 号)指出,“优先发展城市公共交通,不仅是缓解城市交通拥堵的有效措施,也是改善城市人居环境,促进城市可持续发展的必然要求”。这一阶段城市公交服务范围迅速扩张,城市轨道交通也开启了黄金发展期,地铁开始进入大城市居民的日常生活。2000—2020 年,我国城市轨道交通运营里程从 117 公里增长至 7 355 公里,年均增长率高达 23%[3](附图 A-4)。

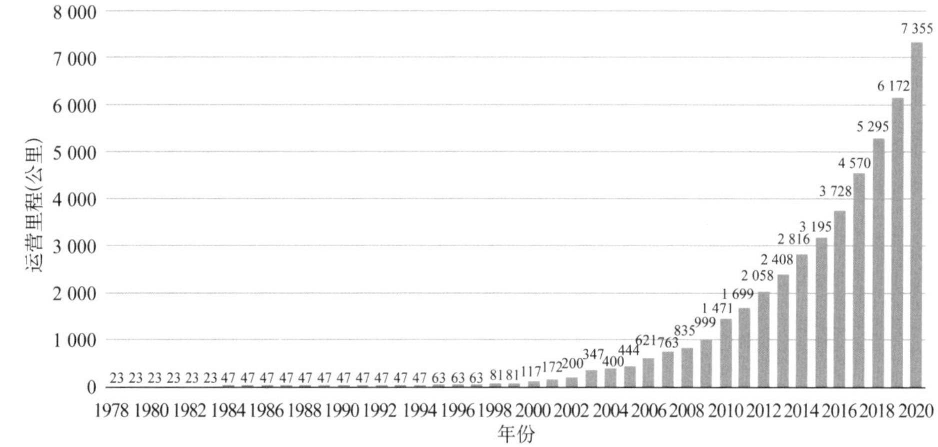

附图 A-4 中国城市历年轨道交通运营里程

在公共交通和个体机动化同步快速发展背景下,2010 年前后我国城市普遍出现了“四热一匮乏”现象(房地产市场热、道路建设热、轨道热/BRT 热、汽车工业热、具有前瞻性的需求管理政策匮乏)。各地主管部门纷纷意识到,一味通过扩充基础设施供给规模来“追赶”小汽车出行需求,难以在根本上缓解交通拥堵和改善人居环境。应当在推动公交优先发展的同时,辅以科学的需求管理政策,才能实现城市交通可持续发展。2010 年以来,北京、广州、天津、杭州、深圳等城市先后出台小汽车限购政策,有效控制了小汽车保有量高速增长势头(附图 A-5)。小汽车限购政策与公交优先战略形成了“一推一拉”的发展格局,为缓解我国大城市交通拥堵、引导居民绿色出行发挥了积极作用。

尽管如此,道路交通服务和公共交通服务仍然无法覆盖全人群、全类别的机动化出行需求。特别对于中低收入群体的中短距离出行,小汽车使用成本高、停放不便,公共交通出行效

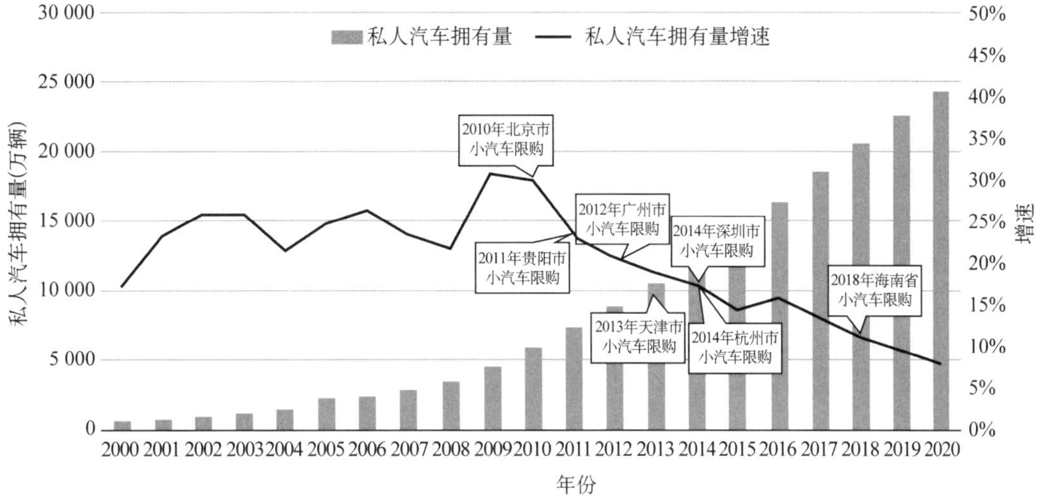

附图 A-5 我国私人汽车拥有量及增速

率偏低,而电动自行车由于价格低廉、停放方便、“门到门”效率高等优势,成为满足这一庞大出行需求的重要交通工具。近年来我国电动自行车保有量保持快速增长态势,以上海市为例,2020 年达 1 170.9 万辆(附图 A-6)。同年,上海市居民电动自行车出行占比达 20.4%,已成为人们最重要的出行方式之一。

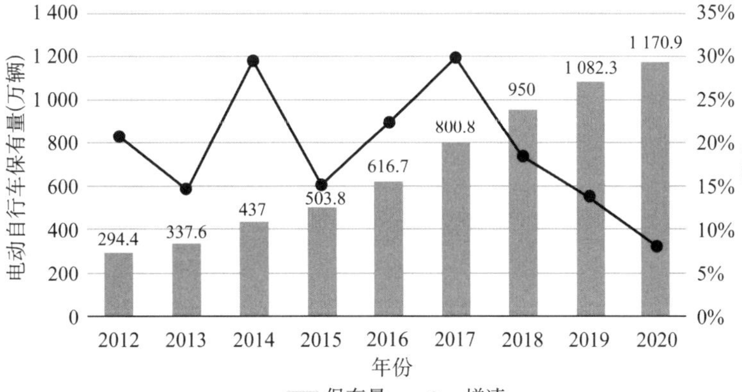

附图 A-6 上海市历年电动自行车保有量及增速

2010 年以来,随着移动互联网、智能手机快速发展普及,共享经济与城市交通深度融合,催生了共享单车、网约车、分时租赁、定制巴士等“互联网 + 交通”新业态,促进了交通服务供给和出行需求精准匹配,为重塑可持续交通注入了新的发展动能。根据交通运输部最新发布的数据,2021 年,我国共享单车在营车辆达 1 900 多万辆,日均订单量 4 500 多万单。与此同时,由于相关法律法规相对滞后,短时间内城市交通新业态的爆发式增长也引发了一系列社会矛盾,如共享单车侵占公共空间、网约车人身伤害事件等。新业态的快速涌现以及随之而来的社会问题,要求行业管理部门超前储备政策措施,综合考虑客货运输安全、同业公平竞争、服务水平、公共资源占用消耗等因素，完善交通新业态的市场准入、运行监测、考核评估等监管机制，引导新业态规范有序发展。

总体而言，在科学技术快速发展、社会主义市场经济不断完善以及居民出行场景极大丰富的背景下，我国城市交通服务体系开启了多元化繁荣发展的新阶段，同时也对政府行业治理能力提出了更高要求。从交通工具迭代更新、基础设施规模扩充等单一工程视角来认识和治理城市交通已不再合适，立足人的本原性需求，统筹国土空间开发保护、产业经济转型升级、群众生命财产安全、绿色低碳发展等多重诉求之间的关系，推动城市交通实现可持续发展，成为这一阶段的核心追求。

二、城市交通设施建设投资模式演变

1. 改革开放初期到 20 世纪 90 年代初：交通设施建设滞后于社会经济发展

城市道路是经济社会活动所产生的人流、物流的主要载体，其建设维护资金来源的变化是研究我国城镇化发展成就和面临问题的关键线索。1978 年改革开放后，我国经济社会进入快速发展时期，城市基础设施建设维护资金需求快速上升，其中城市道路建设维护耗资最大。彼时，我国城市道路建设资金主要来源于国拨城市维护费、工商税附加和国营工商企业利润计提的 5%。为进一步稳定和扩大城市维护建设资金来源，加强城市化发展建设，1985 年国家出台《中华人民共和国城市维护建设税暂行条例》(以下简称《暂行条例》)，正式开征城市维护建设税[4]。《暂行条例》实施以来，城市维护建设税运行平稳，对筹集城市维护建设资金、提高我国城镇化发展质量发挥了重要作用。

尽管如此，由于长期以来地方政府对城市道路的地位和作用认识不足，20 世纪 90 年代初期城市道路的建设仍然相对滞后于经济社会发展速度。1990 年，全国已有城市道路长度 96 820 公里，但约有 70% 的城市仍未形成干道网。

2. 20 世纪 90 年代至今：房地产投资拉动城市交通设施建设

1988 年《中华人民共和国宪法》修正案明确“土地的使用权可以依照法律的规定转让”。按照国家土地有偿使用政策，土地使用权出让转让收入逐渐成为城市道路维护建设资金的重要来源(附图 A-7)。之后，伴随着住房制度改革、土地招拍挂等一系列制度创新，房地产行业迅速发展，为地方政府建设城市道路提供了大量的财政资金，满足了人民群众的爆发式增长的机动化出行需求。2000—2020 年，我国建筑业房屋竣工面积增长 424%，城市道路里程增长 309%[3] (附图 A-8)，对促进社会经济快速发展发挥了重要作用。

然而，当城市人口和机动车总量达到一定规模，房地产开发建设驱动的粗放式道路基础设施增量建设模式，不仅无法缓解压力和提升效率，反而导致交通安全隐患丛生、交通秩序混乱不堪、机动车通行效率低下，严重降低城市生活的环境品质，甚至影响社会经济正常运行。交通拥堵的日益加剧以及由此带来的一系列衍生问题，成为当前我国城市交通发展的常态问题。2020 年，我国特大、超大型城市的平均通勤时长超过 38 分钟[5] (附图 A-9)，其中，北京是单程通勤时耗最长的城市，达 47 分钟。城市总体 60 分钟以上通勤比重为 14%，超百万人处于极端通勤状态，其中，超大城市极端通勤比重平均为 17%、特大城市为 13%。

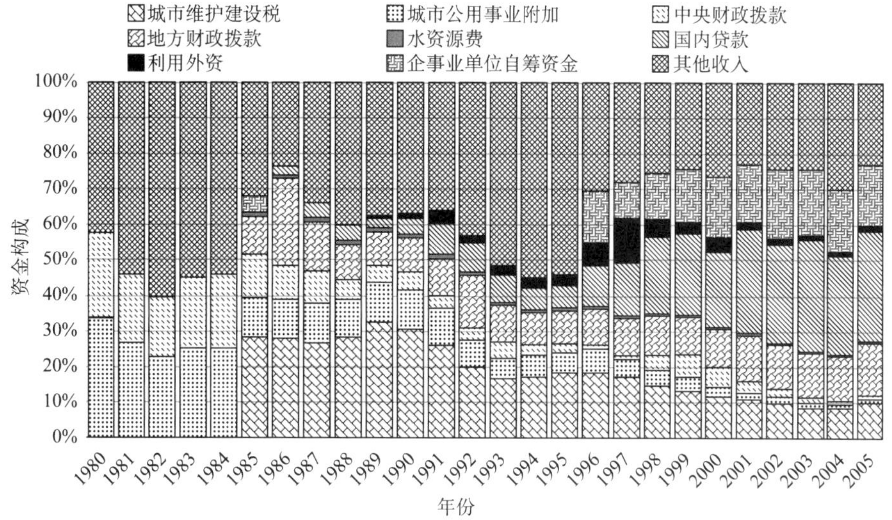

附图 A-7 我国 1980—2005 年城市建设维护资金构成

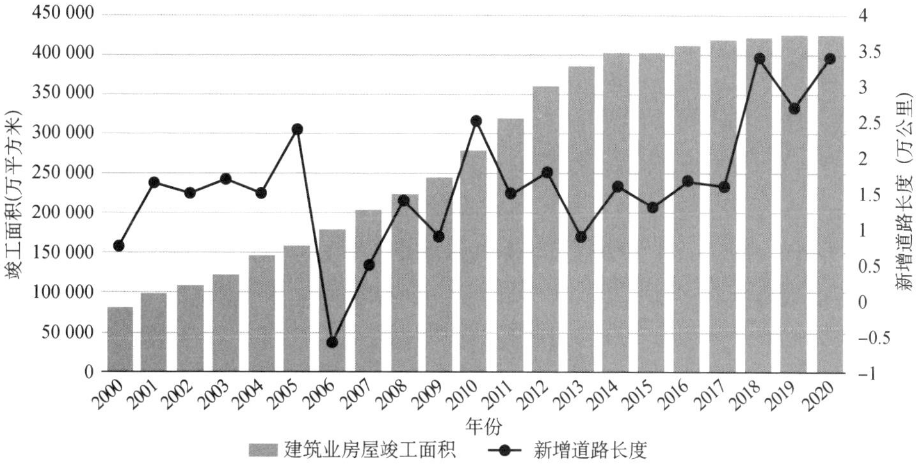

附图 A-8 中国 2000—2020 建筑业房屋竣工面积和新增道路长度

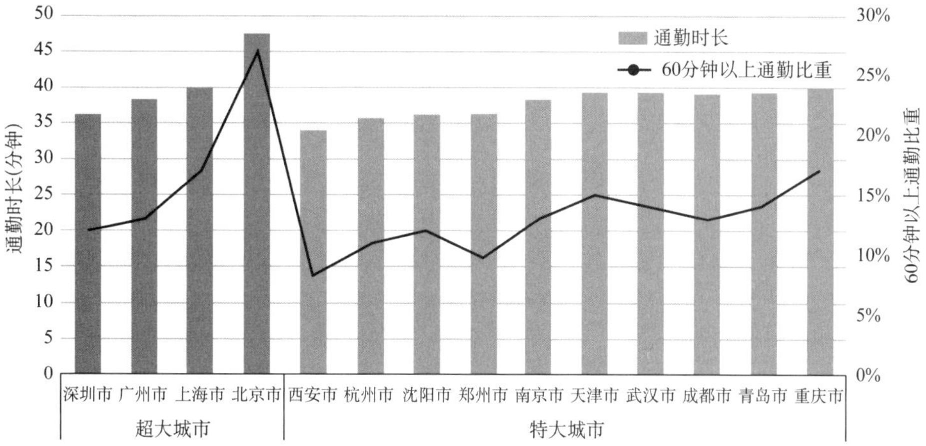

附图 A-9 2020 年全国主要城市日均通勤时长

三、城市公共交通发展理念的演进

中国城市公共交通是伴随着国家经济体制改革及城镇化进程而蓬勃发展起来的,改革开放以来我国城市公共交通发展可分为四个阶段。

1. 改革开放初期到 20 世纪 90 年代初:以解决百姓乘车难为导向

改革开放之初,经济社会发展开始加速,城市规模不断扩大,人口激增,居民通勤乘车需求迅速增长。这一时期中国城市出行仍以非机动化方式为主,城市公交的发展主要围绕缓解老百姓乘车难这一突出问题。1989 年《国务院关于当前产业政策要点的决定》发布,城市公共交通被定性为公用事业,受到重点支持。建设部提出城市客运交通以公共交通为主体,合理规划、统一协调、多家经营、统一管理的工作机制,为城市公共交通的发展创造了良好条件。这一阶段,公共汽(电)车、中小型客运巴士、出租车等公共交通方式迎来了历史上发展最快的时期,全国城市公共汽(电)车由 1978 年的 2.58 万台增至 1992 年的 7.71 万台,年均增长 8.1%;年客运总量由 1978 年的 132.28 亿人次增至 1992 年的 191.85 亿人次,年均增长 2.7%[6]。与许多其他国家一样,中国城市公交在这一阶段走的仍是一条“需求追随型”的传统道路。

2. 20 世纪 90 年代至 21 世纪初:市场化经营机制逐步完善

然而,受计划经济影响,前一时期城市公共交通系统从建设投入到运营管理全部由政府承担,与不断增长的需求相比,投入严重不足。这一背景下,上海市于 1990 年率先上调城市公共交通票价,引入价格机制,迈出市场化发展道路的第一步。1992 年邓小平南方谈话,我国市场经济体制改革全面深化,城镇化保持快速发展势头。这一时期,城市公共交通发展除在规模上进一步扩大外,更重要的突破是经营机制转变,逐步实现了市场化运营。1993 年建设部出台《全民所有制城市公共交通企业转换经营机制实施办法》,明确了公交企业是公共交通市场的主体,提出转换公交企业经营机制、进一步搞活国有骨干公共交通企业的思路。1994 年印发的《建设部关于对城市公共汽车、电车实行专营权管理的意见》要求各地公交企业引入市场竞争机制,扩大投资主体。这些政策在进一步推动公交市场化进程的同时,也促进了公交多模式体系的建设。到 2003 年,全国常规公共汽(电)车运营线路总长度达 13.7 万公里,运营车辆 26.4 万辆;轨道交通线路 9 条,运营线路总长度 322 公里,运营车辆 1 913 辆[6]。初步形成由常规公共汽(电)车和轨道交通、BRT 等构成的多层次公交服务体系。

3. 21 世纪前十余年:提出优先发展公共交通

进入 21 世纪后,中国快速融入全球化市场体系,城镇化也开始上升为国家战略。小汽车开始大规模进入家庭,大中小城市普遍面临交通拥堵的困境。在交通拥堵明显加剧、能源环境问题日益突出的严峻形势下,人们逐渐认识到公共交通特别是大运量公共交通在提高交通资源利用效率、缓解交通拥堵、调整城市布局和引导城市发展中的重要作用。2004 年,建设部《关于优先发展城市公共交通的意见》提出优先发展城市公共交通的主要任务和目标。2005 年,《国务院办公厅转发建设部等部门关于优先发展城市公共交通意见的通知》将优先发展城市公共交通上升到影响城市发展的高度,而不仅仅停留在缓解城市交通拥堵层面。2003 年以来,随着科学发展观这一重大战略思想的提出,中国的城镇化开始向更加注重以人为本和全面协调可持续发展的新型城镇化道路转变。随着居民出行机动化的进一步发展，城市公共交通吸引对象也从非机动化出行者向机动化出行者转变。

这一阶段，城市公交服务范围迅速扩张，公交网络不断延伸，而且以轨道交通、BRT 等为代表的更大容量、更快速度的公交服务模式得到快速发展。截至 2011 年年底，全国常规公共汽(电)车运营线路 3.4 万条，运营线路总长度 67.3 万公里，运营车辆 45.3 万辆，场站面积 5 231 万平方米；轨道交通线路 58 条，运营线路总长度 1 700 公里，运营车辆 9 945 辆。全国 10 多个城市相继建成了 BRT 系统，运营线路里程近 1 000 公里；26 个省份开通了公交专用车道，总里程达 4 400 多公里[6]。

4. 2010 年至今：公交优先上升为国家的城市发展战略

经过 30 多年的发展实践，虽然“城市优先发展公共交通”已得到社会各界的广泛认同，且在国家和各级政府的政策支持下，公共交通发展也取得了显著成效。然而，大部分城市的“城市优先发展公共交通”仍然停留在行业范围内，未能上升到国家、城市发展战略的高度，导致城市公交发展目标容易单一化、指标化、模式化，使得城市公交优先片面等同于“公交行业优先”“专用道建设优先”或“轨道建设优先”等。

针对“城市优先发展公共交通”存在的问题与认识的不足，依托国家自然科学基金委员会应急科学研究专款项目“我国城市交通公交优先发展战略研究”，课题团队深入研究了“城市公共交通优先发展”的战略、目标、体系、策略和途径。课题提出“城市公共交通优先发展”的内涵，即在城市行政区域里，通过优先配置资源，构建适应市场机制、政府调控监管、符合当地经济社会发展阶段、由多种类型企业等经营机构提供均等和高效的公共服务的公共交通体系，引导出行者优先选择，引导城市集约利用土地和节约能源、保护和改善人居环境。与传统公共交通发展相比，“城市公共交通优先发展”理念在定位、动因、模式等方面均有所区别(附表 A-1)。研究成果对 2012 年 12 月《国务院关于城市优先发展公共交通的指导意见》(国发〔2012〕64 号)的颁布起到重要作用，明确提出“实施城市公共交通优先发展战略”，有力推动了我国城市公共交通发展理念变革和实践创新。

附表 A-1　城市公共交通优先发展与传统公共交通发展对比

	传统公共交通发展	公共交通优先发展
发展定位	定位为城市公共事业，是城市交通系统的重要组成部分	定位为国家的城市发展战略，是提高城镇化治理、实现城市可持续发展的重要环节
发展动因	解决出行不便、不畅等问题，主要替代非机动交通方式	保障公民享有均等出行机会，促进出行方式转变，主要替代私人小汽车交通，引导城市可持续发展
发展模式	以追随城市交通需求为主，作为城市道路的附属，通常滞后于城市发展，与土地、环境、能源等方面发展相关性较弱	以引导城市交通需求为主，强调综合开发，通常超前于城市发展，与城市土地集约、低碳环保、节能减排等息息相关
经营管理	政企不分或职责不清，监管补贴机制不健全，往往因过分关注交通工具的移动和经济效益而忽略人的移动和社会效益	政企分开且职责清晰，监管补贴机制较完善，更加注重人的移动，实现经济效益和社会效益的平衡

(续表)

	传统公共交通发展	公共交通优先发展
系统运行	区域发展不平衡,整体运行效益不高,资源浪费情况较突出	区域发展较均衡,整体运行效率较高,资源得到高效配置
服务品质	服务方式相对单一,服务水平普遍较低,与私人小汽车交通相比,难以形成竞争优势,缺乏吸引力,出行者往往被动选择,实际服务对象以中低收入者和外来人员为主	服务方式多样,服务水平普遍较高,与私人小汽车交通相比具有一定竞争优势,吸引力较强,出行者愿意主动选择,实际服务对象为全体社会成员

实施“公共交通优先发展”战略,是解决国家城镇化、土地、能源、环境、民生等问题的重要途径和必然选择,具体有以下四方面的重要意义。

是中国特色新型城镇化道路的应有内涵。2020 年第七次全国人口普查数据显示,我国城镇居民规模约为 9 亿人,城镇化率达到 63.89%[7]。“十四五”期间,随着乡村人口进一步向城市转移、都市圈一体化战略深入推进,居民出行需求将保持增长态势,“公共交通优先发展”成为城市高密度发展态势下,提高城市运行效率、保障居民生活品质的必然选择。

是集约节约用地的有效措施。我国土地资源十分紧缺,为保障粮食安全,国家历来实行十分严格的耕地保护制度。城镇化的快速推进使得居住和交通用地需求激增,有限的土地资源难以应对庞大且不断增长的用地需求。公共交通的集约化运输特征决定了它具备引导城市走向集约型布局、紧凑型发展的可持续之路的能力。因此,优先发展城市公共交通,充分发挥其引导城市集约化发展的能力,是集约节约用地的有效措施,对实现土地供需可持续发展具有重要意义。

是实现国家能源战略的必然要求。能源问题是我国在 21 世纪面临的一个重大挑战,事关我国经济安全,应始终将节能放在突出位置。2019 年我国原油消费量为 6.96 亿吨,其中,中国产原油消费量为 1.91 亿吨,进口原油消费量为 5.05 亿吨,对外依存度已经高达 72.7%。交通运输节能问题的关键是发展集约化运输,降低运输工具单位能耗水平。此外,公共交通还是国家发展新型能源的重要载体。因此,优先发展城市公共交通是推动交通运输节能、实现国家能源战略的必然要求。

是实施国家环境保护国策的重要内容。我国工业化和城镇化仍处于快速发展阶段,环境压力日益增加。我国碳排放总量占世界碳排放总量的 27%,交通运输排放作为碳排放的重要组成部分,占比达到 15%。大中城市机动车尾气和噪声已成为主要污染源,尾气中的 PM2.5 成为雾霾天气的重要诱因,改善城市人居环境已十分迫切。城市公交优先发展能提高交通出行的集约化水平,是减少碳排放的有效途径,是实施国家环境保护国策的重要内容。

四、我国行政体制对于城市交通的影响

我国的行政管理体制决定了城市发展建设方式和实施路径,城市交通的规划管理、建设运营、服务保障等与国家和城市的行政管理体制密切相关。因此,城市交通问题研究需要从行政管理事权和体制机制等方面进行深入分析。与此同时,由于城市行政管理基本单元具有不

同的空间管理层次,由此涉及的交通组织模式问题,设施建设和运营投融资问题,企业提供服务的收费和定价机制问题等也具有空间差异性。

1. 城市建制和行政边界的影响

中国城市的行政建制和管辖范围对城市空间形态、功能组织和城市交通发展的影响与西方迥异。我国的设市城市政府与西方国家最大的差别在于,其管辖范围除了城市建成地区,还包括一定地域范围的农村地区,以及附带一定数量的县级行政单元。因此城市政府兼有城市与区域管理事权,也具有统筹城乡的任务,是混合型政府。中国的城市政府的属地化管理有明确的管辖边界,尤其是市域行政区边界是地方政府行使公权力的绝对空间范畴,因此政府运行体系在规划管理、建设运营、财政收支等事权方面与西方国家有很大差异。总的来看,各类空间资源配置和设施布局与中心城区(建成区)、规划区、市辖区、市域和跨市地区等不同的行政管理范围高度关联,城市政府的交通设施供给及服务保障也是如此。同时,我国的城市规模等级往往与城市的行政级别高度相关,高行政级别的城市的行政权力更强,政策供给更有优势,对于经济要素的流动、资源的分配方面的引导性更突出。行政等级更高的城市往往能够获得更多的交通设施规划建设的投放,进一步放大了聚集效应,从而使城市的规模进一步扩大。再加上我国城市长期采取高强度、高密度的开发建设模式,使得我国的大城市,尤其是超特大城市面临的交通问题比西方发达国家同等规模城市更为复杂,相应的交通工程技术也更复杂。

2. 城市政府职权的影响

城市政府承担城市交通规划建设管理的职权。当前我国城市政府在交通规划建设方面的职权包括:负责制定城市交通发展战略、综合交通体系规划,配套制定政策、收费定价、交通融资等事项。我国的城镇空间形态按照不同层级的规划管理要求可以分为城市集中建成区(规划区之内)、市域城镇体系、跨市的城镇协调发展地区(如都市圈)等,这就决定了城市交通设施需要分层次规划、分形态组织。城市集中建成区范围内,主要对城市道路系统、综合交通枢纽体系、轨道交通、公共交通、慢行交通、城市停车场地等方面开展规划。市域城镇体系层面上,应规划公路、铁路、市郊铁路、内河航运、航空等设施,同时规划物流运输体系。对于跨市域层面的都市圈、城市群,我国没有实体区域型政府管理,往往由上位政府(如省政府)统筹,相邻政府间通过联席会议制度来解决重大跨区域问题。如都市圈层面的综合交通体系规划由所在城市的上位政府来编制与审批,但各城市的交通设施建设分别由各市落实;同时涉及跨市的公共交通运输、服务保障往往由中心城市牵头组织。虽然我国的城市政府在制定交通规划与实施策略方面有主导权,但总体上缺乏对不同层次的运行管理上统筹区域关系、城乡关系的研究,现象上存在“重集中建成区、轻乡村、忽视跨市协同”的问题,本质上缺乏不同需求主体间的制度衔接,如公共交通向乡镇延伸,跨界地区的公交线路协同等问题,虽然已经由同一行政主管部门管理,但长期得不到解决。

3. 城市政府财权的影响

城市政府财权对交通投资建设及运营方面具有显著影响。城市政府负责城市交通基础设施的建设与维护,负责公共交通运营。我国规定对城市管辖范围内的交通设施的建设、维护,按照中央、省级、城市、县等多层级财政来分担。对于国家及省级交通项目,除了中央和地方共担的财政事权与支出责任外,其他部分由城市政府或辖区内的县级政府来承担。如在城际铁路、市域(郊)铁路、支线铁路、铁路专用线等方面,地方政府(省级政府、城市政府)事权包括:建设、养护、管理、运营等,具体执行事项由地方实施或由地方委托中央企业实施,但支出均由城市政府承担。早在1995年,《北京宣言:中国城市交通发展战略》中就提出“城市交通领域应加快竞争机制的引进,应当发挥私营企业在公共交通、停车设施的供给和经营、基础设施规划和设计的咨询服务等领域补充和替代现行的政府职能”。但当前,我国城市政府在交通投资建设和公共交通运营方面的压力依然很大,资金渠道较为单一,多由财政支出及政府的融资平台来保障。又如轨道交通领域,国务院出台文件鼓励民间投资参与城市轨道交通项目,并鼓励多元化运营。目前绝大部分城市是国资平台主导建设及运营,仅有少数城市引入了社会资金来参与建设和运营。如果城市交通设施运营长期依赖财政补贴,将会导致地方政府财政压力日益加重,特别是当前各地土地财政收缩背景下,由政府各类融资平台开展轨道交通等大额投资建设的模式已经难以为继。与此同时,在新兴交通服务方面,政府与市场的边界还不清晰,尤其近年来兴起的网约租车、共享单车等新兴交通服务,在提供了多样化的选择、带来了出行便利的同时,也导致了政府监管缺位、政府响应能力不足等突出问题。此外,对于交通服务的衍生型服务产品,如轨道交通车站的综合开发、出行全过程的诱导服务、保险金融、资产管理等方面,政府的精细化管理还远不适应当前服务发展的需求。

4. 积极探索是新发展阶段的历史使命

在我国现行的行政管理体制和财政体制影响下,城市交通发展总体上呈现“注重政府投资建设、社会资本参与不足”“注重城市自身发展,统筹区域协调不足”“注重建成区交通建设,乡村交通建设滞后”等特征。根据立足新发展阶段、贯彻新发展理念、构建新发展格局的总体要求,随着各项改革措施的不断深入,各级政府开展了积极探索,力图解决发展中的矛盾和问题。

虽然我国城市交通基础设施建设和运营仍然主要由财政支出及政府的融资平台来保障,但在有的方面,特别是投资规模巨大的轨道交通领域,PPP模式作为一种新的投融资模式,在城市交通一体化发展过程中备受关注。政府公共部门与民营部门在合作过程中,让非公共部门所掌握的资源参与提供公共产品和服务,在履行政府公共部门职能的同时也能为民营部门带来利益。一方面,社会资本的引入可以在很大程度上弥补政府财政资金的不足,另一方面,社会资本和政府资产融合的混合所有制企业,在部分领域的资源配置效率往往更高。

为解决行政区划分割与交通一体化发展需求之间的矛盾,需要建立以资本为纽带的合作,完善多层级的利益协调机制。如前所述,地方财政预算管理与行政区划基本对应,跨市域层面的交通发展建设一般由上级政府统筹,相邻政府间通过联席会议制度来解决重大跨区域问题。但从实施效果来看,地方政府在财政收支管理、发展绩效考核、官员政治晋升等方面是相对独立的利益主体,往往将毗邻城市视为竞争对手而非合作伙伴。跨区域交通基础设施的节点选址、廊道线位,建设运维资金与运营模式等与各地方利益直接关联,地方政府很难抛开自身利益最大化导向达成共识。随着我国进入“以城市群为主体形态”的发展阶段,通勤、跨区多点执业、旅游休闲、货物流通等跨区域交通联系日益紧密,城市群成为承载人民幸福和我国参与全球竞争的重要载体。亟待探索相关区域的利益协调机制,实现“规划同图、建设同步、运输一体、管理协同”机制,来解决我国跨区域交通一体化发展。

国家强调城乡融合发展，随着乡村振兴战略的深入推进，完善城乡交通一体化发展体制机制，畅通城乡要素流通渠道，也将成为实现高质量发展的重要支撑。

五、未来城市交通影响要素分析

我们回顾城市交通发展路径，是认识现状，认识已经形成的国情。现在在“两个一百年”奋斗目标的交汇点上，由“高速度”发展转向“高质量”发展的新阶段，需要直面我国城市交通未来发展的多重战略需求。正确理解和认识新的历史阶段的新情况和新任务，还必须从全局出发，分析面向基本实现城镇化的阶段性社会特征，思考进入信息化时代引发的人们对城市交通需求的变革，只有这样才能实现转型发展。

1. 城镇化新阶段的交通品质提升需求

2021 年我国城镇常住人口 91 425 万，城镇化率 64.72%，城市已从高速增长阶段转向高质量发展阶段，人民群众对城市宜居生活也有了新的期盼。

第一，人民群众不断提高的生活水平和对未来美好生活的向往，成为推动城市交通高品质发展的根本需求。一方面，伴随生活水平的提高，人们的出行目的日益多元化，呈现通勤出行比例下降、生活类弹性出行比例升高的特征。另一方面，人民群众的出行需求层次不断升级[8]，从解决基本出行需求到追求个性化、高品质生活而产生的新的出行需求。

第二，以城市群为主体、以高质量都市圈为引领的新型城镇化格局，催生了城市交通组织效率提升的需求。城市交通是城市群交通的终端环节，将出行的起讫点与对外交通通道和枢纽紧密连接在一起，如果城市交通运行效率偏低，将严重影响城市群空间组织的效率。随着都市圈的不断培育，中心城市的辐射能力日益增强，跨行政区的交通需求日益增长[9]。但是，中国的城市治理过于倚重行政区划，造成跨行政区的交通设施建设对接协调难度极大。

第三，城市社会结构转型和不同群体的多元化诉求，让个性化和普惠公平的交通服务供给同时提上日程。一是不断扩大的中等收入群体消费需求带动的城市交通服务模式升级，从单一、固定、有限的供给转向多元、定制、弹性的供给模式。二是面向老龄化社会的适老交通建设需求，将老龄人口出行需求纳入交通规划和相关政策制定过程已经成为刻不容缓的议题[10]。三是要重视城市交通发展中的交通公平性，由于交通劣势往往与社会经济劣势具有密切联系，因此保障弱势群体出行实质上是社会包容性发展的需要。

2. 信息化引发城市交通变革发展要求

不断迭代的信息技术及其衍生的新业态正在重塑未来的城市交通。伴随着城市生产模式和人的生活方式改变，城市交通需求发生显著变化，交通系统的服务模式、基础设施利用方式和交通治理体系都将发生颠覆性改变。

第一，信息化改变了城市生产模式和人的活动模式，新的技术让交通供需精准调配成为可能。一方面，线上工作和线上生活减少了一部分非必要的出行需求；另一方面，交流成本的下降和信息交换范围的扩大，诱增更多面对面的沟通需求和衍生的出行需求。为此，需要借助新技术，通过将破碎、片段化的位置数据提炼成连续完整的交通信息，实现更为精准、高效的供需调控。

第二，信息化推动了城市交通服务模式的创新，城市交通的关注点从交通工具和基础设施调整为响应人的活动需求。以 MaaS 为例，通过整合相对独立的各种交通方式，提供个性化、定制化、门到门的全链条服务，能够极大提升个体出行体验。

第三，信息技术的广泛应用将使城市交通设施空间更加灵活，这要求既有设施的效能挖潜和基础设施的智能化必须同步推进。由于通过增加交通设施的通行能力来缓解交通拥堵是非常缓慢且耗费成本的措施，因此传统的基础设施建设将让位于信息技术和创新措施的应用，这将有助于在短时间内提高城市的机动性，并且不需要提供大规模的基础设施建设投入。

第四，信息技术使城市交通治理体系更加高效、精细化，并促成更为广泛的公众参与和更有效的共同治理。大量历史数据的学习，加上专家系统的逻辑综合，能帮助决策者快速识别和处理交通问题的关键环节，大幅提升城市交通治理的效率和科学性。同时，针对诉求各不相同的利益相关方，信息技术可以对争议问题进行充分解析，提供可视化的情景分析，为各方创造深度参与的平台，有利于解决方案的达成。

·参考文献·

[1] 汪光焘. 城市交通学导论[M]. 上海：同济大学出版社，2018.
[2] 中华人民共和国国家统计局. 中国统计年鉴[M]. 北京：中国统计出版社，1990.
[3] 中华人民共和国国家统计局. 中国统计年鉴[M]. 北京：中国统计出版社，2020.
[4] 汪光焘. 论城市交通学[J]. 城市交通，2015，13(5)：10.
[5] 住房和城乡建设部城市交通基础设施监测与治理实验室，中国城市规划设计研究院. 年度中国主要城市通勤监测报告[R]. 北京：住房和城乡建设部城市交通基础设施监测与治理实验室，中国城市规划设计研究院，2021.
[6] 汪光焘，陈小鸿. 中国城市公共交通优先发展战略：内涵、目标与路径[M]. 北京：科学出版社，2015.
[7] 中华人民共和国国家统计局. 第七次全国人口普查公报[EB/OL]. [2021-5-11]. http://www.stats.gov.cn/tjsj/tjgb/rkpcgb/qgrkpcgb/202106/t20210628_1818826.html.
[8] 汪光焘，王婷. 贯彻《交通强国建设纲要》，推进城市交通高质量发展[J]. 城市规划，2020，44(3)：31-42.
[9] 汪光焘，叶青，李芬，等. 培育现代化都市圈的若干思考[J]. 城市规划学刊，2019(5)：14-23.
[10] 段进宇，陈一鸣. 城市交通系统适老问题与发展对策[M]//党俊武，周燕珉. 老龄蓝皮书中老年宜居环境发展报告(2015). 北京：社会科学文献出版社，2016：73-96.

附录 B
同济大学城市交通学科的发展历程

截至 2021 年底，全国设置面向本科生的交通工程专业的高校有 170 余所，设置面向研究生的交通运输工程专业的高校有 56 所。同济大学交通学科自 1914 年初创，历经 100 余年，枝繁叶茂。本章回顾了自同济大学组织编写相关教材以来，交通学科发展以及创建同济大学城市交通交叉学科的历程。1961 年同济大学主编并出版了全国第一本《城市道路与交通》教材，开启了中国“城市道路与交通”的教学及“交通工程”科学研究的大门。1979 年同济大学成立了中国大陆第一个交通工程研究室，1995 年招收第一批交通工程博士学位授予点博士生，1996 年同济大学道路与交通工程实验室成为道路与交通工程领域唯一的国家级实验室，2007 年交通运输工程被列为国家重点一级学科，2017 年交通运输工程学科被列入国家“双一流”建设学科，2020 年交通运输、交通工程均被教育部认定为国家级一流本科专业建设点。

2017 年 4 月，同济大学决定启动试点创设“城市交通学科”，成立城市交通研究院。2018 年 5 月，经教育部审核，同济大学自主设置“城市交通”交叉学科。2019 年 9 月，城市交通交叉学科第一批研究生入学。城市交通交叉学科围绕城市交通这一本体，重点突出工程科学与社会科学的交叉，从不同学科视角去辨识问题、分析问题和解决问题。城市交通交叉学科创新了研究范式，并凝练形成四个研究方向：交通服务科学、城市空间活动监测与分析技术、城市移动性规划、数据驱动的城市交通治理。自创建以来，同济大学城市交通交叉学科建设取得了一系列成果，包括策划编写了“城市交通交叉学科系列丛书”，形成了面向交叉学科能力培养要求、课程设置具有特色的人才培养体系等。

第一节 同济大学城市建设专业及交通学科的发展

一、城市建设专业发展回顾

1952 年全国高等院校院系调整时，上海所有公立、私立高校的土木、建筑系全都并入同济大学，包括 2 所设土木系的国立大学：交通大学（复旦大学土木系已于 1951 年调整到交通大学）、同济大学；5 所私立大学：大同大学、光华大学、大夏大学、圣约翰大学和震旦大学（设建筑系）。院系调整后的同济大学，设置了“公路与铁路工程系”，下设道路教研室，首开“汽车干路与城市道路专业”。

1956 年，苏联派遣莫斯科城市建设学院的杜拉也夫教授到同济大学指导，促成同济大学创建国内第一个新的系和专业——“城市建设系”和“城市建设专业”。城市建设系下设城市建设教研室、城市规划教研室、城市工程结构教研室。城市建设专业开设“城市道路与交通”“城市运输”“城市经济”“城市规划”“城市给排水”“城市工程结构物”等课程，学科上颇具进步意义。

20 世纪 50 年代，一般人口头上都把“道路”和“交通”混为一谈，而在学术上“道路”和“交通”虽有关系，但却是两个完全不同的概念：“道路工程”研究的是如何设计、建好道路；“城市交通”研究的则是在城市道路上车辆运行的规律与车辆在道路及交叉口上的通行能力等问题。50 年代的中国城市，机动车辆不多，对“城市交通”的研究也因此还是空白。1960 年同济大学城市建设教研室就开始组织开展对车辆通过交叉口运行参数的调查研究，积累了一批数据，并思考运用这些数据构建两相位信号控制交叉口通行能力的计算模式。

同济大学城市建设系和城市建设专业的创建，开启了中国“城市道路与交通”的教学以及今后发展研究“交通学科”的大门。从此，同济就开始与“交通”结下了永续的不解厚缘。二十多年后，同济大学就成为中国大陆填补“交通工程学”研究空白的第一高校，对带动中国“交通工程学”研究的起步和发展作出了卓越贡献。

第一批调入城建专业的本科生是心存担忧的，因为城建专业学习的课程比别的专业多，似乎有关城市建设的内容样样都要学，结果样样都不精。他们担心毕业后，自己什么“专业”特长也没有，既不会做规划图，也不会设计、修建道路、桥梁。苏联杜拉也夫教授说这个专业是培养未来建设和管理城市的副市长、总工程师的，所以开设了有关城市建设的 6 门课程，要求学生样样学、样样懂。教师既传授城市建设的宏观理念，也讲授微观知识；既教授理论，也教授实际设计技术。学生学城市道路、城市交通、桥梁、给排水和各种工程结构物，也学城市规划。结果，到学生毕业时，既会测量城市地形、街道原状，会画图，还会把图上的设计方案通过测量落到实地；会做城市道路、桥梁、隧道、坝岸、挡土墙、涵洞、给排水管道等的设计，还会做城市规划及相关的交通规划、城市道路交叉口设计、交叉口通行能力计算。

1961 年，在老一辈教授的带领下，在总结和提升同济大学城市建设专业 5 年教学与研究的基础上，同济大学主编、出版了全国第一本《城市道路与交通》统编教材（附图 B-1），“交通”

这一名词在国内高校教科书中首次正式亮相,开启了中国“城市道路与交通”的教学及“交通工程”科学研究的大门。同年,同济大学还主编、出版了《城市运输》全国高校统编教材。城市建设教研室组织教研室里的青年同仁周商吾、潘侃、王子恒、马如龙等,到“大世界”等交叉口去进行实地考察,开展“大型体育场馆人流疏散”及“信号控制交叉口通行能力”等调查研究工作。

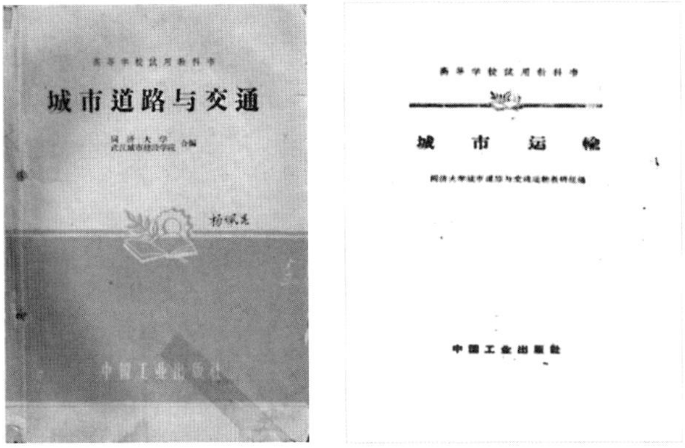

附图 B-1 《城市道路与交通》和《城市运输》

1966 年,城市建设系及其专业停办,部分教师调入道路与桥梁工程系道路教研室任教。1956—1966 年,城市建设系、城市建设专业走过了十年的历史,正如杜拉也夫所说,确为中国培养、输送了一大批市政、道路建设的精英人才。他们毕业后,被安排到全国各地各建设部门工作,是地方上最需要的城市建设全能人才,多因业绩突出,先后被委以各部门工程、管理领导的重任。

二、交通运输工程专业发展

同济大学交通学科自 1914 年初创,历经 100 余年,枝繁叶茂。1914 年土木学科开设了道路、铁路相关课程。20 世纪 50 年代起进行专业强化,清华大学、浙江大学、震旦大学、上海交通大学等高校的道路、铁道方向调入,集聚了一批学贯中西的大师,铸就了学科基础。同济大学于 1952 年成立了全国第一个“铁路公路系”,1958 年重组为铁路、公路及桥梁工程系。1959 年交通部在同济大学创办了“交通部上海公路工程研究所”。同济大学于 1979 年成立中国大陆第一个交通工程研究室,1982 年成立道路与交通工程系。1995 年 3 月,同济大学获得教育部审查批准授予的国内第一个“交通工程学博士点”资格,招收了第一批“交通工程博士点”博士生。1996 年 3 月,同济大学获准设立“交通工程博士后流动站”,是我国首批交通工程博士后流动站授予单位。1996 年 8 月,同济大学“道路与交通工程实验室”成为教育部重点实验室,是道路与交通工程领域唯一的国家级实验室。1996—2000 年,原上海市城建学院、上海建筑材料工业学院、上海铁道大学并入同济大学,2000 年 4 月,同济大学集中道路交通与铁路运输、交通信息工程等方面的师资力量,组建了交通运输工程学院。

1997 年,桥梁、道路与交通工程作为“211 工程”重点学科进行建设;1998 年,道路工程被列为上海市重点学科；2000 年，道路与铁道工程被列为上海市重点学科；2001 年，道路交通与铁道工程、交通运输规划与管理成为国家重点学科；2004 年，交通运输工程被列为 985 重点工程建设学科；2007 年，交通运输工程被列为国家重点一级学科，下设 4 个二级学科——道路与铁道工程、交通运输规划与管理、交通信息工程与控制、载运工具运用工程；2015 年，高频重载交通基础设施耐久与安全、大都市综合交通系统协同优化被列为上海高峰学科；2017 年，具有一百多年历史的同济大学交通运输工程学科（以下简称"同济大学交通学科"）被列入国家"双一流"建设学科，成为同济大学重点建设的世界一流学科之一；同年，同济大学本科专业交通工程顺利通过工程教育专业认证，有效期 6 年；2020 年，交通运输、交通工程均获得国家级一流本科专业建设点。

同济大学交通学科发展的历程中，以陈本端、翁朝庆、李秉成、童大勋、朱照宏、林绣贤、杨佩昆、姚祖康、张树京等教授为代表的先驱们，带领着同济交通的师生们砥砺前行，薪火相传，在祖国大地上贡献才华、书写华章。艰苦岁月，陈本端教授坐着毛驴车在我国西北地区日复一日地进行道路勘测设计；同期的翁朝庆先生带领团队赴陕西步行调查黄土土桥。童大勋、朱照宏、林绣贤、杨佩昆、姚祖康、张树京等先生沿着前人的足迹，持续创新，不断拓展，开创了我国交通工程学科，在路面力学和路面设计理论、沥青路面沥青材料改性技术、道路 CAD 技术、道路管理系统和机场工程、交通规划与交通需求分析、铁道工程、铁路运营管理、通信和自动控制等领域作出了卓越贡献，缔造了同济大学交通学科璀璨的历史，使其成为我国交通运输领域新思想、新理论、新方法的主要发源地。

第二节　其他高校交通学科发展简介

截至 2021 年底，全国设置面向本科生的交通工程专业的高校有 170 余所，设置面向研究生的交通运输工程专业的高校有 56 所。以下对西南交通大学、北京工业大学、北京交通大学、东南大学的交通运输工程学科发展做简要介绍。

一、西南交通大学

西南交通大学前身可追溯到 1956 年，当时在唐山铁道学院建系（铁道运输系）；1980 年初，铁道运输系成立铁道运输研究室，以铁道运输系统工程为主攻方向；1984 年，运输管理工程硕士学位授予权申报成功；1985 年，创建了交通工程新专业并招生；1986 年，获运输管理工程博士学位授予权，形成完整人才培养体系；1987 年，运输管理工程学科成功申报原铁道部重点学科；1998 年，组建交通运输学院，构筑学科专业跨越平台。

2001 年，西南交通大学开设物流工程专业并开始招收本科生；2002 年，安全工程专业恢复招收本科生；2003 年，学院获得交通工程、物流工程、交通运输安全工程和系统工程 4 个博士学位点；2006 年 5 月，为了适应现代物流发展及人才培养需要，学校以交通运输学院物流工程系为基础，成立了全国"211 工程"建设重点大学中的首个物流学院。

2010 年 10 月，在学校“凝聚学科力量、强化学科特色、提高学科水平、增强学科竞争力”的发展战略指导下，交通运输学院和物流学院整合组建了交通运输与物流学院。至 2021 年，学院交通运输、交通工程、物流工程、物流管理均获得国家级一流本科专业建设点。

二、北京工业大学

1979 年，北京工业大学于国内最早创办交通工程本科专业；1981 年，获得我国首批交通运输规划与管理学科硕士学位授予权；1996 年，获得我国首批交通运输规划与管理学科博士学位授予权。2000—2019 年，为教育部交通工程教学指导分委员会主任单位。2001 年认定的北京市交通工程重点实验室为我国首个交通工程省部级实验室，2013 年获批省部共建“国家重点实验室”培育基地，2011 年获批交通运输工程一级博士学位点。

为适应现代城市群建设以及国际一流的和谐宜居之都的建设需求，更有效推动北京工业大学一流学科群建设，2018 年学校基于自身区位优势和学科特色，整合原有建筑工程学院、城市交通学院、建筑与城市规划学院，组建城市建设学部（Faculty of Architecture, Civil And Transportation Engineering）。2020 年 4 月，城市建设学部正式实体化运行，学部涵盖土木工程、交通运输工程、城乡规划学、水利工程、建筑学五个一级学科。交通运输工程学科主要以交通规划理论与方法、道路交通安全理论与技术、智能交通与信息感知、交通大数据感知与处理技术、道路新材料与性能等为主要研究特色。2017 年以土木工程、交通运输工程等为核心学科的现代城市建设与环境工程学科群正式进入国家一流学科建设行列，2022 年顺利进入第二轮一流学科建设。

三、北京交通大学

北京交通大学的历史可追溯到 1896 年，其前身是清政府创办的北京铁路管理传习所。1909 年，“北京铁路管理传习所”创办铁路管理班，为交通运输学院创建之始。其秉承“造就铁路管理人才”的办学宗旨，为中国铁路运输事业初创输送了第一批铁路运输人才，是我国现代交通运输教育的发源地。

1921 年，北平、上海、唐山三处的交通大学合并，定名为国立交通大学，学校更名为国立交通大学北京学校，下设铁道运输管理系。1951 年，建成新中国第一个以教学为主的交通运输实验室——铁道陈列馆，现名运输设备教学馆。铁道运输工程系分为铁道车务系和铁道商务系。1954 年，根据苏联铁道经营的全套教学计划开始培养第一批研究生。

1956 年，铁道车务系更名为铁道运输系。根据铁道部高校发展规划要求，铁道运输系支援唐山铁道学院（现西南交通大学）、长沙铁道学院（现中南大学铁道校区）、兰州铁道学院（现兰州交通大学）重组或新建铁道运输系，一批师资被分派到各校。1977 年，恢复高考后，学校全面修改了专业教学计划，增设工程数学、计算机等课程。1981 年，国务院学位委员会批准运输管理工程专业的硕士学位授予权，成为我国首批硕士学位授予点。

1985 年，铁道运输系更名为运输管理工程系。增设综合交通本科专业。系统分析专业获硕士学位授予权。1986 年，国务院学位委员会批准运输管理工程专业的博士学位授予权，成为我国第一批博士学位授予点。1987 年，经国务院学位委员会和国家教育委员会评估，运输管理工程学科被评为国家重点学科。

1996 年，由运输管理工程系、管理科学研究所（1982 年成立）、应用系统分析研究所（1985 年成立）、运输系统模拟中心（1987 年成立）、自动化系统研究所（1992 年成立）等单位组建成立交通运输学院。1998 年，按照教育部新的本科专业目录，调整形成交通运输和交通工程两个本科专业。2019 年，交通运输、交通工程和电子商务 3 个专业入选首批国家级一流本科专业建设点。

四、东南大学

东南大学交通学院的前身可追溯到 20 世纪二三十年代的国立东南大学交通运输系及国立中央大学土木工程系的路工组，50 年代至 80 年代南京工学院土木工程系的道路教研组，1987 年成立了运输工程研究所，1989 年成立了交通运输工程系。

1995 年，东南大学为适应当时国家急切需求交通建设人才的大好形势及加强交通运输学科建设的需要，在原运输工程研究所、交通运输工程系的基础上组建成立交通学院。

2000 年 4 月，原东南大学与（交通部）原南京交通高等专科学校、（铁道部）原南京铁道医学院、（国土资源部）原南京地质学校合并，成立新东南大学。其中，原南京交通高等专科学校及原南京地质学校的部分学科、专业并入交通学院，组建成立新交通学院。

交通学院包含 6 大学科方向、7 个系、33 个科研团队（中心），形成了以交通运输工程国家一级重点学科为核心，以交通运输规划与管理、道路与铁道工程 2 个国家二级重点学科为龙头，以交通信息工程及控制、载运工具运用工程、岩土工程江苏省重点学科、桥梁与隧道工程博士点学科为支撑，交通测绘与信息技术、交通安全工程、交通地下工程、港口航道工程学科为生长点的学科布局。

第三节　同济大学城市交通交叉学科创建历程

一、理解交叉学科的特征

建设好交叉学科首先要充分理解学科的含义和特征。学科的含义有两个：一是作为知识体系的科目和分支，即学科是指在整个科学体系中学术相对独立，它与专业的区别在于它偏就知识体系，而专业偏指社会职业的领域，一个专业可能要求综合多种学科，而一个学科可在不同专业领域中应用；二是高校教学、科研等的功能单位，是对教师教学、科研业务隶属范围的相对界定[1]。学科建设中“学科”的含义偏指后者，但又与第一个含义密切关联。

2017 年 6 月教育部发布了《新工科研究与实践项目指南》，提出新工科建设指导意见[2]。新工科专业是传统工科专业的升级改造，主要指针对新兴产业的专业，以互联网和工业智能为核心的相关工科专业。新工科专业的可持续发展与科学上的新理论、新发明、新技术的产生紧密结合,而新兴技术理论出现的时机经常在学科的边缘或交叉点上。Alexander J. Gates 等为纪念《自然》150 周年撰写了一篇分析文章,在研究了自 1900 年以来发表的逾 8.8 万篇论文的基础上,得出结论:和以往相比,现在的科研论文所参考的资料来自更多的科研领域。所有学科都出现了学科交叉性增长,且没有放缓的迹象。随着研究人群、科研论文以及知识的增加,不同学科会变得愈来愈融合。研究机构以及资助单位应该意识到,学科交叉正在成为主流。因此,交叉学科及专业是培养具备综合学科实力拔尖创新人才的主渠道,重视交叉学科将使科学本身向着更深层次和更高水平发展,这符合自然界存在的客观规律。

交叉学科是指不同学科之间相互交叉、融合、渗透而出现的新兴学科。它可以是学科亲缘关系较远的学科之间的交叉,也可以是学科亲缘关系较近的学科之间的交叉,如自然科学内部或是人文科学内部各学科之间的交叉。交叉学科的三个重要本质属性:一是以一个本体为中心,二是有两个以上的认识论,三是有多样化的方法论;交叉学科的建设路径探索,在板块设计与师资建设方面要以本体论为原则;在课程体系与人才培养方面则要围绕认识论和方法论来制定方案,特别是在认识论层面,工程科学与工程科学的交叉是小交叉,而工程科学与社会科学的交叉则是大交叉;学者的研究兴趣和激励机制是交叉学科建设的重要保障。城市交通交叉学科则应围绕城市交通这一本体,重点突出工程科学与社会科学的交叉,从不同学科视角去看待问题、分析问题和解决问题。

交叉学科研究与教育虽然尚处于起步阶段,但已具备有利基础。2009 年国务院学位委员会、教育部《学位授予和人才培养学科目录设置与管理办法》规定:"交叉学科按照目录外自主增设二级学科的程序进行设置,挂靠在所交叉的学科中基础理论相近的一级学科下进行教育统计。"

二、城市交通交叉学科建设需求

(一)城市交通学是城市科学的组成部分

城市科学是以城市为研究对象的学科群体。钱学森先生强调:"城市建设要有规划,要搞城市学的研究,都是说整体考虑的重要性。城市也是一个大系统,没有系统的整体考虑怎么行!"概括起来讲,城市学从整体上研究城市产生、运行和发展;城市经济学研究城市中的经济活动;城市社会学研究城市居民各类社会活动的形态及其对城市发展的影响;城市生态学研究人的活动与城市所处的环境;城市规划学研究城市未来的空间安排;城市地理学研究城市职能的位置关系;城市人口学研究人口对城市社会、经济、生态、交通等各方面的影响以及各类城市的适宜人口数量。城市交通是城市最基础、最关键的元素。城市交通学研究城市交通对城市肌理、结构、形态、组织、运行等的关联和影响。

(二)"城市交通"作为新兴战略学科增长点端倪显现

以多学科交叉支持交叉学科的科学研究和人才培养,是国外高校、研究机构在城市交通研究领域呈现出的共同特征与趋势。从国外高校部分研究机构发展动向可以看出,将"城市交通”作为新兴战略学科增长点的端倪已经显现。例如，美国纽约大学城市科学与进步中心(CUSP)成立于2013年，是一个针对城市问题、综合运用数据分析与信息技术展开相应研究和教育计划的研究中心。美国亚利桑那大学交通研究院(UATRI)成立于2016年5月，交叉整合了6个学院——建筑学院、公共卫生学院、光电科学院、社会行为科学院、管理学院、工学院，致力于应对来自不断变化的交通生态系统的诸多挑战，包括交通拥堵、交通安全、汽车自动驾驶、交通能源问题。

近年在国家城市与区域交通飞速发展的背景下，越来越多的大学、科研院所在现有学科基础上，设置交叉研究方向，梳理如下：

在交通运输工程一级学科下设置“交通测绘与信息技术”“地图学与地理信息工程”“物流工程与管理”等研究方向。

在管理科学与工程一级学科下设置“交通运输规划与管理”“现代物流与供应链管理”研究方向，在公共管理一级学科下设置“交通战略与社会管理”“行政管理与城市治理—交通治理”“交通运输管理”“城乡发展与规划”等研究方向。

在测绘科学与技术一级学科下设置“虚拟地理环境与智慧城市”“空间大数据分析”“互联网与智慧城市关键技术”等研究方向。

在城乡规划学一级学科下设置“城市交通规划与设计”“城乡交通和基础设施”“城市环境治理与可持续发展”“土地利用与交通”“交通与城乡空间发展”研究方向。

在地理学和电子科学与技术一级学科下设置“智能技术与交通”“土地利用与交通”研究方向。

（三）城市交通交叉学科建设需求

1. 国家需求、大学责任的基本认识

由于受到资源和环境的制约，中国快速城镇化、机动化带来前所未有的压力，已经不可能单纯依靠交通基础设施建设来加以化解，交通的研究对象已经从传统的技术系统，拓展为社会—技术系统。实践证明，未来城市交通问题的发展，是工程、技术与社会问题的综合，涉及的是城市发展模式。这必然促使城市交通逐渐从学科交叉走向交叉学科，城市交通交叉学科正在逐步形成独立的完整学科架构。培养城市交通人才，既是学科创新发展的需求，也是对接与实施国家战略的需要。城市交通是支撑城市运行、探索城市治理、带动城市群发展的核心载体。以城市交通学科建设探索“跨界交叉、深度融合”的新工科发展模式和发展路径，是工科、社会学科、人文学科整合升级、先行先试的“试验田”。当前新一轮科技革命和产业变革持续深入，颠覆性技术随时可能突破，将重新定义交通运输方式，同济大学试办城市交通交叉学科或许是符合建设现代化强国、建设现代化城市的要求，开展城市和城市交通治理能力现代化能力建设和制度建设的学科建设方向。

2. 国际趋势、战略机遇的基本判断

在新技术、新服务和新模式推动下，城市交通面临变革的关键机遇期，底层运行载体、中层客运组织、顶层服务目标均在发生剧变。全球视角下的信息与智能技术、移动互联经济和能源技术等新科技发展，已经使城市交通从传统交通(运输)工程学科中的研究人—车—路—环境

的工程学问题向公共管理、社会学、经济学、区域与城市科学、信息与数据科学、测绘科学、网络科学等学科交叉转型发展，这是国内外城市交通研究的共同趋势。交通服务模式及供给的改变（例如智能网联、共享出行等），城市交通系统发展条件与目标的改变，从“为车”到“为人的移动”再到“为生活质量”的转变（附图 B-2），使得交通工程研究者、工程技术人员、行业管理者都深感原有知识和经验面临巨大挑战，需要重新认识我们所面对的问题。适应需求和技术环境变化，要求以学科交叉和系统方法为基本思维，以信息和数据分析为手段，综合考虑社会、经济、环境、安全等多重要求，实施城市交通理论创新变革。借鉴国际一流大学经验，整合多学科力量重构新时期城市交通理论与技术方法体系，极有可能取得重要创新性、引领性成果。

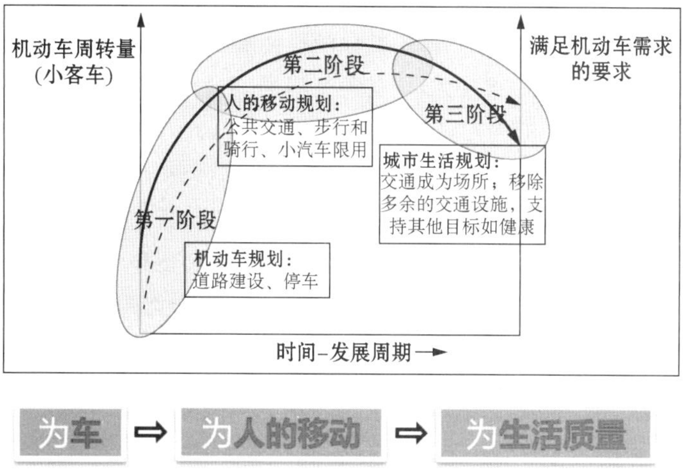

附图 B-2 城市交通发展目标转变

3. 人才需求旺盛的基本格局

中央城市工作会议以“五个统筹”系统清晰地阐释了城市未来建设“以人为本”的思路，明确要求转变城市发展方式，完善城市治理体系，提高城市治理能力，着力解决城市病等突出问题，走出一条中国特色城市发展道路。“加快培养一批懂城市、会管理的干部，用科学态度、先进理念、专业知识去规划、建设、管理城市，促进城市治理体系和治理能力现代化”[3]。《交通强国建设纲要》提出到 2035 年基本建成交通强国，到 21 世纪中叶全面建成交通强国。提出推动发展要求、发展方式、发展动力的“三个转变”，打造设施、技术、管理、服务“四个一流”，构建安全、便捷、高效、绿色、经济的现代化综合交通体系。《交通强国建设纲要》要求坚持绿色发展、开放共赢、改革创新，提升治理能力。科技创新是建设交通强国的关键要素，以科技为引领，实施设备制造、服务品质、安全保障等各项重点任务，信息化发展将在提升服务品质、保障安全水平方面发挥重要作用。《交通强国建设纲要》将人才队伍建设放在突出的位置。建设交通强国需要高素质人才队伍保障，加强交叉学科建设能力，提高复合人才教育培养是交通强国建设的要求和现实需要。当前高校对城市交通战略性人才的培养与储备与现实需求相比存在巨大缺口。

中国城市交通发展论坛对未来城市交通领域人才适用性进行了调研，涵盖政府管理部门、城市交通研究与规划设计单位、高校等，在 2017 年 1 月向国务院有关领导提出“关于交通运输工程学科改革和建立城市交通学科的建议”并得到批示。培养具有多学科知识、系统性思维的城市交通人才的需求及迫切性，在高校与研究部门、应用单位之间达成共识。

三、城市交通学科理论框架逐步形成

（一）城市交通的研究范式

城市是一种包含复杂物质要素、社会关系和活动内容的载体。城市交通理论在其中承担的任务是，研究城市交通对城市肌理、结构、形态、组织、运行等关联和影响。城市交通作为城市最基础、最关键的元素，与城市学科群中其他学科关系十分紧密。城市交通学应当是城市科学中的基础学科，受益并影响城市规划学、交通工程学、交通运输学、经济学、社会学、生态学、行政学等，与城市规划学、城市经济学、城市生态（环境）学、城市地理学等相对独立，具有交叉属性[4]。

在国家自然科学基金委连续多年的支持下，通过系列研究，城市交通交叉学科的理论框架正在逐步形成。其中，2012 年国家自然科学基金委员会管理科学部主任基金项目“我国城市公交优先发展战略研究”“公共交通优先发展理论和 TOD 理念导向的城市规划实施综合评估研究”探索城市优先发展公共交通内涵、目标与路径。2016 年国家自然科学基金委员会管理科学部应急管理项目“新常态下城市交通理论创新与发展对策研究”“国内外城市交通理论和方法的研究分析”“以组织城市交通网络构建和运行为核心的城市交通学理论体系”，探索以服务人发展的保障，组织城市可持续运行为目标的城市交通理论与对策创新；“城市交通、城市群交通及都市圈交通特征研究”“中国城市交通差异化发展典型案例研究及政策建议”，探索城市群、都市圈、城市交通特征与差异化发展政策。2018 年国家自然科学基金重点项目“城市交通治理现代化理论研究”探索面向交通服务多元主体价值—信任—合作新塑关系的城市交通治理现代化理论，提升交通服务共建、共享、共治水平。2011 年度国家社会科学基金重点项目“现代城市交通规划的制度平台与法律保障机制研究”探索城市交通信息化、法治化路径。2015—2019 年期间开展的“大数据驱动的共享交通管理与决策范式转变研究”“共享单车与城市可持续发展”“经济新常态下的共享交通”“电动汽车与未来出行”探索分享经济推动的共享出行研究。

城市交通的研究范式区别于既有的交通运输工程学科，附表 B-1 给出了研究关注点、理论对象、基本逻辑、核心内容、理论需求和研究手段等方面的比较。

附表 B-1　城市交通研究范式变化

要素	既有研究范式	新的研究范式
时代背景	交通设施大规模建设	中心城市转向存量优化，有序建设，适度开发 城市群、都市圈、中心城市的多尺度合作发展
关注点	满足交通工具的移动	满足交通出行者的需求、提高生活质量
理论对象	交通流—交通设施	交通网络—交通服务—交通外部性

（续表）

要素		既有研究范式	新的研究范式
基本逻辑		被动适应需求： 增加交通设施满足交通流运行要求	适应并主动引导需求：构建、组织、调控交通网络满足一体化出行服务要求
核心内容		交通基础设施：分方式单一交通物理设施网络独立构建（如道路网、地面公交网、轨道网等）	交通服务体系：多方式复合交通网络（物理设施网络、运输组织网络、信息诱导网络）整体构建与运行调控
应用场景		面向中长期设施建设	既面向中长期设施建设， 又面向短期甚至实时管理调控
理论需求	需求理论	基于出行统计的需求预测	基于个体行为和活动模式的出行需求
	供给理论	单一设施网络的交通承载力	一体化、多模式的出行服务生产和供给
	交通流理论	机动车交通流	混合异质交通流和复合交通网络运行管控
研究手段	数据来源	小规模抽样调查	现代信息技术和移动互联网支撑下的多源大数据
	分析方法	数学解析，仿真模拟	人工智能、计算实验，平行控制
	模型支撑	宏观、中观、微观模型独立构建	宏观—中观—微观一体化模型
	学科交叉	以工程学为核心	综合运用工程、经济、法律、社会等多学科交叉手段

（二）学科研究方向

城市交通交叉学科包含四个研究方向：交通服务科学、城市空间活动监测与分析技术、城市移动性规划、数据驱动的城市交通治理。

1. 交通服务科学

交通服务科学是以城市移动性为对象，以个体、组织（政府和企业）和社会（群体）交通行为解析为基础，研究基于城市空间差异性的交通服务组织、服务水平、服务选择要素及机理的基础理论。运用实验与观察、多源数据采集和大数据挖掘等方法，在传统的个体行为效用理论基础上引入动机理论、前景理论、组织理论和群体行为理论等行为科学前沿理论，研究交通行为的发生机制、发展规律、行为调控、行为模拟的理论和方法；研究个体的交通服务消费、交通企业的服务生产和提供、群体交通决策和政府管理机制；用博弈理论研究交通行为—交通服务—交通政策的刺激—博弈—适应的演化过程，分析多元交通主体行为的短期与长期变化及相互影响过程；在分享经济、移动互联技术与城市移动性融合情景下，应用服务科学理论，研究各类交通服务特别是共享交通和公共交通的服务组织、服务水平、系统优化、绩效评估方法，关注网购、电子消费和共享消费对人的活动向物的流动的转化趋势，研究网络虚拟空间交流与活动—交通网络物流服务需求—城市空间活动行为的关联机制等新兴问题。

2. 城市空间活动监测与分析技术

城市交通是典型的复杂社会—技术系统，城市空间活动不仅涵盖人与物流动全过程，还包括交通网络运行、交通活动与城市空间的作用过程。城市交通参与主体的行为异质性、交通空间的动态变化性、交通组成要素的复杂关联性、交通需求增长的不确定性，都迫切要求更新城市交通空间活动的研究方法与技术手段。在现代信息技术和移动互联网支撑下，大数据技术催生了并加速了人工智能、计算实验和平行执行方法在城市交通中的应用。以实验社会学的理论和技术为基础，对城市空间的社会、经济、社会活动的聚集、扩散、交流特征进行多角度、多层次和全方位的观察，研究大数据条件下城市空间、交通系统和城市移动性互动关系及规律的监测技术。引入追踪性实验、探索性实验和验证性实验等社会实验手段，建立在时间轴上的连续观测城市交通活动中行为个体所具有的适应性、关联性的方法，研究交通社会实验设计方法与数据采集方法。包括基于遥测遥感的城镇空间活动观测技术研究、基于大数据和意愿调查的宏微观嵌套观察实验技术研究、针对城市交通的社会实验技术研究、城市交通计算实验技术研究等，为交通系统运行与交通服务效能、交通与土地开发、交通与经济活动、交通与环境污染、规划与政策跟踪等，提供系统性监测技术与分析方法。

3. 城市移动性规划

将城市交通研究视角由基于设施的交通转向基于活动的移动性(Mobility)，以交通服务的可获得性和公平性、交通服务的集约化和综合效用优化为目标，以交通基础设施网络、交通运输组织网络和交通信息传播网络构成的城市交通复合交通网络为对象，研究对策目标、对策思想、对策评估等方法体系变革和城市移动性规划的理论与技术创新。与传统交通系统及网络规划不同，城市移动性规划关注交通服务提供与空间活动的匹配性和引导性、关注复合交通网络的整体性能，强调在既有基础设施条件下交通服务网络的动态构建和运行，以适应持续变化的城市运行要求。城市移动性规划以向出行者提供高品质交通服务为目标，而不是以通行能力或通行速度等单一指标改善为目标。

城市移动性规划的研究重点包括：复合交通网络的构造演变机理、运行性能优化和网络供—需互馈调控的理论和技术；在云计算、大数据、移动互联、物联网构成的新一代信息技术支持下，异质网络交通流的自组织规律和相变机制；城市空间组织方式与交通模式演化、城市空间质量的关系；不同交通政策导向下复合交通网络的构造发展机理、复合交通网络的演化过程干预调控理论与城市空间结构及社会阶层空间分布的互动机理，以及复合交通网络结构引导交通模式演化的方法。面向共享交通和自动驾驶等交通新技术、服务新模式，为基于通行权分配的交通网络宏观管控、基于空间网络的城市空间结构引导、基于精明供给的交通模式引导以及社会公平性保障，提供城市移动性规划的理论、方法和技术支持。

4. 数据驱动的城市交通治理

运用公共治理领域的基础理论方法，针对城市交通服务链(提供、生产、消费与评估)的特征与要求，研究政府、企业、社会组织、公众等多元主体在交通服务体系构建过程中的权责关系。综合城市交通的社会性、政策性、经济性、工程技术性等规律，运用信息化与法治化手段，设计维系多元主体权责关系的正式与非正式制度安排，包括法律、法规、政策、机制、教育等。

围绕城市交通多元主体间协作关系的生成动力与演化机制，解析多元主体利益诉求，构建利益相关者合作博弈模型，研究由价值认同向情感信任、利益合作的传导机理，研究政府—企业合作的交通稀缺资源市场配置模式，研究交通服务供给与公众需求响应的协同演化机理。基于交通服务准公共产品特性，平衡交通服务均等与高效需求，研究多元价值导向下交通治理绩效评估与公共利益调控、补偿机制。以 MaaS 等一站式出行、定制公交、共享单车、分时租赁、智慧停车等交通服务新模式的服务提供、生产、消费及评估为对象，基于大数据分析与大规模网络动态交通仿真，研究支撑交通治理的法治化管制方针和实验分析手段。并涵盖交通系统管理（TSM）、交通需求管理（TDM）、交通引导城市发展（TOD）等公共政策相关的城市交通综合治理方法。

四、城市交通交叉学科建设过程

城市交通交叉学科缘起于 2017 年 1 月 20 日，中国城市交通发展论坛向国务院提出“关于交通运输工程学科改革和建立城市交通学科的建议”，得到批复。此后，同济大学在教育部《新工科研究与实践项目指南》指导下，稳步开展城市交通交叉学科的筹建工作，筹建过程中重要节点及事件如附图 B-3 所示。

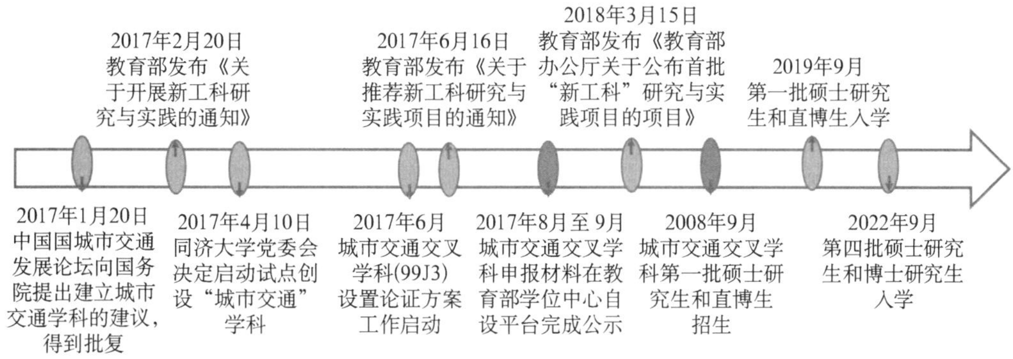

附图 B-3 同济大学城市交通交叉学科筹建过程

（一）重要事件

2017 年 4 月 10 日，中共同济大学第十届委员会第 90 次常委会决定启动试点创设“城市交通学科”，成立城市交通研究院，由交通工程系负责落实。6 月至 9 月：启动城市交通交叉学科设置论证方案工作，该交叉学科由交通运输工程、城乡规划学、管理科学与工程、测绘科学与技术、土木工程 5 个一级学科共建，并在教育部学位中心自设平台完成公示，论证方案工作核心组成员为陈小鸿、杨东援、吴娇蓉、李晔、林航飞、叶建红、惠英、滕靖等。

2018 年 5 月 24 日，同济大学研究生院发文，经教育部审核，同济大学自主设置“城市交通”交叉学科，该交叉学科由 5 个一级学科和 7 个学院共建。5 个一级学科分别是交通运输工程、城乡规划学、管理科学与工程、测绘科学与技术、土木工程，7 个学院分别是交通运输工程学院、建筑与城规学院、经济与管理学院、测绘与地理信息学院、土木工程学院、政治与国际关系学院、法学院。

2018 年 6 月 22 日，城市交通交叉学科委员会成立，陈小鸿任委员会主任，吴兵、张尚武任委员会副主任，成员为冯世进、刘春、李兴华、杨晓光、吴娇蓉、张小宁。

在城市交通交叉学科下凝练形成四个研究方向：交通服务科学、城市空间活动监测与分析技术、城市移动性规划、数据驱动的城市交通治理。

2018 年 9 月，城市交通交叉学科完成第一批研究生招生工作，共招收 27 名研究生（18 名硕士研究生、9 名博士研究生）。

2019 年 9 月至 2022 年 9 月，城市交通交叉学科招收了 4 届硕士研究生、博士研究生，其中，2022 年毕业硕士研究生 13 名，在读硕士研究生 59 名，博士研究生 40 名（含 6 名硕博连读）。

2019 年 10 月起，为了支持城市交通交叉学科建设，以国家自然科学基金委支持的系列研究为基础，结合一批关于城市交通问题的最新科研成果，策划编写“城市交通交叉学科系列丛书”，包含 12 本书。该丛书可以作为交叉学科教材、课程参考书，同时也希望为业界同行提供借鉴和参考。

“城市交通交叉学科系列丛书”（附图 B-4）按照出版先后次序排列如下：

（1）《中国城市公共交通优先发展战略——内涵、目标与路径》（2015 年）

（2）《城市公共交通出行分担率研究》（2018 年）

（3）《城市交通学导论》（2018 年）

（4）《未来城市交通预判——2035 年愿景》（2020 年）

（5）《城市交通与法治》（2021 年）

（6）《新发展阶段的城镇化新格局研究——现代化都市圈概念与识别界定标准》（2022 年）

（7）《城市交通学总论——兼论城市交通学的基础问题》（计划出版时间 2023 年）

（8）《城市交通治理现代化理论及应用》（计划出版时间 2023 年）

（9）《新常态下城市交通理论创新》（计划出版时间 2023 年）

（10）《城市交通与信息化》（计划出版时间 2023 年）

（11）《基于奖励的交通需求管理——理论研究与政策分析》（计划出版时间 2023 年）

（12）《交通服务学》（计划出版时间 2024 年）

附图 B-4　已出版的城市交通交叉学科系列丛书

2020 年起，“城市交通交叉学科系列丛书”新书发布仪式化。2020 年召开了《未来城市交通预判——2035 年愿景》新书发布会，2021 年召开了《城市交通与法治》研讨会暨新书发布会。

2020 年 11 月 14 日，在以“百余载风雨同路，二十年时代同行”为主题的交通发展高峰论坛暨同济大学交通学科创立 106 周年、交通运输工程学院成立 20 周年庆祝活动中，由汪光焘等编著的“城市交通交叉学科丛书”《未来城市交通预测——2035 年愿景》一书首发。该书面向国家治理能力现代化和基本实现交通强国的要求，从信息化发展新阶段的未来城市交通、国内外科技研究与未来城市交通、坚持城市公共交通优先发展战略创新、新业态与城市交通发展、城市交通与环境以及未来城市交通洞见 6 个方面进行论述，展望 2035 年的未来城市、未来交通发展模式及新业态，旨在为城市现代化转型发展和未来城市交通现代化协同探索路径和模式。该书主要编写单位包括同济大学、北京交通发展研究院等。

2021 年 10 月 24 日，《城市交通与法治》研讨暨新书发布会召开(附图 B-5)。该书是运用中国共产党最新法治理论成果，以法治视角、法治思维来分析研究城市交通这一专业领域的研究成果；是一本把习近平法治思想具体地、现实地、深入地贯彻到城市交通这一领域的教科书，很大程度上弥补了我国现阶段以城市交通为主题的法治教材和书籍的空白，具有重要的理论意义和实践意义。《城市交通与法治》是由同济大学、中国人民大学、东南大学、上海交通大学、山东大学、北京交通大学、华东师范大学、西南政法大学等高校的教授、学者共同编写的跨高校、跨部门、跨学科的著作。该书以法律为主线，讲述了交通行为、交通治理等方面的问题，跳出了以交通工具为主体的法律体系，建立了以社会行为为主体的法律体系。作为“城市交通交叉学科系列丛书”之一，《城市交通与法治》一书面向建成法治国家、法治政府、法治社会的未来发展，面向城市交通的现实问题，面向城市交通学科交叉，既可以支撑城市交通交叉学科建设需要，又适用于丰富政府管理人员的法律知识，同时为城市交通立法提供了富有价值的参考。

附图 B-5 《城市交通与法治》研讨暨新书发布会

2020 年起，“城市交通交叉学科论坛”定期化。2020 年 11 月 15 日，同济大学主办了第一届城市交通交叉学科论坛，来自政府、企业、高校的共 70 余名嘉宾参加了此次论坛(附图 B-6)。原定于 2021 年 12 月 1 日举办的第二届论坛受新冠肺炎疫情影响延后。

新型城镇化发展及城市交通的内涵正在发生变化，信息化技术的发展为城市交通研究提供了前所未有的条件，在这样的背景下举办了第一届城市交通交叉学科论坛。城市交通已逐渐成为具有其自身独立特点的一门交叉学科，尤其是在 2020 年全国研究生教育会议所传递的最新信息——交叉学科将成为第 14 个学科门类的契机之下，城市交通交叉学科的建设发展以及人才培养成为值得国内高校重点关注的问题。

附图 B-6　第一届城市交通交叉学科论坛现场

论坛上，汪光焘先生做了题为“顺应时代发展，办好城市交通学科”的主旨报告。同济大学城市交通研究院院长杨超教授、北京工业大学城市交通学院院长陈艳艳教授以及南京工业大学交通运输工程学院院长助理王卫杰教授分别作了题为“城市交通交叉学科人才培养目标、路径与机制”“城市交通交叉人才培养实践与思考”和“智慧城市与智能交通人才培养探索与实践”的报告，分享了国际相关研究机构和各自高校在城市交通学科建设和人才培养方面的最新进展。来自上海交通大学、上海海事大学、华南理工大学、上海市城乡建设和交通发展研究院、上海市规划和自然资源局、上海市道路运输管理局、深圳市城市交通规划设计研究中心股份有限公司、北京晶众智慧交通科技股份有限公司等单位的代表围绕学科发展、政府需求、行业趋势等方面对城市交通学科及行业的发展需求以及人才培养的诉求进行了充分的交流，形成以下四项共识。

第一，在国家设立交叉学科为第 14 个学科门类作为教育改革重点的背景下，要从国家新型城镇化发展需求和信息化引领创新的战略高度，以实现国家现代化、城市现代化和人民高品质生活为目标建设城市交通交叉学科。

第二，要充分发挥自身优势，办具有特色的交叉学科。城市交通交叉学科以城市交通为对象，以社会学的思维方式，重点研究城市交通理论、城市公交优先发展理论和城市交通治理理论。以交叉思维指导课程体系的交叉，进一步深入研究城市交通交叉学科的基础理论、技术方法和实验手段，率先形成带动交叉学科创新、引领交叉学科发展的经验和建议。

第三，面向未来城市交通的发展，城市交通学科培养城市交通领域的复合交叉型公共治理和科技引领的专业精英，服务国家新型城镇化、交通强国、“一带一路”等重大战略。

第四，办好城市交通交叉学科，需要创造性的机制体制、开放性的学习环境以及多元化的教师队伍。学校要研究实施路径，做好顶层设计，制定交叉学科建设的实施方案和管理办法，以期对全国交叉学科建设发挥引领和示范作用。

2021 年,落实“中国城市交通发展论坛”在同济大学的年会制度,同济大学城市交通研究院为该论坛秘书单位。10 月 21 日,由中国城市交通发展论坛组委会主办、同济大学承办的中国城市交通发展论坛 2021 年第 3 次(总第 28 次)常规研讨会在上海召开,会议主题为“城市综合交通规划的数字化转型”,来自 8 个城市、19 家单位的约 70 位专家人士出席了研讨会。会议对全球数字化发展趋势下,城市交通规划领域的数字化空间规划理论、交通需求预测与组织规划、综合交通规划实践需求、交通特征分析与需求管理、规划机构业务转型以及数字平台建设与应用等热点问题进行了深入探讨。研讨会形成的主要观点包括:依托数据资源,以城市交通方案提升空间规划的科学性;推动数字技术支撑下城市交通需求与组织的分析与预测;以数字化转型助力综合交通规划制定;依托数字化解析交通运行状态,助力交通需求管理;数字化推动规划机构业务转型;解读数字化平台建设与应用,促进交通规划全面化发展。

(二) 特色活动

在“同济城市交通交叉学科”公众号上,可以查阅 2019 年至今城市交通学科建设的许多特色活动,现摘录部分特色活动简介如下。

1. 培养学生的家国情怀——2020 年新冠肺炎疫情期间的特殊作业

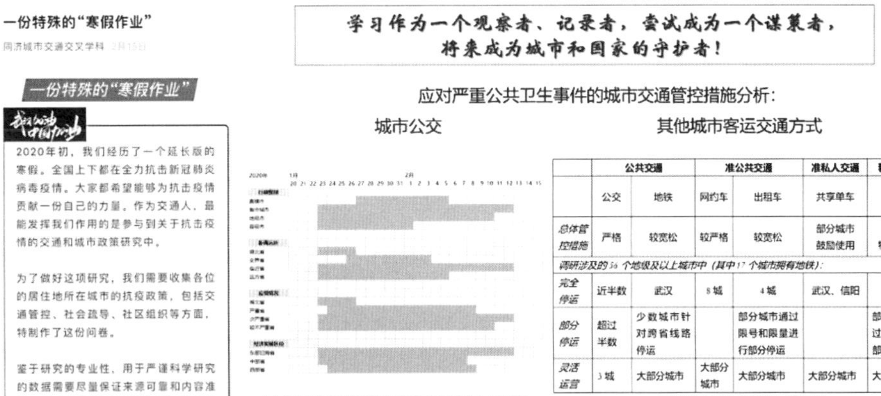

城市公交管控措施的实施开始时间点分布　　疫期城市交通管控政策归纳

2. 为学生创造特殊的培养环境——城市交通挑战周

3. “城市可持续发展领导力与公共政策”国际大学生邀请赛

2019年11月，“城市可持续发展领导力与公共政策”国际大学生邀请赛，同济大学城市交通研究院共有三支队伍参赛，获得**二等奖、三等奖及优秀奖**各一项

我院导师及研究团队完成了专题研究课题《城市群交通布局思路研究》，陈小鸿教授、张华副研究员被评为**交通强国战略研究成绩突出个人**

研究院导师刘春教授获得2019年度**国家科学技术奖**
研究院4位导师获得2019年度**上海市科技进步一等奖**
4位导师分别获得2020年度**上海市青年科技杰出贡献奖**、**科技进步一等奖和科技进步二等奖**

杨晓光教授和谢驰教授指导的两个学生团队分获2020全国高校新能源汽车大数据创新创业大赛**创新组和创业组特等奖**，两位教授也同时获得大赛**优秀指导教师奖**

李辉教授团队荣获上海市交通工程学会2019年度科学技术奖**特等奖**、2020年度**一等奖**

4. 研究生为主角的学术沙龙

城市交通学术沙龙系列第十四期，暨城市群、都市圈发展转型研讨会

博士、硕士学位论文成果交流

2021年10月30日，由同济大学城市交通研究院主办，邀请10余位校内外相关领域专家，来自同济大学城市交通研究院和建筑与城市规划学院的5名研究生在沙龙中汇报了各自的学位论文阶段性成果。

研究生科研成果交流

刘思涵-基于LBS数据的全国城际人员流动时空特征

谭丝杨-轨道交通对沪宁沪杭走廊多元流空间联系影响研究

孙昊-城市群时空出行需求与区域经济的关系探究

高雅-高铁与历史文化城市旅游旺季的出行需求管理

刘新田-时空视角下长三角城市群中心机场陆侧交通可达性研究

专家研讨环节，主要观点摘录如下：

1. 应关注城市群、都市圈的界定和两大尺度下的研究单元确定方法；都市圈需要快速交通联系，但都市圈不等于通勤圈，都市圈快速交通方式选择的综合因素思考；
2. 城市群、都市圈转型发展中要考虑政策和地理、平衡和效率等宏观层面的问题；
3. 从世界城市发展规律来看，预测危机是做规划协调的基础。城市资源有限，交通建设应当更注重功能，而非天马行空的规划设计。

5. 新冠肺炎疫情期间完成了城市交通首届硕士学位论文线上答辩

五、城市交通交叉学科课程设置及科研特色

（一）交叉学科能力培养要求

城市交通交叉学科是应对中国城镇化与城市发展进入新阶段、为城市与城市群交通健康发展培养复合型人才的新建交叉学科。该学科是自然科学、工程科学与社会科学的交叉，是城乡规划学、交通运输工程学、经济学、公共管理学、统计学、社会学等学科的衍生，通过文理交融、理工结合而成为具有独立研究对象、核心内容、理论基础、技术方法的学科。具体来说，城市交通交叉学科是以服务人的需求为目标，采用多学科思维、系统论方法，以城市交通复合网络构建和运行为主要研究对象的应用理论科学，是城市科学的组成部分。

城市交通交叉学科以“跨学科研究能力、创新能力、专业知识与研究设计能力”3 维度、20+能力子项精细化培养为目标，如附图 B-7 所示，旨在培养掌握系统化学科理论及方法、具

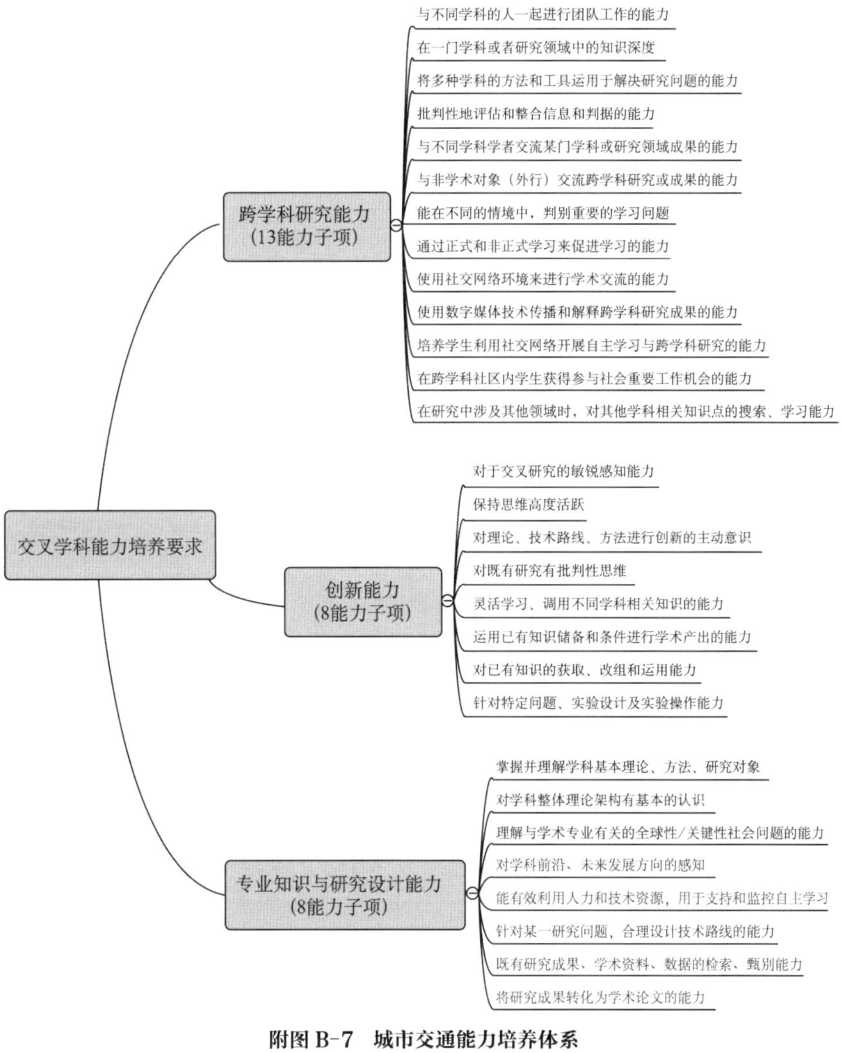

附图 B-7 城市交通能力培养体系

备多学科思维的复合型创新人才。“跨学科研究能力”包含团队合作能力、多学科方法及工具整合使用能力等 13 个能力子项，是打破学科话语体系、思维方式等学科壁垒的束缚，在学科和研究人员之间协调、协作或联合探究，共享、创造和整合知识的能力。“创新能力”包含思维高度活跃、对理论技术方法创新的主动意识等 8 个能力子项，是一种敢于提出有别于常规思路的见解，以解决问题为导向，利用多学科知识改进或创造新理论、新方法、新事物的能力。“专业知识与研究设计能力”包含掌握学科基本理论方法、针对研究问题设计技术路线等 8 个能力子项，是最为基础的能力维度，体现了学生对学科基础的深度掌握、问题为导向的研究思路设计的基本功。

（二）课程设置特色

城市交通交叉学科构建了以需求为导向、以交叉为基调、以国际化为特色的模块化研究生跨学科培养体系。基于“横向破壁、纵向贯通、逐层进阶”的原则，城市交通交叉学科整体课程体系按照“学位课 + 非学位课 + 必修环节 + 补修课”四大模块进行设计，如附表 B-2 所示。四个模块的课程与经济、地理、管理、统计、计算机、法律等专业交叉，共计 43 门，其中学位课 23 门、非学位课 11 门、必修环节 4 门、补修课 5 门。为了训练学生的交叉思维，培养跨学科交流、自主学习等能力，学位课与非学位课设置了从实践到基础，从方法到应用的不同类型课程。

附表 B-2 城市交通交叉学科学硕培养方案

课程性质		课程代码	课程名称	学分	学时	开课学期	是否必修	分组
学位课	公共学位课	2090044	第一外国语(法语)(中法班)	3.0	780	春秋季	否	第一外国语
		2090268	第一外国语(德语)	3.0	72	春秋季	否	
		2090270	第一外国语(日语)	3.0	72	春秋季	否	
		2090272	第一外国语(俄语)	3.0	72	春秋季	否	
		2090273	第一外国语(法语)	3.0	72	春秋季	否	
		2090305	英语学术文献阅读与翻译	1.5	36	春秋季	否	
		2090306	学术英语写作Ⅱ	1.5	36	春秋季	否	
		2090307	中国文化英语概论Ⅱ	1.5	36	春秋季	否	
		2090308	国际交流英语视听说Ⅱ	1.5	36	春秋季	否	
		2130297	第一外国语(德语)1	1.5	144	秋季	否	
		2130298	第一外国语(德语)2	1.5	144	春季	否	
		2300001	第一外国语(汉语)	3.0	72	春秋季	否	
		20002950001	新时代中国特色社会主义理论与实践	2.0	36	春秋季	否	政治课
		2260006	自然辩证法概论	1.0	18	春秋季	否	
		2900006	中国概况	3.0	54	春秋季	否	

(续表)

课程性质		课程代码	课程名称	学分	学时	开课学期	是否必修	分组
学位课	专业学位课	2120311	出行行为分析	2.0	36	秋季	否	
		2120313	交通运输网络分析	2.0	36	秋季	否	
		2120329	城市交通分析训练与实验	1.0	18	秋季	是	
		2120330	城市交通挑战周	1.0	18	秋季	是	
		2120331	高级数理统计	2.0	36	春季	否	
		2120332	公共政策分析	2.0	36	春季	否	
		2120333	研究设计与论文写作	2.0	36	秋季	是	
		2120335	城市交通发展前沿	2.0	36	秋季	是	
非学位课		2020035	地学计算概论	2.0	36	秋季	否	
		2040322	政府与社会资本合作模式	2.0	36	春秋季	否	
		2080448	数据挖掘	2.0	36	春季	否	
		2120324	居住与交通环境	2.0	36	春季	否	
		2120325	共享经济与共享交通	2.0	36	春季	否	
		2120326	智能网联与主动交通管控	2.0	36	秋季	否	
		2120327	交通运输风险管理与保险	2.0	36	春季	否	
		2120328	空间分析与交通网络建模	2.0	36	秋季	否	
		2120334	城市交通治理与法律法规	2.0	36	春季	否	
		2120337	城市物流	2.0	36	秋季	否	
		2900109	绿色交通规划	2.0	36	秋季	否	
必修环节		20002020001	论文写作与学术规范	2.0	36	春秋季	是	
		2900002	论文选题	1.0	0	春秋季	是	
		2900012	同济高等讲堂	2.0	36	春秋季	是	
		2900013	中期考核	0.0	0	春秋季	是	
补修课		010239	公共管理学	3.0	51		否	
		150508	交通工程理论	2.0	34		否	
		150331	运筹学(上)	2.0	34		否	
		150332	运筹学(下)	2.0	34		否	
		150507	国土空间与城市规划	2.0	34		否	

城市交通交叉学科课程模块构建了大量特色课程，在课程设置、授课形式、内容设计、师资配置等方面进行了一定创新。上述培养方案中的专业课程可以进一步分为实践类课程、基础理论类课程、方法类课程、应用类课程。其中实践类课程如“城市交通挑战周”“城市交通分析训练与实验”；基础理论类课程如“城市交通发展前沿”“交通运输网络分析”“出行行为分析”

等;方法类课程如“高级数理统计”“空间分析与交通网络建模”“公共政策分析”等;应用类课程如“城市交通治理与法律法规”“交通运输风险管理与保险”“政府与社会资本合作模式”等。

特别设置了以学科交叉理念及思维习惯前置培养为目标的先导课程包,针对授课对象背景多元、近50%学生本硕衔接脱节,课堂思维协同性低、跨学科研究及沟通能力培养必须前置等交叉学科的共性问题,采用实训课程增强理念,第1至6周前后串接开设2门“3周学段式”实训课程“城市交通挑战周”“城市交通分析训练与实验”。此外,“城市交通发展前沿”课程培养本学科研究生全面地了解并掌握城市交通及其规律的学科化体系、学科综合交叉体系、研究手段与方法和技术体系前沿,教学形式为课堂教学与学术研讨和学术报告相结合,邀请学科大家、业界代表参与授课,理论与实际结合,为学生打开前沿视野。方法模块的“公共政策分析”课程与境外高校联动授课,通过线上线下结合的授课形式,同步整合境内外师资,并实现境内外研究生课堂同步及跨洋交流,在提升学生国际交流能力的同时实现了境内外学生思维的碰撞,极大提升了课堂活力。

(三)课程与科研结合的培养特色

为最大化课程对科研的后延效益,城市交通交叉学科从师资配置、教学形式、教学资源三个维度同步拓展打造了交叉融合、开放包容的新型课堂生态(附图B-8)。师资配置方面,依托五大优势学科师资的同时,引入行业专家扩充师资库,组建了专兼结合、校企结合、业务链全覆盖的教学团队,同时提高配置比例,打破一课一师一班传统授课体系,部分课程的师生比达到了1∶1.8师生比。教学形式方面,引入头脑风暴式课堂、讲座式课堂、翻转课堂等多种更为灵活、开放的课堂形式,通过助益性导生互动替代控制性单向课堂传授,形成师生学习与交叉研究共同体,保持交叉科研活力,提升创新能力。教学资源方面,配合学科建设及课程建设,同步

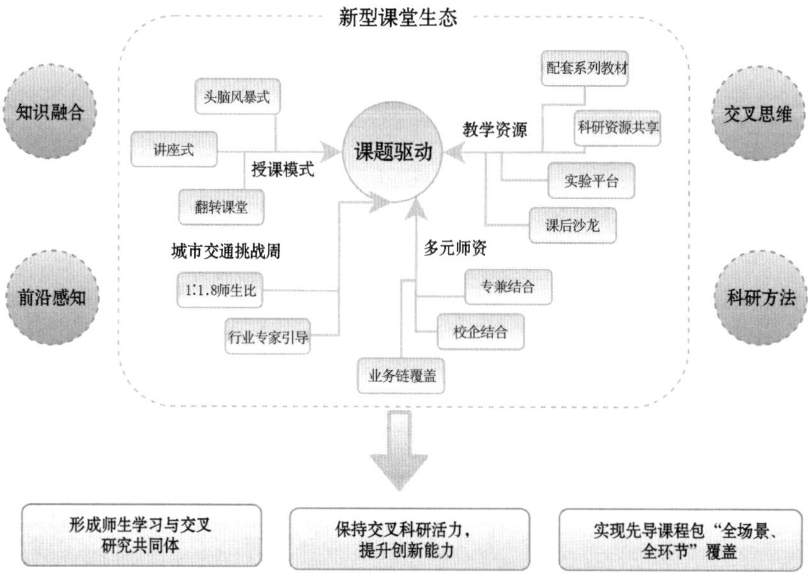

附图B-8 新型课堂生态构建

编写系列配套教材，通过自主开发的城市交通问题诊断实验平台、线下线上共享教学科研资源及后续学术会议交流、各类赛事指导形成科研助推平台，最大化课程对后续科研活动及能力培养的教学支撑效用，为学生继续深耕课内课题、逐步形成科创作品、学术和学位论文选题方向创造条件。

"实践类＋基础理论类"课程将学生引入交叉学科研究大门，使本硕衔接从被动交叉转化为主动交叉融合；"方法类＋应用类"课程发挥衔接后续创新科研、学位论文开题的桥梁作用。交叉学科研究生完成课程学习进入到后续科研阶段，将根据指导老师的特长学科及自身的本科专业等，选择一个传统学科作为其强势学科，在此基础上交叉其他学科，形成"强势学科＋X（交叉学科）"的科研模式，参与相应学科元素设计融入的课题。四大类课程体系主要实现了对学生"专业知识与研究设计能力"维度的能力项培养，将学生初步代入"学科交叉"和"创新"的科研氛围（附图 B-9）。在新型课堂生态的助推下，学生进入科研环节，通过"强势学科＋"的科研课题等形式，进一步强化了对"跨学科研究能力"和"创新能力"两个维度的能力培养。

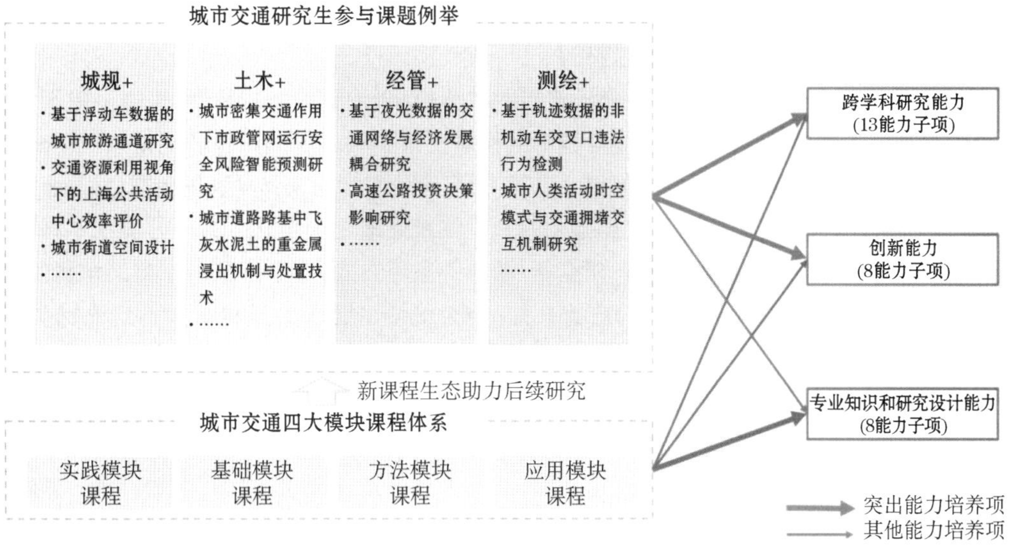

附图 B-9　课程及科研课题与三维度能力培养的关系

基于上述课程体系，城市交通交叉学科形成了基于点—线—面—体的多维度逻辑展开的研究生能力培养体系（附图 B-10），具体为：以实践类的先导课程为出发点，通过课题驱动，为学生建立创新、交叉的科研思维范式，实现横向破壁，形成师生学习共同体，引导培养"跨学科研究能力"；以基础理论类和方法类由浅入深的课程为纵向贯穿，实现理论架构与方法体系的逐步强化，支撑"专业知识与设计能力"培养；通过与横向平行开展的应用类课程及导师科研课题训练，引导学生完成综合技能与专业知识的交叉融合，激发"创新能力"；最后，以学生学习成效和学习体验、导师授课经验与指导效果的深度调研与动态反馈为立体拓展机制，形成课程体系及导师指导模式的自我更新与持续优化。

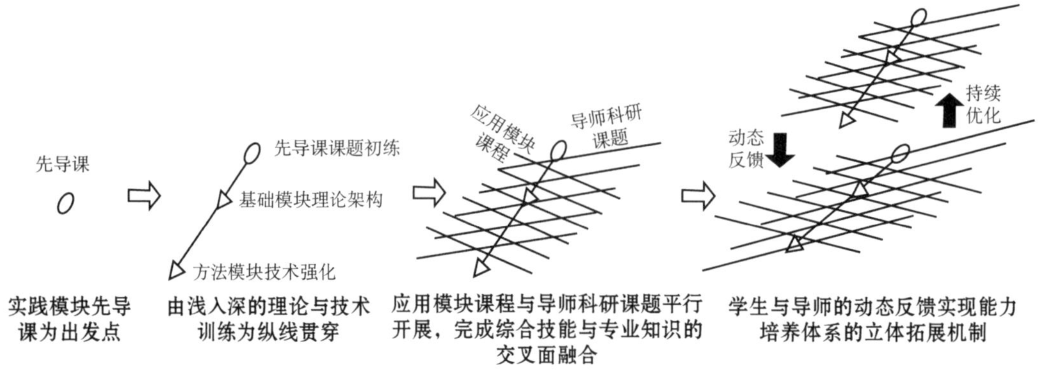

附图 B-10 基于点—线—面—体多维度逻辑的城市交通交叉学科能力培养体系设置

六、城市交通交叉学科人才培养发展展望

1. 强化本科衔接，保障优质生源输入

应从本科阶段做好人才储备及知识传授的教育衔接，注重城乡规划学、交通运输工程学、经济学、公共管理学、统计学、社会学等基础学科对交叉学科发展的牵引和驱动效益。一方面各相关学科在本科课程设置、科研拓展活动等方面，有侧重地与交叉学科同步规划、同步发展，避免过早的专业化、专门化学习，使得师生的知识体系逐渐走向窄化。另一方面在本科阶段，通过交叉学科团队课题成员招募、科研竞赛、学科讲座等方式，让学生及早对交叉学科的研究目标、研究对象、理论体系有一定的前置认知，避免优质生源因对学科认知不足而错失发展机会。

2. 完善课程体系，广度及深度双向拓展

课程体系的学科交叉性主要体现在应用模块课程，该模块从理论和方法交叉应用的角度，让学生就某学科前沿领域进行深度认知，课程内容涉及计算机、法学、汽车、城规、测绘、经管等多个学科，但仍未完全覆盖城市交通交叉的学科群，缺乏例如社会学、心理学、行为学等学科的交叉课程，在学科覆盖面上需进一步完善补充相关课程。同时，不同学科背景的研究生对不同课程深度的接受能力及心理预期存在差异，在保障各学科覆盖面交叉的同时，应在课程深度设计上呈现阶梯化，满足不同背景学科研究生对于不同学科的课程需求。同时加强校企合作，结合学科特色，深化企业在课程设计及授课过程中的参与度，避免课程内容滞后于行业现状。

3. 加强科研合作，助推学科发展

跨专业科研合作是交叉学科产生和发展的最初形式，思想的火花往往在跨专业团队合作中不断碰撞和融合，最终沉淀出共性，孕育出新的学科方向。学科交叉点往往是科学新的生长点、新的前沿，最有可能产生科学的重大创新和重大突破。城市交通交叉学科的发展离不开跨专业团队合作碰撞出新的理论及实践推进，应坚持科研驱动，坚持重大项目、重大科技团队、重要科研平台的同步发展，一方面突出“前沿”性，鼓励不同团队的合作，共同聚焦学术前沿领域，

多团队融合积极参与国家及省部级重大科技专项、重大科学研究计划等。另一方面突出“交叉”，以关键科学问题引导不同学科领域团队的交叉与协作，努力将新兴交叉学科领域变成研究的热点和焦点。

4. 打破单向治理架构，完善制度体系

目前我国高校普遍实行校院系三级单向治理结构，院系主要以学科专业为基础划分，教师和学生按照学科专业分属相应院系。各院系承担着组织招生、教学科研、分配资源和收入等各种职能，院系间相对独立。交叉学科的教师团队目前采用双聘形式，主岗在原学院，副岗在城市交通研究院，绝大多数事务仍通过原院系纵向交流完成，不同学科间的教师难以形成有效的交流模式。绩效导向的背景下，应进一步调动教师在交叉学科的积极性，交叉学科应摆脱虚体运行，具备一定的组织权限，制定明确的成果归属及利益分配机制，打破组织上的隔离效应。并就人才引进、评聘晋升、教学评估、绩效考核等方面进行全面规划，分步实施，从制度体系上为交叉学科发展营造优渥的软环境。

·参考文献·

[1] 吴娇蓉，陈小鸿，叶建红，等. 新工科背景下城市交通交叉学科创建探索[J]. 交通与运输，2020，36(2)：101-104.

[2] 中华人民共和国教育部. 教育部办公厅关于推荐新工科研究与实践项目的通知[EB/OL]. (2017-06-16)[2021-12-11]. http://www.moe.gov.cn/srcsite/A08/s7056/201707/t20170703_308464.html.

[3] 中央城市工作会议习近平重要讲话[EB/OL]. (2015-12-20)[2021-12-11]. http://www.xinhuanet.com/politics/2015csgz/index.htm.

[4] 汪光焘. 论城市交通学[J]. 城市交通，2015，13(5)：1-10.

下篇

城市交通学的基础问题

第一板块　关于国情

第一章　城市化地区形态的时代特点

第二章　我国城镇化进程中的城市问题

第三章　中国特色行政体制与城市交通学科建设

第四章　中国的财税制度与城市交通设施的资金运转

第二板块　关于国家战略抉择与城市交通学

第五章　绿色低碳视野下的城市交通

第六章　信息化时代与城市交通学科建设

第七章　新发展阶段，城市公共交通优先发展对策

第三板块　关于学习和借鉴国际经验

第八章　国际交通语境与城市交通学科建设

第九章　国外城市交通空间—行政体系综述

第十章　由学科沿革，谈城市交通学科建设

附录C　国际城市交通政策案例文本简介

导 读

所谓基础问题，是深入某一领域研究必然遇到的前提性问题，如果不解决这些前提性问题，对其他相关问题的理解就可能不到位。论述城市交通学的基础问题，回应社会关切的重点问题，是城市交通学理论建设的需要。

以城市交通学为主要内容的城市交通交叉学科的宗旨，是顺应时代发展的客观需要，更好地服务于人民对美好生活的向往，同时处理好与其他学科交叉融合的相关基本问题，特别是制度性的根本问题。强调国体政体知识教育，明晰我国领导体制和行政管理制度，才能更好地理解和借鉴国际经验。坚持人民当家作主思想，了解我国制度特色，才能更好地发挥制度优势。坚持和完善社会主义基本经济制度，充分发挥市场在资源配置中的决定性作用，更好发挥政府的作用，推动有效市场和有为政府更好结合，才能更好地贯彻实施中央政府或地方政府制定的政策措施。

我国已经进入了高质量发展阶段，在以存量发展为主的背景下，应当转变增量发展阶段的学科研究范式，重新研究与新发展阶段相适应的理念方法、规划方案以及治理要求。尤其要重视信息化时代人们思维方式的变化、生活需求的变化，并研究提出满足新需求的新方法。创新，是把握新发展阶段特征的关键，是贯彻新发展理念的基本要求。要探索城市交通复合网络构建和运行状况新的评价方法，突破城市交通规划、交通工程的思维框架，融合运用社会学、经济学、生态学、建筑学、城乡规划学以及人文地理学等多学科理论，系统审视交通供给与人的多元化诉求之间的互动规律。立足城市交通的本原性需求，用好多源大数据，进一步提升居民出行的服务水平、城市居民的出行体验，是城市治理科学化、精细化、智能化的客观要求。这是“十四五”时期城市交通高质量发展的应有内涵。

总之，要以科学的精神、前沿性的思维，充实健全“城市交通学”理论，搞好城市交通交叉学科建设。这是组织编写本书下篇“城市交通学的基础问题”的目的。

下篇将分三个板块阐释城市交通学的基础问题。第一板块，关于国情。介绍我国城市化地区形态和城市在我国城镇化过程中作用，围绕行政制度、财税制度展开。第二板块，关于国家战略抉择与城市交通学。围绕当前发展的热点和重点展开，包括“双碳”目标、信息化时代以及公共交通优先发展战略。第三板块，关于学习和借鉴国际经验。从国际视野出发，厘清国际国内“城市交通”的语境及含义，并结合城市交通学科建设展开论证。

第一板块
关于国情

坚持提供城市交通设施和运行服务是城市基础公共服务范畴的定位。无论是政府以财政资金提供的，或者经政府特许经营由企业提供的，其运行机制是城市居民纳税和使用者付费相结合，需求管理的核心是权衡城市可持续运行和居民权益之间的利弊关系。知晓我国行政制度、经济体制和社会发展水平，是学习城市交通学的必须具备的基础知识，也是学习国际社会经验必须要考虑的因素。这四章着重讲解城市交通学直接相关的城市化区域、行政体制以及财税体制等。

第一章，讲解我国经济体制改革和行政建制特点，城市化地区（又称城市建成区）的特点，城市行政区域内的城镇体系（市域城镇体系）。随着我国进入以城市群为主体形态的发展阶段，推动都市圈和城市群的产业协同和公共服务共享，统筹解决城市中心建成区和市域城市化地区的交通问题，已成为城市交通的内在要求。第二章讲述城市的概念、内涵以及我国城市化的成就和问题。城市交通服务于人的需求，是实现城市高效、安全、低耗可持续运行的基本要素，是城市政府行政事务的重要组成部分。因此，无论研究城市交通的理论问题（即城市交通学），还是现实问题，以我国宪法和法律规制的行政建制为城市概念的准则格外重要。第三章，专门解说中国行政体制的特点及与其他国家和地区的差异，由此引出城市交通学的内涵、城市公共交通优先发展战略的内涵以及城市交通与法治的关系等。第四章以中国财税制度为切入点，全面介绍城市交通复合网络构建和运行的资金运转。城市交通设施的资金运转支撑着城市和城市交通复合网络构建和运行，是城市交通学科建设的重要内容。它直接关系到中国的财税体制，也关系到充分发挥市场配置资源决定性作用和更好发挥政府作用的我国经济体制的改革方向。

第一章
城市化地区形态的时代特点

城市化是多层次的空间集聚现象，也是城市逐步从个体走向区域化、群体化发展的过程，进而推动了城市化地区的形成和发展。从全球范围内来看，城市化地区的不断发展已成为城市化进程中的普遍现象和重要规律，日益成为支撑各国经济社会发展、参与国际竞争的主要载体。城市化地区形态演化过程具有复杂性和动态性，经济社会因素是根本动因，交通条件是重要的支撑基础和促进因素。与城市化地区发展阶段相适应、促进交通因素与城市化地区形态的协同发展是优化城市化地区形态的重要路径。因此，加深对城市化地区空间规律和时代特征的认识，是发展城市交通学科的重要视角和基础。

我国的城市化发展处在一个时空压缩的时代，具有规模大、速度快的特点，以城市群、都市圈为重点的城市化地区日益成为国家新型城镇化战略的重要支点。与发达国家的发展历程相比，我国城市化地区的发展受到国情背景影响，具有独特性。不仅受到经济因素的驱动，也受到行政体制因素的影响，大致经历了三个发展阶段：一是城乡分割发展阶段；二是市域城镇体系发展阶段；三是城市功能拓展和区域联动阶段。交通因素在支撑城市空间扩张、增强区域联系中发挥了重要作用，但也明显受到行政因素制约，交通与空间协同开发效应有待加强，存在交通结构及跨交通发展滞后于形态优化要求等矛盾。发挥交通在城市化地区发展中的引领作用，是我国城市化可持续发展的重大议题，主要集中在三个方面：一是支撑国家空间体系，促进我国城市化空间格局的优化；二是促进城市群高质量一体化发展，增强城市群的整体优势；三是促进中心城市布局优化，实现都市圈同城化和公共服务的共建共享。

第一节　城市化地区的形成与发展

一、城市化与城市化地区

1. 城市化地区的概念认识

城市化地区可以理解为泛指城市化过程中形成的城镇建设相对集中的空间地域，是城市化的空间载体。城市化地区（urbanized area）的概念源于美国。1950 年，为了确定城市的实体界线，以便较好地区分较大城市附近的城镇人口和乡村人口，故而提出这个城市地域概念。城市化地区是一种在不同尺度上发生的空间现象，如国家尺度上形成的城市带或城市群地区，区域尺度上形成的城镇密集地区或大都市地区，城市尺度上形成的城市建成区。城市化地区是经济增长、人口集聚的主要承载区，因而对城市化地区的关注也成为城镇化可持续发展的焦点。

首先，城市化地区的发展是伴随着城市化过程中城乡转型而发生的空间现象。地理学家胡序威将其总结为四个方面：依附于农村土地的农业劳动力越来越多地向城镇非农产业转移；分散的农村人口逐步向各种类型的城镇地域空间集聚；建设促进城镇物质环境改善和城镇景观地域拓展或更新；城市文明和城市生活方式的传播和扩散。

其次，城市化地区是一种更加集约化的经济社会发展形态，在空间上表现为非均衡的空间发展现象。在城市化过程中，各类经济社会要素不断向城市集聚，推动了城市化地区的发展，并在更大尺度的空间上表现为三个方向的集聚现象，即内陆向沿海地区集聚，向城市群地区集聚，以及向大城市和特大城市集聚。

再次，城市化地区的发展是持续演化的动态过程。美国地理学家诺瑟姆（Ray M. Northam）通过研究世界各国城市化发展轨迹，把城市化进程概括为一条“S”形曲线，分为三个阶段：起步阶段，城市化水平低于 30%；加速阶段，城市化水平在 30%～70%；成熟阶段，城市化水平高于 70%。在这一过程中，城市化地域不断扩张，并伴随着经济社会结构的转型，逐步经历由数量型增长转向质量型增长，城市化地区发展动力也会发生变化。吴志强院士认为，当一个国家或地区城市化水平达到 50% 时，其将会面临从体力城市化向智力城市化转变的要求[1]。

最后，需要指出的是，城市化是一个国家现代化发展的必由之路，但也是一把双刃剑。城市化是各类城市问题的根源，会带来地区间发展差距、城乡差距扩大及城市内部因集聚引发各类“城市病”等矛盾。因此，城市化的可持续发展也成为了全球性议题和共同的挑战。

2. 我国城市化地区的快速成长

过去 40 多年来，我国处于人类历史上速度最快、规模最大的城市化进程中，支撑国家经济社会的高速发展。城市化率由 1978 年的 17.9% 上升至 2020 年的 63.89%（图 2-1-1），占全球经济的比重由 1978 年的 1.7% 提高到 2020 年的 17%，2020 年 GDP 总量突破 100 万亿元，全面建成了小康社会，逐步进入中等发达国家行列[2]。

过去 40 多年城市化地区呈现了超常规的快速成长过程。共有超过 7 亿人口从农村进入城市，设市城市数量从 1978 年的 193 个增长至 2020 年的 687 个，增长了 2.6 倍；城市建设用地面积从 1981 年的 6 720 平方公里增至 2020 年的 60 721 平方公里，增长了 8 倍，单个城市建设用地平均规模由 34.8 平方公里增长至 88.4 平方公里[2]。

城镇人口持续向东部沿海地区集中。我国区域间城市化水平呈现明显梯度关系，自东向西依次降低，人口呈现不断向东部沿海地区集中趋势。东部地区对城镇化的贡献率一直在 50%左右。近年来，人口向东部地区流动有所放缓，但东部地区城镇人口增长对全国城镇化的贡献率并没有因此下降，这种状况应是东部地区经济社会发展速度加快的结果。短期来看，城镇人口继续向东部沿海地区集中的趋势不会改变。

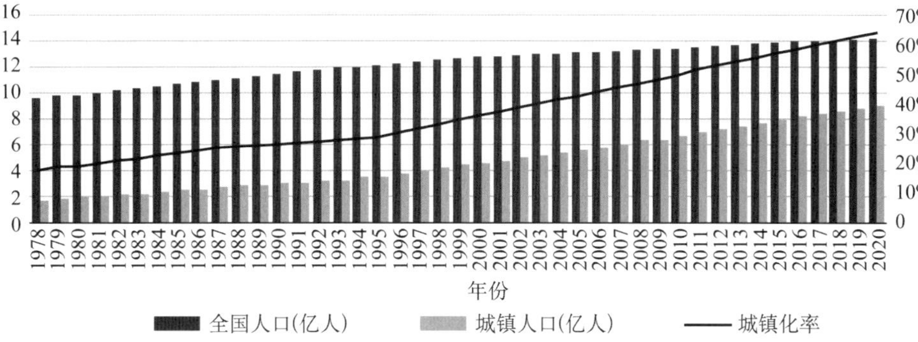

图 2-1-1　1978—2020 年全国人口、城镇人口与城镇化率的变化

城市群成为经济发展和城镇人口聚集的主要区域。2020 年全国 19 个主要城市群市区人口、GDP 总值分别占全国比重的 73.5%和 79.6%。以长三角、珠三角、京津冀为代表的三大城市群，充分发挥了参与国际分工的作用，成为国家参与全球竞争、推动国家经济增长的主要基地。

城市人口增长动力呈现出主要来自人口 1 000 万以上超大城市的趋势，带动了大都市圈的兴起和城市群的发展。2020 年，深圳、成都、广州、郑州、西安、杭州、重庆、长沙、武汉、佛山 10 个人口增速最快的城市，人口总量达到 1.58 亿人，比 2010 年增长 4 210 万人，占全国人口的比重，由 2010 年的 8.7%提高到 2020 年的 11.2%[2]。

未来，我国仍将处于城市集群和中心城市发展阶段，在信息化、交通一体化和产业分工协作日益紧密的局面的带动下，中心城市聚集高端要素的能力仍将继续增强，超大城市及特大城市规模扩张仍然会继续主导城镇化增长格局。城市化的健康发展事关中国现代化的成败，未来发展既要尊重规律，也需要对城市化形态发展加以合理引导和积极干预，走一条中国特色的新型城镇化道路。

二、城市化地区形态演化的特征和趋势

1. 城市化地区形态演化的特征

城市化地区的发展是区域影响不断加深的过程。从空间尺度和时间尺度上，区域城市空

间的演化都是连续的过程。从区域城镇关系的演化来看，大致经历了从相对独立无专业化分工的城镇系统，到按等级分工协作形成的城镇系统，向按部门分工协作形成的区域城镇网络系统演化发展的过程，反映了城镇功能和空间共同进化的过程。随着大城市以及特大城市地区进一步发展，以大城市为结点的网络发展正成为区域空间形态演化的重要趋势。这些地区具有巨大的人口、经济、交通、科技、文化和信息容量，并形成相应的发展能量。戈特曼（J. Gottmann）把世界上几个主要城镇密集地区称为国内和国际的铰合点（hinges）。雅典人类聚居学研究中心发展了这种观点，道克西亚迪斯（C. A. Doxiadis）提出全球城镇网络系统的发展模式，并预测这将是未来人类聚居地的最终发展形态。帕帕安努（J. G. Papaioannou）则详述了大城市带（Megalopolis）相对于大城市（Metropolis）的诸多优越性，前者有更好的环境、更大的人口容量，且相较于后者，更具有可预测性和控制可能。形成大城市带的趋势将继续下去，网络的形式是发展的选择。

城市化地区形态演化反映了作为经济—空间系统的运行规律和影响。工业革命引发的聚集经济现象和生产组织方式变化是解释城市化地区不断成长和形态变化的主要因素。规模经济产生循环累积效应，引起了聚集经济现象，成为城市不断增长的动因。城市活动的集聚性导致了城市地价的差异和土地使用的竞争。市场经济中的竞租理论是分析和解释城市土地使用和空间结构的基本理论，供需关系形成的土地价格决定了空间资源的分配，决定了土地资源的基本配置关系，是引导城市空间发展方向的重要杠杆。生产组织方式影响城市与区域的空间组织模式。产业集聚现象及其变化与区域空间形态的演变存在着不容忽视的联系，产业集聚影响着城市与城市化的发展和空间特征，而行业内的集聚常常会形成和促进专业化城镇的发展。随着人口规模的扩大，产业层次和结构的变化加速了大城市空间结构的演变和区域分工，促进都市圈或者城市群的形成与发展。而经济全球化的发展，将会加速推动地域经济系统的开放性和全球尺度城市系统的重组。

城市化地区形态演化也是社会—空间系统变迁的过程。城市自出现开始，即作为一种有别于农村的社会文化系统而存在，包括人们的社会行为、价值观念、人际交往以及历史文化等方面的差异。农村社会向城市社会转型是一种生活、生存方式变迁的过程，历史进程、地方文化、政治制度等因素对不同城市发展过程与发展道路产生重要影响，形成多元化的人居环境。城市化过程带来的地区间人口迁移、人口结构和分布变化，城市内部社会关系和社会隔离，以及城市生活方式变迁都是城市地区作为社会—空间系统的重要现象。人口的集聚与扩散过程是城市化地区形态演化的重要动力机制之一。从发达国家的经历来看，大致经历了区域性人口流动和地区性人口分布变化两个主要阶段。人口向都市区聚集是 20 世纪前半期人口分布的主要特点，推动了大城市及城镇密集地区的快速发展，但随着时间的推移，这些人口在大都市地区内部的分布模式变得越来越重要，表现为人口的地区性集聚与分散的特征。

城市化地区的发展既是一个自然演化过程，但也具有明显的地域差异性。不同国家城市化发展环境的差异，包括资源禀赋、技术条件、初始环境、人口环境、治理模式等，造成各国工业化路径不同，与之对应的城市化存在多种发展形态，表现为城市化进程不一，快慢不一，城市化空间多样化的发展特征。例如在欧洲，英国和法国形成了以伦敦和巴黎为中心，以大城市为主导的中心型集聚的城镇密集地区，而德国和荷兰形成了较为典型的均衡型的城市体系。我国的城市化地区也呈现了多样化的特点，例如，长三角形成了以上海为核心，多中心、多层级的城镇密集地区发展形态，珠三角则呈现以广州、深圳为中心区域连绵发展现象，京津冀则主要以北京、天津为主导，外围城镇发育并不充分。总体上相比于发达国家的经历，我国城市化地区形态演化经历了不同的历史过程，处于时空压缩的城市化背景下，面临着不同的人口发展环境、产业发展环境、交通发展环境，并且面临着更加严峻的资源环境紧约束。

2. 城市化地区空间形态重组的趋势

经济全球化、信息化、科技革命、环境变化背景下，城市化地区空间形态面临不断重组的趋势，并在国家、区域、城市等不同尺度展开，经济、社会、生态、技术等是考察未来城市化地区形态变化的基本维度。

一是区域化与巨型城市化地区持续增长。区域化构成全球化、信息化时代城市系统运行的基本特征和趋势，推动城市从个体发展走向群体化发展。伴随城市走向区域的进程不断加深，城市网络化与世界城市体系的极化现象也将持续发展，巨型城市区域增长现象将会更加明显，这些地区不仅是各国或地区城市化人口增长的主要区域，在参与全球竞争和推动经济社会发展中的作用也将日益显著。

二是城市社会转型与包容性发展。全球城市人口增长速度正在逐步放缓，发展中国家成为主要增长区域。城市化进程放缓并不意味着城市化问题的逐步消解，恰恰相反，在全球步入城市社会的过程中，城市形态变化及社会转型带来的各类矛盾也更加突出。一方面，创新型社会成为推动城市功能转型的重要力量，城市的宜居性、包容性成为城市获得竞争力和发展动力的重要基础；另一方面，城乡差距扩大、地区发展不平衡，城市贫困问题、人口老龄化和社会公平，以及流动空间与场所空间的冲突等，都是需要长期面对的挑战。

三是绿色发展与安全韧性的挑战。城市化推动了人类文明进步和生产生活方式的转变，加剧了资源能源消耗、环境变化和各类发展风险，积极应对气候变化、韧性安全问题，以及能源革命、绿色低碳发展转型，寻求城市化地区的可持续发展路径已经成为世界各国共同面临的紧迫选择。

四是适应未来变革与可持续公共政策的挑战。新技术革命、全球变革、环境影响、社会转型等一系列变化带来了未来发展前景的多样性和不确定性，积极应对竞争压力和可持续发展问题，构成了城市治理能力的挑战，也凸显了从公共政策视角对城市化地区的发展加以规划引导的重要性。

三、交通因素与城市化地区形态的协同进化

交通技术条件是影响区域空间形态发展的众多因素之一，不仅是区域结构的联系方式，也是构成城市空间分布形态和结构变化最直接的影响因素。

交通技术进步和运输结构变化促成了城市化地区形态的形成和空间组织方式的进化。从西方国家交通方式进化过程来看，1750—1830 年以运河为主，1830—1920 年以铁路为主，1920 年以后公路迅速占据主导地位。这种明显以一种方式为主的特征使城市和区域发展也经历了与之相适应的过程，即交通运输方式的主导作用较为明显。交通进化过程也会对城市

形态变化产生直接影响。从北美城市形态上看，城市扩张对应交通工具发展的四个阶段，即：1800—1890 年以步行和马车为主；1890—1920 年以电车为主；1920—1945 年汽车交通开始发展；1945 年以后高速公路使汽车交通产生新的飞跃，航空运输正处于迅速发展时期。一小时内所能到达的里程，从步行和运河时代的几公里、马车时代的十几公里、汽车和火车时代的几十公里，至高速汽车和火车的几百公里与航空运输的上千公里，所对应的城市规模与形态发生了很大变化。

交通因素对城市化地区形态变化的影响，概括起来有三方面的作用。一是促进区域空间体系的形成和城市空间的不断扩张。二是推动重点地区和中心城市的发展。交通运输的不断发展是时间或运输成本下降的过程，同时又加速了城市自身规模的扩张和城市间联系的程度。在区域联系不断增强的过程中，城市分工促进了中心城市的形成。三是不断形成新的城市空间现象。交通的发展产生新的空间集聚，并形成新的城市空间现象。如果说运河与铁路时代促进了早期开发地区的进一步繁荣，形成人口与经济活动的早期集聚，是城镇密集地区的雏形或基础，那么汽车、高速公路、航空港、高速铁路等的兴起则是促成城市与区域关系全新变化的主要物质基础，不仅表现在原有城市规模的扩张，而且表现为出现新的城市化空间现象。随着综合交通方式的发展和区域间社会经济联系的不断强化，综合交通不仅是进一步影响城市区域功能和作用的重要因素，也促使枢纽及周边地区成为新的城市结构变化的焦点。

相比于发达国家经历的过程，处在快速增长阶段的中国城市面临的交通发展背景不同。发达国家城市空间形态发展的过程，很大程度上是由交通技术的进化决定的，明显的阶段性特征在城市空间发展过程中留下了历史痕迹。中国城市正面临交通运输全面高速发展的内在需求，面对交通基础设施普遍不足的压力，交通方式的可选择性大大增强，相对应的城市的集中和分散仍然存在多种可能，空间形态生成和发展的动态变化会增加。

第二节　我国城市化地区形态发展的特点

一、我国城市化地区形态演化的三个阶段

中华人民共和国成立以来，我国城市化经历了计划经济时期相对缓慢发展和改革开放以来快速发展的两个时期历史性的转变，城市化地区形态演化相比于其他国家的经历有一定的独特性，大致经历了三个典型的发展阶段。

1. 城乡分割阶段

城乡分割阶段以计划经济时期的城市最为典型。城市是以项目尤其是工业项目的建设作为立市和发展的主要动力，工业项目生产区、职工生活区之外，就是广大的农村地区，呈现城乡分割发展状态。

自中华人民共和国成立到改革开放的近 30 年里，国家确立了计划经济体系体制和以工业化为主线的现代化模式，在计划经济环境中初步实现了农业国家向工业化国家的转变。这一时期城市化进展相对缓慢并表现出波动的特点，1949—1978 年，城市化水平由 10.6% 增长至

17.9%，增长了7.3个百分点，平均每年增长仅0.24个百分点。但这一时期奠定了我国工业化发展基础。1949年我国的工业产值比重为12%左右，1978年为42%左右。

在区域格局方面，通过重大工业项目强化了工业体系在全国的整体布局，推动建设了一批工业城市和工业基地，增强了内陆地区在国土开发中的地位，以计划经济主导的城镇网络体系强化了城市间的行政层级。在城乡关系方面，通过城乡社会分离的制度设计，限制城乡人口流动，经济社会运行形成二元化的城乡关系，推动了对农村进行社会主义改造，施行农业支持工业，优先保障工业化发展的政策，同时严格限制城市人口增长，采取了控制城市化进程的措施。

在城市功能和城市形态方面，这一时期城市工业经济地位得到增强，区域经济高度集中在城市，形成"城市工业、农村农业"的局面，城市对农村的带动能力弱。在"重生产、轻消费"的思想指导下，形成"先生产、后生活"的城市建设方针，突出城市以生产功能为主导，造成城市生活功能薄弱，城市交通、住房及基础设施建设严重滞后，同时以单位制推行企业办社会，也造成城市的社会化功能明显不足。

2. 市域城镇体系发展阶段

市域城镇体系发展阶段主要是改革开放后的1980—1990年代。这一时期市场经济处于逐步发展阶段，国家在20世纪80年代初推行市管县、市带县体制之后，90年代中期施行了分税制改革，以地方为主导的发展模式得到增强，形成了大小不等的城市化地区（建成区），建立了中国特色的市域城镇体系。

这一时期城市化速度明显加快，1978—1990年城市化水平由17.9%上升到26.4%，年均增长0.7个百分点，2000年达到36.1%，1990—2000年年均增长1.0个百分点。

20世纪80年代呈现以小城镇和沿海开放城市为先导地区的发展特点。农村地区施行土地家庭联产承包责任制，提高了农业生产效率，推动了乡镇企业和农村非农经济发展，小城镇快速崛起。放松城乡流动限制，经济发达地区出现亦工亦农现象，形成就地城镇化模式。国有经济改革、土地制度改革尚未全面推行，经济特区城市和沿海开放城市得到较快发展，大部分城市发展相对滞缓，城市建设主要处在内部调整阶段。

20世纪90年代，大城市和东部地区开始进入快速发展阶段。国家确立了沿海开放战略，对外开放地区逐步扩大到内陆省份，推动了全方位开放格局形成[3]。市场经济改革推动城市和区域经济发展，土地有偿使用、住房制度改革及投融资机制创新，使城市建设能力大大增强。发展重心逐步转向城市，人口跨地区流动开始增加，大城市、城镇密集地区得到发展。

总体上看，这一时期是市场化改革进程逐步加深的过程，由小城镇快速发展起步过渡到大中城市发展，随着城市产业结构调整，城市功能逐步趋向综合，中心城市地位得到较大提升，但中心城市辐射带动能力尚不强。由于受到行政因素影响，行政区内部市域城镇体系得到不断发育，跨区域联系不强，区域间要素流动处在逐步增强过程中。

3. 城市功能的拓展和联动阶段

21世纪以来，中心城市功能拓展和辐射带动作用增强，推动了都市圈和城市群的发育。其中都市圈是中心城市功能的拓展区域，城市群则是独立行政区的组合。

城市化进入持续快速发展阶段。城市化水平由2000年的36.1%上升到2010年的

49.7%，年均增长 1.2～1.3 个百分点，2020 年进一步上升至 63.9%，2010—2020 年年均增长约 1.4 个百分点。其中，2000—2010 年是我国经济发展速度最快的阶段。中国加入世界贸易组织(World Trade Organization, WTO)之后，市场化推动区域化进程和要素流动明显加快，出现大规模异地城市化现象，区域基础设施和城市内部进入大规模建设阶段。地区发展不平衡、城乡发展差距扩大等城市化矛盾显现，区域协调和城乡统筹发展的迫切性日益凸显。国家提出东、中、西、东北地区差异化区域协调战略，"十一五"时期首次将城镇化纳入国家战略，提出主体功能区战略，及以城市群为主体形态、以重大交通基础设施为支撑的"两横三纵"的城镇化布局，并提出积极稳妥地推进城镇化，加强新农村建设的要求[4]。

2010 年以来，经济社会发展进入新常态，面临高速增长转向高质量发展的挑战。这一时期以特大城市的发展为代表、以区域城市化经济为主体的发展格局更加明显。但同时生态环境压力和各类发展风险不断增大，跨地区人口流动开始趋缓。城镇化格局面临结构性调整，区域协调和超大城市发展矛盾日益突出。十八大明确提出新型城镇化道路，以城市群为主体形态，大中小城市协调发展，相继召开了中央城镇化工作会议和城市工作会议。京津冀、长三角、粤港澳三个城市群地区协调发展相继上升为国家重大战略，加强了各类区域规划，以主体功能区战略优化国土空间格局。十九大之后，国家启动了国土空间规划改革，以高质量的国土空间支撑经济社会可持续发展的任务更加紧迫。

二、城市化地区发展的两大影响因素

总结我国城市化地区演化的影响因素，可以归纳为两个主要方面，一是经济发展的作用，二是行政体制改革的作用。其中，市场化推动的经济发展是快变量，行政体制是慢变量，两者的不协调，会导致许多矛盾和问题，这也是产生城市交通问题的重要原因之一。

1. 经济发展因素

改革开放以来，市场化改革和融入全球经济网络成为推动经济快速发展的驱动力量，是影响城市化地区快速和形态演化发展的重要因素。市场化改革打破了计划经济模式下供给与需求的失衡关系，城市功能趋于综合，区域和城市结构得以改善。市场化改革不仅改善了计划经济环境下资源配置的扭曲，逐步消除了计划经济时期城乡要素资源流动性的限制，同时加快了城市空间的市场化，促进了以效率为导向的空间配置方式。

经济发展因素对城市化地区的推动作用主要体现在三个方面：一是提高了区域和城市两个层面空间资源配置的效率，劳动力等生产要素的流动增强，供求关系趋于合理，产业的多元化集聚促进了城市化经济的发展，促进了城市消费市场的扩张，带来了城市间经济联系的增强和城市规模的不断扩大。二是推动了空间的市场化。传统计划经济模式下土地无偿使用制度几乎杜绝了土地市场经济调节功能发挥的可能性，导致土地使用效率与土地实际的使用价值相背离。土地的有偿使用和住房制度改革推动了城市功能布局的调整和空间结构的优化。三是促进了城市化主体的多元化与建设模式的市场化。围绕所有制构成的改革和变化，从"自上而下"转变为"自上而下"与"自下而上"的结合，逐步转变了计划经济下以国家为投资主体的城市化模式，带来城市化推动主体和动力机制的多元化。城市投融资体制和建设模式的创新，大大加快了城市建设的市场化进程。

在经济发展作用中，经济全球化因素不仅是推动扩大开放和经济快速发展的重要动因，也在城市化空间方面深刻改造了城市与区域经济地理的格局。我国的城市发展借助了经济全球化的力量，利用国际资本、技术快速改造，更新了原有的工业体系，同时利用全球市场为制造业快速发展创造了增长空间。沿海地区凭借对外开放门户地位确立了发展优势，沿海中心城市和港口城市地位得到极大提升，并且外资投资地域分布变化推动了国土开发重心的转移。城市开放性增强，出口导向型模式带来开发区的大量发展，贸易流量大的城市在参与国际贸易的分工中获得了更高的能级。

经济发展因素对城市化地区形态演化的影响，强化了两个方面的空间效应。一方面，城市开放性增强，国际劳动分工体系呈现出以市场为导向、以跨国公司为核心的产业链环垂直分工的全新特点，一批链接国际的中心城市地位越来越显著；另一方面，区域化不断增强，城市与所在区域的经济关系发生了深刻变化，传统产业发展的资源禀赋等地理因素淡化，地方资源的需求与市场要素可以在全球尺度下流动、整合，而城市作为生产组织管理、信息交换中心等新兴功能的空间要素凸显，例如港口、航空的空间联结。同时，市场经济在空间发展格局中的组织作用得到强化，城镇体系的发育和经济中心城市的成长速度加快，一定程度上打破了传统计划经济下中心外围关系和等级关系。

2. 行政体制因素

政府在推进城市化进程中发挥了积极干预作用，是我国城市化快速、平稳发展的重要原因。一是通过不断调整城市化政策，促进了城市化战略的稳步推进；二是不断推进农村地区改革，维护了城市化发展的基础；三是不断推进市场机制完善和建设制度创新，提升了城市的辐射作用和承载能力。

行政体制因素主要是指行政管理制度及其改革对城市化地区形态变化产生的影响，包括我国的行政建制制度、市管县模式的推行及分权制度改革三个方面。

一是我国城市发展具有极强的行政区指向。由于历史因素，我国城市是依据国家行政建制设立的，通常都是不同层级政府机构的驻地。因此，城市发展过程不仅受行政管制影响较大，而且城市政府的行政地位高低往往决定了城市发展资源的可获得性，较高层次的城市更容易得到发展资源，更容易得到较快的发展。而小城市以及乡村地区尤其需要政府的扶持才能得到较好的发展。也正是由于这种行政区指向，除极个别的城市(如深圳)之外，我国城市基本上是在原有城市的基础上得到发展的。即使在改革开放初期小城镇快速发展阶段，城市也基本上是在原乡级政府所在地城镇的基础上发展起来的。因此，改革开放至今这 40 多年来的城市发展基本上是以原有城市的扩张来吸纳新增城市人口的。

二是市管县体制的影响。市管县体制是我国现行城市行政管理体制之一，是指由市管辖若干县市自治县，以经济相对发达的中心城市带动周围农村的行政管理体制[5]。中华人民共和国成立初期，为了解决大城市的农副食品供应问题，我国在少数大城市实行了市管县体制。20 世纪 80 年代初，针对市县分治的体制弊端，为了发挥中心城市的区域带动作用，我国广泛推行该体制。设置“市管县”的初衷是发挥中心城市的辐射作用，以经济相对发达的中心城市带动周围农村地区。特定的历史条件下，这一体制在我国城镇化进程中发挥了积极的作用。

但是随着市场经济的发展，市管县体制越来越严重地阻碍县域经济的发展，甚至出现了地级市对县域经济发展的“屏蔽作用”，例如地级市侵犯县的各种权益，束缚了县域经济发展；增加了行政管理层次，降低了指令的保真度，降低了效率；管理幅度不平衡，在区域管理的实践上偏向城市，导致市与县争利，出现“市刮县”现象，县域发展机能弱化；县乡财权与事权不对称，县乡财力弱化等问题[6]。不公平的竞争条件，使城市呈现出远快于农村的发展态势，尤其是进入20 世纪 90 年代后期，随着市场成为资源配置的主要方式，地级市与县级市之间的矛盾日益暴露，地级市在制定政策时越来越利己，中心城市实力与所辖县发展极其不协调、对农村和农业生产重视不够，市管县体制带来的弊端越来越明显[7]。近年来，许多省积极探索“省管县”的行政体制改革，试图通过减少地方行政层级，试行“省直管县”体制，提高县级政府自主发展的积极性。

三是财政分权制度的影响。从中央和地方政府关系看，计划经济条件下中央政府掌握的绝大部分资源，从改革开放初期的财政承包制到 20 世纪 90 年代中期的分税制，“分权”改革逐步深化。发展权逐步向地方转移和倾斜，地方政府拥有了更大的发展自主权和调动大部分经济资源的能力，拥有了更大的主导地区发展的能力和提高地区发展的积极性的能力，地方政府城市的财政能力得到极大提升，成为推进地方工业化和城市化的主体。分权制度设计改变了中央政府主导经济发展的模式，并进一步鼓励城市政府促进市场化机制发展、加快城市建设、谋求城市快速发展的主动性，这也是我国各级城市快速发展的重要原因。分权推动了地方政府在地区经济发展中的主导作用，增强了我国城市化自下而上的动力，但也加剧了区域内部城市间的竞争。各城市之间展开了从基础设施到产业发展的全方位竞争，造成区域性公共基础设施建设、生态环境保护、公共服务共享等方面的滞后和缺乏协调，以及城市从自身利益出发造成重复建设、资源浪费、产业同构等矛盾。

市场化因素带来经济发展的作用不断增强，推动了中心城市功能向区域拓展，促进了都市圈的成长和城市群一体化发展趋势，但由于受到行政体制因素的影响，城市间区域协调矛盾始终比较突出，造成城市群是独立行政区组合的局面。

三、交通发展与城市化地区形态演化的关系

1. 交通发展与城市化地区形态演化过程

对应城市化地区形态变化的三个阶段，我国的交通基础设施建设也经历了由相对滞后到快速发展的过程。在城乡分割发展阶段，交通基础设施建设相对滞后，既有这一时期交通建设投资规模小、能力弱的原因，也受到当时工业化发展政策的影响。计划经济时期国家围绕生产力布局加强了全国骨干铁路交通网络布局，以适应国家工业化格局构建的需要。以长三角为例，中华人民共和国成立后强调发展重工业，长三角本身重工业原料缺乏，约有 90% 的工业原料来自该地区之外，铁路承担了原材料长途运输，内部以内河航运为主。运输结构上，公路客运量比重高，但在地区内部的货物运输量中比重很低，公路运输所发挥的作用是十分有限的。这一时期支撑国土空间整体开发的综合交通网络建设尚未完善，特别是区域性和地方性交通网络及城市交通建设，包括地方公路建设都比较滞后。

在市域城镇体系发展阶段，城市逐步进入综合交通发展时期，地方性公路多在地方财力增强的条件下修建，交通设施在最初的发展过程中所起的作用是有限的。改革开放前 20 年，城市对外交通和城市道路交通建设逐步得到加强，但仍然受到投资能力和行政体制影响，跨区域交通建设比较缓慢，对外交通主要以公路为主，城市内部道路交通网络得到改善和拓展。20 世纪 80 年代，城市面临计划经济时期形成的基础设施滞后局面，加上投资主体单一、规模小，改善城市内部交通是当时的主要矛盾，这一时期区域间联系相对薄弱，跨区域重大交通基础设施建设需求尚不突出。20 世纪 90 年代，城市开始进入快速发展期，跨区域基础设施建设需求初步显现，但建设速度比较缓慢[4]。分税制的实行使地方在交通基础设施方面的投资能力得到加强，90 年代中后期，我国的高速公路建设开始起步，由于受到行政体制的影响，主要以行政区内高速公路先期启动建设为主。

在城市功能的拓展和联动阶段，2000 年后，我国交通基础设施建设开始进入快速发展阶段，以重大基础设施为支撑的国土空间开发格局开始形成。如长三角开始全面进入高速公路时代，城市间联系得到全面加强，洋山港、浦东机场的建成支撑了上海全球城市地位的崛起。小汽车开始进入家庭，城市内部的交通压力增大，以上海为代表的一批特大城市进入轨道交通建设阶段。“十一五”时期，国家进一步加强以重大交通基础设施为支撑的“两横三纵”的城镇化布局。2010 年以来，经济社会发展进入新常态，面临由高速增长转向高质量发展的要求。国家层面加强了重大基础设施专项规划，建设投资比重也在加大，全面推进高速铁路建设，城市轨道交通大规模建设。城市群和都市圈内部综合交通网络协调的矛盾越来越突出，发挥交通的引领作用，促进城市化地区形态优化，以综合交通网络骨架支撑高质量国土空间开发保护格局的需求越来越迫切。

2. 交通与城市化地区协调发展的矛盾

交通作为城市化地区空间形态的关键要素，对区域与城市空间结构组织、城市用地扩张方向及空间扩张模式起决定性作用。改革开放 40 多年来，我国交通基础设施建设能力得到全面加强，特别是经过过去 20 多年的大规模建设，我国高铁通车里程、高速公路里程均居世界第一位。从交通与城市化地区协调发展角度，加强交通对城市化地区形态优化的支撑和引领作用是当前面临的突出矛盾，主要表现在以下三个方面。

一是交通结构与形态优化要求。从城市到区域、从数量到结构、从规模到质量都面临进一步调整和优化要求。例如在国家层面，我国地域辽阔、经济和人口分布不平衡，城市化地区密度高，跨区重大基础设施水平与质量仍存在明显短板，尤其是普通铁路水平与质量远低于日本、德国、美国等发达国家。在区域层面，城市群一体化发展诉求强烈，但仍然建立在以高速公路为主的空间模式基础上，以轨道交通为支撑的空间网络尚未形成。在城市层面，一批超大城市面临城乡一体化发展要求，但在交通组织模式方面尚未打破城市道路交通与外围公路交通二元划分的局面。

二是交通与空间协同开发效应有待加强。在城市化地区交通不仅是联通要素，也是空间组织、功能组织、产业布局优化的引导要素。特别是在当前国家构建新发展格局背景下，支撑高效双循环格局的大枢纽、大廊道的交通体系尚需加强。跨区域重大交通基础设施布局尚难以适应城镇化格局，滞后于区域协调发展需求，对城市群承载力、空间和功能布局优化支撑不充分。在城市群内部，重大交通基础设施缺乏一体化布局，空间互联互通、集约化发展、规划建设一体化机制尚未建立。

三是交通规划建设运营模式亟待转型。交通基础设施向网络结构的发展是区域整体发展的基础，是打破各层级地域过于分散发展的客观推动因素，有助于引导中心城市的疏解和整体城镇网络的形成。利用这种引导作用，可以促进枢纽地区的发展，使城镇集中与分散在区域范围内结合起来，特别是大运量的快速交通系统在整个区域范围未来发展中所起的作用不容忽视。由于缺乏跨区域、跨部门多规合一机制，目前交通与城市化空间形态的整体协调存在一定的障碍。行政壁垒、技术壁垒造成交通基础设施规划建设运营各环节难以统筹，对基础设施带来的空间效应缺乏有效监测和引导，政策法规体系、投融资模式、智能化治理手段等滞后于实际需求[4]。

第三节　发挥交通在城市化地区发展中的促进作用

一、交通与城市化地区的可持续发展

我国城市化地区的可持续发展，既面临全球共同趋势，也面临中国国情背景和特点。未来的挑战与交通发展的议题可概括为以下四个方面。

一是新发展阶段城镇化空间格局的战略调整。当前国内国际形势正在发生重大转变，我国的现代化建设面临着多重挑战。城镇化空间格局是我国经济社会发展的重要载体，既面临城镇化转型中城乡融合发展，推进以人为核心的新型城镇化发展要求，也面临着从生态文明视角调整自然资源承载力，使其与人口分布、经济格局相协调的要求。同时国家从应对外部环境变化和增强内生发展动力角度，提出了构建以国内大循环为主体，国内国际双循环相互促进的新发展格局。新型城镇化要和城乡融合发展、区域协调发展衔接，形成三位一体的政策体系；要构建更加均衡的都市圈，提高中心城市和城市群综合承载能力。加大对都市圈、城市群内部交通设施和公共服务设施的投资，既可有效稳定经济增长，又可促进都市圈、城市群内生产力和人口的合理布局，构建中心城市辐射带动中小城市发展的良性机制。

二是资源环境紧约束与绿色低碳发展。发达国家的现代化是建立在高消耗、高消费基础上的，而我国的城市化地区将长期面临的资源环境紧短缺状况，决定了我国只能选择与发达国家不同的资源组合和利用方式，这实际上意味着选择一种非传统的现代化发展模式，也需要构建起一种更加集约高效低碳的城市化地区空间组织形态和发展路径。

三是加强规划在促进区域协调发展中的引领作用。在区域一体化进程中，需要树立起发挥政府的积极干预和引导作用的规划理念。尤其是在地区间分割发展的现实下，一方面需要培育市场的力量，突破行政壁垒，形成经济上整体发展的格局，改变无序发展、重复建设的现象；另一方面我国的城市化地区在人口、资源、环境压力下回旋的余地和空间很小，协调环境与发展的问题，以及统一安排基础设施建设等具有长远的战略意义，只有在一个统一的框架内才可以实现集约化发展。区域性的协调不是可有可无的问题，整体规划的观念是使这一地区

可持续发展的一项战略。确立规划的科学性和权威性是城市化地区可持续发展面临的迫切课题。

四是提升空间治理能力、有效发挥规划的促进作用。规划发挥有效作用不仅要求规划自身的合理性和科学性,更有赖于实施层面的保障。现有体制造成的规划与管理脱节在城市建设中已暴露出其弱点,而在区域层次涉及跨地区发展问题方面,矛盾就更加突出。对此,需要探索建立区域性的规划建设法规体系,探索更有效的区域协调机构的组织形式,积极探索投资运行管理机制。在行政区划的改革模式上,改善市与市、市与县及镇与镇之间的关系。

二、促进我国城市化地区形态的优化

1. 促进我国城市化空间格局的优化

以国家新型城镇化战略、国土空间开发保护需求为目标,优化城镇化布局,保障安全与提升并重。国家尺度的交通设施体系,重点要协调好保护与开发整体关系,以与国家主体功能区制度相适应,促进区域协调发展为总目标[4]。要将提升整体空间运行效率与保障国土空间安全并重,引导分区差异化发展,支撑国家新型城镇化布局战略性调整。

提升国土空间运行效率,支持城镇化地区的拓展。以"两横三纵"城镇化格局为框架,以城市群为主要节点,加强面向国内国际双循环格局的大枢纽、大廊道建设,形成高效的综合交通体系和物流体系。一是要加强沿江沿海综合性大廊道建设,国家高铁网与航空枢纽体系布局,沿海港口体系及江海联运、陆路集疏运体系布局等,形成大枢纽、大廊道体系;二是加强普通铁路和高速铁路分开,客流系统与物流系统的整体布局,打破条块分割,加强多模式、立体化交通联运,形成综合交通体系的整体优势;三是全面增强骨干通道对城市群地区的支撑,同时适应我国国土辽阔、人口密度和开发强度差异大的特点,处理好骨干线网和普通线网两个层面覆盖形态和密度关系,形成高效率、非均质、多层次的布局模式。

2. 增强城市群一体化发展的地域整体优势

城市群作为我国新型城镇化的主体形态,增强整体承载力与竞争力是城市群一体化发展的主要目标,也是提升城市群地域整体优势的关键。

从增强城市群整体承载力角度,要加强交通基础设施互联互通,基础设施廊道的整体布局。要加强对城市群重大基础设施的选址和廊道布局的优化和前瞻性控制,以适应城市群的不断演化流出弹性。要从提升城市群整体竞争力角度,以跨区域交通、信息等重大基础设施一体化,增强城市群功能与布局的整体运行效能和结构竞争力。一是强化城市群核心城市的门户枢纽地位,以及区域整体连通性;二是加强区域城际客货铁路网建设,促进城市群交通模式由公路向铁路转变,形成多层次、多模式的综合交通运输体系;三是发挥城市群交通——空间协同作用,促进交通廊道与城市群产业功能体系、空间布局的整合,增强城市群复合廊道与城镇人口分布、城镇密度的协调性,加强综合交通体系对城市群多中心、网络化、组团式、开放性、集约型布局模式的支撑;四是以新型基础设施建设的融合,增强跨区域重大基础设施网络运行效能和系统安全性,增强城市群信息网络和信息枢纽功能,促进区域创新功能网络的发育和各类设施服务共享,提高空间资源的集约化利用效率。

我国城市群类型多、差异性大，增强城市群地域整体优势所面临的主要矛盾不同。如长三角地区面临的是城际铁路网建设滞后的问题，以及重大功能网络协调、创新基础设施一体化布局的要求。

3. 实现都市圈同城化和公共服务的共建共享

都市圈是以超大、特大城市为中心，以 1 小时通勤圈为基本范围形成的高度跨界融合的地区。通过中心城市与周边地区的同城化，强化中心城市辐射带动作用，提升都市圈整体运行品质。

在实现产业协同和公共服务共建共享方面，通过跨区域重大基础设施建设促进要素跨界流动，提升共建共享水平。通过以快速铁路为骨干的综合交通网络建设，形成国家铁路网、城市轨道的多网融合；通过重大基础设施共享共建，提升资源、能源整体支撑能力、利用效率和运行安全；打破行政壁垒，以基础设施一体化促进区域性节点开发和功能网络建设，推动都市圈地区内创新网络、产业网络、社会网络、城乡网络、生态网络的整体培育。

在提升都市圈运行品质方面，围绕公共安全、公共服务、居民生活、缩小内部差距，提升整体服务水平和宜居性、紧凑性。通过跨区域重大基础设施与地区内部网络的协调，围绕居民的多层次生活需求，营造便利、多样化的生活网络、通勤网络、游憩网络；通过新型基础设施建设，提高各类生活服务设施与居民需求的精准配置，提升整体精细化治理能力和水平[4]。

我国都市圈整体处在发育过程中，并且各地区发展条件、发展环境不同，若想实现产业协同和公共服务的共建共享，需针对不同地区发展特点和需求，积极发挥交通设施等重大基础设施的引导和促进作用。

· 参考文献 ·

[1] 吴志强，杨秀，刘伟. 智力城镇化还是体力城镇化——对中国城镇化的战略思考[J]. 城市规划学刊，2015(1)：15-23.
[2] 王凯. 中国城镇化的绿色转型与发展[J]. 城市规划，2021，45(12)：9-16，66.
[3] 陶松龄，张尚武. 现代功能与结构[M]. 北京：中国建筑工业出版社，2014.
[4] 张尚武，潘鑫. 新时期我国跨区域重大基础设施规划建设的战略思考[J]. 城市规划学刊，2021(2)：38-44.
[5] 林柄全，王仲智，宋潇君，等. 城市行政管理体制变迁视角下市域城镇体系规模结构分析——以江苏省宿迁市为例[J]. 现代城市研究，2013，28(2)：57-63.
[6] 袁政. 我国新一轮市管县体制改革思考[J]. 华中师范大学学报(人文社会科学版)，2012，51(3)：20-28.
[7] 陈达云，郑速. 以省管县体制构建我国地方行政层级的思考[J]. 国家行政学院学报，2007(1)：71-73，92.

第二章
我国城镇化进程中的城市问题

我国的城市发展与城市化进程密切相关。随着我国城市化的迅速推进，城市在促进人口集聚、支撑经济发展、满足人民日益增长的美好生活需要、提供高水平的基础设施和公共服务等方面，发挥了巨大作用。城市化过程也是一个经济社会转型的深刻历史变动过程。特别是对于我国这样一个地域差别显著的人口大国和经济大国来说，庞大的人口进入城市地区，尤其是主要的区域中心城市，导致全国空间格局不断调整，社会关系和社会结构发生深刻变化，治理理念和治理机制历经深刻转型。

城市复合交通网络在城市化过程中发挥着巨大作用。一方面，其在城市经济、社会现代化进程中发挥着重要的支撑作用；另一方面，城市交通作为新技术、新服务、新模式广泛应用的领域，也是进一步推动城市科学发展的重要力量，对完善城市化战略起着重要作用。城市交通具有准公共产品属性，是公共政策的组成部分，是城市立法的重要对象，也是城市协同治理的矛盾焦点。因此，城市政府在城市交通中发挥着重要作用。

我国的城市定义和内涵与国外不同。国外城市的定义内涵，与我国的城市建成区相似。我国的城市，一般指宪法所明确的“城市行政辖区”，其由中心城市和若干城镇组成的城镇体系构成，既包括许多大小和功能不同的城市建成区，也包括行政辖区范围内广大的乡村地区。因此，我国的城市是区域而不仅仅是建成区，我国城市政府具有区域政府的特点，这给城市交通发展带来双重影响：有利于统筹解决整个行政辖区范围内的城乡居民交通出行问题，但增加了行政区之间的壁垒，不利于政府间协调共治来解决都市圈和城市群等区域问题。这就需要我们趋利避害，在解决我国的城市交通问题时，充分发挥行政体制的优势，克服其对交通治理带来的不利影响。

第一节　城市在我国经济社会发展中的特殊意义和作用

中华人民共和国成立尤其是改革开放以来，我国城镇化迅速推进，城市在集聚人口、支撑经济、满足人民美好生活、提供高水平的基础设施和公共服务等方面发挥了巨大作用，也为中国成为世界第二大经济体作出了战略贡献。

一、有力推动了国家的工业化和现代化进程

改革开放初期，中国城镇化率还不到 20%，2021 年中国城镇化率达到 64.72%，城镇人口由 1978 年的 1.7 亿人增长到 2021 年的 9.1 亿人，城镇建设用地由 1981 年的 0.67 万平方公里增长到 2019 年的约 13.37 万平方公里。我国城市的快速发展，为非农产业集聚构筑了空间和平台，使经济发展效益不断提高，为中国赢得了制造业发展的全球竞争优势，有力地支撑了中国经济的持续高速发展。

2020 年我国经济总量突破 100 万亿元，占全球经济的份额已经由 1978 年的 1.7% 提高到 17%。中国人均 GDP 达到 1.05 万美元，位列世界第 63 位，按照世界银行的划分标准，已经高于中等偏上收入国家的平均水平。中国已经步入城镇化较快发展的中后期，已由高速增长阶段转向高质量发展阶段。

二、推动了小康社会进程

城市为农村剩余劳动力提供了大量的就业岗位，在缓解农村人地紧张关系的同时，还对农民收入增加、生活水平提高发挥了重要作用。改革开放以来，我国总计 5.8 亿人口从农村进入城市工作和生活，农民外出务工收入普遍占家庭纯收入的 40% 以上。1978—2020 年，我国城镇居民家庭人均可支配收入从 343 元提高到 27 540 元，农村居民家庭人均可支配收入从 134 元提高到 15 204 元。在城镇化快速推进过程中，我国贫困人口减少 6.24 亿人（世界银行数据，以 1 美元国际贫困线计），占世界同期脱贫人口的 90% 以上，成为对世界减贫贡献最大的国家。

三、形成了一批具有国际竞争力的中心城市和专业化城镇

城市得到快速发展，城镇体系基本健全。截至 2020 年，已形成由 687 个设市城市、1 335 个县城和 21 116 个建制镇构成的多层次、多类型、各具特色的城镇体系。城市在国民经济中的主体作用更加突出，全国大约 60% 的工业增加值、85% 的第三产业增加值、70% 的国内生产总值、80% 的税收都来自城市。

中心城市辐射带动能力增强，中小城市功能稳步提升。北京、上海、广州、深圳等 7 座城市

已进入 GaWC2020 全球竞争力排名前 50 位城市行列。北京、上海、广州等中心城市，通过奥运会、世博会、亚运会等重大国际活动的举办，国际化水平和全球影响力得到显著提升，成为带动区域发展的引擎和展示国家形象的重要窗口。以昆山、义乌、苏州、东莞、佛山等为代表的专业化城镇，在商贸和制造业领域独具特色，成为全球经济一体化发展中重要的节点城市。西安、丽江、都江堰、桂林等城市凭借独特的历史文化与自然资源，成为具有重要国际影响力的旅游城市。

四、城乡基础设施和公共服务大幅完善

城乡居民居住条件得到历史性改善。城镇人均住房建筑面积，由 1978 年的 6.7 平方米提高到 2020 年的 39.8 平方米，农村居民人均住房建筑面积达到 48.9 平方米。城镇保障性安居工程已帮助约 2 亿困难群众改善了住房条件，农村危房改造解决了 2 000 多万贫困群众的住房安全问题，切实增强了各类住房困难群众的获得感。

城市基础设施大幅度完善。城市用水普及率由 1981 年的 53.7%提高到 2020 年的 98.99%，燃气普及率由 1981 年的 11.6%提高到 2020 年的 97.89%，污水处理率由 1981 年的 3.77%提高到 2020 年的 97.53%，城市集中供热面积由 1983 年的 1 841 万平方米增长到 2020 年的 988 209 万平方米，增长了近 536 倍。城市建成区的人均道路面积，由 1981 年的 1.81 平方米，增长到 2020 年的 18.04 平方米，比改革开放初期增长近 10 倍。城市建成区绿化覆盖率由 1991 年的 3.38%提高到 2020 年的 42.1%，人均公园绿地达到 14.8 平方米，2021 年有 26 个城市获得“联合国人居环境奖”。城市生活垃圾处理能力显著提高，46 个重点城市实行生活垃圾分类，居民小区生活垃圾覆盖率也已经超过了 97%，覆盖近 1 亿户居民。同时，地级以上城市的黑臭水体已基本消除。

第二节　城市化过程是经济社会发展方式的转型过程

城市化过程也是一个经济社会转型的深刻的历史变动的过程。庞大的人口进入城市化地区，尤其是主要的区域中心城市，导致全国空间格局不断调整，社会关系和社会结构发生深刻变化，治理理念和治理机制也正历经深刻转型。

一、人口向城市化地区不断集聚

1. 人口向城市群集聚态势明显

第七次全国人口普查数据显示，2020 年京津冀、长三角、珠三角、成渝四大城市群常住人口总量达到 54 748 万人，约占全国总人口的 38.8%，较 2010 年增长 5 444 万人，约占全国人口增量(7 206 万人)的 75.5%，成为近 10 年我国人口增长的主体空间(表 2-2-1)。

表 2-2-1 中国四大城市群人口变化情况

城市群名称	2020 年人口总量（万人）	2010—2020 年变化（万人）	中心城市
京津冀	11 037	+596	北京
长三角	23 521	+1 961	上海
珠三角	12 601	+2 169	深圳、广州
成渝	8 158	+692	成都、重庆

注：人口数据根据“六普”“七普”数据整理。

长江中游、中原、山东半岛、辽中南、关中平原、海峡西岸、北部湾、哈长、兰西、晋中、呼包鄂榆、滇中、黔中、宁夏沿黄、天山北坡 15 个城市群，2020 年常住人口总量达到 73 565 万人，约占全国总人口的 52%。与 2010 年相比，常住人口增长 2 914 万人，约占同期全国人口增量(7 206 万人)的 40.4%(表 2-2-2)。

表 2-2-2 典型城市群的人口规模和城市数量

城市群名称	2020 年人口总量（万人）	近 10 年变化量（万人）	中心城市
长江中游	11 844	+251	武汉、长沙、南昌
海峡西岸	9 356	+523	福州、泉州、厦门、温州、汕头
山东半岛	10 153	+573	济南、青岛
中原	16 458	+636	郑州
哈长	4 265	−628	哈尔滨、长春
辽中南	3 074	+6	沈阳、大连
关中平原	4 150	+98	西安
北部湾	4 401	+464	南宁
呼包鄂榆	1 193	+112	呼和浩特
宁夏沿黄	606	+99	银川
天山北坡	454	+104	乌鲁木齐
晋中	868	+123	太原
滇中	2 337	+159	昆明
黔中	2 874	+317	贵阳
兰西	1 532	+77	兰州、西宁

注：人口数据根据“六普”“七普”数据整理。

2. 中心城市是集聚人口的核心引擎

19 个城市群中的 31 个中心城市成为人口增长的核心空间载体(城市名单见表 2-2-1、表 2-2-2)。2020 年，这 31 个城市的常住人口达到 32 800 万人，较 2010 年增长 6 181 万人，占 19 个城市群人口增量的 74%。

3. 主要中心城市的人口密度普遍较高

近年来，依赖优质的交通基础设施与公共服务设施、产业功能“退二进三”和腾笼换鸟过程中的置换升级，以及土地财政驱动下的大规模房地产开发，主要中心城市的人口和功能不断集聚，城市核心建成片区①的开发密度和强度持续提升。

中国城市规划设计研究院《中国主要城市建成环境密度报告(2021)》对上海、北京、深圳、广州、重庆、成都、天津、武汉、西安、青岛、郑州、石家庄12座超大、特大城市进行的强度、密度分析表明，我国城市的核心建成片区建设强度达到1.2万～1.6万平方米/公顷，与纽约、旧金山、东京、首尔、巴黎、伦敦等国际城市接近，但人口密度明显偏高(国内城市平均值为2.50万人/平方公里，国际城市为1.84万人/平方公里)(图2-2-1)。与国际城市相比，国内的超大、特大城市的城市中心地区存在人口密度偏高的情况，这对城市交通服务能力和水平提出了更高要求。

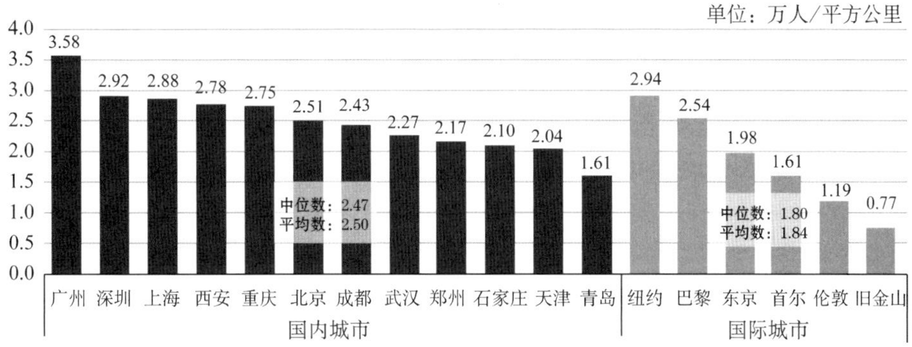

图2-2-1 国内外样本城市核心建成片区人口密度对照表

二、老城蔓延和新区拓展同步开展

随着人口规模的迅猛增长、高端功能的不断集聚和服务设施的快速升级，城市成为人才、资金、信息、交通等各种要素的集聚中心，其空间也开始快速向外扩张。与此同时，各级各类新城新区如雨后春笋般涌现，跳出了城市原有的空间格局，进一步扩展了城市发展的框架。

1. 老城区摊大饼式蔓延仍在持续

城市边缘的城乡接合部地区以便宜的地价和较低的管理成本，以及就近享用城市基础设施和公共服务的便利区位，成为企业落地、非正规住房、房地产开发、休闲娱乐等功能的重点开发地区。同时，由于缺乏有效管控手段，边缘地区的空间无序蔓延，呈现出低密度、低效能的“摊大饼”式特征。早在2006年，陆大道院士就曾指出，我国城镇化的空间失控现象极为明显，形成了分散和蔓延式的扩张，如果不能有效遏制，势必严重阻碍我国的整个现代化进程[1, 2]。

北京市是我国城市蔓延问题突出的典型区域，城市土地利用规模“超常膨胀”，以同心圆式蔓延、局部扇面式扩展、廊道式辐射、飞地式增长和黏合式填充等扩展方式，逐步形成“摊大饼”外延发展的局面[3-6]。随着经济社会快速发展，北京市建设用地面积呈现快速、低效增长态势，

---

① 城市核心建成片区是指在城市建成区范围内，进一步识别处于城市中心区域、具有较高城市密度、容纳城市核心功能和设施的核心建成片区，从而更深入地认知城市中心区域的建设强度和人口密度水平。

新增用地的人口密度和经济产出水平均明显低于原有用地绩效。同时,单中心的城市蔓延大大加重了城市交通负担,并占用了大量耕地和开敞空间,对农业、环境和城市生活质量均存在明显的负面影响。

广州市自20世纪70年代末改革开放以来,进入了城市化的加速发展时期,城市人口和空间范围加速扩张。广州的城市空间结构自20世纪70年代开始向东部延伸,80年代以后向外高速扩展,90年代末已经形成阶段的延绵范围,城市蔓延的现象明显[7,8]。人口密度和建筑密度的总体趋势都呈现出由中心区的高密度向外围地区的中、低密度圈层式蔓延的趋势特征。伴随着城市的蔓延,广州面临着生态环境恶化、水质性和资源性缺水加剧、耕地和绿地减少、交通状况恶化等城市问题,城市的健康可持续发展受到挑战。

2. 各类新城新区建设进一步拉大了城市发展框架

以各种类型开发区为代表的新城新区建设,是中国改革开放以来推动经济发展的重要手段,对城市的空间结构也带来深远影响。特别是1992年邓小平"南方谈话"之后,各地开发区设置数量呈现快速增长态势,仅1992—1993年一年时间,全国设立县级以上开发区6 000多个,占地1.5万平方公里,比当时城市建设用地总面积还多0.16万平方公里,先后呈现出经济特区、开发区、旅游度假区、大学城、产业新城、综合新城新区等众多形态[9]。截至2018年年底,全国各级各类新城新区数量多达3 846个,批复面积约7.5万平方公里,规划面积约14.8万平方公里,规划建设用地面积约7.3万平方公里,已建面积约2.9万平方公里,规划人口约4.3亿,现状人口约1.55亿[10](表2-2-3)。一般而言,新城新区往往选址和布局在既有的中心城市行政辖区范围内,以便充分借助城市已有的人才、公共服务和基础设施等优势资源,尽快发挥作用。同时,为了能够获得相对充足的发展空间,新城新区在空间上通常与主城区保持着适度的距离。

表2-2-3 全国各级各类新城新区数据汇总

级别	数量（个）	批复面积（km^2）	规划面积（km^2）	规划建设用地面积（km^2）	已建面积（km^2）	规划人口（万人）	现状人口（万人）
国家级新区	19	22 166	25 721	6 675	3 409	5 589	2 669
国家级开发区	552	5 522	29 674	16 169	7 692	9 570	3 794
省级开发区	1 991	12 652	57 806	31 221	12 346	16 340	5 661
省级以下各类新城新区	1 284	34 542	34 542	18 525	5 506	11 421	3 325
合计	3 846	74 882	147 743	72 590	28 953	42 920	15 450

数据来源:国家级新区数据根据各国家级新区规划整理汇总,国家级开发区、省级以下新城新区数据分别根据《中国开发区审核公告目录》(2018版)和2015年住建部调查数据整理汇总。

表格来源:武敏,彭小雷,叶成康,等. 国家治理视角下我国新城新区发展历程研究[J]. 城市规划学刊,2020,6(260):57-64.

上海市一直是我国新城新区建设的先行者和探索者,因此其城市空间扩展的历程也深深烙印在其新城新区发展的进程中。1984年,国家对上海城市发展的态度由原先的控制转为支持,在建设和改造中心城区的同时,有步骤地推进开发金山、宝山两翼。1990年,国家做出开发浦东的重大战略决策，同时随着金山、宝山、浦东的陆续开发，上海城市发展空间由依托黄浦江运输开始向长江之滨扩展。2000 年编制完成的《上海市城市总体规划(1999—2020)》确立了“多心、多轴、开敞”的城市基本格局，此后上海通过青浦、金山、嘉定等新城建设，引导市中心城区工业等向近郊、远郊区域转移。2006 年，上海对全市范围的城市空间结构做了进一步调整，“1-9-6-6”计划(1 个主城区、9 个新城、新城周边 60 个小规模城镇、远郊区 600 个乡镇)诞生。此后，嘉定、青浦、闵行、松江等新城建设较为明显，城市发展空间多中心特征明显。上海“十四五”规划中明确提出，建设嘉定、青浦、松江、奉贤、南汇“五大新城”。整体来看，上海 20 多年的城市空间演变史，实现了由简单的“单核扩展”模式转变为较为复杂的包括中心城区、卫星城、郊区城镇等在内的“多核扩展”模式[11]。

三、人民群众对美好生活的追求不断提高

在经济快速增长和城市建设快速推进过程中，也出现了环境恶化、交通拥堵、设施老化、城市服务能力不足、居住条件欠佳等问题。随着人民生活水平不断提高，人民渴望得到更好的教育、更可靠的社会保障、更高水平的医疗卫生服务、更舒适的居住条件、更优美的环境、更丰富的精神文化生活，还要求公共产品和服务贴合人的合理现实需求，有更多的选择甚至是定制化选择，以体现个人特色和特点[12]。因此，城市的发展也从以增量扩张为主转向以存量更新、短板弥补为主。

1. 构建全龄友好型社区生活圈的需求不断增强

社区是“老中少共享”的居住空间。高品质生活社区，应关注全龄化的三代人的生活需求，能够让居住者在其中健康生活，尽享天伦之乐。一方面，推动机构养老设施微环境适老化设计与改造，推动养老机构空间落位 15 分钟生活圈居住区，优化养老机构与社区养老服务设施的空间布局，鼓励养老机构与托幼机构联合建设，推进老旧小区小规模嵌入式养老机构建设；另一方面，关注 15 分钟儿童生活圈打造，以居民步行可达的范围为基础，综合考虑儿童步行能力，以及幼儿园、便民服务等设施的合理运行规模；道路交通方面，应合理划定道路红线及道路断面，保障儿童安全出行，提升儿童独立出行比率；开放空间方面，要明确街角口袋公园布局，为儿童提供更多安全、便利的户外活动场地。

上海的“缤纷社区行动”，在设施陈旧的老旧小区改造中增设施、补空间、提品质、优治理，并且在很大程度上关注了“宜老宜少”设施的落实。以嘉定区真新街道为例，该街道将以“15 分钟社区生活圈”建设为依托，打造全人群友好、全出行链无碍的高品质生活空间，持续优化养老、医疗、教育、商业、交通、文体等基本公共服务设施，针对老年人，着力打造“老年助餐点 + 社区食堂 + 助餐管理系统”的老年助餐服务体系，挖潜社区内的“边角料”空间，积极引导社区老人融入全年龄段社会活动；针对儿童，街道不断完善儿童活动场所及设施，努力推动实现“幼有善育、学有优教”，打造宜居、宜业、宜学、宜游的全龄友好社区服务圈。

2. 文化遗产的保护传承与活化利用得到进一步关注

文化是城市发展的恒久动力。通过新产业、新功能、新业态的导入激发老城活力，将历史空间优化成为符合现代生活品质要求的功能载体，是城市更新关注的热点。

景德镇是我国非常著名的瓷都，历经数次繁荣，留下了大量的陶瓷遗产。中华人民共和国成立后，景德镇对私营作坊进行国有化改造。沿着 20 世纪 50 年代十四大陶瓷厂发展轨迹，六七十年代无疑是陶瓷厂最兴旺的时候，景德镇在东市区筹建新型工业区，建设产学研一体的工业体系。1990 年大工业生产达到顶峰之后，国有瓷厂因受到市场经济冲击而改制、破产，厂区也随之变得破败不堪。在城市更新过程中，利用老的陶瓷厂复兴带动整个城市的复兴，对厂区环境做了整治和产业定位，植入城市商业服务设施、绿化设施、交通设施等进行织补，用以缝合城市功能。在陶溪川博物馆、美术馆改造设计中，既保护了有形要素（两栋不同年代建造的烧炼厂房、一处漏斗塔、与烧炼相关的独特历史记忆载体），又保护了无形要素（长时间段瓷业与人的密切关系、工业技术流程、工厂办社会、市民的身份认同感等）。如今的景德镇成为了国内外艺术家的聚集地，出现了以三宝陶艺村、桃院工作室、雕塑瓷厂为中心的“景漂”一族聚居群落①。

3. 有文化、有特色、可体验的消费场所受到追捧

消费成为拉动经济增长最主要的力量。伴随着城市服务主体从“50 后”“60 后”转变为“70 后”“80 后”乃至“90 后”，以及中产阶级群体的不断壮大，社会需求将不断向优质化、人性化、个性化、多样化转变，从“有没有”到“好不好”，从“差不多”到“更舒适”，从“都一样”到“求不同”，基于消费升级的美好生活需要，旅游、文化、体验经济等方面的消费贡献将大幅提高，房地产开发投资、制造业投资以及基建投资增速都将回落，哪个城市拥有丰富的自然资源和文化资源，哪个城市能够创造出空间设施与功能、文化、生活等相互融合的、各具特色的、功能多样的“场景”，哪个城市就能在新时期的竞争中获得制胜筹码。

成都猛追湾原是一个衰退的滨河老街区，是东郊工业区的门户，一条交通道路阻隔了街区的亲水性，实施城市更新行动后，它成为了成都的城市名片，是成都著名、全国闻名的活力休闲区，也是成都市应对市场消费新需求、坚定实施扩大内需战略的一个鲜活的成功案例。

第三节　城市复合交通网络在城市化过程中发挥重要作用

城市复合交通网络涉及城市土地资源利用，受到城市经济发展的影响，与城市居民的居住方式、出行方式的选择密切相关，同时也影响着城市生态环境质量。因此，城市复合交通网络是城市复杂有机体的重要子系统，在维系城市运转、经济增长、社会发展等方面发挥着重要的基础性作用。

城市复合交通网络是支撑城市有序发展的重要组成部分。改革开放以来，伴随着我国城镇化和机动化的快速发展，我国城市交通经历了 20 世纪 80 年代的“自行车王国”、90 年代的机动化交通兴起、2000 年后的机动化交通迅速发展以及当前大城市交通拥堵常态化等发展阶段，城市交通基础设施规模和服务水平得到显著提升，居民出行方式逐步多样化，城市交通政

① 主要观点来自清华大学张杰教授在“2016（第十一届）城市发展与规划大会”的“历史文化名城保护”分论坛的演讲报告。

策日趋科学，城市复合交通网络在城市经济、社会现代化进程中发挥着更加重要的支撑作用。同时，城市交通作为新技术、新服务、新模式广泛应用的领域，是进一步推动城市科学发展的重要力量。无论是从关注城市的物质和空间形态，还是从建设智慧城市的角度，城市交通都直接关系到完善城市化战略的实施。

城市交通问题的解决也依赖城市综合治理能力的提升。目前城市交通面临的挑战，如规模的扩张带来的通勤困难、交通技术的创新、交通可持续发展、交通系统的风险应急、多元化的治理等问题，涉及政策法律、经济、环境等多个领域，需要进一步融合城市规划、公共管理、地理学等人文社会属性较强的知识和方法，总结过去一段时期的经验与教训，转变现状主要依靠设施供给的城市交通发展模式，引入可持续城市交通发展理念，真正体现“以人为本”。城市交通治理水平的提升有利于完善城市公共治理体系，创新城市交通治理范式，成为国家治理现代化水平和城市治理现代化能力提升的标杆。

一、服务和满足人的出行需求

城市是满足人民群众美好生活的家园①，这是城市最本质的属性。现代化城市的公共服务规划与配置，应充分考虑市政基础、公共服务设施、生活配套等的空间分布与功能优化，为人口流动、产业重构等创造条件，以优质的公共服务提高城市的综合承载能力。因此，城市交通的本质要求不仅仅是车辆的移动，而是服务于人的需求和组织支持城市的可持续运行，研究城市交通要从道路和交通工具的发展导向，转为更注重城市宜居、宜业的高质量发展。

1. 满足居民多样化出行需求，优先保障就业和生活出行需求

城市交通是保障居民获得就业机会和生活服务的支撑，是影响人民生活质量的重要方面。就业需求的本质是产业发展和就业岗位，生活需求指衣食住行的基本需求和教育、医疗、休憩等社会服务需求。

根据马尔凯蒂定律，无论交通系统变得如何四通八达，1 小时左右平均通勤时间保持基本稳定。北京市地铁刷卡数据也呈现出类似的“45 分钟定律”，即 45 分钟的地铁内通勤时间(进站点到出站点的时间)已逼近北京居民可忍受通勤时间的极限。将通勤时间控制在合理的范围内，是保证生活质量的重要前提。

生活类弹性出行的时长关系到居民生活质量的改善。技术创新和社会进步释放出更多闲暇时间，与通勤交通、生活交通相比，闲暇时间的交通需求更加重视舒适性、安全性、个性化、可达性和体验性等方面。

2. 支持城市人口集聚和缓解过度集聚带来的负外部性

良好的城市交通服务成为吸引人才的重要手段。城市之间的竞争，不仅需要关注资本、技术、投资环境或者劳动力成本，更要强调对人才的吸引。便捷高效的城市交通支撑下的人力资

---

① 《中共中央　国务院关于进一步加强城市规划建设管理工作的若干意见》提出了城市规划建设管理的总体目标是“实现城市有序建设、适度开发、高效运行，努力打造和谐宜居、富有活力、各具特色的现代化城市，让人民生活更美好”。

本集聚,有助于重塑未来经济发展的空间格局。随着城市人口受教育程度提升,其可获得的工作机会增加,对快速舒适直达的通勤工具以及高品质的交通服务需求也逐步提高。根据深圳光明科学城的调研,以科研人员为代表的人才出行具有“出行+公务+通勤”需求多样化、出行时间灵活等特征,同时对公共交通便捷程度和绿色出行具有较高的要求。伦敦、东京、巴黎等世界城市普遍重视公共交通系统和慢行交通网络建设,将城市交通服务水平的提升作为吸引人才的重要手段。

服务于人口向大城市及周边地区集聚。随着人口向大城市及其周边区域集聚,人口流动性增强,居民日常出行范围扩大,出行距离增长。2020 年北京市平均通勤距离为 11.1 公里,比 2010 年增加 2.7 公里。城市交通固定资产投资重点也相应地由“十五”之前的道路建设,转变为当前的公共交通尤其是轨道交通建设,有效缓解了人口过度集聚带来的负外部性(图 2-2-2)。大城市一部分人开始跨城通勤,进一步扩大了出行范围。通过对北京、上海、广州、成都、武汉、西安、郑州等城市 3.2 亿通勤人群的大数据实证研究发现,中国主要城市的都市圈通勤空间可分为以城市轨道交通、城市高(快)速路和地面道路为主要支撑的客运 1 小时交通圈,空间范围在 60 公里左右;以及由高速铁路、城际铁路和市域轨道快线(含市郊铁路)为主导的城际铁路 1 小时交通圈,空间范围在 50～200 公里。区域综合交通廊道有效加强了周边地区与核心城市之间的交通联系,有利于发挥核心城市的辐射带动作用,进而推动城市群及都市圈协调发展。

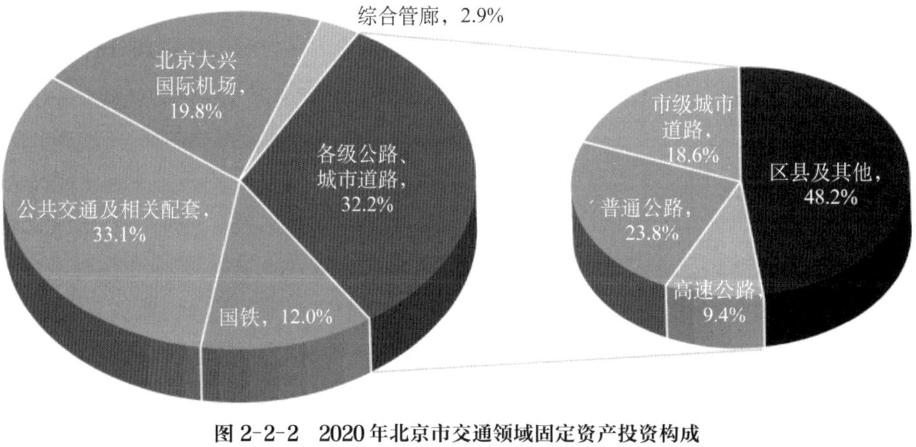

图 2-2-2　2020 年北京市交通领域固定资产投资构成

资料来源:北京交通发展研究院《2021 年北京交通发展年度报告》。

服务县域城乡一体化发展。根据第七次全国人口普查,在省会城市引领全国城镇人口增长的同时,县城人口占比略有提高,县城作为就近城镇化主要载体的功能进一步凸显,“城乡双栖”“城乡通勤”成为县域城镇化的新模式。根据山东省高唐、邹平等地的调研,城乡之间社会经济活动联系紧密,每日在县城和乡村之间往返的务工农民工占比达到 70%～80%,生活在农村、工作在县城成为常态现象并将长期存在[13]。需要通过县城“生活圈”和“通勤圈”建设弹性的城乡关系,促进城乡人口和要素的自由流动,形成与之相适应的城乡复合交通网络。

3. 服务居民差异化、个性化的需求

作为城市的基本功能之一，城市交通应保障人人享有可持续的出行服务，以服务人的活动需求为导向，以保障交通公平性和社会包容性为前提。随着社会经济的快速发展，中小城市吸纳农村劳动力的数量不断增加，大量务工农民居住在农村、工作在城市，以至于城乡之间出现了较强的通勤联系。城市需要为务工的农业转移人口提供与市民无差别的交通服务，满足城乡双栖、就近城镇化的群体的出行需求。从人口结构上看，随着老龄化社会的不断发展，城市交通还面临着如何为老年人提供安全、可靠、便利的交通服务问题。要通过法律制度、技术创新、社会保障等各种途径改善弱势群体的交通服务水平，推动经济社会包容性发展。

4. 城市交通出行需求结构、内涵等特征正在发生深刻变革

随着生活水平从生存型、温饱型向发展型、美好型转变，城市交通要从满足基本出行、快捷出行转换到交通出行品质的提升上来，由单一的、固定的、有限的交通供给，转向多元的、定制的、弹性的供给模式，注重品质提升。大城市居民出行次数增多、出行距离显著增长，出行方式呈现多样化态势。出行目的多样化使通勤、通学等基本需求占比减小，购物、休闲出行等生活需求日益增长。

此外，信息化、“互联网＋”深刻改变了人的思维模式，人们对交通信息的需求和交通方式的要求也有所提高，更加强调即时性、开放性、利他性和体验性等。信息技术改变了人的生产生活方式，培养了人们全新的工作、生活、出行习惯等，进而影响了出行需求特征。信息技术将带来超越距离的新工作场景，例如虚拟视觉的办公及会议系统催生新的自由职业，使工作和生活的边界逐渐模糊；同时也改变着交通供给方式和物理设施空间需求，例如自动驾驶汽车的高效性能，对道路空间、停车空间的需求大幅下降，省下来的空间可以用作卸客车道、人行道或自行车道。

二、支撑城市高效、安全、低碳运转

1. 支撑城市空间结构的优化和拓展

同样是通过交通基础设施影响城市空间结构，美国纽约的公路促使其人口不断由中心区域向城市郊区扩散，形成低密度向外分散的摊大饼式发展模式；香港通过土地和交通的联合发展，形成了以原集聚地为中心、交通干线为射线的外延发展状态；日本政府利用轨道交通采取了培育城市副中心的措施，促进东京形成东京都心、城市副中心、外围新城的空间格局。随着城市发展，交通对空间、土地使用的导向性作用日益凸显。交通系统的更新与发展为城市空间结构的调整提供了必须的客观条件，使其空间拓展和重组成为可能。需要充分发挥交通对城市发展的引导和支撑作用，推行以公共交通为导向的发展模式（TOD），探索轨道交通与沿线土地“捆绑”的建设开发模式。

如厦门通过轨道交通、快速公交（BRT）推进城市发展跳出本岛向岛外拓展，通过 BRT1 号线推动岛外集美区大学城、软件园等功能组团迅速发展，并通过持续的轨道交通建设支撑人口和产业向岛外集美、海沧、翔安等地区疏解。根据《2020 年度厦门城市交通发展报告》，

2020 年厦门跨岛出行日均百万人次，本岛以慢行和公交出行为主，绿色出行比例为 76%，远高于岛外和进出岛交通。

深圳通过推动多中心组团式发展，减少长距离出行需求。《深圳市城市总体规划(2010—2020 年)》明确建立三级城市中心体系，包括 2 个城市主中心、5 个城市副中心、8 个组团中心(图 2-2-3)。尽管现状城市空间形态并未完全按照规划意图发展，商业、办公等业态仍相对集中于中心城区，但基本实现了组团化发展的意图，形成了沿深南大道轴线串联的带状组团城市格局，居住与就业在轴线两侧交错布局。轴线上通过轨道交通一、二期线路形成的公共交通组织较好地承担了沿线居民日常出行需求。调查数据显示，得益于多中心组团式的城市空间发展结构，深圳市超过 50% 的机动化出行均在组团内完成，居民日常通勤距离约为 11 公里，远低于北京(18.9 公里)、上海(17.2 公里)、广州(18 公里)。

图 2-2-3　深圳市中心体系布局

2. 保障城市高效安全运转

一是形成合理的物流集疏运体系，保障城市生活、生产物资的便捷及时可达和外运。当前产业结构升级和转型引起交通服务对象和服务内容发生变化。在以要素驱动、投资驱动为主导的产业发展过程中，交通运输服务表现出集中式、大运量、粗放型的特点。在以创新驱动为特征的新经济模式下，产业升级和转型将引起客货运输需求在量级和结构方面发生巨大变化。运输量的增长速度放缓甚至有下降的可能性，客货运输需求的时效性、可靠性要求更高，服务形式和服务范围需求也呈现多样化特征。

二是实现城市化地区的就业中心、交通枢纽地区、创新创意中心、研发科创、金融商务等城市和区域功能节点之间的便捷联系，支持城市第三产业的发展。产业发展带动人口集聚，增加城市交通多元化需求。研究表明，创新型高科技产业对就业人口的乘数效应明显高于物流业、制造业、资源加工等行业。因此，产业升级和转型不仅不会导致就业人口减少，反而会因为生产分工的细化创造出更多的就业需求，并吸引人口向产业优势地区和城市创新中心集聚。一方面，农业转移人口进城，推动城市交通总需求的上升；另一方面，高端人才向创新环境好、生活质量高、交通服务便捷的地域集聚，要求城市交通服务的质量必须提升。

3. 支撑城市中心地区的有机更新，实现城市交通与用地功能相协调

城市更新背景下，交通关注出行结构的优化、出行环境的改善和街道活力的激活，主张从人的视角出发，提倡绿色交通优先、美好的交通体验、人的道路空间和保护社会肌理等，采用人性化、渐进式、综合系统、因地制宜的方法。

在中微观层面的实践中，海南省三亚市解放路综合整治探索了街道综合整治的价值理念、技术方法与实施策略，通过人性化、渐进式的街道空间整治提升，提出从规划、建设、管理三个方面开展街道空间环境的整治工作路线方法。

在宏观层面的实践中，陕西省延安市老城区交通综合整治，围绕“道路短缺、拥堵堪忧”和“居游混治、品质不足”两个方面的核心问题，提出了“边救急、边织梦”的整治思路。“救急”即补短板、促公平，从解决现状交通问题出发，统筹协调各种交通方式出行，完善各类交通设施。“织梦”即调结构、促发展，倡导以人为本、绿色出行的交通发展理念，向绿色交通设施供给倾斜、保障慢行通道网络，逐步引导向“人本位”的交通模式转变。

深圳火车站片区位于深圳市罗湖中心区，被认为是粤港澳大湾区最具发展潜力的地区之一，该片区的城市更新利用罗湖毗邻香港的区位与交通优势，在火车站与口岸不停运的前提下升级改造，并结合片区城市更新盘活片区的低效空间，推动交通功能与城市综合服务功能的融合，将片区打造成为融入服务粤港澳大湾区建设、深港两地交流互动的活力门户以及示范性的特区窗口，提升片区在粤港澳大湾区的影响力和吸引力(图 2-2-4)。

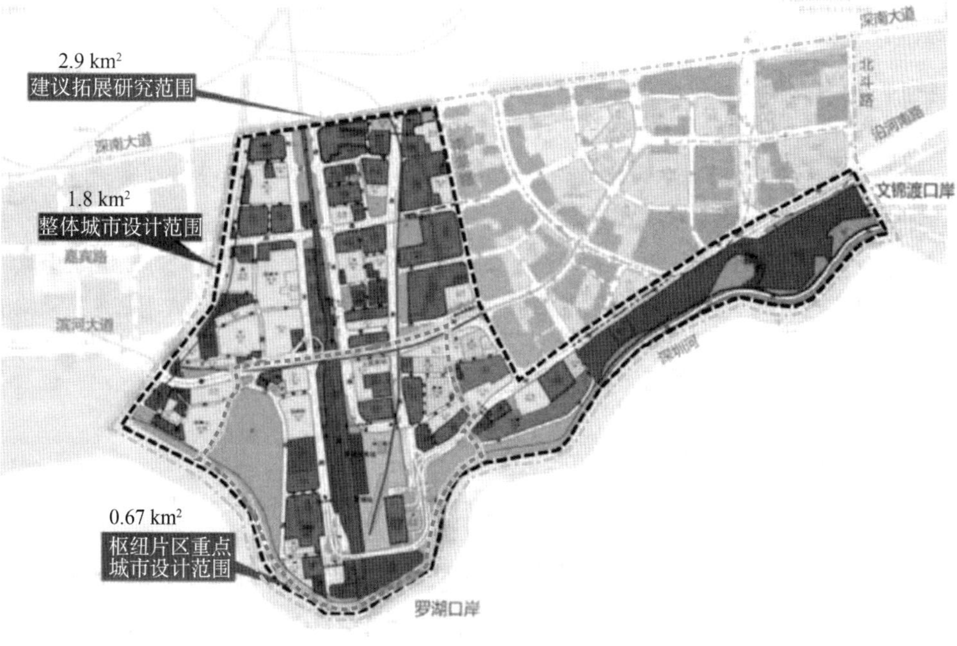

图 2-2-4　深圳火车站与罗湖口岸片区更新范围

4. 城市交通领域是实现“双碳”目标的重要贡献者和推动者

城市碳排放是全球碳排放最重要的组成部分。国际能源署预测全球城市碳排放将以年均 1.8%的速度增长,2030 年其全球碳排放量占比将达到 76%。与此同时,全球城市化背景下,城市规模还将进一步扩大。联合国曾预测,2050 年近 68%的人口将居住在城市。因此,将城市作为分析单元研究碳排放显得愈发重要。

交通运输赋予城市活力,保障城市经济与社会活动的正常运行,但与此同时也成为了城市的主要碳排放源之一。在已经完成工业化进程的国际大城市中,交通运输行业的碳排放往往占据碳排放总量 1/4 左右的比重(表 2-2-4),且交通运输行业的碳排放具有很大的惯性。正因为如此,交通运输成为实现“双碳”目标的重要领域。

表 2-2-4 国际大城市碳排放结构对比表

<table>
<tr><th colspan="3">城市</th><th>纽约</th><th>伦敦</th><th>东京都</th><th>巴黎大区</th><th>芝加哥</th><th>洛杉矶</th></tr>
<tr><td colspan="3">碳排放量(百万吨二氧化碳当量)</td><td>55.11</td><td>32.37</td><td>64.85</td><td>41.00</td><td>31.04</td><td>26.70</td></tr>
<tr><td rowspan="7">细分部门碳排放</td><td rowspan="4">固定源</td><td>住宅</td><td>31.20%</td><td>32.80%</td><td>29.20%</td><td rowspan="2">48.00%</td><td>26.90%</td><td rowspan="2">41%</td></tr>
<tr><td>商业</td><td>27.50%</td><td rowspan="2">32.40%</td><td>43.60%</td><td>24.80%</td></tr>
<tr><td>工业和建造</td><td>8.10%</td><td>7.4%</td><td>11.30%</td><td>16.60%</td><td rowspan="2">31%</td></tr>
<tr><td>逃逸和损耗</td><td>0.90%</td><td>—</td><td>—</td><td>—</td><td>0.70%</td></tr>
<tr><td colspan="2">交通运输</td><td>28.40%</td><td>25.00%</td><td>16.70%</td><td>29.70%</td><td>24.20%</td><td>21.00%</td></tr>
<tr><td colspan="2">废物</td><td>3.90%</td><td>3.60%</td><td>3.00%</td><td>4.20%</td><td>6.70%</td><td>7%</td></tr>
<tr><td colspan="2">其他</td><td>—</td><td>6.10%</td><td></td><td>6.80%</td><td>—</td><td>—</td></tr>
</table>

资料来源:金昱. 国际大城市交通碳排放特征及减碳策略比较研究[J]. 国际城市规划,2022,37(2):25-33.

配合“双碳”目标的城市交通行动,需要在基础设施建设、空间活动组织和交通方式引导等领域展开。一是在交通基础设施建设过程中不仅要注意工程本身减少碳排放,而且要在前期工作中加强必要性论证,避免过度建设。二是发展低碳交通模式,包括公共交通、慢行交通、清洁能源交通等一系列交通运输方式,以降低交通运输工具温室气体排放量为直接目标,最终实现交通领域全周期全产业链的低碳发展,促进社会经济发展的低碳转型。三是减小城市物流对环境的负面影响,绿色物流作为一种基于可持续发展思想、追求环境友好、资源节约的物流方式,正在受到世界各国的重视。

三、推动城市治理能力和水平的提高

1. 城市交通问题的复杂性,要求部门加强协作

交通问题日趋复杂,涉及多方利益和诉求,不仅社会各界对交通认识差别大,政府各相关职能部门对需求管理、公交优先、停车、步行和自行车等重大交通工作的认识也不统一,导致各自的工作目标不一致,在规划、建设、运营等各个阶段都存在各自为政、协调困难等情况,严重影响相关决策的准确性和实效性,极易造成实施走样乃至重大工程存在功能缺陷、效率低下、

浪费巨大等问题。因此，必须采取交通综合治理模式，以公共政策作为抓手，以协同实施机制作为工作组织保障，有效提升城市交通建设、管理和服务水平。以北京市停车管理为例，由于涉及规划、建设、审批、收费、城管、治安消防等众多环节，市发改委、市交通委、市建委、市交管局等 16 个部门和机构都承担着相关的管理职能（图 2-2-5），如果不加强部门协作，停车管理工作就无法正常开展。

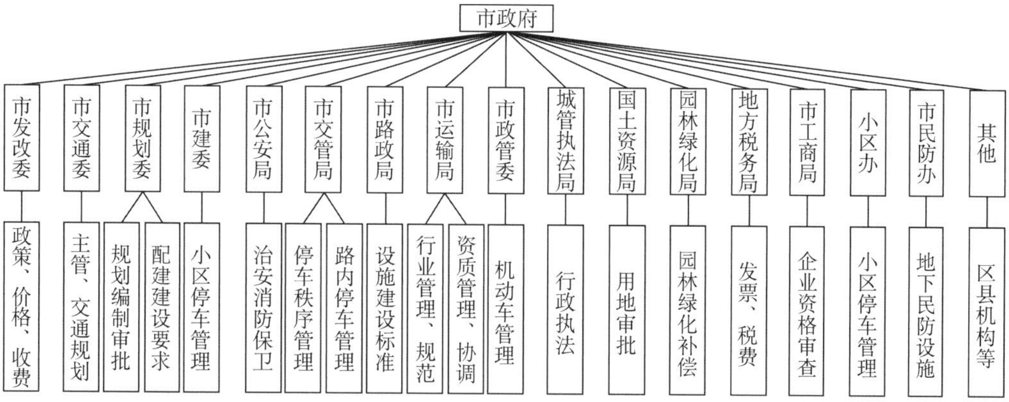

图 2-2-5　北京市停车管理组织机构

2. 城市交通的“区域化”，要求加强城市间的协作

当前跨行政区划的都市圈交通正在快速形成和发展，这是中心城市发展壮大、功能外溢的必然结果。城市交通的“区域化”要求加强城市间协作，不仅是区域交通设施的互联互通，还包含运输资源整合、信息互联及数据共享、法规标准统一互认、管理体制机制协同等方面的一体化要求。同时也不仅是交通体系内部的一体化，还要关注交通体系内外要素之间的一体化，包括交通目标与区域目标的一致性，交通与区域、产业、空间、环境、人口等要素的协调性，体现区域一体化多元目标的统筹和公共政策的平衡。当前城市交通的“区域化”主要有以下三种表现形式。

（1）中心城区向心为主导的跨市通勤。廊坊市“北三县”地区与北京跨界联系紧密，抽样数据显示，从北三县前往北京城六区的就业人口占其总工作人口的 30% 以上，每日跨界迁徙强度高达 40 万人次。2020 年 3 月 17 日，国家发改委发布了《北京市通州区与河北省三河、大厂、香河三县市协同发展规划》，要求按照网络化布局、智能化管理、一体化服务的要求，率先破解交通瓶颈，打造安全、高效、便捷、绿色、智能的区域复合交通体系。但在通勤需求巨大的背景下，跨界公共交通设施和服务供给不足，城际公交面临速度慢、乘车难、检查站效率低等问题。

（2）双向联系的边界跨城通勤。上海周边城市与上海之间的跨城通勤者数量逾 5.7 万人，其中上海中心城区跨城通勤者仅为 1.4 万人，大多数为市界边缘的跨城通勤且存在双向联系特征（图 2-2-6）。各城市流入上海的通勤人员在外围城区主要分布在相邻郊区的工业园区内。

（3）高度一体化的跨市交通网络。根据《2020 年广州市交通发展年报》，近年来广州与湾

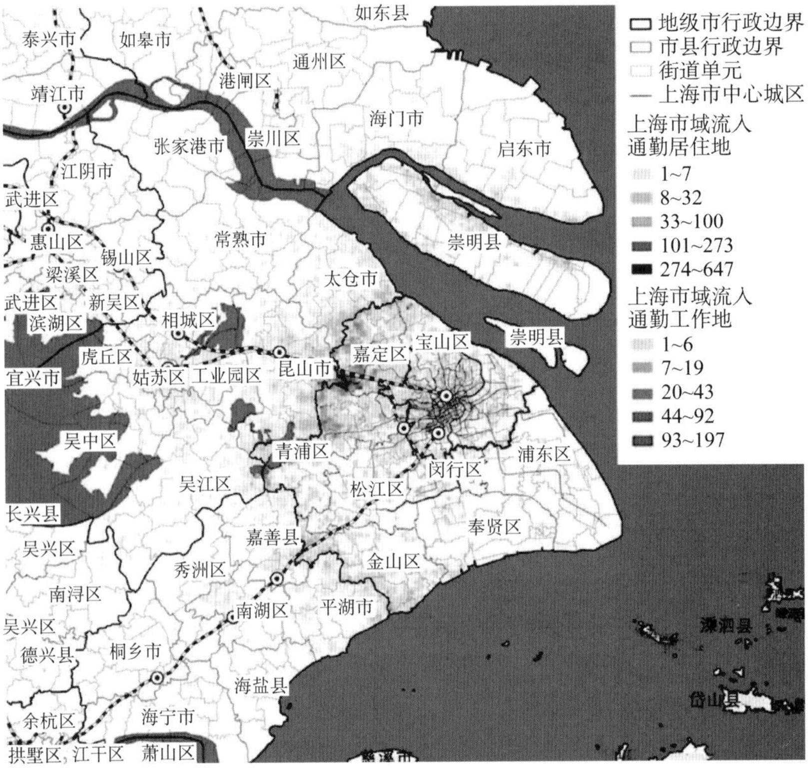

图 2-2-6 上海市域跨城流入通勤空间分布

资料来源:同济大学建筑与城市规划学院《2019 长三角城市跨城通勤年度报告》。

区城市的交通联系日渐密切,其中广佛双城通勤日均出行人数达到 176.3 万人(图 2-2-7)。广佛交通同城化为全国都市圈交通一体化提供了"广佛样板",具有三个明显特征:一是"双向对等",广佛之间的通勤人口中,居住在广州就业于佛山的约占 40%,居住在佛山就业于广州的约占 60%,双向通勤特征明显,并非简单的居住蔓延带来的单向吸引模式。二是"枢纽共享",佛山客流占白云机场和广州南站现状总客流的近 20%,在周边城市中最多;88% 的佛山客流可在 45 分钟内到达广州南站,佛山居民使用广州枢纽十分便捷。三是"交往同城",全广东省各市间客流交换量广佛最高,达到 176 万人次,是广州对外出行总量的 44%、佛山对外出行总量的 56%,比深莞客流交换量高出 46%,与广州市内跨区出行(中心城区往白云区、番禺区)量级相当。

3. 城市交通应促进城市资源配置的优化

在新型城镇化的发展背景下,城市人口仍将继续增长,城市交通需求总量增加的态势不变。然而在城市的土地、环境资源有限的约束下,城市基础设施的建设速度和规模会放缓。供给侧结构性改革对城市交通而言,必然是体现在对存量交通资源的重构优化以及运行调控,来实现城市交通的高效运行从而支撑城市的健康可持续发展,个性化、多元化的出行需求要求城市交通出行环境更加包容化、精细化和差别化。

(1) 关注 15 分钟生活圈,实现合理的通勤时间,是提高城市生活品质的重要内容。

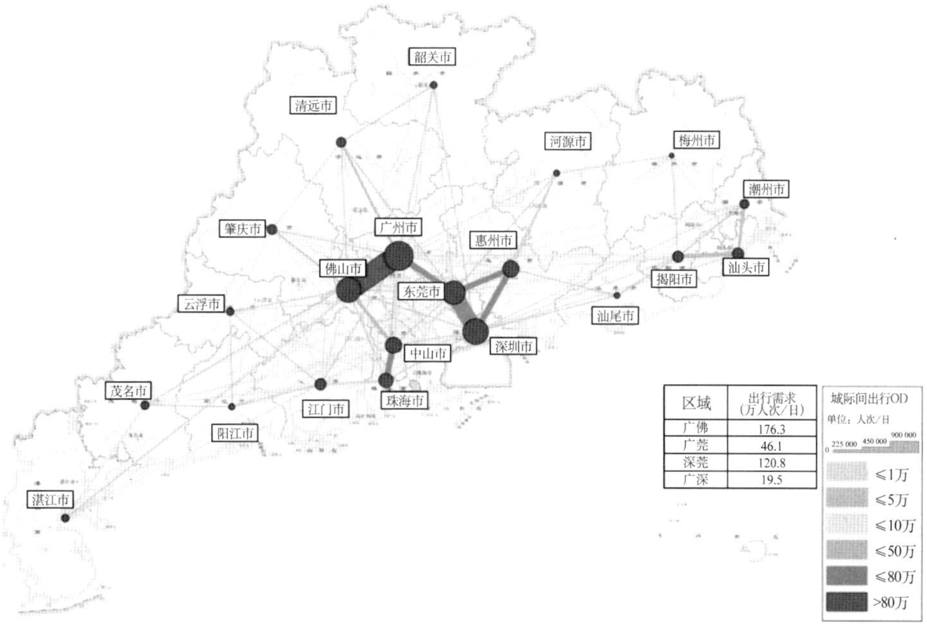

区域	出行需求(万人次/日)
广佛	176.3
广莞	46.1
深莞	120.8
广深	19.5

图 2-2-7　广东省内各城市对外出行 OD 分布图

资料来源:《2020 年广州市交通发展年度报告》。

世界大城市的发展规律表明,城市通勤出行一般在“1 小时”以内,尊重此项规律,依托既有建成区开发的工业区或新区,不宜远离建成区超过通勤时间 60 分钟,即使选择快速轨道交通出行,距离也不宜超过 30 公里,否则工业区、新区会因与既有建成区互动不充分而难以成功。

当前我国大城市正在逐步呈现通勤交通和生活性交通空间演变的两元化,在职住分离带来的长距离通勤出行不断增加的同时,生活类弹性出行的时耗趋于稳定——在 30 分钟以内。尊重此规律,需要做好公共设施的合理配置与生活设施的配套和完善,以“就近购物、就近活动”为原则,着力提高居住区周边生活出行的便利性。我国在研究社区与交通的互动关系中,提出了“开放街区”“15 分钟生活圈”等概念,各个城市也紧追“道路”向“街道”转变的理念,发布了街道设计导则,进一步提高了城市生活品质,其中的重点在于基于人的生活活动特征和需求优化调整空间供给,如增加以自行车、步行为主要出行方式的公共活动空间,并提供满足人们的基本生活需求、就近就医以及通勤接驳服务的出行环境,提升自行车、步行出行品质。

(2) 兼顾公平、效率与效益,实现交通与经济社会、资源环境的良性循环。

城市复合交通网络是经济社会的大动脉和城市活动的基本支撑,其发展需要将交通与用地、经济、社会、资源、环境等诸多领域紧密结合在一起,从而促进城市全面发展。1995 年发布的《北京宣言:中国城市交通发展战略》已经指明我国城市交通发展的政策和规划应当统筹考虑经济、社会、资源环境的可持续,并符合经济的可行性、财政的可承受性、社会的可接受性、环境的可持续性四项原则。

经济和财政的可持续是指城市复合交通网络的正常运行和扩展,必须依靠足够的交通投入,应该优先投资经济效益最高的项目;且在切实可行的投资策略基础上,制定交通系统规划和项目计划。社会的可持续是指交通服务应当满足社会各个方面的需求，每一个阶层都能平等地共享有限的交通空间，尽量减少交通对社会的负面效应。资源环境的可持续是指有效利用城市土地资源，减少能源消耗和环境污染排放量，达到节能减排的环保目标，并为市民创造宜人的交通空间。

在制定城市交通政策时，应注重兼顾公平、效率与效益。在公平方面，交通基础设施的建设、道路空间的分配兼顾各社会阶层、不同收入群体、各种出行方式出行者的利益，尤其注重满足广大公众的交通需求；在效率方面，注重发展集约、高效的交通方式，如轨道交通、BRT 等大容量交通工具，在有限道路面积的约束下提供尽可能多的交通服务；在效益方面，注重加强交通与土地使用、产业布局的紧密结合，通过轨道交通周边高强度的土地开发，缩短通勤距离，减少无效交通，实现城市整体效益的提升。

(3) 面向公平，应对不同的群体诉求，如低收入、老龄化群体等，合理地分配路权，实现城市包容性发展。

城市道路是公有、公开、公用的，而且资源有限，路权划分是处理不同交通方式关系的核心问题。路权划分的原则应该是兼顾公平和效率，并坚持社会公平优先。应根据人的数量而不是车的数量分配路权空间，保障所有交通参与者的道路通行与使用权益，特别是维护和保障公共交通、步行和自行车交通的路权。提供不同类型的交通供给能诱发和支撑不同类型的交通需求。实行需求引导型供给策略，把有限的道路通行空间优先配置给步行、自行车和公共交通等绿色交通方式，会诱使人们选择绿色交通方式出行，大幅度提高交通空间利用效率。

广州快速公交(BRT)试验线位于中山大道，全长 22.9 公里，其不仅仅是一项交通改善项目，而且为城市的综合改造提供了契机。该系统的实施对于改善交通条件，方便市民出行具有重要意义。该工程实施后大大改善了公共交通系统的服务水平，缩短了乘客行程时间，全年节省时间高达 3 000 万乘客小时，直接社会经济价值超过 8 亿人民币，并通过改善交通秩序，实现了公交车和社会车辆的双赢。同时，BRT 系统的实施与道路的综合景观整治、升级改造、行人公共空间等整合在一起，使城市景观得到整体提升。2011 年 1 月，广州由于成功实施了中山大道 BRT 系统，并实现了 BRT 系统与公共自行车、绿道、步行空间等多模式整合，获得了 2011 年可持续交通奖和联合国颁发的“2012 年应对气候变化灯塔项目”等多个国内外大奖。

4. 城市交通应引导新技术对城市治理的激励相容

积极应对和解决共享单车、网约车等对政府治理提出的新命题，为城市在新时代的治理积累经验。近年来共享经济、移动互联网与智能手机的普及应用带来了共享交通新业态的快速发展。在 MaaS 快速发展背景下，各交通方式之间的规划、建设、监管、运营服务壁垒将全面打通，传统城市交通体系面临“洗牌”。新业态兼具“技术先进性”和“应用负外部性”双重特征，现行的政府管理架构、职能分工、管理机制、标准规范都将面临严峻挑战，城市交通系统的复杂性以及各类矛盾的严峻性将全面升级。

共享交通已成为推动出行服务变革、重塑可持续交通的重要动能和载体。作为新式交通方式加入城市复合交通网络，各类共享交通方式与既有交通方式之间形成了错综复杂的竞争、合作与互补关系，也对城市和交通系统运行产生了显著影响。尤其在资本与利益驱动下，各类共享车辆过度和无序投放造成交通拥堵、城市公共空间被挤占、资源浪费等突出问题，引起社会广泛争议，也成为当前城市治理的重点领域。如何促进共享交通新业态与城市复合交通网络、社会经济、资源环境等协同发展，最大限度发挥共享交通的社会效益，成为当前国家大力推动共享交通发展过程中亟待解决的现实问题。

四、引领和促进新型服务业发展

超大规模的消费市场，推动了我国线上购物与消费的快速发展，便捷高效的在线支付体系和城市复合交通网络是推动网络服务的重要力量。2022 年 3 月，全国快递服务企业业务量完成 59.8 亿件，同比增长 23%。而线上购物离不开物流、快递等的支撑，交通运输行业持续优化物流配送服务，支撑网络购物等新的消费模式。未来，运用好大数据、云计算、5G、人工智能等新技术，研究居民消费习惯，提高资源共享能力，降低物流成本，改进城市物流服务质量，都离不开城市复合交通网络的保障和引领。

推进交通运输与旅游体育产业、信息产业的融合，推进交通运输绿色消费等领域进行部署。一方面，通过加强城区与景区之间的交通衔接、推进旅游公路、创建以交通资源为特色的自主品牌体育赛事活动等方式，有效推进交通运输与旅游体育产业结合。另一方面，以新一代信息技术、人工智能技术为核心的新基建和绿色新能源技术，都将交通作为重要的应用场景，交通也是未来极有可能获得率先突破的先行领域。

交通在促进数字经济、绿色经济消费方面应当更多发挥引领作用。当前以数据衔接出行需求与服务资源，催生了定制公交、智能停车、智能公交、汽车维修、网络预约出租车(网约车)、互联网租赁自行车(共享单车)、小微型客车分时租赁等城市出行服务新业态。而新业态的诞生不仅促进互联网行业、大数据行业、电池产业、交通工具生产和销售等行业的发展，同时促进了各行业的科技创新。例如共享电动自行车的大规模使用，必然催生电池产业的发展。同时共享单车线下运维等工作属于劳动密集型行业，对学历、技能等方面的要求不高，可以为年龄偏大、技能不高的普通劳动者提供更多就业和增收机会，延长我国劳动力红利。

第四节　城市政府在城市交通中承担的角色和作用

一、准公共产品与城市交通

1. 公共产品的内涵

美国经济学家保罗·萨缪尔森(Paul A. Samuelson)在其《经济学与统计学评论》一书中，提出了公共产品的经典定义，即公共产品是“能将效用扩展于他人的成本为零，并且无法排除他人参与共享的一种商品”。因此，公共产品具有非竞争性和非排他性两个属性。非竞争性是指某人对该产品的消费并不会影响他人同时消费该产品，增加该产品的消费者的社会边际成本为零，或者说增加消费者不会影响既有消费者的消费数量与质量；非排他性指该产品的消费是集体进行的、共同使用的，其使用价值在不同的消费者之间不能分割，无法在技术上有效排他，或技术上可行但排他的成本过高。经济学家休·史卓顿(Hugh Stretton)和莱昂内尔·奥查德(Lionel Orchard)发展了萨缪尔森的公共产品理论，举例说明了三种类型的公共产品：一是不可排他或排他成本很高以至于难以通过市场供给的，如路灯；二是技术排他可行但习惯免费提供的，如道路；三是虽然可以有效排他但国家出于公平、公正和正义等外部性考虑而免费提供的，如义务教育、卫生防疫等。

美国经济学家詹姆斯·布坎南(James Buchanan)进一步丰富了公共产品理论。他在《俱乐部的经济理论》中提出，同时具备非竞争性和非排他性的公共产品，是纯公共产品(pure public goods)；完全由市场来决定的产品属于纯私人产品(pure private goods)；而现实中大量存在的介于纯公共产品和纯私人产品之间的产品，称为准公共产品(quasi public goods)，其不具备完全的非竞争性和非排他性，而且产品范围十分广泛。例如，有一类准公共产品不具备充分的非竞争性，即一个人的使用不能排斥他人的使用，然而它在消费上却可能存在着竞争，可能存在着"搭便车""过度使用"的问题，如水资源、灌溉渠道、森林资源等；还有一类准公共产品不具备完全的排他性，由于消费"拥挤点"的存在，往往必须通过支付费用才能使用，例如有线电视、交通、电力等。

2. 城市交通属于准公共产品

城市交通具有非竞争性和非排他性的属性，但这种非竞争性和非排他性又是不充分的，因此属于准公共产品。一方面，城市交通具有不充分的非竞争性，如公共汽车作为一种公共产品，当超过额定载客量后就会出现拥挤现象，消费者获得的效用开始降低。城市道路也是这样，超过了一定的承载量后，就会出现拥堵现象，导致使用效率下降。另一方面，城市交通具有不完全的排他性，如受交通路面宽度限制，某车在使用道路的特定路段时，就排斥其他车辆同时占有这一路段。

3. 基于准公共产品视角的城市交通思考

不同城市交通类型，其公共产品属性是有差异的。城市交通依赖的物理设施、运输组织和信息诱导的网络和设施复杂多样，不同产品和服务的非排他性和非竞争性的程度是有很大差别的。如复合交通网络中的慢行和步行交通网络，不易拥堵和饱和，道义上或者技术上也不易做到排他使用，其属性上更接近公共产品；作为静态交通服务设施的小汽车停车场，使用上容易做到排他，从竞争性上看在容量达到饱和后会使使用者效用下降，因此，其属性上就更接近私人产品。

不同城市交通类型的外部性有很大差异。如小汽车作为出行工具，虽有便捷、舒适的优势，但其给社会带来的"负外部性"长期被低估，如汽油和柴油燃烧产生的温室气体、交通拥堵、噪声、交通事故造成的伤亡、道路设施折损、城市卫生系统承担的成本，以及大量免费的路边停车空间，等等，叠加起来需要全社会共同承担的成本巨大。据维多利亚运输政策研究所(Victoria Transport Policy Institute)的研究结论，社会承担的小汽车使用成本，将达到其自身使用成本的35%。反之，人行道、骑行道、慢行系统等交通网络，需要全社会共同承担的外部性较小，可惠及的群体广泛。从地方政府的决策看，应该优先发展具有正外部性的交通方式。

城市交通，具有显著的"俱乐部"产品特征。各种类型的城市交通运输组织和服务网络，都有其合理的承载规模和容量上限。在容量饱和之前，新进入的使用者，不影响既有使用者的效用，也无须排斥他人的使用，具有纯公共产品的性质。但是，当使用者达到容量上限或者达到

"俱乐部"合理会员数量时,增加使用者将会使每个人的使用效能受到影响。因此,通过合理的方式调节需求,或者排斥部分使用者,就具有道义上的合理性,也容易获得既有使用者的支持。

技术进步会对城市交通的准公共产品属性带来影响。以城市核心区的道路网为例,其与城市化地区整体的道路网是密不可分、融为一体的,在传统的技术能力和水平上,无法单独将核心区路网进行排他性和竞争性使用,因为这会影响整体道路网的使用效率,因此,只能作为纯公共产品来使用。随着信息化水平的提高、高清摄像头的广泛分布、车牌和人脸智能识别技术的成熟,已经可以精准识别进入核心区的车辆。这样,在不影响整体路网通行效率的情况下,可以对进入核心区路网的车辆收取使用费、拥堵费,核心区路网就可以部分实现竞争性、排他性使用,纯公共产品属性的程度就会发生变化。

我国税收仍以间接税为主,在商品流转环节征税,又称流转税,在某种程度上会导致城市交通供给过度或标准过高。以 2021 年税收结构为例,我国第一大税种为增值税,占税收比重的 36.8%;第二大税种为企业所得税,占比为 24.3%;第三大税种为个人所得税,占比为 8.1%;第四大税种为消费税,占比为 8%左右。这与西方发达国家和城市,以所得税、财产税为主的直接税收体制有很大的差别。如美国个人所得税占总税收的 1/2 左右,社会保障税占总税收的 1/3 左右,公司税只占总税收的 1/10 左右。此外,我国地方政府除了税收之外,土地出让收入(即土地财政)往往占据地方财政收入的 40%左右,成为城市基础设施和公共服务支出的重要来源。因此,我国城市居民个人缴纳的个人所得税,与其享用的教育、医疗、城市交通等公共服务水平,不容易建立起关联。城市居民既没有意愿也缺乏认识和能力,将他所享用的城市交通服务水平,与其个人纳税负担建立联系。地方政府对城市交通投资的主要来源,也不依赖居民的个人所得税,因此也没有意愿和主动性,接受城市居民对交通项目投资绩效、运营可持续性等方面的约束。因此,城市政府往往愿意高标准、过度供给交通基础设施,城市居民也没有意愿去约束地方政府的投资行为,因为这与个人的税收负担没有关系。

投资渠道的多元化,影响城市交通准公共产品属性程度。随着技术进步、治理体系和治理能力变化,越来越多的社会资本、运营主体进入城市交通领域,如推动智能交通发展的,以 5G 网络、大数据计算中心等为主体的新型基础设施,以及近年来快速发展的共享单车、网约车、居民自组织的公交线网等。这些城市交通的产品类型、组织方式,有些是可以营利的,有些在财政适当补贴下可以实现可持续发展;有些可以通过政府采购方式,实现更高水平、更高质量的服务供给,等等。上述这些变化,都会使城市交通,由以往更偏近纯公共产品的程度,向更偏近私人产品的方向趋近,但不改变其准公共产品的总体性质。

二、公共政策与城市交通①

1. 我国公共政策的类型

公共政策是"政府及其部门或者行政机构运用其职能来规范、引导经济法人实体、市场主

① 本章节内容主要参考:汪光焘、周继东、沈国明等编著的《城市交通与法治》第八章"公共政策与城市交通有关法律制度设计"相关内容。

体和个人行为，以及有效调动和利用社会经济资源，从而实现公平与效率目标的主张或决定”。就性质而言，公共政策是一种政治决策，而不是法律规范[14]。从世界经济和社会发展的长期实践看，经济体制类型与公共政策选择之间有着紧密的内在联系，在公共政策的制定和决策过程中必须切实处理好与立法、市场经济、社会发展的关系。在市场经济中，一方面是日益成熟、发达的市场运作，另一方面则是日益扩展的政府活动与公共政策效应。这种“共生现象”的形成与发展，成为当下世界范围内公共政策的重要特点。

作为对法律规范的一种补充，公共政策在我国具有广泛的运用领域，概括起来主要有以下五种类型。

一是调控类公共政策，具有市场性特点。市场经济条件下，政府主要运用法律手段来管理社会经济生活，规范社会经济秩序。但由于法律所涉及的范围总是有限的，其条款也只能是原则性的，因而需要更为灵活同时又较为规范的方式来加以弥补或调节。如国家的房地产调控政策、各类市场主体的准入政策、资源的开发利用保护规定和政策等，就属于这种类型。

二是公共服务类政策，具有均等化特征。城市基础设施建设、旧城更新和老旧小区改造、交通管理、社会治安、社会保障、就业服务、文化卫生、公共交通、居民住房、教育体育等直接涉及人民群众的切身利益，是社会普遍关注的热点和社会矛盾的焦点。

三是改革类公共政策，具有创制性特点。在法治的大背景下，公共政策的改革需要以必要的授权为前提。因为改革就意味着在某个阶段、某个领域或某个地区，需要暂时“脱离”现行法律体系，进行“先行先试”，拿到“尚方宝剑”是必要的前提。在“授权改革”的时代，改革类的公共政策要在法治的大框架内进行，确保改革于法有据。

四是解决历史遗留问题的公共政策，具有历史性特点。因为部分历史遗留问题，从未被纳入法治轨道，也不属于行政复议和行政诉讼的救济范围，一直是按照“特事特办”的理念单独予以解决的。

五是临时性公共政策，具有探索性特点。如北京市政府为了在 2008 年如期、高水平举办奥运会，曾面临行政执法手段不够的现实难题，但专门为北京奥运会制定法律或行政法规又不太可能，而地方性法规所拥有的立法权限又难以适应需求。为应对上述难题，北京出台了一种临时性行政管理措施的公共政策，只在北京奥运会期间适用。

2. 公共政策在城市交通领域的应用

城市交通资源作为一种有限公共资源，其配置权是政府重大行政决策的内容之一，一般要经过公众参与、专家论证、风险评估、合法性审查和集体讨论决定五个法定程序。在城市交通资源配置与管理中，公众参与一般采取座谈会、听证会、实地走访、书面征求意见、向社会公开征求意见等多种方式，充分听取社会各方面的意见。如上海市在公交线路停车站点设置的决策过程中，就举行了听证会，充分听取沿线居民的意见；城市交通资源配置涉及交通、财政、规划、土地、建设、发展改革、公安交通等多个部门，涉及多个专业性和技术性较强的决策事项，需要充分听取相关专家、专业机构的意见，增强决策的科学性；城市交通虽然属于公益性的公共产品，但也会面临公共财政、公共安全、生态环境、“邻避效应”、社会稳定等多方面的风险，需要加强风险评估来加以防范；城市交通资源配置还需要遵循《城乡规划法》《预算法》《道路交通安全法》《城市轨道交通安全法》《公路法》《道路运输管理条例》等一系列法律、行政法规的相关规定，需要进行合法合规性审查；城市交通资源配置还要由集体讨论决定，经决策机关常务会议或者全体会议讨论，行政首长在集体讨论的基础上作出最终决定。

在城市交通资源配置与管理中，政府主要运用三种公共政策：一是公共服务类公共政策，如对交通工具实行总量控制，避免恶性竞争，确保有序、高效使用有限的城市道路资源和人行道资源，许多城市对出租车、共享单车实行总量控制都属于这种性质；二是改革类公共政策，如对机动车额度投放进行控制，通过摇号、拍牌等方式限制拥有机动车；三是临时性公共政策，如许多城市都不可避免地要在重大节庆期间，对城市交通进行临时性调整，通过发布通告，封闭一些城市道路实行交通管制，以确保重大节庆活动的顺利开展。这类通告的法律属性就是临时性公共政策。

3. 城市交通公共政策要处理好五个关系

一是坚持以人为本。城市交通设施设备，作为城市公共产品和公共服务的重要内容，把是否满足人民群众的出行需求，是否为人民群众提供了高效、便捷、畅通的城市交通服务作为衡量相关工作的指标。需要建立必要的群众满意度调查机制，及时了解掌握居民对城市交通的意见和建议，作为制定相关公共政策、改造政府工作的重要依据。

二是实现公共政策与立法规范的有机衔接。城市交通领域的公共政策，难免要突破现行的法律法规，但又不能违背立法目的和立法原则，不能违背法理，需要守住法治统一的底线。这是公共政策制定的一个难点，需要把握好分寸，平衡好与现行法律规范之间的关系，使城市交通的公共政策在交通领域法律体系的总体框架内适度自主地运行。如法律强调绿色出行、公交优先，但在目前的社会背景下，无法对这些原则作出严苛的法律责任设定。而通过城市交通领域的公共政策的制定，以公共财政补贴等为支撑，对做到绿色出行和公交优先的行为实施优待和激励，就能实现法律法规设定的目标，实现与法律的有机衔接。

三是实现公共政策对市场调节的有效弥补。一方面，政府有效、适度的宏观经济调控和公共政策选择，对于保持对城市交通公共产品的有效提供，进而保障社会经济的可持续发展，形成较强的市场竞争能力是必不可少的；另一方面，公共政策调节始终以弥补市场缺陷为出发点，以市场机制作用的正常、有效发挥为归宿。这意味着，城市交通领域的公共政策是以市场机制作用的正常发挥为底线的，而不能替代市场的效率功能。

四是坚持公共政策以效率与公平为目标。就城市交通领域而言，社会公共产品、公共服务提供不充分，致使投资者缺乏必要的生产经营环境和基础性条件，或者公共产品不能以营利为目的，导致缺乏必要的利益激励机制，都会导致城市交通产品与服务的低效率。要矫正上述问题，只能发挥政府这只“看得见的手”的作用，用公共政策来调节。城市交通领域的资源配置与管理，既要追求经济效益，避免无谓的资源浪费，又要注重社会效益，实现经济效益与社会效益的高度统一，这是纯市场产品与公共产品的最大区别。因此，要在保持效率的同时，促进公平，这是城市交通领域公共政策始终要追求的目标，也是城市交通作为城市重要公共产品和公共服务，本身就要求遵循均等化的公平服务原则所决定的。

五是需要平衡公共政策稳定性与动态性的关系。完善的公共政策，必要保持政策的连续性、稳定性与动态性、可变性的统一。因此，城市交通领域的公共政策，主要是解决那些不能由市场或不宜由市场去解决的难题，立足于弥补、矫治市场缺陷乃至失灵的部分，从而实现市场资源配置与政府灵活调控的最佳结合。因此，在面对新老政策过渡阶段的政策适用性竞合时，需要遵循“信赖保护原则”，即：新的公共政策出台对行政相对人不利的，应当遵循“法不溯及既往”原则；当新的公共政策出台对行政相对人有利的，应当遵循“法不溯及既往的例外”原则。这是公共政策稳定性、连续性的具体制度体现。

三、地方立法与城市交通

城市交通涉及的土地、税收、财政等重大问题属于中央事权，需要通过国家立法予以明确和规范，而城市交通的发展模式、路径选择、具体管理和治理措施等，一般属于地方事权，由市政府来统筹推进其有序发展。城市还可以根据自身实际情况，依据法律授权许可的规定，制定城市交通相应的地方性法规和政府规章。

1. 城市交通是地方立法的重要组成部分

按照我国《立法权》授权，目前我国的直辖市、“设区的市”具有地方立法权，可以根据城市发展的具体需求制定相应的地方性交通法规。一般而言，城市交通法律制度主要关注地面道路交通、快速路、公共交通、停车、物（货）流、交通秩序管理等多个系统及其相互协调。城市交通法律制度应与城市发展的目标相一致，为城市发展提供重要的制度保障。具体而言，城市交通规划制度通常影响着城市土地规划、城市发展规划等内容，往往也对城市布局和形态产生实际影响；城市交通设施建设制度须与城市财政管理制度、城市行政管理等制度相衔接，确保得到必要的资金、土地等；交通工具管理制度，如限购限行、停车收费等制度与城市居民切身利益密切相关，要与城市管理其他制度，如弹性时间工作制度、住宅设计制度相衔接；城市交通运营以及安全管理制度必须和城市街道管理、社区管理、公共安全等制度相配套协调。

从地方政府根据具体需求制定的城市交通地方性法规看，其表现形式非常多样。从调整的交通方式看，有对不同交通方式进行的立法，例如城市轨道安全保护法律制度、无人机管理制度；从城市交通法律制度调整内容来看，其基本涵盖了城市交通的规划制度、设施建设制度、工具管理制度、运营管理制度、安全管理制度等方面。在具体交通制度规定中，针对城市管理的需求也会有不同的规定。例如，有些城市会在城市中心区禁止大客车和（或）摩托车、电动车进入，而有些城市不仅没有限制，可能出于交通现实需求，反而会鼓励摩托车或电动车的使用。

2. 城市交通法律要保障居民出行与服务的权益

城市居民作为纳税人，享有获得公共服务的权利，也需要履行维护公共利益、遵守公共秩序的基本义务。城市交通法律制度设计的首要目标就是便利公民出行，通过保障公民权利和限制交通管理公权力滥用，实现公民出行与服务基本权益的保障。公众权益是所有纳税人共同的合法权利，与此同时，纳税人也需要正确对待纳税人个人与遵从维护公众权益的行政管理。

出行权和服务权是公民在城市交通方面享有的最基本权利。出行权是指公民依法在一定空间、一定时间内自由使用通行资源的权利，主要包括出行通行权、出行占用权、出行选择权和出行知情权。服务权是指公民可依法平等、自由享受各类公共交通设施与服务的权利。出行权和服务权是公民的重要权利，也是国家公权力的一项基本义务，向公民提供便捷出行服务是政府的重要职责之一。这就要求国家不得非法限制和剥夺公民出行权，并应积极采取措施确保公民能够安全、便捷、自由和有尊严地出行。依法保障公民出行权和服务权不仅是法治问题，更是一个重大的社会问题、民生问题。这是法治精神的重要体现，也是社会文明的重要标志。

城市道路是重要的公共资源，每个城市居民享有平等的共有权利。城市公共社会资源是关系社会公共利益、人民生活质量、国民经济和社会可持续发展的重要资源，城市道路属于城市公共社会资源，具有公共性、外部性、非排他性、社会性等公共性质，应不限地域、贫富程度、社会地位，公平公正地提供给公民。

保障残疾人、老年人、儿童等弱势群体的出行和服务也是政府的重要任务。目前，我国城市无障碍出行系统不健全不完善，对交通弱势群体不友好不便捷，突出表现在慢行系统不连续、公交车站无障碍设计标准不细化、无障碍设施管理维护机制不完善、无障碍出行信息服务不全面等方面。政府应鼓励将无障碍出行纳入城市交通设施服务能力改善的任务目标，指导车辆生产企业按照相关生产标准，在城市公共交通车辆生产时配置无障碍设施，从源头上方便无障碍出行等。

3. 法律调整对象具有综合性、复杂性和强制性特征

城市交通法律制度的调整对象是服务于城市居民需求，组织高效、安全、低污染可持续运行，在城市交通复合网络运行和管理中产生的社会关系，主要包括为城市居民提供出行服务所产生的经营性行为和非经营性行为，也包括由此而派生的社会问题的规范。因此，城市交通法律制度调整对象具有综合性、复杂性特征，法律制度内容往往具有强制性。

城市交通的社会关系涉及内容复杂，总体来讲，既具有经济等利益关系特点，又具有人与人之间的非利益的特定社会关系。这种社会关系发生在提供城市居民出行享用的服务里，既有提供商业化服务的经营性企业，又有不以营利为目的的收费服务的经营单位，还有政府提供的各项公共设施。由此引申出，比如城市公共交通经营企业、司乘服务人员与乘客关系；城市交通运行中的人与人，机动车驾驶员、非机动车驾驶员、行人等责任关系；政府和政府相关城市交通管理部门的职责分工和协同关系，有关法律法规制定和运行规则的制定，城市居民交通行为是否违法的裁决和政府部门行政责任的落实；重要社会安全和治理方面防治环境污染、危险品安全运输等，涉及城市交通的场景和行为，提出法律制度的规定和要求；城市生产性货运组织方式，需要法律制度促进改革来完善，尤其是随着新业态的发展，生活性物流配送已经成为居民生活的重要方式，迫切需要法律制度来规范；等等。

城市交通法律制度的内容往往具有强制性。城市交通法律法规的规定代表着国家管理城市和城市交通的意志，涉及城市交通的经济活动秩序和城市居民的行为准则，在法律制度设计中体现出政府的主导性和较强的强制性。政府的主导性，主要表现在对城市交通的规划、投资、竞争规制、价格管制和政府提供的社会服务等方面；政府对城市交通经济活动管理的强制性，主要表现在对市场准入和许可、市场秩序监管，以及展开需求分析并制定宏观政策和实施调控措施等方面。

4. 地方政府的城市交通立法探索实践

国内很多省市都在地方立法权限范围内制定了城市交通领域的地方性法规或政府规章。从《立法法》的规定来看，地方立法权限涉及如下三个方面。

一是实施性立法，地方性法规可以对“为执行法律、行政法规的规定，需要根据本行政区域的实际情况作具体规定的事项”进行立法；地方政府规章可以对“为执行法律、行政法规、地方性法规的规定需要制定规章的事项”进行立法。以道路交通安全为例，2004 年全国人大常委会通过了《中华人民共和国道路交通安全法》，为了贯彻实施该法的内容，各省级地方都根据自身实际情况制定了地方性法规，如上海市人大常委会 1997 年发布了《上海市道路交通管理条例》（2016 年修订），天津市人大常委会 2005 年发布了《天津市道路交通安全管理若干规定》（2017 年修订）等。

二是自主性立法，地方性法规可以对“属于地方性事务需要制定地方性法规的事项”进行立法；地方政府规章可以对“属于本行政区域的具体行政管理事项”进行立法。以停车场管理为例，停车场管理属于地方事务，国家层面没有进行专门的立法，各地为了加强停车场（库）的规划、建设和管理，调节停车供需关系，改善交通状况，纷纷出台了相关的地方性法规或政府规章，例如《北京市机动车停车条例》《上海市停车场（库）管理办法》等。

三是先行性立法，对于地方性法规而言，除第八条规定的事项外，对于国家尚未制定法律或者行政法规的其他事项，可以根据本地方的具体情况和实际需要，制定地方性法规。对于地方政府规章而言，应当制定地方性法规但条件尚不成熟的，因行政管理迫切需要，可以先制定地方政府规章。规章实施满两年需要继续实施规章所规定的行政措施的，应当提请本级人民代表大会或者其常务委员会制定地方性法规。以道路运输为例，目前规范全国道路运输的全国性立法是 2004 年颁布的《中华人民共和国道路运输条例》，该条例对道路旅客运输和货物运输作出了明确规定，但是对出租车、公交车、轨道交通等具体的道路运输行为没有进行详细规范。在城市公共交通领域并没有出台法律和行政法规的情况下，一些经济社会发展较快、城市公共交通较先进的地方，先行进行了城市公共交通领域的立法，用以规范城市轨道交通和公共交通管理等相关事务，如《上海市轨道交通管理条例》《天津市客运公共交通管理条例》《广东省城市轨道交通运营安全管理办法》《湖北省城市公共交通发展与管理办法》等。

城市交通地方立法权在实际运用过程中，应当注重可操作性。一是实现立法工作的精细化。党的十八届四中全会《决定》提出了“推进立法精细化”的新要求，这是对过往立法工作经验和教训的总结，是对立法规律最新的认识，也为地方立法的可操作性提供了法理依据。二是始终着眼于将国家统一的制度在本地落地。地方立法中虽然有一部分涉及纯粹的地方性事务，但总体而言是执行国家的统一立法，并结合本地实际加以细化和落地。可操作性从某种角度讲就是将国家较为原则性的立法规定进行细化，使国家法律在本地实施中变得可操作。三是注重国际惯例的借鉴与扬弃。多年来的立法实践告诉我们：对于国际惯例和做法，我们可以参照和借鉴，但全盘照抄的成功范例并不多。我们在立法中要知道同样事项国外制度设计是怎样的，其科学性如何，但不能简单地照搬照抄，需要完成本土化的转换才能成功。四是善待本地的“传统”与“习惯”，传统与习惯自生自发于当地的社会秩序,更容易被当地民众所认可和遵守。如苏力所言:“国家法律有国家强制力的支持,似乎容易得以有效贯彻;其实,真正能得到有效贯彻执行的法律,恰恰是那些与通行的习惯惯例相一致或相近的规定。”

城市交通地方立法权在实际运用过程中,还应突出地方特色。一是在执行国家法律、行政法规时,地方立法要根据本地的实际情况作出具体规定,充分体现各地经济、政治、法治、文化、风俗、民情等方面的实际情况。二是应具有较强的针对性,注意解决本地突出而中央立法权没有或不宜解决的问题,或者在可预见的时期内不需要由国家立法来统一规定。三是体现时代精神,在保持法律法规稳定性的同时,能够包容创新,实现稳定和创新的协调。

四、协同治理与城市交通

城市交通治理是城市治理的重要内容。随着社会经济的稳步发展,我国城市公共交通治理已由单一维度的政府管理,向“政府—社会—公民”协同治理方向发展。

我国城市交通治理现代化的原则可以概括为:遵循科学规律,加强法治保障,政府集中决策,落实部门责任,强化道德约束,规范交通行为,调节利益关系,坚持综合治理。城市交通治理之所以是政府、社会和公民协同治理,主要因为城市交通既有市场参与,又属于基本公共服务,后一属性可能在更大程度上影响城市交通的走向和模式。城市交通治理的复杂性在于,不仅涉及公共治理与公民权利之间的矛盾纠结,也关乎各种不同群体的诉求冲突,因此相关政策的选择,不能简单以人数多寡、声音高低为标志,而要最大限度地平衡各方利益,兼顾各方公民的交通需求,按照科学性、民主性和可操作性的原则,设计“政府—社会—公民”协同治理方案。

我国城市交通由“单纯政府管理”向“政府—社会—公民”协同治理转变的格局已经开始起步,初步形成了一些好的做法。主要表现为:一是治理目标上的协商共治,要建立针对不同治理议题的发展目标和合作协商机制,要从法律、法规、意见等类型文件中实现发展目标的协商共治。例如,城乡规划法中要求在编制、实施总体规划和专项规划的不同环节都要有公众参与;城市公共交通发展中建立了公众意见征集机制;交通违法整治中,对突出问题的征集机制。二是治理过程的协同合作。针对不同的治理议题,多方主体的协调共治制度,例如,交通安全治理中公众对交通违法的举报机制;交通停车治理中共享停车位合作参与机制;合作共享出行中共享自行车停放用户参与机制。三是治理绩效的合作评估。建立综合不同治理议题、多方参与主体的治理绩效评估保障机制,例如,城市公共交通服务绩效公众参与的途径,公众评估结果的吸纳方法,评估结果的反馈机制等。但从整体上来说,城市交通治理能力现代化建设还是当前和今后一段时间的重要任务。

城市交通法律制度的设计应有利于完善城市治理结构,广泛吸纳社会力量参与,实现城市治理多元主体的共建共治共享。具体来讲,应建立健全多元主体平等参与、协商合作机制,加强不同主体间的互动与交流,建立新型合作协同关系,促进政府与社会组织、公众之间良性互动,提高多元主体的参与度和活跃度,推动各方主体主动、直接、实时参与城市治理。

第五节　我国城市的特殊性与城市交通问题

一、"城市"概念及其地域空间

"城市"的概念具有多样化特征，不同学科对其的解释不尽相同，尚未形成普遍的共识。法国学者潘什梅尔(P. Pinchemel)指出，"城市现象是一个很难定义的现实：城市既是一种景观，一片经济空间，一种人口密度，也是一个生活中心和劳动中心；更具体地说，也可能是一种特征或一种灵魂"。美国著名地理学家保罗・诺克斯(Paul Knox)也认为，"虽然大多数人看到一个城市时可以识别它，但没有一个定义能超越空间和时间适用于所有城市"。

"城市"概念的多样化，使得"城市"的指代范围变得复杂。一般地，在空间地域角度，"城市"所指代的范围包括行政地域、实体地域和功能地域三个层次[15]。其中，城市的行政地域，是指根据国家行政区划方案的规定，一个城市依照法律规定所管辖的地域范围。城市的实体地域，指集中了各种城市设施，以非农业用地和非农业经济活动为主体的城市型景观分布范围，相当于城市建成区。城市的功能地域一般是以一日为周期的城市工作、居住、教育、商业、娱乐、医疗等功能所波及的范围，它以建成区为核心，还包括与城市建成区存在密切社会经济联系，并有一体化倾向的城市外围地域。

1. 国外城市的设置标准

各国经济发展水平、城市化程度、人口规模和密度、历史文化传统等方面存在很大的差异，因此设置"城市(镇)"的标准存在着很大的不同。各国结合各自经济社会发展的基础和条件，制定了不同的城市(镇)标准(表 2-2-5)。当然这些标准很少离开城市的本质特征，所不同的是标准的具体指标值、侧重点，以及定量指标是否明确。以下举几个例子进行说明。

表 2-2-5　各国提出的城市（镇）标准

国家	城市（镇）的标准
印　度	城镇(存在市政当局、市政区域委员会、城镇委员会、法定规划新区或兵营驻扎委员会的地区)；所有居民数在 5 000 及以上的、人口密度不小于 1 000 人/平方英里(约 386 人/平方公里)，并具备显著城市特征，且 3/4 以上成年男性从事非农产业的地区
印度尼西亚	具备城市特征的地区
伊　朗	存在市政当局的所有地区
伊拉克	在市政委员会管辖范围内的所有区域
以色列	所有居民数在 2 000 以上且从事农业的家庭不多于 1/3 的地区
日　本	城市(日本语亦称"市"，音"shi")是居民数量在 50 000 及以上的，超过 60%的住宅位于主要建成区的，且超过 60%的人口(包括其家属)从事制造业、贸易业或其他城市类型的产业；城市亦可指具备由县("都"或"県"或"府")所定义的城市设施与条件的地区
韩　国	居民数在 50 000 及以上的地区

（续表）

国家	城市（镇）的标准
马来西亚	城市是宪报公布的人口在 10 000 及以上的毗连建成区域。建成区域是毗连宪报公布的，60%及以上人口从事非农产业，且居住单元有现代卫生设施的区域
奥地利	居民超过 5 000 的乡镇
法　国	聚居的居民数超过 2 000 且住宅毗邻或住宅间距不超过 200 米的乡镇；或是以不同血缘为主导的乡镇
德　国	人口密度大于等于 150 人/平方公里的乡镇
意大利	人口在 10 000 及以上的乡镇
英　国	1974 年之前，城市以行政边界划分；1981 年后，城市是人口在 10 000 及以上的居住地
荷　兰	人口数量不少于 2 000 人的市或区称为"城市"；人口数量少于 2 000 人的、但从事农业的男性劳动力不超过 20%的区域，或是特定的通勤者的居住区称为"半城市"
俄罗斯	官方对于城市和城市型地区的划定，主要依据居民数量、农业的主导地位，或是非农劳动力及其家庭数量这三项指标
西班牙	居民数在 2 000 及以上的地区
博茨瓦纳	居民数在 5 000 及以上，且 75%以上经济活动为非农经济的聚集地
埃塞俄比亚	居民数在 2 000 及以上的地区
马拉维	所有镇区、城镇规划区或是地区中心
埃　及	开罗、亚历山大、塞得港、伊斯梅里亚、苏伊士行政区，边境行政区，其他行政区的首府，以及地区中心（如马卡斯）
南　非	具备某种地方政权形式的地方。依据主导的居住形式以及土地利用来界定城市。城市、城镇、郊区等，都属于城市住区。非正式定居点，青年旅社，公共机构、工业与娱乐用地，以及毗邻或在城市正式定居点之内的区域也属于城市
赞比亚	拥有 5 000 人及以上居民，且其大多数居民依非农活动而生的区域
加拿大	拥有 1 000 及以上居民，且人口密度在 400 人/平方公里以上的区域
墨西哥	居民数在 2 500 及以上的地区
美　国	居民人口在 2 500 及以上，人口密度通常在 1 000 人/平方英里（约 386 人/平方公里）的区域。两类城市区域：具有 50 000 及以上人口的城市化区域；人口在 50 000 以下 2 500 以上的城市群
阿根廷	2 000 人及以上的人口中心
巴　西	市或区的行政中心的城区及其郊区
秘　鲁	有 100 及以上户数的人口聚集中心
澳大利亚	所有人口在 1 000 及以上的城市中心
新西兰	人口在 1 000 及以上的所有城市、自治市、城镇、镇区以及乡村小镇

资料来源：United Nations, Department of Economic and Social Affairs, Population Division (2012). World Urbanization Prospects: The 2011 Revision.

一是单纯以行政中心所在地为标准，如巴西、埃及等国。巴西的标准是"市或区的行政中心的城区及其郊区"，埃及提出的标准是"开罗、亚历山大、塞得港、伊斯梅里亚、苏伊士行政区，边境行政区，其他行政区的首府，以及地区中心”。

二是以居民点下限人口数量作为唯一标准。这类划定标准在国际上最普遍，据统计，不少于 50 个国家采取这个标准。英国的城市标准是“人口在 10 000 及以上的居住地”，西班牙、阿根廷的城市标准是“居民数在 2 000 及以上的地区”，韩国的标准是“居民数在 50 000 及以上的地区”。

三是以人口规模和人口密度两个指标作为标准。如美国标准是“居民人口在 2 500 及以上，人口密度通常在 1 000 人/平方英里的区域”；加拿大标准是“拥有 1 000 及以上居民，且人口密度在 400 人/平方公里以上的区域”；等等。

四是将人口指标和物质空间相结合来定义城市。如法国标准为“聚居的居民数超过 2 000 且住宅毗邻或住宅间距不超过 200 米的乡镇；或是以不同血缘为主导的乡镇”，马来西亚“城市是宪报公布的人口在 10 000 及以上的毗连建成区域。建成区域是毗连宪报公布的，60%及以上人口从事非农产业，且居住单元有现代卫生设施的区域”。

其他国家提出的城市标准，还包括非农就业等指标。当然还有许多国家没有提出认定城市的标准，有的只公布了城镇的名称和数量，有的只说明法律上事先规定的居民点为城镇，有的则不作任何说明。

很显然，世界各国确定城镇的标准差异悬殊，仅从确定城镇的人口下限指标看，标准最低的乌干达只有 100 人，标准最高的日本为 50 000 人。

2. 城市实体地域概念

城市的本质特征是对城市的实体地域即城市建成区而言的，划分城市实体地域主要是为了区分城乡。按理说，根据各国确定的城市定义，城市作为一级行政单元，有了自己的辖区范围，就可以与乡村区分开来了。城乡的景观，从实体地域上有着明显的区别，因为城市聚落的实体，有着密集的人口和各种人工建筑物、构筑物和设施组成的建成区。如果城市的辖区界大体上就是实体地域上的城乡之间的分界线，那么问题就比较简单，城市辖区内的人口就是城市人口，辖区外的人口就是乡村人口。但是，城市实体地域范围与行政辖区范围相一致的情况是比较少见的。不一致有两种情况：一种是城市行政管辖范围比实体范围大，包括了一定的乡村地域；另一种是城市实体范围超过了行政管辖范围，或者是城市的实体地域包括若干个城市的行政范围。显然，这两类城市的辖区界线都不反映城乡界线，它们辖区范围内的城市人口是不可比的，前者偏大，后者偏小。

要想真正在城市和乡村之间划出一条严格科学意义上的界线并不容易。古代筑有城墙的城市，城墙以内尽管也常常有大片农田，但城墙毕竟可以作为城乡之间明显的分界线。工业革命以后，城市突破城墙膨胀起来，城墙一类的明显界线不复存在，但每个城市仍然相对集中，像大饼似的一块。进入现代，随着汽车的普及和郊区化，城市变成了中心市和包括外围若干城市(镇)在内的城郊的复合体。城市到乡村的渐变特点和复杂交错，使得一个城市消失和乡村开始的明显标志点已经很难找到，大城市尤其如此。

为了解决城市实体和行政界线不相符合的问题，使城市和城市的比较能放在同一可比的基础上，常用的途径是使用详细的规定划定城市的实体范围。在这方面美国的处理方法比较完整，在发达国家中具有代表性。

美国人口普查局对城乡地区的分类，从根本上说是对地理区域的划定，它确定了美国国内个体的“城市地区”(urban area)和农村地区。其中，城市地区代表了密集开发的领土(地域)，并且包括住宅、商业和其他非住宅城市用地，大体上相当于我国城市建成区的概念。

在划定城市地区的初始阶段，主要使用人口普查区作为分析单位。总的来说，要达到城市地区的最低分类标准，领土必须至少包含 2 500 人，其中至少 1 500 人居住在机构团体宿舍之外。具体而言，根据 2010 年人口普查局的规定，城市地区包括以下两种领土类型。

(1) 50 000 人或以上人口的“城市化地区”(Urbanized Area, UA)。城市化地区是一个连续的建筑区，以及由其他地点和非地点的领土组成的邻近的密集定居的城市边缘组成，通常以人口普查区中人口稠密的核心区为基本单元。

(2) 多于 2 500 人且少于 50 000 人的“城市群聚组团”(Urban Cluster, UC)，也被称为城市化地区以外的居民点，由建制区或人口普查指定地点组成，通常以符合最低人口密度要求的人口普查小区为基本单元。

上述两种城市地区类型都含非住宅城市土地用途的邻近领土和用于连接边远人口稠密核心区的低人口密度地区。邻近领土归入城市地区，需要满足以下三项条件：

(1) 一个或多个连续的人口密度在每平方英里 1 000 人(相当 386 人/平方公里)以上的普查小区。这些普查小区与其他符合条件的地域必须相连；若不相连，则与城市化地区主体之间的公路距离不得超过 1.5 英里(约 2.41 公里)，且与隔断它们的这一不符合条件的地域一起，其总体人口密度必须在每平方英里 500 人(约 193 人/平方公里)以上；若隔断部分是水体或其他难开发地域，公路距离可放宽到 5 英里(约 8.05 公里)。

(2) 一个“地方”若包含满足条件(1)的地域，并且该地域的人口占该“地方”人口的 50% 以上，则该“地方”全部属于城市化地区；若该“地方”没有满足条件(1)的地域，或者即使满足条件(1)，但该地域的人口不足该“地方”的 50%，则该“地方”全部被排除在城市化地区之外。

(3) 其他人口密度不足每平方英里 1 000 人的地域，如果作为飞地被包围在满足密度标准的城市化地区中，而且面积不超过 5 平方英里(约 12.95 平方公里)，则可并入城市化地区；当城市化地区边界上有锯齿形缺口，缺口两侧地域满足人口密度标准，若缺口的开口端不超过 1 英里(约 1.61 公里)，深度至少 2 倍于开口端宽度，整个缺口面积不超过 5 平方英里，则可将缺口划入城市化地区。

另外，在美国也有少数设有建制的市因行政地域向周围乡村地域扩展或市县合并，城市建成区小于行政地域的情况。若这样的市包含有人口密度每平方英里 100 人以下(约 38 人/平方公里)、面积至少 5 平方英里的普查小区，则这种普查小区被视为乡村部分。如果这些乡村部分的面积合计起来占该市行政辖区面积的 25% 以上，或至少 25 平方英里(约 64.75 平方公里)，那么这样的城市被称为“扩展城市”(extended city)。扩展城市无论在城市化地区以内或以外，在划分城乡和计算城镇人口时都需要剔除掉其中的乡村部分。

美国国情普查局为了划分城乡界线和统计城乡人口，从 1950 年的国情普查开始使用城市化地区的概念。此后，其统计标准虽经多次修改，但基本含义依旧，在统计上保持了较好的连续性，而且这一名词术语在各国得到广泛应用。

二、我国的城市概念及内涵

1. 宪法和法律对我国城市的界定

我国宪法中,从 1954 年第一部宪法“五四宪法”开始,到现行的“八二宪法”,对城市的表述集中在对国家行政区划安排的条款中(表 2-2-6)。这些安排,一方面确定了城市在国家结构制度中的地位,另一方面确定了城市管理机构在行政管理体制中的地位。虽然我国宪法中关于城市行政区划的规定没有较大的调整和变化,但通过规定行政区的方式,在管理实践中建立起了一套相对比较完整、能够自洽的以行政级别、隶属关系、区域划分为基础的建制市分类体系。依据宪法原则,我国的建制城市包括直辖市、省辖市、自治州辖市三个层次,行政上分为省级(直辖市)、副省级、地(州)级和县级四个等级,构成我国建制城市“三层四等”的政区体系。其中,直辖市和较大的市内部的行政区划体制有两种类型:一是设区城市,二是不设区城市[16](图 2-2-8)。因此,宪法中所指的“城市”是经国家法定程序确定的行政区划类型。其范围既包括中心城区的建成区,也包括外围若干个中小城镇以及大量非城市化区域。这与城市的行政地域概念是一致的。

表 2-2-6　我国宪法中对城市行政区划的约定

条款	五四宪法	七八宪法	八二宪法
条	第五十三条　中华人民共和国的行政区域划分如下	第三十三条　中华人民共和国的行政区域划分如下	第三十条　中华人民共和国的行政区域划分如下
第一款 Ⅰ级 Ⅱ级 Ⅲ级	(一) 全国分为省、自治区、直辖市; (二) 省、自治区分为自治州、县、自治县、市; (三) 县、自治县分为乡、民族乡、镇	(一) 全国分为省、自治区、直辖市; (二) 省、自治区分为自治州、县、自治县、市; (三) 县、自治县分为人民公社、镇	(一) 全国分为省、自治区、直辖市; (二) 省、自治区分为自治州、县、自治县、市; (三) 县、自治县分为乡、民族乡、镇
第二款	直辖市和较大的市分为区。自治州分为县、自治县、市	直辖市和较大的市分为区、县。自治州分为县、自治县、市	直辖市和较大的市分为区、县。自治州分为县、自治县、市
第三款	自治区、自治州、自治县都是民族自治地方	自治区、自治州、自治县都是民族自治地方	自治区、自治州、自治县都是民族自治地方

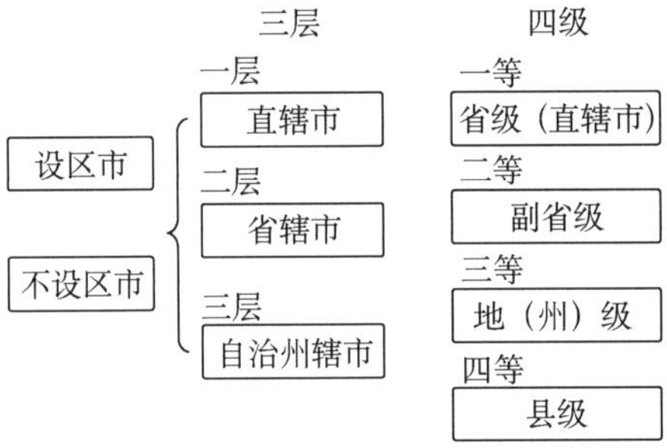

图 2-2-8　我国城市“三层四等”的政区体系示意图

在我国《城市规划条例》(1984 年)、《城市规划法》(1990 年)中,城市被定位为国家按行政建制设立的直辖市、市、镇。2020 年中国城市规划学会公布的《城乡规划学名词》提出了城市的两种解释:第一种是以非农产业和一定规模的非农人口集聚为主要特征的聚落,空间上具体表现为不同地表覆盖类型的城市建成区,这与城市的实体地域概念是一致的;第二种则是按照我国国家行政建制设立的市,或其所辖的市域范围(表 2-2-7)。

表 2-2-7 城市规划法律对城市概念的相关解释

名称	条款内容
《城市规划条例》(1984 年实施,1990 年废止)	第二条 本条例所称城市,是指国家行政区域划分设立的直辖市、市、镇,以及未设镇的县城
《城市规划法》(1990 年实施,2008 年废止)	第三条 本法所称城市,是指国家按行政建制设立的直辖市、市、镇
《城乡规划法》(2008 年实施,2015 年、2019 年修正)	无
《城乡规划名词》(2020 年)	(1) 以非农产业和一定规模的非农人口集聚为主要特征的聚落。 (2) 在中国通常也指按国家行政建制设立的市,或其所辖的市区

2. 从法律角度看我国城市概念的特殊性

在我国宪法与法律中,城市的行政地域(即通过经国家法定程序确定的城市行政区划范围)往往大于实体地域。在中华人民共和国成立初期,我国与世界绝大多数国家一样采取“城乡分治”的原则,城市行政区内基本是城市化区域,即大建成区,小郊区。自 20 世纪 80 年代,为适应当时的社会经济发展需要,我国市制模式开始变革,出现“撤县设市”“市管县”等新型市制标准和城乡合治模式。通过市制改革,以农业和农村地区为主的县域政区和以工商业为主的市域政区被纳入同一建制体系之内,在建制设置上促进了城市、县、乡的一体化管理,形成了目前我国城市、县、乡村处于同一政权组织体系内的空间格局[17]。这也造成了我国城市的行政地域大于实体地域的现实情况。从国际比较来看,与发达国家实体地域往往大于行政地域的情况正好相反。

我国的城市政府兼具城市管理和区域管理的双重性。依据《中华人民共和国宪法》和《中华人民共和国地方各级人民代表大会和地方各级人民政府组织法》的有关规定,地方各级人民代表大会和地方各级人民政府在其行政区域内,保证宪法、法律、行政法规的遵守和执行,行使经济、教育、科学、文化、城乡建设事业和财政等行政工作。此外,县级以上的地方各级人民政府在行使职权时,必须执行上级国家行政机关的决定和命令,规定行政措施,发布决定和命令。这种属地化和垂直化的行政管理制度对城市造成的影响是:①城市的市域边界成为地方政府公共权力行使的绝对空间边界;②各级行政区之间形成了严格的管辖和被管辖的隶属关系和排列组合(图 2-2-9)。因此,在我国的城市管理实践中,城市既管辖自己的直属辖区——市区,也管辖下级政区(县、县级市或乡镇),还包括众多的乡村地区。可以说,我国的城市行政辖区是城镇体系,我国的城市政府是“区域型政府”。

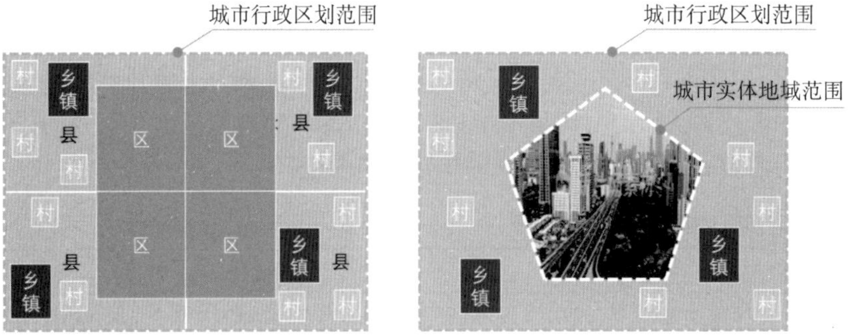

(a) 基于行政区划管理的城市范围　　(b) 基于城市实体地域的城市范围

图 2-2-9　城市范围对比图

三、城市行政辖区对城市交通发展的影响

行政辖区作为城市政府施政的对象，决定了城市政府既要关注城市建成区内部交通，也要关注城乡间的交通联系，还要关注行政辖区内的区域性交通。

1. 有利于集中力量解决城市建成区的交通问题

城市建成区是人口集聚、经济承载和城市功能的最核心载体，是城市行政辖区内的“精华”，往往也是城市交通服务矛盾最突出的区域。因此，城市政府有能力，也有动机优先关注和解决建成区的交通问题。一方面，可以直观提升大部分市民的生活品质，与地方政府提升公共物品服务水平、提升城市建设风貌的目的相契合。另一方面，可以有效提升城市内部效率，对促进城市经济发展具有显著成效。此外，与县域和农村相比，城市建成区企事业单位、各类人才聚集程度更高，在城市政府财力有限的情况下，城市居民在争取财政资源支持、获取交通项目、获得参政议政渠道、利用媒体表达诉求等方面处于明显的优势地位，对地方政府的决策有更大的影响力，使地方财政具有较大的城市偏向性。

2. 有利于统筹解决城乡居民的交通出行问题

1978 年以后，我国城乡建制历经调整，形成了“市管县”的管理模式，将城市和乡村作为一个整体纳入同一建制范围，减小行政资源配置的地区差异，促进同一行政区域范围内城乡之间的一体化治理。在这一背景下，城乡间的交通联系由地方政府统一谋划，促进了城市与乡村的互利和联系，乡村地区道路交通基础设施水平显著提升。如成都市在城乡统筹协调发展方面实行“全域治理”，通过城乡合并的建制设置，统一建设规划、统一产业布局、统筹基础设施、均衡公共服务等措施，促进了城乡之间交通联系[18]。

3. 城市行政区对交通发展也会带来不利影响

无论城市规模大小，城市发展都有跨界需求产生。区域交通是连接城市之间的重要纽带，也是为城市发展运送人流、物流的重要通道，作为城市发展的主要动力，区域交通对生产要素的流动、城镇体系的发展有着决定性的影响。然而，囿于行政区的利益分割，我国相互毗邻但非隶属关系的行政辖区，城市政府间的合作与协调机制是比较薄弱的[17]。这些毗邻的行政辖区，资源禀赋和发展条件差距不大，更容易激发政府间资源争夺和政绩竞争。因此，地方政府考虑和解决行政辖区范围内的事务积极性更高，对解决区域问题缺少内在动力，主动性不强。例如，许多地方纳入规划的“断头路”迟迟无法接通，就是因为两个城市，尤其是经济发达的城市缺乏意愿。此外，重复建设、恶性竞争事件时有发生。以港口行业发展为例，我国港口普遍存在运力过剩的现象。造成这种现象的原因就是跨行政区无法协调，各地方政府盲目投资建设属于自己管理的港口，以降低本行政区内部的运输成本，从而导致区域内各地交通设施重复建设，实际上增加了成本，也造成了极大的浪费[18]。

城市交通建设具有公共物品属性，需要政府持续性的财政投入与财政补贴。然而城市之间的规模、实力和财税贡献程度的地理差异是客观存在的，修建区域交通设施的成本也是不尽相同的。因此，理顺区域交通发展不仅需要统筹区域交通建设方案，还要拉平区域交通财政补贴、平衡财政投入与利益分配。以广州与佛山的区域交通建设为例，经过十余年的持续建设，广佛区域已形成高度一体化的跨市交通网络。但是，在实施过程中仍然存在财政补贴差异的影响。据统计，佛山修 1 公里公路大约需要 1 亿元资金，而广州因老城区拆迁补偿较高(最低约为 2.5 万元/平方米)，修 1 公里道路的成本高达 10 亿元。结果往往是佛山先打通衔接道路，而广州却没有进展。财政投入差异导致两市对区域交通建设的积极性不同，区域交通的建设中行政协调成本较高。城市公共交通的运营同样因各地方财政管理无法对接而产生跨区域运营阻碍。如北京至廊坊的公交车运营，北京公交车享有政府全额补贴，价格较低，而河北省公交车价格偏高。北京和廊坊两地政府为促进北京与廊坊之间的经济联系，安排隶属北京交管部门的公交车经营北京至廊坊线路，以廊坊东方大学城往返北京站为例，廊坊公交收取 12 元，但北京公交学生票只需 3.6 元，北京低廉的城际公交运营直接影响了廊坊客运市场，造成了北京公交车被围车抗议、阻拦经营等社会事件。同样，城市出租车受限于不同城市财政管理模式，也存在跨区域运营壁垒。

·参考文献·

[1] 陆大道，姚士谋，李国平，等. 基于我国国情的城镇化过程综合分析[J]. 经济地理，2007，27(6)：883-887.
[2] 陆大道. 权威专家直陈城市化“大跃进”隐忧[N]. 南方周末，2006-07-13(A5).
[3] 刘盛和，吴传钧，沈洪泉. 基于 GIS 的北京市土地利用扩展模式[J]. 地理学报，2000，55(4)：407-416.
[4] 宗跃光，周尚意，张振世，等. 北京城郊化空间特征与发展对策[J]. 地理学报，2002，57(2)：135-142.
[5] 徐小黎，史培军，何春阳. 北京和深圳城市化比较研究[J]. 地球科学进展，2002，17(2)：221-229.
[6] 何春阳，陈晋，史培军，等. 大都市区城市扩展模型：以北京城市扩展模拟为例[J]. 地理学报，2003，58(2)：294-304.
[7] 许瑞生. 广州城市的历史、现状与未来[J]. 广州建设动态，2004(8)：9-17.
[8] 苏建忠，魏清泉，郭恒亮. 广州市的蔓延机理与调控[J]. 地理学报，2005，60(4)：626-636.
[9] 陈浩，王莉莉，张京祥. 国家空间选择性、新城新区的开发及其房地产化——以南京河西新城为例[J]. 人文地理，2018，5(163)：63-70.
[10] 武敏，彭小雷，叶成康，等. 国家治理视角下我国新城新区发展历程研究[J]. 城市规划学刊，2020，6(260)：57-64.
[11] 王绍博，罗小龙，顾宗倪，等. 精明增长背景下上海城市空间拓展演变特征与驱动机制[J]. 经济地理，2019，39(6)：58-65.
[12]《学习贯彻习近平新时代中国特色社会主义经济思想做好“十四五”规划编制和发展改革工作》系列丛书编写组. 加强社会公共服务体系建设[M]. 北京：中国市场出版社，2020.

[13] 李晓江，郭仁忠，王建国，等. 中国县(市)域城镇化研究[M]. 北京：中国建筑工业出版社，2019.
[14] 汪光焘，周继东，沈国明，等. 城市交通与法治[M]. 上海：同济大学出版社，2021.
[15] 周一星，史育龙. 建立中国城市的实体地域概念[J]. 地理学报，1995(4)：289-301.
[16] 汪宇明. 中国的城市化与城市地区的行政区划体制创新[J]. 城市规划，2002(6)：22-25.
[17] 陈军亚. 国家建制设置的双重功能与城乡融合发展[J]. 学海，2020(4)：107-112.
[18] 成为杰. 我国地方政府间交通合作的现状分析[J]. 理论与现代化，2012(4)：11-18.

第三章 中国特色行政体制与城市交通学科建设

中国特色的行政体制不仅决定了城市交通自身的发展模式，也决定了中国城市交通学科研究的基础与特色。中国特色的行政体制在世界范围内来看是独树一帜的，其制度逻辑与政治逻辑有其自身特色，其与城市交通治理学科相关的特色内容，主要体现在五个方面。第一，在地方政府制度层面，混合型地方政府体制是宪法基础上调整央地关系、实现地方政治与行政目标的最重要的政治架构与制度框架，是中国特色社会主义政治体制的重要组成部分，体现着自上而下的领导与地方实际治理相结合的政治原则，既强调了中央的集中统一领导，也发挥了地方的主观能动性。第二，在地方财政体制方面，由于分税制改革，地方政府通过土地财政获取预算外收入，在很长一段时期内决定了地方政府行为的金融化，改变了地方政府投资决策的基本逻辑。第三，在地方政府管理层面，城乡统筹管理是极具中国特色的行政体制，城市与乡村的财政资源、人事组织管理、政策法规等均由地方政府统筹组织协调，这就决定了中国城乡统筹管理的制度基础和行政逻辑。这深刻影响了中国城市交通治理的基本特征、内涵、模式和路径。第四，在区域一体化与地方政府间关系层面，由于城市交通具有整体性特征，仍会遇到交通职能管理分散或者管理部门协调性不足的问题，因此中国特色的多部门协同治理机制十分重要，这种联动机制既有中央政府组织，也有省级政府出面组织，是决定城市交通治理的非常重要的行政管理机制与政策整合机制。第五，国家主导的城市化战略是中国特色行政体制关于城市交通治理方面的非常重要的规划管理机制。从 20 世纪八九十年代的小城镇战略，到当前的城市化战略，由中央政府推动，地方政府配合和弹性执行的规划管理战略对中国城市交通、城市化发展起到了至关重要的影响作用。

基于此，城市交通治理学科的定位、发展和教学，应放在中国特色行政体制改革的大背景下来思考。首先，最重要的知识基础是中国政治体制与行政管理。中国特色的行政体制决定了中国城市交通治理所处的制度环境与治理结构是独特而现实的，中国城市交通治理所面对的研究对象同样受到上述制度逻辑与政治逻辑的影响。其次，面对复杂的、综合性的现实问题，需要跨学科交叉、协同才能有效地解决，因此在构建城市交通学科理论体系的过程中尤其要重视政治学、公共政策、行政管理等学科与领域的知识概念与理论体系，特别要重视社会科学、政策研究等前沿内容。理解中国特色的行政体制就是理解城市交通治理复杂问题最为关键的切入口。

第一节 影响城市交通治理的中国特色行政体制

一、混合型地方政府体制：纵向整合与横向互动

要了解我国交通的发展模式，首先要厘清我国行政体制的历史沿革和发展脉络。我国的地方政府体制经历了几千年的发展。中国早期的地方政府诞生是郡县制的形成。从郡县制标志着中国地方政府制度的形成开始算起，到中华人民共和国成立后人民委员会成立，直至《中华人民共和国宪法》经过 1978 年和 1982 年的两次修改，以及 1979 年通过了新的《地方组织法》，地方政府的组织结构形成了今天的格局。

当前我国地方政府体制是基于 1982 年《宪法》而形成的。这部法律明确规定了地方人民政府的基本性质、政治制度、组织关系。从法定制度框架分析，中国地方人民政府制度是典型的混合型地方政治制度。一方面，地方各级人民政府受中央政府领导；另一方面，地方各级人民政府是地方人大即地方最高权力机关的执行机关，受地方人大的监督，向地方人大负责。《宪法》规定，地方各级人民政府每届任期五年，地方各级人民政府对本级人民代表大会负责并报告工作。县级以上的地方各级人民代表大会设立常务委员会。县级以上的地方各级人民政府在本级人民代表大会闭会期间，对本级人民代表大会常务委员会负责并报告工作。地方各级人民政府对上一级国家行政机关负责并报告工作。地方各级人民政府都是国务院统一领导下的国家行政机关，都服从于国务院。

因此，在地方人民政府制度之下，我国地方政府具有明显的双重隶属关系，一方面地方政府从属于中央政府，必须在中央政府所设定的权限内活动。中央政府可以创设或解散地方政府机构，也可以增减地方政府的职能权限，还可以依法直接决定地方政府首长的任免去留。另一方面，地方政府往往还隶属于同级权力机关，地方政府机构的主要成员一般由地方同级权力机关直接或间接选举产生，地方政府要对地方立法机关负责，受其监督。因此，地方政府一般都具有执行性职能和领导性职能。所谓执行性职能是指地方政府执行国家法律，执行中央政府的政策指令，推行中央政府的决策。

在社会主义市场经济体制下，地方政府履行的职能包括经济调节、市场监管、社会管理和公共服务。其中，公共安全和公共服务，是政府职能的核心。政府责任的落实依赖于政府层级间的机构设置、职责分工与协调方式，不同层级间政府职能的明确分工、央地关系间的有效协调对政府的职能履行十分重要。因此，我国当前的行政管理体制的重要特色，是从中央到地方各级政府在职能、职责和机构设置上的高度统一，即所谓“职责同构”。在这个行政管理体制中，既存在着中央对地方的业务指导——要求地方政府行政部门向中央政府行政部门进行业务汇报、接受中央业务指导、执行中央的业务规划；又存在着地方政府对当地行政部门的人事领导与业务领导关系，要求地方行政部门对地方政府的最高决策机构负责。这意味着地方政府各部门受到了中央和地方的双重约束，既强调中央的集中统一领导，又可灵活调整以适应地方特色，激发地方行政部门的能动性，保证政策的弹性与活力。

因此，我国的地方行政部门也存在横向问责和纵向问责的双重要求。在改革开放后，中央政府向地方政府放权，导致大部分地方行政部门的资金、政策、人事等更加受到本地地方政府的制约，即横向问责。

二、财政包干制与土地财政：分税制改革与地方财政体制

受混合型地方政府体制影响最大的无疑是分税制改革和土地财政。在 1994 年分税制改革正式施行以前，我国的财政体制发生过多次变动，但都具有强烈的计划经济色彩，比如分级包干财政体制的施行。其大大促进了地方财政收入的增长，强化了地方增加财政收入的动机，刺激了政府的经济活力[1]。相应的后果就是，我国的财政体制由高度的中央集权走向地方分权，中央财政收入占全国财政总收入的比重逐年下降，中央财政占 GDP 的比重逐年下降。中央的财政调控能力和行政管理能力也因此大幅度下降[2]，分税制改革正是在这一背景下被提出的。分税制改革的目的在于重新调整中央和地方的财政收入分配关系，促进国家层面财政收入的增长，但既不能削弱地方经济增长的活力，又要保证中央有足够的财政宏观调控能力，合理地调整地区间的财政分配。

在分税制改革施行后的几年中，中央财政收入大幅度提高，占全国财政收入 50%左右，基本完成了最初改革的目标[3]。相应地，由于全国财政收入大量向中央集中，但地方政府的支出仍然保持一定，这就给地方政府造成了财政困难；其次，由于中央只给出了中央与省级之间的分配比例，所以税收要由基层乡镇层层上缴，给予了基层更大的压力。有的学者认为，分税制改革的结果就是中央拿走了本属于地方政府的财力，直接影响了中央与地方的财政分配。按照数据来看，1993 年的地方财政收入占总收入的 77.8%，1994 年施行分税制改革之后，地方财政收入在总收入中的占比降到了 44.3%。从改革结果可以看出，通过分税制改革，中央获得了地方近 30%的财政收入，但同时，中央和地方的支出却没有显著变化，根据 1994 年地方财政收入和地方支出的数据显示，地方支出几乎是地方收入的两倍，于是大多数学者认为，分税制改革造成了地方财政困难[4]。

分税制改革的结果极大地改变了政府的财政行为。改革开放以前，一切生产资料归国家所有，国家垄断市场和资源。计划经济将地方政府塑造成中央在地方的代理，一切活动听从中央的指挥调度，没有自主意识和逐利本能，地方政府在此时的特征便是贯彻国家意志与和执行和服从上级指令和政策。改革开放以后，财政体制改革给予了地方更多的操作空间，赋予了地方财政体制更多的自主性，逐利本能在这个阶段也逐步显现，此时地方政府最为突出的表现便是，对上级指令政策"阳奉阴违"，即当上级的指令有利于地方经济发展时，地方政府认真贯彻落实，而若是上级传达的某些政策对地方发展短期不利，地方甚至会产生抵触的行为。此外，地方政府为了自身的发展，会在一定空间内对上级政策进行调整，例如将中央宏观调控的资源按照有利于地方发展的方式进行地方调配，大力推动自身的市场化改革，促进地方的经济发展，或在尚未申报的情况下大胆进行自主创新和局部试点，以抢到相对于中央经济率先发展的先机。总的来说，这个时期的地方完成了逐利的思维觉醒，除了完成国家中央在地方的代理人的任务，更多地将精力投入到自身的建设上来了。诸多学者认为，此时的地方政府扮演

了特殊的角色，便是一切行动首先考虑自身利益，而非完成上级的命令，地方政府更像是一个市场化的“大公司”，政府官员则扮演逐利的“商人”角色，动员员工工作，调动资源发展，以参与者的身份直接参与了地方企业的生产经营过程，并直接获得了可观的利润[5]。

随着20世纪90年代经济环境的巨变，计划经济的主导地位受到动摇，地方经济竞争加剧，国有企业陷入了严重的收入困境，所以国有企业不得不采取股份制改造、兼并收购等措施解决亏损的危机，这加速了地方政府主体的退出；后加之税收改革和金融体系改革，地方政府所有制的企业单位利润的下降，导致地方政府不得不从中抽身而退。地方政府的退出，直接推动了多种所有制经济的发展，促进了地方经济活力。此时，通过分税制改革，中央政府重新回到了国家政治经济的主导地位，中央集权重新得到了稳固和加强，地方政府再次成为了国家在地方的指令政策执行的代理人。但是，地方财政的压力使得地方政府谋利的意图并没有消失，随着国有企业重生后的发展，集众多资源于一身，国有企业的优势进一步扩大，地方的财政压力也得以削减。在新中国成立后的很长一段时间内，我国实行的是土地无偿使用制度，建设部门管理城市土地用地，农业部门管理农村土地。直至1986年，国家出台《中华人民共和国土地管理法》，结束了土地管理无法可依的局面。后国家在1988年出台了《中华人民共和国宪法修正案》，于1990年发布实施《中华人民共和国城镇国有土地使用权出让和转让暂行条例》，一系列的法规条例共同宣告了我国土地出让制度的确立。制度规定，在满足国家的土地所有权的情况下，地方政府可以通过拍卖、招标等形式以一定的年限、价格、用途将土地使用权给使用者，并受法律保护。土地出让制度的确立与地方政府提高财政收入的意图完美契合。一是分税制改革后地方政府受到的财政压力使其不得不选择增加收入的途径满足收支平衡，二是地方政府在出让土地使用权时有着较大的操作空间，因为地方政府可以参与到“土地经营”的实际活动中，这些共同推动着地方政府的逐利本能。

在这个背景下，为了确保中央意志在地方行政部门的有效落实，政治承包制、分税制是重要手段[6]。郑永年曾指出[7]，人事权是中央对地方的根本制约，因此“政治锦标赛”成为地方政府官员晋升的主要机制，中央政府成功地引导了地方政府行为发展。其次，分税制改革也成为引导地方官员行为的机制之一，即地方政府更愿意将资金投入到促进地方发展的领域。吕冰洋指出[8]，分税制的产生便是基于实现激励与平衡的目的。分税制改革实行后，“分灶吃饭”的财政包干政策极大地刺激了地方政府的积极性，也为中央提供了财力保障；而转移支付也解决了地方政府间的财力分布不均的问题，避免了地区间的恶性竞争和市场分割问题，也会更好地实现基本公共服务均等化，带动整体的经济效率提升。

三、城乡统筹管理体制：二元结构与一元领导

党的十六大以来，城乡统筹发展的指导方针得到进一步明确。这改变了中国城乡二元分割管理体制的历史走向，推动了行政、市场与社会的进一步联动，并对交通的发展产生了极大的影响。为了实现科学统筹城乡规划，加强城乡地区的有效融合是其中的重点内容，而合理的交通规划能很好地实现这一目标[9]。为了实现城乡之间的通畅运输，交通规划应着重考虑诸如注重地区差异性、实现公交网络的有机衔接能力、划分清晰的道路交通网络等方面，这些都

对未来的交通规划政策起着指导性作用。

我国由于工业化发展处于后发阶段，因此采取城乡二元分割体制完成资本原始积累。但城乡二元分割体制本身的后遗症对经济社会长期发展的影响十分明显。在城乡二元经济结构理论中，随着经济的发展，农村资源会因追求更高的效益而向城市地区转移集中，当农村地区和城市地区资源要素利用的边际生产率逐渐相等时，城乡之间的二元结构消失。因此，城乡之间要素的自由流动和资源的城乡重新配置是城乡关系转换的关键环节。目前，我国城乡二元结构一直延续的原因主要有以下几点：一是我国的户籍管理制度，农村居民进城之后不能享有与城市居民相同的权利和待遇，二是农村地区的土地权益很难得到保障，三是资源配置的不平等，城市地区的公共服务设施享有更多的国家投资而在农村则相当有限。在全面分析中华人民共和国成立以来的经验后，政府认识到城乡统筹管理才是解决城乡二元结构的有效途径。

实际上，我国政府解决城乡二元结构有着制度基础和集中领导的优势，即城乡统筹的一元化领导。简单讲，即地方政府不仅管理城市地区，也管理乡村地区，城乡地区同为一个地方政府集中统一领导。这一点与美国、以英国为代表的欧洲国家不同，城乡统筹管理是中国地方政府行政管理极具特色的制度设计，能够有效解决地方政府辖区内的城乡统筹问题。所谓城乡统筹发展，就是指在城乡地位平等、优势互补、和谐发展的基础上，经济社会平稳发展的景象。这需要把城市和农村作为一个有机整体，纳入整体规划中做统筹管理，促进城乡二元经济结构向现代社会经济结构转变，实现城乡一体化发展。城乡统筹的关键就是要素在城市和农村地区的自由流动，要素自由流动的实质就是要素按照市场的配置机制进行地区间或产业间的流动，而人类经济活动的最终目的就是实现要素的高效流动，提升整个社会的生活水平。而在发展中国家，由于相较于农业部门，生产效率较高的工业部门成为要素转移的最终目的地，因而，聚集更多工业部门的城市地区发展更快，这成为整个社会的发展趋势。蒋家胜、易果平指出，城乡统筹发展要以扫除城乡二元障碍为目标，充分利用工业化和城镇化的发展规律，利用城乡之间地域、经济、资源的互利共荣性，将城乡作为一个整体统筹规划，促进城乡协调发展[5]。具体来说，城乡统筹应该包括以下内涵：一是经济上的统筹，按照中国特色社会主义市场经济的要求，加速推进各类资源在城乡间的高速流动，促进城乡经济快速发展。二是发展上的统筹，以消除城乡二元结构为目标，加强制度供给，建立公平发展的现代制度供给体系，在科技、就业、文化、教育、医疗卫生等方面保证城市居民和农村居民的待遇一致。三是生态上的统筹，在城乡发展过程中，保障农村地区的土地权益，实现资源配置上的城乡均衡，优化基础设施配置，合理布局公共服务设施，保障农村地区的生态健康，统筹城乡区域发展生态架构。

党的十九大以来，习近平总书记为解决“三农”问题，提出了乡村振兴战略，战略中提出了“产业兴旺、生态宜居、乡风文明、治理有效、生活富裕”的总要求，全面加速建设城乡一体化，加快我国全面建成小康社会的步伐。战略发布以来成果显著，农业农村部发文表示，经过四年的努力，乡村振兴战略已取得重要成果，一是粮食连年丰收，二是农业现代化建设步伐明显加快，三是脱贫攻坚取得全面胜利，四是乡村建设扎实推进，为城乡统筹发展助力。

在城市交通治理方面，城乡统筹管理更有利于交通资源的公平配置以及通过城市交通管理等措施引导要素的流动，反过来，城市交通在统筹城乡发展进程中责任重大、任务艰巨，具有重要的支撑作用。统筹城乡交通发展，有利于城乡交通基础设施建设、城乡客运协调发展、城乡交通支撑保障体系建设、交通运输物流公共信息平台建设等。党的十八大以后，乡村交通基础设施建设驶入了快车道，投资规模达到 10 万亿，改变了乡村面貌，加速了乡村振兴。以安徽省为例，2018 年，安徽省的交通基础建设投资额为 935 亿元，其中农村公路投资额为 224.2 亿元，保证了全省 1 379 个乡镇的通畅，全省的公路网密度达到了 149.8 公里/百平方公里，确保了全省所有的行政村都通上了水泥路[10]。2017 年，云南省永胜县充分发挥交通基础设施建设在脱贫攻坚上的作用，采取多渠道投融资 10 176 万元，完成了 161.5 公里的农村公路水泥硬化改造项目，公路硬化率在丽江市率先实现 100%。永胜县结合《永胜县"四好农村路"建设助推脱贫攻坚工作实施方案》，截至 2018 年 5 月份，投资 3 368 万元，完成了当地 38 个贫困村的危险道路段安全防护设施工程，剩余的 56 个贫困村防护设施改造工程计划在 2019 年完成[11]。

在城乡统筹发展的大背景下，地方政府调节经济、监管和管理能力都有了大幅度提升。中华人民共和国成立之后特定历史时期的国家战略造成今天的城乡二元格局，例如发展重心向城市的转移导致的非均衡发展，户籍管理制度导致的城乡整体性割裂以及在资源配置过程中公共服务资源布局不均衡，因此地方政府对于破解城乡二元结构有着不可推卸的责任。在此方面，地方政府的职能转变应有如下方面：一是调节经济，为了地方经济更好地发展，政府需要起到宏观调控的作用，将区域规划、产业布局、政策统筹综合考虑，整合资源，合理配置，实现城乡资源流动中的良性循环。二是发挥监管作用，由于存在城乡之间的信息不对称和农村传统的小农经济思维，地方政府要客观建立法制法规，保障城乡企业间的公平竞争，保障资源要素的有效流动，带动农村地区的经济转型。三是有效管理，在城乡统筹的均衡发展中，如何有效刺激经济、释放社会组织活力，主要在于有效的机制体制的建立，加大专业化、规范化、体系化的政策、制度供给，解决城乡发展中异质化问题。四是公共服务配置，长期以来，公共资源向城市集中配置，农村的公共服务设施缺口相对较为严重，农村城市人口享受着区别待遇，这造成城乡差距进一步扩大并加深了城乡矛盾，因此地方政府需要发挥资源配置的作用，合理配置公共资源，考虑公平，促进公共服务均等化。

四、区域治理的多部门协同：条块分割与条块协同

在我国具体的行政事务运行中，中央政府的主要任务为相关政策的制定，是政策的制定者，地方政府则是中央意志在基层的体现，是政策的执行者，承担了广泛的社会、公共管理事务。中央各条线组织，在纵向上将相关工作分配给地方机构部门，即形成了"条"与"块"的复杂协调网络。我国政府权力配置的主要特点是职责同构，而政府组织中又有着"条块体制"的特征，"条"是指中央政府到地方政府中具有相同业务内容或相同职能的部门，"块"是指在地方政府横向上的权力具有独立性和完整性，在地方具有足够的灵活性。在复杂的中央政府主管部门和地方政府的政府组织下，即使是地方同一级别的部门，其直属机构也可能不同。这说明中国的自上而下的行政管理体制决定了地方政府各部门在具体职能管理方面存在着"条块分

割”问题，也说明了中国的“条”与“块”有其内在的制度逻辑合理性。

在政府的条块关系下，中国特色行政体制的一个最重要的内容就是职能部门间存在着广泛而复杂的分工与合作，即跨部门合作。职能部门主要有如下特点：一是职责分工明确，面对庞大复杂的行政事务，为了保证行政部门的运行效率，明确的掌权和权责关系十分重要，具有权责界限的独立行政主体是政府间部门合作关系的前提条件。二是各部门有相应的资源，明确职责分工的各个部门，都有各自的资源，例如权利、技术、人事、资金等。政府部门间的互动、合作，多会涉及资源互换的问题，合作部门之间关于彼此资源的依赖，便是促进双方之间合作的重要驱动，是多部门协同合作的客观条件。三是部门之间存在横向上的业务联系，基于职责明确分工的各部门在处理公共事务时，常常带来彼此间的业务联系[12]。但这种不能由单个部门处理的事务就成为了政府行政效率的障碍，对行政效率的追求促进了各部门间的合作，这构成了多部门协调的事实基础。

在“条块体制”的政府组织特征下，为了实现公共事务的有效治理和公共价值的增加，政府部门需要通过某种有效的组织形式来实现跨部门集体行动或联合治理。这是部门间合作的逻辑起点。在现在的社会经济条件下，政府主要面临两方面的挑战，一是政府体制改革的不断推进，二是公共服务需求的不断提高，政府部门必须通过合作面对这两种挑战，政府自身和外界环境共同影响了政府部门间的关系。换句话说，推动政府部门间合作的力量有两种，一是为了实现更高的行政效率，满足不断增长的公共需求，二是为了政府部门本身自我效能的提升。

五、国家主导的城市化战略：从小城镇战略到城市群与都市圈发展

在世界历史意义上，中国的城市化道路走出了一条后发国家独特的路径，其最大的特色即是国家主导。中国的城市化道路并非一开始就具有顶层设计的总体规划，而是经历了不断调试，才最终形成了自己的特色。第一阶段，改革开放以后，我国的城市化发展主要以“小城镇战略为主”。首先是 1978 年的第三次全国城市会议制定了“控制大城市规模，多搞小城镇”的城市发展方针。进入 20 世纪 90 年代，我国的城市化战略仍然聚焦于发展小城市。中央在“八五”计划中提出：“严格控制大城市的规模，合理发展中等城市和小城市，以乡镇企业为依托建设一批布局合理、交通方便、具有地方特色的新型乡镇”。但是，对大城市规模的控制造成了极大的代价[13]，损失了城市聚集带来的效益，主要体现在三个方面：一是可持续发展能力的丧失，由于小城市战略忽略了资源有限这一基本前提，造成了诸如耕地资源的大量浪费、环境污染加剧、资源利用率不高等一系列问题；二是城市区位效应的损失，由于人口资源和工业资源的分散，那些原始资源丰富的城市发展情况尚好，但由于资源要素不能高效地向该地区流动，造成了资源配置效率低的隐形损失；三是城市结构效率的损失，由于行政规模较小，小城镇化建设催生了一系列小规模企业的出现，企业带来的过度竞争和产业趋同导致了资源的浪费，减缓了经济发展。

第二阶段，2000 年后，我国城市化建设的重点逐渐向大城市倾斜，因此中心城市的发展开始加速。2005 年 10 月，党的十六届五中全会通过了《中共中央关于制定国民经济和社会发展

第十一个五年规划的建议》，其中首次明确提出“增强城市群的整体竞争力”，以及“有条件的区域，以特大城市和大城市为龙头，通过统筹规划，形成若干用地少、就业多、要素集聚能力强、人口分布合理的新城市群”。

第三阶段，近年来，随着全世界城市化率的进一步提高，城市化战略的重要性进一步凸显。习近平总书记 2020 年 4 月 10 日在中央财经委员会第七次会议上的讲话中，把“完善城市化战略”作为国家中长期经济社会发展战略重大问题之一，进行了系统阐述。同年 10 月，党的十九届五中全会通过的《中共中央关于制定国民经济和社会发展第十四个五年规划和二〇三五年远景目标的建议》提出“推进以人为核心的新型城镇化”，进一步强调了人民共享的重要性。城市化增长速度快、城市数量变化大是中华人民共和国成立以来城市化发展的最大特点。我国城市化的主要特点是城市规模和结构日趋合理、城市经济结构呈现高级化、城市群发展迅速、城市建设成效明显。

当前，我国城市化发展正处于经济发展到注重民生的转型时期，进一步完善城市化发展战略具有重要的意义。完善城市化战略，首先要推行以人为本，倡导人民共享城市，从户籍人口城市化来看，城镇化率目前仅为 46.7%，未来 30 年我国仍有 4.8 亿人口需要城市化。因此，深化户籍制度改革是重要途径，坚持“自由落户是原则，限制落户是例外”，全面推进常住人口与户籍人口城市权利均等，全面保障城市所有人群的生活品质和生活质量。其次，《国家新型城镇化规划（2014—2020 年）》提出“培育形成通勤高效、一体发展的都市圈”，标志着都市圈化上升为国家中长期发展战略。都市圈化有利于推进不同级别城市的一体化发展，促进城市之间市场的高效规范、公平竞争，并且有利于对接国际规则、促进国内外贸易投资，提高我国城市在全世界城市中的竞争力。习近平总书记在中央财经委员会第七次会议上要求“打造宜居城市、韧性城市、智能城市”，“使城市更健康、更安全、更宜居，成为人民群众高品质生活的空间”，说明完善城市化战略，打造高品质宜居城市，是提高人民生活品质的直接要求，也是推进落实新发展理念，构建新发展格局的客观需要。当前，我国城市区域的大幅扩张、尚未匹配的基础设施建设和成熟的治理体系造成了一系列的问题。首先，我国幅员辽阔，文化差异较大，不同地域、民俗习惯的差异会导致城市管理体制的差异，没有一套合理的管理体制适用于所有城市，并且人民群众对生活方式的不同追求也给城市化提出了挑战。其次，随着科技的飞速发展，人民群众的喜好也在飞速变化，因此政府出台的法律法规尚不能及时回应百姓需求，造成了管理体制的滞后。

针对城市化带来的诸多问题，各级政府采取了系统的策略以妥善应对各类风险挑战。如人口方面，有序推进农业转移人口市民化，保障农业转移人口享有城镇基本公共服务，建立健全农业转移人口市民化推进机制；城市规划方面，优化城镇化布局和形态，提高城市可持续发展能力，推动城乡发展一体化。以城市交通为例，政府倡导加强市政公用设施建设，完善基本公共服务体系，优先发展城市公共交通。针对城市群的建设，地方政府的优化重点是改善中小城市和小城镇交通条件，完善城市群之间的综合交通运输网络，构建城市群内部综合交通运输网络以及建设城市综合交通枢纽。

第二节 中国特色行政体制与城市交通治理学科建设

一、关于中国城市交通研究的内涵与定位的思考

我国的行政管理体制是纵横交错的，既有由上而下的领导体制，也要考虑地方特色的实际情况，这种条块关系对加强中央的领导、激发地方的灵活性，推进资源的高效流动都起着十分重要的作用。对于城市交通内涵的研究，行政管理体制的影响是考虑的重点之一。交通本身即是空间连通，行政辖区又是行政权力的空间边界，因此，行政辖区对交通发展建设影响巨大，跨部门的联系是城市交通建设的重点也是难点，尤其是区划调整以及府际关系调整，对交通管理、发展产生重大影响。研究城市交通问题，首先要对城市交通的内涵有深刻的把握。

随着工业化时代的到来，一系列城市问题也随之产生，拉开了城市与交通研究的序幕，诞生了近代的城市规划理论。城市空间的布局研究也带动了交通系统的布局研究，形成了早期的“骨干交通引导城市发展理论”以及“道路分级理论”。比如，“田园城市”中城市中各区域与城市中心的快速连接，“带状城市”沿着某一条干路布设一条或多条铁路运输线，“工业城市”强调的城市各分区的连接以及对城市中道路的分类和宽度要求。

《雅典宪章》指出，城市具有居住、工作、游憩、交通四大功能，城市中按照各区域作用的不同进行功能分区，彼此之间互相交流，保持联系。但随着燃油车的产生，人车冲突的矛盾激发了交通领域有关人车分流理论的研究。另外，随着城市人口的增加和城市用地的扩张，为了满足人的交通需求和有效支撑这种扩张，人口用地向公交站点和线路扩张的“公交走廊集聚理论”在这个时期被大量应用。后面对郊区化和大都市区的发展，城市交通的研究主要集中于对城市管理的分析，形成了城市精明增长理论和新城市主义理论，城市规划也由传统的精英规划向倡导性规划转变，即倡导公众参与、实现经济发展。可以看到，城市交通的产生源于人车冲突，形成了邻里单位理论和人车分流理论，后随着小汽车的普及，逐渐建立了交通工程学科，这其中包括交通需求预测、交通流理论、交通系统管理理论和交通需求理论等。

党的十八届三中全会提出，推进国家治理体系和治理能力现代化是社会主义现代化的应有之义。随着城市规模的逐步扩张和城市化水平的提高，一系列城市问题尤为突出，而交通问题就是其中的重点。城市交通与人民生活息息相关，交通是人和货物的载体，良好的交通是通勤质量的根本保障，进而影响居民的就业、娱乐活动，交通也是出行公平的集中体现。城市交通学的要求，就是服务于人的(生活和就业)需求、组织城市高效、安全、低耗、可持续运行，带动培育发展现代化都市圈，增强城市群实力和竞争力，支持新业态发展发挥引领作用。但如今的城市交通面临着极大的问题，如城市私家车的过度增长导致的拥堵问题和污染问题、推动公共交通优先发展的困境和共享出行、新能源汽车等一系列新业态的集中出现。新兴技术的使用给城市交通问题提供了解决思路也带来了新的挑战。如何实现交通设施资源的公平配置，平衡交通供需关系，化解交通需求间的矛盾是接下来要面对的重点问题。

回顾交通发展的历史，交通相关理论的创新就源于城市规模的扩张、交通工具的革新和城市居民的需求增长。18 世纪的工业化促进了城市规模的扩张，铁路、汽车等现代交通工具

的出现催生了交通基础设施的建设，20 世纪车辆的快速增加使交通理论的研究逐渐走向成熟。现代的交通理论萌芽于 20 世纪 30 年代、发展于 50 年代、成型于 70 年代，随着交通量的不断增加，交通问题也日益增加，如车辆事故增加导致的关于车辆安全研究的兴起，适合车辆运行的路网规划，研究车辆运行规律的交通流理论的产生，研究居民出行行为的居民出行调查，共同推动了交通工程学的兴起，最终形成了今天的围绕车路关系的“交通需求、交通供给、交通流运行”的三角理论体系，并随着近些年科技的进步尤其是计算机领域的发展有着持续的创新。

国外交通的发展可分为三个阶段。首先是 20 世纪以前，工业革命以前，人们对交通运输的需求较低，主要的交通需求依靠人力畜力或水运便可解决；工业革命以后，巨大的运输需求极大地促进了交通的发展，以使用蒸汽机为特征的诸如火车、蒸汽轮船的使用带来了陆上和海上交通的革命，世界各国的运输能力大大提高。20 世纪中叶后，在新兴科技的推动下，发达国家的工业结构发生变化，多批量、高价值的货物运输比例开始上升，公路运输能满足这种需要并成为此时主要的交通方式。第二次世界大战后，汽车的快速发展使得公路运输迅速发展并逐渐代替了铁路运输，这一变化被称为交通运输业的第一次革命。20 世纪 70 年代后，发达国家的基础设施建设已经趋于饱和并基本满足运输需求，因此提高运输服务的安全性、及时性、准确性和舒适性成为了此阶段发展的重点[14]。

就国内而言，20 世纪 70 年代，国内交通基础设施建设不足，满足不了日益增速的国家发展需要，相关部门主要利用经济政策、法律法规等手段来调控需求，人们意识到，研究城市发展模式和解决交通问题，既要重视工程技术，又要考虑法律手段。可以看到，多学科多视角的城市交通研究已经成为事实。随着 20 世纪 70 年代末交通工程理论的引入，国内开始了对交通需求模型、交通控制、交通设施优化等问题的研究。21 世纪以来，对交通需求模型的相关算法、交通网络、交通流等领域的研究成为了热门。近年来，在大数据、车联网等新兴技术的支持下，国内各方面研究都取得了重要成果，为城市交通学的诞生奠定了基础。

城市交通不是单纯的工程技术问题，而是一个涉及多学科的复杂公共治理问题，解决城市交通问题的手段也应从工程和管理向社会和治理方向转变。针对目前的城市困境，如城市规模的扩张、交通技术的创新、交通可持续发展、交通系统的风险应急、多元化的治理等问题，传统的交通学科难以解决，而城市交通研究聚焦的是国家城镇化战略、城市公共交通优先发展现实困境、共享交通服务创新三个领域。从城市交通治理面临的挑战来看，城市交通治理不仅仅是解决交通问题，“就交通论交通”的传统思维模式需要进一步打破。传统的交通学科虽然已经拥有完备的学科体系与研究路径，但是过于强调从单一的交通系统出发研究问题，尤其是忽略人的行为和感受。需要指出的是，城市交通治理不仅仅是解决工程技术问题，还涉及政策法律、经济、环境等多方面问题的解决或思考，传统的交通学科体系已经难以解决复杂城市环境下的综合交通问题，因此需要进一步融合城市规划、公共管理、地理学等人文社会属性较强的知识和方法。当前，城市交通治理须顺应时代变化，构建跨学科的知识体系，形成系统性的研究框架，从而更好地应对社会与技术的新发展与新挑战。进行城市交通学科的研究，有利于创建城市交通治理现代化理论，完善城市公共治理体系；创新城市交通治理范式，成为国家治理现代化水平和城市治理现代化能力提升的标杆；基于大数据建立支持城市交通治理创新的技术方法。

二、城市交通与中国特色的法治建设

作为城市四大基本功能之一,时至今日,交通已成为推动城市发展的核心要素之一,为了保障交通的高效运行,需要明晰交通问题出现的本质。作为一个整体,交通问题已经不仅仅来源于某一类交通工具或某类交通设施,也不是规划、建设、运营、管理某一个环节导致的,而是技术层面、管理层面和社会层面的综合性问题。因此,为了提高交通行业从业者解决问题的能力,需要建立法治化思维。近些年来,新兴科技的发展,新兴业态的出现,不仅给城市交通的发展带来了新的机遇,也引发了一系列新的挑战。面对新的交通问题,需要及时建立相应的规制,才能促进其有序高效地融入既有的城市建设中,并有助于交通系统持续迭代更新。因此,为突破城市交通的研究总是围绕工具、设施、服务三个方面的局限性,着力于研究创建新型的“政府—企业和社会,法人—公民”协同机制,亟须从城市交通依法治理的角度研究这些问题。同时,作为交通治理能力现代化的重要内容,明晰城市交通法治建设的重要性,是“坚持依法治国、依法执政、依法行政共同推进,坚持法治国家、法治政府、法治社会一体建设”的必然要求,也是落实《交通强国建设纲要》对城市交通提出的新目标和新要求的必要工作。

相较于综合交通运输,城市交通的主要特征就是其规划设计与城市行政区划有着非常密切的联系,因而其具有较强的地方特色。根据最新修订的《中华人民共和国立法法》,设立区级行政单位的市拥有地方立法权,但由于城市交通相关法律体系涉及的事务较为宽泛且与其他领域有重叠,因此法律体系更为复杂,涉及民商、行政、环境、劳动、公共安全等方面。因此,明确针对城市交通的法律法规数量还相对有限,大多分散于其他各种法律法规中,给城市交通研究人员带来了较大的困难。

三、中国特色交通行政管理体制与城市交通学科建设

我国的交通行政管理体制始于 1986 年[15]并沿用至今,受时代背景的约束,存在着高度中央集权的问题,导致交通部门具有相对独立性,并且条块分割的行政管理体制会降低部门间的有效沟通。交通管理主体的基本职责尚未厘清,比如交通执法职责的执行单位是公安部门,很多事务无法及时有效地进行沟通和解决,难以实现高度统一。在交通基础建设投资方面,自上而下的管理体制有利于更好地施行上级传达的要求,但是在具体实施层面,工程项目需要地方政府的批复,可能会对实施步骤产生影响并阻碍计划的原定进度。另外,在土地财政的影响下,相较于其他类型的投资,地方的交通基础设施建设投资不一定会带来直接的经济效益,进而影响相关资金的批复。好的一方面是,地方政府会更加了解当地情况,对中央下达的指令能够更合理、顺畅地施行,一些地方政府甚至可以大胆进行自主创新和局部试点,大力发展地方交通,实现地方的良性发展。

城市交通学采用多学科的思维、系统论的方法研究城市交通,以战略的眼光、兼顾规划未来与解决现实问题:①将城市当作一个系统,分析其中的结构和功能,研究系统、要素、环境三

者的相互关系以及变化，强调系统中各要素之间的有机联系；②城市交通是一个有机的整体，由各个具有不同功能的子系统构成，各子系统之间互相关联、相互耦合，共同促进城市交通的健康发展，并协调城市与城市交通之间的关系，推动城市的健康发展；③高效利用新兴的技术手段，基于现代信息技术的数据采集、数据分析、数据建模工作，可以更快速、精准地解决交通问题，随着信息技术水平的不断提升，大数据分析方法必定成为城市交通的重要研究手段；④遵循市场规律和社会发展规律制定有效的法律法规，保障城市交通的有效运行。

除此之外，作为城市交通学科的基石，交通工程学的重要性不言而喻。交通工程学诞生于20世纪30年代，是一门解决道路交通问题基础理论和基本技术的实用性学科，包含交通规划、交通设计、交通信息与管理三大内容。随着研究的发展，交通运输学逐渐形成。交通运输学是采用各种技术手段和政策手段，研究交通设计、运输运筹、运输规划管理、交通运输组织等多方面的知识与学问。交通工程学和交通运输学共同组成了交通运输工程学科，但该学科过于强调交通设计、交通工程类的问题，侧重交通运输系统、设施、环境的工程属性，而忽视人的理念、价值观、社会行为，忽略城市发展政策与制度设计、城市的文化传统等。相对来说，城市交通学科更加强调“以人为本”，注重人的体验和行为。

交通运输工程学科作为交通问题研究的基石，为城市交通治理提供了工程思维和技术手段。公共管理学科围绕“公共性”展开对公共管理、公共利益、公共活动、公共空间、公共领域等的研究。城市规划学的核心是从土地利用、建成环境、空间布局等方向来规划、管理城市空间。随着人们对宜居环境要求的提高，城市交通治理需要实现从“道路”向“街道”的转变，而城市规划学为交通治理提供了这种尺度转变的可能性。结合地理学、测绘科学与技术所提供的空间可视化、交通地理网络整合等手段，将交通基础设施空间布局、交通网络与居民出行、空间功能、环境资源联系在一起，可以打造充满活力的高品质城市空间。社会学、政治学、行为学、心理学等学科从社会要素与人的行为心理入手，挖掘社会关系、社会行为、政治行为、政治体制中的发展规律。而对于不同参与主体的利益或是通过经济手段解决交通问题，如拥堵收费等，又会运用到经济学领域的学科知识。为跟随科技的发展，城市交通治理需要融入信息化、云计算、大数据技术，计算机科学与技术、信息与通信工程等学科为大数据时代的城市交通治理提供了技术支撑。这类学科的核心是运用算法、程序去探索交通相关数据背后的现象与规律，揭示交通现象与个人属性之间的关系，实现精细化治理的目标。

四、中国特色交通行政管理体制与城市公共交通

随着城市私人汽车保有量的大规模增长，公共交通的重要性日益凸显。时至今日，大力发展公共交通仍是解决交通拥堵问题的重要手段，同时也是降低交通领域碳排放量的合理途径。而随着城市化进程的不断加快，日益增长的居民出行量与尚不充足的公共交通供给使得公共交通自身的问题日益凸显，如：滞后的公共交通基础设施建设，不完善的城市公共交通法律法规，公交线路规划、站点设计不合理，以及缺乏足够的地方或国家财政补贴，都导致了公交车乘坐率的逐年走低。因此，明晰城市公共交通与中国特色行政管理体制之间的关系，对未来制定相关政策与规划，都有着深远的意义。

城市公共交通管理体制定义为体制中不同管理主体之间与管理主体与管理对象之间责任、权利和义务关系。城市公共交通作为公共基础设施的特殊性使其带有一定的公益性质，具体表现为公共交通部门不能依赖正常的市场竞争机制存活，政府部门的财政补贴是维持城市公共交通系统运营的必要条件[16]。因此，政府需在城市公共交通系统中扮演管理者的角色。其中母体城市公共交通管理体制中包含的内容主要包括以下三个方面：一是在城市公共交通规划、建设、运营、维护、管理等阶段，主要机构之间管理范围的划分。二是城市公共交通相关部门之间的职能划分和跨部门协作，其中，权责机构需要相关法律法规进行划分。三是政府与运营企业之间的关系。如何发挥政府正确的引导作用，推进城市公共交通行业有效运行，提高城市居民的出行满意度，是未来亟待解决的问题。

·参考文献·

[1] 杨志勇.中国财政体制改革理论的回顾与展望[J].财经问题研究，2006(7)：11-17.
[2] 顾慧君."经营土地"形成"土地财政"：混合型地方政府的理性选择[D].上海：复旦大学，2011.
[3] 王绍光.分权的底线[J].战略与管理，1995(2)：37-56.
[4] 周飞舟.分税制十年：制度及其影响[J].中国社会科学，2006(6)：100-115，205.
[5] 蒋家胜，易果平.城乡统筹发展中的政府职能转变探析[J].华中农业大学学报：社会科学版，2010(4)：57-61.
[6] 郁建兴.条与块的游戏规则该怎么变——中央与地方混合型行政管理体制的构建[J].人民论坛，2010(20)：8-9.
[7] 郑永年.行为联邦制：中央地方关系的变革与动力[J].决策，2014(8)：96.
[8] 吕冰洋，李钊，马光荣.激励与平衡：中国经济增长的财政动因[J].世界经济，2021，44(9)：3-27.
[9] 郝明阳.城乡统筹交通规划重点问题探讨[J].科技创新与应用，2014(1)：133.
[10] 杨震，常辰晖，郑屹.当前我国交通行政管理体制改革的目标趋势[J].中国管理信息化，2018，21(23)：181-183.
[11] 杨文江，李宝银，李祥，等.编织乡村振兴的路网基础设施经纬线——永胜县以交通基础设施建设先行贯彻落实乡村振兴战略[J].社会主义论坛，2018(7)：34-35，38.
[12] 于丽春.并联审批促进政府部门间合作研究[D].长春：吉林大学，2020.
[13] 冯云廷.小城镇化战略的反思与我国城市化发展的战略取向[J].中国软科学，2000(11)：120-124.
[14] 张继会.国外交通产业结构的发展历程[J].人才资源开发，2010(11)：108-109.
[15] 杨玲玲，戴玲.乡村振兴背景下交通基础设施建设对农村居民消费支出的影响——基于2003—2018年安徽省地级市的数据检验[J].巢湖学院学报，2020，22(5)：91-98.
[16] 焦婉琪.南昌市城市公共交通管理体制改革问题研究[D].南昌：南昌大学，2018.

第四章 中国的财税制度与城市交通设施的资金运转

交通设施是城市交通的重要载体，其建造和运维需要长期、大量的资金投入，包括政府资金和市场资金。研究城市交通设施的资金运转也因此成为城市交通学的重要内容之一。本章围绕如何保障城市交通设施建造和运维的资金需求这一问题，详细介绍我国城市交通设施资金运转机制的历史变迁、制度现状以及制度实践。

第一，介绍我国城市交通资金保障相关制度的历史变革以及当前制度实践中存在的主要问题；第二，在介绍我国当前财政体制和制度，以及各级政府间财权、事权和支出责任的划分的基础上，重点厘清与我国城市交通设施相关的财政事权，以及事权对应的支出责任在各级政府间的划分；第三，在厘清各级政府城市交通财政支出责任的基础上，详细介绍我国各级政府各类财政收入的规模和结构，以及各类收入如何配合以相应保障城市交通设施建造和运维的资金需求；第四，作为政府财政资金的重要补充，市场资金成为城市交通设施建设和运维的资金来源，本章也介绍了不同的市场融资模式，包括政府债、PPP 等，以及不同融资模式在城市交通运输资金需求保障中的具体实践；第五，试图通过某一城市或几个城市城市交通运输相关的制度实践，说明政府财政资金和财政资金之外的融资如何保障城市交通设施建造和运维的资金需求。

第一节 财税制度与城市交通设施资金运转概况

一、财税制度概况

我国一直重视建立适合国情的现代财税制度。特别是改革开放以来,财税制度的现代化建设进程加快。1994 年以后的财税体制改革,更是形成了一套与社会主义市场经济体制基本适应的公共财政框架。但是,随着财政与国家治理相对接,财政的治理作用愈加凸显,不再仅仅是经济领域的收支活动,而是转向更为宏观的国家治理层面。从当前来看,虽然政府履行财政职能的方式仍旧是收支两种形式,但更加强调在不同领域中满足社会及居民的公共服务需要。总的来说,财政一方面以收、支的形式在政府活动中发挥作用,另一方面支撑着各个领域的稳定与发展。财政作为国家治理的基础与重要支柱,是社会主义市场经济体制的重要组成部分。

财政包括"以政领财"和"以财辅政"两种作用体系。财税制度是处理国家与社会、政府与市场、中央与地方关系的制度安排。财税制度有广义和狭义之分。狭义的财税制度指由中央政府制定,处理中央与地方政府、地方各级政府之间划分财政收支管理权责与权限的根本制度。广义的财税制度不仅包括中央和地方政府之间以及地方各级政府之间的制度规定,而且还包括国家和居民、企事业单位之间分配资金的根本制度。本书讨论的财税制度主要用来分析财税制度对城市交通设施资金运转的影响,因此,本书所讨论的财税制度以狭义范畴的财政制度为主。

二、财税制度的变迁与城市交通设施投资

在宏观视野下,我国中央与地方财税制度的演变大致可以划分为三个阶段:与计划经济相适应的财政统收统支阶段(1950—1979 年)、计划经济转向市场经济过程中探索形成的财政大包干阶段(1979—1993 年)和与市场经济相适应的分税制阶段(1994 年至今)。总体而言,这基本上是一条"集权—分权—再集权"的历史演进路径。财税制度与城市交通设施投资关系具体如下。

1. 1979 年以前统收统支财政体制,以投资代替融资

"统收统支"的财政体制在中华人民共和国成立时得到确立。统收统支的基本特征是中央主导全国财政收入和支出,并且国家的非农业投资也主要由中央决定,财政资源高度集中于中央政府,各城市发展主要由中央政府安排。这种财政体制本质上是计划经济时期的财政集权模式,实践表明其弊端十分明显:资源配置效率低下,企业和政府积极性不足。这一时期不允许私人进行投资,投资活动主要由政府主导,各个城市发展几乎由中央政府直接决定。城市交通设施项目列入基本建设项目,其投资列入财政支出预算,相关建设部门完全按照计划进行建设。1962 年颁布的《关于当前城市工作若干问题的指示》中,将工商税附加、公用事业附

加和房产税统一划归市财政，确保这些税收用于城市的公用事业、公共设施建设，这意味着城市交通设施建设开始有了专门的资金渠道。

2. 1979—1993 年扩展资金来源渠道，引入市场机制，鼓励、引导并保障民间资本等非政府力量的介入

为调动地方政府增加财政收入的积极性，摆脱财政困境，中央政府实施财政包干体制改革，使地方政府同时具有相当大的财权和事权。1979—1993 年，中央政府逐步放权，实行分成和财政包干体制。引入了分税法，将税种划分为中央税、地方税和共享税，根据企业、事业单位的隶属关系划分财政支出，确定地方财政的收支基数以及承包形式，地方财政能够多收多支，自求平衡。这种财政制度安排曾在一段时期内极大地调动了地方政府、企业和个人的积极性，经济效率大大提升，国家财政能力快速发展，为公共品供给提供了资金来源，在调动地方积极性的同时，也增强了各个地区之间的竞争。居民在计划经济时代被压抑的公共品需求得到释放，为了获得竞争优势，地方政府加大对城市交通等公共产品的投入，不断增加城市交通等公共产品的供给。

这一时期是我国城建资金相关政策改革创新最为活跃的几年，1985 年国务院发布《中华人民共和国城市维护建设暂定税条例》，首次开征城市维护建设税，1988 年颁布的《城镇土地使用税暂行条例》、1990 年出台的《城镇国有土地使用权出让转让暂行条例》为国有土地使用权有偿出让提供了政策依据。一系列政策措施拓展了城市交通建设资金来源渠道，有利于通过引入市场机制，鼓励、引导和保障民间资本和其他民间力量的介入。

3. 1994 年至今鼓励和吸引多方投资参与，保障城市交通运转资金的可持续性

1993 年党的十四届三中全会提出实行分税制，1994 年分税制改革是中华人民共和国成立以来规模最大、范围最广、影响最为深远的税制改革。改革的主旋律是“统一税制、公平税负，合理分权，理顺分配关系，保障财政收入”，为微观经营主体创造统一、公平的税收环境，同时也为宏观经济调控提供间接的经济手段。这次改革主要侧重于中央与地方政府间收入的划分以及事权和支出责任的划分。此外，其中引人瞩目的一项内容是，根据事权与财权相结合的原则，将税种统一划分为中央税、地方税和中央地方共享税，建立中央税收和地方税收体系，分设国家税务局与地方税务局两级税务征管机构。在以“财政收入权力集中而财政支出责任不变”为特征的 1994 年分税制改革之后，政府间财政关系实现了从“行政性分权”向“经济性分权”的大跨越，给地方政府和企业提供了经济发展激励。2013 年 11 月，十八届三中全会通过的《中共中央关于全面深化改革重大问题的决定》提出了“建立现代财政制度”的改革目标，明确了财税体制改革三位一体思路，即改革预算管理制度、完善税收制度、建立事权与支出责任相适应的制度。党的十九大以来，财政部门加快构建以共享税为主的中央与地方收入分配格局，加快划分中央与地方收入分配格局，加快划分中央与地方事权和支出责任，健全财政收支预算管理机制，全面实施预算绩效管理，建立中国特色社会主义现代财政体系。

这一时期，城市建设资金方面改革措施日渐成熟，并得到加速发展。党的第十四届三中全会上通过的《关于建立社会主义市场经济体制若干问题的决定》以及 2002 年建设部发布的《关于加快市政公用行业市场化进程的意见》等都明确指出“基础性项目建设要鼓励和吸引多方投资参与”，为城市交通设施资金走向多元化，摆脱政府主导的限制提供了基本的政策保障。

同时，为促进城市公共交通设施建设，2013 年财政部和国家税务总局颁布了《关于对城市公交站场、道路客运站场免征城镇土地使用税的通知》，免征城市公共交通站场城镇土地使用税。2014 年《国务院关于深化预算管理制度改革的决定》《关于加强地方政府性债务管理的意见》，2019 年《关于继续对城市公交站场、道路客运站场、城市轨道交通系统减免城镇土地使用税优惠政策的通知》，2021 年《车辆购置税收入补助地方资金管理暂行办法》等规章制度，更是有助于破解城市发展的资金瓶颈，提高资金使用效率，促进城市交通发展。

这一时期初步建立了市场化的投融资体系，在投融资模式上不再单纯依赖财政投资和银行借贷，逐步建立了由财政、银行、国有企业、民营资本、外资组成的多元主体投资模式，逐步实现了资金来源的多元化。地方政府在融资渠道上不断探索，应用 BT(Build-Transfer)、BOT(Build-Operate-Transfer)、PPP(Public-Private Partnership)及集合信托等多种融资方式，在缓解政府直接投资压力的同时，也提高了项目资金使用的效率，确定了城市交通基础设施投融资改革的主要目标和方向。

同时，城市基础设施建设基金成为交通基础设施融资的重要渠道。城市基础设施建设基金作为产业基金的一种，其股权融资性质具有与城市交通设施项目投资规模大、涉及范围广、建设周期长等特点相匹配的融资优势，可更大范围和规模地聚集社会资本参与交通设施建设，为城市交通设施建设提供长期稳定的资金来源。

第二节　城市交通财政事权与支出责任

城市交通财政事权与支出责任在中央政府和地方政府，在各级政府不同部门之间合理划分是城市交通设施资金运行的重要保障。

一、城市交通财政事权与支出责任概论

《城市交通学导论》提出城市交通的概念，将其定义为城市行政区划范围内各种交通管理的综合，包括了组织性的公共交通、城市物流与非组织性的自行车、人等交通活动。城市交通具体构成如下：城市交通基础设施，包括地面、快速路等道路基础设施；公共交通、轨道交通、城市货流等服务系统；停车以及交通秩序管理；自行车以及人的组织管理。而从财政预算管理视角来看，交通领域主要从公路、水路、铁路、民航、邮政、综合交通等应用场景的角度出发进行划分，相较于城市交通这一概念，既有联系也有区别。联系在于城市交通涵盖了交通运输领域的内容，但城市交通不限于交通运输领域，还包括了对停车、自行车和人管理等内容。另外，城市交通更侧重从城市发展和居民生产生活等角度出发，旨在为居民提供更全面的服务、创建美好和谐的城市体，涉及本辖区内交通相关管理服务等多领域。

2016 年，国务院颁发的《关于推进中央与地方财政事权和支出责任划分改革的指导意见》①(以下简称《指导意见》)中指出，财政事权是一级政府应承担的运用财政资金提供基本公共服务的任务和职责，支出责任是政府履行财政事权的支出义务和保障。明确事权与支出责任对保障和改善民生、促进社会经济发展，以及解决经济社会发展中的突出矛盾和问题非常重要。

城市交通这一概念是从注重经济发展转变为注重人的全面发展、社会高质量发展中孕育出的，是未来治理和发展的重要领域，探讨其事权与支出责任非常必要。由于目前我国交通领域事权与支出责任的划分，主要从交通运输领域的六个方面进行了明确，而对于停车、自行车和人管理等事权未有相应明文规定。城市交通以新视角来认识交通，对现行交通运输领域进行了范围扩展，故本节将先对已明确的交通运输领域事权与支出责任体系展开探讨，再探讨交通运输领域未涉及的方面，如停车、自行车和人管理等事权，以全面讨论城市交通事权与支出责任。

二、我国城市交通的财政事权与支出责任现状

由于我国幅员辽阔、行政层级多，交通运输涉及的不仅是城市内部，还有城际间、跨省域等情况，这决定着我国交通领域会有多层级、交叉承担的事权与支出责任，交通运输领域的事权与支出责任目前已经形成统一的管理体系。除交通运输领域之外，城市交通涉及的其他事权与支出责任体现在具体项目中，由具体部门负责落实。因此，通过具体项目可以探讨除交通运输领域之外城市交通相关的其他领域事权。故本节在介绍城市交通领域的事权与支出责任时，将先对现行体系的交通运输领域事权与支出责任进行梳理，再对具体项目落实的事前、事中和事后以及城市交通扩展领域的事权进行阐述。

1. 交通运输领域的财政事权与支出责任

在《指导意见》中，中央对交通运输领域的事权与支出责任划分问题做出了详尽规定。2019 年 7 月，国务院办公厅印发《交通运输领域中央与地方财政事权和支出责任划分改革方案》②(以下简称《方案》)后，各地纷纷响应，通过出台文件的方式明确了交通运输领域事权与支出责任，从而形成了从中央到地方层层下放及统一管理的制度安排。

首先，中央一级的事权与支出责任。中央主要负责宏观层面的管理和监督，涉及公路、水路、铁路、民航、邮政。此外，中央也承担一些跨省域项目建设管理事权，具体内容参见表 2-4-1。

---

① 资料来源：《国务院关于推进中央与地方财政事权和支出责任划分改革的指导意见》，http://www.gov.cn/zhengce/content/2016-08/24/content_5101963.htm。

② 资料来源：《国务院办公厅关于印发交通运输领域中央与地方财政事权和支出责任划分改革方案的通知(国办发〔2019〕33 号)》，http://www.gov.cn/zhengce/content/2019-07/10/content_5407908.html。

表 2-4-1　中央承担的交通运输领域财政事权与支出责任

交通运输领域	主要项目	具体事权	支出责任
公路	国道	中央承担国道(包括国家高速公路和普通国道)的宏观管理、专项规划、政策制定、监督评价、路网运行监测和协调,国家高速公路中由中央负责部分的建设和管理,普通国道中由中央负责部分的建设、管理和养护等职责	中央承担国家高速公路建设中相应支出,承担普通国道相应支出
	界河桥梁	中央承担专项规划、政策决定、监督评价职责,建设、养护、管理、运营等具体执行事项由中央委托地方实施	中央承担支出责任
	边境口岸汽车出入境运输管理	中央承担专项规划、政策决定、监督评价职责,建设、养护、管理、运营等具体执行事项由中央委托地方实施	中央承担支出责任
水路	长江干线航道	中央承担专项规划、政策决定、监督评价职责,建设、养护、管理、运营等具体执行事项由中央实施	中央承担支出责任
	西江航运干线	中央承担专项规划、政策决定、监督评价职责,建设、养护、管理、运营等具体执行事项视改革进展情况,逐步由中央实施;在改革到位之前,按照现行管理体制执行	中央承担支出责任
	国境、国际通航河流航道	中央承担专项规划、政策决定、监督评价职责,建设、养护、管理(包括航运管理)、运营等具体执行事项由中央实施或委托地方实施	中央承担支出责任
	中央管理水域水上安全监管和应急救助打捞	中央承担专项规划、政策决定、监督评价职责,具体执行事项由中央实施	中央承担支出责任
铁路	宏观管理	中央承担全国铁路的专项规划、政策决定、监督评价、路网统一调度和管理等职责	中央承担支出责任
	由中央决策的铁路公益性运输	中央承担相应的管理职责,具体执行事项由中央(含中央企业)实施	中央(含中央企业)承担支出责任
	其他事项	中央承担国家及行业标准制定,铁路运输调度指挥,国家铁路、国家铁路运输企业实际管理合资铁路的安全保卫,铁路生产安全事故调查处理,铁路突发事件应急预案编制,交通卫生检疫等公共卫生管理,铁路行业科技创新等职责	中央承担支出责任
民航	空中交通管理	中央承担专项规划、政策决定、监督评价职责,具体执行事项由中央实施	中央承担支出责任
	民航安全管理	中央承担政策决定、监督评价职责,具体执行事项由中央(含中央企业)实施	中央(含中央企业)承担支出责任
	专项任务机队建设和运营	中央承担相应的管理职责,具体执行事项由中央(含中央企业)实施	中央(含中央企业)承担支出责任
	重大和紧急航空运输	中央承担政策决定、监督评价等职责,具体执行事项由中央(含中央企业)实施	中央(含中央企业)承担支出责任

（续表）

交通运输领域	主要项目	具体事权	支出责任
邮政	邮政普遍服务和特殊服务主干网络	中央承担专项规划、政策决定、监督评价职责，建设、维护、管理、运营等具体执行事项由中央（含中央企业）实施	中央（含中央企业）承担支出责任
	邮件和快件进出境设施	中央承担专项规划、政策决定、监督评价职责，建设、维护、管理、运营等具体执行事项由中央（含中央企业）实施或委托地方实施	中央（含中央企业）承担支出责任
	其他事项	中央承担保障邮政通信和信息安全等方面的职责	中央承担支出责任

其次，中央与地方共担财政事权及支出责任。在事权划分上，共担事权多由中央负责规划和监管，地方承担具体事项的执行。但也有例外，比如部分国家级（全国级）干线项目建设、运营等，其事权和支出责任由中央（含中央企业）与地方共同承担，具体划分情况参见表 2-4-2。

表 2-4-2 中央与地方共担的交通运输领域财政事权与支出责任

交通运输领域	主要项目	具体事权	支出责任
公路	国家级口岸公路	中央承担专项规划、政策决定、监督评价职责，建设、养护、管理、运营等具体执行事项由地方实施	中央和地方共同承担支出责任
	国家区域性公路应急装备物资储备	中央承担专项规划、政策决定、监督评价职责，具体执行事项由地方实施	中央和地方共同承担支出责任
水路	京杭运河及其他内河高等级航道	中央承担专项规划、政策决定、监督评价职责，建设、养护、管理、运营等具体执行事项由地方实施	中央与地方共同承担支出责任
	沿海港口公共基础设施	中央承担沿海港口的专项规划、政策决定、监督评价职责，沿海港口公共基础设施的建设、养护、管理、运营等具体执行事项由地方实施	中央与地方共同承担支出责任
	重大海上溢油应急处置和海（水）上搜救	中央承担政策决定、监督评价等职责，具体执行事项由中央与地方共同实施	中央与地方共同承担支出责任
	水运绿色发展	中央承担专项规划、政策决定、监督评价职责，具体执行事项由地方实施	中央与地方共同承担支出责任
铁路	干线铁路	中央（含中央企业）与地方共同承担干线铁路的组织实施职责，包括建设、养护、管理、运营等具体执行事项，其中干线铁路的运营管理由中央企业负责实施	中央（含中央企业）与地方共同承担支出责任

（续表）

交通运输领域	主要项目	具体事权	支出责任
民航	运输机场	中央承担运输机场布局、建设规划、政策决定和相关审批工作等职责，国务院明确规定由民航局直接管理的机场建设、维护、运营等具体执行事项由中央（含中央企业）负责实施；地方制定本行政区域内的运输机场建设规划，并负责建设、运营、机场公安等具体事项的执行实施	中央（含中央企业）与地方共同承担支出责任
邮政	邮政业安全管理和安全监管	中央承担专项规划、政策决定、监督评价职责，具体执行事项由中央（含中央企业）与地方共同实施	中央（含中央企业）承担支出责任
	其他邮政公共服务	中央承担专项规划、政策决定、监督评价职责，建设、维护、管理、运营等具体执行事项由中央（含中央企业）实施或委托地方实施	中央（含中央企业）承担支出责任
综合交通	运输结构调整、全国性综合运输枢纽与集疏运体系	中央承担专项规划、政策决定、监督评价职责，建设、养护、管理、运营等具体执行事项由中央（含中央企业）与地方共同实施	中央（含中央企业）与地方共同承担支出责任
	综合交通应急保障	中央与地方共同承担国家应急性交通运输公共服务、军民融合和国防交通动员能力建设与管理、国家特殊重点物资运输保障等职责	中央与地方共同承担支出责任
	综合交通行业管理信息化	中央承担专项规划、政策决定、监督评价职责，建设、维护、管理、运营等具体执行事项由地方实施	中央与地方共同承担支出责任

民航局直接管理的机场有：北京首都国际机场、北京大兴国际机场、天津机场、西藏区内机场、洛阳机场。

最后，地方财政事权与支出责任。《方案》中规定了全国各地统一的事权与支出责任，同时各地根据自身具体情况，在省域各级政府之间明确地方的事权与支出责任。《方案》中，由于各地情况不同，中央仅对省级的财政事权与支出责任进行了方向性的规定，即省级负责本辖区内交通运输领域的规划、建设以及运营等内容，支出责任由地方各级政府分担。当然，地方政府也会承担中央政府委托事权。具体内容参看表 2-4-3。

表 2-4-3 地方主要的交通运输领域财政事权与支出责任

交通运输领域	主要项目	具体事权	支出责任
公路	国道	地方承担国道（包括国家高速公路和普通国道）的建设、养护、管理、运营、应急处置的相应职责和具体组织实施	地方负责筹集、承担除中央财政出资以外的其余支出
	省道、农村公路、道路运输站场	地方承担专项规划、政策决定、监督评价职责，并承担建设、养护、管理、运营等具体事项的执行实施	地方承担支出责任
	道路运输管理	地方承担专项规划、政策决定、监督评价职责，并承担具体事项的执行实施	地方承担支出责任

（续表）

交通运输领域	主要项目	具体事权	支出责任
水路	其他内河航道、内河港口公共锚地、陆岛交通码头	地方承担专项规划、政策决定、监督评价职责，并承担建设、养护、管理、运营等具体事项的执行实施	地方承担支出责任
	客运码头安全检测设施、农村水上客渡运管理	地方承担专项规划、政策决定、监督评价职责，并承担建设、养护、管理、运营等具体事项的执行实施	地方承担支出责任
	地方管理水域的水上安全监管和搜寻救助	地方承担具体事项的执行实施	地方承担支出责任
铁路	城际铁路、市域（郊）铁路、支线铁路、铁路专用线	建设、养护、管理、运营等具体执行事项由地方实施或由地方委托中央企业实施	地方承担支出责任
	由地方决策的铁路公益性运输	地方承担相应的管理职责，具体执行事项由地方实施或由地方委托中央企业实施	地方承担支出责任
	其他事项	地方承担铁路沿线（红线外）环境污染治理和铁路沿线安全环境整治，除国家铁路、国家铁路运输企业实际管理合资铁路外的其他铁路的安全保卫职责	地方承担支出责任
民航	通用机场	本行政区域内通用机场布局和建设规划、相关审批工作，并负责通用机场的建设、维护、运营等具体事项的执行实施（民航局及其所属企事业单位所有的通用机场除外）	地方承担支出责任
邮政	邮政普遍服务、特殊服务和快递服务末端基础设施、邮政业环境污染治理	地方负责规划、建设、维护、运营等具体事项的执行实施	地方承担支出责任
综合交通	一般性综合运输枢纽	地方专项规划、政策决定、监督评价等，负责建设、维护、管理、运营等具体事项的执行实施	地方承担支出责任

对于地方事权与支出责任，由于不同省市的实际情况存在差异，各省市间的交通运输领域的事权与支出责任划分有共性也有特性。各地出台的交通运输领域事权与支出责任改革方案，均遵循中央的划分原则，省级及以下层层细化，明确公路、水路、铁路、民航、邮政、综合交通六个方面的事权和支出责任。

总体来看，省一级主要承担了省域内的规划管理职责，同时也负责部分国家级和跨市域项目的建设、运营等，事权对应的支出责任也由省级承担；省与市县的共同事权与支出责任，主要是国家级和全国性的项目建设、运营等，该事权对应中央与地方共担中地方负责部分的支出责任也由省级承担；地方的省级道路、干线铁路、运输机场、综合运输枢纽，以及地方辖区内道路运输站场和一般性综合运输枢纽等由省级承担规划事权，市县承担具体建设、运营等事项。此外，部分农村交通项目的规划、建设及运营等均由地方一级负责。本节以黑龙江省为例，梳理省一级事权和支出责任的具体规定，具体内容参见表2-4-4。

表 2-4-4 黑龙江省交通运输领域财政事权与支出责任具体规定

省级交通运输领域财政事权与支出责任	省市划分	具体内容
黑龙江省	省级财政事权	公路：省道（规划，承担支出责任）；水路：内河高等级航道建设养护、其他内河航道规划及建设；民航：规划
	省与市区（县）共同财政事权	一般地，共同建设养护——公路：省道、国家级口岸公路、道路运输站场、道路运输管理［省规划、市区（县）建设］；水路：水运绿色发展及地方管理水域的安全监管和水上搜寻救助；铁路：干线铁路、城际铁路、支铁路、地方决策的铁路公益性运输；民航：运输机场、通用机场（A 类通用机场）；邮政：邮政业安全管理和安全监管、其他邮政公共服务；综合交通：一般性综合运输枢纽［省规划、市区（县）建设］、运输结构调整、全国性综合运输枢纽与集疏运体系、综合交通应急保障、综合交通行业管理信息化
	市区（县）财政事权	规划及建设养护——公路：农村公路；水路：内河港口公共锚地及客运码头安全检测设施、农村水上客渡运管理；铁路：市域（郊）铁路、铁路专用线；民航：通用机场；邮政：邮政普遍服务、特殊服务、快递服务末端基础设施和邮政业环境污染治理

在各省印发的《方案》中，对省级、省级与市区（县）共担具体的事项进行详细明确的同时，也给予市区（县）一定的调整空间。在市级出台的改革方案中，市级主要承担辖区内的具体规划、监督、管理职责。国家级、省级的主要道路、铁路、邮政建设、运营管理等则由市区（县）共同承担。区（县）级主要负责本区域内客运站场、农村项目等建设、运营管理等，其中农村公路建设中的支出责任同时规定可由市级等进行补贴。以山西省的部分城市为例，梳理市一级事权和支出责任的具体规定，具体内容参见表 2-4-5。

表 2-4-5 市级交通运输领域财政事权与支出责任规定

交通运输领域事权与支出责任市级划分情况	具体内容
太原市	道路运输站场市一级、县二级建设、运营、维护；农村公路由区（县）承担（支出责任 20%、50%、30%）建设、运营及维护等事权；铁路由市区（县）一同建设、运营等；民航通用机场由县建设、运营及维护等；市与区（县）各自管理、建设等辖区内事务（水路、邮政、综合交通）
大同市	省高速公路、省道由市建设管理（其他共同承担，运输站场由各自辖区承担）；农村公路由区（县）承担（支出责任 20%、30%、50%）建设事权；水路、综合交通中综合运输枢纽与集疏运体系由区（县）建设、运营及维护等；铁路由市区（县）一同建设、运营及维护等；民航通用机场由区（县）建设、运营及维护等；市与区（县）各自管理、建设及运营等辖区内事务（邮政、其他综合交通）
晋中市	省高速公路、省道由市建设、运营管理等（其他共同承担，运输站场由各自辖区承担）；农村公路由区（县）承担建设等事权；铁路由市县一同建设、运营及维护等；民航通用机场由区（县）建设、运营及维护等；市与区（县）各自管理、建设等辖区内事务（水路、邮政、综合交通）

（续表）

交通运输领域事权与支出责任市级划分情况	具体内容
忻州市	省高速公路、省道由市建设、运营管理等(其他共同承担,运输站场由各自辖区承担);农村公路由区(县)承担建设等事权;水路由区(县)建设管理等;铁路由市区(县)一同建设等;民航通用机场由区(县)建设、运营及维护等;综合交通中综合运输枢纽与集疏运体系由区(县)建设、运营管理等,市与县各自管理、建设等辖区内事务(邮政、其他综合交通)
晋城市	公路中普通国道、省道、农村公路、道路运输管理由区(县)级建设、运营及维护等(其他由市区(县)共同承担);水路由区(县)建设管理等;铁路、民航、邮政市区(县)共同建设等;区(县)级承担除省级、市级承担以外的具体事项的执行(邮政运输各自管辖内各自管理);综合交通各自辖区内管理
长治市	公路中农村公路、运输站场由区(县)级建设、运营及维护等(其他由市区(县)共同承担);水路由区(县)建设管理等;铁路、民航、邮政、综合交通市区(县)共同建设管理等(邮政运输、综合执法各自管辖内各自管理)

资料来源:根据各市《交通运输领域财政事权和支出责任划分改革实施方案》整理。

共性之外也有特性。由于各市城市发展规划及资金、人力资源等情况不同,各地事权与支出责任也存在差异,主要体现在建设、运营管理等事权及支出责任上。例如,太原市①明确“农村公路”按照省定养护标准,日常养护资金由省级承担20%,市级承担50%,县(市、区)承担30%;晋城市②等将铁路相关的多项事权明确为市区(县)各自承担;长治市③等规定通用机场建设运营维护等由市区(县)共同承担;对于综合运输枢纽与集疏运体系的建设运营维护等,各地规定有所不同。例如,长治市、太原市等规定由市与区(县)共同承担,晋中市④等规定由市区(县)辖区内各自承担;忻州市⑤、大同市⑥等规定由市级承担规划、监督责任,县(区)承担建设、运营等具体职责。

综上,中央和省级主要承担中央及地方事项的规划和监督等事权,而市县主要负责具体事项的执行以及本辖区内的规划、建设及运营管理等。与此同时,中央也承担国道、国际交通事项的建设、运营管理等,但多通过委托地方或中央企业具体执行;中央与地方共同承担大型跨省项目、干线铁路的建设、运营管理等;省级承担区域内省道、干线等建设、运营管理;省与市县共同承担国家级、省级、干线级的道路、铁路、运输机场、综合运输枢纽等的建设、运营管理。另外,根据实际情况,省级和市级的事权与支出责任存在共性的同时也存在个性。

---

① 资料来源:太原市人民政府办公室《关于印发太原市交通运输领域财政事权和支出责任划分改革实施方案的通知》,http://www.taiyuan.gov.cn/doc/2021/01/04/1043862.shtml。

② 资料来源:《关于印发晋城市交通运输领域财政事权和支出责任划分改革实施方案的通知》,http://xxgk.jcgov.gov.cn/jcsrmzf/fdzdgknr/lzyj/jszb/202011/t20201130_1299900.shtml。

③ 资料来源:长治市人民政府办公室《关于印发长治市交通运输领域财政事权和支出责任划分改革实施方案的通知》,https://www.changzhi.gov.cn/xxgkml/szfgzbm/srmzfbgt/zbwj/202012/t20201225_2218509.shtml。

④ 资料来源:晋中市人民政府办公室《关于印发晋中市交通运输、教育、科技领域市级与县级财政事权和支出责任划分改革实施方案的通知》,https://www.sxjz.gov.cn/zwgk/fdzdgknr/zfwj/szfbgt43zfbgs/content_152263。

⑤ 资料来源:山西忻州市政府官方网站,https://zwgk.sxxz.gov.cn/xzsrmzf/wj/zfwj/xzbf/202011/t20201112_3573752.shtml。

⑥ 资料来源:《关于印发大同市交通运输领域财政事权和支出责任划分改革实施方案的通知》。

2. 交通运输之外城市交通涉及的其他领域的财权、事权和支出责任

在城市交通项目具体落实过程中，项目建设、运营管理可划分为事前项目的审批和投资决定、事中项目的建设和事后项目的运营、维护管理。对于交通运输之外的城市交通涉及的其他事权与支出责任的探讨可以通过对具体项目落实流程的全面梳理进行总结。

根据各地部门职责安排，城市交通项目均由发改委和交通局等完成项目的建设、运营管理，其中发改部门承担了城市交通重大项目的审批和投资，交通部门承担了城市交通中交通运输领域项目的规划、建设及运营管理和监督等事权，即发改部门和交通部门承担了城市交通项目事前、事中和事后的具体职责。而停车、自行车及人行道的管理等事权，多由城管局、城建委和城乡管理局等来承担，如山西太原市①和大同市②等规定城乡管理部负责道路维护养护、设施建设、运营等管理、协助交通局维护养护和自行车及人行管理等职责，以上构成了城市交通领域相关事权的基本划分框架，具体内容参见表 2-4-6。

表 2-4-6 项目落实时事权划分情况——以部分直辖市及市为例

交通运输领域项目落实时事权划分情况（以部分市级为例）	项目涉及部门	相关部门职责
太原市	发改委	重大项目的审批、资金计划决定等、交通运输项目协调及资金投资管理
	城乡管理局	负责道路维护养护、设施建设、运营管理、协助交通局、自行车及人行管理
	交通局	负责全市交通运输领域的协调、建设监管、规划
	邮政管理局	规划、监管邮政、服务实施
大同市	发改委	重大项目的审批、资金计划决定等、粮食储备设施及物流管理
	城乡管理局	负责公共道路监督管理、设施维护管理、停车管理
	交通局	负责全市交通运输领域的协调、建设监管、规划
晋中市	发改委	重大项目的审批、资金计划决定等、安排全市铁路、公路建设项目，负责全市铁路专用线及煤炭集运站建设、负责指导交通运输领域固定资产投资项目有关事宜、粮食储备设施及交通物流管理
	城市管理局	参与城市基础设施建设、对基础设施建设进行事后维护管理
	交通局	负责全市交通运输领域的协调、建设监管、规划
忻州市	发改委	重大项目的审批、资金计划决定等、粮食物流组织执行
	城乡管理局	负责道路桥梁维护、基础设施维护管理
	交通局	负责全市交通运输领域（公路、水路）的管理、建设维护监管、规划

① 资料来源：见太原市城乡管理局官方网站，http://cxglj. taiyuan. gov. cn/doc/2018/04/09/279075. shtml。
② 资料来源：大同市人民政府官方网站，http://www. dt. gov. cn/dtzww/fgwjigzn/dept_xxgk_listN. shtml。

（续表）

交通运输领域项目落实时事权划分情况（以部分市级为例）	项目涉及部门	相关部门职责
晋城市	发改委	重大项目的审批、资金计划决定等、粮食储备设施及交通物流投资相关组织管理
	交通局	负责全市交通运输领域的协调、建设监管、规划
长治市	发改委	重大项目的审批、资金计划决定等、粮食物流组织管理
	交通局	负责全市交通运输领域的协调、管理监管、规划
	公路局	干线公路建设、养护管理
北京市	发改委	规划重大建设项目、本市基础设施、现代物流，研究分析综合交通提出政策建议；协调民航、铁路等国家在京基础设施项目投资工作
	城建委	城市管理的规划、计划、总体方案和重大政策措施，统筹衔接相关规划、建设、管理、执法流程
	交通委	编制本市交通基础设施建设规划，指导、监督管理本市交通等
	市重大项目办	组织编制本市城市轨道交通工程项目和市政府交办工程项目建设总体计划，并督促检查；协调有关部门推进前期工作；协调、落实资金计划的执行；承担北京市重大项目建设指挥部的具体工作

资料来源：根据各地公布的各部门职责整理得出。

共性之外也存在特性。各地区部门职能设置有所不同。以发改委为例，各地发改委部门职责存在些许差异，例如北京市和太原市等明确发改委承担基础设施建设、综合运输体系建设的规划和投资；大同市和晋中市还将粮食储备设施及其物流管理作为发改委的职责。另外各地城市交通项目中事权部门归属也存在差异，如太原市等设置了邮政管理局①，专门负责邮政服务事项；长治市等单独设置了公路局②负责干线公路建设和养护管理等；北京市等设置了市重大事项办③承担组织本市城市轨道交通工程项目等重大项目的建设计划、督促职责。

3. 以三市区为例对比城市交通财政事权与支出责任

在对城市交通财政事权与支出责任做了层层梳理后，全国城市交通领域财政事权与支出责任的大致安排得以明晰，其中梳理出的一省中各市的安排共性大于个性。但鉴于我国地区地理跨度大以及经济发展不均衡等情况，一省中的各市还不足以反映全国各市交通领域发展及其财政事权与支出责任的情况。而全国多个市区无法在章节中一一列举，故本书再选取三个不同地区的市区来展示全国市区间交通财政事权与支出责任的差异性。表 2-4-7 中将以天津市（直辖市）、南京市（东部省会城市）和拉萨市（西部省会城市）为代表，详细梳理市区间城市交通的财政事权与支出责任。

---

① 资料来源：太原市邮政管理局官方网站，http://sxty. spb. gov. cn/jgjj_1040/zyzz/201307/t20130701_209263. html。

② 资料来源：山西省公路局长治分局官方网站，https://www. changzhi. gov. cn/xxgkml/szfgzbm/sgaj/zzjg_365/zyzz_366/201907/t20190702_1692622. shtml。

③ 资料来源：北京市重大项目建设指挥办公室官方网站，http://zdb. beijing. gov. cn/bjzdxmb/zyzz/201809/1052646. shtml。

表 2-4-7　天津、南京、拉萨城市交通的财政事权与支出责任

城市	财政事权与支出责任市区划分	交通运输领域财政事权与支出责任						交通运输领域以外城市交通相关
		公路	水路(港航)	铁路	民航	邮政	综合交通	市级相关部门事权及支出责任
天津市	市级事权与支出责任	负责全局的规划、监督及评价等,相应承担支出责任	—	—	—	—	—	市交通运输委:指导公路、水路、轨道交通、地方铁路等交通基础设施管理和维护;编制综合交通运输体系规划等,负责指导农村公路建设管理工作。 市住房城乡建设委:负责房屋建筑、市政基础设施和轨道交通、机场项目建设管理;会同有关部门管理城市建设资金;管理市道路运输局、市港航局组织开展建设管理等。 城市管理委:城市道路桥梁等市政公用基础设施专项规划、用地管理;负责城镇街道综合整修管理工作;负责市管道路的日常巡视、
	市与区(县)事权与支出责任	公路应急装备物资储备(市级—国家区域性,区级承担区级);国道和省道(市级承担高速公路(含国家高速公路和省级高速公路),区级或者相关利益方承担本区域发展所急需的高速公路新增出入口立交的建设职责);道路运输站场(市级承担外环线之内,区级承担除市级以外的);道路运输管理(市级承担高速公路、外环线、天津大道和市内六区的道路运输管理职责)	内河航道(内河高等级航道由市级与区级共同承担支出责任,其他内河航道由区级承担相应支出责任);沿海港口公共基础设施;海上溢油应急处置和海(水)上搜救、水运绿色发展;地方管理水域的水上安全监管和应急救助打捞	干线铁路(本行政区划内的由市区共同建设,市与受益区承担支出责任);城际铁路(含市级确定的企业和区级共同组织实施);由地方决策的铁路公益性运输	运输机场(由市级、区级按照政策或者规定共同执行实施);通用机场相关职责(市级规划,区级建设、运营等职责并承担相应支出责任)	邮政业安全管理、安全监管和其他邮政公共服务;邮政末端基础设施和环境污染治理	运输结构调整;全国性综合运输枢纽与集疏运体系(全国性综合运输枢纽与集疏运体系的建设、运营等由市级、区级和相关企业共同实施并承担相应支出责任);综合交通应急保障;交通运输综合行政执法;综合交通行业管理信息化;综合交通绿色发展	

（续表）

城市	财政事权与支出责任市区划分	交通运输领域财政事权与支出责任						交通运输领域以外城市交通相关
天津市	区（县）事权与支出责任	农村公路	内河港口公共锚地；内河通航水域客渡运管理	市域（郊）铁路（受益区承担）	—	—	一般性综合运输枢纽	检查、管理、养护、维修工作；承担城市机动车停车监督管理相关工作。 发改委：负责规划重大建设项目；安排市政府财政性建设资金
南京市	市级事权与支出责任	高速公路建设运营等	市级交通船闸及有关设施、港辖区范围内沿江港口公共锚地的规划、建设、运营等职责	—	—	—	—	交通运输委：组织编制全市综合运输体系规划及城乡道路（隧桥）、航道、公交场站、地方铁路、民用航空等基础设施专项规划；负责全市公路、城市道（隧桥、社会公共停车场（与交通设施配套）、港口、航道建设和维护管理；负责公交场站的建设，指导城市轨道交通建设；负责全市岸线、港口水域和陆域的统一管理工作；承担全市城乡道路、水路运输市场监管职责；
	市与区（县）事权与支出责任	普通国省道养护、运营等	省市干线航道及有关设施的养护、运营等；沿江港口船舶污染物接收转运处置等公益性基础设施的建设、养护等	共同承担市域（郊）铁路、支线铁路、铁路专用线的建设、运营等职责	共同承担省级控股民用机场（含运输机场和通用机场）、市级控股通用机场的建设、运营、维护等	—	承担全国性综合运输枢纽与集疏运体系的建设、运营等；共同承担应由我市承担的区域性应急救助基地及仓库建设和管理职责；共同承担应由我市承担的军民融合和国防交通动员能力建设与管理	

（续表）

城市	财政事权与支出责任市区划分	交通运输领域财政事权与支出责任						交通运输领域以外城市交通相关
南京市	区（县）事权与支出责任	农村公路，除省、市补助资金之外的资金筹集、建设、运营等	除省市干线航道以外航道、内河港口船舶污染物接收转运处置等建设、养护等	沿线安全环境整治、保卫	承担除省、市控股以外的通用机场的建设、运营、维护等	承担本行政区域内邮政普遍服务、特殊服务和快递服务末端基础设施、邮政业环境	承担一般性运输枢纽（场站）与集疏运体系、运输结构调整、水运绿色发展建设、运营等职责	负责城乡客运管理及交通物流管理；承担全市路政、运政、航政、港政等行政执法工作；负责协调全市铁路（综合协调地方铁路建设）、民航相关工作；城市道路、人行道等设施日常管养维修。 城乡建设委：承担监督管理全市建设工程；市政基础设施工程招投标工作。 城市管理局：主要承担全市停车设施管理的日常工作。 发改委：负责拟订主体统筹城乡发展规划等；政府投资城市建设项目的投资管理职责

（续表）

城市	财政事权与支出责任市区划分	交通运输领域财政事权与支出责任						交通运输领域以外城市交通相关
拉萨市	市级事权与支出责任	国省道、道路运输管理、专用公路、农村公路规划	负责市管水域内河航道、码头等公共基础设施以及市管水域客运码头安全检测设施的建设、运营等	—	—	承担邮政业安全监管、安全管理、邮政普遍服务、特殊服务、快递服务和邮政业环境污染治理	承担综合客运枢纽、一级客运站场、城区公交站场、具有重要辐射作用的货运枢纽站场的建设、运营等	市城市管理和综合执法：负责城市道路、桥梁、地下管线、井盖设施等市政基础设施的管理；负责监督管理全市市政公共基础设施养护及运行。 市住房和城乡建设局：负责指导全市市政公用基础设施规划、建设；指导城市市政公用设施建设、安全和应急管理；负责指导村镇建设。 市交通管理局：统筹推进全市综合交通运输体系规划编制和建设，负责全市交通运输枢纽规划、建设和管理；承担全市道路、水路建设市场、运输市场监管责任；指导县(区)公路、水路行业管理工作；负责公路、水路行业的安全生产监督管理和应急处置工作。
	市与区（县）事权与支出责任	共同承担农村公路管理养护职能（市级财政按照县道及重要专用公路每年 3 000 元/公里、乡道及其他专用公路每年 1 500 元/公里、村道每年 900 元/公里进行补助；县（区）级按照 2 000 元、1 000 元、600 元的标准安排资金）	—	城际铁路、市域（郊）铁路、支线铁路；铁路专用线、铁路沿线（红线外）安全管理	—	—	—	
	区（县）事权与支出责任	农村公路；交通运输管理；支出责任可市级予以适当补助	承担辖区内市管以外的内河航道、码头、客运码头安全检测等设施的建设、运营等	—	—	负责辖区内邮政普遍服务、特殊服务和快递服务末端基础设施及邮政业环境污染治理	承担本辖区内道路客运站场、县域公交站场、普通货运站场	

（续表）

城市	财政事权与支出责任市区划分	交通运输领域财政事权与支出责任						交通运输领域以外城市交通相关
拉萨市								市发改委：规划重大建设项目；负责投资综合管理

资料来源：拉萨市人民政府办公室《关于印发拉萨市交通运输领域市与县（区）财政事权和支出责任划分改革实施方案的通知》，https://www.lasa.gov.cn/lasa/wjzl/202108/0b6e10954ee64dbaae18e775fe29c01b.shtml。

天津市人民政府办公厅《关于印发天津市交通运输领域财政事权和支出责任划分改革方案的通知》，http://www.tj.gov.cn/zwgk/szfwj/tjsrmzfbgt/202104/t20210412_5422279.html。

南京市政府办公厅《关于印发南京市医疗卫生、教育、科技、公共文化、交通运输、自然资源、生态环境、应急救援领域市与区财政事权和支出责任划分改革方案的通知》，http://www.nanjing.gov.cn/zdgk/202201/t20220126_3275368.html。

天津市：住房城乡建设委，http://zfcxjs.tj.gov.cn/xxgk_70/jggk/_gzn/；交通运输委，tj.gov.cnhttp://jtys.tj.gov.cn/；城市管理委，http://csgl.tj.gov.cn/zwgk_57/zfxxgk01/fdzdgknr/jgxx/jgznhsz/；发改委，http://fzgg.tj.gov.cn/zwgk_47325/jgxx_47327/znjs/202101/t20210129_5341946.html。

南京市：交通运输局，http://jtj.nanjing.gov.cn/njsjtysj/?id=xxgk_215；城乡建设委，http://sjw.nanjing.gov.cn/njscxjswyh/?id=xxgk_215；城市管理局，http://cgj.nanjing.gov.cn/njscsglj/?id=xxgk_215；发改委，http://fgw.nanjing.gov.cn/njsfzhggwyh/?id=xxgk_215。

拉萨市：市城市管理和综合执法局，http://cgj.lasa.gov.cn/cgw/jgzn/ypwz.shtml；市住房和城乡建设局，http://zfjs.lasa.gov.cn/zjj/jgzn/202102/1fbbb3756926441ca8cd10074fcf12e1.shtml；市交通运输局，http://jtj.lasa.gov.cn/jtj/jgzn/ypwz.shtml；市发改委，http://fgw.lasa.gov.cn/fgw/jgzn/201910/9b28fc3a9dd845baa51c9291635b0b82.shtml。

如表 2-4-7 所示，各市均按照市级财政事权、市与区（县）共同财政事权、区（县）级财政事权三个层次，分别规定公路、水路、铁路、邮政、综合交通等方面市与区的财政事权和支出责任。具体规定上既有共性亦有个性。共性方面，铁路相关建设多由市与区共同承担；农村公路建设、运营等均为区级事权与支出责任，但是对于养护以及建设等资金承担，各地仍存在差别。个性方面主要体现在城市交通相关的事权与支出责任。例如，交通运输领域的划分，拉萨市未规定市区民航方面的事权，具体事项的财政事权与支出责任市区划分上差异也较大，主要表现为：天津市交通运输领域事权与支出责任多由市区共同承担，市级、区级较少单独承担；南京市主要由市区共同承担或者区级承担，市级较少单独承担；拉萨市则以管辖区域为界各自承担，市区共担较少。在交通运输领域以外城市交通相关的事权划分上差异性也较大，比如，天津市将交通领域建设等职责交由交通委与住建委共同负责，同时明确市道路的日常维护、停车管理等由城市管理委负责；南京市绝大部分交通领域责任包括建设、养护及运营等由交通委承担，停车、自行车等管理由城市管理局负责；而拉萨市交通管理局主要负责交通领域建设，而交通建设项目的养护、运营等则由市城市管理和综合执法部门主导负责，但未明确停车管理责任的归属。

除此之外，交通领域的不断发展衍生出了许多新概念，如快速路建设等，对现行城市交通财政资金运转体系提出了新的要求。以城市群为例，作为国家战略，其事权与支出责任配比会突破现有体制框架，不仅是受益省市承担事权与支出责任，国家更是承担一定比例的支出责任，需要按照“一事一议”方式解决，如后文京津冀城市群交通建设项目案例。

财政事权和支出责任在城市交通领域的表现就是城市交通项目的资金来源，无论是项目的前期建设，还是项目建成以后的运行和维护，都离不开财政资金的支持。实践中，城市交通项目建设、运行和维护阶段的财政资金来源具有复杂性，不同地区、不同项目的财政资金来源没有统一的标准，更多的是具体情况灵活处理，图 2-4-1 总结了目前实践中主要的城市交通资金来源方式，其中涉及的财政学概念将在后续章节中详细介绍。

第三节　城市交通领域预算资金概述

根据《中华人民共和国预算法》（以下简称《预算法》）规定，我国政府的全部收入和支出都需纳入预算管理，预算由预算收入和预算支出组成。根据政府收入来源和支出事项不同，预算可分为一般公共预算①、政府性基金预算②、国有资本经营预算和社会保险基金预算四本账。城市交通可用财力主要来源于一般公共预算和政府性基金预算。一般公共预算和政府性基金预算按照政府层级可分为中央预算与地方预算，前者包括中央一般公共预算和中央政府性基金预算，后者包括地方一般公共预算和地方政府性基金预算。中央预算收入保障中央事权

① 一般公共预算是将以税收为主体的财政收入，安排用于保障和改善民生、推动经济社会发展、维护国家安全、维持国家机构正常运转等方面的收支预算。

② 政府性基金是将依照法律、行政法规的规定在一定期限内向特定对象征收、收取或者以其他方式筹集的资金，专项用于特定公共事业的发展。

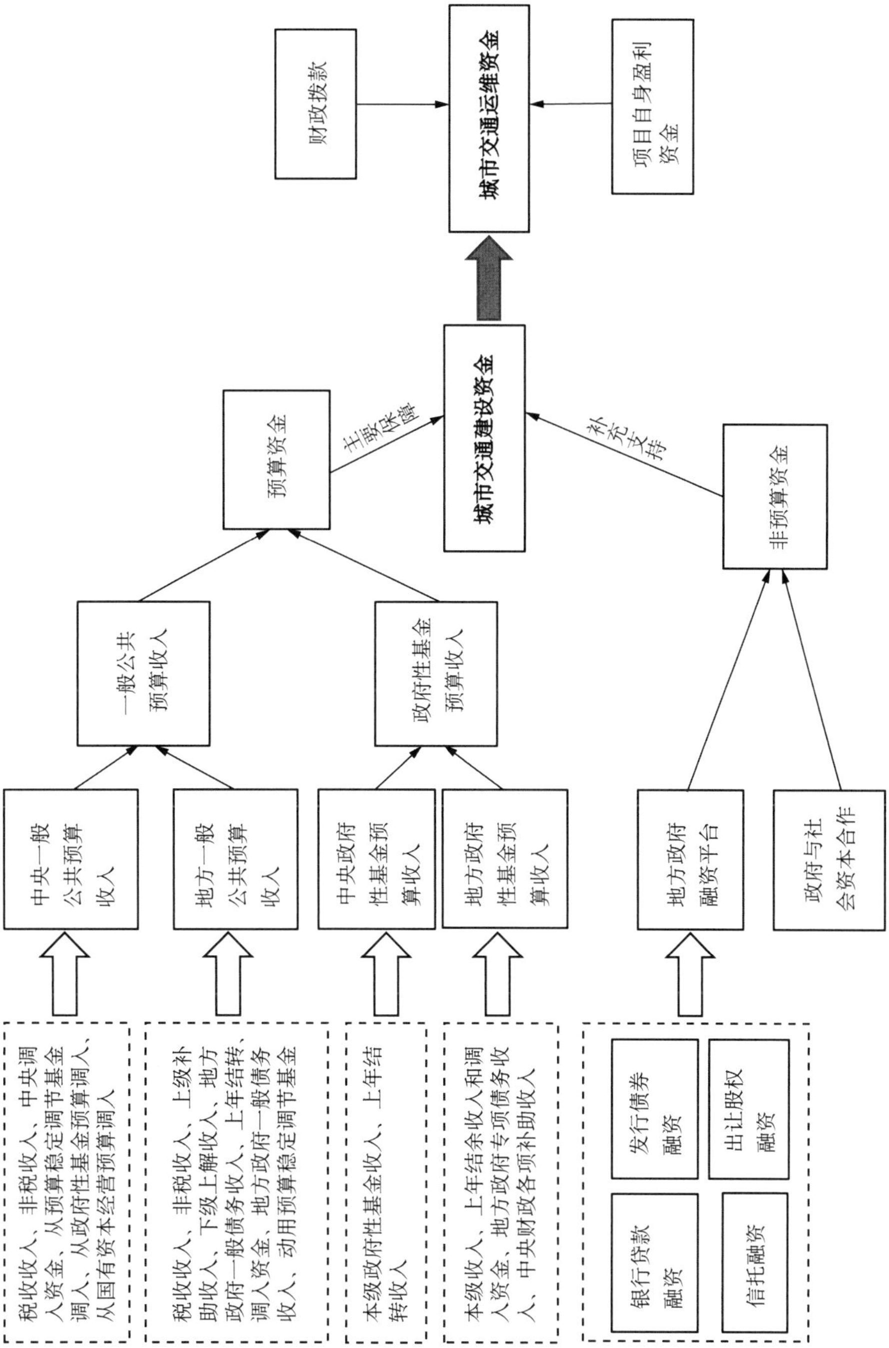

图 2-4-1 城市交通资金来源总括

支出责任,地方预算收入保障地方事权支出责任。其中,地方预算按照政府层级不同可细分为省级政府预算、市级政府预算及以下级别政府预算。本节将从一般公共预算和政府性基金预算两个部分对城市交通领域预算资金进行介绍,并选取中央和地方预决算数据作为研究对象①。

一、城市交通预算资金与一般公共预算

1. 一般公共预算概述

一般公共预算包括中央和地方两级,各层级的一般公共预算收入用于保障本级一般公共预算支出,即城市交通项目支出需要一般公共预算收入支持。

一般公共预算收入主要包括税收收入②和非税收入③。其中,税收收入来源于 18 个④税种,这些税种按用途不同可分为专款专用税种和财政统收统支税种。与城市交通相关的专款专用税种包括车辆购置税和消费税中的成品油消费税,其余税种属于财政统收统支。按税款归宿不同可分为中央税、地方税和中央地方共享税⑤。非税收入主要包括专项收入、行政事业性收费、罚没收入、国有资本经营收入、国有资源(资产)有偿使用收入、政府住房基金和其他收入。非税收入中除个别收入需专款专用以外,其余收入均纳入一般公共预算收入进行统一管理。与城市交通相关的非税收入主要是行政事业性收费⑥。行政事业性收费收入作为本级一般公共预算收入的重要部分用以保障对应层级政府的一般公共预算支出。

一般公共预算支出主要用以支持政府事权支出责任,其资金主要来源于一般公共预算收入。我国一般公共预算支出按照支出用途不同,大体可分为 25 项支出大类。其中与城市交通相关的支出主要是交通运输支出和城乡社区支出⑦。

目前我国一般公共收支全部已纳入预算管理,实行收支两条线管理。税收收入与非税收入全部纳入一般公共预算收入,再进行统一调度,保障一般公共预算支出。

---

① 因受新冠肺炎疫情影响,2020 年预算执行情况具有一定偶然性,2019 年数据相较于 2020 年更具有代表性,因此本书选取 2019 年预决算数据作为研究对象。

② 税收收入是指国家依据其政治权力向纳税人强制征收的收入。

③ 非税收入是指除税收以外,由各级政府、国家机关、事业单位、代行政府职能的社会团体及其他组织依法取得的用于满足社会公共需要或准公共需要的财政性资金。

④ 我国现行 18 个税种包括:增值税、消费税、企业所得税、个人所得税、资源税、城市维护建设税、房产税、印花税、城镇土地使用税、土地增值税、车船使用税、船舶吨税、车辆购置税、关税、耕地占用税、契税、烟叶税、环境保护税。

⑤ 中央税入中央国库,如车辆购置税,地方税入地方国库,如城市维护建设税、车船税,中央地方共享税则按分享比例分别入中央国库和地方国库,如增值税、企业所得税等。

⑥ 行政事业性收费是指国家机关、事业单位、代行政府职能的社会团体及其他组织根据法律、行政法规、地方性法规等有关规定,依照国务院规定程序批准,在向公民、法人提供特定服务的过程中,按照成本补偿和非营利原则向特定服务对象收取的费用。行政事业性收费按收入归宿不同,可分为入中央国库的行政事业性、入地方国库的行政事业性收费和分别入中央国库和地方国库的行政事业性收费。

⑦ 交通运输支出具体包括铁路运输支出、邮政业支出、成品油价格改革对交通运输的补贴、公路水路运输支出和车辆购置税支出;城乡社区支出包括城乡社区规划与管理支出、城乡社区管理事务支出、建设市场管理与监督、城乡社区环境卫生支出和其他城乡社区支出。

2. 中央一般公共预算收支

1) 中央一般公共预算收入

中央一般公共预算收入包括两部分，分别是中央本级一般公共预算收入和中央调入资金，中央一般公共预算收支项目表参见表 2-4-8。

表 2-4-8　中央一般公共预算收支项目表

中央一般公共预算收入项目	中央一般公共预算支出项目
税收收入	**交通运输支出**
国内增值税	公路水路运输
国内消费税	铁路运输
进口货物增值税、消费税	民用航空运输
进口货物退增值税、消费税	成品油价格改革对交通运输的补贴
企业所得税	邮政业支出
个人所得税	车辆购置税支出
资源税	
城市维护建设税	
房产税	
印花税（证券交易印花税）	
船舶吨税	
车辆购置税	
关税	
其他税收收入	
非税收入	
专项收入	
行政事业性收费收入	
罚没收入	
国有资本经营收入	
国有资源（资产）有偿使用收入	
其他收入	
中央本级一般公共预算收入（以上部分）	
中央调入资金	
从预算稳定调节基金调入	
从政府性基金预算调入	
从国有资本经营预算调入	

其中，中央本级一般公共预算收入占主体地位，2019 年中央本级一般公共预算收入在中央一般公共预算收入中的占比约为 96.55%[1]。中央本级一般公共预算收入包括税收收入和非税收入，其中税收收入可分为城市交通领域专款专用的税收收入和统收统支的税收收入。中央财政调入资金包括从预算稳定调节基金调入资金、从国有资本经营预算调入资金和从政府性基金预算调入资金。

城市交通领域专款专用的税收收入包括车辆购置税和成品油消费税。车辆购置税是对在境内购置规定车辆的单位和个人征收的一种税，其税收收入归入中央国库。车辆购置税收入补助地方资金是为促进交通事业发展，由中央设立的用于交通运输行业发展的专款专用资金，其资金来源为车辆购置税收入，且该项资金不得用于平衡公共预算。其资金分配方式由中央财政通过规范的转移支付分配给地方。车辆购置税支出范围详见表 2-4-9。

表 2-4-9　车辆购置税支出范围①

支出项目	分配方法
界河桥梁(隧道)、边境口岸汽车出入境运输管理设施、国家级口岸公路支出	项目法②
国家高速公路和普通国道支出	项目法
综合交通运输支出	综合货运枢纽(物流园区)和集疏运体系：竞争性评审③；综合客运枢纽支出：项目法
普通省道、农村公路支出	“以奖代补”④，其中西藏自治区、新疆生产建设兵团普通省道支出分配主要采用项目法
重要内河水运支出	项目法
交通运输智能化信息化支出	项目法
重大自然灾害影响的交通运输安全应急保障支出	公路应急抢通：按照灾害等级分档支持；恢复重建、国家区域性公路应急装备物资储备支出：项目法

① 《关于印发〈车辆购置税收入补助地方资金管理暂行办法〉》(财建〔2021〕50 号)。

② 交通运输部根据国家重大发展战略、国民经济和社会发展五年规划、交通运输中长期规划等，编制交通运输五年发展规划或专项规划，对地方上报的项目进行审核，将符合规划要求的项目纳入项目库。对纳入项目库的项目，交通运输部根据地方申请按程序进行审批或审核，按照国家高速公路、普通国道、综合客运枢纽、公路相关设施类项目、内河、交通运输智能化信息化建设等不同项目的投资补助标准核定拟安排的项目车购税资金额。

③ 由财政部会同交通运输部研究制订竞争性评审实施方案，以地方为主体制定具体实施方案，经地方交通运输主管部门、财政部门逐级审核后报交通运输部、财政部。交通运输部、财政部组织开展竞争性评审，根据评审结果给予支持。

④ 交通运输部、财政部对各省、自治区、直辖市、计划单列市及新疆生产建设兵团(以下统称各省份)普通省道和农村公路建设、养护任务完成情况及地方财政投入情况进行考核，根据考核结果，结合年度中央预算资金安排，向各省份安排奖励性资金(以下简称奖补资金)。奖补资金主要用于支持普通省道和农村公路(含县道、乡道、村道，通村公路发挥村内主干道作用的穿村路段，县级客运站、乡镇运输服务站)的新建、改建和扩建项目。

---

① 资料来源：笔者根据《中国财政年鉴 2019》数据整理而得。

专栏 2-4-1 车辆购置税收入补助地方资金历史演变

1. 车辆购置附加费

1985 年国务院发布关于《车辆购置附加费征收办法》的通知(国发〔1985〕50 号)第一条提到“公路是为全社会服务的基础设施。为加快公路建设,以满足社会经济发展和人民生活水平提高对公路交通日益增长的需要,决定设置车辆购置附加费,作为公路建设专用的一项资金来源”,并于当年 5 月 1 日起施行。文件规定车辆的购买者和使用者凡购买或自行组装使用的车辆,在购买时或投入使用之前必须缴纳车辆购置附加费,且只征一次。其中,国内生产或组装车辆的车辆购置附加费由生产厂或组装厂代征,导致该费欠缴严重。1994 年颁布《车辆购置附加费征收业务规定》后,我国成立了车辆购置附加费征收管理办公室和征稽队伍,将收费环节改为了车辆的购买使用环节。

车辆购置附加费是经国务院批准,按规定收取用于公路建设的专项资金,由交通部进行管理,实行统收统支,专款专用。征收的车辆购置附加费由各级交通部门在当地工商银行开设“交通部车辆购置附加费专户”,只能划转,不能动支。2000 年 10 月 22 日国务院发布的《中华人民共和国车辆购置税暂行条例》规定,从 2001 年 1 月 1 日起开征车辆购置税,其税收收入归入中央国库。该新税种是在原交通部门收取的车辆购置附加费的基础上,通过“费改税”方式平移而来,税率为 10%。自此,车辆购置税取代车辆购置附加费。

2. 车辆购置税交通专项资金

为促进交通事业的健康发展,2000 年 12 月 27 日财政部联合交通部发布了《车辆购置税交通专项资金管理暂行办法》,设立了车辆购置税交通专项资金,即中央财政车辆购置税收入中专项用于国家交通项目的资金。该项资金主要用于国家计划内干线公路项目建设及其他交通方面的相关支出,不包括中央财政从车购税收入中安排用于水利建设、老旧汽车更新补助和车购税征管人员经费等方面的资金。

车辆购置税交通专项资金具体支出范围包括,重点用于纳入行业规划的国家干线公路、特大桥梁、隧道建设,重要公路立交、公路与铁路交叉道口的改建,以及具有重要意义的省级干线公路建设;适当安排与上述公路相配套的重点汽车客货场、站设施建设;适当安排用于农村公路、扶贫公路、陆岛公路、边境口岸公路、断头路、国道标准化美化(GBM)工程、文明样板路、危桥改造和公路网技术结构升级改造等建设支出;适当安排西部交通科研试验费、前期工作费、在建公路自然灾害支出等;国务院和财政部批准的内河航运建设及其他支出。

2005 年 6 月 14 日财政部联合交通部发布的《车辆购置税用于一般公路建设项目交通专项资金管理暂行办法》规定,具体支出范围为县际及农村公路、通达工程、国道标准化美化(CBM)工程、文明样板路、危桥改造、商品粮基地公路、革命圣地公路、安保工程、农村渡口及客运站等一般公路建设项目。

2011 年 3 月 28 日财政部联合交通运输部发布了《车辆购置税用于交通运输重点项目专项资金管理暂行办法》,规定其具体支出范围为纳入交通运输行业规划范围的公路(含桥梁、隧道)建设、公路客货运枢纽(含物流园区)建设、内河水运建设以及国务院和财政部批准的其他支出。规定交通运输部建立项目库并与财政部共享,专项资金按项目管理,实行财政专项转移支付。

3. 车辆购置税收入补助地方资金

2014 年 11 月 6 日，财政部、交通运输部、商务部联合发布《车辆购置税收入补助地方资金管理暂行办法》，设立车辆购置税专项转移支付资金，并将其整合为车辆购置税收入补助地方资金(以下简称车购税资金)，即中央财政从车辆购置税收入中安排用于交通运输行业发展的资金。该项资金实行财政专项转移支付，具体支出范围包括交通运输重点项目支出、一般公路建设项目支出、普通国、省道灾毁恢复重建项目支出、公路灾损抢修保通项目支出等。2021 年 3 月 30 日为贯彻落实《交通强国建设纲要》和《国家综合立体交通网规划纲要》部署要求，积极稳妥统筹推进交通运输领域财政事权和支出责任划分改革，对其进行了修订和完善，如正文部分。

成品油消费税是指在生产或进口汽油、柴油等 7 种成品油时纳税人需要缴纳的消费税，其收入全部划归中央国库。2008 年成品油消费税改革后，新增的成品油消费税税收收入不作为经常性财政收入纳入一般公共预算统筹安排，而是专款专用。除由中央本级安排的替代航道养护费之外，其余全部由中央财政通过转移支付方式分配给地方。分配顺序如下，一是弥补六项收费(公路运输管理费、公路养路费、公路客货运附加费、航道养护费、水路运输管理费和水运客货运附加费)取消后所对应的支出缺口；二是补助各地取消政府还贷二级公路收费；三是对种粮农民增加补贴；四是余量资金按照各地交通设施当量里程、燃油消耗量等因素进行分配。

在中央一般公共预算收入中，税收收入占比在 90% 以上，是其主要组成部分，其中消费税①和车辆购置税合计占税收收入比重约 20%，详见表 2-4-10。

表 2-4-10　2016—2019 年中央一般公共预算收入

年份(亿元)	2019	2018	2017	2016
中央一般公共预算收入	89 309.47	85 456.46	81 123.36	72 365.62
中央税收收入	81 020.33	80 448.07	75 697.15	65 669.04
中央税收收入占比	90.72%	94.14%	93.31%	90.75%
国内消费税	12 564.44	10 631.75	10 225.09	10 217.23
车辆购置税	3 498.26	3 452.53	3 280.67	2 674.16
两税之和	16 062.70	14 084.28	13 505.76	12 891.39
两税占税收收入比重	19.83%	17.51%	17.84%	19.63%

资料来源：笔者根据 2019 年全国财政决算、2018 年全国财政决算、2017 年全国财政决算和 2016 年全国财政决算数据整理而得。

① 此处消费税为含成品油消费税的全部税目的消费税。

专栏 2-4-2　从养路费到成品油消费税的历史演变

用于城市交通的成品油消费税最早起源于“养路费”。1987 年发布的《中华人民共和国公路管理条例》中有“拥有车辆的单位和个人，必须按照国家规定，向公路养护部门缴纳养路费”的规定。1991 年发布的《公路养路费征收管理规定》规定养路费的收入归属和开支范围如下：各地养路费收入全部纳入财政预算，专款专用；在安排预算时，要遵循“以路养路、专款专用”的原则，严格落实国务院办公厅《农村公路管理养护体制改革方案》提出的“公路养路费总收入(扣除交警经费、征收成本)用于公路养护的比例不得低于 80%”的要求，确保公路养路费主要用于公路养护，保证公路达到规定的养护质量标准，并确保一定比例用于农村公路养护，如有节余，再安排公路建设，以确保足够的公路养护资金来源。从 1999 年《中华人民共和国公路法》中提出“国家采用依法征税的办法筹集公路养护资金，具体实施办法和步骤由国务院规定。依法征税筹集的公路养护资金，必须专项用于公路的养护和改建”有关规定开始，燃油税的开征问题一直被提出，甚至制定了暂行条例，但最终未出台。

2008 年随着我国石油需求不断增加，经济发展与资源环境的矛盾日益突出，以费代税和负担不公平等问题显现，二级收费公路规模过大和结构不合理，导致经济发展和民众出行的矛盾越来越大，迫切需要理顺成品油价格和交通税费机制。该期间国际市场油价持续回落，为我国实施成品油税费改革提供了难得机遇，我国实施了成品油消费税改革，而未开征燃油税这一新税种。

统收统支的税收收入主要包括增值税、消费税(除成品油外的其他消费税)和企业所得税等其他税收收入①。

中央一般公共预算中，非税收入主要包括国有资源(资产)有偿使用收入、行政事业性收费收入、国有资本经营收入、罚没收入、专项收入和其他收入。非税收入中与城市交通领域有关的是行政事业性收费。由于我国行政事业性收费并无统一的征收标准，各地方政府会根据本地实际需要开征行政事业性收费，部分行政事业性收费须纳入中央国库，如安徽省长江干线船舶引航收费、辽宁省船舶港务费、航空业务权补偿费和适航审查费等。

2) 中央一般公共预算支出

城市交通领域支出体现在预算表中的项目主要是交通运输支出，包括公路水路运输、铁路运输支出、民用航空运输支出、成品油价格改革对交通运输的补贴支出、邮政业支出、车辆购置税支出和其他交通运输支出。根据表 2-4-11 可以看出，2016—2019 年交通运输支出占比逐步提高，2019 年达到 1.3%，成品油消费税和车辆购置税在交通运输支出中的比重呈逐步下降趋势，2019 年略高于 14%，主要原因在两者税收收入增速低于交通运输支出增速，其余八成以上交通运输支出需要通过其他税种补充。

---

① 中央本级税收收入中消费税(含进口环节海关代征的部分)、海关代征的进口环节的增值税、车辆购置税和关税是中央税，全部归中央国库；所有行业企业缴纳的增值税中央分享 50%，个人所得税中储蓄存款利息收入全部归中央，其余部分中央分享 60%；企业所得税中各银行总行、中国铁路总公司(原铁道部)及海洋石油企业缴纳的部分归中央，其余部分中央分享 60%；资源税中海洋石油企业所缴归中央；印花税中证券交易印花税归中央；城市维护建设税中铁道运输、人民银行和各专业银行总行、保险总公司等集中纳税的中央主管部门所缴归中央。

表 2-4-11　2016—2019 年中央本级一般公共预算交通运输支出

项目	2019	2018	2017	2016
中央本级一般公共预算支出(亿元)	109 475.01	102 388.47	94 908.93	86 804.55
交通运输支出(亿元)	1 422.32	1313.71	1 156.42	812.12
交通运输支出占比	1.30%	1.28%	1.22%	0.94%
成品油价格改革对交通运输的补贴(亿元)	1.62	1.47	1.56	1.56
车辆购置税支出(亿元)	200.25	194.81	193.25	199.1
小计(亿元)	201.87	196.28	194.81	200.66
小计占比	14.19%	14.94%	16.85%	24.71%

资料来源:笔者根据 2019 年全国财政决算数据整理而得。

3. 地方一般公共预算收支

1) 省级一般公共预算收支

省级政府与城市交通相关的一般公共预算主要有省级一般公共预算和省级交通部门一般公共预算。其中省级一般公共预算收入主要包括税收收入、非税收入和其他收入三部分(表 2-4-12)。其中税收收入包括企业所得税、国内增值税、车船税、个人所得税、烟叶税、资源税、房产税、印花税、契税、城镇土地使用税、环境保护税、耕地占用税和土地增值税,非税收入主要包括行政事业性收费收入、罚没收入、国有资本经营收入、专项收入、国有资源(资产)有偿使用收入等。地方政府与城市交通相关的非税收入主要来源于行政事业性收费,除道路占用费和车辆通行费外,各地方的行政事业性收费种类有所不同(表 2-4-13)。不同省市在其他收入分类上也存在差别,但大体上可分为上年结转、调入资金①、上级补助收入②、下级上解收入③、地方政府一般债务收入④和动用预算稳定调节基金六项。

表 2-4-12　省级一般公共预算收支项目

地方一般公共预算收入项目	地方一般公共预算支出项目
税收收入	交通运输支出
非税收入	公路水路运输
专项收入	铁路运输
行政事业性收费收入	成品油价格改革对交通运输的补贴
罚没收入	邮政业支出

① 调入资金包括从政府性基金预算调入一般公共预算,从其他资金调入一般公共预算和从国有资本经营预算调入一般公共预算。

② 上级补助收入包括返还性收入、一般性转移支付收入和专项转移支付收入。

③ 下级上解收入包括体制上解收入和专项上解收入。

④ 地方政府一般债务是指地方政府为发展公益性事业而举借的债务,由于融资项目没有收益,债券本息主要以一般公共预算收入偿还,但不对应具体项目。

（续表）

地方一般公共预算收入项目	地方一般公共预算支出项目
国有资本经营收入	车辆购置税支出
国有资源(资产)有偿使用收入	其他交通运输支出
本级一般公共预算收入(以上收入之和)	
上级补助收入	
下级上解收入	
上年结转	
调入资金	
地方政府一般债务收入	
动用预算稳定调节基金	

表 2-4-13　部分省份城市交通行政事业性收费明细

省份	行政事业性收费
辽宁省	高速公路车辆通行费、船舶及船用产品设施检验费、船舶港务费、公路路产赔(补)偿费和高速公路路产赔(补)偿费
安徽省	城乡建设部门负责征收的城市道路占用、挖掘修复费和交通运输部门负责征收的长江干线船舶引航收费和车辆通行费(限于政府还贷)
上海市	车辆通行费(限于政府还贷),城市道路占用、港口岸线使用费,道路运输管理证照工本费(限丢失、损坏补办),机动车道路停车费收费,挖掘修复费,公路路产损坏赔(补)偿费和市政设施损坏赔偿费
北京市	城市道路占用挖掘收费和车辆通行费,其中城市道路占用挖掘收费又具体包括占道费、城市道路挖掘修复费和停车占道费三项收费
山西省	损坏公路路产赔(补)偿费和高速公路道路事故清障费

地方一般公共预算支出中与城市交通相关的主要是交通运输支出和城乡社区支出。交通运输支出包括公路水路运输支出、民用航空运输支出、铁路运输支出、成品油价格改革对交通运输的补贴支出、邮政业支出和车辆购置税支出。各项支出明细如表 2-4-14 所示。

表 2-4-14　地方交通运输支出明细

支出项目	支出项目明细
公路水路运输支出	公路建设、公路改建、公路养护、公路路政管理、公路和运输安全、公路还贷专项、交通运输信息化建设、公路运输管理等支出
铁路运输支出	铁路还贷专项、铁路路网建设、铁路安全等支出
民用航空运输支出	民航专项运输等支出
成品油价格改革对交通运输的补贴支出	对农村道路客运的补贴、对城市公交的补贴和对出租车的补贴
邮政业支出	行业监管和其他邮政业支出

(续表)

支出项目	支出项目明细
车辆购置税支出	车辆购置税用于农村公路建设支出、车辆购置税用于公路等基础设施建设支出、车辆购置税用于老旧车报废更新补贴支出等
其他交通运输支出	公共交通运营补助和其他交通运输支出

各地方政府的城乡社区支出有所不同。以北京市为例,2019 年城乡社区支出中与城市交通相关的支出涉及以下工作,分别是实施交通疏堵改造工程、自行车道整治等交通综合治理、城市道路桥梁养护工程和核心区背街小巷环境整治等。此外,由于各地区经济发展状况和交通建设目标不同,交通运输具体支出情况也各有差异,以北京市、上海市、江苏省和辽宁省四地为例,具体内容如表 2-4-15 所示。

表 2-4-15 部分省(市)本级一般公共预算交通运输支出

项目(亿元)	北京市	上海市	江苏省	辽宁省
本级一般公共预算支出	3 070.5	2 629.3	1 096.6	733.88
交通运输支出	334.29	216.3	129.27	48.42
其中:公路水路运输	64.29	89.6	14.63	35.37
铁路运输		24.5	90.31	
民用航空运输	15.45	7.2	16.19	
成品油价格改革对交通运输的补贴	10.9	8.7		0.19
邮政业支出	0.317		0.62	
车辆购置税支出			3.02	12.86
其他交通运输支出	243.62	86.3	5.06	−1
交通运输支出占比	10.89%	8.23%	11.79%	6.60%

资料来源:笔者根据北京市、上海市、江苏省和辽宁省四地财政部门官方网站数据整理而得。

2) 市级一般公共预算收支

市级政府与城市交通相关的一般公共预算包括市本级一般公共预算和市级交通部门的一般公共预算。市级一般公共预算为市本级的规划,市级交通运输部门预算主要侧重执行本级交通运输相关的工作。

市级一般公共预算收入主要包括税收收入、非税收入和其他收入三部分(表 2-4-16)。其中,税收收入包括企业所得税(40%)、增值税地方部分、车船税、个人所得税(40%)、烟叶税、资源税、房产税、印花税、契税、城镇土地使用税、环境保护税、耕地占用税和土地增值税,非税收入主要包括行政事业性收费收入、罚没收入、国有资本经营收入、专项收入、国有资源(资产)有偿使用收入等。

表 2-4-16　市级一般公共预算收支项目

市级一般公共预算收入项目	地方一般公共预算支出项目
税收收入	交通运输支出
非税收入	公路水路运输
本级一般公共预算收入(以上)	铁路运输
上级补助收入	成品油价格改革对交通运输的补贴
下级上解收入	邮政业支出
上年结转	车辆购置税支出
调入资金	其他交通运输支出
地方政府一般债务收入	
动用预算稳定调节基金	

市级与城市交通相关的一般公共支出包括公路水路运输支出、民用航空运输支出、铁路运输支出、成品油价格改革对交通运输的补贴支出、邮政业支出、车辆购置税支出和其他交通运输支出七大类。但不同市具体交通运输支出的明细存在差异,以天津市、拉萨市、南京市为例,具体交通运输支出项目明细如表 2-4-17 所示。

表 2-4-17　部分市交通运输支出项目明细

项目	天津市	拉萨市	南京市
公路水路运输支出	公路建设、公路养护、交通运输信息化建设、公路和运输安全、公路还贷专项、港口设施、航道维护、水路公路运输管理等	公路建设、公路养护、交通运输信息化建设、公路和运输安全、公路还贷专项、港口设施、航道维护、水路公路运输管理、船舶检验、救助打捞、内河运输、远洋运输、海事管理、航标事业发展支出、口岸建设	公路建设、公路养护、交通运输信息化建设、公路和运输安全、公路还贷专项、港口设施、航道维护、水路公路运输管理
铁路运输支出	铁路安全等	铁路路网建设、铁路还贷专项、铁路安全、铁路专项运输等	其他铁路运输支出
民用航空运输支出	其他民用航空运输支出	机场建设、空管系统建设、民航还贷专项支出、民用航空安全、民航专项运输等	其他民用航空运输支出
成品油价格改革对交通运输的补贴支出	对城市公交的补贴、对农村道路客运的补贴、对出租车的补贴	对城市公交的补贴、对农村道路客运的补贴、对出租车的补贴、成品油价格改革补贴其他支出等	对城市公交的补贴、对出租车的补贴等
邮政业支出	其他邮政业支出等	行业监管、邮政普遍服务与特殊服务等	其他邮政业支出等

(续表)

项目	天津市	拉萨市	南京市
车辆购置税支出	车辆购置税用于公路等基础设施建设支出、车辆购置税用于农村公路建设支出、车辆购置税用于老旧汽车报废更新补贴	车辆购置税用于公路等基础设施建设支出、车辆购置税用于农村公路建设支出、车辆购置税用于老旧汽车报废更新补贴	车辆购置税用于公路等基础设施建设支出等
其他交通运输支出	公共交通运营补助、其他交通运输支出	公共交通运营补助、其他交通运输支出(项)	—

此外,市级交通运输支出的资金来源还包括省级的转移支付,市级预算同样包含向所属各区的转移支付。以南京市为例,2019 年,江苏省向南京市转移支付 234 981 万元,南京市向下属区转移支付 47 688 万元用于交通运输相关支出。

二、城市交通预算资金与政府性基金预算

1. 城市交通中政府性基金概述

政府性基金预算有别于一般公共预算,政府性基金是对依照法律、行政法规的规定在一定期限内向特定对象征收、收取或者以其他方式筹集的资金,专项用于特定公共事业的发展。政府性基金包括政府性基金收入和政府性基金支出,并按预算层级不同分为中央政府性基金预算、地方政府性基金预算,中央政府性基金收入保障中央政府性基金支出,地方政府性基金收入支持地方政府性基金支出。目前政府性基金预算已纳入预算管理,实行收支两条线,收入全额上缴国库,先收后支,专款专用;在预算上单独编列,自求平衡,结余结转下年继续使用。由于中央地方事权支出责任不同,其政府性基金预算具体内容存在差异,各省(市)间政府性基金预算也存在不同。

2. 中央政府性基金收支

中央政府性基金由收入和支出两部分组成。中央政府性基金收入包括本级政府性基金收入和上年结转收入,其中与城市交通相关的中央政府性基金收入主要是铁路建设基金收入、港口建设发展基金收入、民航发展基金收入、国有土地使用权出让金收入、中央特别国债经营基金财务收入、城市基础设施配套费收入。与城市交通相关的中央政府性基金支出主要是铁路建设基金支出、港口建设费和民航发展基金支出。支出项目明细如表 2-4-18 所示。

表 2-4-18 政府性基金支出项目明细

政府性基金支出项目	项目明细
铁路建设基金支出	铁路还贷等支出
民航发展基金支出	民航机场建设、通用航空发展、空管系统建设等支出
港口建设安排的支出	航运保障系统建设、航道建设和维护等支出

根据表 2-4-19 可见,与城市交通相关的中央政府性基金收支保持基本平衡,甚至还略有

余额。2019 年,与城市交通相关的中央政府性基金收入达到 1 160.92 亿元,在中央政府性基金收入中的占比约为 28.74%,与城市交通相关的中央政府性基金支出为 735.44 亿元,在中央政府性基金支出中的占比约为 17.60%,两者差额为 425.48 亿元,留存用于以后年度中央政府性基金支出。

表 2-4-19　2019 年中央政府性基金收支表

项目	决算收入（亿元）
与城市交通相关的中央政府性基金收入	1 160.92
铁路建设基金收入	541.26
民航发展基金收入	429.35
港口建设费收入	188.65
船舶油污损害赔偿基金收入	1.66
中央政府性基金收入	4 039.78
与城市交通相关的政府性基金收入占比	28.74%
与城市交通相关的中央政府性基金支出	735.44
铁路建设基金支出	554.90
民航发展基金收支出	120.46
港口建设费支出	77.91
船舶油污损害赔偿基金支出	0.17
中央本级政府性基金支出	3 113.39
中央对地方政府性基金转移支付	1 065.45
中央政府性基金支出	4 178.84
政府性基金预算调出资金	4.23
与城市交通相关的政府性基金支出占比	17.60%
收支余额	221.34

资料来源:笔者根据 2019 年中国财政年鉴数据整理而得。

3. 地方政府性基金收支

地方政府性基金收入不仅包括本级收入、上年结余收入和调入资金,还包括地方政府专项债务收入和中央财政各项补助收入,但不同省(市)在收入划分上存在区别。与城市交通相关的中央政府性基金本级收入包括港口建设收入和车辆通行费收入。地方政府专项债务收入主要来源于地方政府专项债券①,其发行主体包括省、自治区、直辖市和经省级政府批准的计划单列市政府。城市交通是地方经济发展的重要推力,2017 年后,我国允许部分地方政府

① 地方政府专项债券是指省、自治区、直辖市政府(含经省级政府批准自办债券发行的计划单列市政府)为筹集具有一定收益的公益项目的建设发展资金,发行的在约定时期内以公益性项目对应的政府性基金或政府专项收入还本付息的政府债券。

发行收费公路专项债与轨道交通专项债，各地政府发行的专项债券中，与城市交通有关的债券类别有收费公路、城际铁路、轨道交通、智慧绿色港口和铁路建设专项债等。同时，各地政府会根据实际情况发行其他类型的专项债，如北京市的车辆通行费专项债券和其他政府性基金专项债券。

与城市交通相关的地方政府性基金支出主要包括港口建设费安排的支出、城市基础设施配套费安排的支出、车辆通行费安排的支出、国有土地使用权出让金收入安排的支出、地方政府专项债券安排的支出、地方政府专项债券付息支出和地方政府专项债券发行费用支出共计9项。各省还会根据本地实际情况编制明细，如北京市2020年与城市交通相关的政府性基金支出包括本级政府性基金支出、债券付息支出和债务发行费支出①。其中本级政府性基金支出中与城市交通相关的项目包括交通运输支出、城乡社区支出（表2-4-20）。为提高地方政府专项债筹集资金的利用效率，中央强调地方政府应将专项债资金重点用于民生与基础设施领域。目前，城市交通专项债已成为地方政府专项债的重要发展项目。

表2-4-20 北京市与城市交通相关的政府性基金支出项目明细

政府性基金支出大类	政府性基金支出明细	政府性基金支出明细
交通运输支出	车辆通行费安排支出	公路还贷、政府还贷公路管理等支出
	民航发展基金支出	
	政府收费公路专项债券收入安排支出	公路建设
城乡社区支出	城市基础设施配套费安排的支出	
	其他城市基础设施配套费安排的支出	
债券付息支出	地方政府专项债券付息支出	城市基础设施配套费债务付息支出和政府收费公路专项债券付息等支出
债务发行费支出	债务发行费支出	
	车辆通行费债务发行费用支出	
	府收费公路专项债券发行费支出	

省级政府性基金收支主要包括与城市交通相关的政府性基金收支、与城市交通相关的专项债券两大类。根据表2-4-21可知，2019年，与城市交通相关的政府性基金收入为1 507.31亿元，在地方政府基金本级收入中的占比约为1.87%；与城市交通相关的政府性基金支出为1 719.4亿元，占政府性基金支出的约1.94%。与城市交通相关的地方政府性基金收支欠平衡，支出规模大于收入规模超过200亿元，这部分收入需要依靠中央政府性基金转移支付来补充才能达到收支平衡。

① 资料来源：笔者根据北京市2020年市级决算整理而得。

表 2-4-21 2019年地方政府性基金收入情况

项目	金额（亿元）
与城市交通相关的政府性基金收入	1 507.31
海南省高等级公路车辆通行附加费收入	24.83
港口建设费收入	48.37
车辆通行费收入	1 434.11
地方政府性基金本级收入	80 477.94
中央政府性基金转移支付	1 065.45
地方政府性基金收入	81 543.39
地方政府专项债务收入	21 500.00
合计	103 043.39
与城市交通相关政府性基金收入与本级收入之比	1.87%
与城市交通相关的政府性基金支出	2 004.25
与城市交通相关的政府性基金支出(除民航发展基金支出)	1 719.4
海南省高等级公路车辆通行附加费支出	42.84
港口建设费支出	134.34
车辆通行费支出	2 950.05
民航发展基金支出	284.85
地方政府性基金支出	88 534.38
与城市交通相关政府性基金支出与本级支出之比	1.94%

资料来源:笔者根据2019年中国财政年鉴数据整理而得。

除收费公路专项债券和轨道交通专项债券以外,部分省级政府还发行了用于城市交通发展的专项债,大部分明确规定用于城市交通配套设施(如港口、机场和停车场等)的建设。其他未明确规定具体用途的,会在项目融资方案中披露专项债券适用领域,其中涉及交通的有道路延长和道路改造等项目。

地方政府专项债拓宽了地方发展城市交通项目的融资渠道,但其并不是政府唯一的融资渠道。城市交通基础设施前期需要一次性投入大量资金,而这些基础设施的使用周期一般持续几十年且项目本身具有较强的公益性,以致其收益率较低甚至难以覆盖成本,地方政府短期内很难依靠项目本身的现金流快速收回成本。再加上城镇化进程本身就需要大量城市交通基础设施作为支撑,这也在一定程度上引发了政府在交通基础设施建设过程中资金需求和自身供给严重不足的矛盾。如何弥补这部分资金缺口,构成了不同时期政府债务问题的主逻辑。从早期的银行贷款到后来的地方政府专项债和政府与社会资本合作(PPP),始终没有脱离这一主逻辑。

市级政府性基金收入中,与城市交通相关的主要包括:港口建设费收入、车辆通行费等。

具体落实在各市中收入类型和收入体量存在差异。此外，市级政府性基金支出主要包括车辆通行费安排的支出、港口建设费安排的支出、政府收费公路专项债券收入安排的支出等。但具体的支出项目因市而异，如天津市2019年一般公共预算决算数据显示，天津市2019年交通运输支出为4亿元，主要用于支持港口营商环境优化（表2-4-22）。

表2-4-22 部分市政府性基金支出 单位：万元

项目	天津市	南京市	拉萨市
交通运输支出	36 953	245 766	0
车辆通行费安排的支出		147 344	0
港口建设费安排的支出	36 953	15 422	0
政府收费公路专项债券收入安排的支出		83 000	0

资料来源：笔者根据天津市2019年决算、拉萨市2019年决算和南京市2019年决算数据整理而得。
注：2019年拉萨市政府性基金决算数据为零。

综上所述，一般公共预算和政府性基金预算是城市交通预算资金的主要来源。中央的城市交通资金主要来源于本级一般公共预算收入，而地方的城市交通资金来源则有所区别，直辖市主要依靠本级一般公共预算收入，而其他省份主要依靠中央补助收入和地方上解收入。中央政府性基金本级收入可以满足本级城市交通支出，而地方城市交通支出除依靠本级收入之外，还要通过发行专项债来满足需要。

目前，我国地方承担过多事权与支出责任，在分税制下财政收入并不足以满足自身支出需求，具体到城市交通领域则是不能满足城市交通项目建设需求。因此，地方政府在具体实施城市交通基础设施建设时，不仅仅依靠自身资金，还通过多种方式引入社会资金。接下来将具体介绍预算资金与非预算资金在支持城市交通项目落实中的模式和具体案例。

第四节　城市交通项目建设的非预算融资渠道

因城市交通项目建设周期长、融资金额大，地方政府仅依靠预算内资金难以及时和充分地满足项目建设需求。为更好推进城市交通建设，地方政府通常会将非预算融资渠道作为资金筹措的补充渠道，缓解政府财政压力。

纵观我国地方政府筹集城市交通项目资金的发展历程，可以发现地方政府融资平台和政府与社会资本合作是城市交通项目建设的主要非预算融资渠道，地方政府融资平台在2015年之前为地方城市交通的建设发展提供了较大助力。但随着2015年修订的《预算法》的正式实施，中央政府愈发严格防范地方债务风险，明文规定地方政府融资平台不得再承担政府融资职能。因此，目前我国城市交通项目建设的非预算融资渠道主要为地方政府融资平台和政府与社会资本合作（PPP）。

一、地方政府融资平台

1. 地方政府融资平台的概念

在 2015 年修订的《预算法》发布之前，我国禁止地方政府发行债券。与之对应的是地方政府事权不断增加，地方政府在较大的支出压力下，通常会选择设立融资平台进行融资。

与一般的投融资公司概念不同，地方政府融资平台是指“由地方政府及其部门和机构、所属事业单位等通过财政拨款或注入土地、股权等资产设立，具有政府公益性项目投融资功能，并拥有独立企业法人资格的经济实体”，包括各类综合性投资公司，如建设投资公司等①。地方政府融资平台主要面向存在市场失灵的领域开展项目，根据经营项目的收益性不同，可将其主要经营的项目分为三大类：一是纯盈利性项目；二是具有盈利性的项目，但项目自身收益较少，需由地方政府通过财政收入补贴不足以偿债部分；三是完全没有收益的纯公益性项目，这类项目的债务完全由地方政府财政收入承担。

城市交通地方政府融资平台经营的项目大多属于没有经营性收入的纯公益性项目，因此地方政府城市交通融资平台的经营目的主要是取得社会效益，依靠地方政府财政资金偿还债务。而地方政府城市交通融资平台负有的债务过多时，将会给地方政府带来较大的财政压力。

2. 地方政府融资平台的融资渠道

作为具有独立法人资格的主体，融资平台能通过向银行申请贷款、发行债券、信托融资和出让股权融资等方式筹集资金。其中向银行申请贷款与发行债券资金筹集成本较低、资金筹集时间较短，能较好满足融资平台项目建设资金的需求，是地方政府融资平台较多采用的融资渠道。因信托融资和股权融资能筹集的资金较少，无法满足大型基础设施项目建设的融资需求，故地方政府融资平台较少通过这两种融资渠道筹集项目资金。

1）银行贷款融资

相较于其他融资渠道，向银行贷款进行融资的持续性更能得到保证，融资成本更低、融资时间更短。然而这种方式也存在风险转移隐患，若地方政府融资平台大量向银行贷款，银行将承担较大的系统性风险。

一般而言，城市交通地方政府融资平台通常需要筹集大量资金建设城市交通项目，且项目多为公益项目，缺乏项目收益，因此城市交通融资平台主要依靠地方政府财政收入偿还债务。所以在实践中，负责筹集城市交通项目建设资金的融资平台不能完全通过向银行申请贷款的途径筹集资金，更多是结合其他融资途径如发行债券筹集项目建设资金。

2）发行债券融资

通常地方政府融资平台既可以申请发行公司债券和企业债券，也可以申请中期票据和短期融资券等融资工具，这些可统一归为城投债。如表 2-4-23 和表 2-4-24 所示，地方政府融资平台的债券融资规模较大，有力补充了地方政府项目建设资金。

---

① 引自财政部、发改委、人民银行和银监会联合发布的《关于贯彻国务院〈关于加强地方政府融资平台公司管理有关问题的通知〉相关事项的通知》。

表 2-4-23　2012—2016 年城投债品种结构　　单位:亿元

类别	2012	2013	2014	2015	2016
中期票据	4 746.40	6 715.80	9 360.60	12 841.95	15 783.55
定向工具	1 533.80	3 536.30	7 709.50	10 263.65	12 173.80
短期融资券	1 091.70	1 856.80	3 800.70	3 926.20	3 335.40
企业债	11 244.07	14 850.46	20 843.09	22 264.94	24 907.82
公司债	268.1	399.4	614.58	3 281.80	11 148.60
项目收益票据	0	0	8	59	86.5
资产支持证券	57	84.3	131.4	110.9	95.1
金融债	0	0	0	0	30
可交换债	0	0	3.6	3.48	0
可分离转债存债	27	12	0	0	0
数量	1 489	2 222	3 804	4 990	6 590

数据来源:Wind 数据库。

表 2-4-24　2017—2020 年城投债品种结构　　单位:亿元

类别	2017	2018	2019	2020
中期票据	18 112.50	22 460.94	26 860.65	30 755.51
定向工具	12 598.28	13 169.06	14 272.38	16 198.57
短期融资券	3 597.30	5 549.40	6 310.79	7 290.83
企业债	23 737.88	19 868.32	18 438.18	17 662.96
公司债	14 476.98	17 356.38	25 331.20	38 708.80
项目收益票据	107.6	95.6	89.6	77.6
资产支持证券	49.5	28	5	0
金融债	10	10	0	0
可交换债	0	0	0	0
可分离转债存债	0	0	0	0
数量	7 569	8 625	10 622	13 588

数据来源:Wind 数据库。

通过发行债券,地方政府融资平台筹集的资金数额较多,需承担的融资成本较小,并能在控制利率风险的情况下自主发行债券。不足之处在于债券发行期限偏短,审批程序繁复。因为城市交通项目通常需要若干年的建设周期,项目开发成本较高,所以城市交通地方政府融资平台适合通过发行债券的融资渠道筹集项目建设资金。

3) 信托融资

地方政府融资平台的信托融资是通过平台抵押其应收账款获取资金。在这种融资渠道下,审批简单,融资便利,投资回报率较高。当前信托融资仅作为银行贷款的补充,融资资金量较少。只有当银行贷款不足、债券发行受限时，融资平台才会考虑采用信托融资。在实践中，我国城市交通地方政府融资平台也较少采用信托融资渠道进行筹资。

4）出让股权融资

出让股权融资是融资平台的初始股东通过决议出让一定份额的融资平台股权，用于换取新股东向平台注入新资本的融资方式。该融资方式的融资成本最低，有力拓宽了平台融资渠道，但缺陷在于地方政府融资平台的上市门槛较高，股权融资模式的适用范围较窄、融资周期长。

总体来看，上述四种融资渠道各有优劣，地方政府融资平台会依据实际情况选择不同的融资渠道组合。但不容忽视的是，过于依赖银行贷款和债券融资给地方政府融资平台带来了较大的债务风险，需要提高警惕，及时防范。

3. 地方政府融资平台的转型

随着地方政府融资平台的发展和平台债务的累积，地方政府融资平台面临较高的债务风险。中央不断强调要“去杠杆”和“防范化解重大风险”，在高质量发展背景下，地方政府融资平台面临转型压力。

一是平台不再承担为政府建设基础设施项目等经济发展行为筹集资金的功能。《国务院关于加强地方政府性债务管理的意见》（国发〔2014〕43 号）明确了地方政府和融资平台的界限，规定地方政府不能通过融资平台举借债务。这意味着中央愈发关注地方政府的债务风险。

二是平台不再获得地方政府任何形式的担保承诺。《中华人民共和国预算法》与《国务院关于加强地方政府性债务管理的意见》（国发〔2014〕43 号）明确指出：“除法律另有规定外，地方政府及其所属部门不得为任何单位和个人的债务以任何方式提供担保。”

三是不再具有土地储备职能，政府不得承诺将储备土地预期出让收入作为平台公司偿债来源。《财政部、国土资源部、中国人民银行、银监会关于规范土地储备和资金管理等相关问题的通知》（财综〔2016〕4 号）剥离了平台公司土地储备职能，明确规定“各类城投公司等其他机构一律不得再从事新增土地储备工作，妥善处置存量土地储备债务”。

地方政府融资平台曾为地方经济发展的资金筹集提供了较大助力。但随着 2015 年修订的《预算法》的出台实施，地方政府拥有了法定发债权，地方政府融资平台的融资功能被逐步剥离。目前地方政府融资平台不得再为城市交通项目筹集资金，其正逐步退出历史舞台（表 2-4-25）。

专栏 2-4-3　地方政府融资平台发展

根据《关于加强地方政府融资平台公司管理有关问题的通知》（国发〔2010〕19 号）等文件精神，地方政府融资平台是由地方政府出资设立、承担政府投资项目融资功能，并承担连带还款责任的独立法人实体。因地方政府融资平台主要以城投平台为主，故通常也被称为城投平台。

作为具有筹融资功能的独立法人实体，地方政府融资平台的发展受宏观经济环境影响较大。当经济发展面临突发危机、政府急需资金支持时，地方政府融资平台便得到快速发展。然而，随着经济步入平稳发展期，地方政府融资平台高速扩张带来的地方政府债务风险愈发凸显，国家将对地方政府融资平台进行管制约束。地方政府融资平台的发展历程可分为萌芽阶段、初步发展、高速扩张、清理整顿、政企分离、深化整顿六个阶段。

表 2-4-25 地方政府融资平台发展历程

发展阶段	时间	背景
萌芽阶段	1979—1994 年	改革开放后，城市建设由财政拨款转向项目法人责任制
初步发展	1994—2008 年	1994 年后，分税制改革实现“财权上移、事权不变”，《预算法》《担保法》等规定地方政府不得通过发行债券融资、国家机关不得为担保人，地方政府财政压力陡增
高速扩张	2008—2010 年	2008 年金融危机爆发，中央政府推出“四万亿”投资计划
清理整顿	2010—2014 年	高速扩张带来地方政府债务风险，政策收紧
政企分离	2014—2017 年	政府更加重视防范风险，地方政府不能通过融资平台举债
深化整顿	2017 年至今	坚决遏制隐性债务增量

改革开放后至 2010 年，伴随着分税制改革，地方政府“财权上移、事权不变”，财政压力骤增，亟须拓宽融资渠道，地方政府融资平台得到初步发展。2008 年，金融危机爆发，为促进经济复苏，中央政府推出“四万亿”投资计划，地方政府迫切需要通过地方政府融资平台筹集投资资金，地方政府融资平台自此进入高速扩张阶段。此后，地方政府融资平台“为地方经济和社会发展筹集资金，在加强基础设施建设以及应对国际金融危机冲击中发挥了积极作用”，但“与此同时，也出现了一些亟须高度关注的问题，主要是融资平台公司举债融资规模迅速膨胀，运作不够规范；地方政府违规或变相提供担保，偿债风险日益加大；部分银行业金融机构风险意识薄弱，对融资平台公司信贷管理缺失等”。“为有效防范财政金融风险，加强对地方政府融资平台公司管理，保持经济持续健康发展和社会稳定”，政府将“抓紧清理核实并妥善处理融资平台公司债务、对融资平台公司进行清理规范、加强对融资平台公司的融资管理和银行业金融机构等的信贷管理、坚决制止地方政府违规担保承诺行为”①。此后，政府陆续出台相关管理政策（表 2-4-26），逐渐缩紧并剥离地方政府融资平台为政府融资职能。

表 2-4-26 2010 年后地方政府融资平台政策文件汇总

时间	文件名	主要内容
2010 年 6 月 10 日	《关于加强地方政府融资平台公司管理有关问题的通知》（国发〔2010〕19 号）	加强对地方政府融资平台管理
2010 年 7 月 30 日	《关于贯彻国务院关于加强地方政府融资平台公司管理有关问题的通知相关事项的通知》（财预〔2010〕412 号）	抓紧核实并妥善处理融资平台债务
2010 年 12 月 16 日	《关于加强融资平台贷款风险管理的指导意见》（银监发〔2010〕110 号）	审慎发放和管理融资平台贷款
2012 年 12 月 24 日	《关于制止地方政府违法违规融资行为的通知》（财预〔2012〕463 号）	地方政府不得授权融资平台公司承担土地储备职能

① 《国务院关于加强地方政府融资平台公司管理有关问题的通知》（国发〔2010〕19 号）。

（续表）

时间	文件名	主要内容
2013年4月19日	《关于加强2013年地方政府融资平台贷款风险监管的指导意见》（银监发〔2013〕10号）	继续推进地方政府融资平台贷款风险管控
2014年9月21日	《关于加强地方政府性债务管理的意见》（国发〔2014〕43号）	剥离融资平台公司政府融资职能，融资平台公司不得新增政府债务
2014年10月23日	《地方政府存量债务纳入预算管理清理甄别办法》（财预〔2014〕351号文）	先清理、后由债务部门负责，甄别工作由财政部门负责
2015年5月15日	《关于妥善解决地方政府融资平台公司在建项目后续融资问题的意见》（国办发〔2015〕40号）	区分存量和增量实施分类管理
2017年4月26日	《关于进一步规范地方政府举债融资行为的通知》（财预〔2017〕50号）	不得要求或决定企业为政府举债或变相为政府举债
2018年8月15日	《关于防范化解地方政府隐性债务风险的意见》（中发〔2018〕27号）	遏制隐性债务成为重要政策主张
2018年9月13日	《关于加强国有企业资产负债约束的指导意见》	对失去清偿能力的地方政府融资平台公司，依法实施破产重整或清算
2019年12月13	《关于防范化解融资平台公司到期隐性债务风险的指导意见》（国办函〔2019〕4号文）	允许平台公司债权人将到期债务转让给资产管理公司（Asset Management Companies，AMC）
2021年4月13日	《关于进一步深化预算管理制度改革的意见》（国发〔2021〕5号）	明确提出清理规范地方融资平台公司，剥离其政府融资职能

宏观政策的调整对地方政府融资平台的发展造成了巨大的冲击，据Wind数据库统计，2015年之后每年新设立的城投公司数量均少于100个（图2-4-2）。这表明目前我国对城投平台的监管力度正日益加强。

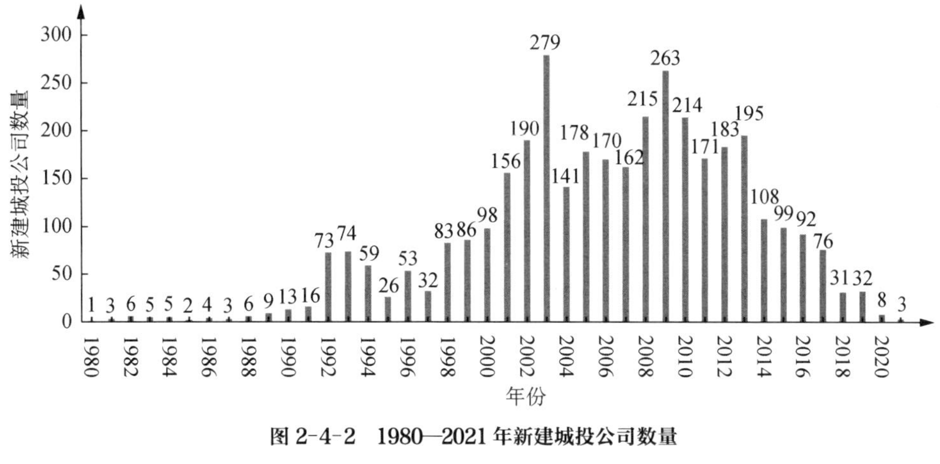

图2-4-2　1980—2021年新建城投公司数量

二、政府与社会资本合作

1. PPP 的概念

PPP 的概念来源可以追溯到 PFI(Private Finance Initiative)。PFI 由英国财政大臣在 1992 年首次提出,泛指政府与私人部门签订长期协议,授权私人部门替政府建设、运营或管理公共基础设施并向公众提供公共服务。2014 年,我国财政部正式将 PPP 译为"政府与社会资本合作",将其定义为政府与社会资本在基础设施及公共服务领域建立的一种长期合作关系。在 PPP 模式下,社会资本承担设计、建设、运营和维护基础设施的大部分工作,通过使用者付费和必要的政府付费获得合理投资回报。政府部门负责基础设施及公共服务价格和质量监管,以保证公共利益最大化。

从上述概念上界定,PPP 具有合作伙伴关系、利益共享、风险共担三个基本特征。合作伙伴关系是 PPP 最本质的内涵,在此基础上才产生利益共享和风险共担两个特征。PPP 存在的共同目标首先是合作伙伴关系,其次是利益共享,这里的利益不仅包括经济利益,还有社会利益。各国实践均表明,PPP 的适用范围主要是公益性领域,特别是基础设施建设领域。政府可以通过 PPP 减少资金投入,利用市场上高效的管理水平降低建设成本。对于社会资本来说,可以发挥自身优势,提供高质量的公共服务,以此获得稳定的投资回报。最后是风险共担,在传统的政府投资模式中,项目风险、管理风险、法律风险等主要由政府部门承担。而 PPP 基于合作伙伴关系,项目风险会由政府和社会资本双方分担,双方根据相应原则,承担各自应当承担的风险。

2. 我国 PPP 发展历程

深圳沙角 B 电厂项目被认为是我国第一个具有现代意义的 PPP 项目,该项目于 1985 年兴建,在 1988 年 4 月正式投入商业运营。此后,PPP 在我国的应用范围逐步拓宽。早期的 PPP 项目主要集中在交通和电力领域,如广州北环高速公路项目等,以 BOT 模式为主,后来逐渐向污水处理等领域扩展。

进入 21 世纪,在宏观经济持续高速增长的大背景下,政府出台相关政策积极推动 PPP 在基础设施建设领域的应用,由此 PPP 进入快速发展阶段。为加强地方政府性债务管理,2014 年国务院出台的《国务院关于加强地方政府性债务管理的意见》(国发〔2014〕43 号)明确提出,PPP 作为化解地方政府债务风险的工具,要在城市基础设施领域大力推广。在 2014—2017 年间,中央政府出台了几十部推动和规范 PPP 发展的政策文件,基本完成了 PPP 制度框架的建设工作,PPP 项目数量也呈现井喷式增长。在 2016 年、2017 年短短两年时间内,项目数量快速增加到 14 424 个。PPP 项目的快速扩张也给地方政府债务管理带来了新问题,一些项目演化为地方政府变相举债的工具。因此,为了进一步规范 PPP 项目运行,财政部在 2018 年出台了新政策,把不符合规定的 PPP 项目清退出库,导致 2018 年 PPP 项目在库数量大幅度下降。随着 PPP 项目运行管理规范化,近两年 PPP 项目在库数量出现上升趋势,但仍未达到

2017 年增幅的最高点(图 2-4-3)。

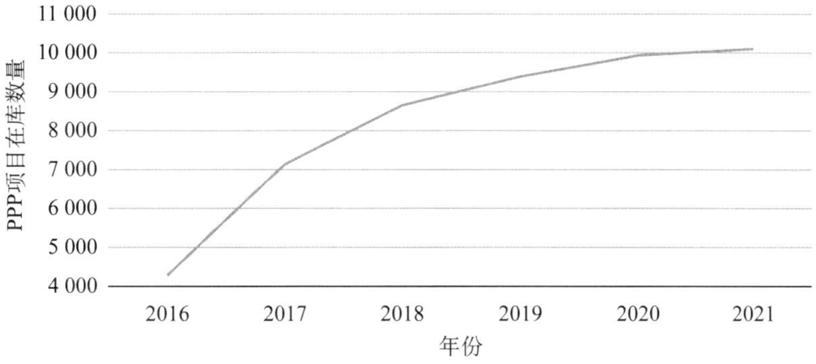

图 2-4-3　2016—2021 年 PPP 项目在库累计数量

数据来源:Wind 数据库。

从投资额来看,PPP 项目总体投资额一直处于上升态势。其中,2017 年增长幅度最大,受 PPP 政策收紧的影响,2018 年和 2019 年的投资额略有下降,但此后两年投资额逆势上升。考虑到 2021 年的数据仅仅截至 9 月份,预计全年增幅将会更高(图 2-4-4)。从数据可知,PPP 项目在库数量和投资额两者变化趋势高度相关。

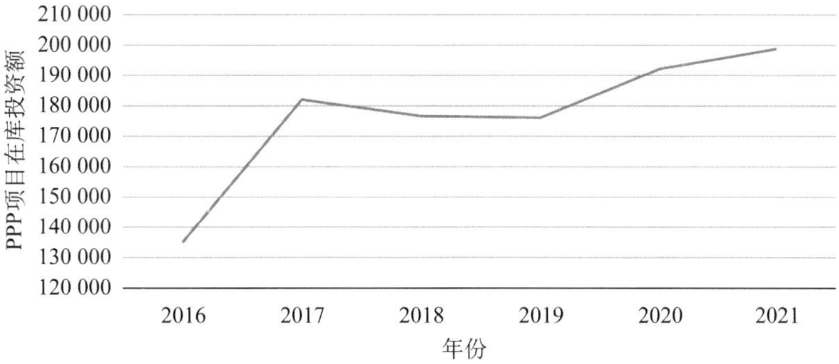

图 2-4-4　2016—2021 年 PPP 项目在库累计投资额

数据来源:Wind 数据库。

分产业来看,基建类项目是 PPP 的主要应用领域(图 2-4-5)。从细分行业来看,截至 2021 年 9 月,PPP 项目主要集中在市政工程、交通运输、生态建设和环境保护、片区开发四大类领域,数量占比达 67%,投资额占比高达 79%。其中,数量最多的是市政工程,其次是交通运输,达 1 852 个;投资额最高的是交通运输,其次是市政工程。单个项目投资额最高的是交通运输,达 36 亿元。

从项目运行机制来看,截至 2021 年 9 月,采用 BOT 方式的项目数量达 10 568 个,占比高达 77%,可见 BOT 是 PPP 项目采用的主流运营方式。从投资年限来看,52% 的项目投资年限处于 10～20 年区间内,说明 PPP 项目投资年限较长,也有利于政府在增加固定资产投资的同时,缓解财政支出压力。

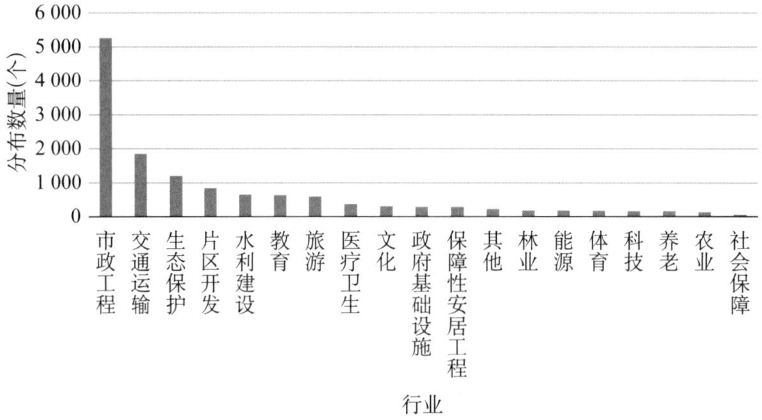

图 2-4-5 PPP 项目的行业分布

数据来源:Wind 数据库。

从项目回报机制来看,占比最高的是可行性缺口补助模式,高达 55%。其次是政府付费模式,占比也接近 33%,使用者付费仅占比 12%。

2014 年以来,政府出台了一系列文件鼓励 PPP 模式作为政府基础设施领域融资工具发展。虽然 PPP 模式在应用初期出现了一些问题,但随着政府调控政策的及时出台,PPP 模式运行也越来越规范,项目质量也越来越高,在地方政府重大基础设施投资项目中扮演着越来越重要的角色。

3. PPP 模式的优势

一是缓解政府支出压力,创新政府投融资方式。基础设施领域,尤其是交通基础设施领域的总投资额较大,若采用政府传统投资运营模式建设,政府需投入大量建设资本金,并通过银行贷款等融资方式解决其余建设资金,提高地方政府的杠杆率。而在 PPP 模式下,政府可以通过拉长支付期限,将短期建设支出转化为合作期内的分期付费,缓解政府在短期内投资大规模基础设施的压力,有利于加快项目的建设实施,提高财政资金的使用效益,平滑年度间财政支出波动,抑制政府的杠杆率过快上升,防范和化解政府性债务风险。

二是转变政府职能,提升公共服务供给综合效率。一方面 PPP 要求政府在与社会资本合作中既不越位也不缺位。政府要遵循市场原则和契约精神,切实履行义务、承担相应风险,有利于政府职能的转换,使得项目运作更加专业、更有效率。另一方面 PPP 模式旨在让专业的人做专业的事。通过在市场竞争机制下引入有经验的社会资本方深度参与项目的建设和运营环节,可以实现资源的优化配置,并充分发挥社会资本在技术和经验等领域的专业化分工优势,提高经济效益。

三是优化风险分配,降低政府承担风险成本。PPP 模式的风险将在政府方与社会资本方之间进行再分配,按照最优风险分配、风险收益对等和风险可控的原则进行,使得政府方和社会资本方对各自的责权利进行明确,实现项目风险共担、合作共赢。

三、不动产投资信托基金

不动产投资信托基金(Real Estate Investment Trusts, REITs)是一种通过发行收益凭证汇集多数投资者的资金,交由专门投资机构进行不动产投资经营管理,并将投资综合收益,按比例分配给投资者的一种信托基金。REITs最早于1960年出现在美国,后于1971年出现在澳大利亚。在亚洲市场上,REITs最早于2001年出现在日本,其后于2002年在新加坡出现,紧接着在中国台湾和香港等地相继推出。

REITs本质上是将成熟不动产在资本市场进行证券化,因此REITs既具有金融属性,又具有不动产属性。作为一种金融投资产品,REITs能够为投资者拓宽不动产投资渠道。同时通过证券化的形式,将流动性较差的不动产资产转化为流动性强的REITs份额,从而提高不动产资产的变现能力。REITs的不动产属性体现在其专注投资于可产生定期租金收入的成熟不动产资产,可少量投资于土地和在建工程等,具有专业的不动产管理团队,有助于提升物业价值,实现长期稳定的回报。

随着我国不动产市场从增量时代进入存量时代,如何盘活巨额的资产存量,成为中国经济改革的重要课题。近年来,我国也在积极探索推进基础设施REITs发展。2016年12月21日,发改委和证监会发布《关于推进PPP项目资产证券化相关工作的通知》,强调PPP项目资产证券化是保障PPP项目持续健康发展的重要机制。2020年4月,发改委和证监会联合发布《关于推进基础设施领域不动产投资信托(REITs)试点相关工作的通知》,明确采用"公募基金+单一基础设施资产支持证券"的产品架构,优先支持基础设施补短板行业,包括仓储物流、收费公路等交通设施,水电气热等市政工程,城镇污水垃圾处理、固废危废处理等污染治理项日。鼓励信息网络等新型基础设施,以及国家战略性新兴产业集群、高科技产业园区、特色产业园区等开展试点。这一通知标志着我国境内基础设施REITs试点正式起步。2021年5月,首批9单公募基础设施REITs项目获得中国证监会、上海证券交易所及深圳证券交易所审核通过。同年6月完成资金募集,并成功挂牌上市交易。2021年7月,发改委发布《关于进一步做好基础设施领域不动产投资信托基金(REITs)试点工作的通知》,将基础设施REITs试点区域扩展到了全国各地区,并在重点支持区域中增加了黄河流域生态保护和高质量发展国家重大战略区域。同时,将能源基础设施,停车场项目市政基础设施,保障性租赁住房,具有供水、发电等功能的水利设施和具有较好收益的旅游基础设施加入试点行业中。2022年2月,发改委和国家能源局印发《关于完善能源绿色低碳转型体制机制和政策措施的意见》,将清洁低碳能源项目纳入REITs试点范围。

基础设施REITs试点聚焦的七大重点行业,按底层资产所有权的不同,可分为产权型REITs和特许经营型REITs。产权型REITs包括仓储物流类、产业园区类和数据中心类,而特许经营型REITs则包括收费公路类和环境治理类等。截至2021年年底,我国共有11只上市的基础设施REITs产品,包括首批上市的九只基础设施REITs、第二批上市的华夏越秀高速REIT和建信中关村REIT,资产类型覆盖产业园区、仓储物流、高速公路、环境治理四大类。受多重因素影响,不同资产类型产品的收益率差异明显。如图2-4-6所示,截至2021年12月31日,首批基础设施 REITs 中，环境治理类的两只产品平均收益率最高，达到 38.32%，仓储物流类 REITs 年化平均收益率为 27.70%，高速公路类基础设施 REITs 整体收益率在四类产品中最低。

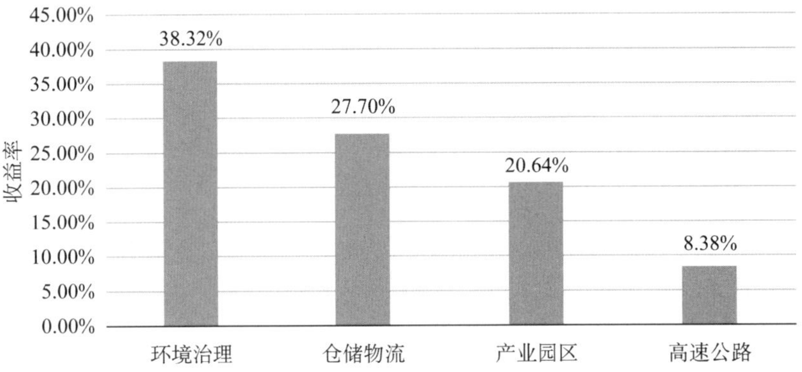

图 2-4-6　不同行业 REITS 项目收益率

REITs 在我国城市交通基础设施领域融资中的作用未来可期。我国 PPP 项目规模较大，而基础设施 REITs 可以成为 PPP 项目投资人的退出通道之一。根据财政部 PPP 中心发布的《全国 PPP 综合信息平台管理库项目》，2014 年以来，PPP 中心管理项目累计 10 094 个，项目投资额累计 15.6 万亿元。结合税收等相关优惠政策的出台，基础设施 REITs 在城市交通领域融资将发挥较大作用。

第五节　城市交通项目建设融资实践的案例分析

目前我国城市交通项目建设的资金来源主要包括预算内资金和非预算资金。在城市交通项目建设融资实践中，各地政府通常是通过多种融资渠道筹集资金，既使用预算内资金为城市交通建设提供资本金保障，又通过与社会资本合作的方式筹集资金，最大化推动地方城市交通发展。

一、模式一：纯预算内资金融资模式

预算内资金是城市交通发展的主要资金来源，当项目所需资金较少、地方政府财力较强时，地方政府会选择完全由预算内资金保障城市交通项目的建设发展。基本融资模式为，地方政府在提供一般财政收入的基础上发行地方政府专项债券进行融资，如广东省在建设粤港澳大湾区空铁联运枢纽时便采取这种融资模式。

1. 案例基本情况

粤港澳大湾区空铁联运枢纽—广州花都空铁融合发展都市区配套设施提升工程项目总投资 2 137 058 万元，项目资金筹措方式为财政专项资金、地方政府专项债券融资，项目资金中包含财政性资金 1 932 058 万元和地方政府专项债券融资 205 000 万元(表 2-4-27)。其中财政性资金由广州市和花都区财政统筹安排。项目收益主要包括土地出让收入及综合配套收入。项目相关收入均为专项收入,并专门用于归还债券本金和利息,项目收益及还本付息资金纳入政府性基金预算管理。

表 2-4-27 项目资金筹措安排 单位:万元

项目总投资	市场化融资资金(如银行贷款等)	非融资资金			地方政府专项债券融资
		单位自有资金	财政性资金	其他	
2 137 058	—	—	1 932 058	—	205 000

2. 案例模式评述

纯预算内资金融资模式对地方政府的财力要求较高,地方政府需要完全依靠财政性资金支持城市交通项目建设,面临较大的财政压力。这也反映出地方政府承担城市交通项目建设事权,完全负有支出责任。

二、模式二:预算内和非预算资金混合融资模式

非预算资金作为城市交通建设的补充融资渠道,在城市交通项目建设周期较长、资金需求较大时能有效缓解地方政府的财政压力。财力不足以完全支持地方城市交通项目发展的地方政府会选择"预算内资金+非预算资金"融资模式筹集项目资金。

1. 案例基本情况

1) 南昌轨道交通 4 号线

工程项目总投资 241.11 亿元,其中资本金 75.05 亿元,占项目总投资的约 31.13%,全部由南昌市财政局投入。项目筹资 166.06 亿元,其中 106 亿元通过发行政府专项债筹集,剩余 50.06 亿元通过银行贷款筹得。项目收益主要为地铁票务收入。项目专项债务收入、安排的支出、还本付息、发行费用纳入政府性基金预算管理。

2) 京唐城际铁路(天津段)

京唐城际铁路服务于环渤海及京津冀地区,对促进京津冀一体化发展具有重要战略意义。京唐城际铁路正线长约 148.7 公里,天津市内正线长约 42.8 公里,约占全线总长的 28.78%。京唐城际铁路由铁道部与北京市、天津市和河北省共建。其中北京市负责本市境内段征地拆迁工作及费用,并以征地拆迁费用经各方认可后计入股份;天津市负责境内段资本金的 30%,承担本市境内段征地拆迁工作及费用,征地拆迁费用经各方认可后计入地方股份;河北省负责境内段资本金的 40%,承担本省境内段征地拆迁工作及费用,征地拆迁费用经各方认可后计入地方股份;铁道部负责筹集其余资本金。

京唐城际铁路工程投资预估算总额为 314.2 亿元,京唐城际铁路(天津段)总投资 98.406 7 亿元,由财政安排或建设单位自筹资本金 60.806 7 亿元,同时,拟通过政府发行铁路专项债券筹集资金共计 37.6 亿元。项目实施方为天津轨道交通集团有限公司,项目建成后交由北京铁路局(中国铁路北京局集团有限公司)进行运维。

2. 案例模式评述

"预算内资金＋非预算资金"融资模式一定程度上缓解了地方政府财政压力。当地方政府财力偏弱、城市交通项目融资需求偏高时，采用此种融资模式能更快筹集项目建设所需资金，推动城市交通项目的开展落实。该种模式下项目资本金完全由城市交通项目所在地政府承担，体现了我国城市交通政府事权划分的特征，城市行政区划内的城市交通建设完全由地方政府承担事权，并承担对应的支出责任。在具体实践中，地方政府往往会根据自身财力、项目建设周期、项目预计收益等选择最合适的融资模式。

三、模式三：PPP 融资模式

1. 案例基本情况

国道 109 新线高速公路(西六环路—市界段)PPP 项目是北京市在京津冀协同发展的大背景下，为促进北京西部地区和河北省南部地区交通一体化，完善北京市公路网实施的重大举措，路线全长约 78 公里。

项目合作期设定为 29 年，其中建设期 4 年，运营期 25 年。项目估算总投资金额为 223.87 亿元，每公里造价指标为 3.42 亿元，其中政府资本金出资占项目总投资的 20%，约为 44.8 亿元，首发集团(北京市属国企)利用政府资金出资，并作为政府出资代表与社会资本方共同组建项目公司(首发集团不参加项目公司利润分配及风险或债务承担)。按 4∶6 的股比引入社会资本方，社会资本方资本金出资占项目总投资的 30%，约为 67.2 亿元，项目公司由社会资本方控股。其余部分占项目总投资的 50%，约为 111.9 亿元，由项目公司通过银行贷款筹集，贷款期限为 29 年，采取等额本息的方式还款，项目公司的社会资本方股东应为项目公司的债务融资提供担保。

项目采用 BOT 模式运作，由项目公司设计、投资、建设和运营管理。合作期内项目公司的特许经营权包括高速公路收费权及服务区、广告牌等附属设施的多种经营权。项目公司通过收取高速通行费和公路沿线服务区、广告牌等附属设施的经营收益，以及获得政府可行性缺口补助等方式获得投资回报。可行性缺口补助原则上根据约定通行费与实际通行费差额进行确定，来源为北京市财政资金。合作期届满后，项目公司将本项目设备设施及相关权益无偿、完好、无债务、不设定担保地移交市政府或其指定机构。

2. 案例模式评述

城市交通基础设施建设投资额大，需要政府前期投入大量资金，给政府财政带来支出压力。采用 PPP 模式只需要政府前期投入部分资金，与社会资本成立项目公司，由其完成整个项目的建设、运行和管理。前期投入的不足部分由项目公司通过贷款解决，由此形成的负债与政府无关，不会形成地方政府新增债务，地方政府既可以解决基础设施资金来源问题，也不会由此产生新的债务问题。因此，在未来城镇化持续推进的背景下，PPP 模式会在政府推进基础设施建设的过程中发挥重要作用。

四、模式四：京津冀城际铁路建设投融资模式

为深入落实京津冀协同发展战略，推进交通领域的率先突破，加快构建绿色、互联互通的城际铁路网络，构建“轨道上的京津冀”，中国国家铁路集团有限公司及京津冀三省市政府于2014年共同成立京津冀城际铁路投资有限公司。京津冀城际铁路建设遵循“政府引导、市场化运作”的原则，以推进京津冀地区城际铁路网建设为宗旨，以投融资和土地综合开发为创新手段，勇于开拓创新，实现作为“京津冀协同发展体制机制的实践者，区域交通一体化率先突破的先行者，投融资体制改革的探索者，城际铁路建设市场化运作的尝试者”的战略定位。按照市场化运作方式，组建独立线路公司，由此形成“1＋N”投资主体框架。根据具体线路建设需要，京津冀铁投公司作为发起人，以具体线路为对象吸引社会投资人成立项目公司。

京津冀三省市分别承担各自境内项目资金的筹集，国铁集团注入部分资本金给予支持，利用城际铁路沿线土地综合开发收益反哺铁路建设。国家相关城际铁路投融资机制改革政策明确，区域城际铁路下放地方，鼓励通过市场化运作方式，大力吸引社会资本参与城际铁路建设，积极探索“轨道＋土地综合开发”模式，即“以铁兴地、以地建铁”。创新的资金平衡模式将实现投资建设运营的可持续发展，更有利于带动城际铁路沿线地区经济发展，加速城镇化进程。

京津冀铁投公司负责资本金融资，发挥战略和资本优势，统筹负责项目资本金筹集，并根据工程进度拨付项目公司。项目公司作为债务融资主体，具体负责债务融资，并根据工程进度，将项目建设投资拨付施工单位，将征地拆迁资金拨付地方政府。

目前，京津冀城际铁路建设已经开展的投融资运作主要包括资本金和债务性融资两方面。资本金融资方面，除股东注入资本金外，积极申请国开行专项建设基金。为落实铁路项目建设及沿线土地开发资本金需求，由京津冀铁投公司发起，与工行等11家金融机构共同设立了“京津冀城际铁路发展基金”，用于京津冀区域内城际铁路建设及沿线土地综合开发，基金为有限合伙制，规模为600亿元，基金存续期为10年。债务性融资方面，主要通过银行贷款解决，其次通过发行公司债券、中期票据解决部分资金需求。

第六节　城市交通财政资金运行存在的问题及思考

尽管目前城市交通相关的资金运行经过多年实践已经趋于完善，但是较之城市交通设施建设和运维资金的实践需求仍存在一些不足，需要加以完善。

一、城市交通财政资金运行存在的问题

当前，我国城市交通财政资金运行中存在的主要问题包括以下三点。

1. 城市交通融资方式单一，地方财政支出压力较大

财政性资金是城市交通设施建设资金的重要来源和基础性保障，我国城市交通投资的财政性资金一直存在来源不稳定、规模不稳定等突出性问题。地方政府投入不足部分主要依靠地方政府发行债券进行融资，且债券规模受地方政府债务限额管理的影响，资金来源不足。交通设施领域项目公司的融资多为向银行及其他金融机构贷款，很少通过实际建立 PPP 项目基金或者使用资产证券化等手段融资，导致融资成本增加，地方政府隐性债务负担加重。

2. 城市交通设施运营能力不强，不利于资金可持续发展

城市交通设施运营能力关系到资本的投资能否得到应有回报，能否持续性地向社会提供优质的公共产品和公共服务。为顺应市场经济需求，我国城市交通设施运营采用现代企业的管理和维护方式，提高了城市交通设施运营能力。但是，一些城市虽进行了城市管理体制改革，但在实际操作中仍未摆脱重计划、轻经营、轻管理的计划经济管理模式，城市交通设施建设部门分散、管理分散、资金分散，资金的筹措、使用和管理经常处于各自为政的状态，城市交通项目建成后管理薄弱，甚至出现多头管理、各取所需的局面。

3. 城市交通设施运营补贴政策不健全

长期以来，地方城市财政负责公共交通发展的主要支出，而中央财政仅为燃油税提供补贴，导致公共交通基础设施发展所需资金不足。城市交通设施具有经济性和社会性双重特点，是打造交通强国的应有之义。因此，政府需对其进行运营补贴尤为必要，特别是需要对政策性亏损企业进行补贴以维持其正常运营，从而既确保企业公共目标的实现，又能有效激励企业提高运营效率。目前，交通设施运营补贴还缺乏相应的法律约束，科学合理的补贴机制尚未建立。如果城市交通设施运营长期依赖财政补贴，将会导致地方政府财政压力日益加重。同时，也会导致交通运营企业过多依赖财政补贴，没有动力认真钻研如何降低运行成本或提高服务质量，阻碍城市交通可持续发展。

此外，财税体制和制度的改革也会影响城市交通资金的运行，包括预算管理制度的改革、中央和地方财政关系的改革等。

二、城市交通资金运行的思考

针对存在的问题，为了推动城市交通资金运行的稳定和可持续发展，需要关注并改进以下四方面的问题。

1. 积极协调政府和市场的关系，推动城市交通财政创新

政府要从有效提供公共物品和基本公共服务均等化的角度，界定政府事权的范围，把能够由社会资本投资建设的项目尽可能地交由社会资本。同时，政府也要充分发挥“兜底”作用，积极推动基本公共服务均等化。保障城市交通资金的稳定和充足，也要从开源和节流两个方面创新财政支持方式。引导社会资本投入城市交通领域，并加强对社会资本的有效监管，防范创新融资模式下的财务风险。

2. 不断优化城市交通管理体制，合理划分财权与支出责任

我国城市交通由公交、出租、地铁、公安等多个部门共管，管理部门的分割造成部门之间很

难共享和协调资源,各自制定的交通政策法规难以从全局考虑。因此,为提高财政资金有限情况下的资金使用效率,要求进一步优化城市交通管理体制,形成多部门“信息共享、责任共担”的体制机制,同时明确各部门的财权与支出责任。

3. 完善地方税费体系建设，增加城市交通资金来源

城市交通的支出责任很多在地方政府,只有地方政府资金来源稳定且充足才能保障城市交通资金投入。营业税改征增值税之后,我国重新重视并研究建立地方税费体系。例如当前进入试点的“房地产税”改革。

4. 完善城市交通监管体制，构建可持续性资金运转机制

完善城市交通监管体制要求建立城市交通资金使用环节全方位监控的制度体系,防范可能的金融风险。重点加强对投资准入与退出、投资行为与收益、收费价格、服务质量四个环节的监管,制定交通设施和公共服务的服务标准体系和评价指标体系、基础设施养护管理的定额标准。与此同时,也要不断提升城市交通项目运营能力,由过去只注重施工建设向注重投资、施工建设、运营综合发展的方向转变,由只关注施工建设利润,向关注投资利润、施工建设利润和运营利润等综合利润转变,有效扩充收益渠道、增加收入来源。

第二板块
关于国家战略抉择与城市交通学

新一轮科技革命和产业变革持续深入，颠覆性技术随时可能突破，以战略的眼光和务实的精神对待城市交通学理论的完善十分关键。气候变化是科学事实，关乎全人类生存发展，人类活动导致当前气候变化的科学性毋庸置疑。我们已经进入了信息化时代，加快培育数据要素市场已成为坚持和完善社会主义基本经济制度、加快完善社会主义市场经济体制的重要内容。自 2012 年 12 月发布的《国务院关于城市优先发展公共交通的指导意见》中明确提出“实施城市公共交通优先战略”以来，面对我国 2035 年基本实现社会主义现代化的目标，进入了新发展阶段如何坚持实施城市公共交通优先战略，是城市交通学理论建设的重要内容。综上所述，这个板块是从国家战略抉择出发，讲述城市交通学面对的三项基础问题。

第五章主要以国家绿色低碳发展总体要求，来研究城市交通学的目标和内涵，以及在新发展阶段要解决的主要问题和对策。阐述“双碳”约束对城市交通战略规划、交通运行组织及交通诱导方面的要求，给出未来城市交通规划、运行、组织的建议。第六章强调世界已经进入信息化时代，数字已成为生产要素，信息化不会仅仅停留在现有城市交通治理的应用层面，还将带来社会重大变革，给城市交通学科带来新机遇。城市交通信息化发展应该与城市发展目标一致，基于城市交通复合网络的构建和运行，从“三元空间”的物理、信息、社会三个维度考虑所产生的新技术、新手段。信息化时代城市交通发展的知识体系变革，应当基于城市交通学科知识体系构建相应的培养体系。第七章的内容关于城市公共交通优先发展。“实施城市公共交通优先战略”已经由国务院关于城市公共交通指导意见确立。近 20 年，城市公交得到长足发展，但是普遍重自身建设，轻与城市协调；重工程建设，轻服务提升；重分方式发展，轻一体化协调；重政府投入，轻市场调控。由此而来的城市公共交通的经济可持续、环境可持续、社会可持续问题日益凸显。因此有必要专列一章，讲述“新发展阶段，城市公共交通优先发展对策”，引导中央到地方共同认真落实习近平总书记的指示精神：发展公共交通是现代化城市发展方向。

第五章
绿色低碳视野下的城市交通

本章主要阐述“双碳”目标下城市交通绿色低碳发展的重要性与内涵，并介绍建立绿色低碳视野下的城市交通发展的目标体系。首先，概念性描述城市客运交通系统是一个多变量复杂系统，其受到社会经济状况、历史情况、现有交通使用者偏好、土地利用、人口结构、交通基础设施建设、交通供给、诸多相关政策等因素的影响。其次，介绍构建城市交通绿色低碳的影响要素及框架，从交通需求、交通模式、交通工具使用三个层次阐述国内外不同类型城市的交通绿色低碳发展驱动要素，并从技术、管理、信息、经济等角度对政策手段进行解构。再次，基于上述的驱动力及政策分析维度，对国外典型城市的城市交通“双碳”目标及政策进行体系化梳理、对比和分析。最后，就绿色低碳引领下的城市交通变革提出发展背景、服务对象、发展目标等宏观层面的变化判断，并就面向“双碳”目标的规划方法、运营组织、交通新业态、交通新基建及新载运工具的全面变革提出了设想。面向“双碳”目标的城市交通绿色低碳发展将以新基建、新载运工具发展为抓手，绿色低碳的发展必将倒逼交通的规划变革乃至交通产业的颠覆性变革，从而促进我国交通科技、交通文明迈上更高台阶。

第一节 城市交通绿色低碳发展的重要性

绿色低碳交通是社会经济发展的必然要求。2020 年 9 月 22 日,习近平总书记在第七十五届联合国大会一般性辩论上郑重宣布,"中国将提高国家自主贡献力度,采取更加有力的政策和措施,二氧化碳排放力争 2030 年前达到峰值,努力争取 2060 年前实现碳中和"。该讲话表明碳减排工作已经被提升到了国家重点发展的层面,因此,全国上下各个行业都提出了对应的措施与政策,越来越多的碳减排相关文件不断推出。在习近平总书记提出"双碳"要求的一年后,中华人民共和国中央人民政府于 2021 年 10 月正式发布文件《国务院关于印发 2030 年前碳达峰行动方案的通知》,明确规划了交通运输绿色低碳行动方案,包括推动运输工具装备低碳转型、构建绿色高效交通运输体系以及加快绿色交通基础设施建设,并提出了明确的交通领域达峰目标。

我国交通碳排放面临的形势严峻。根据国际能源署统计,到 2016 年,交通运输行业碳排放量占全球燃料燃烧碳排放总量的 23%,仅次于电力行业。2015—2019 年,我国交通领域的二氧化碳排放量平均增长率高达 4.6%。根据国际能源署的统计数据[1],2019 年,我国的二氧化碳总排放量达到 99.85 亿吨,其中交通领域的二氧化碳排放量达 9.26 亿吨,约占全国总碳排放量的 10%,与发达国家交通行业二氧化碳排放量占全国二氧化碳排放总量的 1/3 左右的普遍情况相比,仍有很大的增长空间。为了应对上述碳排放量迅速增加的现实情况,各国也提出了相应的政策与发展战略。根据英国监督能源和气候变化机构的数据,截至 2021 年 6 月,已有 131 个国家和地区提出了碳中和目标。同时,根据联合国气候变化框架公约秘书处的数据统计,截至 2021 年 2 月,全球共有 30 个国家提出了中长期温室气体低排放发展战略。

绿色低碳交通正成为交通政策的重点领域。2019 年,中共中央、国务院印发了《交通强国建设纲要》,其中明确提出强化节能减排和污染防治,要优化交通能源结构,推进新能源、清洁能源应用,促进公路货运节能减排,推动城市公共交通工具和城市物流配送车辆全部实现电动化、新能源化和清洁化;打好柴油货车污染治理攻坚战,统筹油、路、车治理,有效防治公路运输大气污染;严格执行国家和地方污染物控制标准及船舶排放区要求,推进船舶、港口污染防治。降低交通沿线噪声、振动,妥善处理好大型机场噪声影响;开展绿色出行行动,倡导绿色低碳出行理念。为减少碳排放,推进减排工作的稳步落实,各省市也相应推出了相关的政策与工作安排。《关于深化长三角生态绿色一体化发展示范区环评制度改革的指导意见》中提出了大力提升长三角生态绿色一体化发展示范区环评制度效能,助力区域碳达峰碳中和,并选取长三角两区一县进行试验。上海市在 2020 年发布了《上海市 2020 年节能减排和应对气候变化重点工作安排》,其中提出了 2020 年要持续完善绿色综合交通体系,推进轨道交通网络建设,加强轨道交通网、公交线网的融合。各地政策的推出与实施在很大程度上推进了我国交通领域碳减排的步伐。

我国城镇化的进一步发展对绿色低碳交通提出更高要求。2018 年末,我国城市化率达到

60%,正式进入城镇化 2.0 阶段。2021 年底,我国城镇化率达 64.72%,第二阶段的城镇化将呈现结构化的特点,即人口更多地向发达的大型城市、城市群集中。国家"十四五"规划纲要提出,我国将发展壮大城市群和都市圈,推动城市群一体化发展,全面形成"两横三纵"城镇化战略格局。我国将形成京津冀、长三角、珠三角、成渝、长江中游等成熟城市群,山东半岛、中原、关中平原、粤闽浙、北部湾等潜力城市群,哈长、辽中南、山西中部、黔中、滇中、呼包鄂榆、兰州—西宁、宁夏沿黄、天山北坡等发展中城市群的全国城市格局,将来的人口增长和交通增量也将主要出现在以上城市群。不同城市的规模、定位和发展状况不同,需要制定不同的减排目标。不能直接采用同样的减排方法,要根据每个城市实际发展水平和人口结构,综合设定自身的减排路径和政策。

碳达峰、碳中和引领下的国家发展方式变革迫在眉睫,城市交通行业绿色低碳发展将对行业起到重要的引领作用。碳达峰、碳中和从概念到引发能源变革,从引发产业变革到社会经济变革,从社会经济变革到生态环境的变革,本质是从资源依赖走向技术依赖的发展转型。"双碳"将推动新一代工业系统、新一代电力系统的变革,交通系统将实现电动化取代燃油化、清洁的电力化取代灰色的电力化,同时也将促进人类生活方式、交通出行方式的本质变革。欧盟、英国、日本在交通净零排放方面都已有明确的日程表,基于交通系统净零排放的日程表也将推动净零交通系统的整体科技变革。我国需要加强对交通系统碳中和的深刻认识,以碳中和为动力,全面驱动我国城市交通系统能源供给、载运工具及交通方式的全面绿色低碳,从而倒逼交通工业体系、组织体系的变革,在全球范围的交通系统及交通产业方面提升引领地位。

绿色低碳交通是城市交通学科的重要研究对象、研究目标和研究范式。城市交通学科成立以来,在新技术发展和新型城镇化背景下,结合社会系统与技术系统特征规律,从制度框架与政策议程、空间结构与行为模式、服务体系与规制政策、对策组合与行为响应四个方面研究技术系统对个体、群体活动行为等社会系统的影响,探索社会系统中的制度框架、政策杠杆对交通技术系统的结构优化作用。城市交通研究的时代背景从"交通设施大规模建设"转向"中心城市转向存量优化,有序建设,适度开发城市群、都市圈、中心城市的多尺度合作发展",研究对象从"交通流—交通设施"转向"交通网络—交通服务—交通外部性",关注点从"网络效率"转向"自然环境与生命安全",研究时间跨度上从"面向中长期设施建设"转向"既面向中长期设施建设,又面向短期甚至实时管理调控,还面向全生命周期"。低碳绿色导向的城市交通也将从研究背景、研究对象、研究关注点、研究时间跨度上产生全方位的变革。

第二节　城市交通绿色低碳的政策分析框架

城市交通作为地方经济发展的命脉,其建设及相关政策主要考虑的是成本、安全、效率等问题。尽管交通运输会对大气环境产生不良影响,但往往因微不足道而被忽略。直到雾霾、能源紧缺等诸多问题不断出现并引起公众的强烈关注,交通中的环境问题才开始得到更多的关注。无论从全球还是中国来看,交通领域的碳排放增长极为迅速,城市面临着诸多的交通问题，低碳发展、低碳城市、低碳交通的达成成为提高城市居民生活质量及城市可持续发展能力的关键。如图2-5-1所示，我国城市居民收入增加、城市化进程推进导致了汽车过多使用、城市蔓延以及公共交通缺失，进而出现了拥堵、交通环境恶化、停车困难、城市交通能耗急剧增加等诸多问题。

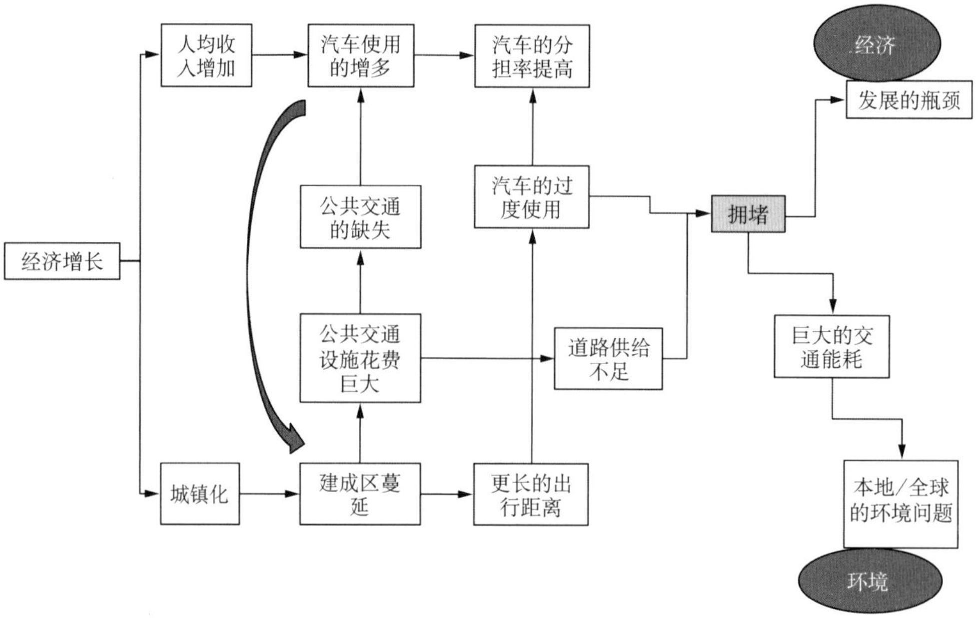

图2-5-1 社会发展导致交通经济及环境问题

资料来源：林良嗣(Yoshitsugu Hayashi)教授的演讲。

城市客运交通系统是一个多变量复杂系统，其受到社会经济状况、历史情况、现有交通使用者偏好、土地利用、人口结构、交通基础设施建设、交通供给以及诸多交通相关政策等因素的影响。由于系统复杂，施策者对系统认识不清晰，在实际交通政策实行中只对局部情况进行分析，并未对整个城市客运交通系统碳排放进行全面的分析，从而造成了交通政策的偏颇，并或多或少地对城市交通产生负面影响。因此，系统性解析城市客运交通系统碳排放的内在机制及政策的关联影响十分必要。

城市交通碳排放变化取决于其自身内部几个关键元素的作用，其低碳转型发展离不开这些元素的共同影响。交通运输活动可分为三个部分——出行生成(AVOID)、模式转变(SHIFT)和提高技术水平(IMPROVE)。在此基础上，可进一步对这三个部分的具体影响因素进行细化和分解。

如图2-5-2所示，政策分析的框架由水平的三个部分组成。AVOID：描述了因素与交通需求之间的关系，这主要是由郊区化和职住不平衡引起的；SHIFT：主要描述不同模式之间的竞争，以及不同的政策是如何影响模式共享的；IMPROVE：主要描述每个政策如何影响运输系统的改善，如载客率和发动机技术改进。

(1) AVOID：出行生成受城区面积、人口、城市活动集中度和出行率的影响。不断增长的

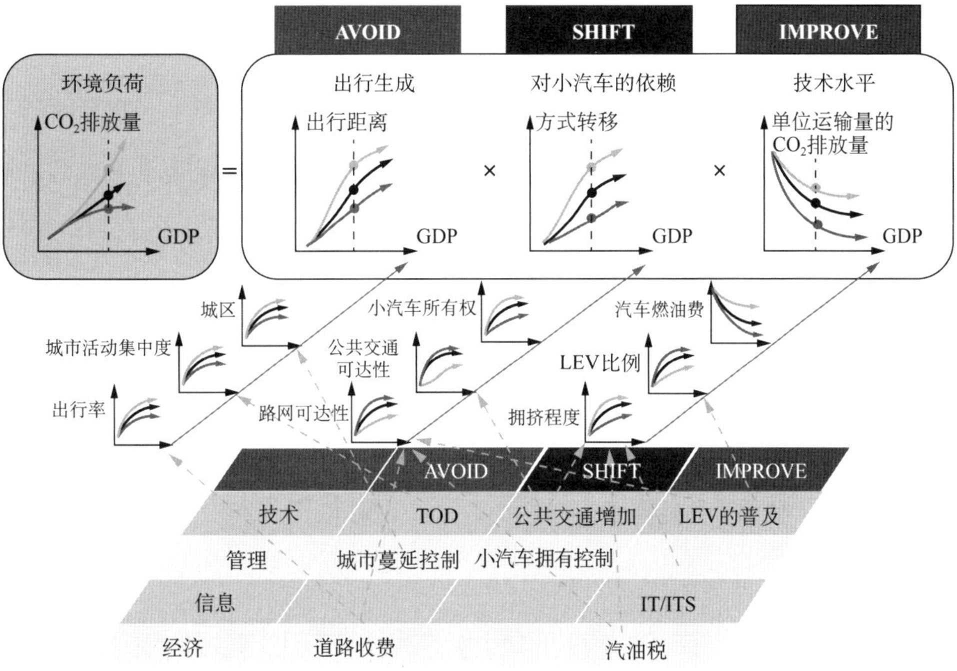

图 2-5-2 城市运输活动中的碳排放因果机制分析

城市人口是城市交通碳排放增长的主要动力之一。人类作为城市交通出行产生的源头，一般而言，人口基数越大的城市的总碳排放水平往往越高，而全球人口正在并且将在未来几十年间持续不断增长。对于许多正在发展中的国家和城市而言，城镇化带来了大量的人口涌入，为了满足人们的出行需求，城市交通系统承受了相当巨大的压力，同时其快速发展也给环境造成了压力。其相关控制政策包括 TOD 发展、职住平衡、控制城市蔓延、远程办公等。

(2) SHIFT：不同出行方式单位距离的碳排放强度不同，由高到低依次为独驾小汽车、高承载率小汽车、出租车、商务车辆、公共交通、自行车、步行。因此，一个城市居民整体出行方式的内部结构变化会对城市交通二氧化碳总排放造成极大的影响，私人小汽车使用越频繁，城市人均碳排放量就越高。由于各个城市发展阶段不同，其居民的主要出行方式有很大的差异。研究发现，北美城市大多为小汽车导向型，而亚洲城市多为公交或者慢行导向型。然而近年来，一些亚洲城市忽略了公共交通系统的优先发展，从而造成了小汽车数量的爆炸性增长。在这种前提下，将高排放的私人机动化出行方式引导至低排放的公共交通方式甚至零排放的慢行交通方式就显得极为重要。其相关控制政策包括改进轨道/公交系统、鼓励使用自行车、发展智能交通系统、停车收费和建立综合交通系统。

(3) IMPROVE：提高技术水平主要分为三个层面。

① 提高车辆发动机平均技术水平。在提高车辆燃油经济性的同时，降低车辆自身的能耗强度。自 20 世纪 70 年代能源危机爆发以来，降低能耗强度成为了世界上大部分国家应对能源排放问题的主要方式。美国作为世界最主要石油消耗国之一率先制定了燃油能耗标准，为出厂新车辆制定了百公里能源消耗规范。但这一举措并不仅仅是为了节约石油资源，同时也

是为了降低对石油输出国组织(Organization of Petroleum Exporting Countries, OPEC)的依赖性。因此随着石油危机的结束,这个燃油经济性项目最终在20世纪80年代终止。直到全球变暖被科学论证以及2008年石油价格高涨,全球大部分国家不得不重新开始制定各类燃油经济性标准。

② 提高车辆的平均承载人数,降低交通工具的使用强度。空驶率越低,车辆载客数越多,单位人公里能耗强度就会越低,相应地,其二氧化碳排放量也就越低。

③ 提高燃油效率。交通运输所使用燃料的含碳量是决定交通碳排放水平的直接要素之一。不同燃料拥有不同的碳排放因子,即产生单位能量所需要排放的二氧化碳量。自20世纪以来,私人机动化的交通出行工具已经普遍采用传统化石能源,而一些公共交通车辆则以电力驱动。近年来,因为全球气候变化等原因,电能驱动车辆再次兴起。而从减少碳排放和可持续发展的角度看,未来的燃料市场更倾向于电能、生物燃料、清洁天然气等可替代能源。相关政策包括鼓励使用电动汽车和可再生能源、提高排放标准、引入燃油税和低排放车辆(Low Emissions Vehicle, LEV)的补贴等。

第三节 国外城市交通“双碳”目标及政策

一、东京

1. 2030目标

减少30%的碳排放,零排放车辆(Zero Emission Vehicles, ZEVs)在新车(公交车、出租车、货车)销售中的市场份额上升至50%,引入零排放公交车300辆以上,新增小型巴士(30座左右)全部为ZEVs。预计到2025年公共充电点达5 000个,2030年快速充电点达1 000个,加氢站达150座。

2. 2030具体措施

确保基础设施支持ZEVs的推广,通过支持企业发展和优先引进补能设施,集中开发充电器和氢气站;建立新机制,鼓励在建筑施工阶段安装充电器。鼓励用ZEVs替换现有车辆,包括乘用车、公共汽车和摩托车。支持个人和企业购买ZEVs,并引入大型ZEVs。通过支持将ZEVs用作社区巴士和服务车辆,促进ZEVs的传播。建立鼓励用户引入ZEVs的机制。研究二手ZEVs利用的市场趋势。促进社会接受的势头,扩大公共宣传,通过将ZEVs引入租车和汽车共享服务,提高ZEVs对东京居民的可用性。

3. 2050目标

实现二氧化碳净零排放。在东京登记的新车(包括公共汽车、出租车和货车)全为ZEVs。

4. 2050具体措施

开发新一代技术和新的社会制度,通过森林吸收和开发创新技术,消除剩余排放。

二、伦敦

1. 目标

到 2050 年成为碳中和城市。

阶段性目标：到 2033 年，所有出租车和私人租赁汽车将实现零排放；到 2037 年，所有公交车都将实现零排放；到 2040 年，在伦敦市中心建立零排放区；到 2041 年，伦敦 80% 的出行将为步行、使用自行车或公共交通。

2. 具体措施

增加步行，提高自行车、公共交通的使用：建设“健康街道”，改善街道环境，规划公交网络，吸引出行者转向步行、自行车、公共交通出行。推动交通电动化转型：新的公交车辆将全为混合动力、电动或氢动力车辆。推行零排放出租车，不再批准燃油出租车。推行电动汽车，并建设快速充电站网络。低排放区域：核心区域设置超低排放区域、零排放区。航空业：完全脱碳存在困难，考虑改用铁路或负排放技术。

三、纽约

1. 目标

到 2050 年成为碳中和城市。

阶段目标：到 2025 年，建立 1 000 个路边充电站，到 2030 年增至 10 000 个；到 2035 年，所有校车实现零排放；到 2040 年，所有市内车辆实现零排放；到 2050 年，80% 的出行为步行、采用自行车或公共交通，剩余的车辆出行为零排放。

2. 具体措施

促进交通方式转变：改善街道、自行车网络，扩大绿道网络，使出行方式转变为自行车；公交优先，建设公共交通网，提高地铁可达性，使出行方式转变为公共交通；拥堵收费，限制小汽车出行；提供更多交通选择，如轮渡、共享单车。发展电动车：大力推动电动汽车发展，到 2030 年达到 37.5 万辆，到 2050 年超过 150 万辆，并推进建设电动汽车充电基础设施；提高公众对电动汽车的认识。货运：继续为海运和铁路基础设施、新的配送设施以及卡车电气化和电动货运自行车计划投资；升级货运系统；使用绿色装载区。

四、斯德哥尔摩

1. 目标

2050 年无化石燃料。

2. 具体措施

引导私人交通向公共交通转变：汽车限制措施（限制路边停车，增加停车费，拥堵税）；扩大公交容量，公交优先（公交专用道、公交信号优先）；重视慢行交通发展，建设安全、有吸引力的人行道、自行车道。减少出行需求，缩短出行距离：合理规划住宅与配套设施，实施TOD、远程办公。提高货物运输效率：优化运输路线和时间，提高运输配合能力，提高货物配送效率；提高负载系数，合理规划站点；实施拥堵税；公共采购，减少浪费，实行垃圾收费及差别化。“清洁”汽车：提高电动汽车比例；使用可再生燃料；实施积极/消极的地方激励措施，如差别化的拥堵税、停车费、停车位使用权、在某些地区禁止使用声大/使用化石燃料的车辆等；促进购买和使用“清洁”车辆与可再生燃料，并且为替代燃料和电动汽车创造足够的配套基础设施。空运与航运：在2045年前将航空燃料中非化石燃料的比例提高75%，航运将转向生物油和沼气，但受限于管辖权和控制权，能否实现无化石燃料尚不确定。施工机械：到2050年，建筑机械将不再使用化石燃料。

五、哥本哈根

1. 目标

2025年实现碳中和。到2025年，实现75%的出行是步行、采用自行车或公共交通；50%的通勤或通学为自行车出行；公共交通增加20%零碳排交通工具；20%～30%的轻型车辆使用新能源；30%～40%的重型车辆使用新能源。

2. 具体措施

由哥本哈根市部分或全部出资的公共交通向电动公交车或满足碳中和要求转变：2023年，60%的公交车将实现零排放。到2025年，所有公交线路必须无排放。引导出行方式转换：限制小汽车，如征收拥堵税、限制停车等；修建自行车高速公路，引导汽车出行转化为自行车出行；建设公共交通网络，如M3环线。为游轮提供岸电，向绿色燃料转变，在港口内设置海洋环境区。施工机械：购买并过渡到无化石燃料，并最终转向零排放施工机械。

第四节　国内城市交通“双碳”目标及政策

国内也有许多城市提出了符合城市发展要求的“双碳”目标与技术路线，比较有代表性的是武汉、成都、苏州等城市。

一、武汉

1. 目标

2022年实现碳达峰。

2. 具体措施

引导市民采用公共交通出行，减少私人交通出行需求：发展多层次、多样化的公共交通服务；改善公共交通线路和站点的设置及布局；推行地铁票价优惠政策；推行换乘优惠政策；加强客运枢纽的建设；采用行政手段（如限购）和经济手段（如拥堵收费和停车收费）适当控制汽车保有量；优化共享单车使用，改善骑行环境，如规划增加自行车专用道；加强自行车可达性；增加停放区供给;在城市规划中纳入减排考虑,设计资源紧凑型、功能混合型的城市空间和形态;优化城际交通运输结构,增加铁路水路运输比例,控制民航货运增长;发展武汉特色运输产品,如水运。加大新能源车推广力度,分时序推动各领域应用:短期内以推动公交车和出租车纯电动化为主要目标,建议在2020年实现公共交通100%纯电动化;大力推动电动城市物流配送车发展;解决电动车分时租赁的问题;鼓励新能源汽车在私家车领域的应用,出台适当的新能源补贴和税收优惠政策,建设充电站/桩。抓住货运行业减排机遇:优化物流体系,减少不合理的货物运输需求;大力发展多式联运;大力提升载货车辆燃油经济性水平;注重绿色建养技术。推广应用清洁能源技术,促进能源结构加速优化:促进液化天然气在水运中的运用,生物燃料在航空领域的应用,促进电力结构优化。探索交通减排机制创新,通过市场手段促进减排:利用"碳宝包"积分制度推动市民绿色出行;为交通运输企业参与碳交易做好技术储备;创新保险收费机制。加强低碳交通能力建设,提供制度保障助力决策:建立低碳交通统计核算监测体系,加强本地技术团队能力建设。

二、成都

1. 目标

2030年前尽快实现碳达峰。

2. 具体措施

合理规划城市布局,区域空间布局与交通结合、城市密度控制、TOD和联合开发,控制交通领域碳排放。

城市出行:加强公交系统建设,加快中心城区轨道交通线网建设,大力发展常规公交,推广BRT;加强中心城区慢行交通系统和城市绿道建设,推动"公共自行车"系统建设,增加自行车投放量;增强市民节能环保意识,引导市民选择公共交通系统,分阶段、分强度研究实行车辆配额、区域化差别化停车收费、交通限行、车牌税、交通拥堵收费、低排放区、建立统一的公共出行信息服务平台。

交通技术:推广压缩天然气(Compressed Natural Gas, CNG)在城市公交和出租车中的应用,以及液化天然气(Liquefied Natural Gas, LNG)在城市公交中的应用;推动电动车在出租车、私家车中的普及;优化交通系统的能源结构,加大电力及天然气等较清洁能源的比例,2025年底全市公交车、巡游出租车全面实现新能源化。提高单位周转能量能效,建立智能交通系统,提高交通运行效率。

三、苏州

1. 目标

2020年碳达峰,2050年人均碳排放2.8吨。

2. 具体措施

"十四五"期间(2020—2025年)控制机动车保有量的增长,出台机动车增量控制政策:车辆限牌、限行,摇号上牌、限制牌照使用年限,禁止外地上牌、本地使用。加大新能源动力车的推广力度:淘汰市内老旧高耗能机动车,港口、码头货运黄标车;推进新增和更新的车辆使用新能源或清洁能源;建立长期稳定的新能源汽车发展政策体系,促进新能源汽车产业发展;加快建设集中式充电桩和快速充电桩。建设完善的城市公交系统,大力发展城市轨道交通,提高公共交通出行分担率:建设公交专用道、公交场站等设施和公共自行车服务系统;建设城市步行和自行车交通系统;重视轨道交通建设,创建绿色、低碳轨道交通体系,加快发展轨道运行自动优化控制系统。完善交通运输网络,提高铁路、水运交通的运输占比:加强水运基础设施的完善,推进实施岸电改造项目,加快港口基础设备的建设与技术改造,建设信息化、一体化水运管理体系;完善铁路基础设施,提高铁路运输资源利用效率与运输承载力;实现智能化、数字化交通运输系统;加快形成综合交通运输体系,提高效率。

中远期(2026—2050 年)控制机动车保有量的增长,同时大力推动清洁动力机动车普及,大力支持纯电动汽车、混合动力汽车、燃料电池汽车的发展;到 2050 年,清洁公交车占比达 80%以上,清洁动力汽车占比达 30%以上,千人机动车保有量控制在 400 辆左右。加快完善基础设施的建设,加强智能化交通网络体系的设计,加快建设充换电设施;完善步行和自行车出行系统的建设;交通信息数字化与其他服务系统一体化,为出行者提供准确的出行信息服务。关注立体交通的发展,突破路面交通的限制,拓展路面以上的交通空间,密切关注无人驾驶汽车、无人驾驶飞行车的发展。增强绿色低碳出行理念,鼓励居民出行乘坐公共交通,或采取步行、自行车等低碳出行方式,引导居民购买清洁能源汽车。

第五节　绿色低碳引领下的城市交通变革

一、发展背景、服务对象、发展目标的转变

绿色低碳引领下的城市交通将面临更多城镇化的新特征。我国已进入城镇化 2.0 阶段,人口向都市圈城市群进一步集聚,东北及中部等地面临着人口流出的挑战。同时,我国也面临着快速老龄化的问题,2021 年 65 岁及以上人口占总人口比例为 14%,2035 年将超过 20%,人口结构面临巨大变化。城市体量、人口结构的变化对交通系统提出全新要求。就东京大都市圈发展经验来看,在 1998—2018 年间,轨道交通站点周围呈现出更高程度的人口集聚,尤其是伴随着其深度老龄化及老年人对公共交通更高便利性的要求,对大都市圈范围内轨道交通与城市的融合提出了新的更高的要求。

居民生活方式变化、居民需求多元化、居民对更好生活的诉求催生出行需求新趋势,其需要与绿色低碳发展并行。从全世界大城市的出行结构来看,非通勤类出行占比持续增加,另外随着物流电商及生活方式的转变,购物类出行在国内外大城市呈现减少趋势,生活类出行占比逐步提升。随着居民收入的提高,交通供给方式的多样化,共享出行、定制出行、MaaS 等新型出行服务不断涌现并迭代升级。在居民出行方式、生活方式、交通出行习惯的形成过程中,需要进一步嵌入绿色低碳出行的引导和诱导。

数字化、信息化的推进促进绿色低碳出行。数字化、信息化的深度推进,也有机会推进交通

需求和供给的更高效匹配,从而推进交通的绿色低碳发展,然而无序、无组织的数字化、信息化和竞争可能将交通推向相反方向。因而需要在数字化、信息化推进的过程中进行更有战略性的顶层设计和战略构想,将绿色低碳的理念和价值观渗透入社会、城市及交通的数字化、信息化转型过程中,在各类新基建、新技术的建设、维护、运营过程中渗透绿色低碳的价值及理念。

城市交通的绿色低碳发展最终离不开载运工具及交通能源体系的绿色低碳化,只有实现载运工具、交通能源供给的绿色低碳化,才能最终实现全面的绿色低碳化。2021 年我国新能源汽车全面进入市场驱动阶段,全年市场渗透率达 13.4%,新能源汽车市场迎来黄金发展机遇,预计新能源汽车销量有 6~8 倍的增长空间。然而,从全生命周期来看,现有新能源车辆的绿色低碳属性仍有待加强,现在的交通电能供给从一次能源角度来看依然不够清洁和绿色,因此在新能源车辆使用全生命周期、交通能源体系重构方面依然需要进行系统性应对及规划。

二、 规划方法、运营组织、交通新业态、交通新基建及新载运工具的全面变革

随着全社会生活方式、城镇化格局的改变以及全面数字化、全面绿色化要求的提出,城市交通也需要从规划方法、运营组织、交通新业态、交通新基建、新载运工具层面形成体系化的全新要求,从而全面变革城市交通的规划、运营、组织及建设等内容(图 2-5-3)。

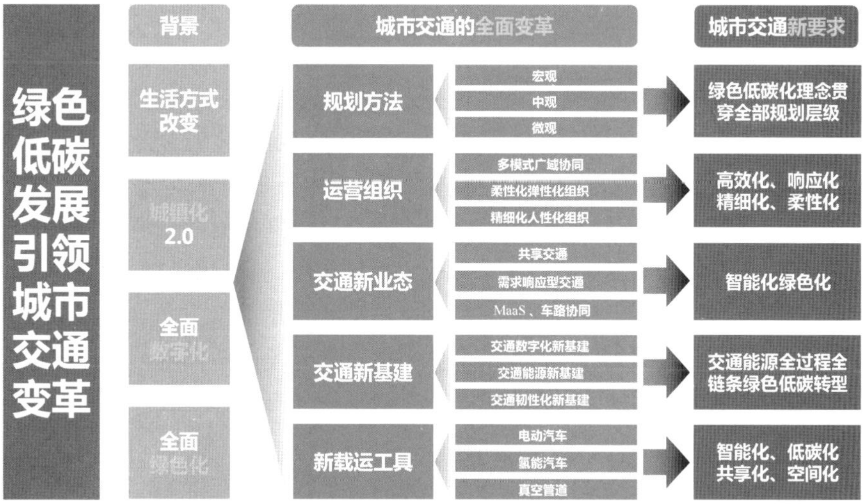

图 2-5-3 绿色低碳化对城市交通提出的新要求

就城市交通规划而言,我国已进入以都市圈、城市群发展为主的城镇化 2.0 阶段。宏观层面上,交通规划需要就低碳的城市群结构、都市圈结构及相应的交通规划做出安排,面向我国城市群都市圈的发展特点,以绿色高效的大容量轨道交通为主要方式,结合土地制度安排,形成绿色低碳的城市群、都市圈用地及人口分布特征;中观层面上,优化城市内用地布局及交通设施与人口分布的协调、促进居民的职住平衡,提升居民的公共交通可达性,适当超前地建设或规划高效率公共交通设施,促进居民尽快养成绿色交通的使用习惯;微观层面上,形成以小

尺度、密路网引导的空间布局形态，构建适宜步行、骑行及适合 15 分钟生活圈的交通基础设施供给，融合交通与生活空间，形成低碳适宜的末端交通系统。就规划制度上，分别增加宏观、中观、微观的交通环境评价环节，并构建贯通的交通环境评价体系，系统化监测并动态更新各个层级的交通规划内容。

就运营组织而言，形成多模式广域协同的交通组织方式，柔性化组织交通运力，精细化配置交通运能，体现交通运营的高效化、响应化、精细化及柔性化。首先，增强交通骨干网络的协同，如促进交通枢纽运行的一体化，促进城际交通枢纽运行与城市内公共交通运营时间、班次、运力的协同，提升公共交通末端的衔接能力与使用体验，提升绿色出行意愿及服务质量；其次，高效使用运力，提供响应式的交通组织方式，高效组织已有的运力资源，形成精细化响应的交通运力配置方式，如响应式公交或时间柔性安排的公交时刻表等，一方面提升旅客的旅行感受，另一方面最大幅度减少对交通工具数量的需要，从而实现运营效率提升、运载工具数量减少的绿色低碳交通新态势。

就交通新业态而言，发展共享自行车、共享小汽车、各类响应型公交，并最终形成以 MaaS 为核心的智慧化交通新业态。伴随着信息技术、人工智能技术及交通科技的革命，尤其是电动化、智能化、无人化等技术的发展，将来必然有越来越多的新业态出现。行业主管部门需要从国家、城市总体低碳绿色发展的角度制定合理的制度，促进、规范、推进新业态的健康发展，既要促进合理适度的行业竞争，又要防止过度竞争产生的公地悲剧。另外，也需要从交通绿色低碳的需求及导向出发，合理约束交通新业态的发展战略目标，约束其对公共资源的占用，理清其与传统交通服务业态的关系，形成融合、竞争、互相促进的行业氛围。

就交通新基建及新载运工具而言，既包括交通数字化新基建、交通能源体系新基建、交通韧性化新基建，也包括电动汽车、氢能汽车、真空管道等新型载运工具。此类基建和载运工具都是对现有工业体系及运行体系的颠覆性创新。面向交通新基建建设，首先需要规划交通数字化体系、融合交通数字采集、使用及共享一体化顶层设计，提供面向绿色低碳化的交通优化配置的数字化基础。其次，需要集合数字化形成全面电动化、氢能化的交通能源补给体系，包括基于大电网的补能体系、基于社区楼宇等微电网的交通能源“采储用”一体化体系、基于氢能“采储用”的一体化体系，智能化、预约化、共享化补能。充分考虑新增电动车自带智能化属性等特点，形成高效的清洁能源补给及汽车共享的融合发展业态，推动新基建、新载运工具驱动下的绿色发展新模式。

总之，我国现阶段的城市交通绿色低碳发展是融合了数字化、智能化、电动化及新基建、载运工具革命的全新发展模式。既要从规划层面统筹考虑，又要从运营组织、新业态融合等方面因地因时施策。以新基建、新载运工具发展为抓手，绿色低碳的发展必将倒逼交通规划的变革乃至交通产业的颠覆性变革，从而促进我国交通科技、交通文明迈上更高台阶。

· 参考文献 ·

[1] International Energy Agency (IEA). Greenhouse Gas Emissions from Energy Data Explorer[EB/OL]. (2022-01-31) [2020 - 02 - 12]. https://www. iea. org/data-and-statistics/data-tools/greenhouse-gas-emissions-from-energy-data-explorer.

第六章
信息化时代与城市交通学科建设

本章以信息化时代为背景，梳理城市交通发展战略以及科技革命和产业变革的历程，论述城市交通学科在新时代所面临的机遇与挑战，展望信息化时代以城市交通学“三元空间”为框架的知识体系与学科发展路径。

首先，介绍新时期城市交通发展的背景，阐述国家发展战略层面对新时期城市交通发展提出的新要求和新愿景；梳理信息化时代以大数据、人工智能、云计算等为代表的科技革命，以及交通新基建、双智城市建设下的产业变革。

其次，探讨信息化背景下城市交通的演变与展望。概述信息化时代尤其是互联网的快速渗透如何改变人们的思维方式及生活模式；探讨居民出行需求及出行行为在信息化时代的演变过程及特征，并由此引发对出行需求管理的思考，包括如何应对出行主动引导、合作式交通系统、人车路泛在管控等需求管理的新趋势，以及如何将新数据、新技术应用在精细化治理、土地交通协同发展、智能管控等新场景；并展望未来城市交通治理与运输服务模式的发展趋势，包括交通供需精准适配、出行服务整合、交通设施空间优化等多个方面。

最后，讨论信息化时代城市交通学科建设。对城市交通学的“三元空间”进行概念阐述和内涵解析，提出信息化时代城市交通学认识问题、分析问题的框架调整；介绍城市交通学科在研究视野、研究内容、研究目标和研究方法方面的变化趋势和有待解决的科学问题；梳理多源信息采集及共享、基于云平台的数据汇聚、深层致因导向的分析与决策支持技术等关键技术为城市交通学科发展提供的新视角与新思路；以“三元空间”为理论基础，探讨城市交通学科与相关学科的融合关系，提出信息化时代建立城市交通知识体系的方法和逻辑框架。

第一节　新时期城市交通发展背景

一、新时期城市及城市交通发展战略及目标

（一）以人民为中心的发展思想

习近平总书记在2020年10月中央财经委员会第七次会议上的讲话中强调："要坚持以人民为中心的发展思想，坚持从社会全面进步和人的全面发展出发，在习近平生态文明思想和总体国家安全观指导下制定城市发展规划，打造宜居城市、韧性城市、智能城市，建立高质量的城市生态系统和安全系统。"

交通领域中遵循以人为本的思想，即交通领域的最高原则是人的权利和利益。一切交通手段只是为了辅助人们出行所用和生活所需，人们作为交通工具的驾驭者，不仅能够享受高度的舒适、快捷和便利，还能够借助科学发达的交通管理手段与交通工具本身卓越的性能，确保自己和他人的生命财产安全。交通管理工作坚持以人为本，不仅有利于形成人人自觉遵守交通法规的良好氛围，化解交通管理中的矛盾和冲突，提高现代道路交通管理的效率，也是社会主义法治和德治的必然要求。

（二）"双碳"目标下的绿色出行

自2020年9月，2030年前达到"碳达峰"、2060年实现"碳中和"的目标被提出以来，发展绿色经济，建设绿色社会，逐步实现"碳中和"成为我国未来发展的重要议题。中央高度重视"碳中和"承诺，多次在重要性讲话上提及"碳中和"目标，各部委也出台多项纲领性文件，为实现"碳中和"目标提供指引。

当前，传统的交通运输模式已经不能适应国民经济高质量发展的要求，"双碳"目标对交通运输领域高质量发展提出了更高要求。应依托新一轮革命性技术，改造传统的交通基础设施体系与管理模式，通过TIM（通信信息模型）技术支持赋予综合交通系统一体化融合、高质量发展的思维能力。在"双碳"目标要求下，交通运输行业面临着不小的挑战，必须要加深对交通运输领域的碳排放基数及其机理性规律的认识，未来可从结构优化、效能提升、需求管理以及有效的机制和政策措施四大方面开展减碳工作。

（三）综合立体交通网支撑交通强国建设

《交通强国建设纲要》（以下简称《纲要》）明确提出建设现代化高质量综合立体交通网络，构建便捷顺畅的城市（群）交通网，形成广覆盖的农村交通基础设施网，构筑多层级一体化的综合交通枢纽体系。这四个网络体系可称为"四个板块"，既是载体、又是场景，各有特色，融合互动，体现了交通基础设施建设具有很强的先导作用。《纲要》针对"四个板块"，提出了相关交通设施和服务质量等总体的完善要求，并且要求分工合作，齐心协力推动实施。城市是组织综合交通运输的目的地，城市交通是支撑综合立体交通网络运行和城市群交通网运行的终端环

节。交通基础设施“四个板块”在城市行政区范围内相互融合，综合运输组织均离不开城市交通的支撑，体现了城市交通在交通强国建设中的特殊地位。它们的建设和运行由城市支撑着，同时又对重塑城市空间结构、引导产业集聚、带动区域发展发挥着重要作用。强调以交通一体化推动城乡一体化，完善农村交通基础设施网，是推动城市反哺农村、实现城乡融合发展的新时代要求。

（四）交通与城市、都市圈及城市群的协同发展

1. 交通与城市协同发展

从 20 世纪 80 年代后期到 21 世纪初，中国大城市人均日出行次数和单次出行平均距离增长了 15%～30%。随着技术的进步，人们的出行方式也发生了显著的变化，公共交通的普及让人们的出行更加方便，如今城市内的短途公交车已经从燃油驱动更换为电力驱动，在环保方面有了更大的进步。移动支付进一步增强了公共出行的便捷程度，更重要的是，借助人工智能和大数据，公交车的自动驾驶技术也在发展。随着互联网技术的介入，共享单车成为了城市短途出行和连接最后一公里的主要交通方式，既增强了出行的便捷性，也为绿色出行提供了更多的平台机遇。这些变化是客观的，需要研究变化的内在规律，以此筹划交通模式以及城市交通的组织方式。

2. 交通与都市圈协同发展

在我国，都市圈的交通往往超越了行政边界，是以大城市中心区为核心的跨行政区域的交通，以服务通勤为主。加快同城化是城市群、都市圈发展战略的一个关键性转变。近年来，一些都市圈已在稳步扎实地推进交通基础设施的对接，如长三角城市群内的“1 小时交通圈”逐步形成，同城效应初步显现。但尚有一些短板需要补齐，如进一步推动都市圈空间联系结构由点轴结构深化发展为“多核多轴型”网络化结构。依托辐射带动能力较强的中心城市，长三角城市群需提高 1 小时通勤圈协同发展水平，建成由高速公路、城际铁路、轨道交通组成的高效快捷网络化交通体系。

3. 交通与城市群协同发展

城市群已成为支撑世界各主要经济体发展的核心区和增长极，中国明确提出以城市群作为推进新型城镇化的主体形态。城市群的形成发展具有客观规律，与城市群的经济、交通、能源及规划管理直接相关。其中，交通运输系统是影响城市群形成发展最积极、最活跃的因素。交通运输是实现人与物质空间流动的重要手段，发达的交通运输干线有利于城市群中心城市集聚与扩散效应的发挥。区域交通技术与手段决定区域空间相互作用的深度与广度，是改变区域城市社会经济活动的重要因素之一。交通条件的进化过程直接导致城市群内部组织结构的变化和外部具体形态的演化，且其本身亦作为构成城市群体空间形态的要素之一。城市群发展伴随着交通方式的变革、更新与演替，交通联系的密切性成为城市群体空间整体性不断加强的基本条件。

二、信息时代科技革命及产业变革

（一）新一轮科学技术的代际跃升

1. 大数据技术

随着信息技术、通信技术、计算机技术等的快速发展，数字城市(Digital City)与智慧城市(Smart City)接踵而来，直接推动了大数据(Big Data)时代的来临。在交通领域，传统的数据采集向电子化设备与高级应用转变，助力交通大数据的形成与发展。从传统的感应线圈和微波雷达等固定检测、基于浮动车的移动检测，向北斗卫星导航系统、智能手机、智能穿戴设备、IC卡等新型检测手段以及集约的交通传感器布局和稳定的多源数据融合方向发展。交通大数据为“感知现在、预测未来、面向服务”提供了最基本的数据支撑，是解决城市交通问题的最基本条件，是制定宏观城市交通发展战略和建设规划，进行微观道路交通管理与控制的重要保障。

2. 人工智能

人工智能(Artificial Intelligence, AI)是研究、开发用于模拟、延伸和扩展人的智能的理论、方法、技术以及应用系统的一门新的技术科学。它是计算机科学的一个分支，是试图了解智能的实质，并生产出一种新的能以与人类智能相似的方式作出反应的智能机器。人工智能的核心是合理的决策和行动。从诞生以来，其理论和技术日益成熟，应用领域也不断扩展，主要的研究方向包括自然语言处理、机器学习、计算机视觉、自动推理、知识表示和机器人学，目前计算机视觉、自然语言处理和机器学习的应用比较普遍。

3. 云计算

云计算是以数据为中心的一种数据密集型的超级计算，在数据存储、数据管理、编程模式等多方面具有独特性。云计算把网络上的服务资源虚拟化，整个服务资源的调度、管理、维护等工作由专门的人员负责，用户不必关心“云”内部的实现，因此云计算实质上是给用户提供像传统的电力、水、煤气一样的按需计算服务，形成一种新的有效的计算使用范式。云计算是分布式计算、效用计算、虚拟化技术、web服务、网格计算等技术的融合和发展，其目标是用户通过网络能够在任何时间、任何地点最大限度地使用虚拟资源池，处理大规模计算问题。

4. 自动驾驶技术

自动驾驶汽车依靠人工智能、视觉计算、雷达、监控装置和全球定位系统协同合作，让电脑可以在没有任何人类主动操作的情况下，自动安全地操作机动车辆。汽车自动驾驶技术对于提升营运车辆安全、提高交通运输效率、减少空气污染、缓解交通拥堵、增强驾驶和乘坐舒适性等具有十分重要的作用，是未来极具发展潜力的产业应用领域，将激励带动道路运输模式的改革创新。目前，自动驾驶已经作为人工智能应用中备受关注的热点，在各种政策的推动下快速发展。随着深度学习、人工智能算法的进步，自动驾驶越来越趋向实用化、商业化。

5. 车路协同技术

随着交通强国及新基建等战略的推进以及我国智慧交通特别是车路协同领域的迅速发

展，实现车路协同场景对信息的时延、带宽等要求越来越高。为支持智能交通系统感知信息的高可靠、高安全、高稳定传输，需要选择能够提供更高数据传输速率、更宽带宽、更大系统容量的5G系统作为智能交通系统网络层的主要支撑技术，以实现车路协同及自动驾驶场景下交通信息的采集及迅速传递和实时交换。未来的城市交通将会把汽车、无线通信、云计算等技术紧密相连起来，帮助实现人、车、路、云、计算机的协同，大幅提升人们的行车安全、舒适度以及对环境的保护，实现未来城市人性化的智慧运输。

（二）新型制造及数字经济的产业变革

1. 交通新基建

交通运输部2021年印发的《数字交通“十四五”发展规划》（以下简称《规划》）提出，到2025年，基本建成“一脑、五网、两体系”的发展格局，交通新基建取得重要进展，行业数字化、网络化、智能化水平显著提升。《规划》提出，将打造综合交通运输“数据大脑”，完善部、省两级综合交通运输信息平台架构，推进综合交通大数据中心体系建设，加强数据资源的整合共享、综合开发和智能应用。鼓励和支持各地交通运输主管部门统筹开展综合交通运输信息平台建设，并与国家综合交通运输信息平台实现互联互通，构建全国一体化协同综合交通运输信息平台。《规划》还提出，构建交通新型融合基础设施网络，加快推进交通新基建，推动新技术与交通基础设施融合发展，推进智能铁路、智慧公路、智慧航道、智慧民航、智慧邮政等建设。其中，智慧公路方面，完善公路感知网络，推进公路基础设施全要素全周期数字化，发展车路协同和自动驾驶，推动重点路段开展恶劣天气行车诱导，缓解交通拥堵、提升运行效率，深化高速公路电子不停车收费系统（ETC）应用，建设监测、调度、管控、应急、服务一体的智慧路网平台。

2. 双智城市

2021年5月，住建部、工信部发布了《关于确定智慧城市基础设施与智能网联汽车协同发展第一批试点城市的通知》，确定北京、上海、广州、武汉、长沙、无锡6个城市为智慧城市基础设施与智能网联汽车协同发展第一批“双智”试点城市。试点实施以来，自动驾驶、智慧泊车、精准公交等一系列智能网联汽车发展逐渐转向多场景示范应用新阶段，测试示范加快拓展。北京、广州等试点城市已开展大规模车路协同试点应用。在北京经济技术开发区，自动驾驶技术的创新在越来越多场景中落地。北京经开区高级别自动驾驶示范区1.0阶段已建设完成，全面促进了车、路、云、网、图五大体系协同，完成了网联云控中国自动驾驶解决方案的系统搭建，车路协同体系对外服务能力初步实现。自获批双智协同发展试点以来，广州市聚焦车路一体化发展，重点建设琶洲车城网、黄埔智慧交通“新基建”、番禺车联网等示范项目。

第二节　信息化背景下城市交通的演变与展望

信息时代互联网的普及以及大数据的发展，给人们的生活、工作和出行方式带来了巨大的变化，人们出行的需求结构也发生了巨大的变化。截至2021年12月，我国网民规模达10.32亿，互联网普及率达73.0%。网络的普及给人们出行需求以及“互联网+交通”模式的推进带来了新的挑战和机遇。

一、信息时代城市人思维及生活模式演变

1. 通勤

网络时代的到来,触发了人们工作模式的转变。在现如今拥堵的大都市,网络办公场景无疑对日常挤公交、挤地铁的上班族具有极大的诱惑力,降低了因工作或者会议产生的交通出行需求,不仅减少了上班族的日常出行量,还在一定程度上有效缓解了城市交通的拥堵问题。

2. 购物

各类 App 的涌现,给网络用户,特别是手机用户带来了巨大的便利,也正是在互联网的大背景下,网购成了人们的一大生活购物主题。网购服务场景的推出,促进客运出行向货运转变。相关研究表明,网购对个人出行的主要作用和影响方式有替代效应、补充效应、修正效应、中立效应四种,但就网购是促进还是缓解交通拥堵,学界目前没有确切的结论。

3. 休闲

人们的休闲出行在时间、空间上具有较大的可选择性。互联网对人们休闲出行的影响主要是体现在是否出行、出行时间、出行目的地、出行路径等方面。各类地图 App、实时公交 App、智能停车 App 以及出行信息服务平台等提供了从休闲目的地选择、出行时间选择到出行方式、路况以及天气情况等一系列信息,甚至包括住宿、用餐等查询与预定的一整套信息服务。

4. 医疗

互联网的出现,给远程医疗服务设想的实现带来了可能。“互联网 + 医疗”改变了人们就医出行的方式,在一定程度上降低了单纯以医疗为目的的出行需求。随着移动互联网技术和业态的发展,“互联网 + 医疗”的格局也会有相应的调整变化。

5. 教育

传统的线下教育产生大量的出行,是城市交通的重要负担之一。在网络化背景下的教育,学生或者成人在家或者在工作单位,通过网络接收学校或培训机构传来的教育资源,极大减少了人们因教育需求而产生的出行。

二、信息时代城市人的出行行为及需求演变

移动互联网的快速发展突破了传统的交通信息采集瓶颈,必然带动交通信息化飞速发展。出行者对交通信息的获取方式更为便捷,其行为也因此发生了改变,两者互为因果,持续推动着城市交通的演变。此外,互联网在交通及其衍生领域的快速普及,为组织城市交通网络高效运行提供了丰富的数据资源:一方面,各类交通出行数据和手机定位数据辅助跟踪城市的交通运行状况;更重要的是,传统意义上并不属于交通领域的数据(如网络查询数据、商业支付数据等),在大数据时代下也支撑着居民出行调查,为解决交通问题带来了前所未有的机遇。

综合上述信息化时代下城市中人的思维及生活方式的演变,以及由此产生的对出行行为及需求的影响,对信息时代下不同场景对交通出行需求的影响进行了总结,见表 2-6-1。

表 2-6-1 信息化时代下不同场景对交通出行需求的影响

场景	需求分析	出行阶段的角度				
		出行产生	目的地选择	时间选择	路径选择	方式选择
网上购物	A B	★				
网络医疗	C B	★				
线上教育	C B	★		★		
网上购票	A B	★				
居家办公	C B	★				
网络会议	C B	★				
出行信息服务	D B		★	★	★	★
预约出租车	D			★	★	★
预约快车	D			★	★	★
定制公交	D			★	★	★
顺风车	D			★	★	★
代驾	D			★		
分时租赁	D			★		
网约车位	D	★	★	★		

注:A:客货运的转化;B:出行需求降低;C:出行链结构变化;D:影响交通时空均衡;★:有影响。

(一) 信息时代需求管理新趋势

1. 出行主动引导与服务

中国多数城市当前需求管理以强制的行政手段为主,而新技术时代,采用出行需求的全链条感知、双向信息交互及出行服务新模式等可进行出行主动引导。如 MaaS 通过服务模式创新,为用户提供个性化、定制化、门到门全链条服务,以人为本及绿色引导的出行服务体系将逐步建立。资源约束下预约出行、动态收费也将成为可能。

2. 合作式交通系统形成

传统交通系统中的参与者一般是竞争、对立或弱合作关系,如出行者对有限道路资源或运力的竞争,不同运输主体(轨道、公交、出租)的竞争,这就造成了城市交通规划、设计、管理与运营者的工作脱节,交通管理者与被管理者的对立(如网约车平台与行业监管、交管执法)。而新技术时代,兼顾系统最优与个体最优的合作式出行、多主体协同共治共享的合作式交通系统将成为可能,使得交通系统规划、管理、控制一体化综合治理,自动驾驶与人工驾驶长期共存下的人机合作也将成为趋势。

3. 人车路泛在管控及诱导

人车路泛在互联及协同共智是城市交通变革的必由之路。道路交通系统是人—车—路高度耦合的系统,智能化、网联化及人车路协同是未来交通发展的必然趋势。低延时、高可靠的通信技术发展使得人、车、路、云等协同互联，交通信息从单向传输转变为双向传输，人、车、路泛在管控及路网动态诱导成为可能，并将促进人车路实时泛在连接与智慧决策能力提升，进而推进交通系统整体性能提升，出行服务也向精准、便利、预约、共享、个性化、一体化服务发展。

4. 大数据引导绿色出行及靶向治理

在未来大数据支持下的城市交通系统中，仍要倡导以公共交通为导向的绿色出行理念。通过奖励机制构建合作式数字交通系统鼓励绿色出行，提供出行信息服务，出行者可以通过绿色出行来获取软件运营商提供的奖励，从而获取交通管理部门的间接奖励。此外，利用大数据平台进行城市交通系统健康监测和靶向治理，可带来绿色出行品质的全面提升。

（二）信息时代需求管理新场景

1. 城市交通协同规划与精细化治理

浮动车、手机、IC卡、众包、网络签到、遥感影像等时空大数据使我们全面动态感知区域用地、人口、活动、出行及出行服务水平，大大丰富了以地图为载体的城市时空信息，从而为城市用地与交通协同规划及分区精细化治理提供了新的机遇。利用大数据可以提升对现状问题的发现速度，可以更全面、多维度地评估规划实施的效果，进行全流程的规划、调整、反馈，从而实现滚动规划与优化。

2. 土地与交通协同发展规划

由于种种原因，城市交通规划和土地利用规划通常是各成体系，独自进行编制，这就造成了他们之间相互反馈的周期过长，而且还要受到多方面条件的限制，很难达成一致。现在正是我国城市建设快速发展的时期，许多政策也在逐步完善，城市土地功能置换的速度越来越快，原有的交通规划与土地利用规划彼此分离的模式已经无法适应现代趋势。鉴于这种情况，需要寻找另一种不同的规划模式，即土地与交通协同发展规划。

3. 区域精细化治理

随着社会的进步发展和科学技术水平的不断提高，居民对美好生活的向往越来越具象，要求也越来越高。因此，精细化管理城市势在必行，这也是一种文明的象征。交通需求的区域精细化管理包括借助信息化手段实现基于人群出行画像的交通需求管理、基于区域出行特征的交通需求管理等。

4. 专项规划——以适老化为例

目前，不断加快的老龄化对城市各方面设施的规划建设提出了更高的要求。城市交通在重点关注效率和速度上往往忽略老年群体的交通需求，使得老年人成为交通出行中的弱势群体。故而需对当前城市交通系统进行补充和完善，满足老年人出行诉求，彰显人文关怀。一是规划安全舒适的慢行交通空间，结合老年人活动范围小，以步行为主的特点，在老年人相对集中的区域完善慢行交通空间的规划设计。二是构建便捷、高效、人性化的公交系统，提高城市公交系统的老年人服务水平，应重点关注站点的可达性、候车乘车的舒适度以及乘车信息的直观性。三是增设辅助老年出行的交通设施，如提高城市交通系统中无障碍设施的覆盖率，在老年人集中居住区域及城市中心区增设台阶高度可调的无障碍坡道。四是建立人性化的交通管理服务制度，推动相关规划建设标准的出台，增加现行道路交通规划标准和规范中对于适老化道路系统改造的控制和要求。

5. 智能网联环境下的新型智能管控

过去只是针对某个交叉口的管控，如今在新型智能管控技术的支撑下，可以对整个路网以及整个区域进行整体的实时调控。大数据技术能够实现多层次交通网络动态监控与评价，能够实现基于大数据的交通管控政策动态调整、滚动优化，实行多主体泛在协同管控，提升运行效率及安全水平。

三、信息时代城市交通治理与运输服务模式变革与展望

（一）城市交通发展新机遇及新模式

新技术在颠覆现有城市交通运行场景与运营管理模式的同时，也给城市交通规划、管理与服务的发展带来了新的机遇。

1. 新技术支持了海量人口出行的全息感知

信息化与大数据时代，信息采集自动化泛在化全过程发展使得新型数据具有高实时、大样本、低成本、高精度、全链条的特征。时空大数据为城市交通出行全息感知、源头治理、精准服务及主动引导提供了新的机遇，也为城市交通系统科学规划、实施、效果评估及滚动调整提供了新的机遇。

2. 新技术奠定了智能决策基础

大数据及人工智能技术的利用被当作推动城市治理、解决城市病的一大机遇。智慧城市、城市大脑等新型技术应运而生，交通复杂巨系统的认知、评估、推演和治理的能力显著提升。城市交通治理正加速迈入“全息感知＋协同联动＋动态优化＋精准调控”新时代。

3. 新技术催生了交通服务新模式、新业态

借助人车定位、网上预约及电子支付等技术，可精准快速地响应海量的个性化出行需求，也为出行者提供了多样化的选择，使得差异化高品质精准服务成为可能。

（二）城市交通服务运输模式变革

1. 改变城市交通供需适配模式和精准度

1）改变城市生产模式和人的活动模式

信息技术催生各种业态不断创新，使城市的生产模式发生改变，产业结构和经济运行方式逐渐调整以适应并利用技术创新。例如，信息与通信技术、媒体、金融、保险在数字化发展中已经独占鳌头，快递、外卖、新零售、大健康等新业态正在加速发展，并逐步改变人的生活方式。新技术也将改变人的出行活动模式。信息技术带来的实时性和跨距离互动，特别是以 VR/AR 为代表的虚拟视觉办公及会议系统，对活动场景的影响是深远的。一方面，一些非必要的出行需求被削减，转而采用线上方式实现信息交换；另一方面，因为交流成本大幅下降，随着信息交换范围的扩大，对信息强度和交互频度的要求增加，会诱增更多面对面的沟通需求，从而增加出行需求。

2）新技术实现更为精准的交通供需匹配

信息化发展和大数据技术对城市交通供给和需求具有双重影响。信息化、“互联网＋”在一定程度上提高了人们获得更高品质交通服务和交通方式多样化选择的能力；大数据环境下个体短时行为信息能够被捕捉，通过数据挖掘等分析技术，可以将破碎、片段化的位置数据提炼成连续完整的交通信息，从而实现更为精准的供需匹配。

2. 推动城市交通出行服务模式创新

1）共享出行

在共享经济的浪潮下，共享单车、共享汽车、合乘出行、定制公交等共享出行服务模式兴起并得到快速发展。据统计，城市道路上汽车单人驾驶率高达 60%～70%，造成道路交通资源极大浪费。基于网约车平台的合乘出行可以实现社会车辆资源的优化组合、充分利用车辆闲置运力，使居民不需要拥有车辆就能够出行，也使私人小汽车的功能实质上向公共交通系统延伸。当然，在当前的共享出行技术中，还需要关注以下问题：共享出行需求的空间与时间不对称造成车辆资源分布不均，共享车辆的实时调配和供需匹配效率的提升，共享出行的差异化定价策略等。

2）出行服务整合

当前城市出行服务仍以相对独立的交通方式划分为主，这就造成了交通服务的割裂和交通管理的各自为政。随着技术的进步，以提高用户移动性为目标的服务理念将倒逼交通服务提供商做出改变，由单一服务转向服务整合，MaaS 将成为可能，并引领未来城市出行的发展方向。

与传统交通供给相比，MaaS 系统将交通信息从单向管控式传输转变为双向传输，为用户提供个性化、定制化、门到门全链条服务，将城市交通的关注点从交通工具和基础设施调整为响应人的活动需求。系统根据整体需求和个体出行偏好，主动为用户匹配并推荐最佳出行方式或组合，在不提升甚至降低出行成本的前提下，为乘客提供更加友好的出行服务体验，实现以人为本的出行服务体系。

3. 优化和挖潜城市交通设施资源

1）改变城市交通设施空间利用

信息技术的广泛应用让城市交通设施空间更加灵活、高效。例如，自动驾驶的普及使人们对停车空间的需求大大降低，同时自动驾驶使得交通系统更加灵活，交通系统对城市空间的影响继续降低，真正将道路和城市从以车为导向变为以人为导向。现有的停车空间及冗余的交通空间将可以被再开发为绿地、公园等有利于人居环境的空间。除此之外，视觉技术、远程医疗、远程教育、智能机器人、3D 打印等都将改变城市生活空间的形态和创造全新的需求。

2）促进既有交通设施高效利用

信息技术为更加高效地利用既有交通设施带来了新的机遇。例如，实时的出行共享使居民不需要独自驾车就能够出行；自动驾驶和车联网技术让车辆的反应时间更短，在行驶过程中彼此可以保持更短的车头时距，从而形成车队，大幅提高路段通行能力；基于大数据、全要素信息感知的新型交通控制系统，可以依托强大的计算能力对出行进行实时调控，不断优化信号灯配时、改善路权空间分配，从而优化和提升城市路网容量。

（三）城市交通治理模式变革

1. 提高城市交通综合治理能力

1）提升城市交通综合决策能力

信息技术为城市交通的核心系统提供了更为智能、高效率的调配方案，使城市交通治理体系更加高效、精细化。在基于物联网的数据采集和汇聚的支撑下，结合人工智能和5G等新技术的应用，城市级实时计算、融合分析、自动控制成为可能。人工智能通过大量历史数据的学习和抽象，加上专家系统的逻辑综合，以事件为线索重新呈现各种城市交通问题的因果关系和相关性，帮助决策者快速识别和处理关键环节，从而大幅提升城市交通治理的效率和科学性。

2）深入推动公众参与及共同治理

信息技术还能促成更为广泛的公众参与和更有效的共同治理。城市和城市交通问题往往涉及复杂的利益相关方，各方的诉求各不相同，借助信息技术可以将所有的利益相关方联系起来，对涉及的问题进行充分的解析，并提供可视化的情景分析技术，在权衡各方利益后生成可接受的解决方案。

2. 以人为中心的交通按需服务

1）回归为人服务的本源

信息技术改善了移动性，网络化信息的普及为重构移动性创造了巨大可能。居民出行的方方面面均被信息技术所改变，路径规划、拥堵收费、交通管理、交通方式选择、共享出行等都在飞速发展。但是，评价移动性改善效果的指标不是这些技术本身，而是能否把人的需求置于出行服务的核心位置。因此，可持续移动性的目标是基于人、服务于人。

未来的出行服务将针对不同出行者的个性化需求和个体偏好，以预约或定制的形式，采用多模式、网络化、协同化组织技术，对出行链进行一体化整合与优化，提供差异化、多样化的全过程服务方案，以高品质、高效率的服务方式满足人们出行的需要，提升出行服务体验。

2）满足人的可持续移动性

城市交通系统重点关注人的可持续移动性，通过技术创新更好地满足个体活动需要。未来城市要从关注交通的通行能力向提升出行的可达性、公平性与可持续性转变，更注重多种出行方式融合与出行环境改善。人的需求越来越受到政府和服务商的重视，多方将共同参与制定城市交通的可持续移动性规划，构建以个体需求为导向的服务理念和技术支撑体系。

3. 基于互联融合的认知与发展

1）建立多源融合的交通新认知

面向未来城市交通复杂的巨系统，城市交通数据感知体系要由被动建设、缺乏层次向深度洞察、全息感知转变。通过对人流、物流、车流、资金流、基础设施、城市运行、自然环境等所有与交通相关的社会生产生活要素进行全面数字化，并对各要素的时空演化轨迹进行全链条跟踪采集，打造覆盖全对象、全时空、全粒度的新一代智慧交通感知系统，揭示城市交通复杂巨系统的演化规律，加深对城市交通运行机理的认知水平。

大数据与智能网联时代的城市交通认知将被重塑，将重新建立认识城市交通复杂巨系统的新思维和新手段，加快城市交通基础理论、研究范式和评估方法的变革与创新，对当前广泛应用的交通需求分析理论如四阶段交通模型、出行链行为分析模型进行改进，提高其精度和易用性，适应大数据时代的交通分析要求。

2）交通与城市环境深度融合

基于万物互联的城市环境融合发展成为必然趋势。交通设施、交通工具不再是独立的，而是融入数字化城市环境模型之中，与城市的其他服务设施一起为人服务。可基于人的活动信息，辨识个体的活动需求及其时空规律，优化城市交通资源和服务配置，从而更好地满足人的需求。在融合发展视角下，人的活动决策机制不是关注出行是否便利，而是考虑城市环境系统整体服务的满意度和获得感。

4. 公平、包容的城市交通服务

1）保障人人享有基本交通服务

未来城市应保障人人享有可持续的交通服务。联合国第三次住房与城市可持续发展大会（“人居三”）发布的《新城市议程(2016)》提出“我们的共同愿景是人人共享城市”。公平的交通意味着向所有人提供安全、便捷、可负担的交通服务，老人、儿童、残疾人、低收入群体不会因为年龄、身体能力、经济能力的显著劣势而被排斥。相反，城市通过法律制度、技术创新、社会保障等各种途径改善对弱势群体的交通服务水平，使其获得机会参与相关活动，从而推动经济社会发展，造福居住在城市中的各个群体。

2）提供个性化出行服务

未来城市交通服务应具有包容性和平衡性。人的出行行为是动态且多样化的，交通系统要适应社会方方面面的需求，提供给人们更多的出行选择，而不是迫使人们去使用一种或者几种固定的出行方式；不但要满足通勤、通学等时间相对固定的日常出行需求，还要进一步地满足人们生活水平提高以后衍生的其他更具随机特征的出行需求，例如休闲、娱乐、探亲访友等；要以服务人的活动需求为导向，以保障交通公平性和社会包容性为前提，引导和规范交通服务业态投放和相关技术开发应用，提升城市可移动性。

四、信息时代城市交通数字化发展新模式

正如全国人大财经委提出的，“当前新一轮科技革命和产业变革持续深入，颠覆性技术随时可能突破，将重新定义交通运输方式”，信息技术革命与经济社会活动的交融催生了大数据时代，大数据时代下涌现出的各种各样的新兴技术已经渗透到了城市交通领域。应用大数据、云计算、移动互联等新技术，城市交通网络的规划管理及运输服务发生了重大变革，为绿色、安全、高效、可靠等交通网络运行目标赋予了新的内涵并提供了新的实现途径。通过大数据、云计算、人工智能等手段推进城市治理现代化，尤其是城市交通由信息化向智能化，再到智慧化的转变，是建设智慧城市的必由之路。

1. 大数据和信息化在交通发展中的趋势

1）信息采集：从单一数据来源向多部门数据整合发展

以城市交通6个方面的信息统计为例：道路交通数据来源于线圈、红外、视频等检测器；地面公交数据来源于公交IC卡刷卡、GPS、车站信息、调度信息等；轨道交通数据来源

于 AFC 刷卡、调度信息、站点人流量等；公共自行车数据来源于自行车刷卡、租赁点信息；出租汽车数据来源于出租车 GPS、计价器收费等；高速公路通行数据来源于收费系统和检测器。

2）数据分析：从传统数据处理向大数据深度挖掘发展

随着计算机、通信技术飞速发展，通过技术手段存储、处理数据的能力（存储容量、计算能力、运算速度）迅猛提升，为交通运行相关数据在时序积累和深入挖掘方面创造了契机。同时，与交通相关的各类数据也在不断积累，并且随着跨部门数据开放水平不断提升，基于多元数据融合的信息化与智能化逐渐成为发展趋势。

3）信息发布：从普通查询服务向全面个性化服务发展

以往的交通信息服务单一，只能搜集道路流量、静态的公交换乘信息等。现今，交通信息服务更加全面，各种路况、位置、导航服务已经非常普及，影响着市民的出行习惯和出行选择。

4）社会关心：从政府引导逐步向互联网融合

智能交通与互联网融合产生的新格局、新模式，为城市交通的发展开拓了巨大空间。例如百度实时路况以及高德导航系统的应用，既是智能交通与互联网结合的产物，也是公众关注的热点问题。

2. 信息化下的城市交通数字化转型

信息技术的不断发展给城市运行效益的提高和改善带来新的契机，其对城市交通的作用和影响将完全有可能超越基础设施建设。大数据和信息化作为改善城市交通运行的技术手段，发展目标不能停留在智能交通技术自身的先进性，而是要为用户提供决策的基础。随着数据采集的发展，推进数学模型和交通流理论的研究与应用，应当与城市整体发展目标相一致，提高城市整体运行质量和效益。研究大数据和信息化与城市交通的结合，应综合考虑公众、企业、政府层面的不同诉求，进行顶层设计。一是要有系统思维，从城市整体运行的角度把握城市各交通方式系统特性。二是要注重信息化技术的运用，从信息服务、需求诱导、实时监管等角度组织交通系统。三是要关注城镇密集地区的交通保障，服务并协同地区发展。

信息时代下能够实现交通大数据的实时采集及高效处理，通过构建城市交通大数据平台，在理论上利用深度学习、多智能体仿真等大数据分析处理技术，实现对一定规模的多层次城市交通网络的建模、分析与实时评价，可指导交通需求管理政策的动态制定、全程评价及滚动优化。

1）大数据为感知海量个体全过程出行链及需求演化机理提供支持

通过对海量多源异构交通大数据的处理、融合、挖掘，可以从宏观上掌握交通网络运行状态，并准确获取城市交通出行分布信息，进而通过深度学习掌握交通需求演化机理，实现交通需求的精准预测；也可以从微观上有效感知个体门到门全过程出行链信息，分析交通出行结构，并为交通结构优化、路径诱导等需求管理措施提供数据支持。

2）大数据是判断路网动态供需平衡的重要依据

在需求侧方面，公交 IC 卡数据、手机信令数据、视频检测器数据等可以从个体出行的角度准确感知海量个体出行门到门全过程出行链信息，进而可从出行方式、出行时间、路径选择等方面全面掌握城市海量个体的出行需求；在供给侧方面，可获取线网容量、道路通行能力、线网规划与布局等数据；此外，公交GPS数据、轨道交通运行等数据为实时获取公共交通运力与动态运营信息提供了可能。在得知城市道路交通供给与需求两方面信息的情况下，决策者能够实时掌握路网中各路段的供需平衡状况，进而对路网中的交通瓶颈点进行判别，为城市交通的客观评价与持续改进提供重要的数据支持。

3）大数据使精准化交通需求管理政策制定成为可能

以往政策制定者大多依靠传统的调查统计来为决策的制定提供支持，样本量无法形成规模，信息获取渠道片面，难免出现以偏概全的现象。而大数据技术为城市海量个体出行行为的全面采集、处理与分析提供了科学有效的手段，可以准确量化全路网交通动态供需平衡状况，进而使交通需求管理政策的制定更具针对性，使精准化交通需求管理政策制定成为可能。

第三节　信息化时代城市交通学科建设

一、信息化时代城市交通学的“三元空间”

在社会和技术都在变革的信息化时代，城市交通问题随之也发生一系列质的变化，必须深刻认识交通系统的本质属性。城市交通被认为存在“三元空间”的复杂系统，即具有物理、信息、社会三个维度上的属性，三元空间一方面意味着在讨论城市交通问题时需要同时关注上述三个维度子空间中的属性，要丰富对物理空间的客观描述，要调整对于信息空间的认识，也要拓展社会空间属性层面的认知；另一方面要关注三个维度子空间之间的相互关联，要理解相互之间的关系与作用。

1. 城市交通的物理属性

物理空间是指城市所处的物理环境和城市交通所含的物质系统。从城市的发展来看，交通基础设施建设至关重要，这也是城市交通治理的基础。进入机动化时代后，中国各大城市都在不断改善交通基础设施，首先是道路基础建设，紧接着开始建设轨道交通。在交通方式多种多样的时代，交通资源的优化配置、城市交通的可达性等是物理空间面临的挑战。除此之外，在物理空间中，不同研究单元下聚焦的城市问题具有差异性。由于未来城市交通治理更加注重人的感受，所以未来物理空间的研究尺度需要聚焦街道、智慧社区等更小的研究单元，这样才能更加贴近居民生活，以实现精细化治理。

2. 城市交通的信息属性

信息空间是指城市交通所构建的数字驱动型信息空间。随着通信网络技术的迅速发展，越来越多的城市交通信息都以数字化、信息化的方式存储，且形成了交通信息化的产业链。在交通治理上，信息采集、数据分析、决策支持等都是城市交通治理在信息空间维度的发展趋势。信息化手段的介入重新配置了城市交通要素，更有效地推进了城市交通网络与对外交通的互联互通与协同发展。交通大数据是分析交通问题必不可少的元素，例如利用手机信令、公交 IC 卡和 GPS 等数据，可以实现对从个体到群体的出行行为感知。未来车联网及自动驾驶技术的发展，可更精准地感知车况信息及驾驶人的各种行为信息，为城市交通治理分析提供数据。

3. 城市交通的社会属性

社会空间是指从政府、市场、个人等多角度切入的城市社会空间。从政府角度来说，城市交通治理已经不能局限于政府自上而下的治理管控，新时代治理的关键与核心是共建、共治、共享。在共建体系中，政府需要从公众的角度出发，提供高质量的公共服务，将城市交通建设成一项满足人民美好生活需求的服务。在共治体系中，政府占据主要地位，对城市交通的治理发挥主导作用，其他各主体围绕政府进行协作治理。

4. 三元空间属性之间的关系

城市交通的物理维度并非单纯的自然和技术产物，而是带有很强的社会产物属性，且能够被社会所改造。也就是说，城市交通物理子空间中的结构，受到社会维度子空间的各种关系的制约与影响。而城市交通社会维度子空间中的特征，是不能脱离物理空间来讨论的，例如空间正义所涉及的可达性覆盖、作为政策作用对象的路权分配等，均是两个维度子空间之间强关联的例证。

信息维度一方面作为“倍增器”增大物理空间中技术系统的使用效率，另外更加重要的是作用于主观个体和组织，帮助或制约他们对于物理维度和社会维度子空间上各种问题的认识，从而导致整个系统演化轨道的变化。在某种意义上可以说，城市交通中的各种行为主体是借助信息维度子空间上的能力来认识客观世界，完成各种决策。信息维度子空间上的信息获取能力、舆论影响能力等，会对社会维度子空间中行为主体的行动能力、行为决策和影响能力产生极大的甚至是决定性的作用。

城市交通物理维度子空间的基础表达，应该是“场所＋网络”。在这里，场所强调的是人居环境，事实上我们所关注的慢行系统、“窄路密网”等，均是场所中的概念。网络强调的是对空间的联系与活动能力，所要讨论的不仅是交通系统，还包括空间活动系统。网络的功能不仅是保证流量，基于 OD 的供需关系仅是一种表象。其内在本质一方面是各种土地使用之间的关系（物理维度子空间中的属性），另一方面是位于不同物理空间位置中的“人”对公共服务和发展机会的获取能力（社会维度子空间中的属性），以及空间中的企业网络所形成的竞争力。城市交通的最终任务，不限于构建一个交通网络，而是要塑造一个理想空间，这个理想空间体现了场所和网络两方面的协调发展，其中的场所强调的是人居环境，网络强调的是空间活力。

5. 信息化时代对城市交通“三元空间”的影响

城市交通是一个社会—技术系统，其特点是依托技术系统解决社会问题。技术应用目标并非取决于技术本身，而是具有社会进步的导向性和社会健康的约束性。城市交通的基本目标应该是在可持续性发展理念指导下，保障城市空间质量和城市空间活力。对于城市空间质量来说，自然资源承载力、土地空间承载力是一种强外部约束。城市交通所要处理的并非“车”与“路”的矛盾，而是城市人居环境与交通需求的关系。由此造成城市交通只能在土地资源和空间资源约束下满足受控的需求。

在特定的交通方式结构前提下，有限交通空间所承受的交通容量同样是有限的，因而城市空间活动强度也有限制。这就是强调在新的空间规划中,不仅要重视资源承载力,还必须重视空间活动承载力的原因。正因为如此,自动驾驶、自动泊车等能够提升空间资源使用效率的技术对于城市交通具有重要意义,共享交通等能够提高车辆使用率、降低车辆保有量的使用模式值得大力探讨。这些新技术、新模式的使用,将有可能大大提高城市的空间活动承载力。

但同时必须看到,由于不可能完全消除车辆停放空间资源需求和移动需求的空间不均衡性,以及尚不清楚汽车共享模式能够在多大程度上以车辆使用权替代车辆拥有,目前还没有显示出可以基本摆脱个体化交通所受到的资源制约的前景。这意味着在到 2035 年甚至是到 2050 年的规划期内,城市交通绝不能动摇公交优先战略。

强调公交优先并不意味着公交模式一成不变,也不意味着只是采用地铁等造价昂贵的交通方式替代常规公交。时代的进步造成出行需求愈加多样化,也要求交通空间更加人性化。为了应对日益多样化的需求,公交的运行组织模式必须变革;为了解决发展的不均衡和不充分,需要更加深入地进行公交服务问题的精细化诊断;为了推进可持续发展交通模式,公交需要更加有效地实现与居民生活和城市活动系统的智能网联。

另一方面,由于我国城市在人居环境上存在较大的欠账,这是城市发展的不均衡不充分的重要问题。因而,在 2035、2050 年前技术进步所释放出来的空间资源,应该投入到改善城市人居环境、步行环境,进而提升城市的空间质量之中。近年来受到关注的慢行系统、街道网络、生活圈等正是顺应了这种发展趋势。空间质量提升与交通需求保障是一对矛盾,协调两者关系需要更加科学的决策支持技术,也需要更加有效的社会沟通技术。

城市交通系统决不能将服务对象仅视为抽象的物理单位的空间移动,必须更多地考虑其社会属性。由此产生了城市交通的另一个任务——保障社会公平性,促进社会整合。顺应于此,技术应用要特别注意弱势群体所面临的需求以及城市空间公平性的营造。诸如移动性规划中强调的可达性覆盖,基于大数据的弱势群体空间集聚问题识别,公共交通服务盲区诊断等,反映了城市交通智能治理方面的技术发展需求。

面对如此广泛的技术变革需求,有必要注意到技术发展过程中可能出现的市场失效。例如,车联网发展中对于公交智能网联的选择性无视、社会智能治理技术发展的滞后、多式联运领域中区块链技术应用的推进缓慢等。造成市场失效的原因是多方面的,包括预期经济效益问题、组织障碍问题、法律缺失问题、知识产权保护问题等。这恰恰是需要政府干预来加以推动的,由此产生政府需要不断进行技术发展趋势和技术需求变化的判断研究,以弥补前瞻性不足问题。

另外需要警惕的是,技术发展不一定只带来正的效应。秦皇岛的空中巴士成为一场闹剧,共享单车成为一场代价昂贵的试错,这些教训都告诫我们技术变革必须避免一些陷阱。由于经验的缺乏和专业领域的局限,新技术、新模式发展过程中决策者、管理者和研究者很容易陷入“盲人摸象”的窘境。为了发展过程的包容与建立有序的关系,需要将一种更加开放、科学和规范的集成研讨厅加入决策程序之中。在新型信息平台支持下的社会组织建设,将是集成研讨厅的重要组织措施。

归纳上述讨论,变革时代需要在“物理—信息—社会”三元空间中重构城市交通系统。现有的城市交通的体系短板位于信息、社会两个空间维度上，而不同空间维度上的功能协同，则是系统能力的放大器。

因此，当前阶段城市交通系统重构的主要工作任务包括完善信息空间的组织结构和规则体系；建立社会空间的治理体系；以社会发展目标为导向，促进物理—信息空间中的功能协同；依托信息技术，推进社会空间中的智能治理；借助技术力量，推动城市交通供给侧变革；在信息技术支持下，合理分配物理空间资源和调整空间关系，实现空间正义价值诉求。

技术发展使得信息空间维度的独立性越来越强，物联网技术使得数据可以绕过人直接产生信息，大量的信息系统应用也使得企业在信息空间中取得强势地位。但是，城市交通关联的信息空间秩序混乱，使得可信数据、尊重知识产权的开放服务，乃至大数据支持下的智能治理等推进缓慢，严重束缚了技术变革的进程。为了改变这一状态，信息资源规划、信息空间技术规范、数据开放法规、数据应用逻辑等，均是急迫的建设和研究任务。

现代社会治理体系由组织体系、制度体系、运行体系、评价体系和保障体系构成：组织体系是主体，制度体系是依据，运行体系是路径，评价体系是标准，保障体系是支撑。对于城市交通社会治理来说，需要完成的任务包括：通过大力培育社会组织加以完善组织体系（主体多元化）；提升使用市场的、法律的、文化的、习俗的等多种管理方法和技术，更好地对公共事务进行控制和引导的能力；评价指标下沉，以贴近居民的获得感等。而笔者认为当前工作重点，应该放在通过大力培育社会组织和政府实施购买服务的形式，加强治理的主体多元化和治理的服务引导化之上。

在传统的城市交通中，政府扮演了“全能型选手”角色，且注重设施建设，可以说是一个物理空间维度单向生长的系统。虽然传统城市交通对策涉及交通需求管理、交通政策、交通战略等社会问题，但是由于并未形成现代化城市交通治理体系，因而在社会维度上是一个残缺系统。信息空间维度上不应是数据的简单堆砌，也不是单纯软件系统的堆积，当前在这一空间维度上缺乏资源管理—开放规则—传播秩序—应用逻辑的体系结构，也成了发展的瓶颈。城市交通在三元空间中发展的不均衡不充分，是我们面对变革时代亟待解决的问题。学界、管理者和技术人员都必须在认识问题方式调整的基础上，跟上时代的步伐。

二、信息化时代城市交通科学研究及理论模型演化

（一）新时期城市交通研究的变化趋势

总的来说，新时期城市交通研究的变化主要呈现四个趋势：

(1) 研究视野由点、线、面到系统性发展，由研究局部交通问题向寻求整体交通解决方案发展，由主要研究交通设施供给向寻求供需平衡发展。

(2) 研究内容由最初的注重现状或近期交通问题向近远期结合发展，逐渐关注对未来交通的预测并寻求近远期结合、可持续的交通解决方案。

(3) 研究目标由交通系统内部（如效率、安全等目标）扩展至交通系统外部（如环境和能源目标）。

(4) 研究方法由最初的定性分析向定量与定性相结合的方向发展，广泛采用严谨而系统

的交通模型来模拟和预测交通系统运行，为交通系统优化和交通决策提供依据。

值得一提的是，交通模型已经开始发挥越来越重要的作用，但是其实用性和精度仍有待提高。与此同时，随着信息化技术不断进步、互联网和移动互联网的快速普及，交通大数据技术快速发展，采用创新的可视化方式首次实现全程、动态、即时、直观地展现交通运行状态，对城市交通学理论和技术的突破提出了新的要求。

（二）信息时代城市交通学科有待解决的科学问题

信息化新技术时代的到来正逐步颠覆现有的城市交通网络运行场景与运营管理模式，相关理论的研究与实践问题的探讨将是未来一段时间内城市交通学科发展方向与科学研究的重点，有大量基础科学问题亟待解决。

1. 规划范式的转变

大数据技术可以对传统的交通规划技术进行扩展和延伸，过去是满足型规划，现在是需求约束型规划，通过对交通需求全面感知，支撑需求源头管理及引导。过去是单方式交通网络规划，现在是多模式复合网络规划，通过大数据支撑多模式、全过程出行链路的成本和服务水平评估。过去是确定型规划，假设交通需求是确定的，现在是应变型规划，通过大数据了解并应对需求的突变性及噪声。过去是单目标规划，现在是多目标规划，利用大数据实现对整个系统多维度评价。过去是群体性服务体系规划，如公共交通规划，现在是个性化、群体化协同的规划，如定制公交规划。

2. 供需理论亟待更新

信息化时代涌现的交通运输新业态所涉及的弹性需求预测、差异化定价、动态多约束供需匹配等理论问题尚需深入研究。如在共享单车、共享汽车方面，缺少对多样化用户的动态化差异化需求及定价机制策略的研究；在调配方面，对弹性需求的考虑尚不充分，也没有充分考虑针对电动共享汽车的电池容量、充电时间、充电站位置等问题。

3. 交通理论亟待拓展

网联自动驾驶正在向现有的微观交通流理论发起挑战，相关基础理论与方法亟待拓展，如网联自动驾驶与普通车辆混合状态下自动驾驶如何进行速度控制形成编队、如何通过交叉口等。此外，目前绝大多数都是从微观层面采用交通仿真的方法或交通流理论，着重对网联自动驾驶车交叉口通过特性、路段行驶特性（跟驰、换道、超车、编队等）进行分析，且研究往往局限于单个交叉口、单条路段、全部为网联自动驾驶车的情况，并据此研究交叉口优化组织方法或分析路段通行特性；对于网联自动驾驶参与下的交通系统中出行者的出发时刻选择行为、出行路径选择行为、出行方式选择等一系列选择行为尚无研究，宏观交通基础理论亟待拓展；智能网联带来了新型的道路交叉口组织形式、新型的路段行驶模式，同时也带来了新的交通组织、交通规划、交通管理方法，针对新技术时代新型交通场景下交通规划决策问题、交通管理决策问题的研究也将是未来的重点。

（三）信息化时代城市交通理论模型演变

在城市交通学中，较为常见的模型包括交通行为模型、出行及需求预测模型、交通流模型、管控制算法(运营调度等),而这些模型在信息化背景下也都面临着转变,下面以交通流理论和交通模型为例,讨论其在信息化方法下的演变过程和方向。

1. 交通流理论和交通模型

交通流理论是运用物理与数学的定律来描述交通特性的学问。历经百年,城市交通研究由最初的定性分析向定量与定性相结合的方向发展。系统、严谨的交通模型的重要性日益凸显,模型应用日趋广泛,与之相关的道路交通流理论、网络交通流理论和交通控制理论与技术方法体系已经形成。然而,随着智能交通系统的发展,交通流理论被赋予新的内涵和任务。由于交通信息化服务的介入,例如数据采集、传输和计算技术水平提高、地理信息系统推广建设、信息动态服务逐渐普及等,现代交通流理论将会取得长足进步,对实际问题的处置将发生新的变革,需要对交通模型进行创新研究。

2. 信息化方法

“十四五”时期新发展理念提出:以信息化培育新动能,用新动能推动新发展,以新发展创造新辉煌。随着新一代网络信息技术不断创新突破,数字化、网络化、智能化的深入发展,信息革命正从技术产业革命向经济社会变革加速演进。“十四五”时期的“新基建”“数字中国”“大数据”将作为新时期的国家发展战略核心,科技信息化建设成为实现国家战略发展的关键要素。

3. 传统交通模型与信息化方法二者之间的关系

在大数据迅猛发展的时代背景下,传统交通模型体系及建模技术已无法适应大数据应用及精细化规划决策的需求。交通模型与大数据的融合已成为必然趋势,在传统城市综合交通调查中,大数据经过多年发展,积累和丰富了大量的交通行业大数据,应用能力不断提升。另一方面,传统交通规划咨询行业已度过了交通大数据应用的启蒙期,纷纷开展传统交通模型技术与大数据的融合。此外,规划行业向精细化的转型也对交通模型提出了新要求,“数据+模型”的整体解决方案具有更大的应用前景。

遵循供给侧结构性改革的总体要求思考城市交通,贯彻创新、协调、绿色、开放、共享的新发展理念。城市交通应该抓住供给侧结构性改革机遇,推进土地利用集约化与交通的协调,落实公共交通优先发展在城市交通发展中的决定性作用。重视信息化发展和大数据技术对城市交通供应与需求的双重影响。信息化、“互联网+”在一定程度上提高了人们通过交通信息获得更高品质交通服务和交通方式多样化选择的能力;大数据环境下由于个体短时行为信息能够被捕捉,通过数据挖掘等分析技术,可以将破碎的、片段化的位置数据提炼成连续完整的交通信息而实现更为精准的供需匹配。

三、城市交通学科信息化关键技术

1. 面向多对象、全过程、高精度的多源交通信息采集及共享技术

1) 跨领域、跨行业的多源数据汇聚技术

当今的数据采集模式已发生革命性变化,交通信息采集设备愈加先进,数据来源也愈加多样化,且采集方法已摆脱传统的静态、人工、单一的特征,实现向动态、自动化、多源化、多方

法采集方式的转变。

2) 面向出行全过程时空精准匹配的数据融合技术

大数据时代下,多渠道城市运行数据相比于传统单一信息源能提供对城市运行更精确、更完全、更可靠的估计和判断。多源异构的城市运行数据存在着冗余性、互补性、合作性和信息分层等特征,需要将不同数据源下的城市运行信息加以综合,消除多源异构数据可能存在的冗余和矛盾,加以互补,改善信息提取的及时性和可靠性,提高数据的使用效率。

3) 基于云平台的跨部门统一汇聚及共享交换技术

随着信息技术的飞速发展,城市交通逐渐将“人—车—路—管”多方面结合,开发智能交互系统来解决交通问题正在实现中。交通信息平台建设的核心任务是实现交通数据的采集与统计、通信传输、分析与挖掘、交换与共享、实时发布等服务。城市交通正在经历一场巨大的变革,交通利益相关方正在对新技术、新商业模式,以及社会和客户的新需求作出反应。当前,我们面临的任务就是要设计一个动态的、反应灵敏的城市交通系统,通过保障安全、公平、可持续性和可达性来应对新的社会和环境挑战。共享数据正是实现和管理这样一个系统的关键,它通过聚合来自智能手机、车辆和基础设施的数据,创建了一个复杂、灵活和互联的交通系统,并通过访问不同来源的数据,生成城市及其交通的实时图像。然而,数据共享所涉及的公平性、安全性、隐私性、包容性等问题不容忽视。

2. 深层致因导向的出行多维、快速、精准挖掘分析及决策支持技术

交通规划辅助决策系统是一种面向支撑城市交通规划和管理决策的需求,融合多元异构数据,基于大数据与人工智能技术建立的辅助决策支持系统,其实现了“数据—算法—服务”一体化和智能化的业务技术流程,为城市交通规划、建设和管理方面的决策提供了智慧化的支撑手段。交通规划辅助决策系统克服了传统小样本调查数据的局限,融合多元异构数据并开发智能识别算法,全面、精准地感知城市交通供需运行情况,对城市交通现状进行全方位体检,识别其核心特征及诊断其主要问题,为交通规划方向的研判和策略的制定提供指导。为避免分析停留在数据整合的层面,交通规划辅助决策系统通过深入挖掘各类数据间的内在关联,运用机器学习算法推演城市交通各要素间的相互影响运作规律并采取程序化模式,实现城市交通的“起源发生—流动分布—供需运行”的推演流程。此外,采用计算机数字化模拟仿真手段,从“城市总体—重点区域—局部节点”(宏观—中观—微观)多个维度对城市的交通供需运行情况进行高精度拟合。

3. 面向时空均衡及一体化出行的信息引导服务技术

近些年来,伴随着全球范围智能交通系统研究的发展,我国相关领域的研究也在不断深入,其应用范围涉及综合运输管理、交通管理和规划、车辆安全辅助驾驶和自动驾驶、运营管理、电子收费、出行者信息服务等多个方面。其中,与出行者密切相关的出行信息服务包括出行前信息、行驶中驾驶员信息、途中公交服务信息、个性化信息和路径规划及诱导等内容。

近些年,随着基于网络平台的地理信息系统的发展,出现了一批第三方地图软件公司,如百度地图、高德地图与腾讯地图等,这些公司基于各自原有的地图服务,向普通出行者提供大量交通信息,如实时路况、路径规划和出行时间预测等,这些信息使得出行选择从以往的凭经

验判断转为根据实时交通态势(包括出发时间、交通方式及出行路径等)进行选择。伴随智能交通系统发展出现的多源交通出行信息正在越来越多地影响和改变人们的出行方式与出行选择,公共交通的发展需要结合这些交通出行信息,通过给出行者提供完整、可靠的出行全过程信息服务来提升公共交通的吸引力。

4. 数据驱动的交通需求预测及精准调控技术

借助大数据搭建城市交通精准化智能管理平台,使之智能化、精准化。通过收集海量交通数据,进行高效科学处理,预判交通态势;利用大数据平台实现预测模型的建立及优化,建立基于大数据环境中城市交通精准化管理模式,研发城市道路交通仿真决策平台;通过交通数据动态仿真,还原交通流的时空变化和交通事故、交通拥堵等交通事件,实现交通智能管理平台的高效运作,深入分析交通拥堵发生的规律特点,并科学准确预判城市交通发展趋势;利用发布层对城市整体或区域交通信号配时方案、绿波带控制、复杂路口段渠化及合理配置交通资源等优化措施进行精准调控,为交通组织管理提供技术保障。

5. 公共交通出行链与生活链深度融合及综合服务技术

"出行即服务"理念代表了交通服务以改善出行者体验为目标。MaaS 理念下的公共交通系统将提供"门到门"出行全过程无缝衔接的解决方案,从而使未来交通系统不再是多个独立系统的简单拼合,而致力于改善全过程出行链服务。MaaS 系统将交通工具、基础设施与交通信息数据由共同的出行平台运营商整合在一起,用户在一个平台、一次支付就可以使用从起始点到目的地"门到门"的全过程出行服务,而无须关注出行过程中的细节。除了提供交通工具的使用功能之外,交通服务之间需要形成一套联动的系统,方便用户在出行前和出行过程中获取所需的服务信息,并在 MaaS 服务框架之内使用该服务。

四、"三元空间"中的城市交通系统与学科融合

城市交通学是一个需要适应社会发展而不断创新的学科,新技术革命、社会治理体系变革等对城市交通学产生重大影响,局限于传统物理体系的认识论和方法论,很难适应新的问题和新的对策模式所产生的挑战。城市交通是在三元空间中的复杂适应系统,具有物理—信息—社会三元空间维度上的特征属性和内在规律,且相互之间发生复杂的关联及作用。在"三元空间"不同领域中展开城市交通学的系统研究和学科建设,对于促进城市交通领域对问题的整体认识,以及通过综合对策应对挑战具有重要推动作用。

三元空间中的城市交通研究正在从学科交叉走向交叉学科,从学科边缘走向边缘学科,从而对城市交通研究领域的理论与方法产生极为深刻的作用。未来的城市交通领域面临新技术、新体制、新模式等带来的大量不确定性,已经超出了传统分离的学科思维所能够把握的范围。管理者和研究者要充分认识面对的挑战,研究范式的转变已成为学科发展和实践指导所不可或缺的支撑。相信随着更多研究者在学科融合领域展开深入工作,更多的管理者和技术人员跨行业、跨领域的实践探索,我们应对未来挑战的能力将极大增强,工作中的盲目性将得到有效克制。交通将给未来城市带来新的进步与希望。

（一）城市交通学科与其他学科关系

从学科上说，城市交通学包括城市规划学、交通工程学、统计学、社会学、车辆工程学、通信工程学等的衍生和影响。图 2-6-1 展示了城市交通学和其他相关学科的关系，其中内层为学科支撑层，外层为技术支撑层。

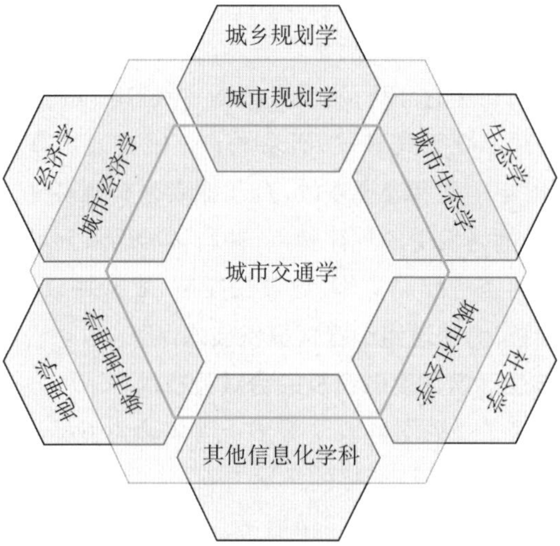

图 2-6-1　城市交通学科与其他学科关系

不难看出，城市交通学是多学科的综合，其与相关学科的内在联系一是通过研究技术路径进行融合和发展，二是通过交叉学科共同解决城市问题。

1. 城市交通研究的技术路径

1）交通运输学与交通工程学的技术路径

交通运输学或者交通工程学一般从交通设施和工具，或是客运、货运组织着手研究。第一是将城市交通作为交通运输的一种方式，在公路、铁路、航空、内河航运、海运、管道运输之后讲城市交通，即在交通运输的基础上增加城市交通。第二是从交通工程学角度研究，将人、车、路、环境等综合在交通工程学这一统一体中进行研究。具体包括从城市居民出行需求的源头上引发的交通产生、分布、分配进行分析；城市土地使用与交通系统规划（包括道路系统规划）；交通流分析与交通工程设计、道路设计；交通对环境影响与交通效益分析；交通运行组织与分析；交通管理与控制、交通安全分析、预防措施等。

2）城市规划学的技术路径

城市规划主要从城市功能布局与城市土地使用来研究城市交通网络的基础设施问题。这一技术路径起源于《雅典宪章》《马丘比丘宪章》的交通观点。《雅典宪章》将城市交通作为城市的四大功能活动（居住、工作、游憩、交通）之一，即在区域规划基础上，按居住、工作、游憩进行分区及平衡后，建立三者联系的交通网。强调交通引导城市功能布局，提出要有一个网络将各种功能区布局联系起来，这个网络就构成交通的要素。《马丘比丘宪章》提出，公共交通是城市发展规划和城市增长的基本要素，城市必须规划并维护好公共交通系统，在城市建设要求与能源衰竭之间取得平衡。公共交通优先理念一直延续至今并作为规划界研究城市交通的主要原则。

在此基础上制订城市规划时，提出通过城市交通的走向，结合环境资源的约束，协调和引导土地使用和城市功能布局；关注城市规划区范围内的交通问题，关注交通外部效应的影响及其处理；规划城市交通廊道；强调公共交通优先的技术措施。

2. 相关学科有关城市交通的研究

城市交通学涉及经济社会的方方面面，例如城市管理学、信息学等，本节仅列举部分信息化时代为城市交通学科带来发展新契机的学科。

1) 计算机科学

大数据的发展为城市交通在诸多方面的完善提供了新思路，带来了新希望，其中包括交通调查方法的改进、交通模型的更新维护以及城市交通拥堵状况的改善等。大数据分析是计算机科学领域内的一大革命，它能够使人们对数据的采集、处理及分析更加高效且准确。随着近年新的技术、管理模式与智能交通和高速公路的结合越来越紧密，人们充分利用大数据技术，将科技前沿的技术运用到道路管理的业务实践中，从而提高了道路管理能力。同时全面推动互联网交通大数据、道路监测数据、公路运营管理数据的充分整合；利用云计算技术对大数据进行加工整理，形成采集、分析、决策、发布的闭环业务应用；利用分析决策数据指导治理道路拥堵，确保道路现场处置高效；应用大数据发布技术，在道路侧加密、改善发布形态，并利用"互联网＋"平台打造交通信息发布的内外网全域无缝融合态势。

2) 人文地理学及城市地理学

城市地理信息系统（Urban Geographic Information System, UGIS）是当前人文地理学和城市地理学关注的热点。数字城市是从整体性、一体性角度整合城市各方面信息的综合体系，是城市地理信息系统的深化和进一步发展，对城市地理信息系统的发展具有指导作用。城市是区域政治、经济、文化、军事、信息和物流的中心，它在整个社会发展过程中起着举足轻重的作用。现代化城市是一个规模庞大、结构复杂、功能综合、因素繁多、动态发展的区域空间。数字城市是以计算机技术、多媒体技术和大规模存储技术为基础，以宽带网络为纽带，综合运用3S、遥测、模拟等技术对城市的基础设施、功能机制进行信息自动采集、动态监测管理和辅助决策服务的技术系统闭环。

3) 通信工程学

近年来，通信技术的快速发展使其成为推动城市发展与产业革新的重要动力。通信工程学主要涉及电子科学与技术、信息与通信工程和光学工程学科领域的基础理论、工程设计及系统实现技术，其在城市交通领域的应用主要体现在车联网技术的发展。随着互联网技术的快速发展，物联网的广泛建立和无线传感器技术的广泛应用，车联网为城市交通带来了巨大的便利，引起了广泛的关注，是当今世界各国研究的重点。作为车联网的基础，通信技术的优劣决定着车联网整体性能的好坏。

4) 车辆工程学

面向"电动化、智能化、网联化、共享化"的汽车技术和产业趋势，越来越多的高校在车辆工程学下设置了新能源汽车技术、智能网联汽车技术、汽车安全技术等信息化时代下的专业方向，以面向自动驾驶、智能汽车、智慧交通等产业的发展需要。其中，智能网联汽车技术于

2021年被列入《职业教育专业目录(2021年)》,通过车联网与智能车的有机联合,搭载先进的车载传感器、控制器、执行器等装置,并融合现代通信与网络技术,实现车与人、路、后台等智能信息交换共享,实现安全、舒适、节能、高效行驶。

(二)“三元空间”内的城市交通知识体系

1. 信息化时代城市交通方法论

城市交通学采用多学科思维、系统论方法研究城市交通,根本上讲是用战略的眼光规划未来、解决现实问题。信息化时代城市交通方法论进一步发生演变。

(1) 系统论的基本思想。一般认为人的出行需求引起了城市交通,更确切讲是人的需求引发了城市交通问题,而且各项要素相互依存、相互制衡。研究城市交通问题必须用多学科思维、系统论方法。将城市行政区域内部交通组织作为主要着眼点,关注各子系统的相互衔接,研究剖析新型城镇化发展过程中围绕中心城市形成的都市圈交通问题,从而提升城市总体运行效益。

(2) 战略的眼光。回顾和对比国内外城市发展和交通研究的脉络,梳理交通研究的理论、方法与宏观社会经济背景和历史发展阶段的适配性规律,探索适合新常态下我国城市交通发展可以运用的理论方法与实践经验。我国发展已进入新常态,以人为核心的新型城镇化,以城市群为主体形态,需要从城市交通定位的角度,研究城市交通理论(城市交通学),推动大中小城市和小城镇协调发展。

(3) 信息数据为基础。剖析大数据环境下微观个体行为、出行需求特征与演变规律,探索公众的现实需求和技术可能性,创新城市交通信息化的理念和方法,谋划城市交通信息化建设的顶层设计和基本内容,建立大数据时代城市交通需求管理政策体系框架。

(4) 经济、法律以及必要的行政措施保障。城市交通法律制度应保障综合运输体系效益的充分发挥,实现交通经济效益和社会效益的最大化。城市交通法律制度应促进综合运输体系的形成,突出统筹协调,注重各种运输方式融合发展和城乡区域交通运输协调发展。国家综合立体交通网是一项系统工程,必须充分发挥好各种运输方式的比较优势和组合效率,坚持系统观念,优化网络布局,调整运输结构,加强交通运输资源整合和集约利用,提升设施网络化和运输服务一体化水平,提升综合交通运输整体效率。

2. 信息化时代城市交通知识体系

城市交通是一个庞大的综合网络,如图2-6-2所示,“三元空间”分析视角下的城市交通学,要构建以城市交通问题为导向、以跨学科体系下的方法论为手段、以实现交通服务最优为目标的面向信息化时代的城市交通学的知识框架,促进城市交通领域问题的整体认识,通过综合对策应对挑战。

在物理空间层面,交通工程学科作为交通问题研究的基石,为城市交通问题的研究提供了工程思维和技术手段。城市规划学的核心是从土地利用、建成环境、空间布局等方向对城市空间进行规划、管理。随着人们对宜居环境要求的提高,城市交通治理需要实现从道路向街道的转变,而城市规划学为交通治理提供了这种尺度转变的可能性。停车场、交通枢纽、公共交通学从城市交通核心设施的布局、设计和管理等角度构建物理空间下的空间联系,形成复合

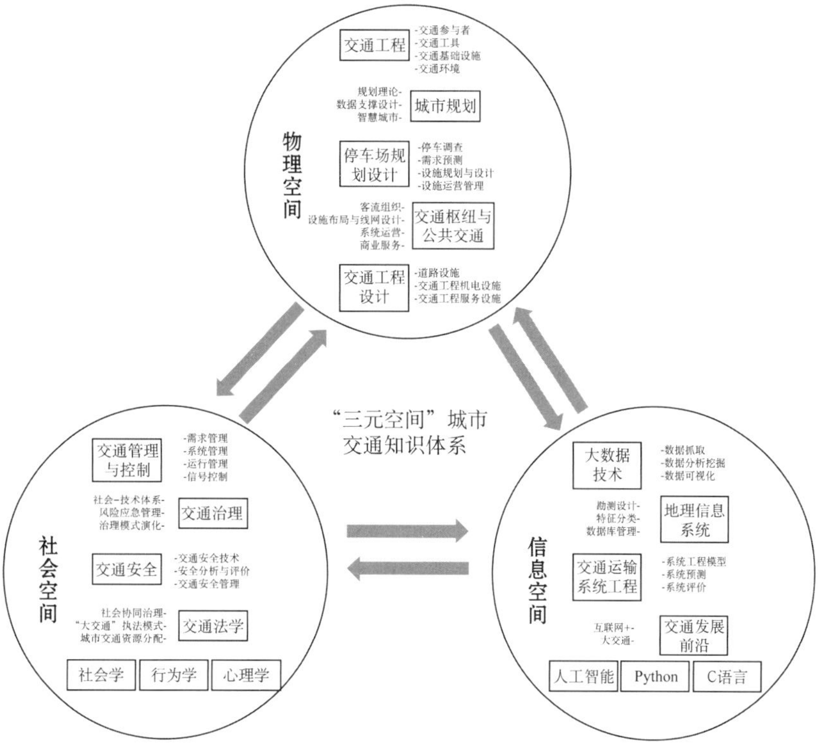

图 2-6-2　信息化时代城市交通知识体系

城市交通网络。

从社会空间的角度来观察和处理城市交通学问题，城市交通问题不能脱离人在城市交通中所表现出和感受到的各种复杂的社会行为、社会关系和社会事实。城市交通是社会成员特别是其中最有活力的部分参与社会活动的重要条件，也是所有成员在城市中生存活动的重要内容之一。公共管理学科围绕城市交通的公共性展开公共管理、公共利益、公共活动、公共空间、公共领域等研究。社会学、政治学、行为学、心理学等学科从社会要素与人的行为心理入手，挖掘社会关系、社会行为、政治行为、政治体制中的发展规律。“法学作为一种知识体系是人类对法律现象认知、评判而形成的一种话语系统。然而，由于人们认识同一法律现象的方法与进路不同，就会形成不同的认识结果和话语系统。”而现实中交通问题的复杂性与多样性恰恰需要学者们通过不同的研究进路，对整体交通规划、事前事故预防、事后责任追究进行跨学科、多方法的探索。

信息化时代下的城市交通学涵盖信息空间属性，结合地理学、测绘科学与技术所提供的空间可视化、交通地理网络整合等手段，将交通基础设施空间布局、交通网络与居民出行、空间功能、环境资源联系在一起。为跟随科技的发展，城市交通治理会融入信息化、云计算、大数据技术，而计算机科学与技术、信息与通信工程等学科为大数据时代的城市交通治理提供了技术支撑。这类学科可以运用算法、程序探索交通相关数据背后的现象与规律，实现精细化治理的目标。

城市交通的发展历程是从物理空间到“三元空间”的拓展，在研究城市交通问题时，不仅要关注三个空间的要素特性，也要关注空间之间的相互关联。如物理空间和社会空间之间的联系可以体现在可达性、交通服务质量等研究上；无人驾驶、车载物联网等研究则需在物理空间和信息空间中共同完成；而信息空间与社会空间之间也存在很强的关联性，如基于活动的出行、个人出行偏好等研究。在交通治理中，物理空间的交通流和信息空间的信息流是促进社会空间中经济、制度发展的主要动力。多学科的交叉为城市交通学的研究提供了更加多元化的分析视角与基本的方法理论，从不同的角度出发，提供不同的信息输入与条件分析，以助认清城市交通中各要素的相互作用与逻辑关系。因此，在构建知识体系时有必要融入学科交叉的思想，从而实现城市交通学科的现代化发展。

·参考文献·

[1] 葛天任，段苏湉，骆晓. 跨学科的城市交通治理体系研究[J]. 城市交通，2021，19(3)：18-30.
[2] 何梅，陈艳艳，陈学武，等. 新时代城市交通需求演变与治理变革——中国城市交通发展论坛 2018 年第 1 次研讨会[J]. 城市交通，2018，16(3)：93-101.
[3] 陆涵之. 论 20 年来交通法学研究方法之特征与流变——多元研究范式的学术史考察[J]. 城市交通，2021，19(3)：31-41，73.
[4] 孙超，邵源，韩广广，等. 新一轮科技革命对交通发展的影响及应对策略[J]. 城市交通，2021，19(3)：10-17，50.
[5] 汪光焘，单肖年，张华，等. 数字化转型下的城市交通治理[J]. 城市交通，2022，20(1)：1-9，127.
[6] 汪光焘，周继东，沈国明，等. 城市交通与法治[M]. 上海：同济大学出版社，2021.
[7] 汪光焘，涂颖菲，叶建红. 后疫情时代城市交通发展趋势及协同治理研究[J]. 城市规划学刊，2020(5)：25-31.
[8] 汪光焘，王婷. 贯彻《交通强国建设纲要》，推进城市交通高质量发展[J]. 城市规划，2020，44(3)：31-42.
[9] 汪光焘. 论城市交通学[J]. 城市交通，2015，13(5)：1-10.
[10] 汪光焘，李芬，高楠楠. 信息化对城市现代化的预期影响[J]. 城市规划学刊，2020(3)：15-23.
[11] 汪光焘. 城市交通学导论[M]. 上海：同济大学出版社，2018.
[12] 杨东援. 三元空间中的城市交通系统与学科融合[J]. 城市交通，2021，19(3)：9.

第七章
新发展阶段，城市公共交通优先发展对策

城市公共交通优先发展是我国长期重视的一个城市交通问题，城市公共交通优先发展的战略内涵随着经济社会发展不断丰富。现阶段研究的城市公共交通发展战略，是时代要求，是需要长期坚持的。历经多年政策推动和建设，我国城市公共交通取得了显著成就，突出表现在基础设施供给能力大幅提升、轨道交通服务能力不断提升、车辆装备提质升级、多样化服务持续推进等方面。当前，城市公共交通发展已经到了瓶颈阶段，一方面是公共交通客运量整体呈现下降趋势，公交分担率的提升进程举步维艰；另一方面是财政补贴和政府投资金额增高，地方财政支出压力不可忽视。新时期城市公共交通发展也面临着新形势，人民对美好生活的向往使城市交通需求特征发生显著变化，同时，“碳达峰”“碳中和”以及新技术也会给未来交通发展带来深远影响。

面向新时期和新发展形势，公共交通发展面临着发展理念和发展模式的创新；同时，反思过去的发展，需厘清城市公共交通优先发展战略实施中应把握好的若干问题。一是正确认识城市公共交通优先发展战略的内涵，需要明确公共交通方式的界定方式和范围，把握“公交都市”的本质，合理设定公交优先的战略目标，重新审视公共汽电车的定位。二是正视公共交通的可持续发展问题，需要探讨公共交通引导城市发展格局的实现路径，处理好公交优先与私人机动车发展的关系、政府调控与市场化的关系。三是探索信息化时代公共交通发展模式，需要关注 MaaS 将在公共交通出行体验和运输组织、资源配置模式以及绿色出行激励模式上带来的新变化。四是创新出租车发展理念，明确新阶段出租汽车在城市交通系统中的定位，创新治理、规范新业态发展。

第一节　城市公共交通发展成效及现状

城市公共交通优先发展是我国长期重视的一个城市交通问题，其战略内涵随着经济社会发展不断丰富。早在 1985 年，城乡建设环境保护部编制了《关于改革城市公共交通工作的报告》，提出大力发展公共交通。发展至今，梳理我国城市公共交通发展的相关政策文件，可分为三个阶段：

第一阶段是 1980—2000 年，为解决乘车难，大力发展公共交通。

第二阶段是 2000—2018 年，私人机动车发展迅猛，提出优先发展公共交通，打造公交都市示范工程，这一阶段我国城市轨道交通建设进入高速发展期。2005 年《国务院办公厅转发建设部等部门关于优先发展城市公共交通意见的通知》（国办发〔2005〕46 号）指出公交优先发展是缓解城市交通拥堵的重要手段，并将其上升到影响城市发展的高度；2012 年《国务院关于城市优先发展公共交通的指导意见》（国发〔2012〕64 号）强调加快转变城市交通发展方式，将公共交通发展放在城市交通发展的首要位置。为进一步落实国务院精神，交通运输部先后颁布多项文件，2012 年启动了公交都市建设示范工程创建工作。

第三阶段是 2019 年至今，持续推进公交优先发展战略，高度重视绿色出行，并重视车辆装备电动化和运营智能化发展。经过多年的公交都市建设，我国相关部门逐步认识到不能仅仅以公共交通为主导，应发展以公共交通、步行及自行车为主导的绿色出行方式。2019 年 5 月，交通运输部等十二部门和单位印发《绿色出行行动计划（2019—2022 年）》，首次在部级层面提出绿色交通，将公共交通与慢行交通进行组合创建。随后，中共中央及国务院印发《交通强国建设纲要》，指出加强城市交通拥堵综合治理，优先发展城市公共交通，鼓励引导绿色公交出行，合理引导个体机动化出行，绿色出行成为新的发展共识与战略。同时，持续推进车辆装备电动化和运营智能化发展，多样化公共交通出行体系不断完善。总体而言，历经多年政策推动和大力建设，我国城市公共交通取得了显著成就。现阶段研究的城市公共交通发展战略，是时代要求，是需要长期坚持的。

一、基础设施供给能力大幅增长

近年来，在公共交通优先发展战略的引导下，公共交通基础设施投资力度不断加大，公共交通投资比重稳步提高。以北京市为例，公共客运交通投资在交通建设投资中占的份额从 2005 年的 20%左右提高到当前的 50%以上。在投资拉动下，城市轨道交通建设加快，城市轨道交通的骨干作用日益凸显。根据交通运输部数据资料，截至 2020 年年底，全国（不含港澳台）共有 44 个城市开通运营城市轨道交通线路，运营线路 226 条，运营里程 7 354.7 公里（图 2-7-1）。

城市公共汽电车服务保障能力不断提升。截至 2020 年底，全国公共汽电车运营线路达

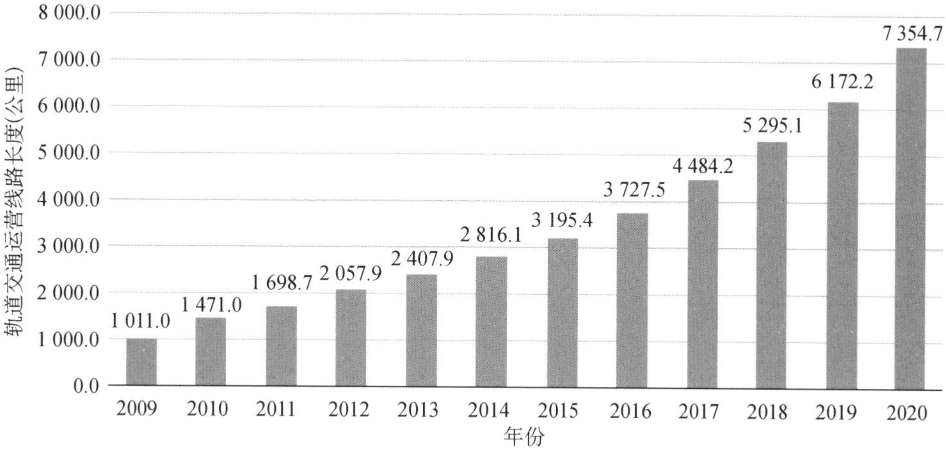

图 2-7-1　2009—2020 年全国轨道交通发展现状

7.06 万条，运营线路总长度 148.2 万公里，公交专用车道 1.66 万公里(图 2-7-2)。北京、上海、广州、天津、济南、杭州、常州、厦门等城市，先后建设开通了快速汽车交通系统(Bus Rapid Transit, BRT)，作为城市中运量公交系统的重要载体。

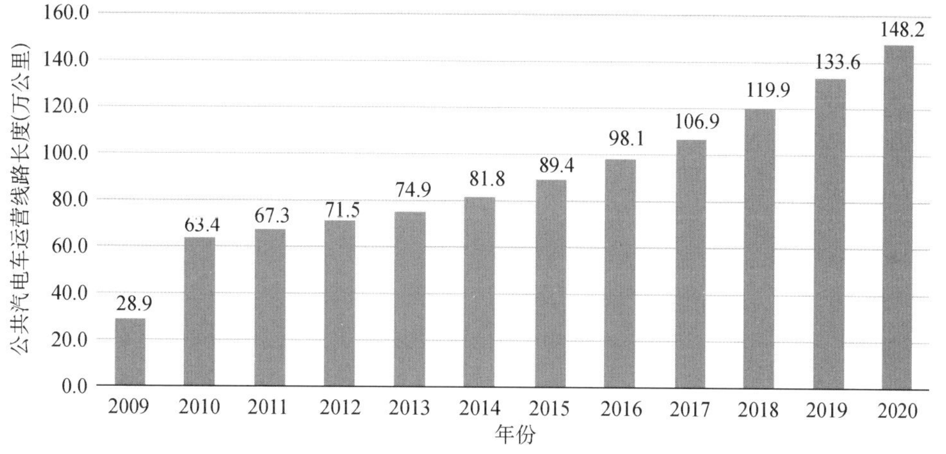

图 2-7-2　2009—2020 年全国公共汽电车发展现状

二、轨道交通服务能力不断提升

近年来，全国轨道交通运输服务能力不断提升，客运量稳步增加，2019 年轨道交通客运量达到 238.8 亿人次。2020 年由于新冠肺炎疫情的影响，轨道交通年客运量减少至 175.9 亿人次(图 2-7-3)。同时轨道交通的运营服务水平持续改善，以北京市为例，2020 年全网共有 10 条轨道交通线路最小发车间隔在 2 分钟以内，全网平均正点率达到 99.97%[1]。

图 2-7-3　2009—2020 年全国公共交通的客运量变化情况

三、车辆装备提质升级

近年来，全国公共汽电车运营车辆数和轨道交通配属车辆数不断增加，截至 2020 年年末，全国拥有城市公共汽电车 70.4 万辆，拥有城市轨道交通配属车辆 4.9 万辆(图 2-7-4)。为降低公交系统能耗及排放总量，管理部门不断加快节能与新能源公交车辆的推广应用，截至 2020 年年底，全国城市公共汽电车运营车辆新能源车辆(纯电动车和混合动力车)占比达 66.2%(图 2-7-5)。空调车占比达 82.1%，安装卫星定位系统车辆占比达 90.1%。更新的公交车辆基本配备车载视频监控、驾驶区安全防护隔离设施和无障碍设备。

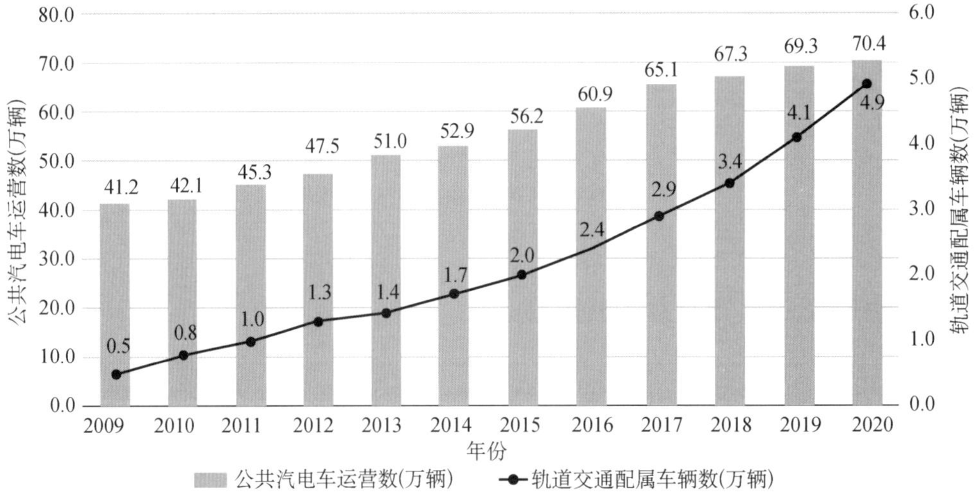

图 2-7-4　2009—2020 年全国公共交通的车路配备情况

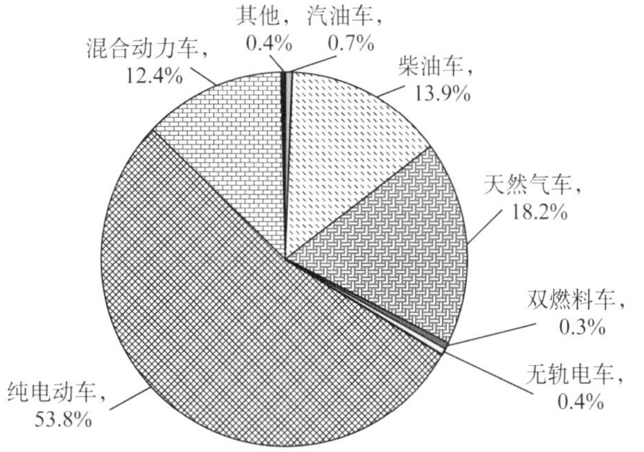

图 2-7-5　2020 年全国公共汽电车分燃料类型构成

四、多样化服务持续推进

“互联网＋”与城市交通融合发展，差异化定制服务模式持续推进，截至 2020 年年底，超过 50 个国家公交都市创建城市开通定制公交、旅游专线、通勤班车等特色服务。以北京市为例，近年来，为应对客运市场变化，满足乘客多元化出行需求，不断发展多样化公交服务。截至 2020 年年底，共开行定制公交、快速直达专线等多样化服务线路 495 条[1]（图 2-7-6）。

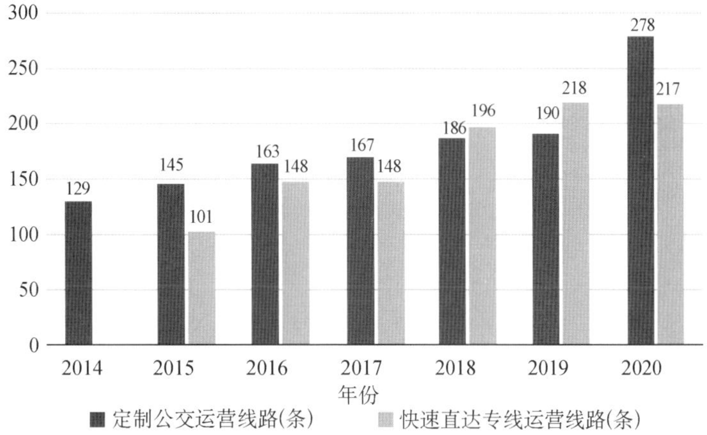

图 2-7-6　北京市公共汽电车多样化服务运营线路变化

第二节　城市公共交通发展面临的困境和形势

一、城市公共交通发展面临的困境

虽然近年来公共交通基础设施规模大幅扩大，但总体而言，公共交通服务能力不足、服务质量不高等问题仍较为突出,在与小汽车的竞争中并没有优势。当前,中国城市公共交通发展已经到了一个瓶颈阶段,一方面是公共交通客运量整体呈现下降趋势,部分城市甚至存在地面公交、轨道交通双降等现象,同时小汽车出行需求仍在膨胀,公交分担率的提升进程举步维艰;另一方面是高额的财政补贴和政府投资,使得地方财政支出长期压力不可忽视。公共交通发展面临的困境主要体现在以下四个方面。

(1) 轨道交通客流量增速放缓,地面公交客运量持续下降,公共交通客运量整体呈现下降趋势

以北京市为例,当前轨道客流量增速放缓,客流强度逐年下降(图2-7-7,图2-7-8)。与此同时,公共交通面临着另一困境,即中国大城市在大力发展轨道交通的同时,并未充分利用公共汽电车资源,公共汽电车运力逐年提升而客运量却持续下降。城市轨道交通与公共汽电车系统融合发展不足,尚未形成合力,存在相互竞争客流的局面。

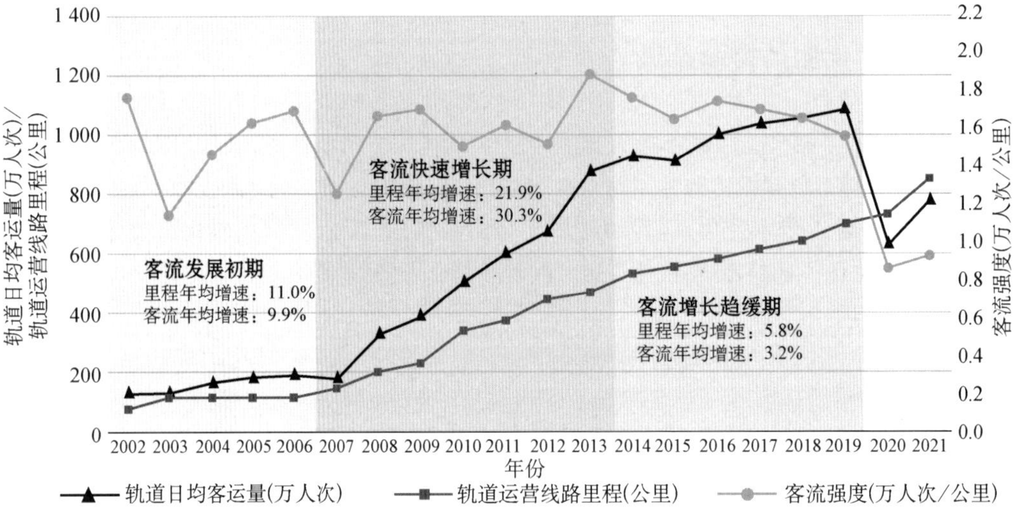

图 2-7-7 北京市轨道交通客运量、里程和客流强度变化

图 2-7-8 北京市公共汽电车与轨道交通日均客运量逐年变化趋势

(2) 公共交通优先发展的同时，小汽车出行需求膨胀，出行结构并未得到总体优化

从北京、上海、广州等超大城市交通结构来看，公共交通出行分担率的提升进程举步维艰。北京从 2003 年开始加大公共交通优先发展力度，虽然公共交通出行分担率总体上呈现上升趋势，但小汽车出行分担率居高不下，作为绿色交通重要出行方式的自行车出行比例反而呈现下滑趋势，出行结构并未实现整体优化(图 2-7-9)。

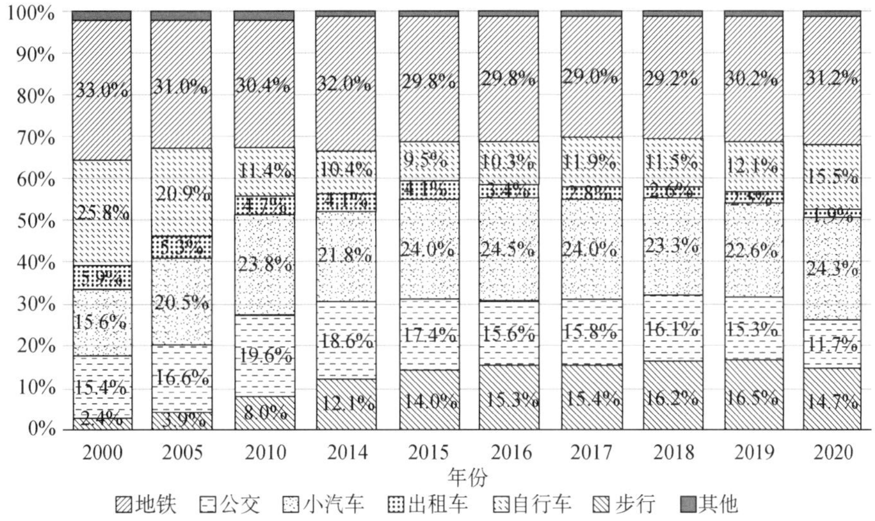

图 2-7-9 北京市历年交通出行方式构成

(3) 公共交通基础设施规模虽大幅扩大，但服务能力不足、服务质量不高等问题仍较为突出，在与小汽车的竞争中并没有优势

虽然近年来公共交通基础设施规模大幅扩大，但总体而言，公共交通服务水平不高、竞争力不强等问题突出，难以吸引小汽车乘客转移，主要体现在以下两方面。

一是门到门出行效率低，与小汽车相比缺乏竞争力。根据《2022 年度中国主要城市通勤监测报告》，2021 年，我国 44 个主要城市中 45% 的通勤者 45 分钟内公交可达。部分城市通勤高峰公共交通与小汽车行程速度比见图 2-7-10。北京的数据显示，公共汽电车与小汽车全程

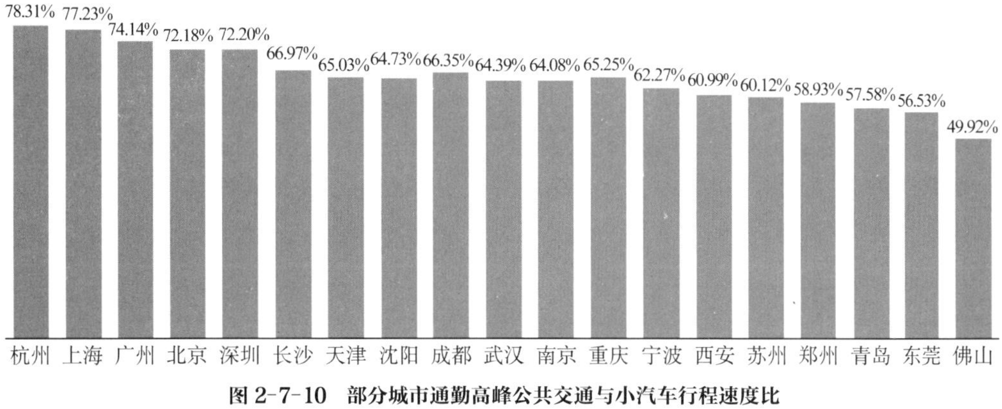

图 2-7-10 部分城市通勤高峰公共交通与小汽车行程速度比

运行速度比仅为 0.67∶1;从轨道交通和公共汽电车门到门出行时耗分布来看,轨道交通等车/换乘和步行时间占全过程出行时间的 38.9%,公共汽电车等车/换乘和步行时间占全过程出行时间的 34.5%。

二是公共交通功能层次、运营模式较为单一,与客观需求多样性之间存在较大矛盾,尚未按照不同时空、不同目的、不同用户群体的客观市场需求做合理配置从而形成与多样化需求相适配的发展模式。轨道交通方面,轨道交通制式较为单一。我国城市轨道交通以地铁为主导制式,2020 年地铁制式占全国轨道交通总里程的 78.8%(图 2-7-11)。与国际大都市区相比,都市圈层面大容量、高效率的市郊铁路/区域快线发展不足。以北京市为例,轨道交通以普速地铁为主,平均旅行速度为 30～40 公里/小时,长距离出行效率低,30 公里圈层轨道交通出行时间约为国际城市的 2 倍,无法满足都市圈范围内的快速出行需求。公共汽电车方面,现状公共汽电车服务供给大部分仅满足基础保障型服务需求,按照固定网络、定时定线运行的传统运营服务模式无法为出行者提供多样化服务,导致公共汽电车服务愈来愈难以与小汽车竞争,吸引力每况愈下。

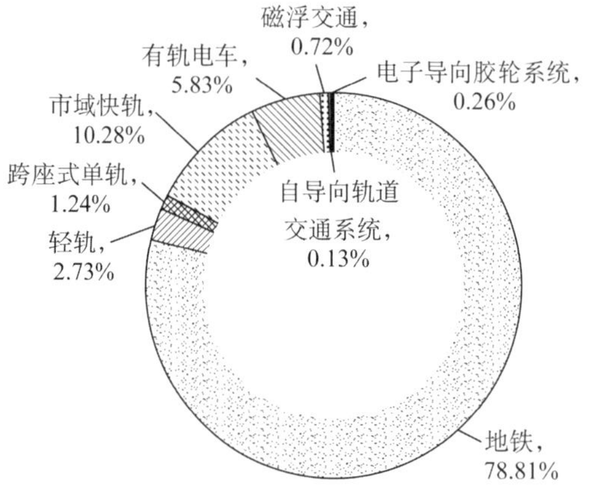

图 2-7-11　2020 年我国城市轨道交通系统制式里程比例

(4) 公共交通发展高度依赖政府投入,投资补贴逐年加大,财政的可持续性问题突出

当前,轨道交通建设投资大,公共汽电车政府补贴负担逐年加重,公共交通系统票价收入远不足以抵销成本支出,地方财政支出长期压力不可忽视。以北京市为例,每年新增轨道交通线路 40 公里,按每公里 8 亿～10 亿元的造价计算,建设成本高达三四百亿元,且政府每年还要支出大量运营补贴,如图 2-7-12 所示,公共汽电车政府补贴由 2008 年的 72.5 亿元增至 2020 年的 163.9 亿元。高额补贴的背后,是绝大多数的国有公交企业长期受传统经营观念与体制的束缚,加之经营服务市场缺少竞争环境,养成事事依赖政府的经营惰性,渐渐丧失主动拓展客运市场空间的积极性,以致政府部门提供公共服务的能力与社会实际要求之间不平衡的矛盾日趋尖锐[2]。

未来,公共交通将面临着建设成本和大规模的维修成本、改造成本的叠加,如何发挥市场配置资源优势,在高额的建设和运营成本下支撑城市经济的可持续发展,是公共交通发展面临的巨大挑战。

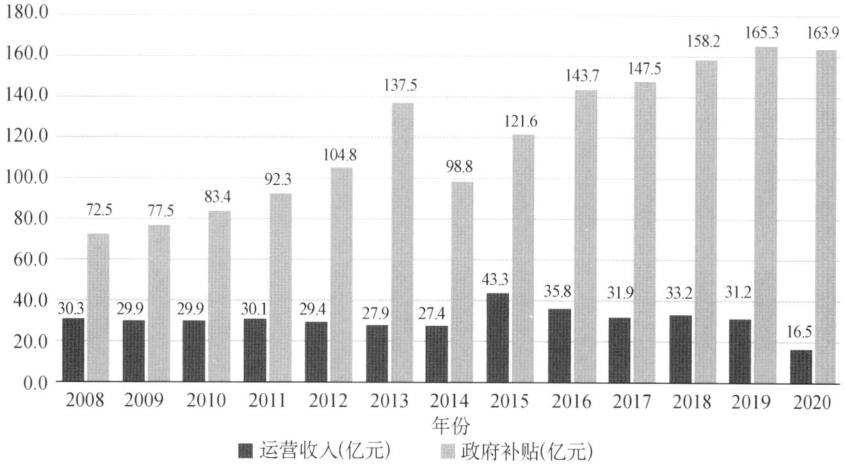

图 2-7-12　北京市 2008—2020 年公共汽电车系统运营收入与补贴情况

二、城市公共交通发展面临的新形势

1. 人民对美好生活的向往，城市交通需求特征发生显著变化

1) 人的生活质量提升带来的交通需求

回归到城市居民基本出行需求，即要求居民日常通勤需求时间控制在合理的限度，进而保证居民生活质量。马尔凯蒂定律指出，无论交通系统变得如何四通八达，平均通勤时间依然基本稳定在约 1 小时。根据北京市调研可知，45 分钟的地铁内通勤时间是北京居民可忍受通勤时间的最大值。我国部分特大城市居民的通勤时间明显过长，并且还呈现继续增长的态势，超长通勤现象十分突出，严重影响居民的生活质量。以济南市为例，2004 年超过 80% 的通勤出行时耗在 30 分钟以内，而 2013 年该比例下降到 52.5%（图 2-7-13）。同时，居民生活休闲出行的便利性也是影响居民生活质量的重要因素。通常而言，生活出行时耗应该在满足基本需要的前提下越短越好，一个社区的尺度通常是 10～15 分钟的出行距离，如果基本生活服务要在社区以外才能获得，则该区域内的居民基本生活服务便利性较差。

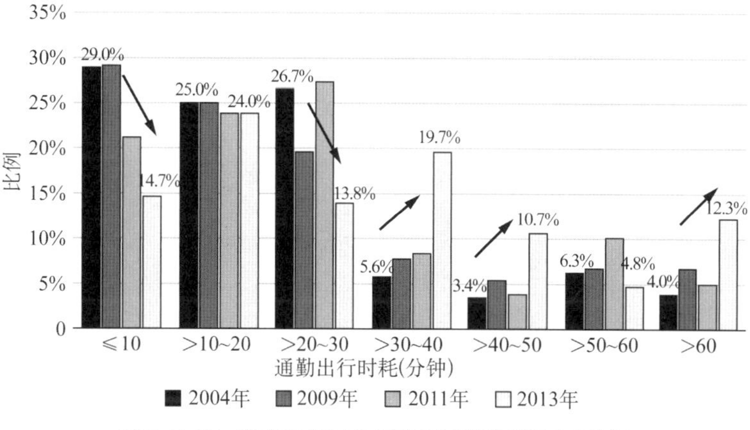

图 2-7-13　济南市 4 次居民出行调查通勤时耗分布特征

此外，居民活动需求呈现升级趋势。即伴随着生活水平从温饱向小康迈进，人民群众的出行目的日益多元化，城市交通要从满足基本出行向提供快捷、高品质的交通服务转变。国内外典型城市出行需求总体呈现通勤出行比例下降、生活类弹性出行比例升高的特征，如图 2-7-14 所示。数据表明，通勤出行比例下降至 50% 以下，在 40%～50% 波动。而与通勤、生活出行相比，闲暇时间的交通需求更加重视舒适性、安全性、个性化、可达性和体验性等交通服务的品质高低。

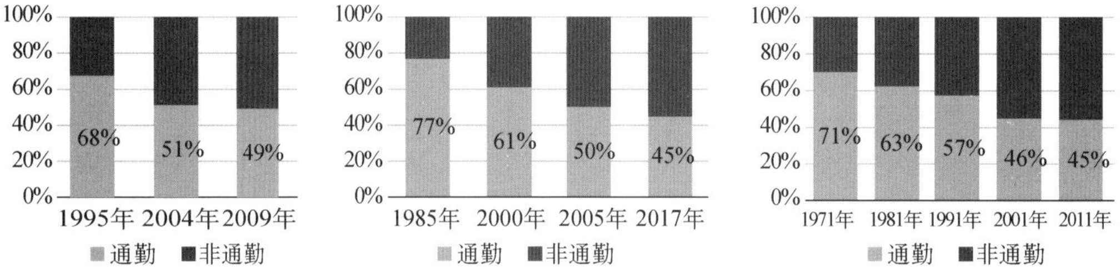

(a) 上海 (b) 北京 (c) 伦敦

图 2-7-14 上海、北京、伦敦出行目的变化情况

资料来源：根据《上海市综合交通运行年报》《北京市交通发展年度报告》《伦敦出行调查报告》（*Travel in London Reports*）整理。

2）支撑城市空间高效组织的交通需求

随着都市圈不断发育，中心城市的辐射能力日益增强，跨行政区的交通需求日益增长，亟须优化都市圈交通资源跨界配置。当前城市交通治理过于倚重行政边界，进而造成跨界瓶颈。而中心城市与其毗邻地区由于功能联系紧密而自发形成的都市圈结构是强化城市群网络体系、提升竞争力的关键。弥合城市之间的交通割裂，需通过政府力量和市场力量的交织，推动交通共联、市场共构、环境共保等多方面联动合作，从而实现生产要素高效运转和资源合理配置。以居住在廊坊到北京通勤人员的时空分布为例，早晚高峰时期形成清晰的跨行政边界出行现象（图 2-7-15）。

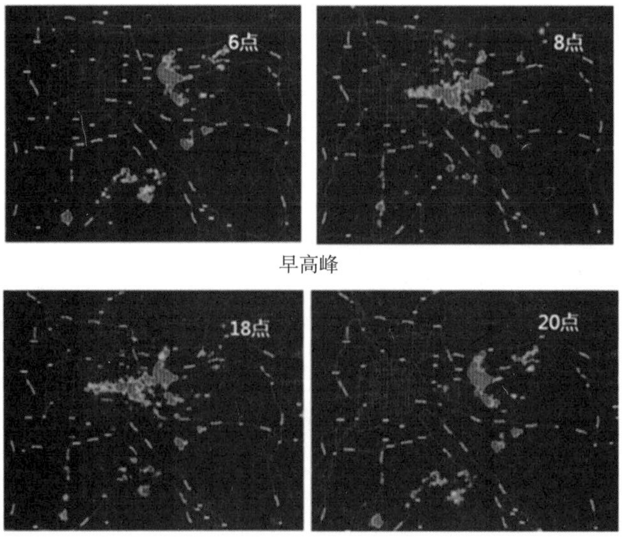

晚高峰

图 2-7-15 居住在廊坊到北京通勤人员的时空分布

同时，城市群已成为支撑世界各主要经济体发展的核心区和增长极，城市交通质量的高低直接关系到整个城市群的发展效益和综合水平。城市群交通每个层次都具有不同的特点和主要矛盾。区域/城际交通服务于区域性社会经济、相对独立的体系化运输组织，强调移动效率，支撑城市群的社会经济联系。都市圈交通服务于以城市建成区为核心的跨行政区域的交通联系。而城市交通是城市群交通的终端环节，服务于行政区内部、高密度聚集、多种方式衔接的交通体系，重点服务人的出行需求，集中体现城市群内部各级节点之间社会经济互动的价值。

随着国家综合交通体系的完善，城市群之间以及城市群内部资源要素的流动更加便利，枢纽的作用也更加突出，亟须强化枢纽城市的交通中心性。城市交通将出行的起终点与对外交通枢纽紧密连接在一起，进而支撑城市群经济运行和空间组织。而枢纽经济的强大服务能力重塑了城市群发展的格局，推动城市由“门户”向“客厅”转变。以郑州为例，“一带一路”打通了西向物流通道，作为内陆地区中心城市，依托航空、铁路等交通方式打造交通枢纽城市，完善枢纽功能，以物流带产业、以枢纽聚产业，成为新的物流中心和经济中心，如图 2-7-16 所示。

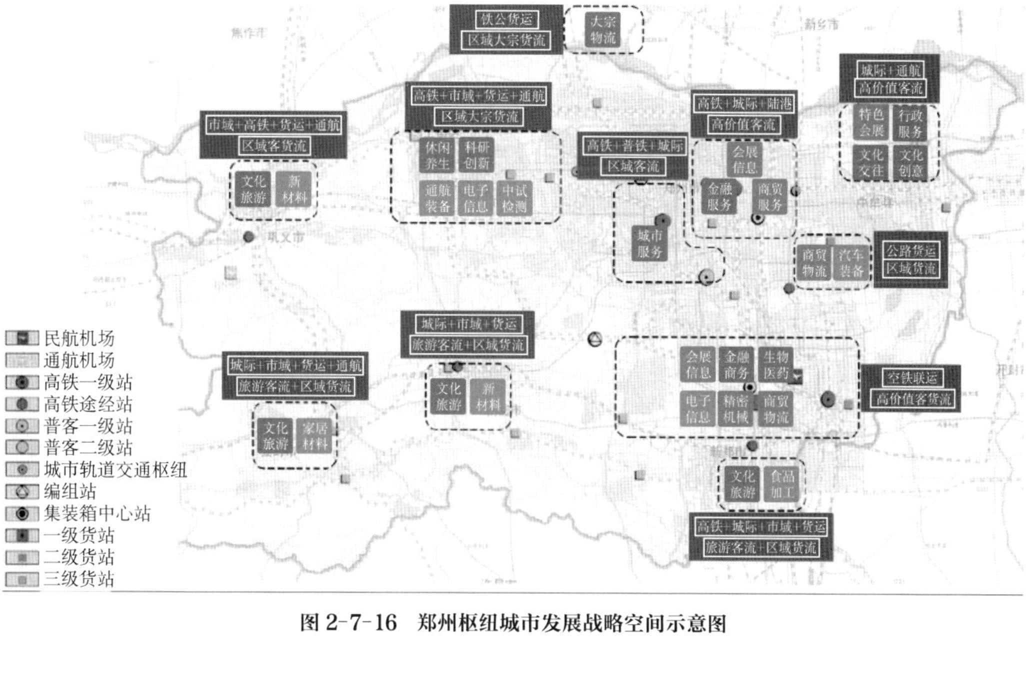

图 2-7-16　郑州枢纽城市发展战略空间示意图

3) 适配不同社会群体的多元化交通需求

随着我国经济社会的不断发展，中等收入群体规模持续扩大，将极大地促进经济可持续发展，进而衍生新的交通需求。简单来说，中等收入群体消费需求将带动城市交通服务供给模式的升级，即从单一、固定、有限的交通供给转向多元、定制、弹性的供给模式，不仅要满足数量需求，更要注重质量提升。

同时，老龄化是未来城市交通面临的新难题，我国当前适老交通体系建设滞后。据世界卫生组织预测，到2050年我国或有35%的人口超过60岁，成为世界上老龄化最严重的国家之一。相较于以往，老年人的出行意愿更加强烈，也愈发凸显适老交通体系建设的滞后。例如，城市整体步行环境差、过街通道安全性不足，公共交通车站覆盖率低、发车间隔长等问题无法满足老年人出行需求。

此外，交通公平性是未来城市交通发展的重要课题之一，保障弱势群体出行实质上是社会包容性发展的需要。低收入群体与高收入群体在出行方式及交通可达性等方面存在明显的不平等，前者出行多依赖于公共交通和非机动车，后者则拥有多元选择。以西安市为例，如表2-7-1所示，低收入群体日均出行次数为2.46，少于高收入群体日均出行次数。因此，针对出行劣势，要求城市交通系统具有更强的包容性，在公共交通设施规划建设过程中兼顾效率与公平，保障人人享有可承受的基本交通服务。早在2006年，可达性规划评价就已成为英国地方交通规划的法定内容。

表2-7-1 西安市不同收入家庭出行指标对比

家庭分类	日均出行次数（次/天）	平均出行距离（公里）	平均出行时耗（分钟）
低收入	2.46	4.0	35
中等收入	2.53	4.8	35
高收入	2.58	5.5	34

2. 碳达峰、碳中和的影响

2020年9月，习近平主席在联合国大会一般性辩论上说："中国将提高国家自主贡献力度，采取更加有力的政策和措施，二氧化碳排放量争取2030年前达到峰值，努力争取2060年前实现碳中和。"如今"碳达峰""碳中和"相关工作不仅是2020年中央经济工作会议确定的2021年重点任务，同时也已被写入国家"十四五"规划。2021年4月26日，习近平主席在领导人气候峰会上明确提出共同构建"人与自然生命共同体"。中国作为负责任大国和"碳中和"理念的重要倡议国，将在人与自然生命共同体理念的指引下，利用本国在相关领域的技术和产业优势，提出中国方案，推动全球能源治理的有序变革，将绿水青山、金山银山一并留给子孙后代。

交通领域碳达峰是一项系统工程，涉及航空、航海、铁路、管道、社会交通等多个行业，需要从优化能源结构、优化交通方式结构、优化供给结构、推广新技术新模式等多方面形成组合拳，需要全社会的共同努力。具体要求包括以下四个方面。

(1) 城市客运交通应始终贯彻绿色优先和公交优先。要按照城市性质和规模，建立提倡绿色出行、提高自行车服务能力、鼓励并支持步行实现基本生活保障的城市公共交通服务体系。超大、特大城市应统筹轨道、公共汽电车、出租汽车及公共自行车协同发展，建立以轨道交通为骨干、公共汽电车为支撑、出租汽车为辅助的机动化公交服务体系。大城市应坚持发展公共汽电车为骨干的城市公共交通服务体系。

(2) 针对当前各城市面临的公交建设投入逐年上升但公共汽电车客流分担比不断下降的尴尬局面，应重点研究如何激励出行者选择绿色低碳的出行方式。可从丰富供给和严格管理两方面双管齐下：①丰富公共汽电车产品的供给，提高公交吸引力。随着各大城市轨道网络的完善，公共汽电车已不是居民公交出行的唯一选择，常规的公共汽电车若定位不清，极易导致客流的下降。新冠肺炎疫情的影响也衍生出居民对小型化、定制化公交的需求，未来公共交通产品的供给只有灵活地适应和响应市场需求，方能留住公交客流。目前各城市在探索常规公共汽电车产品方面均有一定的经验，如北京的 MaaS、上海的需求响应式公交、厦门的灵活公交等，未来还需进一步整合实践成果，深化研究，形成共识。②从源头出发，引导居民出行习惯向绿色化倾斜。以碳交易为契机，通过将碳市场交易转化为个体激励，建立基于市场机制的绿色出行可持续激励新模式，从源头上改变居民的出行习惯，激励居民选择绿色低碳出行方式。未来将碳排放与既有的交通规划和政策紧密结合，辅以经济措施的引导和激励，预计还将释放更大的潜力和价值。

(3) 计算方法的统一和评价标准的修正是实现交通"双碳"目标的基础。①交通能耗碳排放量化方法亟须统一。目前国内外学术界和工业界所采用的量化测算碳排放的方法有十余种，总体流程可分为从上部行业数据统计出发的自上而下的计算体系及从人口和出行结构出发的自下而上的计算体系。这些方法的应用前提、优势劣势、结果精度等各不相同，导致评判维度不统一，城市之间可比性差，因此当前亟须寻找一种适合中国特色的具有普适性的计算方法，以统一评价基础。②公交都市考核评价指标体系有待修正。现有公交都市考核评价指标体系中，公共交通包括公共汽电车、轨道交通、城市轮渡等，不含公共自行车、出租汽车。这一定义不能覆盖当前社会上衍生的多样化的公共交通产品，在新发展格局下，城市公共交通优先要求公交产品必须增加多样性。公交都市的考核评价指标体系也应随着公交定义的转变而进行相应修正。要因地制宜重新审视公共交通的定义和制度设计。将城市发展中多样化的公共交通产品统一纳入城市公共交通。组建统筹全市公共交通资源管理的实体平台，创新一站式公共交通出行服务，鼓励公共交通各种信息化服务体系的建立。

(4) 当前城市建设由增量发展进入存量发展阶段，要求思维方式相应转变，绝对不能用增量发展阶段的思维方式解决交通问题。①对轨道交通建设的反思。高效节能的公共交通才是低碳的交通方式。当前各大城市都在大力建设轨道，但即使在广州，轨道交通也不如常规公共汽电车节能，北京、上海已有探索也表明，存在轨道交通运营能耗效率不如公共汽电车、小汽车的现象。因此，实施公交优先要改变当前各大城市重轨道、轻公共汽电车和辅助公交的局面。城市公共交通发展应从原来的重视基础设施网络向更加强调功能网络的联系转变。②对城市通勤圈不断扩大的反思。无论从国家"双碳"目标的实现还是从满足出行者的心理需求考虑，建立城市 45 分钟通勤圈和 15 分钟生活圈是城市交通规划的终极目标。公共交通特别是城际轨道交通应合理引导城市或城市群空间形态的塑造，以通过紧凑的空间组织有效引导低碳生活方式。

3. 新技术的影响

信息技术、智能技术、能源技术、新材料与先进制造等是新一轮科技革命的重点领域，对未来交通运输领域产生深远影响，将衍生一系列交通新科技。2019 年《交通强国建设纲要》提出加速新业态新模式发展，大力发展共享交通，打造基于移动智能终端技术的服务系统，实现出行即服务；大力发展智慧交通。推动大数据、互联网、人工智能、区块链、超级计算等新技术与交通行业深度融合。

新一轮科技革命的背景下，城市公共交通系统面临着机遇与挑战。一是在 MaaS 快速发展背景下，各交通方式之间的规划、建设、监管、运营服务壁垒将全面打通。二是新技术带来的交通系统一体化将与多元化发展并存，要求交通行业体制和市场机制继续深化改革，面向国家治理现代化要求，以大数据分析为技术支持，创新构建政府监管—市场创新—社会消费的新型治理模式和治理绩效评估体系。三是公交优先战略实施路径将迎来更加多元的选择。自动驾驶、共享交通、电气化三大技术融合将为交通组织模式变革带来更多可能，包括更加灵活的空间资源配置和运营组织模式、网络化和一站式的出行服务等。

未来城市公共交通在新技术的影响下，呈现四化发展特征：

(1) 载运工具电动化：推动城市公共交通工具全部实现电动化、新能源化和清洁化。

(2) 基础设施网联化：公交设施车路、车站、车车信息交互，车路云一体化。

(3) 车流管控智能化：车辆运行生态智能驾驶，管控策略协同智能化。

(4) 运输组织精细化：车型匹配、公共电车有序充电、需求响应式公交等运输组织精细化。

第三节　公共交通优先发展关键问题的反思和讨论

我国城市公共交通发展成绩显著，同时也面临诸多问题。反思过去的发展，对于公共交通及公交优先发展的若干问题，仍存在模糊不清的理解甚至是误区，缺乏统一认识，影响了公交优先战略的实施效果。同时，面向新时期和新发展形势，公共交通发展也面临着发展理念和发展模式的创新。

一、关于城市公共交通优先发展战略内涵

城市公共交通优先发展战略内涵认识的不一致，仍然是城市公共交通发展中的突出问题。《中国城市公共交通优先发展战略——内涵、目标与路径》一书中明确指出，“城市公共交通优先发展是在城市行政区域里，通过优先配置资源，构建适应市场机制、政府调控监管的、符合当地经济社会发展阶段、由多种类型企业等经营机构提供均等和高效的公共服务的公共交通体系，引导出行者优先选择，引导城市集约利用土地和节约能源、保护和改善人居环境”。

1. 公共交通方式如何界定

根据《交通运输部关于印发〈公交都市考核评价指标体系〉的通知》(交运发〔2013〕387号)，城市公共交通定义为“在城市人民政府确定的区域内，利用公共汽电车、轨道交通车辆等公共交通运载工具和有关设施，按照核定的线路、站点、时间、票价运营，为社会公众提供基本出行服务的社会公益性事业”。司法部 2019 年发布的《城市公共交通管理条例(征求意见稿)》中提出“本条例所称城市公共交通，是指在城市人民政府确定的区域内，利用公共汽(电)车(含有轨电车，下同)、城市轨道交通系统和有关设施，按照核定的线路、站点、时间、票价运营，为公众提供基本出行服务的活动”。按照该定义，通勤班车、校车、需求响应式公交、公共自行车、出租车及网约车等客运方式均不属于公共交通体系。

新发展阶段，在满足城市居民基本出行需求的基础上，居民活动需求的升级趋势不容忽视，按照固定网络、定时定线运行的传统运营服务模式越来越无法为出行者提供多样化服务。

上文中的定义过于强调公共交通的社会公益性和社会基本出行保障服务，未给予日益增长的非公益性公共服务市场需求应有的重视。

同时，新一代信息技术的不断渗透，正在不断打破传统交通的行业边界，例如信息技术与无人驾驶技术的引入，将改变集约型运输服务系统传统固有属性，使集约化运输方式不再排斥个性化实时响应服务需求。美国共享出行中心（Shared-Use Mobility Center）的 Sharon Feigon、Colin Murphy 在其研究报告《共享出行和公共交通的转变》（*Shared Mobility and the Transformation of Public Transit*）中对共享出行作出如下定义：共享出行是多个用户均能使用从而实现不同出行目的的交通服务，包括共享自行车、共享汽车、微型响应式公交、顺风车、拼车、网约车、通勤班车以及传统的公共交通、出租车和其他车辆的租赁等。这一概念将传统的公共交通方式纳入共享交通的内涵中（图 2-7-17）。在此背景下，需要进一步探讨公共交通概念的拓展问题。

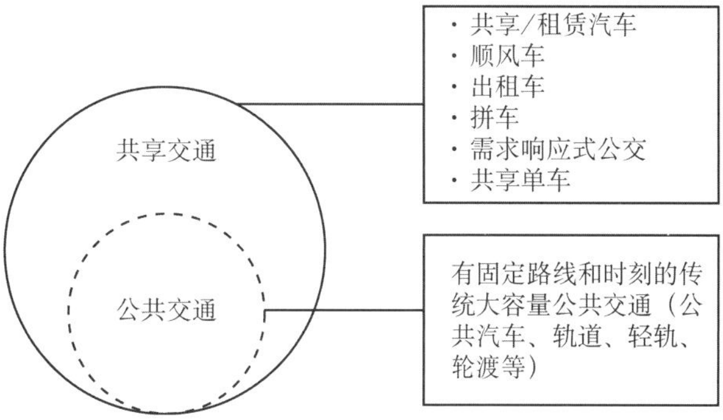

图 2-7-17　共享交通和传统公共交通概念示意图

2. 公交都市还是都市公交

在公交都市建设过程中，2013 年，交通运输部制定了《公交都市考核评价指标体系》，共设置指标 30 个；2022 年，交通运输部制定了《国家公交都市建设示范工程管理办法》，包括《国家公交都市评价指标体系》，共设置指标 20 个，如表 2-7-2 所示。对于考核指标而言，重点强调了公共交通机动化出行分担率、公共汽电车线路网比率、公共交通站点 500 米覆盖率、万人公共交通车辆保有量、公共交通正点率等公共交通设施供给的指标，一定程度上存在把公共交通优先发展等同于城市公共交通基础设施建设优先的思想。

表 2-7-2　公交都市考核评价指标

序号	2013 年指标	2022 年指标
1	公共交通机动化出行分担率	城市公共交通机动化出行分担率
2	公共汽电车线路网比率	—
3	公共交通站点 500 米覆盖率	城市公共交通站点 500 米覆盖率
4	万人公共交通车辆保有量	万人城市公共汽电车保有量
5	公共交通正点率	城市公共交通正点率
6	早晚高峰时段公共汽电车平均运营时速	早晚高峰时段城市公共汽电车平均运营时速

(续表)

序号	2013 年指标	2022 年指标
7	早晚高峰时段公共交通平均拥挤度	早晚高峰时段城市公共交通拥挤度
8	公共交通乘客满意度	城市公共交通乘客满意度
9	公共汽电车进场率	城市公共汽电车进场率
10	公交专用车道设置率	城市公交专用道设置率
11	绿色公共交通车辆比率	—
12	公共汽电车责任事故死亡率	城市公共交通行车责任事故死亡率
13	轨道交通责任事故死亡率	
14	城乡客运线路公交化运营比率	—
15	公共交通运营补贴制度及到位率	城市公共交通运营补贴补偿到位率
16	公共交通乘车一卡通使用率	—
17	公共交通一卡通跨省市互联互通	—
18	公共交通智能化系统建设和运行情况	—
19	城市公共交通规划编制和实施情况	—
20	建设项目交通影响评价实施情况	—
21	公共交通出行分担率(不含步行)	—
22	公共交通人均日出行次数	—
23	公共汽电车线路网密度	—
24	公共汽电车平均车龄	—
25	公共交通投诉处理完结率	城市公共交通投诉处理完结率
26	公共汽电车车均场站面积	—
27	公共汽电车港湾式停靠站设置率	城市公共汽电车港湾式停靠站设置率
28	公交优先通行交叉口比率	—
29	公共交通职工收入水平	城市公共交通企业职工工资收入水平
30	公共交通优先发展配套政策制定情况	—
—		城市公共汽电车来车信息实时预报率
		新增和更新新能源城市公共汽电车比率
		新增和更新低地板及低入口城市公共汽电车比率
		无障碍城市公共汽电车站台设置率
		绿色出行比例

根据罗伯特·瑟夫洛(Robert Cervero)对“公交都市”的定义,公交都市的本质是城市发展模式和交通发展模式的融合。罗伯特·瑟夫洛提出了“公交都市”的四种类型,即具有适应能力的城市(Adaptive Cities)、具有适应能力的公共交通(Adaptive Transit)、强中心城市(Strong-Core Cities)、混合型具有适应能力的城市和公共交通(Hybrids: Adaptive Cities and Adaptive Transit)[3]。而我国城市形态问题复杂得多。但从本质上讲,公交都市实际上是城市的一种发

展模式，单纯地从公共交通系统着手并不能真正建成公交都市。同时，建设公交都市不能仅依靠基础设施规模的扩充，核心是要提升公共交通的吸引力，特别是相对于小汽车的竞争力，使公共交通真正成为市民优先选择的出行方式。

可持续城市交通战略的核心思想是更加关注可达性与生活品质，同时注重交通对经济活力、社会公平、环境质量的影响。当前公交都市考核指标过分关注于公共交通体系自身的设施及运行层面，缺乏和城市空间、土地利用、经济社会环境融合等方面的内容。国际城市公共交通发展目标、指标设置不局限于交通自身的相关指标，更加关注交通对经济、社会、环境等方面的影响，同时将交通的可达性/出行时间作为关键指标。如伦敦提出了“45 分钟出行时间内，公共交通所能达到的就业岗位数量”，纽约提出“居民乘坐公共交通工具平均 45 分钟通勤距离以内的就业岗位数”“45 分钟通勤距离内的居民占全部居民比例”，均突出了就业岗位的可达性及选择就业机会的空间公平性，体现了以人为本的导向。新加坡在交通指标设置过程中同样强调了交通的可达性和出行时间，2013 版《新加坡陆路交通总体规划》提出“2020 年，85％的通勤者能够在 60 分钟内完成行程”以及“2030 年，80％的家庭从其住处步行不到 10 分钟即可到达轨道站”。2019 年发布的《新加坡陆路交通总体规划 2040》提出“20 分钟市镇、45 分钟城市”的目标，即到最近邻里中心的行程，能在 20 分钟时间内通过“走、骑、搭”方式完成；高峰时段 90％的行程能在 45 分钟时间内通过“走、骑、搭”方式完成。新加坡希望交通系统的整体提升能帮助通勤者平均每天高峰时段出行节省 15 分钟。因此，应回归城市交通组织城市可持续运行及满足人民美好生活需要的定位，探索完善现行的公交都市考核评价指标体系。

3. 仅靠公交优先就可以改善出行结构吗

公交优先是战略目标还是改善出行结构的策略手段？是否只要坚持公交优先，就可以实现出行结构优化？实践证明，仅靠公交优先来优化调整出行结构是不可能的。如部分城市在公共交通优先发展过程中，尚未统筹公共交通与小汽车交通、步行及自行车交通的竞争和协作关系。一方面努力推动公共交通发展，另一方面对小汽车出行需求缺乏强有力的调控和引导，甚至在坚持实施“公交优先”的同时，坚持以“治堵”的名义，不断扩充小汽车通行空间，改善小汽车出行条件，不惜挤占行人和自行车通行空间，导致公交优先发展成效被抵消。

同时，也应当注意到，公共交通分担率的提升并不是唯一目标，也并非所有城市和地区都要依靠公交优先来解决城市交通问题。城市形态、密度和交通模式之间具有极大的关联性：人口密度较低的美国、加拿大、澳大利亚等国家的城市，小汽车为主要的交通方式；人口密度适中的欧洲城市以轨道交通、私人小汽车和小型公交等混合交通方式为主要交通方式；人口密度较高的亚洲城市则大多以轨道交通为主要的交通方式（图 2-7-18）。在同一个城市内部看，公共交通出行往往呈现“内高外低”的特征、小汽车出行呈现“外高内低”的特征，即高密度地区需要大运量交通方式支撑，相反，对于低密度的地区，采用常规的固定式公共交通运营模式在经济上是不可行的，小汽车可能更合适。同时，对于规模较小的城市，步行和自行车交通有较大的发展潜力。因此，不存在通用的交通发展模式，应鼓励不同规模、形态和发展阶段的城市因地制宜地探索发展路径。应以不同时空的出行需求特征为依据，发挥公共交通、小汽车、步行和自行车等各种交通方式的比较优势，各定其位、各尽其能、各得其所。

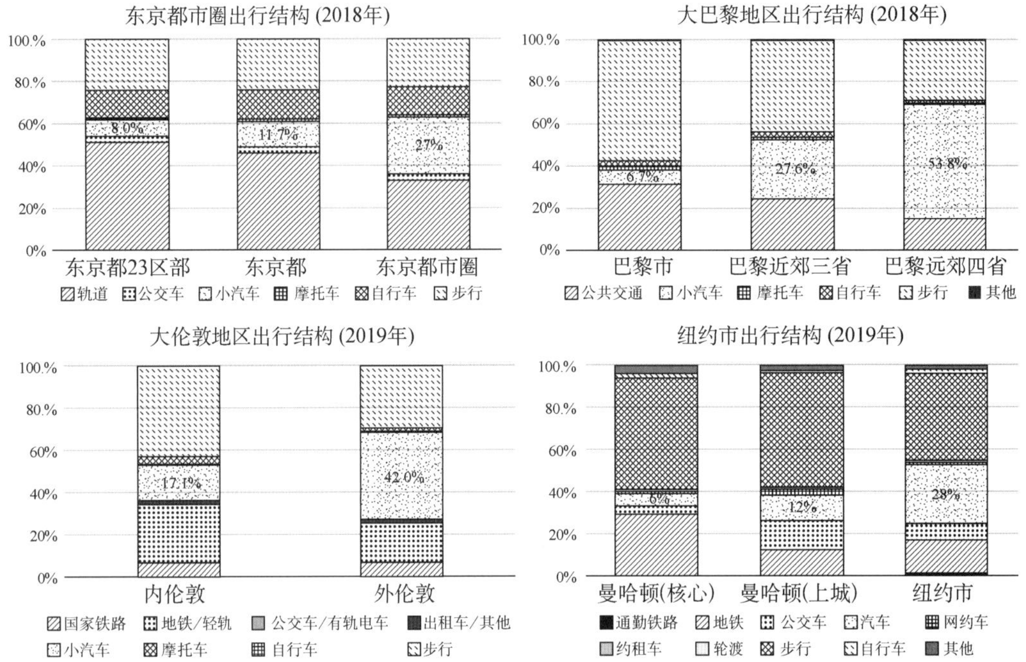

图 2-7-18　国际城市不同地区的出行结构

4. 如何对公共汽电车进行重新定位

受轨道成网运营、交通新业态蓬勃发展、新冠肺炎疫情等诸多因素影响，近些年公共汽电车客流呈现下降的趋势，如何对公共汽电车的功能进行重新定位也是需要考虑的问题。目前各城市也已有探索实践，如北京发布的《北京市地面公交线网总体规划》中，提出要以协同发展为方向调战略，处理好地上与地下的关系。要在提高公共汽电车、轨道两网的融合度上下功夫，调整公共汽电车的发展战略，实现公共汽电车网和轨道网协同发展，逐步形成以轨道为骨干，公共汽电车为支撑的公共交通服务体系。

首尔在公交改革过程中按功能类型和服务区域对公共汽电车进行了重组，将其划分为干线公交、接驳公交、跨区公交和循环公交，其中，干线公交填补轨道交通无法到达的区域；接驳公交连接轨道交通车站和附近的出行发生/到达区域；用跨区公交连接市区与市郊；用循环公交完成高出行区域的内部出行。这种线网结构可以尽量避开公共汽电车线路与轨道线路的重合，最大程度地发挥公共汽电车线路的机动性和灵活性，提高轨道交通与公共汽电车之间的补充与协作，同时缩短大部分线路的运营里程，有助于提高发车频率和正点性。

再以东京都市圈为例，东京作为典型的"轨道上的"城市，轨道在都市圈范围的出行分担率高达 33%，公共巴士的出行分担率常年稳定在 3% 左右。东京都市圈的地面公交网络密集，多围绕轨道路线拓展和延伸，主要作用是接驳轨道和郊区日常出行。若按照东京的发展模式，公共汽电车更应该追求覆盖率，而不是速度和容量，因此，应重新审视公共交通的客运量、分担率等指标，更加重视覆盖率，可达性等指标，为城市居民出行提供基本保障，为轨道等骨干公交提供客流集散的功能。

二、关于城市公共交通的可持续发展

面对当前各城市公共建设投入上升但公交客流分担比下降的局面，公共交通的可持续发展问题亟待解决。

1. 如何形成公共交通引导城市发展的格局

超大、特大城市的城市轨道交通设施经历了由线到网的发展历程，初步形成了与城镇化地区相互协调的城市轨道交通系统，但现阶段我国城市公共交通与城市发展融合度较低，公共交通与城市发展不协调仍是突出问题，是导致公共交通客流效益低、吸引力不足的根源。以北京市为例，虽然其轨道里程已经达到 1 000 公里以上（含市郊铁路），但轨道交通实际服务人口（新冠肺炎疫情前每天乘坐轨道交通的人数）仅约 370 万，重要的原因之一是城市土地开发与轨道交通线路的结合度不高。体现在：轨道交通对重点区域的支撑力度不足；轨道交通沿线对城市居住人口及岗位的聚集作用不足，根据《2022 年度中国主要城市通勤监测报告》，2021 年北京轨道 800 米覆盖通勤人口比重仅为 21%；根据规划研究部门数据，中心城区 46% 的站点 300 米范围毛容积率在 1.0 以下；新城集中地区 68% 的站点 500 米范围毛容积率在 1.0 以下。

如果公共交通发展只是比拼速度和规模，不能与城市功能紧密结合，将难以发挥公共交通的优势，降低小汽车出行依赖，城市公共交通还可能因为客流不足或者运营效率不高而成为城市经济可持续增长的包袱。日本东京、中国香港等高密度大城市都非常重视轨道交通对城市发展的引导作用，注重对轨道交通车站及沿线周边的土地进行综合开发，从而避免城市的无序蔓延。东京的轨道交通与城市发展紧密结合，城市建成区多沿铁路线和站点扩张，站点周边实施高强度开发，增强了城市承载力和活力，也为轨道交通带来客流和效益。东京的都心和副都心绝大部分都是围绕已有的综合交通枢纽进行规划和建设，以促进土地的集约利用及周边土地的综合开发，通过综合枢纽来带动土地价值的提升和地区经济的发展。东京站、新宿站等重要综合交通枢纽周边建筑容积率都超过 10，且融合商业、办公、休闲娱乐等多种功能，满足多样化出行需求。经过多年的发展，新宿、涩谷、池袋、品川等综合交通枢纽周边已经成为东京最具活力和商业价值的地区。从国际经验看，城市更新是实现站城融合发展的重要的历史机遇，如伦敦以轨道交通线路为骨架，划定“机遇性增长区域”进行城市更新；日本将轨道交通重要站点及周边地区指定为“都市再生紧急整备地区”，享受规划、财政、金融、税制等方面的支持政策。

实施 TOD 战略，不仅是技术问题，还需要研究多元主体协同的规划、政策、技术、体制机制等，进而实现法律、政策层面的重大突破，同时也要建立城市用地与公交协调性的量化评估方法。公共交通可达性水平（Public Transport Access Level，PTAL）算法作为 TOD 理念指引下的量化分析工具，在世界范围内获得了广泛研究和应用。可达性构建了交通系统与土地利用间联系的桥梁，如在伦敦交通规划中，分析交通基础设施和服务作用的重要方法就是可达性。使用可达性分析的主要目标是：识别因交通改善而得益的区域；更好地了解新公共交通线路、车站和道路规划的影响；识别医院、影剧院等公共服务建筑的最佳选址以便居民使用；了解伦敦的哪些地方更适合居住和办公开发；对不同区域的停车配建指标高低提出建议。在新时期国土空间体系和城市治理模式下，可达性分析技术作为一种可分析、可对比、定量化的测度城市用地与公交发展协调性的工具，将发挥越来越重要的作用，在各类国土空间规划编制和评估监测中有着广泛的应用潜力。

2. 如何处理好公交优先与私人机动车发展的关系

与发达国家对比，当前我国汽车产业市场尚未饱和(图 2-7-19)，我国仍处于机动化快速发展阶段。在畅通国内大循环、促进消费的背景下，近年来中央、国务院多个文件明令规定释放汽车消费潜力、因地制宜逐步取消汽车限购、支持购置新能源汽车等。在此背景下，发展城市公共交通与降低私人机动车使用强度，共同推动城市高质量发展，处理好拉动经济发展、满足美好生活需要和城市空间资源的矛盾是交通发展面临的重大挑战。

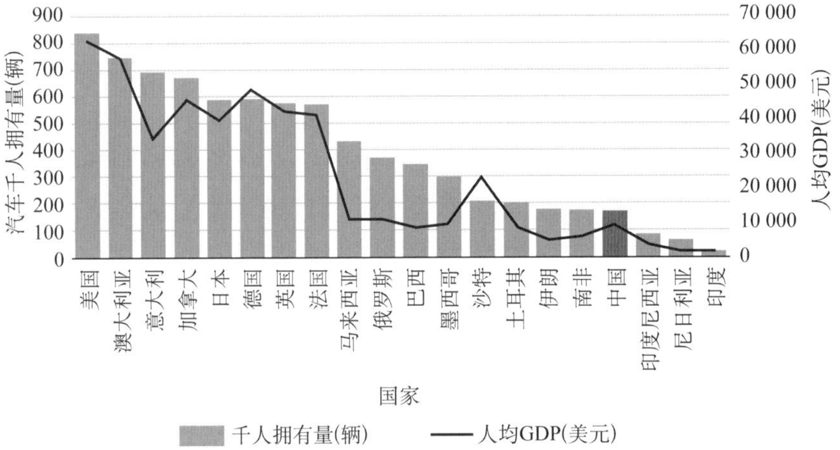

图 2-7-19 主要国家汽车拥有率与经济水平的关系

对比北京(面积 1.64 万平方公里，人口 2 188.6 万)和东京都市圈(面积 1.36 万平方公里，人口 3 693.9 万)的机动车保有量，北京机动车保有量 685 万，中心城区机动车保有量占全市近 60%；东京都市圈机动车保有量 1629 万，外围三县占比 73%。应合理定位小汽车在城市交通中的作用，既不能放任不管任其野蛮增长，也不能处处为难，拒绝使用。应根据城市特点和不同区域的交通承载能力，综合运用经济、法律、科技和必要的行政手段完善小汽车需求管理，引导小汽车合理保有和使用，这不只是技术问题，更是社会工程。美国电气与电子工程师学会(Institute of Electrical and Electronics Engineers, IEEE)预测，到 2040 年，全球上路的汽车总量中，75% 将会是无人驾驶汽车。有研究认为，无人驾驶汽车技术大规模普及之后，MaaS 将几乎完全取代现有的私人小汽车，新技术的发展能在多大程度上影响小汽车保有和使用习惯也是需要研究的问题。

3. 如何处理好政府调控和市场化机制的关系

中国城市公交发展模式曾经历政府与市场之间的摇摆。20 世纪 90 年代，中国城市公交采取完全放开的市场主导模式，导致企业片面追逐利益最大化、冷热线现象严重，公交服务的公益性无法实现。2005 年，《国务院办公厅转发建设部等部门关于优先发展城市公共交通意见的通知》提出“国有主导、多方参与、规模经营、有序竞争”的行业改革指导意见，但在随后各地政府推行的公共交通改革中，过多强调公益性而忽视市场机制作用，国有资本在公共交通经营中占绝对控制地位(特别在全国主要大中城市)，“国有主导”变成“国有垄断”。与此同时，政府实行财政兜底，而经营成本不断上升，补贴资金快速增长，财政负担日趋沉重，发展不可持续。此外，政府与运营企业关系不明确，政府给予财政扶持，却对企业提供的服务缺乏监督。

伦敦公共巴士实行“政府购买服务”和特许经营制度，通过招投标的方式选择每条线路的运营企业并给予特许经营权。成功竞标后，企业签订合同并获得对应线路的运营权。招标时，伦敦规定具体线路、站点站、运行频率和运营时间等要求，提出本次合同要求的最低绩效标准(Minimum Performance Standard, MPS)，企业需提交符合要求的标书，同时可在此基础上提出改善服务品质和体验的替代方案。伦敦公共巴士的特许经营合同采用“服务质量激励机制”，使得公交运营企业不需关注票款收入，而更加专注于运营服务。伦敦公交管理局利用大数据，严格考核运营企业的服务质量，定期向社会公布考核结果。其中，可靠性绩效奖励是服务质量激励条款之一。政府每年监测评估各线路的“等车可靠度指数”以评价公交服务质量：对于“高频线路”(全天发车间隔小于 15 分钟的线路)，等车可靠度指数指的是，由政府测算每年每条公交线路的乘客平均等车时间，再根据公交公司公布的计划运行间隔，计算平均乘客超额等车的时间。等车可靠度指数每减少 0.1 分钟，伦敦公交服务有限公司就向企业发放 1.5% 的奖金提成；每增加 0.1 分钟，就扣款 1%。对于“低频线路”(发车间隔大于 15 分钟的线路)，政府根据公交公司公布的运营时刻表测算每条公交线路的平均准点率，准点率每提高 2%，伦敦公交服务有限公司就向企业发放 1.5% 的奖金提成；每降低 2%，就扣款 1%。奖金和扣除款项的上限分别为合同价格的 15% 和 10%。

当前，地方财政负担问题已经提上日程，政府“不补不行，补得过多也不行”，怎么解开这个扣，既保障消费者权益，又具有财政可持续性，是亟须探索解决的问题。应当坚持政府调控监管和充分发挥市场机制作用的基本原则，坚持交通供给的公平与效率两大标准，确定政府、企业、社会、个人协同的责任关系，研究建立有效引导监管下的城市公共交通市场化运作机制，打造政府—企业—用户共建共享的多元一体化出行服务体系。借鉴英国的特许经营和强化合作伙伴制度，研究政府与城市公交企业间的特许经营制度，明确双方责权关系；研究建立科学合理的城市公共交通绩效补贴、票价动态调整机制；研究公共交通票款收入占公交运营总成本的合理比重，以及城市低收入家庭交通可支付能力。

4. 公共交通就是低碳的吗

城市交通领域“碳达峰”研究需要重点关注公共交通的绿色低碳发展，即公交系统能耗排放以及相应的公交结构优化问题，高效节能的公共交通才是低碳的交通方式。

考虑城市分区的公交运营效率与能耗碳排放水平，研究城市公共交通“碳达峰”问题，本质上是研究各交通方式在不同客流承载情况下的运营效率水平的差异。以 2019 年上海市轨道交通分区客流数据为基础，采用自下而上法测算地铁、常规公交以及小汽车的能耗强度和碳排放水平(表 2-7-3)，三点主要发现为：①轨道交通在不同城市区域客流强度差异大，其单位能耗和碳排放水平差异也较大；②比较轨道交通与常规公共汽电车的绿色低碳水平发现，轨道交通全市域的单位人公里能耗数值与常规公共汽电车接近；③比较公共交通与小汽车的绿色低碳水平发现，轨道交通即使在极端客流情况下，其单位能耗和碳排放水平均低于小汽车，但能耗强度非常接近临界值。随着机动车燃料百公里消耗指标逐年优化，城市公共交通将面临低碳运行的巨大挑战。公交系统能耗与碳排放测算结果反映出，公共交通尤其是轨道交通，并非本身是绿色经济的，受客流分布的空间不均匀性影响大。在城市郊区及毗邻区，轨道交通和小汽车的能源消耗水平接近[4]。

表 2-7-3　轨道交通、常规公交和小汽车的能耗强度和碳排放水平比较

<table>
<tr><th colspan="2" rowspan="2">轨道交通</th><th>客流强度（上客量）</th><th>客运周转量</th><th>运能投入</th><th colspan="2">能耗强度</th><th colspan="2">碳排放强度</th></tr>
<tr><th>万人/公里</th><th>万人公里</th><th>万客位公里</th><th colspan="2">克标准煤/人公里</th><th colspan="2">克二氧化碳/人公里</th></tr>
<tr><td>中心区</td><td>4 号线环线内</td><td>3.98</td><td>2 939</td><td>11 896</td><td>15</td><td rowspan="4">25</td><td>30</td><td rowspan="4">50</td></tr>
<tr><td>外围区</td><td>4 号线环线—外环</td><td>1.52</td><td>4 259</td><td>22 038</td><td>19</td><td>37</td></tr>
<tr><td>郊区</td><td>外环线外</td><td>0.63</td><td>2 358</td><td>15 230</td><td>24</td><td>48</td></tr>
<tr><td>毗邻区</td><td>11 号线花桥段</td><td>0.42</td><td>16</td><td>180</td><td>42</td><td>83</td></tr>
<tr><td colspan="5">公交汽车</td><td colspan="2">28</td><td colspan="2">87</td></tr>
<tr><td rowspan="2">小汽车（含出租车、网约车）</td><td>低目标</td><td colspan="3">平均每百公里油耗 8 升</td><td colspan="2">平均载客 1.5 人，58</td><td colspan="2">平均载客 1.5 人，169</td></tr>
<tr><td>高目标</td><td colspan="3">平均每百公里油耗 6 升</td><td colspan="2">平均载客 1.5 人，44</td><td colspan="2">平均载客 1.5 人，128</td></tr>
</table>

数据来源：《上海绿色交通发展年度报告 2020》《乘用车燃料消耗量限值》（GB 19578—2014）。

三、信息化时代公共交通发展模式的探索

MaaS 作为新型交通供需关系的组织者，将引领新一轮的出行革命。在深刻理解公众的出行需求的基础上，通过数据来改变和优化整个出行服务，实现多种交通模式的高度整合，将对用户的出行体验、交通运输的组织模式以及交通资源的配置模式带来重要改变。

1. MaaS 将给公共交通出行体验带来哪些变化

过去由于技术水平的限制，交通出行者的特征只能按公交出行群体、出租车出行群体等方式进行简单的标签化处理，无法甄别和满足单体的出行偏好和习惯。而且在一次出行链中，各种交通方式往往都是单段式服务，且支付方式也各不相同，存在跨方式的服务“断链”，导致乘客一体化体验不佳。

MaaS 平台将实现各种出行方式在信息、服务、支付方面的一体化，以及基于全出行链条的服务可得性、换乘高效性和时间确定性，实现从“站到站”变为“门到门”的一体化全链条出行体验。基于 MaaS 平台，将定线定点定时方式运行的轨道交通和大运量地面公共电汽车与辅助的服务于最后一公里的公共交通工具结合，构建以公共交通为核心的多样化、一体化全链条出行服务，可能成为未来提升公共交通门到门出行效率的关键。

对于一体化出行模式的实现，包括运输资源、数据与信息、支付、基础设施等的服务资源整合是关键与核心（图 2-7-20）。未来应充分发挥公共交通在政策、资源、技术和体制方面的先发优势，打破行政区划界限和行业壁垒，通过公交系统资源的整合和服务模式的创新，构建新型城市公共交通系统，为市民提供多样化、全过程、高质量的公共交通出行服务。

2. MaaS 将给公共交通运输组织带来哪些变化

MaaS 平台通过整合各种交通方式的运营服务商，以出行者需求为核心，实现供给与需求

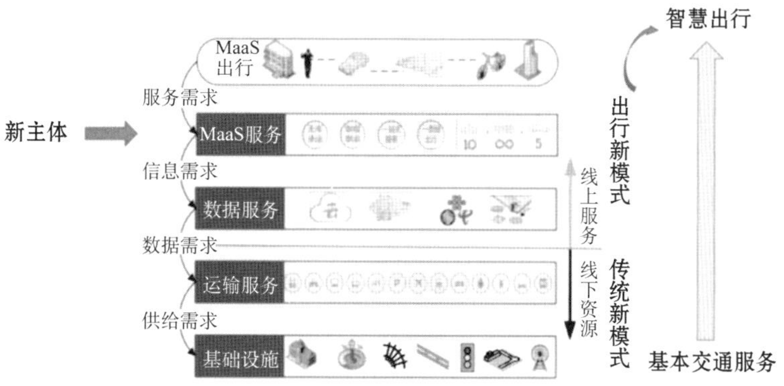

图 2-7-20 MaaS 的用户—服务—数据—运输—设施体系结构

的实时互动，并进行灵活的运力调配和组织，实现按需定制、多样化的服务供给体系。例如公共汽电车很可能将改变过去定点、定线的供给模式，可以根据出行者的需求变化灵活调整发车时间或者选用适配车型。

借助信息化技术，可进行出行服务组织模式的创新探索，如围绕轨道站点构建按需响应的地面公交接驳系统，探索地面公共电汽车实行区域服务的特许经营制度，明确政府提供推进 MaaS 的环境保障和考核标准。

3. MaaS 将给资源配置模式带来哪些变化

MaaS 平台基于预约出行，可以提前掌握各种方式的出行需求，动态调整供给策略，实现交通资源更高效、更精准的配置，基于预约出行的高效资源配置可能成为未来发展方向。如北京在新冠肺炎疫情防控期间，为降低地铁客流密度，控制车厢满载率，同时减少限流车站乘客进站排队时间，提升出行体验，推出“地铁预约进站”服务模式，在地铁沙河站、天通苑站等开展了地铁预约进站试点，提前预约乘客可由专门通道快速进站乘车。到 2020 年底，预约系统注册用户达 8 万余人，累计预约 80 余万人次，实际预约进站 60 余万人次，总履约率 76.2%，乘客接受度较高，进站秩序良好。试点表明在不进行大规模设施改造、不改变地铁运营的前提下，通过预约方式可有效减少站外排队。预约是在有限资源条件下改善排队拥挤的有效手段，为城市交通高峰客流精细化管理提供了思路。

4. MaaS 将给绿色出行激励模式带来哪些变化

MaaS 与碳激励、碳账户相结合，将带来更多的绿色出行激励模式和手段的创新。例如北京首创市场化、可持续的“碳激励”机制，鼓励公交、地铁、自行车、步行等绿色出行方式，应用高德地图、百度地图两款 App 获得对应的碳能量，经碳交易市场交易后转化为多样化奖励产品回馈给公众。

北京市现有基于 MaaS 平台的碳普惠激励机制，已为市场化需求管理工具的实施打下良好的基础，未来可研究引入居民交通碳限额和个人碳排放权的交易市场，从而让居民更直接地参与到碳交易中，形成绿色低碳出行的社会风气。国外已有类似试点，如 2019 年 9 月芬兰拉赫蒂市(Lahti)推出个人碳交易制度，鼓励民众从交通开始节能减碳，成为世界首个试行个人碳交易市场的城市。研究人员设计并开发了一款名为“城市上限(CitiCAP)”的手机应用软件，并由当地政府邀请市民自愿参与试点应用。该软件可以实时监测用户的各类出行行为，包括交通工具、行程距离、行程时间和起始点地理坐标，并以速度为依据识别用户乘坐何种交通工具，进而结合出行时间、距离等自动计算出相应的碳排放量。在试点应用中，研究人员根据当地的碳减排目标制定每周碳排放限额，并将该限额在市民中平均分配，再根据个人特殊情况，如需要接送儿童、住得远、严重残疾影响出行等，为个别居民适当增加排放限额，增加的限额最多不超过平均分配数量的30%。每位参与者在每周开始前都将被告知本周的碳排放限额。参与者的碳消耗量小于每周限额时，将获得正的碳积分，反之为负值。每周碳价将根据上一周全体用户的实际碳需求和碳供给自动调整。当需求大于供给时，碳价上涨，反之碳价下降。此外，碳价也可以根据高峰时段、欧洲交通周、世界地球日等特殊时段进行调整。参与者可根据实时碳价，将碳积分兑换成虚拟欧元货币，该货币可在 App 上兑换咖啡、健身券、游泳券等商品和服务。而对于超额消耗的参与者来说，他们则需要以市场价格购买额外的碳配额（在试点应用中暂时不需要花费真实货币购买）。截至2020 年 10 月，该计划已有 2 000 位市民自愿加入，拉赫蒂市政府计划通过个人碳交易制度，在2030 年之前实现 50%以上的出行转为可持续交通方式[4]。

四、出租车发展战略在新阶段需要新思维

当前，亟须评估实施多年的出租汽车改革的制度设计，审视出租/网约汽车行业定位，探讨平台经济背景下的网约车规范和创新发展问题。

1. 出租汽车在城市交通系统中如何定位

关于出租汽车是否属于公共交通这一问题存在较多争议。如 1997 年建设部、公安部出台的《城市出租汽车管理办法》曾明确规定，“出租汽车是城市公共交通的重要组成部分”；2016 年《国务院办公厅关于深化改革推进出租汽车行业健康发展的指导意见》提出，“出租汽车是城市综合交通运输体系的组成部分，是城市公共交通的补充，为社会公众提供个性化运输服务”。

属性定位问题不仅涉及政府的监管职责、监管边界等核心问题，还涉及政府是否提供运营补贴等问题。一方面，出租汽车是企业提供的社会公众服务，可弥补大运量公共交通（轨道交通、常规公共汽电车）的不足。未来，出租汽车作为 MaaS 链条的组成部分，可与轨道交通、常规公共汽电车、需求响应式公交等共同打造多元化、一体化的出行服务体系，并发挥替代私人小汽车的作用。从这个角度看，出租汽车应被纳入公共交通管理范畴。从另一方面看，出租汽车在运营过程中占用有限且宝贵的城市道路交通资源，且其利用城市道路交通资源的效率远远低于大运量公共交通方式，决定了其提供的服务不应针对普通人群的日常出行，尤其是通勤，而是一般公众的特殊出行（如生病、事务等时间紧急的出行，不熟悉地点的出行，深夜出行等）和特殊人群的出行（如残障人士、孕妇、老人和公交覆盖不足的偏远地区人群等）。因此，出租汽车不应作为通勤出行需求的交通工具，不应作为公交优先发展的对象，不应鼓励出租汽车通勤出行过度发展，在大城市和特大城市更不能放任该交通方式增长。政府动用公共财政向出租汽车驾驶员发放油补，实际上补贴的是打车人，其合理性值得商榷。要评估实施多年的出租汽车改革的制度设计，审视出租汽车行业定位，进一步研究制定和完善改革方案。

2. 新业态如何规范发展和创新治理

网约车尽管使用了互联网这种新的约车技术，但其本质依然是“为乘客提供位移服务”的

出租汽车。网约车平台与传统出租汽车企业的相同点在于，二者均为市场的参与者，是以盈利为目的，运用各种生产要素，向市场提供商品或服务，实行自主经营、自负盈亏、独立核算的法人。但是与传统企业不同，平台又扮演了市场组织者的角色，即组织双边或多边群体进行交互与匹配，对资源配置产生着重要影响。比如，滴滴平台参与价格、交易、竞争、信用四个市场机制的构建。市场这只“无形的手”，在平台经济条件下，变成了自身有盈利性诉求的“有形之手”。相比于传统企业，平台依托位置、技术、计算、数据等优势，进而在市场中获得更大话语权，比如，平台在市场规则的制定、市场秩序的维持方面表现出更强的影响力。平台经济市场参与者和组织者的双重属性，对政府治理能力和社会治理能力提出了新的挑战。

一是网约车合规化问题。为了进入新市场、争夺流量，网约车平台给不合规车辆派单的现象普遍。截至 2021 年 7 月底，网约车覆盖我国 300 多个城市，日均完成订单量 2 000 万单。但是，合规情况不尽如人意。据交通运输部发布的 2021 年 6 月网约车行业情况，订单量超过 30 万单的网约车平台共 13 家，在这 13 家中个别平台订单合规率仅为 16.2%。交通运输部 2021 年 9 月印发的《关于维护公平竞争市场秩序加快推进网约车合规化的通知》(以下简称《通知》)要求，加快网约车合规化进程，加快清退不合规的驾驶员和车辆，要加强监管执法，综合运用线上线下等各种手段，加大对网约车非法营运的打击力度。

二是市场的公平竞争问题。网约车平台发展初期，常常通过价格战迅速扩大市场份额。当价格战陷入困境时，常常以合并或者并购的形式，形成新的垄断性平台。多家媒体报道了部分平台存在大数据杀熟、要求司机“二选一”、随意制定和调整运营服务规则等问题。《通知》提出，要加强对网约车平台公司的事前事中事后全链条全领域监管，提高监管效能，依法严厉查处低价倾销、大数据杀熟、诱导欺诈等违法违规行为，推动形成统一开放、竞争有序的市场体系，切实维护公平竞争的市场秩序。

三是司乘合法权益问题。网约车定价机制、抽成机制等频频成为公共议题并引发社会关注，也是在平台治理中所必须面对的新问题。《通知》要求指导督促网约车平台公司依法合规用工，科学制定平台派单规则，规范定价行为，完善利益分配机制，降低过高的抽成比例，保障驾驶员获得合理劳动报酬和休息时间。交通运输部会同国家发展改革委印发的《关于深化道路运输价格改革的意见》指出要规范道路运输新业态新模式价格管理，网约车平台公司应主动公开定价、加价机制，保持加价标准合理且相对稳定，保障结算账单清晰、规范、透明。

四是用户信息和数据安全问题。2021 年 9 月 1 日，交通运输部等五部门对 11 家网约车平台公司进行了联合约谈，要求各平台公司严格落实用户信息和数据安全相关法律法规要求，认真履行个人信息保护责任，未征得用户同意，不得向第三方提供用户个人信息。各平台公司在用户数据收集、传输、存储、处理等环节，要依法建立相关数据安全管理制度，采取必要的安全技术和管理措施。在大数据时代背景下，如何在受惠于网约车的同时保护好乘客的个人信息，已经成为一项亟待解决的问题。

·参考文献·

[1] 全永燊，王婷，余柳. 城市交通若干问题的思考与辨识[J]. 城市交通，2018，16(2)：1-8.
[2] 罗伯特·瑟夫洛. 公交都市[M]. 宇恒可持续交通研究中心，译. 北京：中国建筑工业出版社，2007.
[3] 叶倩. 碳达峰目标下公交系统能耗排放测算方法比选与实施建议[R]. 北京：中国城市交通发展论坛，2021.
[4] 王雅璨. 碳可以积分，还能交易？看看市场机制如何引导绿色出行[R]. 北京：知城论道｜洞见城市交通，2022.

第三板块
关于学习和借鉴国际经验

开放的社会，文化的交流是必然的选择。文化存在差异，语境存在差别也是必然的现实。国际和国内语境将城市交通与其他交通用词混淆，甚至学科内容混乱，这是现实。城市交通问题的国际语境梳理是正确借鉴国际经验重要的基础问题。分析介绍我们关注的国际城市的空间—行政体系等之间的内在联系，在于理解文化差异带来城市空间特征、财税制度以及城市交通政策的差异，这些都是学习国际经验的前提。高校学科设置的差异性研究，是开展国际合作、办好我们的教学的基础问题。编写这三章的核心目的，是通过厘清城市交通学的名词含义，让城市交通学和城市交通交叉学科建设更具有科学性。

第八章以厘清词语为切入点展开，专题引证国际交通语境与城市交通学科建设。第九章综述国外城市交通空间特征、行政及财税体制，以及各城市相应的交通发展战略。第十章关于人才培养问题。基于国内教材追寻和国外教学状态分析，介绍学科沿革，结合我国完善城市化战略要求，谈城市交通学科建设。

第八章 国际交通语境与城市交通学科建设

在社会经济发展、科学技术进步、城镇建设更新的大背景下，交通学科的语境、情景、概念、内涵与外延已经发生并仍在发生着巨大变化，呈现出社会技术化、需求多元化、覆盖广泛化、学科交叉化、快速演进化的特征。

国内研究中的“交通”一词可丰富地表达国际研究中的诸多概念，如移动性(Mobility)、沟通(Communication)、旅行(Travel)、出行(Trip)、运输(Transport)、交通(Traffic)、位移(Movement)等。

这些国际研究中的交通概念会在不同的语境与情景下对应着不同的内涵与外延，需要对其进行去背景化解构，学习成功经验，借鉴失败教训，并在此基础上基于中国特色与时代要求再进行背景化重构，以期在一定程度上避免因语境理解偏差、术语混淆乱用导致政策移植上的南辕北辙、路径手段启发上的貌合神离，借此推动城市交通学科建设，提高城市交通学的科学性。

本章基于Mobility、Communication、Travel、Transport、Traffic、Accessibility、Sustainability、Digitalization、Governance等关键词，以2011—2021年期间主流国际交通期刊中涉及Review、Overview、Evolution、Revolution、Paradigm、Uncertainty、Transition等内容的研究为切入点，梳理国际交通语境的重要文献、主要观点与基本共识，通过解析语境内涵、拓展语境外延、推动城市交通学科建设，为我国城市交通学科的体系完善、内涵深化与外延丰富提供重要支撑。

第一节 解析语境内涵

一、交通与可持续性

自1992年欧盟交通环境影响绿皮书发布后，实现可持续交通成为交通行业乃至城市领域最具挑战性的任务，目前已基本形成四代认识与行动[1]（表2-8-1）。

（1）第一代，1992—1993年。以交通规划学、交通地理学、交通经济学为主要学科理论，结合环境影响评价、定量建模、回归分析等方法，研究如何提高不同交通方式的效率，关注限制机动化交通量等问题。

（2）第二代，1993—2000年。完善社会学学科理论，结合场景构建与分析等定性分析方法，研究如何管理出行需求，关注降低机动化交通强度等问题。

（3）第三代，2000—2010年。完善心理学、政治学、历史学、法律学、健康学等跨学科理论，结合案例研究、调研访谈、制度分析、历史发展解释等方法，研究不同行动者的动机与能力，关注缓解拥堵、提升公平性、提高城市竞争力等问题。

（4）第四代，2010年至今。增加社会技术创新、可持续性发展转型等学科理论，结合多层次视角、技术创新系统、大数据推演、人工智能识别等方法，研究如何在交通、环境、健康、不平等性等更广泛的社会影响间产生协同效应，关注碳达峰碳中和等问题。

表2-8-1 可持续交通30年演变特征[1]

维度	第一代	第二代	第三代	第四代
年份	1992—1993年	1993—2000年	2000—2010年	2010年至今
研究与政策	限制交通量	＋降低交通强度	＋拥堵、公平与竞争	＋脱碳
交通影响	环境影响	＋社会影响、生活质量	＋经济影响、可达易达、物流配送	＋可持续性全部维度
出行类别	产生工作出行	＋新增非工作出行需求	＋休闲出行、长距离出行	＋共享出行、自动驾驶、电化交通等
科学学科	交通规划、交通地理、交通经济	＋社会学	＋心理、政治、历史、法律、健康等交叉学科	＋创新研究、可持续性转型等
方法论与理论	环境影响评价、定量建模、回归分析	＋定性分析场景构建与分析	＋案例研究、调研访谈、制度分析、历史发展解释等	＋多层次视角、技术创新系统、大数据推演、人工智能识别等
研究问题类型	提高不同交通方式的效率	＋管理出行需求	＋不同行动者的动机、能力	＋在交通、环境、健康、不平等性等更广泛社会影响间产生协同效应

可持续交通在理论研究与实践探索间存在着较大的差距[2]。愿景塑造、概念定义与规划编制方法会因城市及地区而异，也会因关键群体与利益相关方意见而异。尤其是愿景塑造方

面，即使愿景可以定义最终目标，但由于难以明确统一路径和政策，认同愿景的各执行主体常会在解决问题时提出因人而异的对策。

尽管如此，可持续交通已在近 10 年于欧盟地区形成了理念共识，其不再关注降低机动化交通出行时耗，而是关注有利于实现人的各类活动价值[3]，以期在出行可靠、交通易达、生活品质、社会公平、健康卫生、环境质量、经济成本等方面达成多目标改善（表 2-8-2）。

欧盟于 2014 年和 2019 年相继发布了两版《可持续城市移动性规划编制与实施指南》[4]，所确定的“覆盖城市功能区→跨制度合作→广泛公众参与→评估现状未来情况→定义长期愿景与行动计划→整合规划全方式交通→安排监测评估→确保编制实施质量”八项原则和“准备分析→制定战略→规划测度→实施监测”四维十二步法为从可持续交通视角规划建设可持续城市提供了全新方法。

表 2-8-2 传统交通与可持续交通内涵理解[3, 4]

	传统交通工程/规划	可持续交通规划
内涵理解	衍生需求 （关注交通）	衍生需求与价值活动 （关注人）
改善目标	出行时间最小化 （交通流、通行能力、移动速度）	出行时间合理可靠化 （可达性、生活品质、社会公平、 健康卫生、环境质量、经济可行性等）
视角维度	物质技术维度 （交通工程师；专家规划； 部门规划文件；中短期近期行动）	社会技术维度 （多学科背景；透明参与式规划； 政策领域规划文件； 基于长期远景战略的中短期近期行动）
关注方式	机动化交通的机动性 （机动化出行方式）	全方式绿色交通的可达性 （不同方式协同发展，向可持续方式转变）
规划尺度	整合为宏观区域尺度 （覆盖一个行政区域）	切分为中观本地尺度 （覆盖具有通勤联系的城市功能区）
评价导向	经济评价为主 （有限的效果评估）	考虑环境社会影响的多准则评价 （系统性评估促进学习和改进）
空间关系	街道作为道路 人车分流，提高车速 交通规划与用地规划脱离	街道作为空间 人车融合，降低车速 交通规划与用地规划融合
预测供给	量化建模预测流量速度 预测＋供给，满足需求	情景建模塑造城市愿景 预测＋决策，需求管理

二、交通与治理转变

治理是以结构化的方式方法将独立行为体的不同偏好转化为分配价值的政策选择，将多元利益转化为协调行动，实现各行为体的服从执行并有效合作。促进可持续交通实现的重要手段是交通治理，推动交通治理实施的五大关键策略主要为制定政策目标指标、对标基准借鉴经验、推动政策移植实践、开展创新政策试验和共同实践愿景设想[5]（表 2-8-3）。

表 2-8-3　可持续交通治理转变的关键策略[5]

主要策略	对治理转变的认识
制定政策目标指标	建立指标体系，监测评估系统政策；指标可响应政策及进程，但影响力往往不大； 使用更可持续的指标并不能一定保证实现向更可持续的政策及其进程转变； 指标可能不会对政策产生强烈或直接的影响，但会影响政策行为者的信念和期望，进而影响战略和偏好，并可能导致长期政策变化； 广泛的目标指标有助于关注交通部门以外政策的多目标影响，推动更多的联合决策
对标基准借鉴经验	通过对标对表的政策绩效促进决策者间对政策结果与形成过程的学习创新； 通过改变政策行为者的信念期望或提供新信息等方式来间接触发政策变化； 并非解决所有问题的灵丹妙药，但至少提供一种有助于促进绩效导向行动的有效手段
推动政策移植实践	确定、促进和传播最佳实践将有助于促进经验借鉴，并推动政策与实践改进； 不能简单假定最佳实践在另一种环境中同样适用和有效； 好的政策只有在特定情况下才是好的
开展创新政策试验	政策试验的优势在于有形可测度结果，尽管其未必是决定性的； 并非所有的政策试验都能奏效，试验常伴随失败的风险； 在政治上往往存在着强烈抵触情绪，决策者不希望与试验失败有关联
共同实践愿景设想	探索替代发展轨迹，摆脱线性趋势判断依赖，思考发展转折点与不确定性； 促进更可持续的发展需要彻底改变城市的常规规划与决策过程； 理解愿景实践在形成愿景及其实现路径上的重要作用

交通治理的实施将形成全新的语境，治理语境下的决策环境、实施过程将发生相应变化，政策越来越不再是“由政府做(Done by the State)”和“由系统接受(Received by the System)”，而是基于协作网络、共治平台进行多元主体间的复杂协商谈判，形成议程设定、政策制定、决策过程、执行政策和政策评估的流程[6]。

以英国交通基础设施政策为例[7]（表 2-8-4）。中央政府的交通基础设施导向型政策由 1980 年代的衰败到 2019 年的重振，30 年间政策变迁的背后是元治理认识的逐渐深化与推动、治理语境下政策的滚动调整与实践，整个变迁过程交织着中央政府与地方政府、社会系统的去政治化与再政治化。

其间促使政策路径与机制合法化的三个关键要素为：一是出行需求与其负外部性的持续解耦，实现了政策的去政治化，出行需求负外部性是要解决的问题，而不是出行需求本身；二是经济稳固增长取决于不断增长的新出行需求的持续认识，出行需求增长的必然性及这种增长对良好经济表现的必要性强化了政策重振的重要性；三是中央政府持续将缓解出行需求负外部性的解决路径持续转移给地方政府或私人社会机构，实现了政策的再政治化。

表 2-8-4　英国交通基础设施政策 30 年变迁[7]

阶段	政策行动	关键认识/解决方案
第 1 阶段 (1989—1996 年) 基础设施政治化 反映出行需求	背景型去政治化	若要经济增长，出行需求增长不可避免/政策问题
	中央政府型再政治化	增加基础设施供给与实施/政策方案不可避免增长需求
	中央政府型去政治化	强调地方交通增长目标/制定减少需求的政策方案
	社会型去政治化	中央政府通过市场服务强调市场自由/缓解政策问题

（续表）

阶段	政策行动	关键认识/解决方案
第 2 阶段 （1997—2000 年） 出行需求去政治化 分解到地方政府	中央政府型再政治化	议会讨论国家层面出行需求降低目标/提供政策方案
	背景型去政治化	若要经济增长，出行需求增长不可避免/政策问题的本质
	中央政府型去政治化	中央政府强调地方选举和地方道路收费/制定政策方案解决增长负外部性
	先社会后政府型再政治化	回应征收燃油税/中央政府出台政策方案降低出行需求
第 3 阶段 （2000—2009 年） 政策方案再政治化 导致政策偏移	中央政府型再政治化	国家道路收费/政策方案关注出行需求外部性
	中央政府型去政治化	更多权力下放地方/制定政策方案解决负外部性
	社会型去政治化	地方道路收费全民公决/缓解出行需求负外部性
第 4 阶段 （2009—2018 年） 基础设施再政治化 经济增长政策方案	中央政府型再政治化	供给基础设施/确保经济增长，政策方案不可避免增加出行需求
	中央政府型去政治化	成立国家基础设施委员会/相对独立分析基础设施要求

三、交通与价值认识

可持续性作为一种理想化的最终状态与结果，其发展更侧重于可持续性改善提升的过程。可持续性是解决经济发展、社会公正与环境保护三大支柱间的产权冲突、资源冲突与发展冲突的动态发展过程，弱可持续性允许短期内对三种冲突进行权衡取舍，强可持续性则不允许，更趋向于一种中长期相对稳定的均衡状态（表 2-8-5）。

表 2-8-5　可持续性三大支柱主要影响因素[8]

不可持续问题	经济发展支柱	社会公正支柱	环境保护支柱
物质消耗与环境承载	主影响 燃油供给、储存与价格	主影响 空气污染与气候变化	主影响 空气污染与气候变化
燃油供给、储存与价格	主影响 燃油价格	次影响 家庭区位价格影响	次影响 敏感生态区钻探资源
空气污染	次影响 保健成本	主影响 健康代价	主影响 空气质量
气候变化	主影响 全经济部门	主影响 全生活要素	次影响 生物多样性、极端天气
交通拥堵	主影响 时间成本	次影响 家庭时间约束	次影响 增加排放
道路安全	主影响 事故成本	主影响 伤亡	次影响 修复替代所用资源

(续表)

不可持续问题	经济发展支柱	社会公正支柱	环境保护支柱
交通 可负担性	主影响 公共服务可达性	主影响 家庭预算	次影响 排放不达标车辆
公平性	次影响 潜在消费者与劳动力排斥	主影响 公共服务可达性	次影响 小汽车替代方式
健康与 体力活动	次影响 医疗成本	主影响 健康	次影响 非机动化零排放

可持续交通的核心价值观具有三方面的重要认识[9]。规范定义上，要清楚什么是可持续交通，追求何种目标、道德原则与价值取向。可持续性的基本问题是，满足当代人需求而不损害后代满足自身需求能力的发展需求，即使技术、社会需求和价值观发生变化，这一问题也必须保持不变。分析评价上，要明确所采取的行动是否可持续，要评估各种待实施项目与行动计划的可持续性影响。可持续交通是否可持续的评价准则应是最终结果，而不应是具体的行动计划或干预措施的短期效果，应强调社会、经济、环境的综合影响，而不仅是交通系统或其他系统的局部影响。治理实施上，产生可持续性问题的特定环境与背景亦可能产生影响治理实施的问题，惯性的问题解决方案会因所面临的社会经济、环境、文化等背景的不同而产生部分效果或完全失效。要解决这一问题，就要促进可持续性融入交通及其他相关部门的治理体系、机构、政策与流程。

可持续交通的基本原则正在逐渐由技术中心主义演变为社会中心主义[10]（表 2-8-6）。技术中心主义（Techno-Centrism）优先考虑基础设施建设与服务供给，未能充分认识到交通发展的社会因素，未能更多地从系统角度聚焦可达性对城市环境的社会经济影响，易引发社会排斥与公平性问题。社会中心主义（Socio-Centrism）将基础设施建设与服务供给等技术决策作为综合决策的伴生结果，从可达性角度以环境改善、经济增长目标扩展至强调以社会公平性、包容性和凝聚力提升为目标。

高水平的可达性是实现可持续交通社会目标的先决条件。交通基础设施的发展是增强社会凝聚力的主要驱动力，交通便利性的提升将缩小地区差异进而促进经济增长。系统化政策导向的评估是辨别社会中心主义的主要手段，社会可持续角度下的政策有效性难以通过经济与环境指标直接衡量，只有依靠可达性、宜居性、公平性、凝聚力等社会型指标才可判断。

表 2-8-6　可持续交通社会中心主义基本原则[10]

原则	观点演变	理论基础
社会中心主义	从强调环境与经济问题到关注社会、公平性、可达性方面的综合规划	需要建立系统化政策导向的评估方法，从社会可持续性角度判断政策有效性，社会指标无法通过经济与环境指标直接衡量
参与式规划	从自上而下规划转变为包容性参与型规划	基础设施建设常与宜居、凝聚等社会发展诉求存在严重矛盾；基于参与和接纳的规划过程将改变地方民众与大型基础设施建设间的冲突

（续表）

原则	观点演变	理论基础
财务可持续性系统性评价	从关注公共成本与收益间的平衡到更广泛的观点，如公共交通的外部成本和公共支持外的财务可持续	未来财务可持续与交通外部成本收益都应是交通投资系统性评价的重要组成
一体化移动性管理	从基础设施规划到一体化移动性管理	一体化比"预测＋供给"更能有效发挥不同领域的协同作用；整合异构目标需要多学科能力并影响着各个实施方面

交通系统固有特征表现为不可持续性与复杂性，其作为社会发展变革中可持续消费方式与生产模式转变过程中的关键环节，常以单一手段线性干预孤立问题，这种短期略有成效的手段往往在中长期效果甚微，甚至还会产生反向影响[11]。交通行业及部门以较快的速度进行技术突破与模式创新，尤其在小汽车路径依赖的城市与地区，重点创新突破多为改变能源结构（如化石燃料能源动力转化为电动能源动力）、提升资源效率（如人工驾驶转变为网联自动驾驶）方面的近期举措，而不是改变出行方式结构或降低小汽车使用依赖性等长期目标。

就本质而言，这些创新突破都在为私人小汽车交通的既得利益者代言，未能为那些尚未得到良好交通服务的沉默需求发声，也不能代表城市中的多数市民与群体的日常出行。因此，有必要从文化、技术与政策上重新审视根深蒂固的认识，文化上审视"理想交通模式即是私人小汽车模式"的认识，技术上审视"电动汽车、网联自动驾驶即是绿色出行方式"的认识，政策上审视"资本投入、政府代言即是市场选择与发展方向"的认识。

第二节　拓展语境外延

一、交通与不确定性

交通与城市发展之间存在着根深蒂固的联系。交通网络直接决定着可达机遇与易达能力，可达性既对用地选址产生慢变量影响又与空间活动相互直接影响，用地选址对空间活动产生快变量影响，空间活动最终对交通网络产生慢变量影响。这个循环联系的过程中（图 2-8-1），影响交通网络的不确定性因素有科技创新、基础设施投资、交通政策等，影响用地选址的不确定性因素有区域需求、土地可用性、地区吸引力、空间政策等，影响空间活动的不确定性因素有社会、经济、文化等。这些不确定性让决策者陷入两难境地，交通似乎成了自身成功的牺牲品[12]。

应对交通与城市发展中的不确定性，要处理好三个主要挑战：一是深化理解城市交通系统各组成单元、要素及其相互关系，通过概念化描述方法识别问题并确定解决方案。二是持续挖掘城市交通系统中固有的深层次不确定性，不确定性源于系统复杂性，目标与手段间的分歧是常态，发展始终也必须要应对不确定性。三是实验探索科学研究与实践应用间的有效联系，交通学科乃至城市学科是一门工程科学也是一门社会科学，更是一门应用科学，工程科学视角有助于对问题和解决方案进行严格评估，社会科学视角有助于对解决方案的有效性、可

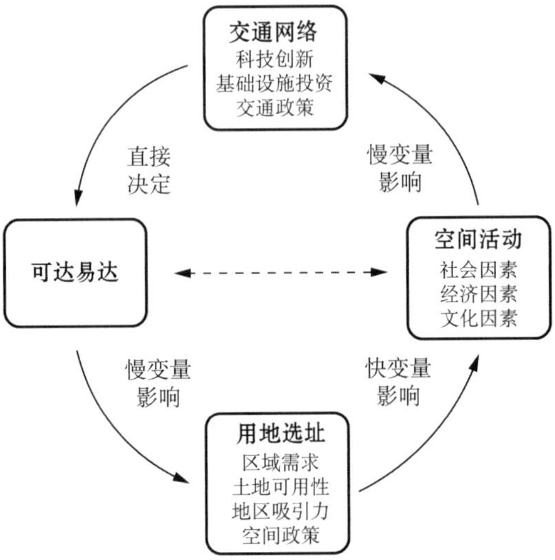

图 2-8-1　交通与城市发展循环关系示意图[12]

操作性、可实施性进行理性判断，应用科学视角有助于驾驭现实世界中的模糊性和矛盾性。

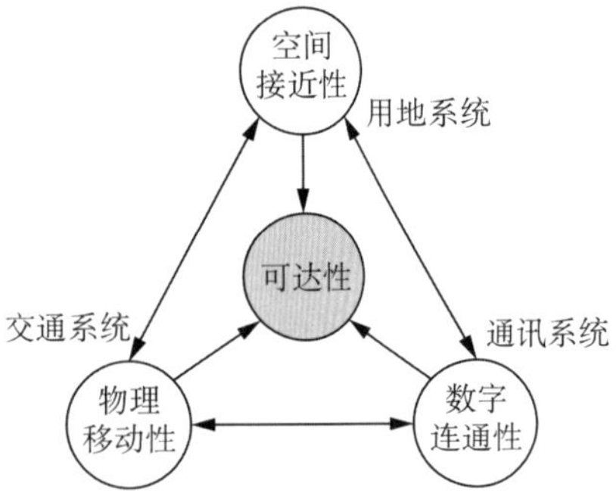

图 2-8-2　“空间—社会—信息”三元可达性框架示意图[13]

社会—技术互动逻辑下的“空间—社会—信息”三元可达性框架[13]可将不确定性由潜在危机转换为未来机遇，强化综合决策的灵活性和韧性(图 2-8-2)。这个框架由物理移动性、空间接近性和数字连通性组成，三元要素交互作用共同形成交通基础设施建设、社会交流需求和数字技术发展约束下的物理可达性与虚拟可达性。交通基础设施建设对应空间元，面向基础设施预留、空间资源配置与交通资源分配；社会交流需求对应社会元，面向差异化空间活动需求，追求公平性、包容性和多元融合发展；数字技术发展对应信息元，面向未来空间活动与虚拟可达性。

二、交通与供给认识

传统交通基础设施导向型政策多由发展诉求、利益博弈及证据支撑所决定，对应着工具主义的“预测并供给(Predict & Provide)”认识[14]。该认识依托由交通工程学与交通经济学组成的方法论，交通工程学通过需求预测模型将交通系统整体化管理，交通经济学通过个体用户理性行为与效用函数最大化将交通政策数学化优化。这种概念化方法论给交通学科带来一种科学氛围的认识，即由专家主导、有数学基础、高度技术化、本质理性化，并赋予决策者一种代理意识，试图依据数学算法与计算模型模拟预测复杂现实世界并形成对策行动[15]。

“预测并供给”认识形成至今已近 60 余年。20 世纪六七十年代，该认识主要形成于国家干线路网政策制定与规划建设中，基于交通增长率进行流量预测，再通过建设大型基础设施适应需求增长(图 2-8-3)。20 世纪 80 年代至 21 世纪初,该认识在道路政策上的适用性被质疑,相应出现"预测并防止(Predict & Prevent)"认识[16],通过减少小汽车使用、促进交通工具替代和尝试远程办公来避免交通需求增长。

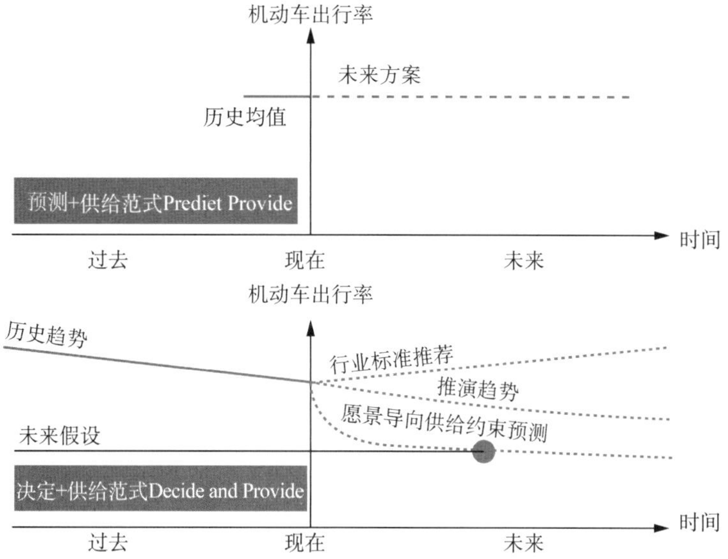

图 2-8-3 "预测+供给"与"决定+供给"两种供给认识示意图[17]

21 世纪一二十年代,由于政策决策的急功近利、利益博弈产生了本末倒置的严重问题。"预测并供给"认识所提供的研判证据未能实现循证决策(Evidence-based decision-making),反而多被决策寻证(Decision-based evidence-making)所主导。其形成的交通政策严重线性路径依赖,过于强调技术合理性,脱离多部门、跨学科及社会关系下的政策融合目标,极易导致不公平及不可持续的结果。

"预测并供给"认识是从单一维度分隔地考虑交通综合系统,其在方法逻辑上不可信,难以满足当下理念认识与交通发展新要求,需要转变为愿景导向的发展认识,如欧盟 H2020 资助项目 CREATE 提出的"愿景并验证(Vision & Validate)"认识、英国莫特咨询公司提出的"决定并供给(Decide & Provide)"认识。

"预测并供给"认识对应着顺从体制(Regime-compliant)的政策制定路径(图 2-8-4)。其基于预测、假设与实践经验形成先入为主的观点;认为交通与经济相耦合,是经济繁荣的主要促进因素和结果;强调趋势外推预判未来,多形成适应性较弱的发展规划;对历史因果关系和前瞻性假设易产生错误信心与依赖,造成对不确定性的忽视;寻找证据支撑决策合法化,对长期决策进行一次性成本收益分析评估;"预测并供给"认识所对应的被动决策路径易受外界不确定性影响,导致政策失效或效力不足。

"决定并供给"认识对应着测试体制(Regime-testing)的政策制定路径。其基于可信、可行的观点形成先入为主的观点;认为可达性与经济相耦合,是促进经济、社会和环境繁荣的重要因素;强调美好未来,愿意接受潜在改变,可形成适应性较强的发展规划;由于缺乏对历史因果

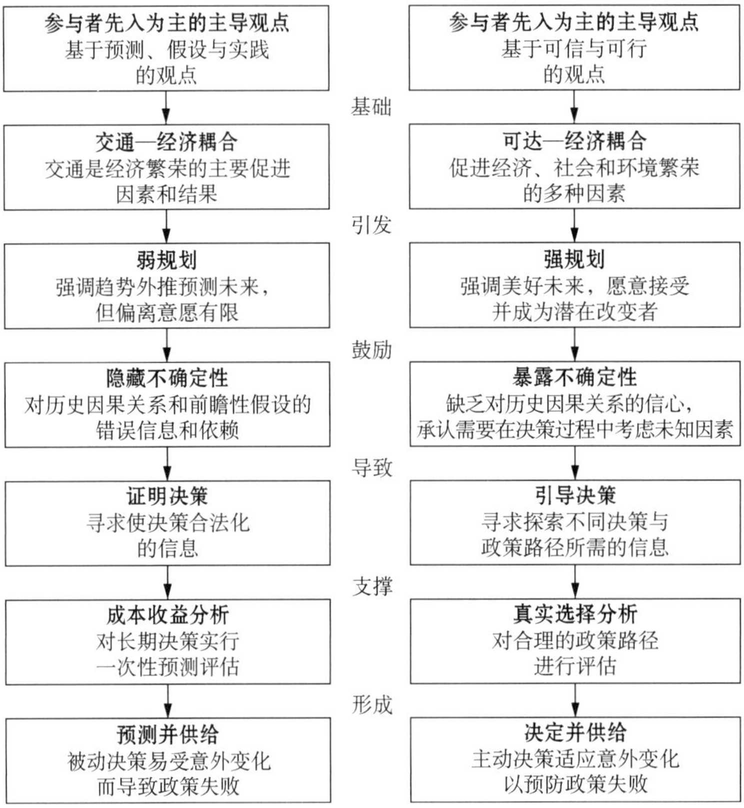

图 2-8-4　顺从体制、测试体制两种政策制定路径示意图[13]

关系的信心，承认要在决策过程中考虑位置因素，主动暴露不确定性并重视应对解决；寻求探索不同决策与政策路径所需的证据，分析评估合理的政策路径，引导决策进行正式理性的选择；"决定并供给"认识对应的主动决策路径更能适应不确定性所带来的变化冲击，可在一定程度上预防政策失效。

顺从体制的路径多是体制长期演化的结果，而不是体制创新变迁的产物。测试体制的路径则是体制创新变迁的产物，其与顺从体制路径并非对立关系，而是可以共存的。测试体制的路径在面向深度不确定性时具有发展优势，其既可以降低对既有体制的依赖，又可以防范所制定的政策失效，新路径在应对不确定性的同时又在塑造未来发展机遇。

三、交通与数字智慧

数字化技术正推动机动化交通进入共享化、电气化、自动化新阶段，这一阶段要警惕新兴技术对环境可持续、社会可持续带来的潜在风险，数字化技术需要接受公共政策的规制与引导，只有这样才能真正促进交通与城市可持续发展[18]（表 2-8-7）。

(1) 移动性与可达性维度要警惕技术经济壁垒、社会排斥及需求诱增等风险，需要完善准入机制、动态收费、需求调控、服务要求等规章制度，履行增效降本、为弱势群体提供便捷服务的承诺。

表 2-8-7 数字化技术的承诺、风险与公共政策响应[18]

维度	承诺	风险	公共政策响应
移动性与可达性	高效交通,降低出行成本,为弱势群体提供便捷服务	技术经济壁垒,诱增需求	强制引入法规,特定地区及效果的收费,统一服务要求
城市空间	释放大量停车位,再城市化	机动化车辆垄断交通空间,公共空间流失,城市蔓延	强化停车管理,确保释放空间为公共生活服务
城市规划	更有效的规划过程,标准化数据格式提高适用性	难以控制数据供应商行为	推动研究发展,鼓励数据供应商发布数据产品
碳排放	出行共享降低 50%排放,低级别自动化实现节能减排	诱增需求,交通拥挤和城市蔓延增加排放	对交通及空间消费负外部性征税,制定渐进灵活的排放标准
健康交通	提高机动化驾驶安全性,降低由环境污染导致的疾病率	过度拥挤不便捷,难以实现健康步行与骑行	优先编制并实施以人为本的交通规划与项目
数据控制与隐私保护	依个人偏好个性化设置数据	私人与公共组织,失去隐私权与自主权	授权控制匿名化标准,为用户提供明确的控制选项
社会认同	城市服务所有人、为所有人所共有	失去调控与治理能力	完善公众参与下的市民科学,强化数据治理和城市设计

(2) 城市空间维度要警惕自动驾驶等技术垄断交通空间、公共空间流失和城市蔓延等风险,需要强化停车管理、严格规制新技术确保其可确实为公共生活服务,履行释放停车空间、推动城市更新与再城市化的承诺。

(3) 城市规划维度要警惕数据供应商过度市场行为等风险,需要政府和企业共同推进应用研究,推动数据供应商主动公布数据产品,履行规划更有效、数据更透明、标准更适用的承诺。

(4) 碳排放维度要警惕需求诱增、交通拥堵、城市蔓延增加碳排放等风险,需要制定渐进灵活的尾气排放标准、对交通及空间消费征收负外部性税收,履行借助出行共享降低碳排放、借助低级别自动驾驶节省更多能源的承诺。

(5) 健康交通维度要警惕交通拥堵加剧、健康环境恶化、步行、骑行不便捷的风险,需要优先编制并实施以人为本的交通规划与项目,履行提升交通安全性、降低污染致病率的承诺。

(6) 数据控制与隐私保护维度要警惕隐私权与自主权丧失的风险,需要出台数据控制与隐私保护条例、依法授权控制数据访问,履行依个人偏好个性化设置数据的承诺。

(7) 社会认同维度要警惕治理与调控能力丧失的风险,需要完善以公众参与为主题的市民科学、强化数据治理与城市设计,履行城市服务所有人、为所有人所共有的承诺。

数字化技术赋能的交通将逐渐形成智慧交通,借助实时共享的决策数据、信息和知识,先进技术改进的载运工具、基础设施与服务,智慧交通将更有力地支撑城市可持续发展,并使得全社会及其成员在整体发展中获得最大利益。

先进的车辆制造、基础设施建设、自动化控制与计算机优化等技术是实现智慧交通最终目标的重要手段,但不是唯一手段,工程技术上的精益求精可能未必能达到极致智慧,优秀的城市设计在其中所发挥的功效亦是不可低估的,相对智慧才是更为客观合适的[19]。

因此,智慧交通应与可持续交通保持高度的一致性,更加紧密地一体化考虑社会与技术,给予两者足够多的重视,从社会联系模式、生活生产方式、空间环境约束、群体需求欲望、个体行为选择和商业模式等多方面深入理解各自的环境与语境。就本质而言，智慧交通是利用多样化的数字化技术和智慧交通治理手段进一步提升城市中各类空间活动的物理、虚拟连通性与可达性，并让连通与可达的过程更可持续、可负担、有效率和有吸引力。

第三节　推动学科建设

一、交通发展阶段与范式转变

结合伦敦、巴黎、东京、纽约等国际城市的发展规律，城市交通发展演变可划分为小汽车出行、绿色出行、城市生活和移动融合四个阶段[20,21]（图 2-8-5）。

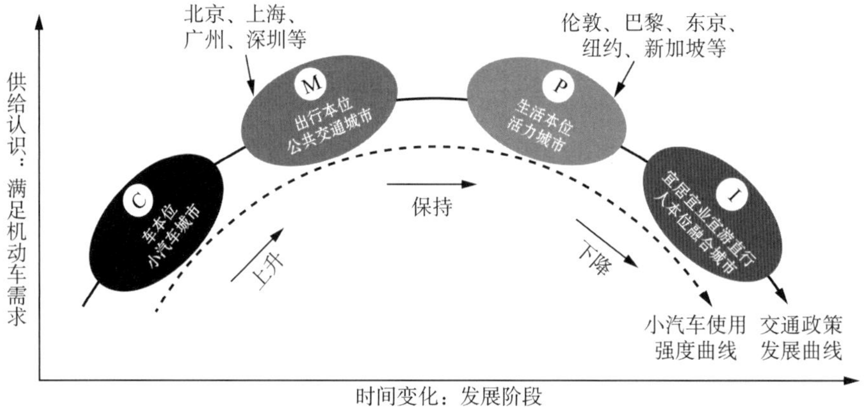

图 2-8-5　城市交通四个发展阶段示意图

资料来源：作者自绘，根据文献[20,21]总结。

第一阶段关注小汽车出行，在“预测并供给”认识下大规模建设道路设施满足机动化需求，出台“车本位”保障小汽车交通政策；第二阶段关注绿色出行，在“预测并供给”认识下强化大容量公共交通服务供给并适度建设道路设施，出台“出行本位”调控小汽车交通政策；第三阶段关注城市生活，在“决定并供给”认识下关注交通可持续、空间效率、环境品质与社会交往，积极推动交通发展模式转型与治理能力提升，出台“生活本位”城市活力综合提升政策；第四阶段关注未来发展、技术创新、可持续性、高效性、公平公正性、健康活力、安全感、获得感与幸福感，需要以“决定并供给”认识推动“人本位”交通政策与行动计划的多领域整合、智慧交通与新兴科技的示范实践、公正平等与社会包容价值的广泛普及与城市综合领域政策的创新迭代变革。

不同的发展阶段对应着不同的交通范式，城市交通正在经历着由过去“工程型”到近期“社会—技术型”再到未来“社会—技术—政策型”的范式转变，并已基本形成以移动性（Mobility）为目标方向，由沟通（Communication）、出行（Travel）、运输（Transport）、交通（Traffic）构成的五层语境体系（图 2-8-6）。

底层交通（Traffic）关注交通工具与交通设施的供需相互匹配和交通流高效安全地运行，

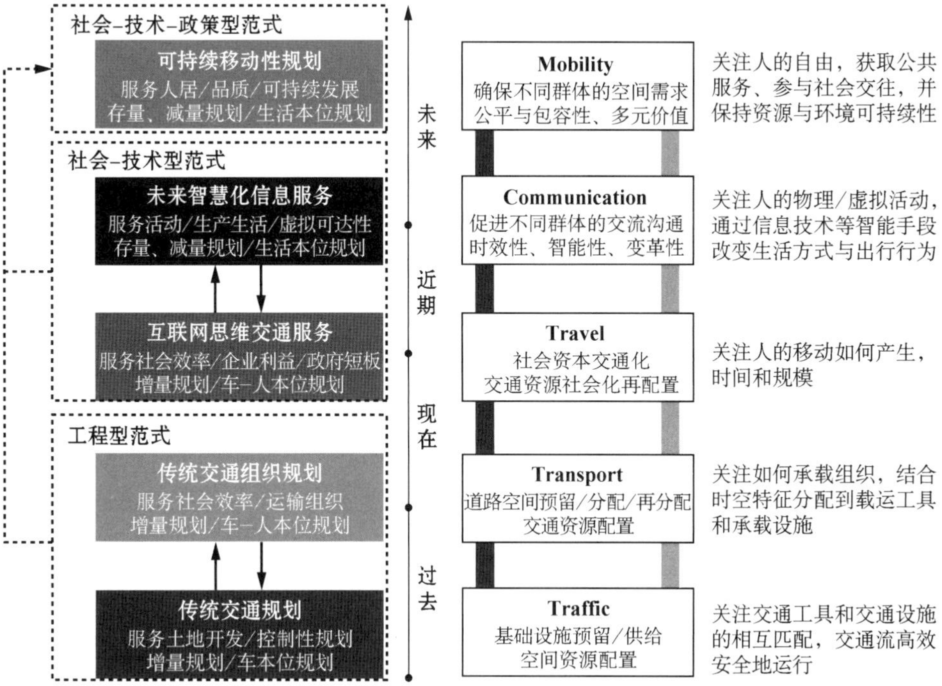

图 2-8-6　城市交通五级语境体系示意图

资料来源：作者自绘。

对应服务于土地开发的控制性详细规划，是面向基础设施预留及空间资源配置的传统规划。

中下层运输(Transport)关注结合供需时空特征对载运工具及承载设施进行运行组织，对应服务于社会效率的运输运营规划，是面向交通资源配置及道路空间预留/分配/再分配的传统组织规划。

中层出行(Travel)关注人的出行需求、出行时间和规模效益，对应服务于社会效率、企业利益和补足政府短板的新型规划，是面向社会资本、市场服务和交通资源社会化再配置的互联网思维服务。

中上层沟通(Communication)关注人的实体活动与虚拟活动，可通过信息技术等智能手段逐渐改变人的生活方式与出行行为，对应服务于空间活动、生产生活和虚拟可达性的新型服务规划，是促进不同群体交流沟通，具有时效性、智能性与变革性的未来智慧化信息服务。

顶层移动性(Mobility)关注人的移动需求及获取公共服务、参与社会交往的自由程度和自然资源与生活环境的可持续性，对应服务于人居、福祉和可持续发展的，以宜居、宜业、宜游、宜行为目标的人本位规划，是面向不同群体空间活动需求，追求公平性、包容性和多元融合发展的可持续移动性规划。

二、深化语境认知与学科建设

国际上对交通的理解，在不同的语境与情景里对应着不同的概念、内涵与外延。无论是内涵中的可持续性、治理转变与价值认识，还是外延中的不确定性、供给认识与数字智慧，都可由中文“交通”一词以概之。

虽然“交通”一词及其衍生词汇，可丰富地表达国际交通语境中的诸多内容，但在借鉴国际经验、实现政策移植的过程中，国内应用常会因对发展阶段、语境视角理解不透彻，造成概念混淆、解读偏差和效果欠佳。因此，在城市交通学交叉学科建设过程中，亟须注意“交通”一词的语言特征，处理好国际交通语境的去背景化解构和基于中国特色与时代要求的再背景化重构(表 2-8-8)。

表 2-8-8 国内外“交通”用词释义

术语	国际		国内	
	《牛津辞典(学习者)》	《韦氏词典》	《中国大百科全书》	《辞海》
交通 Traffic	车辆在道路上移动； 车辆在特定时间行驶在路上； 两点间旅客或货物的移动	车辆、行人、船舶、飞机沿着路径或通过地区进行移动； 车辆拥堵	泛指由人、物、语言、信号、图像的位移与传输形成的人流、物流和信息流	各种运输和邮电通信的总称，即人和物的转运输送和信息的传递播送； 狭义指运输
运输 Transport	两地间运送旅客或货物的系统或方法； 通过交通工具在两地间运送旅客或货物	运输的行为或过程； 用于运输乘客或货物的车辆	在社会生产中分为生产过程中的运输和流通过程中的运输	狭义的交通； 使用适当的工具和设备，改变人和物的空间位置的活动
出行 Travel	从一地到另一地，经过一段(长)距离； 以特定速度、特定方向或特定距离移动	出行的行为； 旅行，特指前往遥远或不熟悉的地方，常与Tour、Trip 通用	无释义	人或车从出发点到目的地有目的的位移活动
沟通 Communication	表达观点与感情或向人们提供信息的活动或过程； 道路、铁路上发送信息的方法	个体间通过共同的符号、标识或行为系统交流信息的过程； 信息交流	人们相互交流思想、观念、情感、态度、意愿等信息的社会心理过程	人与人之间传递信息、沟通思想、交流情感的过程
移动性 Mobility	能够自由轻松移动或被移动的能力； 能够轻松从一个地方、社会阶层、岗位转移到另一个的能力	可移动的状态或标准； 移动的能力或容量	无释义	无释义

资料来源：https://www.oxfordlearnersdictionaries.com/。
https://www.merriam-webster.com/。

国际交通语境认为，交通学科将经济社会科学和工程物理科学相结合，应用于重大公共政策和公众关注度高的领域[22]。尽管交通学科起源于工程物理科学，但其与公众及政治领域的紧密沟通却至关重要，当前发展阶段，人们日益重视加深对社会行为的理解。就本质而言，交通学科的最终研究对象是人的行为，很难形成自然科学中的确定性规律。需要注意的是，规律具有暂时性和偶然性，当边界条件改变时，规律就会发生改变。不断演变的技术、经济、政治和社会背景不可避免地对学科发展轨迹和演变特征产生强大而又普遍的影响。

国内交通学科的发展建设在道路工程、运输管理工程、市政工程、交通工程学、交通运输系统工程学、交通运输工程学、交通运输与工程学、交通运输科学与工程学、综合交通系统学、城市交通学、城市交通交叉学科、城市轨道交通学等多个思潮中持续演进(表 2-8-9)。下文以国务院学位委员会审议获批的交通工程学、交通运输工程学和城市交通交叉学科为例简述。

交通工程学是一门兼有自然科学与社会科学双重属性的综合性学科。其从交通运输角度,把人、车、路、环境与能源作为有机的整体进行研究和应用,既从自然科学方面研究交通的发生、发展、时空分布、分配、车辆运行、停驻的客观规律并作定量的分析计算、预测、规划、设计与营运等,又从社会科学方面研究交通的有关法规、教育、心理、政策、体制与管理等[23]。

交通运输工程学将铁路、公路、水运领域的 12 个二级学科(铁道工程,公路、城市道路及机场工程,桥梁与隧道工程,运输管理工程,物质流通工程,运输自动化与控制,铁道牵引电气化与自动化,机车车辆,汽车运用工程,航海技术,船机修造工程,交通工程)归并设置,重整为道路与铁道工程、交通信息工程及控制、交通运输规划与管理、载运工具运用工程 4 个二级学科[24]。

城市交通交叉学科力图重新定义城市交通问题,形成交通服务科学、城市空间活动监测与分析技术、城市移动性规划、数据驱动的城市交通治理四个研究方向。在新技术发展和新型城镇化背景下,结合社会系统与技术系统特征规律,从制度框架与政策议程、空间结构与行为模式、服务体系与规制政策、对策组合与行为响应四个方面,研究技术系统对个体、群体活动行为等社会系统的影响,探索社会系统中的制度框架、政策杠杆对交通技术系统的结构优化作用,与交通工程学共同构建支持城市智慧发展、交通可持续发展的理论支柱[25]。

交通工程学与交通运输工程学均以“工程型”范式为主体,具有少量的“社会—技术型”范式特点,更对应交通与运输。城市交通交叉学科则以“社会—技术型”范式为主体,向下带动“工程型”范式结构性转变,向上逐渐发展为“社会—技术—政策型”范式,更对应移动性、沟通与出行。

表 2-8-9 国内交通学科发展建设历程[23-34]

年代	学科	重点研究方向
1983	多个二级学科 (国务院学位委员会第 4 次会议审议获批,1983 年)	铁道工程、公路工程、道路工程;铁道运输自动化与通信、铁道牵引电气化与自动化、航海技术;运输管理工程、飞行动力、市政工程(交通运输、管道工程部分);机车车辆、航海技术、船舶机械修造与管理、装甲车辆工程
1986	交通运输系统工程学 (国务院学位委员会,1986 年)	系统科学理论、应用数学、计算机软件、交通运输业务、经济理论 5 个学科知识
1990	多个二级学科 (国务院学位委员会第 9 次会议审议获批,1990 年)	铁道工程、公路城市道路及机场工程、林区道路与桥梁工程(部分);运输自动化与控制、铁道牵引电气化与自动化、航海技术(部分);运输管理工程、交通工程、飞行力学(部分);机车车辆、汽车运用工程、航海技术(部分)、船机修造工程、军用车辆工程等
1990	城市交通规划学 (郑祖武,1990 年)	全面规划综合治理、定量定性相结合、规划指导建设管理、开拓城市交通规划领域、完善学科内容和方法

（续表）

年代	学科	重点研究方向
1993	交通工程学 （徐吉谦等，1993年）	城市交通规划理论与方法、区域综合交通运输规划理论与方法、交通控制与管理理论与方法、交通流理论、城市交通综合治理方法、新交通体系、交通安全理论、交通综合网络体系
1995	交通工程学 （王炜，1995年）	交通运输综合规划与决策、现代化公路测设技术一体化系统、城市交通综合规划及优化建设技术、交通信息系统及GIS、道路交通管理与控制系统、交通环境保护技术
1996	交通工程学 （周伟，1996年）	区域综合交通规划与路网规划、交通系统仿真及交通工程CAD研究与开发、道路交通安全与管理、交通经济分析、交通环境影响分析、交通控制理论与方法
1997	交通运输工程学 （国务院学位委员会第15次会议审议获批，1997年）	归并铁道、公路、水运领域的12个二级学科为道路与铁道工程、交通信息工程及控制、交通运输规划与管理、载运工具运用工程4个专业
2007	交通运输科学与工程学 （宁滨，2007年）	建议下设若干二级学科，覆盖综合交通搞运输领域，如交通运输系统科学与工程、交通运输安全工程、交通运输能源工程、交通运输环境工程、交通运输规划与管理、交通信息工程及控制、城市交通科学与工程、智能交通科学与工程、轨道交通科学与工程、公路交通科学与工程、航空运输科学与工程、水运和港口科学与技术、油气储运科学与工程等
2009	综合交通系统学 （张国伍，2009年）	交通量交通流需求预测、综合交通运输大系统与政策、结合国家城市和地区构造综合交通系统的组合模式与构成模式的效益效率分解、综合交通系统交通网络的结构与布局、综合交通枢纽布局与枢纽内部对外运输网络协调，综合交通系统的综合运输能力、规划与协调、系统管理、综合评价指标与检验标准
2015	城市交通学 （汪光焘，2015年）	城市内部交通，地面道路交通、快速路、公共交通、停车、物（货）流、交通秩序管理6个系统及其相互协调；城市对外交通，公路、铁路、航空、内河航运、海运、管道运输等交通运输系统与城市内部交通场站、交通枢纽等的衔接；城际交通系统，适应城镇密集地区中心城市与周边地区紧密联系的都市圈交通，注重中心城市与周边中小城镇之间的衔接，以同城化通勤交通为主
2017	城市交通交叉学科 （国务院学位委员会，2017年）	下设交通服务科学、城市空间活动监测与分析技术、城市移动性规划、数据驱动的城市交通治理4个研究方向
2021	城市轨道交通学 （于松伟等，2021年）	建议包括城轨与经济管理、城轨规划理论与方法、城轨工程设计与施工、城轨技术装备、智慧城轨与服务及城轨人文与社会6个知识领域

三、正确学习借鉴国际经验

推动城市交通学科建设，提高城市交通学的科学性，亟须正确学习借鉴国际经验。既要学习成功经验，更要吸取失败教训；既要学习借鉴正确的经验，更要正确地学习借鉴经验；既要去背景化解构国际语境，更要再背景化重构中国特色，尽可能避免因语境理解偏差、术语混淆乱用导致政策移植上的南辕北辙、路径手段启发上的貌合神离。

首先，应辩证地认识城市与交通发展背景的差异性，包括政治体制、意识形态、行政机构、治理体系、政策机制、法律规章、财税制度、经济科技、社会结构、理念价值、地理区位等方面。只有对这些差异性建立深入的认识并开展详实的研究，才可能回答好“学什么、为什么学、谁来学、学谁、如何学、学到何种程度、达到何种效果”等一系列问题，避免简单趋同的手段与技术复制或效仿，实现政策理念组合与启发下的创新适应型学习借鉴。

其次，应客观地认识到不同发展阶段对交通有着不同的理解与要求。1979 年改革开放初期，美籍华人张秋先生在国内举办交通工程讲习班，各大高校创办交通工程专业，构建了以“四阶段法”为代表的基本理论与技术框架。1990 年代可持续发展理念传播时期，我国与世界银行合作研究，发布《北京宣言：中国城市交通发展战略》，形成了城市交通政策和交通规划制定应遵循的价值观和方法论。2014 年全球合作治理时期，欧盟发布《可持续城市移动性规划》，强调交通要从关注交通设施与运输效率回归到关注人的移动与出行。我国亦于 2018 年开展“城市交通治理现代化理论研究”，认识到其是提升交通服务共建、共享、共治水平的新要求和新趋势。

再次，应清晰地认识到“交通”词语在不同文化（领域）背景下的内涵区别。交通工程中的交通（Traffic）关注交通设施的供需匹配和交通流的高效安全运行。交通运输中的交通（Transport）关注载运工具及承载设施的运营组织优化与综合成本效益。可持续交通中的交通（Mobility）则以跨学科综合规划、多元合作治理，行动计划共识的视角聚焦可持续性、交通出行、环境质量、生活品质、公共服务与公平可达等方面。交通词语在内涵上既具有传统工程方法上的技术属性，又具有社会发展要求下的政策属性，两者结合形成社会—技术、工程—政策维度的复合内涵才能有力推进城市交通治理体系完善和治理能力增强。

最后，应充分地认识到发展中国特色城市交通学的必然性与科学性。治理逻辑下的城市交通学是提升国家及城市治理能力的战略需求和重要抓手，其发展与完善必然要立足于符合我国国情特征的交叉、重大、动态、复杂的社会及科学问题，并以面向高质量发展、交通强国、健康中国、碳达峰碳中和、发展培育都市圈等国家战略为目标。发展逻辑下的城市交通学将加速推动社会需求承载空间与科学技术应用场景的塑造与迭代，国际经验的去背景化解构和中国特色的再背景化重构将有助于具有中国特色的城市交通学实现“请进来”和“走出去”，真正达成“与世界相交，与时代相通”的宏伟愿景。

· 参考文献 ·

[1] Holden E, Gilpin G, Banister D. Sustainable mobility at thirty[J]. Sustainability, 2020, 11: 1965.
[2] Foltynova H B, Vejchodska E, Rybova K, et al. Sustainable urban mobility: one definition, different stakeholders' opinions[J]. Transportation Research Part D: Transport and Environment, 2020, 87: 102465.
[3] Banister D. The sustainable mobility paradigm[J]. Transport Policy, 2008, 15(2): 73-80.
[4] Rupprecht Consult. 可持续城市移动性规划编制与实施指南[R]. 2 版. Cologne: Rupprecht Consult, 2019.
[5] Stead D. Key research themes on governance and sustainable urban mobility[J]. International Journal of Sustainable Transportation, 2016, 10(1): 40-48.
[6] Marsden G, Reardon L. Questions of governance: rethinking the study of transportation policy[J]. Transportation Research Part A: Policy and Practice, 2017, 101: 238-251.

[7] Reardon L, Marsden G. Exploring the role of the state in the depoliticisation of uk transport policy[J]. Policy & Politics, 2020, 48(2): 223-240.
[8] Sultana S, Salon D, Kuby M. Transportation sustainability in the urban context: a comprehensive review[J]. Urban Geography, 2019, 40(3): 279-308.
[9] Ramani T L, Zietsman J. Sustainable transportation — alternative perspectives and enduring challenges[J]. International Journal of Urban Sciences, 2016, 20(3): 318-333.
[10] Lanzini P, Stochetti A. From techno-centrism to socio-centrism: the evolution of principles for urban sustainable mobility[J]. International Journal of Sustainable Transportation, 2020, 15(11): 815-825.
[11] Berger G, Feindt P H, Holden E, et al. Sustainable mobility—challenges for a complex transition[J]. Journal of Environmental Policy & Planning, 2014, 16(3): 303-320.
[12] Bertolini L. Integrating mobility and urban development agendas: a manifesto[J]. disP-The Planning Review, 2012, 48(1): 16-26.
[13] Lyons G, Davidson C. Guidance for transport planning and policymaking in the face of an uncertain future[J]. Transportation Research Part A: Policy and Practice, 2016, 88: 104-116.
[14] Vigar G. The four knowledges of transport planning: enacting a more communicative, trans-disciplinary policy and decision-making[J]. Transportation Research Part A: Policy and Practice, 2017, 58: 39-45.
[15] Kelowski W, Bassens B. "All Transport Problems are Essentially Mathematical": the uneven resonance of academic transport and mobility knowledge in brussels[J]. Urban Geography, 2018, 39(3): 413-437.
[16] Owens S. From 'Predict and Provide' to 'Predict and Prevent'?: pricing and planning in transport policy[J]. Transport Policy, 1995, 2(1): 43-49.
[17] TRICS. Guidance note on the practical implementation of the decide & provide approach[R]. London: TRICS, 2021.
[18] Creutzig F, Franzen M, Moeckel R, et al. Leveraging digitalization for sustainability in urban transport[J]. Global Sustainability, 2019, 2: 1-6.
[19] Lyons G. Getting smart about urban mobility—aligning the paradigms of smart and sustainable[J]. Transportation Research Part A: Policy and Practice, 2018, 115:4-14.
[20] Jones P. The evolution of urban mobility: the interplay of academic and policy perspectives[J]. IATSS Research, 2014, 38(1): 7-13.
[21] Jones P. The CREATE guidelines [R]. London: H2020-CREATE-D5. 3, Congestion Reduction in Europe, Advancing Transport Efficiency, 2018.
[22] Dudley G, Preston J. Historical narrative and the evolution of academic transport studies in the UK[J]. Transport Reviews, 2013, 33(2): 131-147.
[23] 徐吉谦,王炜,杨涛. 交通工程学科发展战略研究[J]. 城市道桥与防洪,1993(2):9-23,38.
[24] 邱延峻. 学位授权制度下的研究生专业目录与学科目录演进及分野——以交通运输工程学科为例[J]. 西南交通大学学报(社会科学版),2020,21(6):65-74.
[25] 同济大学城市交通交叉学科筹建组. 自主设置交叉学科论证方案——城市交通(99J3)[R]. 上海:同济大学,2017.
[26] 郑祖武. 开创我国自己特色的城市交通规划学科[J]. 城市规划,1990(3):27.
[27] 王炜. 论中国交通工程学科发展战略[J]. 城市发展研究,1995(2):35-37.
[28] 周伟. 交通工程学科研究方向和发展目标刍议[J]. 交通高教研究,1996(1):19-21.
[29] 张国伍. 交通运输系统工程学科的创建与钱学森的系统科学——纪念钱学森教授回国 50 周年暨 95 岁华诞[J]. 交通运输系统工程与信息,2005(6):3-9.
[30] 宁滨. 学科建设:为综合交通发展提供创新支持[J]. 综合运输,2007(2):5-8.
[31] 张国伍. 建立综合交通系统学,推动综合交通事业的发展[J]. 交通标准化,2009(Z2):71-80.
[32] 汪光焘. 论城市交通学[J]. 城市交通,2015,13(5):1-10.
[33] 于松伟,成砚,贺鹏,等. 创建"城市轨道交通学"的可行性探究[J]. 都市快轨交通,2021,34(2):1-8.
[34] 吴娇蓉,涂颖菲. 第一届城市交通交叉学科论坛观点荟萃[J]. 交通与运输,2021,37(2):102-104.

第九章
国外城市交通空间—行政体系综述

城市交通既涉及交通系统的运行和管理，也受城市的特征与背景所影响。不同国家与城市在自身发展过程中形成了不同的空间组织形态以及行政权责体系，导致城市交通问题呈现的方式和原因各有差异。本章选取五个国际主要城市——伦敦、巴黎、纽约、东京、首尔，从城市空间特征、行政财税体制及交通政策三个方面进行比较研究，以深入理解城市交通研究需求的异质性与多元性。

在城市空间特征方面，不同城市对其空间范围和结构的定义存在明显差异，但在整体规模上有较强的可比性，有助于比较分析的开展。东京和首尔两座亚洲城市在人口和就业总量及密度方面总体大于其他城市，纽约在空间范围和经济总量方面有显著优势，而欧洲的伦敦和巴黎则呈现“小而精”的特点。

在行政财税体制方面，伦敦、巴黎、纽约、东京、首尔等几个都市圈的行政自上而下分为三级：城市内各区、城市、包括周边其他城市在内的都市圈。在事权上，伦敦各区享有广泛的自治权利；巴黎实行上下级分明的“强市长制”；纽约大都市区具备半自治的公共性治理结构；东京设立了全国独有的“都区制度”，职责分明；首尔都市圈则成立了各种公共性机构来处理该地区的政府间问题。

在交通政策方面，五大城市的近期交通发展策略均强调客货并重、公交优先和绿色环保出行，均提到优化公交出行、促进低碳和零排放出行、鼓励自行车出行、推动使用新能源汽车、减少汽车出行依赖、构建可持续货运交通体系等措施。在这些战略和策略的引导下，各城市的交通发展现状和存在的问题各不相同，如伦敦强调客货运交通的协调发展、巴黎关注城市发展和公共交通同步规划等。

第一节 城市空间范围及基本特征

一、总览及对比分析

本章节所选取的五个国外城市在面积、人口数量和密度、GDP 等方面与我国的北京、上海等超大城市具有一定可比性(图 2-9-1)。如表 2-9-1 所示,以北京市为参照,东京都市圈在居住和就业人口的数量和就业密度上规模最大,且规模远超过其他城市,但总面积仅排名第四,

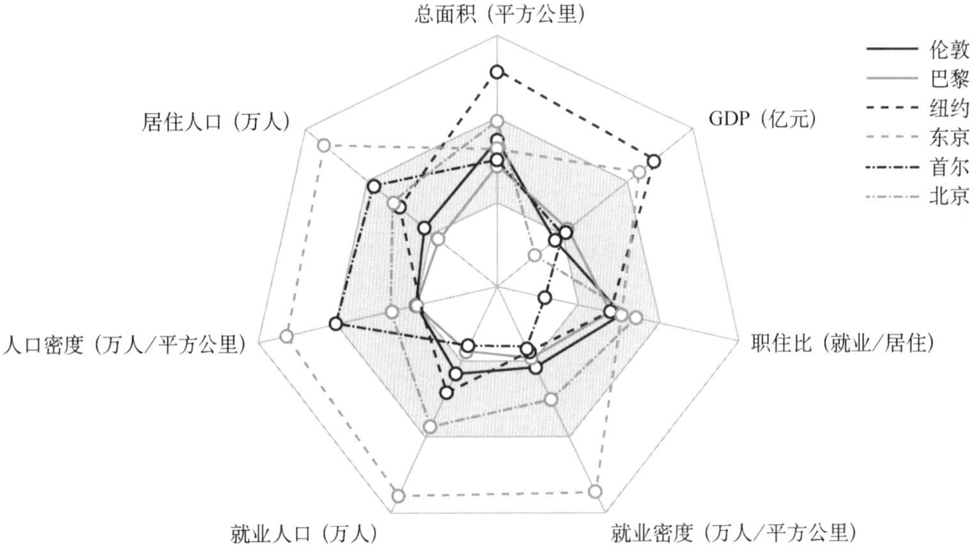

图 2-9-1 六个城市特征指标对比

表 2-9-1 六个城市指标对比

指标	伦敦	巴黎	纽约	东京	首尔	北京
研究对象定义	伦敦大都市区	巴黎大都市区	纽约大都市区	东京都市圈	首尔都市圈	北京市
总面积(平方公里)	14 552	12 012	21 482	13 562	12 685	16 410
居住人口(万人)	1 496	1 203	2 009	3 592	2 570	2 154
人口密度(万人/平方公里)	0.103	0.100	0.094	0.265	0.203	0.131
就业人口(万人)	769	568	933	1 843	515	1 238
就业密度(万人/平方公里)	0.053	0.047	0.043	0.136	0.041	0.075
职住比(就业/居住)	0.51	0.47	0.46	0.51	0.20	0.57
GDP(亿元)	44 327	54 593	120 240	108 843	51 590	29 165

注:北京的数据年份为 2018 年,其余城市的数据年份均为 2017 年。

因此东京人口密度极大，对交通需求分担提出了重大挑战。纽约的总面积和 GDP 规模最大，人口数量和密度适中，因此城市交通有较丰厚的发展资源和相对宽松的发展空间。首尔的居住人口数量和密度仅次于东京，但就业人口数量最少、密度最小，职住比远低于其他城市，GDP 适中，通勤交通有很大的发展空间。巴黎和伦敦各方面指标适中，有悠久的城市交通发展历史，发展难点在于对已有的交通基础设施进行维护和翻新，并适应新的发展模式。北京的居住人口规模小于东京和首尔，就业人口规模仅次于东京，总面积仅次于纽约，职住比最高，但 GDP 低于其他城市，交通发展还有很大的提升空间，有必要学习和借鉴发达国家超大城市(群)的交通发展历程和经验。

二、伦敦

伦敦与北京都是具有国际影响力的首都城市和城镇群的中心城市，二者虽然有着不同的政治制度，但在城市发展上存在着诸多方面的相似之处。中国城乡规划体系参考了英国《城乡规划法》，新版北京城市总体规划也和伦敦规划在很多理念上不谋而合，对于解决国际一流首都城市面临的“城市病”，也分别给出了自己的破题之道。

伦敦也称大伦敦地区(Greater London)，是英国(大不列颠及北爱尔兰联合王国，The United Kingdom of Great Britain and Northern Ireland)的首都，也是英国的政治、经济、文化和金融中心。英国政体是君主立宪制，行政上实行内阁制，由君主任命在议会中占多数席位的政党领袖出任首相并组阁，向议会负责[1]。英国全国分为英格兰、威尔士、苏格兰和北爱尔兰四个部分，大伦敦地区位于英格兰东南部，下设伦敦城(City of London)等 33 个独立的市区。

20 世纪伦敦经历了机动车快速发展的时期。过去的交通发展趋势带来了越来越多的问题，如人们对小汽车的依赖使公共健康受到越来越多的威胁，地铁、通勤铁路、公交车总是过于拥挤，时间不可靠，换乘不方便。近些年，为有效减轻市民对小汽车的依赖，实现道路交通流量下降，同时为大伦敦地区乃至整个英国的社会经济发展、人民健康宜居提供优质的道路交通环境，伦敦计划改变整个综合交通体系，为市民提供可行、富有吸引力的绿色交通出行，以替代小汽车出行。我国大城市面临与伦敦同样的交通问题，伦敦的城市交通发展经验，值得我国大城市学习和借鉴。

大伦敦地区面积为 1 574 平方公里，面积远小于我国北京(16 410 平方公里)、上海(6 340.5 平方公里)等超大城市。为提高大伦敦地区与国内大城市的可比性，将研究范围拓展至伦敦大都市区，对同一尺度、不同圈层下的伦敦和北京进行定量比较(表 2-9-2)。

表 2-9-2　伦敦大都市区与北京市圈层划分比较

圈层	北京市圈层划分及面积（平方公里）		伦敦大都市区圈层划分及面积（平方公里）	
第一圈层	核心区	93	中央活动区	33.7
第二圈层	中心城区	1 381	大伦敦地区	1 574
第三圈层	北京市	16 410	伦敦大都市区	14 552

伦敦大都市区是指英格兰东南地区环绕伦敦形成的都市区，总面积约 14 552 平方公里，

居住人口约 1 496 万人，就业人口 769 万人[2]，与北京在空间尺度和人口数量上具有一定的可比性。

伦敦是典型的单中心放射型发展的城市，北京在过去很长时间也是以老城为中心进行圈层式发展，因此两个城市都呈现出明显的、不同层级的圈层结构。根据行政边界、建设区范围、用地强度、居住和就业人口密度等因素，将伦敦大都市区分成三个圈层，其中第一圈层为中央活动区(Central Activities Zone)，面积为 33.7 平方公里；第二圈层为大伦敦地区，面积为 1 574 平方公里；第三圈层为伦敦大都市区，面积为 14 552 平方公里。从北京与之对应的圈层来看，第一圈层为首都功能核心区(东城区和西城区)，面积为 93 平方公里；第二圈层为中心城区，面积为 1 381 平方公里；第三圈层为北京市全域，面积为 16 410 平方公里(图 2-9-2)。

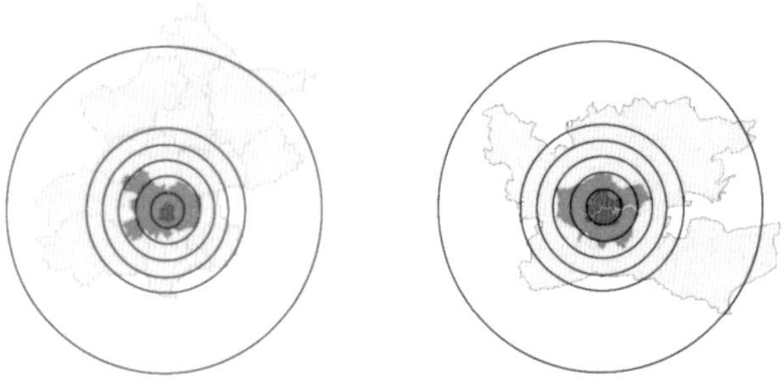

(a) 北京市　　(b) 伦敦大都市区

图 2-9-2　伦敦大都市区与北京市圈层范围比较[2]

三、巴黎

法国仅仅经历了大约半个世纪的时间，就从一个传统的农业国发展为今天高城市化水平的工业化国家，其城市化过程中的许多阶段与我国当前的快速城市化进程颇有相似之处[3]。巴黎(Paris)是法兰西共和国的首都和最大城市，也是法国的政治、经济、文化和商业中心，是世界五个国际大都市之一。

巴黎大都市区也称大巴黎地区、巴黎大区，是法国 22 个行政大区之一，通常被称为“法兰西岛”[4]。巴黎市是属于大巴黎地区的一个省级市，在行政管理上是省与市的合一。该区域以巴黎为中心，在法国具有极其重要的中心地位，是欧洲最具实力的五大经济实体之一，也是欧洲四个最大的区域性大都市地区之一。梳理借鉴巴黎和大巴黎地区的城市和交通发展经验，对我国城市交通规划管理研究具有一定的启发意义。

大巴黎地区面积为 12 012 平方公里，面积与国内北京(16 410 平方公里)、上海(6 340.5 平方公里)等超大城市具有一定可比性。大巴黎地区指的是法兰西岛，管辖 8 个省，分别为瓦尔德马恩省、瓦尔德瓦兹省、塞纳马恩省、塞纳圣德尼省、依夫林省、上塞纳省、埃索纳省和巴黎市(省)。大巴黎地区的居住人口约 1 203 万人，就业人口 568 万人[2]。

根据行政边界、建设区范围、用地强度、居住和就业人口密度等因素，将巴黎大都市区分成三个圈层，其中第一圈层为巴黎市，面积为 105 平方公里；第二圈为巴黎中心城市，包括巴黎市和近郊 3 省，面积为 627 平方公里；第三圈层为大巴黎地区，面积为 12 012 平方公里(表 2-9-3，

图 2-9-3)。

表 2-9-3 巴黎大都市区与北京市圈层划分比较

圈层	北京市圈层划分及面积（平方公里）		巴黎大都市区圈层划分及面积（平方公里）	
第一圈层	核心区	93	巴黎市	105
第二圈层	中心城区	1381	巴黎中心城市	627
第三圈层	北京市	16410	大巴黎地区	12012

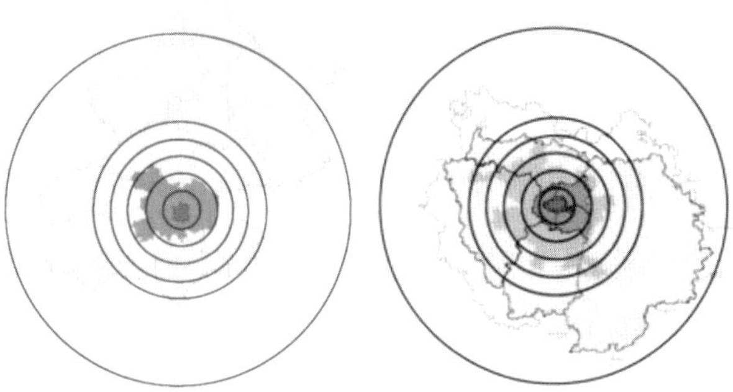

(a) 北京市　　(b) 巴黎大都市区

图 2-9-3 巴黎大都市区与北京市圈层范围比较[15]

四、纽约

纽约市是美国最大城市和第一大港，位于美国纽约州南端，为美国人口最多的城市、纽约都会区的核心以及世界最大的城市之一，是对全球的经济、商业、金融、媒体、政治、教育和娱乐具有极大影响力的国际大都会。紧邻哈德逊河让纽约市享有航运之便，使其快速发展成为一个贸易重镇。

纽约是一座世界级城市，包括联合国总部在内的世界上很多国际机构、跨国公司及银行的总部都设在纽约，因此其也被认为是世界外交的中心。纽约都市圈为世界上最大的都市圈之一，与英国伦敦、中国香港并称“纽伦港”[5]。

纽约的公共交通系统多为 24 小时营运，为全美最复杂、规模最大，而世界上多数城市的公共交通系统在夜间停止营运，香港、伦敦、巴黎、上海、首尔和东京都不例外。全美国 1/3 的公共交通使用者和 2/3 的铁路乘客居住于纽约都会区。著名的纽约地铁是西半球最为繁忙的轨道交通系统，而大中央车站则是全球月台数最多的火车站。纽约还是世界上最繁忙的空域之一，有肯尼迪国际机场(JFK)、拉瓜迪亚机场(LGA)以及纽瓦克自由国际机场(EWR)三大机场。乔治华·盛顿大桥连接曼哈顿和新泽西州博根县，是世界上最繁忙的机动车桥梁。公共交通在纽约广受欢迎。2005 年，54.6% 的纽约居民使用公共交通系统通勤，而在美国其他地方，90% 的人驾车通勤。根据美国人口调查局的调查，纽约居民每日用 38.4 分钟去上班，在全国大城市中时间最长，但由于公共交通的使用率较高，他们的花费(相对于家庭收入)较少。与其他城市居民相比，纽约居民每年总共在交通上省下 190 亿美元。作为世界上最复杂的交通系统之一，纽约市的交通发展历程对我国城市交通规划管理研究具有相当重要的借鉴意义。

纽约市总面积为 1 214.4 平方公里，面积远小于我国北京(16 410 平方公里)、上海(6 340.5 平方公里)等超大城市。为提高纽约地区与国内城市的可比性，将研究范围拓展至纽约大都市区(New York Metropolitan Area)，对同一尺度、不同圈层下的纽约和北京进行定量比较。

纽约大都市区具有大都市统计区、联合统计区两种不同的统计单元界定：根据大都市统计区的统计单元界定，纽约大都会区包括纽约州的 12 个县(纽约市的 5 个行政区——布鲁克林、皇后区、曼哈顿、布朗克斯和史坦顿岛，长岛的 2 个县和哈德逊河下游的 5 个县)，新泽西州北部和中部的 13 个县，宾夕法尼亚州东北部的 1 个县，总共 26 个县，面积约 17 405 平方公里，居住人口约 2 014 万人，就业人口约 912 万人，与北京在空间尺度和人口数量上具有一定的可比性[6]。根据联合统计区的统计单元界定，纽约大都市区还包括纽约、新泽西、康涅狄格州和宾夕法尼亚州的另外 10 个县，总面积约 34 490 平方公里。

根据行政边界、建设区范围、用地强度、居住和就业人口密度等因素，将纽约大都市区分成三个圈层，其中第一圈层为纽约市曼哈顿区(纽约县)，面积为 60 平方公里；第二圈纽约市，包括曼哈顿区等五个行政区，面积为 784 平方公里；第三圈层为纽约大都市区，面积为 17 405 平方公里(表 2-9-4，图 2-9-4)。

表 2-9-4　纽约大都市区与北京市圈层划分对比

圈层	北京市圈层划分及面积（平方公里）		纽约大都市区圈层划分及面积（平方公里）	
第一圈层	核心区	93	曼哈顿区	60
第二圈层	中心城区	1 381	纽约市	784
第三圈层	北京市	16 410	纽约大都会区	17 405

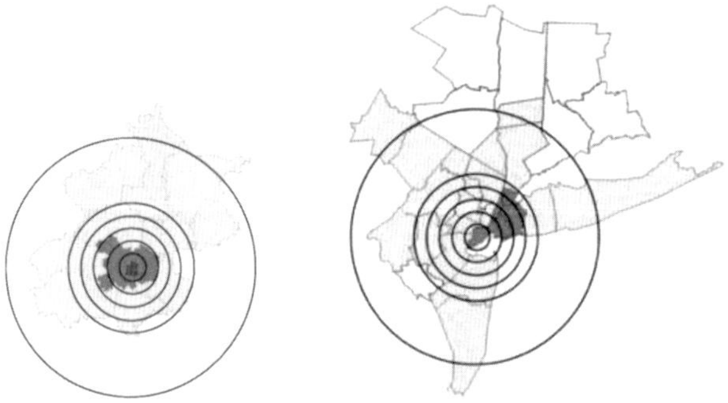

(a) 北京市　　(b) 纽约大都会区

图 2-9-4　纽约大都会区与北京市圈层范围比较

五、东京

东京都是位于日本关东地方的一级行政区，也是日本实际上的首都，是日本唯一以“都”命名的行政区。东京都下辖 23 区、26 市、5 町、8 村，其中都厅所在地为新宿区。东京都可分为 3 大构成区块，分别为东京都区部、多摩地域与东京都岛屿部。

东京都是世界 GDP 总量排名前 2 位的都市，亦是日本经济、文化、政治、交通的中心。以东京都为核心的日本首都圈人口超过 3 800 万人，约占日本人口的三成，也是世界第一大都会区。东京都亦被认为是世界上最重要的全球都市之一。据日本民间智库森纪念财团(Mori Memorial Foundation)2019 年的排名，东京在世界都市综合竞争力排行中位列第三，仅次于伦敦及纽约。据经济学人信息社 2019 年的全球宜居城市排名，在调查对象城市中，东京是排名第 7 位的宜居都市。

东京都市圈(The Greater Tokyo Area)是以东京都为中心的巨型都市圈，狭义范围一般包括东京都、神奈川县、千叶县、埼玉县（又称"一都三县"），总面积约 1.35 万平方公里，广义的东京都市圈又称"首都圈"，是在"一都三县"的基础上加入茨城、枥木、群马及山梨四县(即"一都七县")，总面积 3.69 万平方公里。东京都市圈是日本三大都市圈之一，其拥有的东京成田国际机场和东京羽田国际机场均属于日本国家中心机场。同时，东京都市圈拥有世界最复杂的通勤铁路网和公交巴士线路网，梳理借鉴东京和东京都市圈的城市和交通发展经验，对我国城市交通规划管理研究具有一定的启发意义。

东京都总面积达 2 155 平方公里，面积远小于我国北京(16 410 平方公里)、上海(6 340.5 平方公里)等超大城市。狭义的东京都市圈(一都三县)总面积约 13 500 平方公里，居住人口约 3 740 万人，就业人口约 1 997 万人，是世界上人口最多、人口密度最大的都市圈，与北京在空间尺度和人口数量上具有一定可比性。

根据行政边界、建设区范围、用地强度、居住和就业人口密度等因素，将东京都市圈分成三个圈层，其中第一圈层为东京都区部(东京 23 区)，面积为 628 平方公里；第二圈东京都，包括东京都区部、多摩地域与东京都岛屿部，面积为 2 155 平方公里；第三圈层为东京都市圈(一都三县)，面积为 13 500 平方公里(表 2-9-5，图 2-9-5)。

表 2-9-5　东京都市圈与北京市圈层划分对比

圈层	北京市圈层划分及面积（平方公里）		东京都市圈圈层划分及面积（平方公里）	
第一圈层	核心区	93	东京都区部	628
第二圈层	中心城区	1 381	东京都	2 155
第三圈层	北京市	16 410	东京都市圈	13 500

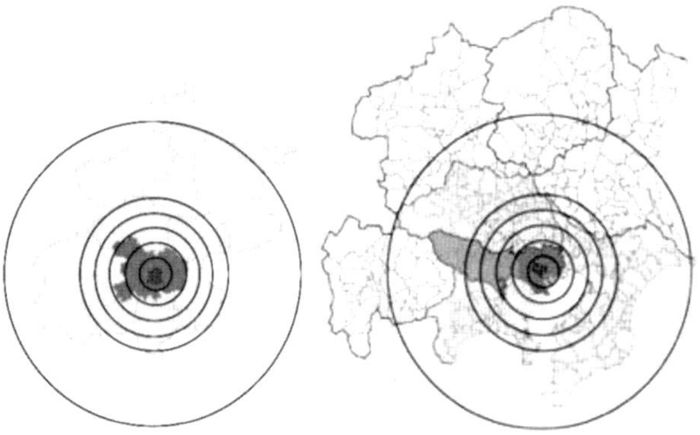

(a) 北京市　　(b) 东京都市圈

图 2-9-5　东京都市圈与北京市圈层范围比较

六、首尔

首尔(Seoul)是韩国首都和政治、经济、文化、科技、教育中心,亦是朝鲜半岛人口最多的城市,也是亚洲主要金融城市之一。首尔全市下辖25区,面积约605平方公里,是世界上人口密度极高的城市之一;而以首尔为核心的韩国首都圈,总人口达2 600万,不仅位居韩国第一,亦名列世界第5大城市群。虽然首尔仅占韩国面积的0.6%,但其GDP却占韩国全国GDP的21%。首尔是高度数字化的城市,网速和数字机会指数均居世界首位。

首尔都市圈(Seoul Capital Area)是以首尔为中心,包括仁川市(Incheon)和京畿道地区(Gyeonggi)在内的大都市区,位于韩国西北部,其面积约为12 685平方公里,被列为世界第五大都市圈,同时也是韩国的文化、商业、金融、工业和居住中心。梳理借鉴首尔和首尔都市圈的城市和交通发展经验,对我国城市交通规划管理研究具有一定的启发意义。

首尔总面积约605平方公里,面积远小于我国北京(16 410平方公里)、上海(6 340.5平方公里)等超大城市。首尔都市圈总面积约12 685平方公里,居住人口约2 570万人,就业人口约537万人,与北京在空间尺度和人口数量上具有一定可比性。

根据行政边界、建设区范围、用地强度、居住和就业人口密度等因素,将首尔都市圈分成三个圈层,其中第一圈层为首尔市中心(钟路区、中区、龙山区、西大门区、城东区),面积为90.2平方公里;第二圈层为首尔市,面积为605平方公里;第三圈层为首尔都市圈,面积为12 685平方公里(表2-9-6)。

表2-9-6　首尔都市圈与北京市圈层划分对比

圈层	北京市圈层划分及面积（平方公里）		首尔都市圈圈层划分及面积（平方公里）	
第一圈层	核心区	93	首尔市中心	90.2
第二圈层	中心城区	1 381	首尔市	605
第三圈层	北京市	16 410	首尔都市圈	12 685

第二节　行政财税体制

一、总览及对比分析

在国家层面,英、法、美、日、韩五个国家的行政体制大都自上而下分为三到四级,事权分明,中央政府负责全国性的行政、经济、法律、外交等方面的事务,地方事务由地方政府全面负责,并受到中央政府的监督、管理和约束。财政上各国情况不同,英国的中央与地方财权划分明确,实行严格的分税制;法国各级政府间财政相对独立,不存在隶属关系,但国家对地方财政具有事后法律监督权;美国各级政府拥有其各自的税法,拥有独立的税收体系、主体税种以及税收立法权和征管权,没有全国统一的税法,三级政府在财政上既有统一,又有分权,既有平等,又有先后;日本的各级政府财政分配明确,中央对地方都道府县和市町村两级财政均有直接补助关系；韩国的国家财政事务则由九大不同机构介入，较为混杂，中央对地方的转移支付是地方财政的主要来源。

在城市层面，伦敦、巴黎、纽约、东京、首尔五个都市圈的行政自上而下分为三级：城市内各区、城市、包括周边其他城市在内的都市圈。在事权上，各城市不尽相同，伦敦各区享有广泛的自治权利；巴黎实行上下级分明的“强市长制”，下级政府受到上级政府的强大约束；纽约大都市区则依靠半自治的公共性治理结构来解决经济社会的各项问题；东京设立了全国独有的“都区制度”，职责分明，既确保了东京行政的一体化和统一性，又保证了各区的自主性；首尔都市圈成立各种公共性机构来处理该地区的政府间问题。

由于各国及其主要城市在行政和财政事务上具有较大的差异性(表 2-9-7)，其交通发展历程也各不相同，应当放入其特定的历史和政治背景下进行研究。发达国家主要城市的交通发展历程无疑对我国具有重要的参考意义，但考虑到国情不同，应在借鉴他国经验的基础上开辟符合我国国情、具有中国特色的城市交通研究道路。

表 2-9-7 各国行政区划、事权、财政对比

国家	层级	区划	事权	财政
英国	国家层面	大区、郡、区、教区四级	中央政府控制外交、国防、总体经济和货币政策、就业政策以及社会保障等，地方政府全面负责地方事务	英国中央政府与地方政府的财权划分相对比较明确，各级政府根据事权决定收支范围，实行严格的分税制
	伦敦城市层面	中央活动区、内伦敦和外伦敦三级	各区享有广泛的自治权利	
法国	国家层面	大区、省、市镇三级	中央的主要职能是在安全、司法、大学教育、就业、公共卫生、领土单位之间的平衡以及发生危机时介入等，地方政府全面负责地方事务	法国的财政体制实行的是固定式分税制财政体制，分为中央与地方财政，大区、省和市镇共同构成了地方财政，各级政府财政相对独立，不存在隶属关系，但国家对地方的三级财政都有事后法律监督权
	巴黎城市层面	巴黎市、巴黎中心城市、大巴黎地区三级	省市合一，实行“强市长制”，市镇级政府拥有经济社会发展及公共服务等方面较为广泛的权力，区级政府权力则极其有限，区长在行政上受到市长和省长的指导和监督	
美国	国家层面	州、县、市、镇四级	根据联邦最高法院多项裁定，各州与中央联邦政府均有司法主权，但中央联邦政府受到美国宪法的约束，而各州则有相当大的司法主权，但前提是不违反两项原则：一、其主权不能凌驾于中央联邦政府及美国宪法；二、其自行制定之州宪法权限不能超过国家整体主权	美国实行联邦、州、地方政府三级分税财政体系，没有全国统一的税法，仅是在联邦宪法中对若干税收问题作约定。联邦、州和地方政府拥有其各自的税法，拥有独立的税收体系和主体税种以及税收立法权和征管权。联邦、州和地方三级政府在财政上体现了既有统一又有分权，既有平等又有先后的原则
	纽约城市层面	纽约市各区、纽约市、纽约大都会区三级	纽约大都市区的公共性机构依靠半自治的治理结构，通过建立基金、开展规划等方式，不断解决大都市区经济社会发展面临的各种问题	

（续表）

国家	层级	区划	事权	财政
日本	国家层面	日本的地方自治制度由都道府县与区市町村的双层结构构成。两者是对等的地方行政机构（日本地方公共团体），相互分担、相互合作，办理地方行政事务	都道府县是包括市町村的广域地方行政机构，负责广域行政事务。市町村是与居民直接相关的地方公共团体，负责居民身边的事务	日本财政体系是指由日本中央政府一般会计预算、中央政府特别会计预算、政府关系机关预算、地方政府预算和财政投资性信贷计划组成的相对独立、相互制约的财政分配整体。日本中央财政主要负责全国性的公共事业和公共工程、教育、国土开发、产业政策、外交和国防等开支；地方财政支出范围则是基础设施建设、教育、社会福利、卫生保健等，中央对地方都道府县和市町村两级财政均有直接补助关系
	东京城市层面	东京都各区、东京都、东京都市圈三级	东京都是包括23个特别区、26个市、5个町、8个村的广域地方行政机构，在特别区所在区域，鉴于其人口高度集中、市区接连成片等大都市的实际情况，特别设置了不同于一般府县与市町村关系的“都区制度”。具体包括，在设置特别区的区域，由东京都为确保行政的一体化、统一性负责“市”负担部分的行政事务（自来水、下水道、消防等事务），同时，由特别区自主、自律地处理福祉、教育、住房等与居民生活密切相关的事务	
韩国	国家层面	广域地方自治团体、基础地方自治团体、非自治区域三级	韩国政体由行政、立法和司法三权组成。立法权属于一院制的国会，以总统为中心的政府掌握国家的行政权，司法权属于由法官构成的法院。韩国的行政部门实行总统制，是韩国三权分立制度的核心体制	韩国目前参与和介入国家财政事务和财政决策的机构主要涉及总统府、总理秘书室及其附属机构、企划财政部、调达厅、国税厅、海关厅、统计厅、韩国银行和监察院九大机构。韩国地方财政的内容包括地方收入、地方税、地方税外收入、地方支出、转移支付和地方债。其中，中央对地方的转移支付处于核心地位
	首尔城市层面	首尔市各区、首尔市、首尔都市圈三级	首尔都市圈已经成立了各种公共性机构来处理该地区的政府间问题	

二、英国及大伦敦地区

（一）行政

1. 英国

英国全国划分为英格兰、威尔士、苏格兰和北爱尔兰四个部分，此外还有一些英属海外领地，总面积为24.4万平方公里。以英格兰为例，英国行政区划自上而下划分为四级，分别是大区（Region）、郡（County）、区（District）、教区（Parish）[7]。

一级区划为大区级，概念类似于中国的华北、东北、华南等，更多的是基于地理上的概念，不过英格兰的大区级相比于中国的华北、东北这些概念更具有行政管理上的意义，比如设立大区级的战略卫生局、设定大区电话区号等。二级区划为郡级，概念类似于中国的省级行政单位。与中国省级行政单位包括省、自治区、直辖市相似，英格兰郡一级的行政单位分为都市郡(Metropolian County)、非都市郡(Non-metropolian)、单一管理区(Unitary Authority)和大伦敦(Greater London)。三级区划为区级，概念类似中国县市级的行政单位。四级区划为教区级，类似中国的乡镇、街道办事处[7]。

英国政体是君主立宪制，行政上实行内阁制。英国政府负责英国的行政功能，首相为政府首脑，由英国君主任命。首相获任命后再挑选其他部长和行政首脑，组成政府。英国全国被分为许多地方当局(Local Authorities)，地方当局再分为许多行政区。地方当局负责有关教育、公共交通以及公共空间的管理，是最基层的权力机构。议会是英国最高立法机关，政府从议会中产生，并对其负责。英国的国会为两院制，由上议院和下议院组成。英国全国被划分为许多个选民人数基本相同的选区，每个选区选举一名下议院议员。下议院拥有绝对多数的政党，该党的领袖被君主任命为首相，下议院第二大党的领袖则成为反对党领袖。上议院又称贵族院，是英国最高司法机关，议长由大法官兼任。和下议院相比，上议院的权力相对有限，保留着历史上遗留下来的司法权。

2. 大伦敦地区

大伦敦地区为郡级市，行政区划实行郡级市、区二级管理体制。大伦敦地区的行政区划分为伦敦城和周边的 32 个市区，行政区划布局分为 2 个圈层，伦敦城外的 12 个市区称为内伦敦，其他 20 个市区称为外伦敦[8]。泰晤士河穿过伦敦，将城市划分为南、北两部分。大伦敦地区包括中央活动区、内伦敦和外伦敦。从空间上看，中央活动区包括两个部分，一部分是以伦敦城和西敏区为中心向外延伸的老城区部分，另一部分则是伦敦城中心以东 5 公里的狗岛北部(Northern Isle of Dogs)。中央活动区是伦敦市长战略划定的政策区，集中了伦敦三分之一的就业，创造了全英国十分之一的经济产值，是城市核心职能的承载地。内伦敦的范围比中央活动区略大，约 310 平方公里，占了大伦敦地区面积的五分之一。外伦敦面积约 1 230 平方公里。

大伦敦地区的发展经历了“伦敦大都市区早期—伦敦郡议会时期—大伦敦议会时期—多头分散自治时期—大伦敦市政府时期”的行政体制变革[7]，其行政层级和职责范围也随之不断优化调整。

伦敦大都市区早期：伦敦最早的城市形态是伦敦城(City of London)，其面积仅为 1 平方公里。对伦敦大都市区的形成起决定性作用的是英国 18 世纪 60 年代兴起的工业革命，19 世纪上半叶伦敦大都市区已初步成型。伦敦大都市区早期的治理主要是按照地域分隔的。其中，伦敦城由伦敦城法团(City of London Corporation)治理，它由市长阁下(Lord Mayor)、治安法官(Sheriff)、参事议政厅(Court of Aldermen)和政府议政厅(Court of Common Council)组成[9]。伦敦城以外的大都市地区则由众多的教区委员会治理。

伦敦郡议会时期：根据《1888 年地方政府法案》，伦敦行政郡(Administrative County of London)得以成立，其地域范围拓展到伦敦城之外原先属于米德尔塞克斯郡、肯特郡和萨里郡的部分地区。大都市区实行“伦敦郡议会—自治市议会”两级治理体制。其中，伦敦郡议会实行议会委员会制，它由主席、市府参事和议员组成。在郡议会以下，新设立 28 个大都市区自治市(Metropolitan Borough)议会,其结构类似于伦敦郡议会,由市长、市府参事和议员组成。

大伦敦议会时期:根据英国议会颁布的《1963 年伦敦政府法案》,大伦敦议会于 1965 年成立,专门负责整个大伦敦地区的协调治理。这一时期大都市区实行"大伦敦议会—自治市议会"的两级治理体制。

多头分散自治时期:英国议会颁布的《1985 年地方政府法案》废除了大伦敦议会,取代其履行治理职能的是众多的机构,大都市区治理呈现多头分散治理的局面。这一时期的治理主体大致可以分为三个层级:第一层级是 32 个自治市议会、伦敦城法团及其委员会,第二层级是中央政府及其指派的组织,第三层级是私营部门和志愿部门。

大伦敦市政府时期:大伦敦市政府时期的治理体制主要由英国议会颁布的《1999 年大伦敦市政府法案》确立。这一时期大伦敦市政府建立,其由直接选举产生的市长(Mayor of London)和独立于市长且由选举产生的伦敦议会(London Assembly)组成。大都市区实行"大伦敦市政府—自治市议会"的双层治理结构,两级政府之间是一种合作而非隶属的关系。新的治理体制扭转了之前伦敦大都市区多头分散治理的局面,建立了一个战略性政府与自治政府职权划分较为清晰的双层治理模式,提高了地区的治理绩效,具体表现在地区的整体竞争力增强、政府对民众要求和外部环境的回应性增强、透明度和责任性提升、居民参与度提高等方面[10]。

(二) 事权

1. 英国

英国中央政府控制外交、国防、总体经济和货币政策、就业政策以及社会保障等,地方政府全面负责地方事务。地方行政当局的事权主要包括教育(大学教育由中央负责)、社会服务、安全保障服务、住房、交通、文化服务、规划、环境,以及出生、结婚、死亡和选举的登记等一些其他服务[11]。然而,地方行政当局对其责任内的事务并不是拥有完全的权力,中央政府对地方事务订立了很多规则和制度。实际上,地方行政当局是在国家的框架下履行其绝大多数的职责,也有一定的自由裁量空间。

从交通方面看,中央政府负责高速公路和国家重要的主干道,地方行政当局提供并维护二级和三级公路,对这些公路的交通和停车进行管理,也为私人所有的公共交通道路提供一些补贴,免除老年人或其他人群的缴费。从规划方面看,地方行政当局决定发展规划,处理发展的申请,在上报中央政府请求批准的情形下有权接受或者反对发展的申请。

2. 大伦敦地区

大伦敦市政府与自治市政府是没有行政级别差别的分工协作关系,各区享有广泛的自治权。但各区在涉及大伦敦地区整体发展时,均要服从大伦敦市政府的具体指导。其中,大伦敦市政府主要负责大伦敦地区整体的规划和治理,各自治市政府则负责对大伦敦市政府的战略予以执行并提供各自区域内的公共产品。

大伦敦市长的职责主要在于制订和实施泛伦敦战略,编制预算,指导职能机构的工作,促进伦敦经济、社会的发展等。市长的职责主要通过四个职能部门即市长警务办公室、伦敦交通局、伦敦发展署、伦敦消防和紧急规划局来履行。伦敦交通局成立于 2000 年,是负责管理英国首都大伦敦区主要运输系统的地方政府机关，主要负责将运输政策或计划付诸执行，并管理伦敦地区的运输服务。伦敦交通局有三个主要单位，分别管辖伦敦地铁、伦敦铁路、伦敦道路运输。议会的职权非常有限，主要在于审查和修改大伦敦市政府的财政预算，调查大伦敦市政府的行政事务以及审查市长法定权力的履行等。

此外，大伦敦地区建立了一种政府部门、私人部门和志愿组织合作提供公共服务的新的治理模式，并强调公民对治理过程的参与。

（三）财政

英国中央政府与地方政府的财权划分相对比较明确，各级政府根据事权决定收支范围，实行严格的分税制。中央与地方政府的预算收入完全按税种划分，不设共享税[12]。但根据 2012 年的《地方政府财政法》，这一政策有所改变，中央政府与地方政府共享营业税[1]。从预算分级的角度看，英国分为中央预算和地方预算两级[1]。中央政府预算为中央级预算。英格兰、北爱尔兰、威尔士、苏格兰、各直辖市和大伦敦地区以下的郡（市）政府预算为地方预算。中央预算支出主要负担国防、外交、高等教育、社会保障、国民健康和医疗、中央政府债务还本付息以及对地方的补助。地方政府的预算支出主要用于中小学教育、地方治安、消防、公路维护、住房建筑、预防灾害、地区规划、对个人的看护与护理服务以及少量地方公共基础设施投资。

从支出责任上看，英国作为财政权力高度集中的单一制国家，70%的财政支出由中央政府负担[1]。在按功能分类的各项支出中，中央承担比例最高的项目依次是医疗卫生、国防、一般公共服务、社会保障、经济事务、娱乐文化与宗教、公共安全、环境保护、教育、住房与社区发展，其中前六项中央政府的支出占该项全国总支出的比例超过 50%，医疗卫生和国防几乎全部由中央政府承担，而教育和社区发展则主要由地方政府承担。但与支出相关的具体管理事务则由各级政府共同分担，并且主要依赖于地方政府。各种地方事务支出中（2010—2015 年六个财年），按从多到少的顺序依次为：福利支出、教育、其他事务、公共安全（警察）、交通等[11]。

从税权划分上看，与其他国家相比，英国的政府收入集中程度非常高，95%的税收收入归中央政府。除住宅房产税以外的所有税种都属于中央税，其中包括收入税、增值税、公司税、国民保险缴费、特种商品税、车辆特种税、保险溢价税、空乘税、气候变化税、开采税、博彩税、资本利得税、印花税、营业税、土地占用税、北海石油税、商业房产税等。地方政府自有税收收入主要是住宅房产税（Council Tax）[1]。

从转移支付上看，地方政府的财政收入仅占全国财政收入的 5% ，但承担了 28% 的支出责任[8]，为保证地方政府提供高质量的公共服务，中央政府对地方政府进行转移支付。中央政府给予地方政府的转移支付包括一般转移支付（General Grants）和专项转移支付（Specific Grants）两类[1]。一般转移支付主要由两部分构成：一是商业房产税，中央将该税种的税收收入按照地方人口数平均分配；二是地方行政当局的收入援助转移支付（Revenue Support Grant），按照一个均等化的转移支付方案来确定转移支付的金额，以保证地方的收入正好满足支出需求[1]。专项转移支付是根据项目获得的拨款，这些项目由副首相办公室或其他政府部门为实现其目标而确立。

三、法国及大巴黎地区

（一）行政

1. 法国

法国行政区被划分为大区、省和市镇。法国本土划分为 13 个大区、96 个省，海外划分为 5 个海外省和大区、8 个海外集体和领地，其中有 2 个具有特殊地位的地方行政区，即科西嘉和新喀里多尼亚。法国全国共有 36 568 个市镇，其中人口不足 3 500 的有 3.4 万个，人口超过 3 万的市有 231 个，人口超过 10 万的市有 37 个。自 2016 年 1 月 1 日起，原 22 个大区整合为 13 个大区。

法国现行规定市镇组织的基本法律为 1884 年颁布的《市镇法》，在 1977 年改编为《市镇法典》。1982 年 3 月 2 日颁布的《关于市镇、省和大区自由和权利法》，1983 年 1 月 7 日颁布的《关于划分国家和地方团体权限的法律》，以及 1984 年 1 月 26 日颁布的《地方公务员地位法》均对《市镇法典》进行了修改，市镇地方自治权力也随之逐渐扩大开来[13]。当前市长议会制在法国城市管理体制中极为普遍，在市长与市议会的关系上，市长处于优势地位，在城市管理体制中行政机关与立法机关分设，分立制衡[13]。大区、省和市镇统称为地方领土单位，各地方有明确的职权划分，市镇作为法国最基本层在社会、经济、城市建设等领域拥有很大的自主权。省和大区两级领土单位的主要职能是在市镇或各省之间发挥协调作用，维护省或大区的整体利益[14]。

根据法国 1983 年 1 月 7 日出台的《关于市镇、省、大区和国家权限划分法》以及 2003 年 3 月 28 日出台的《关于共和国地方分权组织法》的规定，中央与地方的关系得以明确，事权配置的进一步具体细化也有了方向和指引。中央的主要职能是在安全、司法、大学教育、就业、公共卫生、领土单位之间平衡以及发生危机时介入等。大区的主要职能是经济方面起经济发展协调作用；省的主要职能是社会连带责任方面的职能（如对儿童、老年人、残疾人、处于被社会驱逐的人等全面负责社会救济补助金），提供初中教育，提供市镇一级不能提供的贴近性设施（如国家级公路、水政策等）；而市镇的主要职能则是城市规划与交通、颁发建筑许可证、公立小学教育、制定地方住房规划以及市镇图书馆与博物馆的资助、维护等。

2. 大巴黎地区

1975 年，法国中央政府对巴黎行政体制进行了改革，确立了巴黎的自治地位，规定巴黎既是一个市镇，又是一个省，实行的是“省、市合一”的政区建制。市区又分为 20 个市辖区。目前，巴黎市设有市议会、市长和市政府[13]。

（二）事权

巴黎市和巴黎省，除了法律另有规定外，分别适用一般市镇和省的共同法。虽然是两个不同的地方领土地位，但它们的权力机关却是共同的：巴黎议会既是巴黎市议会，又是巴黎省议会，同时行使两个议会的权力。在行政体制管理模式上，巴黎实行的是“强市长制”。巴黎市长负责规划和交通，巴黎市政厅还管理社会住宅和小学等。在行政层级和府际关系上，巴黎呈现出“强市弱区”的特征，市镇级政府在经济社会发展及公共服务等方面拥有较为广泛的权力，区级政府权力则极其有限，区长在行政上受到市长和省长的指导和监督[14]。

（三）财政

法国的财政体制实行的是固定式分税制财政体制，分为中央与地方财政，大区、省和市镇共同构成了地方财政，各级政府财政相对独立，不存在隶属关系，但国家对地方的三级财政都有事后法律监督权[15]。整个国家预算由中央预算、地方预算和国家社会保障预算三部分组成。

法国中央财政负担国际支出、外交支出、重大的建设投资（如铁路、公路、航运、国有企业投资）、国家对社会经济的干预支出、中央级行政事业经费、社会安全费、国债还本付息以及对地方的补助等。地方财政的支出主要包括文教卫生费、市政住宅、地方治安、社会福利支出、行政管理经费和地方债务还本付息等。地方财政支出结构中，用于社会公共服务的支出位居第一，其次是地方经济活动支出，一般公务活动支出位居第三。

法国财权主要集中在中央一级。在税收立法方面，如税收开征权、征税范围以及如何分配税收收入，具有国家统一规定。具体税收条例、法令由财政部制定，地方政府只能按国家的税法政策及法令执行。地方拥有一定的机动权力，可以决定地方税的税率，并有权对纳税人采取某些减免措施等。法国的税收分为中央、省、市镇三级管理，分税制采取完全按税种划分各级政府财政收入的做法。税收分为国税和地方税两类，国税全部列入中央预算，不与地方分成，主要包括个人所得税、公司所得税、增值税、消费税、印花税、登记税、工资税、关税等，其中前四项税收收入占总收入的86%左右，增值税最高，所得税其次。地方税分为直接税和间接税，全部列入地方预算，主要包括行业税、土地税、居住税、专利税、电力税、娱乐税等。地方税主要由财政部派驻各地的公共会计负责征收，征收上来的地方税统一交入国库，然后由财政部返还地方。目前地方政府收入来源中，地方税收收入占比50%以上，国家援助和其他政府补贴占比30%左右。地方税收收入在总收入中占据决定性比例，达到了财政自主的宪法要求。法国的财政收入权基本上集中于中央，地方政府的税种小，收入少，地方只有很有限的财政收入权，所以中央政府对地方实施转移支付制度，来平衡各地区的经济差异。中央财政对地方的转移支付形式主要是财政补助。中央对地方的补助有两种：一种是平衡预算的补助，按照各市镇税收人口多少等因素来确定；一种是专项补助，指对地方兴建的专项工程给予补助，如市镇修学校、托儿所、铁路时，可以得到中央财政的补助[15]。法国地方财政收入中相当一部分是中央的专项补助。地方财政从中央财政获得收入的方式主要有四种：一是按地方人口数量以及地方政府征税任务完成程度分配一般性补贴；二是对地方兴建的专项工程给予专项补助；三是中央财政通过退税来支持特定地区和特定产业的发展；四是中央财政代替某些无纳税能力的企业或自然人向地方财政缴纳税款来实现转移支付[15]。在一般年份，中央补助占地方预算收入的50%以上。

法国的地方财政由国家推动发生了相当大的变化。国家通过对公共政策制定框架的调整，对地方税征收的范围和分配原则进行了广泛的审查，在各级别行政机构间调整了平衡机制，增强了税收流通与补偿的复杂性，尤其是通过减少和附加条款对国家援助进行了较大的限制。

法国地方与区域政府的资金来源于两种收入：一是地方税，国家征收但完全分配给地方预算的“四旧税”（住房税、建筑财产税、非建筑财产税、营业税）；二是国家对市镇的拨款，根据中央一级转移到权力下放一级的估算费用计算而来[16]。伴随2010年营业税改革，财税机制进入了深刻变革的阶段。为了减轻对经济参与者的税收负担，并对地方财政保持某种形式的中立态度，国家层面建立了市镇之间资源转移和补偿的双重流动机制。伴随住房税改革，这一双重流动机制导致了地方税收财政与自治性质的相对化。法国正在试行通过国家税收为市镇融资，稀释市镇的属地化与利率调整权力。正在试行的阶梯式房产税减免计划将取消房产税，必然带来巨额的公共财政赤字。因此，有必要通过转移大省的土地税来补偿市镇，并通过分配国家资源（部分增值税）来补偿大省与市镇间的土地税。此外，政府希望降低生产性税收，特别是取消企业增值贡献（Company Value-added Contribution, CVAE）的地区份额和将企业财产税基数减半。

巴黎正在失去与企业经营有关的资源，将依靠增值税提供资金，目前地方经济税收仍集中于市镇层面。伴随生产税的改革，外商投资企业的税收份额将低于25%。现状收入类型（捐赠、税收）与贡献者类型（家庭、企业）相对混合，营业税改革后，土地将由大省转让给市镇政府，增值税将由80%降低到50%以下。尽管市镇政府相对不受财政自主权改革的影响，其资源结构仍然会发生深刻变化，由于取消房产税，其与家庭的联系正在减弱。

四、美国及纽约大都市区

（一）行政

1. 美国

美国的行政区划由州级行政区、县级行政区、市级行政区、镇级行政区组成。美国由50个州、1个直辖特区——华盛顿哥伦比亚特区（首都所在地）、5个岛屿自由邦和10多个其他远洋小岛组成。美国的县级行政区隶属于州级行政区，是州级行政区的基本组成单位。市级行政区一般隶属于县级行政区，但也有例外，如纽约州的五个县就隶属于纽约市（市级行政区）。美国的镇级行政区一般隶属于县级行政区，可以理解为较小的市，在行政上与市平级。

美国行政区划架构下的50个州，下设县和区，再依都会结构下设市、镇、村及其他基层政区。除了最初的北美十三州外，其他各州依据美国国会法案成为美利坚合众国的一部分。哥伦比亚特区即为首都华盛顿市，虽然哥伦比亚特区不是一个州，且在众议院仅有一名无投票权的代表，在参议院则无代表，但是特区居民仍能参与投票选举总统，在选举人团中也有投票代表。印第安保留地拥有准独立地位，虽然各保留地是所在州的一部分，同样投票选举州长且必须缴纳交州税，但所在州的法令对各保留地不完全适用。

2. 纽约大都市区

纽约大都市区的发展经历了四次区域规划，其行政区划和体制也随之不断优化调整[17]。

第一次区域规划：20世纪初期，美国进入黄金时代，纽约的人口和经济均呈现爆发式增长，城市规模快速扩展和政治管辖能力提升出现巨大失调。第一次区域规划的核心为“再中心化”(recentralization)，促使 CBD 作为办公中心，提出用环路系统来鼓励建设一个理想的都市景观、中心聚集、建立开放空间、建设卫星城等政策。总体规划面积约为 14 317 平方公里，区域内人口约 897.9 万人，涉及县的数目为 22 个。

第二次区域规划：第二次世界大战后，科技革命推动社会快速发展，以公路建设为先导，低密度的郊区在纽约大都市区迅速蔓延，形成“铺开的城市”(spread city)，延长通勤者的往返路程，形成一个被隔离的社会。为避免上述问题，第二次区域规划提出“再集聚”(reconcentration)的核心思想，建立大都市中心，改善住宅分区政策，并提供配套的公共交通运输规划。这次规划的规划面积扩大为 33 022.5 平方公里，涉及县的数目达 31 个，规划范围内人口约 1 900 万。

第三次区域规划：纽约作为国际中心城市，受到来自世界上其他大城市的竞争与挑战，长期规划与相对适度的投资将使纽约大都市区保持着集中全球资本的能力。第三次规划加强了对基础设施、社会、环境与劳动力的投资，使该地区获得可持续的经济增长。此次规划范围与第二次规划相当，约 33 000 平方公里，涉及 31 个县，规划范围内人口约 2 000 万。

第四次区域规划[18]：20 世纪 80 年代末和 90 年代初的深度衰退以及 2008—2009 年的金融危机以后，纽约都市区的经济均迅速恢复。第四次区域规划对公共机构进行改革以应对交通基础设施的老化和收入不平等、环境变化的挑战，改善区域内交通基础设施的状况，提供更多可负担的住房。规划面积约为 33 669.8 平方公里，涉及 31 个县，规划人口约为 2 280 万。

（二）事权

1. 美国

美国第一级行政区划为州，其一级行政区拥有相当的主权。根据联邦最高法院多项裁定，各州与中央联邦政府均有司法主权，但中央联邦政府受到美国宪法的约束，而各州则有相当大的司法主权，但前提是不违反两项原则：①其主权不能凌驾于中央联邦政府及美国宪法之上；②其自行制定之州宪法权限不能超过国家整体主权。

州直属的机构有统计局、监理所及公卫所等单位，地方政府则为郡，相当于部分国家的县，通常各郡会下设不同层级的区划，在中西部最常见的是下设镇区。

在某些州，市独立于乡镇，且有时也独立于郡，如弗吉尼亚州全部的市。市是半自治体，其本质类似于古时的城市国家架构，但目前尚存的城市国家仅有摩纳哥、圣马力诺、新加坡和梵蒂冈。

2. 纽约大都市区

纽约大都市区于 1921 年组建了纽约—新泽西港务局(简称纽新港务局)，1922 年成立了私人性质的跨区域规划机构——纽约区域规划协会，1933 年建立了“三区桥梁和隧道管理局”(TriBorough Bridge and Tunnel Authority, TBTA)，后来三者被合并为纽约大都市交通管理局(Metropolitan Transportation Authority, MTA)和大都市规划机构等。这些公共性机构依靠半自治的治理结构，通过建立基金、开展规划等方式，不断解决大都市区经济社会发展面临的各种问题[6]。

（三）财政

美国财政层次与政府层次是一致的，实行联邦、州、地方政府三级分税财政体系。美国作为典型的联邦制财政体制，没有全国统一的税法，仅是在联邦宪法中对若干税收问题作约定。联邦、州和地方政府拥有其各自的税法，拥有独立的税收体系和主体税种以及税收立法权和征管权。联邦、州和地方三级政府在财政上体现了既有统一又有分权、既有平等又有先后的原则。三级政府共同使用的财权有征税权和发行公债权，三级政府对同一税源和同一纳税人都有征税权，但联邦政府优先，联邦政府有铸造货币和发行纸币权，而州和地方政府则没有该权力[19]。

在联邦预算中，税收是财政收入的主要来源，约占 90% 以上。美国通过同税源分率计征的方式将个人所得税、公司所得税、销售税等主要税种收入在政府间进行划分，使联邦、州和地方政府共同对同一税源或同一纳税人拥有征税权，实现了财源共享。三级政府之间的税源共享主要包括税收补征、税收扣除、税收抵免、税收分享和税收免征。同时，联邦、州和地方政府分别以个人所得税、销售税和财产税作为主体税种，形成本级政府可靠的税源。此外，联邦政府还征收关税、遗产税、赠与税、消费税、社会保障税等；州政府征收财产税、资源税、消费税、社会保障税等；地方政府征收消费税、社会保障税等[20]。

财政收入结构：税收收入中联邦政府、州政府、地方政府的占比分别为 65.5%、21.1%、13.3%。联邦政府以个人所得税和社会保险税为主要收入来源，州政府以个人所得税以及销售和总收入税为主要收入来源，地方政府以房产税为主要收入来源。综合各级政府，美国税收收入中个人所得税占比高(40%)，美国税收体系以直接税为主(85%)。从纳税主体看，美国以个人纳税为主(72%)。美国财政支出项目以国防、社保、医保、教育为主；医疗保险和社会保险的支出比重持续上升；国防支出规模周期性扩张，占比趋势性下降。

在美国，州和地方政府 30%左右的支出来自联邦政府的转移支付。美国的转移支付制度有利于解决财政上的纵向和横向不平衡，增强联邦政府的宏观调控能力。美国政府间转移支付的三种主要方式包括：有条件拨款、配套拨款和无条件拨款。有条件拨款(专项补助)是指接受该项拨款的州或地方政府必须按指定的用途和方式使用所拨款项的转移支付形式，它是联邦政府为了达到某种特定目标而对某些特定项目进行的补助；配套拨款(共同任务拨款)是联邦政府对接受方政府项目拨付一定比例款项的转移支付形式，又分为有限额配套拨款、无限额配套拨款两种；无条件拨款(非专项拨款)是指联邦政府不指定拨款的用途和使用方式，接受拨款的州或地方政府可自行决定如何使用所拨款项的转移支付形式[20]。

五、日本及东京都市区

（一）行政

1. 日本

日本的地方自治制度由都道府县与区市町村双层结构构成。两者是对等的地方行政机构(日本地方公共团体)，相互分担、相互合作，办理地方行政事务。

都道府县是包括市町村的广域地方行政机构，负责广域行政事务。日本共有 47 个都道府县，东京都也是其中之一。

市町村是与居民直接相关的地方公共团体，负责居民身边的事务。截至 2020 年 1 月，日本有 792 个市（包括指定城市），743 个町，189 个村。另外，市、町、村之间并无本质区别。“市”要求人口在 5 万人以上并需满足其他条件，“町”需要具备都道府县条例规定的条件。

此外，除都道府县及区市町村等普通地方行政机构外，还有为特定目的设置的特别区（东京都 23 区：适用有关“市”的各项规定，为确保人口密度高度集中的大都市行政的一体化和统一性而设置）、组合、广域组合等特别地方行政机构。

2. 东京

东京都是包括 23 个特别区、26 个市、5 个町、8 个村的广域地方行政机构，在特别区所在区域，鉴于其人口高度集中、市区接连成片等大都市的实际情况，特别设置了不同于一般府县与市町村关系的“都区制度”。东京圈由东京都与相邻的 3 个县（埼玉县、千叶县、神奈川县）构成，人口占日本总人口的约 30%。东京都与周边 7 个县（埼玉县、千叶县、神奈川县、茨城县、栃木县、群马县、山梨县）构成首都圈。

（二）事权

确保大城市行政的一体化、统一性，并由与居民最接近的自治体处理与居民生活密切相关的行政事务，都区制度正是对这两项居民自治需求进行综合平衡后产生的制度。具体包括，在设置特别区的区域，由东京都为确保行政的一体化、统一性负责“市”负担部分的行政事务（自来水、下水道、消防等事务），同时，由特别区自主、自律地处理福祉、教育、住房等与居民生活密切相关的事务。

该制度经历过数次改革，特别区曾经被定位隶属于东京都内部的机构，但在 2000 年的都区制度改革中，被定为基础地方行政机构，以强调其自主性、自律性的一面。同时，在各区之间，设有强化相互联络沟通的协议机构“都区协议会”。

在东京都，对于法律规定为由市町村负责的消防、水道事务，由于进行广域性处理也可高效开展、减轻财政负担，因此除个别市町村外，均由东京都统一负责处理。

对于进行广域性处理更为有效、高效的事务，由相关市町村根据地方自治法的规定，成立部分事务组合、广域联合等特别地方行政机构共同处理。

市町村的部分事务组合共有 29 个，负责垃圾处理与焚烧厂的设置、管理、公立医院及收益性业务的运营等各种各样的事务。

由都内所有区市町村构成的广域联合有 1 个，负责处理高龄者医疗制度相关事务。

（三）财政

1. 日本

日本财政体系是指由日本中央政府一般会计预算、中央政府特别会计预算、政府关系机关预算、地方政府预算和财政投资性信贷计划组成的相对独立、相互制约的财政分配整体。由于后四个部分并不列入国家预算，中央政府一般会计预算即为国家预算。它是日本财政体系的主导环节，反映国家基本经费收支。主要收入来源有：国税，如所得税、物品税和糖税等；专卖利润缴纳，包括酒、烟和盐等的专卖收入；专卖公司以外公营企业利润和公用事业收入；国债发行收入。除外交与防卫外，几乎所有的行政事务经费都由中央及地方政府共同负担，此外，多数国家政策通过地方政府得到具体实施。

日本中央财政主要负责全国性的公共事业和公共工程、教育、国土开发、产业政策、外交和国防等开支；地方财政支出范围则涵盖基础设施建设、教育、社会福利、卫生保健等，中央与地方都道府县和市町村两级财政均有直接补助关系。

为确保中央政府在宏观调控中的主导地位，日本在税收体制上实行中央集权制，但地方也有相当大的自主权，分税的特征较为明显，基本上不实行共享税和同税源分别征收的办法。日本共有 57 种税，凡是征收范围广、影响到全国利益的税种，都划为中央税，包括个人所得税、法人所得税、关税、遗产税、赠与税等 25 种。地方税分为都道府县税和市町村税两部分，前者包括都道府县居民税、事业税、汽车税、不动产购置税等 15 种；后者包括市町村居民税、不动产税、矿产品税等 17 种。

日本中央和地方税收分配结构是“六四开”，而支出结构接近于“三七开”，地方财政支出的资金缺口主要通过中央对地方的转移支付加以解决。转移支付方式包括地方交付税、国库支出金和地方让与税。地方交付税是由中央政府以中央税收入的一定比例，根据财源短缺程度向地方政府分配的财政资金，不指定用途，属于一般性转移支付，又分为普通交付税和特别交付税。普通交付税占主要部分，即按以客观标准计算的各地财政收入不足额进行分配；特别交付税是中央财政在灾害、歉收等特殊情况下，提供的补充性财源。国库支出金是由中央向地方政府拨付的限定用途或附加条件的专项补助资金，其主要目的和作用在于鼓励与支持地方政府从事教育、社会福利、公共事业等重要公共事务，同时调整地方政府从事的某些公共事务因收益外溢而造成的收益与费用的不协调，调节中央与地方间以及地方之间的经济关系。地方让与税是中央把中央税中几个特定税种的收入按照一定标准转让给地方政府的一种财源再分配形式[20]。

2. 东京

东京都财政收入中地方税所占比例很大是其一大特征。东京都 2016 年度的财政收入决算额中占比最大的为都税，占整体的 74.7%，相比之下，2016 年度日本全国地方财政中地方税所占比例仅为 38.8%。

国库支出金在东京都税收整体中所占比例远低于全国地方政府的比例。2016 年度全国地方政府为 15.4%，东京都仅为 4.9%。都债是完善社会资本、进行城市改造的重要财源，但考虑将来的财政负担，东京都不轻易依赖都债。

六、韩国及首尔都市区

（一）行政

1. 韩国

韩国政体由行政、立法和司法三权组成。自 20 世纪 60 年代以来，韩国已经成功发展自由民主制。出于历史、人文以及地理方面的原因，韩国习惯上分为关东地方、首都圈、大田圈、湖南地方、岭南地方和济州地方 6 大区域。关东地方是韩国东部大关岭以东地区，即江原道。湖南地方是锦江以南全罗南道和全罗北道的别称。岭南地方是小白山脉的竹岭和鸟岭以南地区，即庆尚南道和庆尚北道。大田圈指忠清南道和忠清北道。首都圈和济州地方分别指京畿道和济州岛。这些沿用 1 000 多年的地区说法与韩国当今的行政区划的界限不一定完全吻合。

韩国一级行政区称为"广域自治团体"，共有 17 个，包括：1 个特别市、1 个特别自治市、6 个广域市、8 个道及 1 个特别自治道。"广域自治团体"以下的二级行政区则称为"基础自治团体"，全国共有 73 个自治市、86 个郡、69 个自治区。"基础自治团体"以下又分为面、邑、洞，再以下分为里、统以及最基层的班。

韩国政治根据《韩国宪法》的规定实行立法、行政、司法三权分立的政治体制，立法权属于一院制的国会，以总统为中心的政府掌握国家的行政权，司法权属于由法官构成的法院。韩国的行政部门实行总统制，是韩国三权分立制度的核心体制。

2. 首尔都市区

首尔是韩国的首都和唯一的特别市，下辖 25 个区、423 个洞。"洞"相当于"屯""村"或"里"。这 423 个洞，又由合计 13 787 个"统"组成。首尔都市圈已经成立了各种机构来处理该地区的政府间问题，但迄今为止，关于将都市圈的部分或全部城市合并为少数大都市的建议尚未实施。

（二）事权

韩国目前参与和介入国家财政事务和财政决策的机构主要涉及总统府、总理秘书室及其附属机构、企划财政部、调达厅、国税厅、海关厅、统计厅、韩国银行和监察院九大机构。

总统府是直接协助总统掌管财政和经济事务的机构，独立的国家经济咨询委员会间接提供咨询意见。韩国总理是总统领导行政机构的首席助手，总理秘书室是在总理领导下直接协助总理履行其职责的机构。秘书室在金泳三改革中大大增强了权限范围，其中最主要的就是增加了政策计划和行政事务的分析评估职能。此外，还增设或划拨了若干经济职能部门归秘书室协调和管辖，这些机构实际上是由总理直接领导的。因此，总理秘书室不仅成为协调中心，而且成为总理关注财政问题的主要帮手。由总理秘书室管辖或协调的机构包括政府政策协调办公室、紧急计划委员会、原属经济企划院的公平交易委员会、计划与预算部和财政监察委员会等。

负责韩国政府采购业务的是由企划财政部主管的独立机构调达厅（Public Procurement Service, PPS），其主要职责包括：为韩国政府各级机构在国内外市场上进行物资采购、签订政府重大基础设施工程合同、对原材料的物资储备和供应、协调和审计政府财产问题、管理和经营韩国网上政府采购系统。

韩国国税的征收、减免以及催缴等相关事宜是由国税厅（National Tax Service, NTS）来负责的，其是在业务上由企划财政部领导但仍有相当独立性的机构。韩国的税收包括国税和地税，国税分为国内税和关税。国税厅主要有两方面的职责：一是要征集大量的收入以满足政府履行其职能所需的资金，这就要求国税厅要不断追求卓越、追求高效；二是提高税收的公平性，国税厅致力于向纳税人提供公平,并保护他们的税收权利。韩国专门负责进出口的海关检查和海关税征收的是海关厅(Korea Customs Service, KCS),也是接受企划财政部业务领导的独立机构。该厅的下设机构包括海关出入局、监管局、海关估价与国际事务局,并领导海关关员培训学校、中央海关分析研究所和各口岸海关。

韩国对社会经济状况的统计分析由统计厅(Statistics Korea/Statistics Service, KOSTAT)来负责,其因与企划财政部有着直接的关联也被归入企划财政部的领导之下,其主要职责为协调统计活动、确定统计标准和分类、汇编和分析基本国民统计信息、传播统计信息、评估统计数据质量、统计培训和研究、国际统计合作。

韩国执行货币政策和承担为政府收支拨付资金任务的是韩国银行(Bank of Korea, BOK)。相对而言,韩国银行的独立性比较小,在决策上受财政经济院的控制或影响都比较大。韩国财政对于货币政策制定的控制以及对韩国银行与其他金融机构的管理和监督相当严格。韩国银行的最高决策机构是货币政策委员会,主要功能是制定货币和信贷政策,就韩国银行运作的重大事项作出审议和决议。

监察院是依宪法而建立的法定独立机构,监察院院长和监察委员由国会同意、总统任命,其职责尽管包括监督政府机关及公务员职责的履行和团体单位的会计等等,但最重要的工作是检查国家的财政收入、财政支出决算等与国家财政事务有关的问题。在每年的国会开会期间,监察院须向国会与总统报告当年财政收入、财政支出决算的情况,以及监察院进行检查的结果。

(三) 财政

韩国的财政预算管理体制与其行政管理体制密切相关。韩国在行政上是一个单一制的中央集权国家,这就决定了其国家财政长期以来都由强有力的中央政府控制着。直到 1988 年 4 月韩国正式颁布《地方自治法》,有了真正意义上的地方政府,同时,地方政府分为两级后,韩国才将其财政预算管理体制改为三级,以同这种行政体制相适应。中央政府机构的财政收支按《预算会计法》及其他有关法律规定管理运作;特别市、直辖市、道一级的高级地方政府和市、郡、区一级的基层地方政府按《地方自治法》《地方财政法》和相关法律中有关地方财政的条款执行。

就中央与地方的预算体制而言,韩国实行建立在分税制基础上的分级预算管理体制,其基本内容主要包括四方面:一是根据中央和地方政府的不同职能划分支出范围;二是按税种划定各级预算的固定收入来源,分别设置机构,分别征收;三是各级政府有独立的预算权,中央预算与地方预算分开,分别编制,自求平衡;四是通过中央预算和专项拨款等形式来实现对地方预算的调剂和控制。

不同于我国公有制的土地制度,由于韩国土地多为私有,地方政府举债的抵押物有限,并有专门的《地方财政法》对地方政府债务的借贷与偿还问题加以明确规定,因此韩国地方政府债务整体较低。韩国地方政府债务占国家政府整体债务的比重由 1997 年的 16.42% 降至 2014 年的 5.65%,有些年份的比重甚至低于 5%[21]。

第三节　交通发展战略及政策要点

伦敦、巴黎、纽约、东京、首尔五大城市的近期交通发展策略均着眼重视公交优先和绿色环保出行，均提到了优化公交出行、促进低碳和零排放出行、鼓励自行车出行、推动使用新能源汽车、减轻汽车出行依赖等措施。此外，伦敦还强调了出行领域创新的收益必须具有平等性、通过空间的高效利用来实现缓解拥堵、保持出行市场的开放性、安全出行和合理共享交通出行数据、提高货运管理水平等交通发展策略；巴黎还强调了优先发展铁路沿线地区、跨区地带的多中心发展、连接市郊铁路网络、确保对外枢纽联络畅通、构建全球物流体系、压缩摩托车的停车空间、建设全面无障碍交通、保证交通规划信息完全公开透明、唤醒市民和企业的责任感等内容；纽约还强调了提升交通安全、完善最初和最后一公里的交通接驳、促进均等的交通使用机会、提升交通系统的适应性和恢复力、保护修复现有的交通基础设施等发展策略；东京着重强调了降低通勤拥堵、推动新的铁路线路建设、铁路交通发展适应去中心化的城市发展趋势、推动无障碍和无缝衔接的交通服务、推动多式联运和建立跨区域和跨国家的客货运网络体系等内容；首尔强调了建立行人导向型交通环境、建设共享交通、建立铁路导向的公共交通系统、鼓励私家车交通共享、提升公共交通使用机会和建立综合交通系统等内容。各城市的主要交通战略要点见表 2-9-8。

表 2-9-8　主要国际城市交通战略要点对比

城市	规划名称	要　点
伦敦	《未来城市交通发展战略》(*Future of Mobility: Urban Strategy*)	为促进涵盖货运、客运和服务的城市交通创新，提出了指导未来交通出行的九大原则。一是对新型出行方式和服务模式进行安全和可靠的设计；二是出行领域创新的收益必须惠及英国所有地区以及全部社会阶层；三是步行、骑行等方式必须仍是短距离城市出行的最佳选择；四是高效的公共交通系统是交通系统高效运行的基础；五是新型出行服务模式必须引导交通出行向零排放模式转型；六是交通领域的创新必须通过空间的高效利用来实现缓解拥堵；七是必须保持出行市场的开放性，以激励创新并为消费者提供最好的选择；八是新的交通服务必须作为综合出行服务系统的一部分；九是必须合理地共享新型交通服务的数据，以提升交通系统的运营效率与服务水平
	《大伦敦市长交通战略》(*Mayor's Transport Strategy*)	以“健康街道战略”为核心，愿景目标是通过降低城市居民对私家车的依赖，引导交通出行模式向更加健康、更有效率的绿色出行方式转变。为实现美好的发展愿景，MTS2018 明确了大伦敦地区未来 20 多年的三大交通发展战略，即健康街道与健康市民、优质的公共交通体验、新住所和就业。 健康街道与健康市民：坚持以人为本的理念，通过对交通网络和街道的规划设计，提供安全、便捷、舒适的人行道和自行车道，打造更和谐高效的街道空间，提高货运管理水平，减少小汽车出行，为步行、自行车和公共交通提供更公平的路权和更便利的环境

（续表）

城市	规划名称	要　点
伦敦	《大伦敦市长交通战略》(*Mayor's Transport Strategy*)	优质的公共交通体验：通过完善公交网络、提升公共交通服务品质、给予优先通行权等方式，以及包括车辆站点无阶梯式设计、公共交通系统零障碍搭乘改造在内的一系列精细化的品质提升方案，增加公共交通的吸引力，促进人们从小汽车出行转移到公共交通出行，削弱小汽车的主导地位。 新住所和就业：坚持高密度利用、混合开发的城市规划理念，持续扩建公共交通系统，实现伦敦欠发达地区就业和居住供给能力的逐步提升。大伦敦市政府计划每年建设 65 000 个可负担住房、创造共计 130 万的工作机会以及建设与居住就业相匹配的交通系统，来消除人口增长对城市空间和交通系统造成的冲击和影响
巴黎	《大巴黎计划 2030》(*SDRIF: Le Schéma Directeur de la Région Ile-de-France*)	坚持与可持续发展基本原则相契合，保护区域自然环境，建设集约化城市，将城市发展与公共交通系统发展联合起来，提出七项策略：一是加强公共交通连通性；二是改善外围地区公共交通；三是优先发展铁路沿线地区；四是跨区地带的多中心发展；五是连接市郊铁路网络；六是确保对外枢纽联络畅通；七是构建全球物流体系
	《大巴黎城市交通规划 2020》(*Plan de Déplacements Urbains de la Région Ile-de-France*)	提出九项策略：一是建设短距离出行城市，继续提高城市建成区的空间使用强度和空间连续度；二是提高公交吸引力，通过舒适性和准点率提升公共交通服务质量；三是拓展安宁化街区建设，尽可能覆盖学校周边街区和人口密集的居住区，扶持步行和自行车交通发展；四是严格控制个人机动化出行方式，鼓励小汽车共享和拼车出行，压缩摩托车的停车空间，通过停车管理政策调节小汽车使用；五是全面的交通无障碍建设，彻底消除日常出行最常用路径上的交通障碍，尤其是连接公共交通车站和主要公共建筑、商业街区之间的通道；六是合理组织货运交通，将物流需求纳入城市总体发展战略规划进行考虑，在铁路和水运沿线预留物流发展用地，加强对配送车辆通行和停放的管理，通过水运转运建筑垃圾；七是改善城市交通的环境绩效，鼓励使用清洁能源汽车，2025 年公共汽车将全部改用电动车辆或使用生物气体燃料；八是通过公共治理促进规划实施，保证信息完全公开透明，方便社会各界查阅了解规划内容和措施；九是唤醒市民与企业的责任感，鼓励大型企业为员工通勤提供单位班车服务，建成覆盖所有交通方式的实时交通信息系统，方便出行者灵活选择出行方式
纽约	《区域交通计划》(*Regional Transportation Plan*)	提出五大愿景和相关策略：一是提升交通安全，确保现有基础设施能为客货运系统提供安全的交通运输，促进街道和交叉口的安全；二是促进交通的可靠性和便捷性，最大化现存交通设施的使用寿命，完善最初和最后一公里的交通接驳，促进均等的交通使用机会；三是促进适应需求变化的交通规划，将新兴的交通设施和服务融合到高效的交通网络系统中，改善偏远社区和新兴的商业中心的交通服务水平；四是减少交通对环境的影响，降低碳排放，减少温室效应，鼓励使用清洁能源；五是提升交通系统的适应性和恢复力，保护和加固主要交通基础设施，提升交通方式的可选性和冗余度，以应对长期和突发的干扰
	《交通改善计划》(*Transportation Improvement Program*)	提出八项策略：一是提升区域环境；二是改善区域经济；三是提高区域生活质量；四是提供区域内方便灵活的交通系统；五是增强区域交通安全；六是提升区域交通系统的恢复力；七是为区域投资的实施获取资源；八是保护现存的交通系统

（续表）

城市	规划名称	要　点
东京	《大东京地区通勤铁路网络总体规划》(*Master Plan of Commuter Railway Network in Greater Tokyo Region*)	提出五项举措：一是降低通勤拥堵，推动新的铁路线路建设，分担现有线路的压力；二是提升列车的速达性，加速从郊区到市中心、市中心之间的列车通行；三是响应城市结构的再构建，适应去中心化的城市发展趋势；四是提升机场和新干线（高速火车）站点的可达性，开通新的机场和新干线站点专线，提升载客能力；五是推动无障碍的、无缝衔接的交通服务，为老年人、残疾人等特殊人群提供方便的购票系统，加强换乘过程的顺畅性和无缝性，推动多式联运
	《交通政策基本规划》(*Basic Plan on Transport Policy*)	提出三大发展方向：一是实现用户友好的交通运输，适应人口减少、老龄化加剧、智能终端依赖等社会现状，实现丰富市民生活的交通运输；二是建立跨区域和跨国家的客货运网络体系，以推动日本的发展与繁荣；三是构建绿色安全的可持续交通，完善大型自然灾害响应机制，鼓励女性加入运输服务业，推动更加低碳节能的交通运输
首尔	《首尔交通 2030》(*Seoul Transportation 2030*)	提出三大愿景和十一项对应策略：一是推动以人为主的交通，具体策略包括集体建立行人导向型交通环境、鼓励自行车使用、降低交通事故率、为弱势群体提供无障碍交通；二是建设共享交通，具体策略包括建立铁路导向的公共交通系统、建设更快和更便捷的公共交通、鼓励私家车交通共享；三是建设环境友好型交通，具体策略包括减少非必要的机动车出行、引入零排放型交通模式、增强机动车出行的顺畅性、提升市民的交通文化和责任感
	《首尔公共交通改革》(*Seoul Public Transportation Reform*)	从三个角度提出十二项公共交通改革策略。 一是市民乘客角度：提升公共交通使用机会、提升公交可及性、确保公交准时性、提升公交速度、提升公交便利性； 二是公交企业运营角度：推动良性的商业发展、提升公共交通运行效率、确保高速的运营； 三是社会管理角度：提供安全可靠的公交服务、建立综合交通系统、重振公共交通系统、减少环境污染和能源消耗

在这些战略和策略的引导下，各城市关键交通发展和系统运行指标见表 2-9-9，对比指标可见，各国主要城市的交通发展现状和存在的问题各不相同。然而，在复杂的交通发展历程中，无论城市经济如何发展，或城市结构如何变迁，重视公交优先、促进环保出行、减少交通拥堵、提升交通安全以及建立综合性的客货运交通运输体系一直是各国发达地区和主要城市的发展共识。我国是人口大国，有巨大的交通运输需求，同时我国也是能源消耗大国，因此有必要在上述发展方向上进一步作出努力，以实现高效、可持续的交通发展。

表 2-9-9　主要国际城市关键交通发展和系统运行指标对比

指标	伦敦	巴黎	纽约	东京	首尔
平均单次通勤出行距离（公里）	7.4(2021)	9.9(2021)	8(2018)	15.36(2021)	10.91(2001)
平均单次通勤出行时间（分钟）	47(2021)	50(2021)	33.3(2018)	42(2021)	96(2018)
通勤方式比例—步行	21%(2015)	38.7%(2010)	9%(2017)	23%(2018)	—

(续表)

指标	伦敦	巴黎	纽约	东京	首尔
通勤方式比例—巴士	21%(2015)	20.1%(2010)(公共交通)	11%(2017)	3%(2018)	24.4%(2018)
通勤方式比例—轨道	12%(2015)		46%(2017)	33%(2018)	40.7%(2018)
通勤方式比例—小汽车	31%(2015)	37.8%(2010)	29%(2017)	27%(2018)	24.5%(2018)
通勤方式比例—自行车	2%(2015)	1.6%(2010)	1.1%(2017)	13%(2018)	—
年交通事故数量(件)	25 341(2019)	33 202(2015)	206 754(2020)	30 467(2019)	39 258(2019)
每千人事故数(件)	1.69(2019)	2.76(2015)	10.29(2020)	0.85(2019)	1.53(2019)
交通拥堵指数①	33% (2021)	36% (2021)	35% (2021)	43% (2021)	—
年交通碳排放(百万吨)	8.1 (2018)	11.8 (2018)	83.3(2018)	12 (2015)	9.1(2018)

注:括号内为指标对应年份。

·参考文献·

[1] 王朝才,张晓云,马洪范,等.世界主要国家财政运行报告(上)[J].经济研究参考,2016(68):3.
[2] 杨明,伍毅敏,邱红,等.城市空间重构与职住变迁[M].北京:中国建筑工业出版社,2020.
[3] 郭婧.巴黎是由什么人构成的[R].北京:北京市城市规划设计研究院,2019.
[4] 黎晴,刘子长,陈玫.大巴黎2050战略规划中的交通理念[C]//城市交通发展模式转型与创新——中国城市交通规划2011年年会暨第25次学术研讨会论文集.2014:42-49.
[5] 武廷海.纽约大都市地区规划的历史与现状——纽约区域规划协会的探索[J].国外城市规划,2000(2):3-7,43.
[6] 陶希东.美国纽约大都市区治理:经验、教训与启示[J].城市观察,2021(2):85-95.
[7] 王如昀.伦敦·北京双城记[R].北京:北京市城市规划设计研究院,2019.
[8] Department of Communities and Local Government. Local government financial statistics England No. 25 2015[M]. London: Her Majesty's Stationery Office, 2015.
[9] 高秉雄,姜流.伦敦大都市区治理体制变迁及其启示[J].江汉论坛,2013(7):74-78.
[10] 王涛.伦敦都市圈及其管理体制的发展演变及特点[J].城市观察,2014(4):87-93.
[11] 黄景驰,蔡红英.英国财政事权及支出责任机制研究[J].河南大学学报(社会科学版),2016,56(1):45-53.
[12] Treasury H M, Public expenditure statistical analyses 2015[R]. London: The Stationery Office, 2015.
[13] 陈嘉俊,朱琳.法国城市政府管理体制的演进历程[J].经济研究导刊,2019(21):174-175.
[14] 陆小成.世界城市行政体制改革:经验比较与模式选择[J].城市观察,2017(2):139-149.
[15] 何利辉.日本,法国财税体制比较及其经验[J].中国财经信息资料,2014(18):5.
[16] 魏贺.大巴黎20年[R].北京:北京市城市规划设计研究,2021.
[17] 周恺,孙超群.百年交响:四次纽约大都市区规划的历史演化分析[J].城市发展研究,2021,28(10):15-22.
[18] 孟美侠,张学良,潘洲.跨越行政边界的都市区规划实践——纽约大都市区四次总体规划及其对中国的启示[J].重庆大学学报(社会科学版),2019,25(4):22-37.
[19] 财政部赴美考察团.美国的财政体制[J].财政,1993(10):29-32.
[20] 郑靖.美国、日本两国财政体制的借鉴和启示[J].中国集体经济,2010(24):199-200.
[21] 郭彦卿,林杨,杨峥.京津冀协同发展与首尔都市圈经验借鉴[J].城市,2016(3):17-21.

① 拥堵指数为33%的含义是出行时间平均比非拥堵状况时的基准时间长33%。这意味着,自由流状态下30分钟的车程,在拥堵水平为33%时,将多花费10分钟。

第十章
由学科沿革，谈城市交通学科建设

学科即特定领域的知识体系，学科设立需要有特定研究对象与研究领域、研究目标、研究方法、研究特征及与其他学科的关系等要素。为厘清城市交通学科发展脉络，在第八章引证国际交通语境、第九章国外城市交通空间和行政体系综述的基础上，本章将对近百年城市交通经典专著的学术观点、国际高校城市交通专业设置及研究热点做出系统综述，从不同时空维度分析全球城市交通学科历史与趋势。

一是系统梳理20世纪城市交通数十本专著的学术观点，跨过21世纪交通工程和大运输视角，以更大历史视野讨论城市交通研究对象及交叉知识点。

二是汇总全球城市交通知名高校(university/college)、院系(school)、学科(subject)、专业(major)，课程(course)、研究所(institute)或中心(research center)的设置情况，特别是英国交通研究实验室(TRL)、纽约大学城市科学与进步中心(CUSP)和名古屋大学社会移动研究所(GREMO)等知名机构。

三是总结国内外高校研究生最新交叉培养项目，如纽约大学CUSP的Capstone项目，香港大学地理系、城市规划与设计系与土木工程系合办的交通政策与规划硕士项目(Master of Arts in Transport Policy and Planning，MATPP)，并介绍几个世界级城市交通研究中心的最新研究方向与热点课题报告。

通过历史专著、学科设置、热点方向的综述，分析国内外学科发展背景及需求的共性与不同，最终提出并论证国内城市交通学科交叉与建设发展的必要性。

第一节 大历史视角城市交通经典专著学术要点回顾

城市交通问题是20世纪以来一直困扰发达国家的一道难题。中国作为一个发展中国家，其发展历程与西方发达国家发展历程既有相似之处又有很大不同，存在城市密度与行政体制方面的差异，且中国短短十几年内，城镇化、机动化、信息化同时发生。

本节从大历史视角，回溯总结国内外城市交通经典论著观点。国际方面，综述近百年来"英法—美国—日本"城市交通相关论著；国内方面，回顾近百年来"民国—中华人民共和国成立初期—改革开放初期"城市交通经典专著，回顾历史变迁(图2-10-1)。

图2-10-1 国内外城市交通经典专著一览

一、20世纪初国内城市交通学科的萌芽

我国城市交通发展，既是经济发展的真实写照，又是城市交通问题孕育、生成、发展、高涨、逐渐累积的过程。20世纪初国内社会动荡、文化激荡，大批留学者归国后为国内交通的发展带来新思想。以1931年增井幸雄和1933年胡蘧然两版《交通政策》以及1940年增井幸雄的《交通经济总论》为例，彼时交通研究不单单研究城市工程学问题，而是将城市交通与社会政治和城市经济作为相关问题进行系统分析。

1. 1931年增井幸雄（日）《交通政策》：讲述交通部门与国家及群众关系

此书经邹敬芳翻译进入中国，述及交通及经营制度、机构设置与营业等，强调了交通的意义与地位。认为交通是人类使自己或他人的身体、货物等从一处向别处移动的行为。交通是经济生活的基础，至少是现代交换经济基础的支柱。

此书阐述了不同交通方式间的相互关系及其在经济生活上的职能。介绍了交通机关经营制度，从交通工具技术和经济发展以及国家扶持等方面讲述了交通方式的设立以及不同交通方式的运行。提出大交通包括运输、交通、运送、通信等概念，都是将东西从一处向别处搬运，当搬运的东西无形时即为通信；为人体或货物等有形的东西时即为运送；为人类时即为通行。由于这些行为是基于人类的需求和社会发展的要求而出现的，因此可以说交通是为服务于人的需求而产生的。

2. 1933年胡蘧然《交通政策》：注重近代新式文明交通的建设与发展

胡蘧然认为，交通的实质是以专门的技术科学方法完成交通重要的职能，所以其根本的性质就是除去距离所带来的障碍以满足人们生活中的欲望。而铁道海运等方式产生的背景更多是基于国家社会经济发展和服务交通运输行业的需要。

此书特别强调了近代新式文明交通的建设。辨析了不同时期交通发展的原因，交通随着人类社会的交易行为而产生，人类的各类发明促进了交通的进步，由于政治军事的关系，国家对交通十分重视，交通发展范围开始由近及远、由内向外。发展至现代科学时代，交通则以科学发明为基础，更加趋于迅速、安全、便利。

3. 1940年增井幸雄（日）《交通经济总论》：讲述交通与经济发展之间的关系

交通是社会生活的基础，经历了原始时代、自足经济时代、交换经济时代、共生社会之后，交通发展已成必然。现代交通要求迅速、低廉、正确、便利愉快、大量输送、普及、安全。交通的发生有宗教、政治、军事、社会治理等非经济目的，长距离交通几乎完全基于非经济的原因，非经济原因的交通与经济类的交通同样重要。

交通在社会上的地位非常重要。第一，人类生活中，在获得和使用物资方面，即广义上经济生活存在之处交通现象是必然存在的。第二，交通状态是经济状态的反映，更是社会状态的反映。第三，交通是一般社会生活尤其是经济生活的基础。所以说，城市交通是城市最基础、最关键的因素。

二、中华人民共和国成立后到20世纪70年代我国城市交通学的孕育与发展

中华人民共和国成立后，我国城市交通研究的形成与发展，是借鉴国际经验与融合国内应用实践的结果。因为国家发展的迫切需要，当时的交通研究以时代建设需求为主导，偏向于城市交通规划与工程学方面的理论发展，用以指导城市交通的建设。

20世纪50年代，我国高校借鉴苏联高校的学科设置模式，在土木工程专业下开设城市道路与交通方向课程，开启了道路规划设计与建设的人才培养。

1978年后，随着改革开放和城市的复兴，城市交通需求呈现快速增长趋势，“文革”期间城市道路基础设施建设严重滞后所导致的供需失衡矛盾开始爆发，特大城市的交通出现以自行车拥堵为主要特征的全面紧张局面。

在这种背景下，从功能分区到道路干道的纯定性的道路网规划在规划内容和深度上，都已不能适应城市规划建设的要求。

1. 1942年屈甫（H. A.Tripp）（英）《城市计划与道路交通》：清华大学引入国内的首部城市交通专著，论述交通与城市计划的关系

1951年，屈甫的《城市计划与道路交通》经清华大学建筑系程应铨教授翻译后引入中国。梁思成为此书作序时指出：我们必须注意，英国的情形与中国的情形不同，大处有政治经济制度的不同，小处如我们因为目前尚有大量的人力车、三轮车、助力车而不同，问题是不会完全相同的，我们只可借鉴，但不可“毫无批判地硬搬、模仿与替代”。

城市计划中安全是最需要考虑的高于一切的因素，交通发展是城市计划的先决条件。道路交通可分为动、静两部分，动的方面是研究交通的流动和习惯，而静的方面则是研究道路的布置和构造、保证交通流畅和安全。现代城市道路系统必须保证交通循环流畅、道路交通安全并尊重和尽可能地保存历史建筑物。

任何城市建设计划都要以道路系统作为骨架，道路把城市中的居住、工作、游憩等地区联系起来成为一个灵活的有机体。城市计划必须找出新的道路交通系统以解决现在和将来城市交通需要，必须有效解决道路产生的危险和死亡的问题。

没有道路的城市犹如一个没有血脉循环的人，一日不能生存。若道路不能使城市各部分相互联系，则城市必然不能健全地发展，犹如循环系统出了毛病的病人一样。一个健全的道路系统是一个健全的都市中不可缺少的构成部分。

道路系统在城市计划中起到骨干作用，城市计划工作者要与多方面专家合作，从地理、社会、经济、市政建设等各方面作一个全面的有重点的调查与分析。将各学科进行交叉合作并配合着政府的政策作出一个改善与发展的计划。

2. 1951年斯特拉明托夫（苏联）《苏联城市建设中的城市交通问题》：解决车辆增加导致城市中交通平均速度降低的问题

斯特拉明托夫的《苏联城市建设中的城市交通问题》讨论了城市中运载货车与小汽车数量激增导致交通停滞、交通平均速度降低的问题，提出交通数量和速度影响着城市街道宽度和线形。该书阐明了现代城市交通组成原则，如街道通行能力与速度，人行横道线设置及停车

地点选择等问题，不能将“城市运输”概念简单理解为运输工具或交通问题。“运输”两个字的本意只是指运输工具，车辆运输和行人的交通指的则是一个运动过程，这个过程的组成主要取决于城市街道网的指标以及城市中所采用的居民分布系统。

3. 1961年杨佩昆《城市道路与交通》：以城市道路的线型设计和城市交通为主编著的交通类教材

杨佩昆的《城市道路与交通》着重介绍了城市道路横断面和交叉口设计、线形综合设计、技术经济比较等。包括城市交通对道路基本要求、城市道路横断面设计、城市道路定线与平立面设计综合处理、交叉口设计、个别条件下道路设计、城市道路公用服务设施、城市道路设计技术经济分析及其勘测设计的步骤和内容等。

城市交通是人与货物在市区或郊区的流通，也就是人与货物在城市道路上、有轨线路上和市内外航运河流上的往来。道路交通是城市交通的重要组成部分，其特点是：行人多、车流和人流组成复杂，在数量与路线分布上常不一致且易变动。道路修建必须切合时宜地为社会主义生产服务、为劳动人民服务。

三、20世纪80年代到90年代末城市交通学的生长与快速发展

20世纪80年代初，随着现代化建设和经济改革开始，现代化交通需求剧增和交通设施供应水平低下的矛盾日渐突出。该时期城市交通研究视野和规划技术方法发生了根本性改变，从道路设施扩展到交通生成源、生成规律和出行分布，规划方法从定性转向定量与定性相结合，向基于调查数据的模型构建转变。

城市交通政策与管理一度成为研究热点，城市交通需要被认为与整个社会、经济和环境相平衡。美国学者迈克尔·D·迈耶(Michael D. Meyer)所著《城市交通规划》(*Urban Transportation Planning*)提出大都市经济和社会的健康状况很大程度上取决于其交通系统运行情况。饭田恭敬的《交通工程学》中提出，交通工程学内容不只局限于“人”“车”“路”的研究，包括对交通管理、交通设计、交通信息的研究与融合，道路网通行能力应满足市民生活和经济活动要求。

1. 1977年佐佐木纲(日)《交通工程》：研究城市交通的性质以及交通通行率

1980年，佐佐木纲的《交通工程》经赵恩棠翻译出版，概括了20世纪70年代日本和工业发达国家交通工程方面的成就，重点介绍了道路交通流理论及其调查方法及各种影响因素，佐佐木纲认为交通工程的主要内容是：研究交通的性质、道路通行能力或交通规则问题，尤其是行驶车辆的结构、尺寸、性能、道路情况及其不同路况的运动状态；还要研究交通量和速度的关系、道路的通行能力、驾驶员心理、交叉形式等问题。

2. 1979年张秋(美籍华人)《交通工程学》：通过比较美国交通工程发展情况为中国交通工程科学的发展提供指导

1981年，徐慰慈、严宝杰对张秋先生来华讲座内容进行汇编整理，出版了《交通工程学》。重点介绍了美国交通工程发展情况，系统概括了交通工程主要内容，认为20世纪80年代美国是世界上交通工程领先国家，中国可根据美国最新进展来估计中国城市交通工程未来的发展，提出了四点趋势：

一是发展交通系统管理技术、实行渠化交通、改善信号配时和管理、取消路边停车、修建高乘客车辆用的车道即合用车专用车道、设置汽车禁行区；二是重新检查大城市交通规划，以使规划更加合理，不要盲目发展；三是更广泛地应用电子计算机；四是建设自动化公路等。

3. 1980 年图尔奇欣（苏联）《城市交通系统规划设计》：进行城市客运交通系统规划和提高规划设计

1983 年，图尔奇欣的《城市交通系统规划设计》经翻译后引入中国，介绍了城市交通规划原理落实于具体规划设计实践的方法、步骤及详细过程，合理组织城市客运交通系统、提高运输能力与交通服务质量，最终满足居民生产、生活和文化活动的交通需要。

发展交通系统要研究城市交通现状，获得原始资料作为确定交通发展远景的依据。应注重城市街道网、城市与郊区联系网和城市内部交通网间的联系。

4. 1980 年郑祖武《城市道路交通》：我国首部系统介绍城市交通理论的原创专著

郑祖武的《城市道路交通》介绍了城市中心区交通管理和公共汽车优先等理念，提出：城市交通包括道路、公共交通及交通管理三个系统，城市交通并非一朝一夕就能搞好，必须逐步分期分批进行，从简单到复杂，自低级到高级，由落后到现代，既要立足解决当前存在的实际问题，又要放眼未来的远景规划，有目的有步骤改进建设。

5. 1982 年 J. M. 汤姆逊（J. M. Thomson）（英）《城市布局与交通规划》：对世界上 30 个大城市的交通问题进行了研究并提出解决交通问题五大战略

J. M. 汤姆逊的《城市布局与交通规划》经倪文彦翻译在中国出版。该书讲述了世界大城市交通的现状和问题，结合城市布局形式，把全球 30 个大城市解决交通问题的办法归纳为五种交通发展战略：充分发展小汽车、限制市中心、保持市中心强大、低成本战略及限制交通战略。

城市交通为人们提供来往于各建筑物间或各地方之间的方便。城市结构、大小及其扩展、生活方式全都由城市交通系统性质和服务质量来决定。城市交通规划常见的误区是“片面强调机动车的通行，而忽视或低估了规划人与货的交通”。

城市交通规划是否符合理想标准，主要判断依据包括：满足人们参加各种活动的同时是否会妨碍其他社会活动？在经济条件许可下，在多大程度上能满足人们居住在喜欢的地区？与社会活动有关的交通（特别是上班、上学、购物、去市中心的交通）如何便捷、舒适、费用低？城市内货运是否方便合算？有多少车祸及其严重程度如何？交通系统对人们居住、工作、购物和娱乐的环境影响如何？

6. 1982 年 R. J. 索尔特（R. J. Salter）（英）《道路交通分析与设计》：通过对道路进行设计以解决城市交通拥挤等问题

R. J. 索尔特的《道路交通分析与设计》主要研究和解决交通预测和规划、道路几何设计、交通管理、环境保护、安全及停车等问题。二战后发达国家中，由于汽车交通突飞猛进带来交通拥堵、事故增多、环境污染等严重问题，该著作被用作解决这些问题的指导手册加以实践。

索尔特不仅对传统交通发展提出建议，还讨论了噪声和污染问题，提出拥挤和道路按值收费的原则与要求。指出在英国高等教育中心，运输与交通工程被认为是一门公认的学科，土地使用与运输需求之间存在明确的依存关系，在城市范围内，道路运输必须同整个社会、经济和环境的活动费用相平衡。

7. 1982年迈克尔·D· 迈耶（美）《城市交通规划》：结合国外大城市交通规划实例讲述城市交通的基础问题，至今仍是交通学科经典教材

2008年，杨孝宽翻译了迈克尔·D·迈耶的《城市交通规划》。该书被香港大学、加州大学等高校选为交通学科教材。该书认为大都市经济和社会健康状况很大程度上取决于交通系统运行情况。交通系统不仅提供了一个人和物流系统，同时通过长期提供可达性，影响了城市增长模式和经济活动水平。交通系统提供了大都市间、州之间乃至和世界的联系。

书中论述了交通规划应回答的四大问题：我们现在处于何种水平，在哪里（如人口、交通系统以及城市的现状和未来发展趋势）？我们朝何处发展（主要的问题、公共参与效果、困难和机会）？什么将指引我们（使命的陈述、总目标、具体目标、公众参与、衡量运营效果的尺度）？我们如何达到目标（税收估计、项目和工程的实施、公私合作以及政策的改变）？

迈耶将城市交通规划理解为：①是设计未来情景的过程，即人们需要什么样的社区，交通系统应如何建立以适应此情景；②理解实现这一情景所作的各种决策；③评估实现未来目标和期望时所具备的机遇和制约条件；④确定近期和远期方案对社区及对交通系统使用者的影响；⑤把方案与总目标、具体目标以及系统运营状况相互联系的过程；⑥向决策者展示既通俗易懂，又具有实用价值的信息过程；⑦帮助决策者确立优先和发展投资程序的过程。

迈耶将多模式交通规划过程定义为："找出问题的症结、制定方案、评估解决问题的办法、选择最佳行动方案并通过采用包括所有可行交通运输模式的方式来达到社区目标的过程"。大都市交通运输系统由信息、通讯等不同多模式的交通网络组成（图2-10-2），这些网络允许出行者从一地到另一地。联合运输衔接提供了从一个模式网络转换到另一个模式网络的可能性。

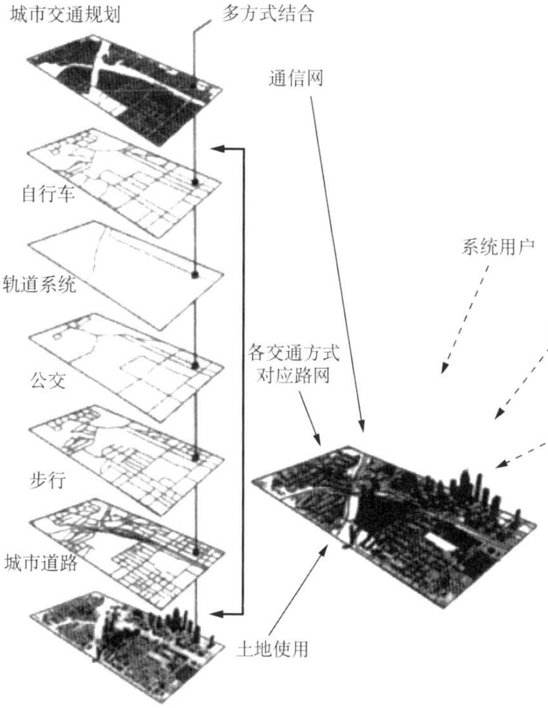

图2-10-2 多模式交通运输系统

城市交通规划发展过程有五点尤其需要注意：①人口特性；②大都市的经济状况；③社会关注和争议的问题；④交通立法；⑤规划技术。

迈耶提出可将交通行为的研究理解为对出行者特性的分析过程。出行者的收入、年龄、是否拥有汽车、有几个小孩和职业等都通过出行所采用的方式影响着一个人的出行倾向和交通运输网络中的出行空间分配。

通过了解一个社区人口的家庭特点，运用人口统计学和一个家庭的交通特性来模仿出行特性。从微观方面来看，变化的家庭类型特性将导致不同的出行需求，同样宏观层面也会导致大都市地区不同的机动性需求和交通运输服务的类型。并且也可以通过分析过去几十年城市的出行情况从而预测未来的城市交通状况。

交通系统与其他系统相关，并且是许多其他系统的一部分。土地使用、经济活动和交通投资的关系对决策者及规划过程是最重要的。交通决策过程通常包括：①问题的界定或确定；②讨论与选择；③规划与实施；④评估与反馈。

交通系统只是用来保障城市得以存在的众多系统中的一个。其他系统包括水供给和分配设施、电力网、环卫和垃圾处理设施、教育设施、公共安全设施以及电信基础设施。交通系统自身也是一个由子系统、组成成分及其相互关系构成的层次体系。交通目标可狭义局限于系统的特殊功能，也可广义反映出交通系统对其他系统的可能影响。交通系统对生态的影响已成为系统规划中的重要考虑因素。

8. 1984年段里仁《城市交通概论》：国内交通工程学原创专著

段里仁的《城市交通概论》除了阐述交通工程学基本原理，侧重于对城市交通的综合治理与管理。

该书介绍了美国交通工程师学会对交通工程学的定义：是一门关于交通和出行的计测科学，是研究交通流和交通发生的法则科学，重点研究道路和街道及与其相连接土地的规划、设计及交通运用，使人和物的移动安全、便利、有效及经济。同时介绍了相关学术观点：交通工程学，为了使人和物安全而有效地移动。

该书指出，在我国城市平交路口的规划与设计中，长期以来有一种偏重车辆交通而忽视行人交通的倾向，应该改变。周恩来总理生前对设置人行横道以保护行人十分重视，亲自指示应设置人行横道的路面交通标示及安全岛。该书特别提出，国内一些大中城市开始出现了斑马纹状人行横道的路面交通标示，受到人民群众的欢迎。不过这种斑马纹状人行横道的划法尚无统一的标准、亟须规范化。

9. 1987年约翰・布拉克（John Black）（澳）《城市交通规划理论与实践》：解决城市交通病的方法以及交通规划的方法

约翰・布拉克的《城市交通规划理论与实践》以澳大利亚首都堪培拉的交通规划作为实例，讲述了解决城市交通病及交通规划方法，概述了交通数据收集的方法，并用此信息(以运行特性与承担的通行能力)来描述城市交通方式。该书特别指出，交通是土地使用的函数。当一块土地上发生了活动，这块土地就实现了产生交通的潜力。

10. 1992年饭田恭敬（日）《交通工程学》：解决汽车产生带来的交通问题

1994年，饭田恭敬的《交通工程学》经邵春福翻译引入国内，日本进行交通工程课程教学已有三十余年，汽车逐步成为人们的主要交通工具，为研究解决由此产生的问题创立了交通工程学。该书以为，交通工程学是以汽车、自行车、行人为中心的工程学，是以道路上交通现象为对象，通过交通管理、交通安全措施和道路设计等，实现交通流安全、畅通、舒适的工程学。

交通工程学涉及交通规划、道路工程、人机工程、自动控制、环境保护，以及交通心理学、法学、美学、运筹学、计算机、信息论等众多学科。

交通是人、物以及思想、信息的地点间的移动；一般把人和物的移动划分到交通领域，而把思想、信息的传递划分到通信领域。交通现象伴随着人的欲望和意志，受特定目的支配，具有派生性，同衣、食、住一样是人类日常生活的基本条件；交通活动满足人们的欲望，有利于地区的经济与社会效益。

交通的社会作用首先是社会形成与文化交流。交通建设使得地区间往来方便从而形成了新而富有整体性的社会。交通往来方便促进交易次数增加又增进整体感。交通扎根于在适当的时间到想去的场所这一人类基本需求之中，也是人类社会在交往活动中生存下去必不可少的活动。能够安全、方便、迅速、经济地到达目的地，即确保机动性（mobility）是市民生活的基本条件。

四、21世纪城市交通学的研究逐步由综合学科转向交叉学科

进入21世纪后，城镇化进程加快，经济迅速发展，随着国家汽车产业政策颁布，与小汽车生产流通相关重大举措相继出台。由小汽车出行主导向不同交通主导模式转变趋势、能源与环境问题、人本需求等都成为城市交通学科需考虑的因素，如何建设高效、智能、可持续的城市交通系统成为核心问题，与社会学、生态学、经济学、工程学、地理学、市政学、心理学等学科紧密关联。

王炜提出交通工程学科兼有社会科学与自然科学双重特点，是区域及城市发展的载体，是为社会经济发展、人民生活水平提高服务的。社会学专家谷中原使用了社会学理论对交通进行了研究，剖析了交通系统内在结构和外在关联，提出现代化应成为交通发展的永恒主题。

“解决人的需求”日益成为城市交通的热点，并被学者关注与研究。比如徐循初教授提出，城市交通设施的供给要与人的活动、车的通行和停放需求相协调，要以人为本，而不是一切围着车辆转。过秀成教授及社会学家专家何玉宏均提出：城市交通发展的根本目的不再局限于交通本身，而是为城市的经济和社会发展服务。城市交通关系到社会生产、交换、消费能否正常运转，其研究对象应包含城市各种社会经济活动。《城市交通学导论》中提出交通研究对象已从传统技术系统拓展为社会技术系统。关于城市交通与地理学、信息学、出行预测等的内容层出不穷，这些都促使城市交通逐渐从学科交叉走向交叉学科。

1. 2000年王炜《交通工程学（第2版）》：交通工程学科具有综合性

王炜的《交通工程学(第2版)》总结吸收了国内外近年来交通系统规划、设计与管理最新研究成果和实践。提到交通工程学科是一门正在发展中的综合性学科。它从交通运输的角度把人、车、路、环境、资源作为一个有机的统一体进行研究，兼有社会科学与自然科学双重特点。交通系统是一个复杂的、开放的大系统，也是社会经济系统中的一个子系统，它涉及社会的各个方面，最重要的研究方向是交通规划、管理、法规。

交通系统运转受到社会经济系统中其他子系统的影响与制约，以系统工程原理来认识和解决交通问题是交通工程学科发展最显著的特点。交通工程学是道路工程学新派生的一门综合性学科，随着科学技术发展，交通工程学科与其他学科交叉性更加明显，例如智能交通系统，是交通工程学科、电子工程学科、信息工程学科、自动控制学科、计算机学科、汽车工程学科等多学科的交叉。

2. 2002年谷中原《交通社会学》：社会学角度下交通系统研究

谷中原的《交通社会学》用社会学方法对交通系统进行科学研究。该书以交通中的社会和社会中的交通双重视角展开研究，不仅剖析了交通系统的内在结构，而且分析了交通系统的外在关联。

从社会学角度可将交通定义为：由人类行动本能演化而来的，为满足自身生活和发展需要而进行的，实现人、物、信息空间位置转换的社会活动或社会现象。建设交通系统，不能损害人类生存环境，降低人类生活水平，更不能劳民伤财，使交通建设失去其本身应该具有的社会价值。

交通是一个具有多维性质的社会行为，是人类生存所引发的交往、物体和信息流通。交通具有文化交流、发展经济、政权巩固、社会运行功能。

交通系统基本要素有交通主体、交通工具、交通线路、交通客体、交通设施等。交通工具是交通系统的重要物质因素，是交通主体实现人、物、信息空间位移的手段，是运输的载体。各种交通方式都有自己的主体、客体、工具、线路和设施等基本要素。这些基本要素相互结合，自成子系统，每种交通方式在社会或社区里并不是孤立的，而是相互关联的，又共同组成社会的更大的交通系统。

3. 2005年徐循初《城市道路与交通规划》：规划专业必读教材

徐循初的《城市道路与交通规划》认为，交通是“人与物的运输与流通”，它包括各种现代的与传统的交通运输方式。

城市交通是城市内部及与外部间人员物资实现空间位移的载体。广义的城市交通包括城市对外交通与城市内部交通，涉及城市中地面、地下、空中交通等各种运输方式。狭义的城市交通，即通常的定义是指城市(区)范围以内的交通或城市各种用地之间人和物的流动。这些流动都是以一定的城市用地为起点，以一定的城市用地为终点，经过一定的城市用地而进行的。

在中国城市，人和车的流动及停放安全、有序、畅通主要由公安交警部门管辖；而为人和车服务的道路和其他交通设施的规划、建设和管理主要由城建、交通等部门管辖。需要从交通理念、管理体制、运行机制上多管齐下，协调好各部门之间的关系，树立一体化的规划设计指导思想，整合城市交通体系。

1995 年发布的《北京宣言：中国城市交通发展战略》特别强调：交通的目的是实现人和物的移动，而不是车辆的移动。现代化的城市交通不是一味追求道路宽、立交大或者汽车多，而是重视交通需求，即人和物的移动过程。现代化城市交通要遵循高效率、高效益、低消耗、低成本等可持续原则，单位时间内通过更多的人和货物，而不是车辆。

城市交通设施的供给要与人的活动、车的通行和停放需求相协调，要以人为本，而不是一切围着车辆转。城市交通始终与城市社会、经济、环境和用地发展互动，与经济增长相互适应、与生态环境相互和谐、与社会进步相互促进。

科技发展使交通方式不断变化，每种新交通方式的出现，都会使城市交通发展轴向外延伸，使城市用地不断扩大。各种交通方式都有其最佳出行范围，城市多种交通方式共存、互补是最合理的。综合运输体系需要便捷的换乘设施。

4. 2007 年朱照宏《城市群交通规划》：城市群综合交通系统战略规划

朱照宏的《城市群交通规划》认为，交通是城市群形成的先决条件之一。好的交通规划能引导城市群有序发展；城市和城市群高度发展能更多积累资金，进一步扩大交通基础设施建设。

虽然城市群交通运输规划与单点城市交通规划在某种程度上类似，但二者的差异很大，有必要从实际需要出发，完善规划理论与方法。

制订城市群交通规划一般需要分析两个基本问题：一是交通系统与社会经济系统之间的关系；二是交通系统内部相互之间的关系。前一种关系表现为：经济发展与交通基础设施建设的协调、可持续发展与交通发展策略的协调、土地开发与交通建设的协调问题等。第二种关系表现为：多种交通方式合理配置、多种交通方式有效衔接、建设项目间协调配合、多种解决问题的手段和综合使用问题等。

5. 2007 年陆化普《交通规划理论研究前沿》：交通规划理论的研究成果和发展方向

陆化普的《交通规划理论研究前沿》将交通需求分为本源和派生需求，派生需求是人们为实现交通以外的目的而产生交通需求。派生需求构成了交通需求主体。对于大多数出行来说，交通本身不是目的，人们的出行是由目的地的经济活动、社会活动和生活活动所诱发的。与之相对应，以交通本身为目的的交通需求称为“本源需求”，远少于派生需求。

6. 2009 年李朝阳《城市交通与道路规划》：城市交通系统反映城市建设水平和城市风貌

李朝阳的《城市交通与道路规划》指出，城市交通是一个独具特色、组织庞大、复杂、严密而又精细并由多种类型交通组合而成的交通系统。传统的城市交通研究对象为人、车、路、环境之间的关系。现代城市交通系统的研究对象为用地、用户(人和物)、交通工具、交通设施、交通信息与控制、交通环境、交通政策等方面的相互关系。城市交通系统这几大部分只有分工协作、高效衔接、一体化发展才能实现现代城市交通发展目标。

交通的根本目的是实现人和物的移动,理想的城市交通规划应满足居民出行数量和质量要求,营造安全、高效、方便、舒适、公平、可靠的交通环境。可持续交通系统应“以人为核心”,实现如下目标:交通安全、步行友好、低公害、满足出行选择。慢行交通零能耗、零污染,符合绿色交通理念。合理规划慢行交通对于构建“以人为本”的和谐交通体系、提升城市的生活品质具有非常重要的作用。

7. 2010 年过秀成《城市交通规划》:城市交通是引导城市发展的关键性因素之一

过秀成的《城市交通规划》指出,城市规划和交通规划的研究对象都是城市中各种社会经济活动,城市规划侧重规划社会经济活动在空间上的布局,影响交通出行总量和出行分布,交通规划重点规划城市活动的组织、影响交通出行方式和路径选择。

城市交通发展战略侧重对交通系统规模,交通方式结构、交通服务水准、交通管理体制、交通投资与价格、交通环境等一系列重大问题进行宏观判断和决策。总体目标设计应坚决贯彻以人为本和可持续发展观念,强调交通发展人性化,考虑交通出行权及交通投资效益享受权的平等,注重安全与环境。

城市道路系统是组织城市各种功能用地的“骨架”,也是城市进行生产生活的“动脉”,是城市人的活动和物资运输必不可少的重要设施,还具有满足交通出行需要、增进土地利用、提供公共空间而保证生活环境、防灾抗震等多种功能。

8. 2014 年何玉宏《城市交通社会学》:社会学角度下城市交通的发展

何玉宏的《城市交通社会学》指出,交通社会学研究目的是寻求诸如社会需求、生活方式、人文环境、文化经济等要素与交通之间的关系和规律,其现实目的则是应用这些规律促进交通与社会生活诸要素间良性循环,有效地协调和解决各类交通需求和交通问题。

城市交通作为城市这个复杂有机体中的一个重要子系统,研究已逐步由单一学科发展到众多学科(社会学、生态学、经济学、工程学、地理学等)。城市交通系统错综复杂也迫切要求各学科之间建立起一种内在的、密切的联系,从而真正走出一条由多学科共同参与的、以最终解决城市交通问题为主题的崭新之路。

9. 2014 年苏珊·汉森(Susan Hanson)(美)《城市交通地理学》:城市交通与地理学的关系

苏珊·汉森的《城市交通地理学》从地理学视角审视交通,介绍了交通发展历史及其影响城市形态的机理和过程,强调信息技术对人们出行方式和城市形态的影响。该书认为,满足居民职住地间通勤、休憩和提升生活品质等需求是城市交通产生与发展的核心动力。

交通研究和交通规划的根本目的是改善人们的生活品质,而交通对人们生活品质的影响主要体现在可达性、机动性、环境和健康等方面。交通系统最有趣和重要的特点在于,它是不同个人和团体交互作用的结果。交通系统一直在推行改革,但改革通常是渐进的,因为交通系统的复杂性对旧制度有强大的依赖性。

交通政策的政治本质为兼顾效益、效率、公平,这并非易事,不同个人和利益团体对效益、效率和公平有着不同的界定。尽管能对每个术语给出清晰的定义,但在作重要决策时,在三者间寻求平衡依然非常困难。这个问题是交通系统总是高度政治化的一个主要原因。

10. 2016 年邵春福《城市交通概论》：交通发展的基本概念

邵春福的《城市交通概论》中提出，城市交通由城市范围内交通基础设施（交通网络、枢纽节点和设备等）、交通工具、交通运营、交通管理和交通服务等子系统构成，与城市互为因果。

20 世纪 80 年代以来，智能交通系统（Intelligent Transport Systems，ITS）的研究范围不断拓宽，由最初道路交通管理系统发展到整个运输系统的规划、设计和运营管理的智能化，使不同运输方式之间实现最优化“无缝”衔接。ITS 充分利用现有交通设施、减少交通负荷和环境污染、保证交通安全、提高运输效率、促进社会经济发展、提高人民生活质量，推动社会信息化并促进形成新的产业。

11. 2018 年汪光焘《城市交通学导论》：城市交通逐渐从学科交叉走向交叉学科

汪光焘的《城市交通学导论》指出，城市交通学的研究对象是城市交通网络的构建和运行。应强调系统的整体性，应明确城市交通网络中各子系统的服务功能，促进各子系统的协调、融合，做到“整体大于部分之和”；应区分新老城区内不同区域的运行组织模式。城市交通是一个复杂的、动态的大系统，涉及社会、经济、环境、居民心理等多方面的因素，具有多方面的属性。同时各种运行方式间又具有很强的相互影响和互补性。

城市交通服务于人的需求，包括出行需求，也包括对没有出行但有需求的满足。因此城市交通学要研究满足不同人群的合理需求，才能体现社会公平。

城市交通系统要更加关注社会、经济、政策属性的外延和整合。在新常态的制度设计下，城市交通发展要从关注交通专业本身转变为注重加强多专业整合，深化认识城市交通系统与社会、经济、政策之间的紧密关联。

12. 2020 年罗伯特·瑟夫洛（Robert Cervero）（美）《公交都市》：“公交都市”是一个公共交通与城市形态和谐共存的城市

罗伯特·瑟夫洛的《公交都市》指出，“公交都市”是一个公共交通与城市形态和谐共存，在发展过程中不断相互适应、相互支持与促进的区域。公交都市的目标并不是公共交通取代小汽车甚至消灭私家车，而是在区域范畴而非城市或者社区局部范畴，大运量公交系统和土地紧凑混合使用相互适应并和谐发展，二者间的关系就像“手与手套”一样非常匹配。

公交都市分为四种类型：①具有适应能力的城市。公交引导土地发展，通过对轨道交通系统投资引导城市增长，同时满足更大社会目标，如保护开放空间，提供有轨道交通服务的经济适用住房等。以紧凑、混合使用郊区社区和以轨道站为中心的新城镇为特征。典型城市有斯德哥尔摩、哥本哈根、新加坡和东京等。②具有适应能力的公共交通。低密度分散蔓延发展的城市，寻求合适公交服务和新技术的更好的服务区域，如德国卡尔斯鲁厄、澳大利亚阿德莱德、墨西哥首都等。③强中心城市。通过以与其他交通方式混行的有轨电车和轻轨系统为核心的整合型公共交通服务，成功将城市发展整合在一个范围更加限定的中心城市内。这些城市在区域中的首位度和重要性，以及健康的公交爱好者是成功融合城市中心区复兴和电车系统复兴的基础。典型城市有苏黎世和墨尔本。④混合型具有适应能力的城市和公共交通。一方面沿主要公交走廊进行集中开发，一方面调整公共交通以有效服务蔓延郊区，在二者间实现平衡。典型城市包括德国大慕尼黑地区、加拿大渥太华和巴西库里提巴。

13. 2021 年大卫 · 博伊斯（David Boyce）（美）《城市出行预测学历史现状与未来》：交通需求、出行模式，对政策的响应以及社会发展

大卫 · 博伊斯的《城市出行预测学历史现状与未来》描述了城市出行预测模型和分析方法的进程，通过追踪主要技术和理论的发展脉络、周期性变革以及规划实践对其选择性吸纳。该书认为推动城市交通发展进程的"创新驱动力"是：①交通政策影响范围的扩大；②不断丰富的评价体系；③数据分析方式；④蓬勃发展的计算能力；⑤单纯的求知欲。

14. 2022 年侯赛因 · 迪亚（Hussein Dia）（澳）《未来城市低碳出行》：未来智能城市中推动可持续移动服务的政策原则和实际应用

侯赛因 · 迪亚的《未来城市低碳出行》讲述了未来智能城市推动可持续移动服务政策原则和实际应用的系列工作。该书的主题包括城市交通、低碳出行政策原则、减少对汽车依赖、未来城市土地利用与交通规划一体化、郊区出行低碳化、城市千年发展中的公共交通、城市交通及其对公共健康的影响、慢行交通、出行与共享经济、自动驾驶汽车与共享出行、游戏化与可持续出行在变化的交通环境中面临的挑战与机遇、数字创新与智慧出行。

五、基于城市交通学内涵的专著要点分析

百年来城市交通始终是个复杂的多学科问题。20 世纪前半叶，增井幸雄的《交通政策》提到交通需求应根据自然与社会条件而进行差异化发展；《交通经济总论》中提出交通是社会生活的基础，与职业选择、居住等经济生活均相关。

20 世纪后半叶，同济大学的《城市道路与交通》提出城市交通是衡量城市建设是否合理的重要依据；佐佐木纲的《交通工程》提出应该根据实际交通量设置人行道与自行车道，强调了交通安全与人的需求；张秋的《交通工程学》提出现代城市交通规划不仅是交通工程，还包括交通对环境影响、能源供应对交通的限制。

J. M. 汤姆逊的《城市布局与交通规划》认为好的交通规划应结合用地布局和系统设计，更好地满足人们需求。郑祖武的《城市道路交通》提出交通改善与治理不能只局限于某个系统或单一方面。徐循初的《城市道路与交通规划》提出城市交通始终与城市社会、经济、环境和用地发展保持互动，步行是城市交通主要组成部分。迈克尔 · D · 迈耶的《城市交通规划》总结出城市交通规划五个重要因素：人口特性、大都市经济状况、社会关注和争议问题、交通立法、法规及规划技术。

上述专著核心观点综述如表 2-10-1。城市交通从来不是纯粹的经济运输行为或汽车交通工程，而是与社会、政治、经济、人文、地理、科技信息技术等诸多方面融合。

表 2-10-1　百年交通专著核心观点回顾

书籍	对交通的定义	主要观点	交通与其他学科的关系							
			社会学	生态学	经济学	工程学	地理学	市政学	心理学	区域科学
增井幸雄 《交通政策》	交通是人、物等从一处向别处移动的行为，是经济生活的基础和现代交换经济基础的支柱	交通根本的性质就是除去距离所带来的障碍以满足人们生活中的欲望； 各类交通方式的产生基于国家社会经济发展和运输事业的发展					○		○	
胡邌然 《交通政策》	交通的实质是以专门的技术科学方法完成交通重要的职能，根本性质是除去距离所带来的障碍以满足人们生活中的欲望	发展至当下科学时代，交通则以科学发明为基础，应用各种交通方式，将古时的野蛮简陋转为迅速、安全、便利的交通					○			
增井幸雄 《交通经济总论》	交通是一般社会生活尤其是经济生活的基础，是城市最基础、最关键的因素	在经济生活存在之处交通也必然存在； 交通即是经济状态的反映更是社会状态的反映			○					
屈甫 《城市计划与道路交通》	道路是城市的血脉，犹如人的循环系统。道路应使城市各部分相互联系，城市才能健全地发展	交通发展是城市计划的先决条件，但是组织新城道路网的同时也要兼顾老城特征，确保交通的运行效益促进城市可持续发展，现代城市道路系统必须保证交通循环流畅	●		○	●	●	○		
杨佩昆 《城市道与交通》	城市交通是指人与货物在市区或郊区的流通，也就是人与货物在城市道路上、有轨线路上和市内外航运河流上的往来	道路交通的特点是：行人多、车流和人流组成复杂，在数量与路线分布上亦不一致且容易变动； 道路的政治效果首先在于道路的修建必须切合时宜地为社会主义生产服务、为劳动人民服务					○			
张秋 《交通工程学》	—	未来交通工程发展趋势：交通系统管理技术、实行渠化交通、改善信号配时和管理、取消路边停车、修建高乘客车辆用的车道即合用车专用车道、设置汽车禁行区；重新检查大城市交通规划，以使规划更加合理，不要盲目发展；更广泛地应用电子计算机；建设自动化公路				●				
J. M. 汤姆逊 《城市布局与交通规划》	城市交通是为城市服务的；城市生活的方式及特点全都由城市交通系统的性质和服务质量决定	大城市解决交通问题的办法归纳为五种战略：充分发展小汽车战略；限制市中心战略；保持市中心强大战略；低成本战略；限制交通战略					●			○

（续表）

书籍	对交通的定义	主要观点	交通与其他学科的关系							
			社会学	生态学	经济学	工程学	地理学	市政学	心理学	区域科学
图尔奇欣《城市交通系统规划设计》	城市交通要注重城市街道网、城市与郊区联系网和城市内部交通网之间的联系	阐述了城市客运交通系统规划应合理组织城市客运交通系统、提高运输能力与交通服务质量，满足居民生产、生活和文化活动的交通需要								○
斯特拉明托夫《苏联城市建设中的城市交通问题》	车辆运输和行人的交通乃指一个运动过程，其形成主要由城市街道网的指标以及城市中所采用的居民分布系统决定	“运输”这两个字的本意只是指运输工具；“城市运输”问题不等于“城市交通”问题，后者指的是车的运输和人的交通，是一个运动的过程					○			
佐佐木纲《交通工程》	—	交通工程的目的是研究交通的性质、道路通行能力或交通规则的问题，尤其是行驶车辆的特征和通行能力				●				
R. J. 索尔特《道路交通分析与设计》	交通规划是现代发达社会中与生活水平有关的总体规划程序中的一个重要组成部分	在城市范围内，道路运输的需要必须同整个社会的、经济的和环境的活动费用相平衡					●			
迈克尔·D·迈耶《城市交通规划》	交通系统提供为人和物流的系统，同时它通过长期提供给地面的可达性，影响城市的增长模式和经济活动水平；此外还提供大都市之间、州之间乃至和世界的联系	城市交通远期规划所陈述的是需求和政策的走向，是近期交通运输决策的基础；城市交通规划发展过程尤其需要注意人口特性、大都市的经济状况、社会关注和争议的问题、交通立法和规划技术					●			○
郑祖武《城市道路交通》	城市交通可分为道路、公共交通及交通管理等三个系统，每个系统都有布局问题，有和城市其他组成部分的相互关系问题	城市交通既要解决当前存在的实际问题，又要放眼做好未来的远景规划，有目的有步骤地改进和建设；城市中心区应有交通管理和公共汽车优先								○
约翰·布拉克《城市交通规划理论与实践》	交通是土地使用的函数，当一块土地上发生了活动，这块土地就了产生了交通的潜力	公共交通应集中在乘客的预测方法、技术规程的鉴定和应用看法调查方面改进现行服务水平								○
段里仁《城市交通概论——交通工程学原理与应用》	交通工程学是一门关于交通和出行的计测科学，是研究交通流和交通发生的法则的科学	交通工程学是研究道路和街路以及与它们相连接的土地的规划、几何设计及交通运用，以便使人和物的移动达到安全、便利、有效及经济的目的							○	

（续表）

书籍	对交通的定义	主要观点	交通与其他学科的关系							
			社会学	生态学	经济学	工程学	地理学	市政学	心理学	区域科学
徐循初 《城市道路与交通规划》	交通是“人与物的运输与流通”；城市交通是城市内部及城市与外部之间的人员和物资实现空间位移的载体	城市交通设施的供给要与人的活动、车的通行和停放需求相协调，要以人为本，而不是一切围着车辆转；城市交通始终与城市社会、经济、环境和用地发展保持着互动作用					○			
谷中原 《交通社会学》	交通是实现个人社会化的物质工具，是为人生需求的满足提供条件、提高个人生存技能的支持系统	交通作为社会先行资本必须适度超前发展，才能起推动经济和整个社会现代化的作用；现代化应成为交通发展的永恒主题	●				○			
王卫 《城市交通与城市经济发展》	交通是城市要素集聚与扩散的重要渠道与载体，是城市竞争力的重要因子，它决定了城市在区域的什么位置形成，为城市的发展提供内生支持力，更在区域空间上影响整个城市体系的构成与分布	城市交通问题，归根结底是在城市中生活的人的问题，大数据在规划管理中的创新就是研究城市空间中人的分布和流动行为			●					
何玉宏 《城市交通社会学》	交通是由人的需求而引发的，交通系统由交通参与者、交通工具和交通环境三个部分组成； 城市交通是指城市范围以内的交通，或称为城市各区域之间人和物的流动；城市交通作为城市基础设施的重要组成部分，是城市社会经济发展的动脉	交通社会学是指运动社会学的基本概念、理论和方法对人类交通行为、交通现象、交通问题与社会诸要素的关系及其协调发展规律所进行的一种应用研究。其现实目的则是应用这些规律促进交通与社会生活诸要素间的良性循环，有效地协调和解决形形色色的交通需求和交通问题，以更好地实现交通的经济和社会功能	●	●	●	●	●			○
张军 《城市交通系统可持续发展综合评价》	城市交通可持续发展应以支持和保证城市可持续发展为目标，既能为社会各阶层提供安全、高效、舒适、快捷、便利、低费用的交通服务，又能最大限度地减少对城市环境的污染和破坏，真正地提高城市居民生活环境质量，形成经济、环境、交通相互促进的良性循环	未来的城市交通规划应该符合：坚持可持续发展理念、与城市发展有机互动、关注出行结构的优化调整、与信息化有机结合，实现交通规划技术方法和革新。 城市交通系统与社会经济系统之间是一种相互促进、共同发展的关系。城市交通系统可持续发展实质上是社会系统和地理系统之间的协调问题，社会系统和地理系统都是开放和复杂系统。社会系统和地理环境之间又是相互关联、相互制约、相互作用并紧密联系在一起的			●					

(续表)

书籍	对交通的定义	主要观点	交通与其他学科的关系							
			社会学	生态学	经济学	工程学	地理学	市政学	心理学	区域科学
过秀成 《城市交通规划》	交通规划重点规划城市活动的组织，影响交通出行方式和路径选择。城市规划和交通规划可归结为对同一研究对象的不同方面的研究	交通战略总体目标应贯彻以人为本和可持续发展的观念，强调交通发展人性化，考虑交通出行权及交通投资效益享受权的平等、注重交通安全、将交通与城市环境保护政策统一、国家经济安全与地方经济发展、地方居民社区生活协调统一					●			
李朝阳 《城市交通与道路规划》	交通的根本目的是实现人和物的移动，城市交通规划应当满足居民交通出行数量和质量的要求，为居民营造安全、高效、方便、舒适、公平、可靠的交通环境	城市交通系统是城市的大动脉和骨架。城市交通规划和各类交通专项规划一般需要遵循实事求是、以人为本、理念超前、持续发展原则；城市交通系统应使单位交通设施断面通过更多的人和物，而不是小汽车；现代城市交通系统的研究对象为用地、用户、交通工具、交通设施、交通信息与控制、交通环境，交通政策等方面的相互关系					○			○
苏珊·汉森 《城市交通地理学》	交通系统是不同个人和团体交互作用的结果；交通系统的复杂性对旧制度有强大的依赖性，因此其改革是循序渐进的	交通发展影响城市形态肌理与发展过程，信息技术对人们出行方式和城市形态产生极大影响；交通政策的政治本质为兼顾效益、效率、公平，这并非易事，不同个人和利益团体对效益、效率和公平有着不同的界定					●		○	
饭田恭敬 《交通工程学》	交通是指人、物以及思想、信息的地点间的移动；交通现象伴随着人的欲望和意志，受特定目的支配，具有派生性，是人类日常生活的基本条件；交通活动满足人们的欲望责有利于地区的经济与社会效益	交通的社会作用首先是社会形成与文化交流；政府机关重视扩充交通设施的目的在于在谋求经济发展的同时，也促进整体性意识的提高；交通扎根于在适当的时间到想去的场所这一人类基本需求之中。能够安全、方便、迅速、经济地到达目的地，即确保机动性(mobility)是市民生活的基本条件					●			
朱照宏 《城市群交通规划》	交通系统是城市群形成后强化城市间联系的载体。在城市群形成和发展的过程中，如何规划和建设好交通系统，以强化城市间的联系，是首先需要考虑的问题	交通是城市群形成的先决条件之一。交通运输是城市群区域内各种人流、物流、资金流、信息流等互相交流的主要形式之一；城市群的形成和交通系统的发展相互作用					●			○
王炜 《交通工程学（第2版）》	交通工程学科从交通运输的角度把人、车、路、环境，资源作为一个有机的统一体进行研究，兼有社会科学与自然科学双重特点	交通工程学把人、车、路、环境及能源等与交通有关的几个方面综合在道路交通这个统一体中进行研究，以达到安全、迅速、经济、方便、舒适、节能及低公害的目的				●				

（续表）

书籍	对交通的定义	主要观点	交通与其他学科的关系							
			社会学	生态学	经济学	工程学	地理学	市政学	心理学	区域科学
陆化普 《交通规划理论研究前沿》	交通本身不是目的，人们的交通出行是由目的地的经济活动、社会活动和生活活动所诱发的。在这种情形下，目的地所进行的活动是交通出行的目的，而交通本身只是到达目的地的手段	交通需求分为本源需求和派生需求，派生需求构成了交通需求的主体。所谓派生需求指人们为实现交通以外的目的而产生的交通需求，即对于大多数出行来说交通只是手段，人们的交通出行是由目的地的经济活动、社会活动和生活活动所诱发产生的					○			
大卫・博伊斯 《城市出行预测学历史现状与未来》	—	推动城市交通发展进程的“创新驱动力”为：交通政策影响范围的扩大、不断丰富的评价体系、数据分析方式、蓬勃发展的计算能力、单纯的求知欲			●		●		●	●
汪光焘 《城市交通学导论》	城市交通的根本是服务人的需求，城市交通学是城市科学的重要组成，其研究对象是城市交通网络的构建和运行研究出行方式即人、车、路、环境的关系，以及交通工具提供的服务，包括客运和货运	城市交通是一个复杂的、动态的大系统，涉及社会、经济、环境、居民心理等多方面的因素，具有多方面的属性；城市交通学科采用多学科的思维和系统论方法来研究城市与交通的协调可持续发展问题，所研究的领域将城市交通的空间研究范围从相对封闭的城市空间，扩展到都市圈、城市群范围	●		●		○		●	○
邵春福 《城市交通概论》	城市交通因城市而生，是串联起城市各种活动和场所的重要载体；城市交通运行状态是城市政治、经济、社会和百姓生活的综合体现，城市交通也是其基本支撑	城市交通具有其社会的复杂性，解决城市交通问题应该从城市社会系统的视角综合考虑，避免就城市交通而论城市交通；智能交通系统的研究范围正在不断拓宽，受到重视			○		○			

第二节　国际视野下全球高校城市交通学科建设概述

从全球化维度系统梳理城市交通专业或方向的高校与科研机构设置情况，通过调研相关交叉学科课程建设与硕士、博士培养项目案例，了解其学科建设概况。纽约大学、帝国理工学院、伦敦大学学院、京都大学及我国香港大学等高校的交通类学科设置情况归纳于表 2-10-2。

表 2-10-2　全球著名高校交通类学科设置

地区	国家	学校	交通学科所属机构	与城市交通学关联学科										
				土木工程学	城市规划	地理学	建筑学	社会学	管理学	环境学	计算机学	经济学	政治学	心理学
北美	美国	纽约大学	土木与城市工程系	●	○		○		○					
		麻省理工学院	城市研究与规划系	○	●		○		○		○			
		加州大学伯克利分校	土木与环境工程系	●	○				○			○	○	
欧洲	英国	利兹大学	环境学部			○		○		●				
		伦敦大学学院	环境和地理工程学	●		○				○				
		帝国理工学院	土木与环境工程系	●						○		○		
亚洲	中国	香港大学	社会科学学院	○	○	●		●					○	○
		香港科技大学	土木与环境工程系	●						○				
	日本	京都大学	城市社会工程学	●					○	○				

一、北美高等院校交通学科建设与机制

（一）纽约大学交通学位课程建设

纽约大学交通相关课程主要由坦顿工程学院（Tandon School of Engineering）及瓦格纳分校（NYU Wagner）提供，涉及交通、供水、电网等基础设施方面。

坦顿工程学院邻近布鲁克林中心，是美国最全面的工程、应用科学和技术机构之一，是智能交通互联城市（Connected Cities with Smart Transportation，C2SMART）交通中心所在地，为学生提供解决现实世界城市交通问题的机会。

坦顿工程学院下设土木与城市工程系（Civil and Urban Engineering），本科课程包含结构工程、交通工程、环境工程、城市信息学和建筑管理等必修基础课程。交通运输课程教育目标是为学生提供必要基础，以使用先进的分析技术和大数据源，分析和评估现有的交通系统，规划和设计未来的系统，如高铁和自动驾驶汽车。

其城市交通类核心骨干课以交通工程学内容为主导，涵盖出行需求预测、道路使用者和车辆特性、交通工程研究、工程经济分析和高速公路设计。而运输工程课程（Transportation Engineering Minor）则属于次重要辅修课程。

纽约大学坦顿工程学院上述交通类课程与研究实践计划以土木工程学科为主要背景设置，学科更偏重于交通工程和规划，强调多学科交叉，鼓励运用先进技术和开源大数据去分析现有交通系统，智能交通系统方面的课程不在少数。C2SMART以解决方案为导向，研究重点是"城市地区人员和货物的流动性""智能和互联城市"，不仅仅专注于开发使城市更智能的技术，还致力于关键步骤：如何将不同的技术与不同人口和基础设施规模的城市以及不同的系统连接起来。

纽约大学瓦格纳分校交通课程涉及可持续发展，如设计可步行社区，让道路对自行车友好，提高公共交通效率。通过学位课程，引导学生了解交通对社会影响，培养学生利用大数据分析城市交通与规划，评估其解决方案的成本与收益的能力。

纽约大学瓦格纳分校的鲁丁交通政策和管理中心（Rudin Center For Transportation Policy & Management）师生对城市和流动性、交通中信息技术以及公共交通进行研究，还涉及交通社交媒体、出租车未来和微型出行。

纽约大学将纽约市作为一个实验室去了解和研究，为学生提供从交通工程基础知识到最新智能城市技术等多方面的培训、实践。研究生培养的相关方向包括：

交通规划与工程硕士（Transportation Planning and Engineering, M. S.）：从传统交通工程到智能和互联城市的最新技术的研究与学习。

运输管理硕士（Transportation Management, M. S.）：学习内容主要包含运输领域的管理、运输系统和移动服务方面分析及数据驱动方法。还可以选择城市科学与进步中心（Center for Urban Science + Progress, CUSP）提供的相关研究生课程、瓦格纳公共服务学院的城市规划和公共管理等其他课程。

交通规划与工程博士（Transportation Planning and Engineering, Ph. D.）：通过与交通中心C2SMART合作，开展由基金会、交通部和其他机构资助的研究。

土木工程硕士（公路与交通工程方向）（Highway and Traffic Engineering Civil Engineering, M. S.）：通过改进现有系统和设计应对人口增长与市政基础设施短板。

城市规划硕士（Master Of Urban Planning, MUP）是一个45学分的学位课程，由核心课程、必修专业、选修课、专业经验要求（PER）和Capstone项目组成。选修课中交通和基础设施领域课程内容包括：公共组织债务融资和管理、成本效益分析、纽约公共政策和规划、交通、土地利用和城市形态、城市交通规划、城市设计专题和城市研究课题等。

CUSP是纽约大学的一个跨学科研究中心。推出的Capstone项目是CUSP研究生仅次于学位论文的实践环节，与必修的Urban Science Intensive I & II课程相关联。CUSP接受来自政府机构、私营公司、学术机构、智囊团、纽约大学教职员工等的赞助商以及任何同样致力于使城市更加公平、高效、宜居和技术先进的人的项目提案。如果被该计划录取，赞助商将与一个由三到五名研究生和一名 CUSP 教师顾问组成的团队配对，共同开展研究，计划一般从 2 月初持续到 8 月，为期 6 个月。Capstone 项目以纽约市真实课题为研究对象，以社会影响为导向，通过问题识别和范围界定、数据收集以及应用数据分析和可视化技术来应对现实世界的挑战。使用一系列数据科学和信息学方法（如网络分析、预测建模、机器学习、空间分析等）进行处理，典型交付成果包括城市数据分析报告、数据可视化（包括交互式应用程序）、研究网站、出版物和政策解决方案。

交通和基础设施领域课程强调移动性，即交通系统（街道、高速公路、地铁、公共汽车、自行车道、停车场、网约车）如何快速有效移动，还强调空间可达性。

"交通、土地利用和城市形态"（Transportation, Land Use, and Urban Form）课程属于城市交通规划的入门核心课程。首先是关于交通，土地利用和城市形态之间复杂关系的理论和研究的基础回顾；其次探讨当今规划和项目背景下交通和土地利用相互作用时所处理某些关键因素，并结合回顾纽约大都会地区最引人注目的交通和土地使用计划、项目和问题；最后探讨国际趋势和比较分析。

另一门核心课程"城市交通规划"（Urban Transportation Planning）重点介绍交通规划理论和实践方法，帮助学生理解城市公共交通模式，系统和服务演变和作用。授课主题包括不同模式（铁路、公共汽车、航空）的特征、调度、预算、联邦拨款、建模、路线设计考虑因素、公众参与和 TOD 项目开发。该课程主要侧重于北美运输问题，但国际运输系统也作为课程学习内容，用作比较研究案例。

（二）麻省理工学院（MIT）的交通跨学科建设

为了适应时代发展和科技进步的需要，麻省理工学院除了依托传统专业学院（系）培养专业化的创新型人才之外，还组建了数十个大量跨院系的学术组织机构培养跨学科复合型人才，研究生、本科生跨学科教育项目均超过十个。为保证这些跨学科项目顺利实施，MIT 由主管副校长和教务长负责协调跨学科教育事宜。

在麻省理工学院建筑与规划学院下的城市研究与规划系（Department Of Urban Studies and Planning，DUSP）内，交通被认为与住房和社区经济发展、环境、城市设计及国际发展等多项课题关联，交通属于交叉课题方向。

无论是在 DUSP 内部还是 MIT 内部，交通相关的教学内容领域涵盖政策、金融、建模、设计等多方面。课程包含城市规划和设计、公共交通基础设施和服务、智能交通系统、信息和通信技术、运输经济学、机场和航空运输系统等，特色包括：

综合（Integrative）：城市设计和发展、住房和社区经济发展、国际发展、环境政策和规划及其他交叉领域，区域规划和城市信息系统课程、实践和研究。

可持续（Sustainable）：结合经济、社会和环境价值，采用多模式视角，了解交通与建筑环境之间的基本关系。

多尺度（Multi-Scale）：社区、城市、（特大）区域的规划、设计和开发干预。

全球(Global):在国内和世界各地工作,让学生做好各种环境工作的准备。

创新与实用(Innovative and Practical):从基础理论中衍生出新的想法,为今天和明天的需求提供交通解决方案和想法。

交通相关的学位设置包括:

城市规划硕士(MCP)学位。许多MCP学生除完成规划系课程外,会选修一门或多门交通相关课程。许多MCP学生选择撰写与交通相关的研究论文。

交通运输理学硕士(Master of Science in Transportation, MST)学位。常见的学习领域包括系统和优化(货运和物流、车辆和能源、网络和系统、公共交通、新兴的移动性和航空运输),分析和计算(大数据、自动化和人工智能、行为和需求建模、运营研究和统计),规划,政策和制度(可持续性和环境、经济和金融以及城市规划、设计和政策)。学生在土木与环境工程系或城市研究与规划系注册。

MCP-MST双学位。城市规划硕士(MCP)学位是一项为期两年的认可学位课程,由建筑与规划学院的城市研究与规划系提供。交通运输理学硕士(MST)学位是一个为期两年的跨部门研究生学位课程,由MIT的Mobility Initiative管理。

城市规划学院下相关交通课程计划包含多个模块,较典型的“城市问题”包含很多新颖课程,例如“利用城市交通创造更好的城市”等。该课程以宜居城市共享出行原则为指导,深入了解城市交通挑战和机遇,以及如何有效利用新兴的新交通模式创造更好、更公平的城市。主题包括:土地利用和城市形态、新的移动商业模式、定价、政策、技术和数据。该课程反思了为公平、健康和环境设计新的移动系统的重要性,还涉及交通领域种族正义问题。

课程“城市交通脱碳”(Decarbonizing Urban Mobility)介绍了最新的研究和行业趋势,分析什么样的政策、技术、行为改变和投资组合最适合加速城市交通的脱碳。课程“推动交通系统创新”(Mobility Ventures)探讨了交通系统创新的技术、行为、政策和系统框架,从自动驾驶到空中交通到最后一英里研究。课程“交通研究前沿”由十多名教师提供最新交通研究,学生提交阅读思考。而交通系统分析课程还包括建模、性能与优化、需求与经济、交通系统的应用、土地利用和交通规划、交通政策、环境和宜居社区等研究。

MIT已形成一套完整的跨学科研究生培养模式:以兴趣为基点,以问题为导向,以项目为牵引,以资金为保障,将跨学科性融入教学、研究与实践等诸环节之中,致力于培养具有跨学科知识、能够解决复杂科学问题的高层次复合型人才。

(三)加州大学伯克利分校的交通跨学科建设

加州大学伯克利分校是世界一流的交通研究、教育和学术大学。其交通研究包括智能交通系统、数据科学和需求预测、自动驾驶和联网车辆、交通安全、交通金融、交通经济学、基础设施设计和维护、交通理论、公共政策、物流、能源和环境系统分析等内容。

与交通相关的课程由来自城市与区域规划、经济学、工业工程与运筹学、工商管理、政治学等部门的教师提供,教学重点是获取有关交通系统规划、设计、运营、维护、修复、性能和评估的高级知识，包括经济和公共政策方面。相关硕士和博士专业均设在土木与环境工程系，而城市规划或理学硕士课程开设有第二学位。

土木与环境工程系的交通课程偏重于技术性和分析性，城市和区域规划领域的交通则侧重于政策问题研究，包括交通对社区政治、环境和社会结构的影响。

城市和区域规划部设有为期两年的城市规划专业学位。核心课程专注于环境规划与健康城市，住房、社区和经济发展，交通政策与规划、城市设计。

1947 年，为应对战争年代缺乏交通投资，州议会在加州大学建立交通研究所，这是首个解决交通跨学科性质的组织，在解决交通问题和解决方案方面认识到学科之间的复杂相互作用——包括工程、物理科学、社会科学和人文科学。它是加州大学伯克利分校多学科交通研究、学生参与和外联的核心，包括 11 个研究中心和项目。加州大学有 9 个学术部门和大约 150 名研究人员和学生通过各种研究和教育活动与研究所相关联。相关学术领域包含：土木与环境工程(Civil and Environmental Engineering)、城市和区域规划(City and Regional Planning)、能源和资源(Energy and Resources Group)、电气工程和计算机科学(Electrical Engineering and Computer Science)、工业工程和运筹学(Industrial Engineering and Operations Research)、机械工程(Mechanical Engineering)。相关院系有工程学院、环境设计学院、自然资源学院、高盛公共政策学院、哈斯商学院、公共卫生学院、政治学系等。该研究所包含的研究中心有加州大学伯克利分校未来城市交通中心、加州创新交通中心、加州大学交通经济竞争力中心以及加州大学交通中心。

二、欧洲高等院校交通学科建设与机制

（一）利兹大学（University of Leeds）——跨学科交通研究

利兹大学位于英国利兹，为英国顶尖公立研究型大学，世界百强名校。分为七个学部，即艺术、人文与文化学部、生物科学学部、商学部、工程与物理科学学部、环境学部、医学与健康学部、社会科学学部。各学部细分为学院、研究所和中心。

地理交通研究所与地球与环境学院、食品科学与营养学院、地理学院共同构成利兹大学的环境学部。该研究所主要目的是促进对交通活动、运营和使用的理解，并在交通专业人士和决策者中发展技能和最佳实践，其历史可以追溯到 20 世纪 60 年代。利兹大学于 1965 年首次提供交通硕士课程，于 1972 年正式成立交通学院，此后发展为交通研究和教学的世界领导者。该学院是英国最大的提供交通课程和培训的单一学术团体。每年有数百名学生参加本科课程，分别有数十名硕士课程学生、注册博士生参加短期课程①。其交通类课程设置主要分为运输类与地理类两大部分，如表 2-10-3 所示。

① 资料来源：https://www.leeds.ac.uk/。

表 2-10-3 利兹大学交通与基础设施领域课程安排①

交通运输类课程 Transport	地理学课程 Geography
交通投资评估	GIS 数据可视化与分析 1
交通基础设施和经济表现	业务和服务规划
客运需求预测手册	GIS 数据可视化与分析 2
使用 R 传输数据科学	地理信息系统与环境
使用 R 进行地理计算和数据分析	基于网络的地理信息系统
交通投资评估	地理数据科学的可视化
高级选择建模	地理信息分析编程
	环境远程数字图像处理
	地理人口学和邻域分析
	地理信息系统与环境
	专业和个人发展
	业务和服务规划

利兹大学多个学部并行开展跨学科研究(interdisciplinary research)。其社会科学研究所致力于促进能产生“有影响力研究”的合作，支持跨学科性，在地方、国家和国际范围内促进与公共、私营和第三部门的外部合作伙伴关系，积极探索社会影响评估、社会政策和项目评估和社会政策制定三类重点问题研究。

（二）伦敦大学学院与帝国理工学院培养交通学科硕士

伦敦大学学院与帝国理工学院合并创办的交通学科基于两所大学土木工程系的专业知识和能力，帝国理工学院的交通工程学硕士侧重于交通运输方面，伦敦大学学院的交通学科建设则更多注重多学科领域的发展研究。双方联合开设的校际交通硕士课程，汇集了两所大学交通研究和教育资源。

帝国理工学院工程学部(Faculty of Engineering)土木与环境工程系(Department of Civil and Environmental Engineering)交通类硕士课程设置如表 2-10-4 所示。

表 2-10-4 帝国理工学院交通类硕士课程

学期	课程代码及名称	课程类型	年级
秋季学期	CIVE97116 交通及其背景	核心	不限
	CIVE97117 定量方法	核心	不限
	CIVE97118 交通工程与运营	核心	不限
	CIVE97119 交通经济学	核心	不限
	CIVE97120 交通需求及其建模	核心	不限
	CIVE97121 交通政策	核心	不限

① 资料来源：https://environment.leeds.ac.uk/transport/dir/shortcourses?query=&searchDirCategoryID=10029。

（续表）

学期	课程代码及名称	课程类型	年级
春季学期	CIVE97122 公路工程	选修课	3
	CIVE97123 道路交通理论及其应用	选修课	3
	CIVE97124 公共交通	选修课	1、2、3
	CIVE97125 交通工程与规划的定量技术	选修课	1、2、3、4
	CIVE97126 高级传输建模	选修课	1
	CIVE97127 智能交通系统	选修课	1
	CIVE97128 无障碍交通系统设计	选修课	不限
	CIVE97129 货运	选修课	4
	CIVE97130 空中交通管理	选修课	不限
	CIVE97131 港口和海上运输(不运行 2021/22)	选修课	4
	CIVE97133 铁路管理、运营和工程	选修课	4
	CIVE97134 运输、环境影响和安全	选修课	2、3、4
	CIVE97140:城市设计和街道规划	选修课	不限

本科必选课程模块包括交通及其背景、定量方法、交通工程与运营、交通需求及其建模、交通经济学、交通政策。交通学硕士课程主要研究方向包括运输、运输与商业管理和可持续发展的运输。交通、健康与政策硕士课程更专注于政策评估和实施中各个阶段，使得运输与健康之间相互作用的复杂性能逐个项目地进行探索。学生与教学人员一起研究创新解决方案，以弥合交通与健康之间的界限。

伦敦大学学院①交通类本科课程有：运输研究模块、无障碍交通系统设计、公共交通和道路、基础设施规划、评估和交付。硕士可选交通课程包括：高级运输建模、空中交通管理、无障碍交通系统设计、货运、公路工程、智能交通系统、港口和海运、公共交通、交通工程与规划定量技术、铁路管理、运营与工程、道路交通理论及其应用、运输环境影响和安全。

三、亚洲高等院校交通学科建设与机制

（一）香港大学——MATPP 硕士培养

交通政策与规划硕士(Master of Arts in Transport Policy and Planning, MATPP)研究生课程源于香港大学社会科学学院，由香港大学地理系、城市规划与设计系、土木工程系合办。自1997年首次招生以来，MATPP 项目持续吸引着来自运输行业的专业人士、顾问和政府官员，旨在为香港不断扩大的运输业提供稳定的训练有素的专业人才，并为有志于投身交通业的毕业生提供培训。

MATPP 是亚洲同类项目中的领先项目，专门研究交通政策和规划，它的综合性和多学科

---

① 资料来源：https://web.archive.org/web/20150301081529/http://www.cege.ucl.ac.uk/cts/default.aspx。

性培养学生从不同的角度和视野处理各种交通问题。

MATPP 与当代交通的需求高度相关，重点放在培养学生的批判性和分析性思维方式上。学生不仅学习基本交通知识和该领域最新发展，还学习基本沟通和演讲技巧，重点放在培养学生的批判性和分析性思维方式上。这些品质受到交通行业雇主的高度评价。

MATPP 对政策和规划的高度重视，对于向政府官员提供坚实的理论知识以及本地和海外交通政策和规划的最新发展尤为重要。毕业生有能力帮助制定经过深思熟虑、适合当地情况的交通政策和计划。

对于香港特别行政区以外(包括中国内地)的学生，MATPP 课程以英语授课，一年制全职模式提供了交通政策和规划方面最优质的学术和专业教育，使毕业生能够为他们的组织、城市或国家带来新的想法和见解。

MATPP 在公共和私营部门得到了广泛认可和高度评价，获得了英国特许物流与运输学会(CILT)的全面认证，并被英国皇家城市规划研究所(RTPI)认证为交通政策和规划专业人士的专业课程。

除了政府高级官员和私人公司的高级人员作为教师和特邀演讲嘉宾参与该项目外，MATPP 校友会还帮助促进教师、毕业生和同学之间的联系更密切。

MATPP 受到来自海外顶尖大学考官的严格审查。此外，该项目定期由香港大学和交通运输规划领域的主要专业机构积极审查，以确保其在学术内容和专业相关性方面具有最高的标准。

MATPP 重点关注多元运输政策及规划，是香港唯一专注于此范畴的课程项目。以一年全日制或两年/三年兼职为基础提供。要完成课程，学生必须完成不少于 72 个学分，包括七门必修科目(每门 6 学分)，两门选修课(每门 6 学分)和一篇论文(相当于 18 学分)(表 2-10-5)。核心课程“运输研究中的研究方法”至少需参加四次研讨会，课程出勤率需达到 75%。

表 2-10-5　香港大学交通政策与规划硕士（MATPP）课程安排①

核心课程（6 学分/课）	选修科目（各 6 学分/课）
GEOG7001 运输研究中的调查和数据分析	GEOG7003 运输经济学
GEOG7002 运输与发展	GEOG7010 运输法与管理
GEOG7006 运输系统工程	GEOG7012 交通实地考察
GEOG7007 交通运输中的分析、建模和项目评估	GEOG7014 地理信息系统在交通规划和管理中的应用
GEOG7011 运输研究中的研究方法	IMSE7222 全球物流运输系统
URBP6123 公共交通系统	
URBP6131 运输政策和规划	

香港大学开设的交通课程主要来自社会科学学院地理系，借鉴全球公共政策建议，改善智能城市发展中的交通规划和设计、移动性、弹性和安全性等方面。建筑学院城市规划与设计系、土木工程系亦提供交通政策和规划类研究生课程。香港大学交通研究所的研究员来自社会科学学院、建筑学院、商业和经济学院、工程学院、法学院等不同学院，注重交通学科领域与

① 资料来源：https://www.matpp.hku.hk/。

其他学科的跨学科研究。

（二）东京大学——城市交通研究室

东京大学(The University of Tokyo)的城市交通研究室[①](Urban Transportation Research Unit)教授和研究城市交通相关知识和问题。为了应对城市化进程和城市衰落背景下城市交通问题变化，研究内容从单独交通设施的规划设计到由多种交通工具组成的综合城市交通系统规划，以及环境与能源、历史环境保护、振兴市中心、减少汽车依赖，以应对包括人们生活援助在内的更应泛的社会问题的不断深化和扩大。

研究室首任教授将城市形态和城市交通系统作为主要研究课题。20世纪60年代中期，与城市高速公路建设相关的街道网络规划、人与车的交通分离、通勤交通、城市高速铁路网的构成等研究是该研究室主要研究课题。70年代中期，研究室对城市物流、新交通系统等进行了研究。此外，还研究了基于出行调查的城市交通规划方法及城市高速公路规划的历史。1978年，该课程的规划理论研究得以深化，包括城市交通网络规划后评价、规划史和土木工程史研究，以及从历史角度考虑规划理论。20世纪80年代以来，该研究室重点研究不确定性下的交通规划方法，人车共存的交通规划理论和方法。90年代开始专注于发展中国家城市规划和区域规划，开展以可持续交通战略为主题的国际比较研究，重点是亚洲大城市。交通需求分析方法不断推进，在完善成本效益分析、诱导交通分析等方法的同时，将成果应用于国家交通需求预测手册的编制和东京道路定价研究等实际问题。研究室致力于研究交通行为分析，制定交通需求管理措施的设计与评价方法，推进都市圈交通规划后评价，总结并实践城市交通规划的新方法。1999年以来，研究室关注利用GIS进行土地利用和交通分析、结合信息技术的交通调查方法、活动仿真和交通模拟、开发大都市区综合交通模型、公路网与公共交通规划方法。2003年以来，重点研究从城市化进程向衰退转变，以及重建长期发展战略和短期管理计划，以应对经济增长、环境保护和社会公平等政策目标的多样化。研究室还研究可持续的土地利用和交通战略，环境和公平，城市和交通理想模式，结合信息技术的交通调查方法等。

（三）名古屋大学——社会移动研究所

2011年，名古屋大学成立了绿色交通合作研究中心，作为可持续移动创新中心。2014年，成立了未来社会创造组织，作为创新技术开发及其社会实施和人力资源开发的基地。2019年，随着未来社会创造组织内部重组，社会移动研究所(Global Research Institute for Mobility in Society)获得重生，汇集了相关领域研究人员，将“高级车辆”“出行服务”和“社会价值”三个领域作为主要研究方向。研究所明确将“社会价值”作为研究重点，致力于技术和服务，以及解决与法律制度和社会可接受度等相关交通问题。

名古屋大学积极开展了产业—学术共创平台联合研究促进计划和未来社会创造项目等活动，不同领域研究人员和工程师相互交流，开展更跨学科的融合研究(图2-10-3)。研究人员系统学习思考未来移动社会所必需的“移动、电气化、智能、服务、社会概论”，同时，还可获得

---

① 资料来源：http://www.ut.t.u-tokyo.ac.jp/english-admissions。

解决问题与企业前沿领域实践能力的提升。名古屋大学同时也专注于开发跨学科教育计划，以培养能够领导下一代移动研究的人力资源，并于2017年开设了“高级移动性研究”课程。在课程中，来自工业和学术界的顶级讲师就移动性的各个方面开展讲座。

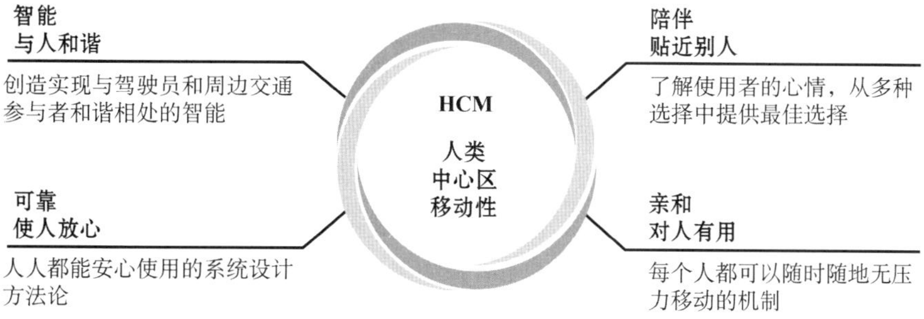

图 2-10-3 名古屋大学社会移动研究所跨学科研究内容

（四）京都大学——跨学科发展

京都大学在1963年成立交通土木工程系后，经历了土木建筑改组，形成了城市社会工程系，课程内容包括交通工程、物流工程和交通规划。2003年土木工程与环境工程两个专业重组形成城市社会工程系。发展历程如表2-10-6所示。

表2-10-6 京都大学城市社会工程学专业发展历程

1897年6月	成立京都帝国大学
1919年2月	理工学院成为工程学院
1920年8月	成立建筑系
1947年9月	京都帝国大学更名为京都大学
1953年4月	工学研究生院成立
1963年4月	交通土木工程系成立
1964年4月	成立第二建筑系，更名为矿业系更名为资源工程系
1996年4月	土木工程和建筑系重组：四门本科课程（土木工程、环境与卫生工程、交通工程、矿产科学与技术）重组为全球工程，两门本科课程（建筑与建筑工程Ⅱ）重组为建筑；将土木工程、环境与卫生工程、交通工程、矿物科学与技术、建筑与建筑工程、建筑与建筑工程Ⅱ和地球环境工程7个系重组为土木工程、环境工程、土木系统工程、矿物科学与技术、建筑与建筑工程、建筑与环境设计和全球环境工程。应用能源科学与工程系随着能源科学研究生院的创建而取消，碳质资源转化技术研究室撤销
2003年4月	研究生院5个专业（土木工程、土木工程系统、资源工程、环境工程、环境地球工程）重组为3个专业：社会基础工程、城市社会工程、城市环境工程 建筑系重组：取消生活空间研究；电气系统更名：电子性能工程系更名为电子工程系
2006年10月	社会基础工程、城市社会工程、城市环境工程三个专业搬迁至桂校区C集群
2009年4月	开设捐赠课程“高级运输物流工学（阪神高速公路）课程” 将量子科学与工程研究实验中心改组为量子科学与工程教育研究中心
2009年11月	低碳都市圈政策单位成立

(续表)

2010 年 4 月	重组 4 个专业:社会基础工程专业、城市社会工程专业、城市环境工程专业、建筑专业
2012 年 3 月	取消捐赠课程"能源资源开发工程(JAPEX)课程";取消捐赠课程"高级运输物流工学(阪神高速公路)课程"
2014 年 4 月	"基础设施先进技术联合研究班"成立;低碳都市圈政策单位改组为交通政策研究单位

京都大学城市社会工程系长期推动跨学科领域研究,通过整合先进的信息和通信技术、社会基础设施技术和能源基础设施技术,如城市工程、交通工程、物流工程、城市规划、交通规划、生命线、地面、河流等,实现安全和可持续发展,在城市治理和城市基础设施管理的概念下构建城市能源资源新理论,包括可持续性评价在内的城市系统综合管理、城市信息通信技术的创新和社会基础设施完善、先进信息社会灾害风险管理、城市基础设施管理技术、与国际时代相对应的社会基础设施发展、建立基于有限能源理论的城市结构。

京都大学关于交通研究的实验室侧重于交通物流、交通流与交通行为分析。交通信息工程实验室重点研究运输和物流系统智能化和优化,研究交通信息技术、交通流分析、交通和供应链网络设计、交通管理控制方法和交通运营方法。

交通行为系统实验室通过"实用社会科学"改善土地、交通、城市和"社会",在土木、国土、交通、城市等领域进行实用的人文和社会科学研究,强调实践。

第三节　全球知名城市交通科研机构热点研究方向选编

学科建设最终应是为社会整体发展与人类进步服务,学科研究对象应立足现在,着眼未来,用发展的眼光观照历史。本节总结全球知名城市交通研究机构近 3～5 年最新研究方向与焦点,来判别当下世界城市交通发展重点,通过对知名交通研究中心进行课题汇总(表 2-10-7),预判国内交通学科建设及其潜在发展方向。

表 2-10-7　世界交通研究中心热点课题汇总

国家	学校	研究中心/机构	研究课题/方向
英国	伦敦大学学院	交通研究中心	可持续城市环境交通中的可访问性和用户需求 儿童在当地环境中的活动、认知和行为(有能力) UCL 的城市资源网络建模开源平台 信息社会高级道路合作交通管理卓越网络(NEARCTIS) 了解交通对分配的影响 街道流动性和网络可访问性 交通与贫困 交通、体育活动与健康
		行人无障碍运动环境实验室	街道空间对所有人的适应性

（续表）

国家	学校	研究中心/机构	研究课题/方向
英国	帝国理工学院	交通研究中心	智能交通系统（ITS），运输业务，交通与环境，铁路运营与管理，运输经济学，定位、导航和地理信息，出行需求建模，空中交通管理，运输安全，城市工程系统
		英国交通研究实验室（Transport Research Laboratory）	互联和自动驾驶汽车 超低排放技术 共享移动出行服务 智能资产信息 大数据、机器学习和人工智能
	利兹大学	交通研究所	互联共享出行、自动化、自适应，欧盟委员会能源与气候变化、南半球交通
美国	纽约大学	城市复杂性实验室	HITPACER（用于挖掘重复旅行行为的分层轨迹分区和聚类）、METS-R：交通枢纽的多模式能源优化实时行程调度、纽约市拼车的影响、城市部署的影响与评估、纽约地铁的颠覆性协同效应、社会弹性公式、城市绩效的标志
		智能交通互联城市（C2SMART）	互联和自动驾驶、共享移动、基础设施弹性、运输系统的安全、智慧城市的大数据与规划、公平与可达性
		Capstone 项目	实现零排放：预测城市设计对道路安全的影响 美国主要城市的交通模式 曼哈顿拥堵附加费对纽约市通勤交通选择的影响
	加州伯克利分校	加州先进交通技术合作伙伴（PATH）	车辆自动化、车辆和基础设施连接、运输安全和保障、下一代交通走廊管理、创新的交通解决方案，以提高乘客量、先进的运输决策支持、车队和车辆节能减排、用于汽车感知的深度学习
		伯克利 DeepDrive	汽车应用的计算机视觉和机器学习的最先进技术
		交通可持续性研究中心	先进的车辆和燃料、交通能源与基础设施、移动出行的未来、货物流动、特殊人群的流动性、共享出行、社会公平
		安全交通研究教育中心（SafeTREC）	道路安全技术、大规模数据分析与建模和政策分析和社区外展、交通相关排放、自行车通勤等模式转变对公共健康的益处以及交通相关伤害
	麻省理工学院	交通实验室	运营与分析、规划与政策、使用者行为
		JTL 城市交通实验室	城市交通的行为基础，交通政策：制定、实施和评估，公共交通：推动公共交通的未来
日本	名古屋大学	社会移动研究所（GREMO）	多城多区海量混合域 Agent、动态可扩展性大型分布式仿真平台 不同粒度和格式时空数据的统一保存和提取系统 基于大规模城市地区运动历史生成虚拟人流数据 在休闲设施上使用 Wi-Fi 数据包传感器进行人流估计 实现超智能、高效社会的协同移动 “未来出行”相关研究主题 “公共交通”相关研究主题 “移动服务评估”相关研究主题

从国外部分交通研究机构（如美国 MIT 城市创新实验室、密歇根大学的 M-city 实验室）的发展

动向可以看出，将“城市交通”作为新兴战略学科增长点的端倪已经显现。国内外越来越多的大学、科研院所在现有学科基础上，设置交叉研究方向，如在交通运输工程一级学科下设置“交通测绘与信息技术”“地图学与地理信息工程”等研究方向，涉及管理科学与工程、测绘科学与技术等学科。

一、伦敦大学学院交通研究中心

伦敦大学学院交通研究中心的使命是：提供世界一流的研究，以促进交通系统安全、可持续、高效、可靠、公平、人人可及，并促进健康和福祉。中心交通类前沿研究课题包括：可持续城市环境交通中的可访问性和用户需求，儿童在当地环境的活动、认知和行为、信息社会高级道路合作交通管理卓越网络、交通对分配的影响、街道流动性和网络可达性、交通与贫困、交通与体育活动及健康。

行人无障碍运动环境实验室（PAMELA）隶属于该中心，位于伦敦的塔夫内尔（Tufnell）公园，该实验室通过设置 1∶1 的多感官环境，测试行人、轮椅、骑行者与周围街道环境的互动感受，寻求街道空间对所有人的适应性，同时通过不同街巷空间组合，测试现有和拟建设街道布局的合理性。其研究内容包含伦敦新地铁的人本设计、检测人行道表面变化、视觉障碍对步行环境的影响以及公共交通站台的上下站模拟分析等诸多以人为本的模拟实验与博士研究课题。

二、帝国理工学院交通研究中心

帝国理工学院交通研究中心（CTS）是世界领先的多学科交通中心，由具有工程、经济和数学背景的学术人员组成，约有 60 名研究人员和博士生。中心包括几个专业研究单位，与土木与环境工程系其他团体、其他学术机构和企业伙伴建立了合作关系。

CTS 总部位于伦敦，主要研究领域包括：智能交通系统，运输业务，交通与环境，铁路运营与管理，运输经济学，定位，导航和地理信息，出行需求建模，空中交通管理，运输安全，城市工程系统。

帝国理工学院的运输战略中心前身为铁路和运输战略中心，为铁路行业提供战略、经济和技术问题服务，其后因其在公共交通运营和管理、交通经济学和政策领域的研究而在交通行业中享有盛誉。其最新研究方向包括：

交通运输方法推理研究（Causal Inference Methods in Transport Research）。交通投资被用来提高系统质量（如通过减少乘客和货运旅行时间来鼓励一个地区或一个国家的增长和发展）。而交通投资也会产生溢出效应，交通改善可以通过集聚经济带来好处，但也可观察到缺点，交通举措后果并不像看起来那么明确。

交通与空间经济学（Transport and Spatial Economics）①研究。经济活动分布的一个关键特征是空间集中或集聚趋势。尽管地价、租金和其他成本很高，但城市中经济活动非常集中，交通运输及其改进可以增加经济中潜在经济互动的规模。

公共交通经济学（Public Transport Economics）研究。创建由运营商、乘客、替代模式的旅

---

① 资料来源：https://www.imperial.ac.uk/transport-studies/transport-strategy-centre/academic-research/transport-and-spatial-econ/。

行者和社会其他人承担的社会收益和成本的可靠模型，模拟研究社会成本和收益之间的平衡，得出为用户提供最佳激励与有效利用的定价规则。

三、英国交通研究实验室

该实验室最初由英国政府于 1933 年作为道路研究实验室(RRL)成立，后更名为英国交通研究实验室(Transport Research Laboratory，TRL)并私有化。TRL 是一个由科学家、工程师和专家组成的团队，探索先进的交通管理、更好的道路设计和良好的资产管理，帮助世界大城市和许多小城镇减少污染、碳足迹和拥堵。TRL 的愿景是通过独立研究和创新思维去创造交通未来，使命是为每个人创造安全、可靠、方便、清洁高效的交通。其研究重点方向包含五个领域：

一是互联和自动驾驶汽车(Connected and Self Driving Vehicles)，汽车、卡车和公共汽车的形式和功能、运营和所有权将发生根本性变化。自动化、网络、电动、共享(ACES)车辆等问题涌现。

二是超低排放技术(Ultra Low Emission Technologies)，零排放运输势在必行。因化石燃料替代方案尚未大规模尝试，在很大程度上不受监管。其前沿国家和交通研究实验室的职责是帮助政策制定者提供最有希望实现 TRL 核心使命目标的解决方案。

三是共享移动出行服务(Shared Mobility Services)，其是必然趋势，未来移动出行将基于共享多式联运服务及新发明的货物和人员运输系统。这些服务是什么，英国如何使用它们，它们对城市设计、交通规划和个人生活方式等的影响是 TRL 的一个全新研究领域。

四是智能资产信息(Intelligent Asset Information)，以最有效方式收集正确数据，从中获得最多洞察力，预测尚未使用的基础架构和资产的数据需求。

五是大数据、机器学习和人工智能(Big Data, Machine Learning and Artificial Intelligence)，不断增加的数据积累、聚合和计算能力助力更快做出明智的决策。

四、纽约大学城市科学与进步中心与城市复杂性实验室

城市科学与进步中心(CUSP)是纽约大学跨学科研究中心，致力于科学、技术、工程和数学在全球城市社区服务中应用。其研究和教育计划旨在改善城市服务，优化地方政府决策；创建智能城市基础设施；解决具有挑战性的城市问题，如犯罪、环境污染和公共卫生问题；并激励城市居民提高生活质量。

近年 CUSP 的大量 Capstone 项目与交通相关，例如纽约市通勤车辆百分百电动化影响评价。假设将目前进出曼哈顿 CBD 200 万人次车辆出行中电动化比率从 1%增加到 100%，评估充电需求及其带来的新兴移动化趋势和远程工作模式。交互式可视化模型允许公民、城市规划者和政治家分析机动性电气化的影响及其政策决策。

再比如预测城市设计对道路安全的影响①。通过开源数据的自动化测量技术，捕捉城市

① 项目网站：https://www.gettingtozeronyc.com/。

设计中影响人们步行决策的十个维度，建模分析人口和环境因素，如中位收入、人口密度、交通量、行人量和速度限制，验证会影响碰撞率。最终建议对低收入、连通性以及高人流和车流的地区优先采取安全增强措施。

又如曼哈顿拥堵附加费对纽约市通勤交通选择的影响研究①。使用开放数据预测模型，估计价格变化对公共交通和出租车需求的影响，全面分析对该政策预期的经济、社会和环境影响，使选民和决策者能够定量评估拥堵定价的潜在结果。

城市复杂性实验室利用城市大数据及机器学习和网络分析技术，使城市更加智能、高效、可持续、有弹性，变得更加宜居。其典型课题既包括探索挖掘复杂出行行为的分层轨迹分区和聚类规律、研究纽约交通枢纽多模式交通能源优化实时调度行程，也包括纽约市地铁中断社会评估、纽约市拼车政策影响等。以拼车研究为例，开发了全市数据驱动交通模拟建模框架，用于评估模式转变以及 Uber、Lyft 等共享出行解决方案对纽约市城市交通系统环境、社会和经济的影响②。

纽约大学还联系罗格斯大学、华盛顿大学、得克萨斯大学埃尔帕索分校和纽约城市学院，创立了 C2SMART 中心，旨在加速通信和智能技术的最新进展所带来的交通机会。联盟高校均提供交通和智慧城市相关领域的学位，从土木工程到城市信息学，其研究重点是改善人员和货物的流动性，特别是智慧城市，具体包括以下方面③。

一是互联和自动驾驶(Connected & Autonomous Mobility)，重点关注联网和自动驾驶汽车系统如何在城市中运行。

二是共享移动(Shared & Micro Mobility)，重点关注共享移动系统如何有效工作，分析共享交通如何影响整个城市交通系统。

三是基础设施弹性(Infrastructure Resiliency)，评估解决城市基础设施脆弱性的迫切需求，建立在困难条件下仍能继续运行的弹性交通系统。结合跨专业知识寻找大容量城市网络中更容易维护和管理的关键交通联系方法。

四是运输系统的安全(Safety in Transportation Systems)，既分析现有交通方式的安全性，又寻求安全实施新兴技术的策略。

五是智慧城市大数据与规划(Big Data & Planning for Smart Cities)，着眼于新兴技术和政策，缓解交通过度拥挤并最大限度地提高流动性。

六是公平与可达性(Equity & Accessibility)，旨在阐明与分析出行者在城市面临的具体困难，城市和政府可以做什么来让城市交通更安全、更公平。

五、加州伯克利分校交通研究所

1960 年代，加州伯克利分校交通研究所的成果使得交通系统在照明、防滑路面、减少事故

① 项目网站：https://rufei-sheng.github.io/Manhattan_Congestion_Capstone_Website/。

② 资料来源：impact-ride-sharing-nyc。

③ 资料来源：https://c2smart.engineering.nyu.edu/c2smart-research-areas/。

标志和车辆安全方面取得显著进步，被国家公路计划采用。21 世纪研究重点已转变为使用技术创新解决方案，使交通更加智能，出行选择拓宽。并在替代传统燃料汽车、无线网络、自动驾驶汽车、计算机科学、城市数据分析和地理定位方面开展引领性研究。主要工作包括：

一是加州先进交通技术合作伙伴计划，引领智能交通系统发展，主要研究内容有：车辆自动化、运输安全和保障、下一代交通走廊管理、先进的运输决策支持、车队和车辆节能减排、用于汽车感知的深度学习、加州交通走廊合作计划。

二是伯克利深度驾驶中心计划，探索用于汽车应用的计算机视觉和机器学习先进技术。通过新跟踪器学习外观和运动间的关系，建立新的跟踪框架与模型。

三是交通可持续研究中心(Transportation Sustainability Research Center)①：为可持续运输燃料、技术、系统、政策和规划开发知识和决策支持工具。研究创新且易应用的解决方案，将交通技术、基础设施和人类行为纳入中心领域。该中心近年研究内容见表 2-10-8。

表 2-10-8　加州大学交通可持续研究中心近年研究内容

研究领域	最近出版物
先进的车辆和燃料 现正在分析电动、氢气及生物燃料车辆的真实面貌及未来潜在表现。研究重点是这些技术的技术性能，经济学，政策分析，行为反应和环境影响	《渡轮风力辅助船舶示范：利用风力发电节省柴油的前景》 《氢燃料电池电动汽车性能和用户反应评估：扩展驾驶员研究的结果》 《提高燃油经济性汽车标准的新兴技术》 《柴油、天然气、混合动力电动、燃料电池混合动力和电动公交巴士的成本评估和二氧化碳排放》 《通过对序数回归模型的估计和交叉验证，评估公众对加州费用减免政策的看法》 《从北加州第一个 70 兆帕加氢站的安装和运营中吸取的经验教训》
交通能源与基础设施 这包括公用电网和智能交通系统(ITS)，例如生态驾驶，实时旅行者和加油信息，ITS 的未来(20～40 年)和增强的速度执法	《在不确定条件下优化芒草到乙醇生物精炼规模的发酵工艺》 《美国固定式燃料电池系统的最新部署和容量趋势》，载于《燃料电池数据、事实和数据》 《锂离子插电式汽车推进电池的车载和车后使用组合价值分析》 《可持续发展科学技术百科全书》中的“制氢科学与技术”
移动出行的未来 正在研究预计会影响加州交通系统未来的趋势。该研究包括同行评审文献，白皮书和媒体文章的详细综合。来自该领域专家的访谈数据补充了文献中的发现	《未来移动性白皮书》
货物流动 如货车智能泊车、货车电气化及货车环保驾驶，旨在研究创新解决方案，以减少将产品在运输中对环境及健康的负面影响	《个人购物和住宅交付研究》 《加利福尼亚州 1～5 的卡车停放和交通：剪贴板调查和年平均每日交通数据分析》 《加州商用车停放：问题探索性评估和可能的基于技术的解决方案》

① 资料来源：https://tsrc.berkeley.edu/。

（续表）

研究领域	最近出版物
特殊人群的流动性 在交通领域，特殊人群可能包括移民、种族或族裔群体、老年人和残疾人。目前正在研究特殊人群的旅行模式，看看可以做些什么来消除他们可能面临的任何行动障碍，提高他们的行动能力。过去在该领域的项目探索为老年人提供安全旅行	《探索电动汽车共享作为老年人的移动选择：旧金山湾区老年人社区的案例研究》 《老年旅行者的视频交通培训：加利福尼亚州罗斯穆尔老年人社区的案例研究》 《作为疏散计划一部分的应对 COVID-19 的即时行动清单》
共享出行 共享出行研究的重点是理解和开发新的商业模式和服务，这些模式和服务整合了先进技术，包括电子和无线通信系统以及替代燃料，以开发新的交通选择和服务。中心在该领域的研究包括汽车共享、自行车共享、拼车、乘车/跨国公司、拼车和快递网络服务等	《按需移动性(MOD)和移动即服务(MaaS)：发展中国家运输的相似之处、不同之处及其潜在影响》 《克服租金负担沉重的奥克兰居民交通障碍的策略》 《通过共享的自动电动汽车弥合收入和数字鸿沟》 《是否集资？了解按需乘车用户的时间和价格权衡——促进共享乘车服务政策的机遇、挑战和社会公平考虑》 《公共交通和共享出行 COVID-19 复苏：政策建议和研究需求》 《“MOD 中的三个 P：”按需移动(MOD)公私伙伴关系在公共交通供应中的作用》 《创新型移动汽车共享市场预测—2020 年冬季》 《拥堵管理策略的社会公平影响》 《共享经济和疏散的现状：来自加利福尼亚的教训》 《北美的拼车服务：拼车的定义、影响和未来》 《共享移动性策略行动手册》 《共享微摩尔政策工具包：对接和无桩自行车和踏板车共享》 《在快速变化的时代以公平和综合的方式支付道路费用》 《了解城市如何通过数据将智能交通优先事项联系起来》 《点对点(P2P)汽车共享：了解早期市场，社会动态和行为影响》 《交通研究通告：美国交通部按需移动性倡议》 《规划共享移动性》 《是时候进行公共交通复兴了吗?》 《按需移动性运营概念报告》 《旅行行为：共享出行和交通公平》
社会公平 就服务欠缺及边缘化人群的公平及流动进行广泛研究。这包括低收入家庭、老年人、残疾人、少数族裔及无银行账户和银行不足的家庭	《按需移动性(MOD)和移动即服务(MaaS)：发展中国家运输的相似之处、不同之处及其潜在影响》 《克服租金负担沉重的奥克兰居民交通障碍的策略》 《通过共享的自动电动汽车弥合收入和数字鸿沟》 《拥堵管理策略的社会公平影响》 《在快速变化的时代以公平和综合的方式支付道路费用》 《探索电动汽车共享作为老年人的移动选择：旧金山湾区老年人社区的案例研究》 《旅行行为：共享出行和交通公平》 《老年旅行者的视频交通培训：加利福尼亚州罗斯穆尔老年人社区的案例研究》 《作为疏散计划一部分的应对 COVID-19 的即时行动清单》

四是加州大学交通安全研究和教育中心（SafeTREC），隶属于 ITS 公共卫生学院，通过研究、教育、外展和社区服务减少交通伤害和死亡，重点开展研究为：道路安全技术、大数据分析

与建模和政策分析和社区外展。其最新交通政策关注三个领域:交通排放、自行车通勤等模式转变对公共健康的益处以及交通伤害。

六、麻省理工学院交通实验室

麻省理工学院交通实验室 Transit Lab① 专门将尖端分析和统计应用于交通运营、调度和控制。研究项目在以下领域产生了可实施工具和建议:有效调度增加网络连接、限时巴士服务、轨道服务中断恢复策略、BRT 服务走廊运营特征、自动化公交路线仿真模型等。

Transit Lab 的规划与政策研究集中在开发方法和工具,通过更好利用自动数据收集系统(包括自动收费、自动车辆定位和自动乘客计数系统)来支持交通规划和决策。为此开发的核心工具称为 ODX,基于 ODX 的具体方法包括公交网络设计、在中断和正常条件下对铁路和公交服务控制决策支持及城市综合体设计运输系统。

Transit Lab 使用出行行为方面的专业知识来模拟出行活动,并向交通代理合作伙伴提供可行建议。其最近的行为项目包括描述客户对交通换乘感知的换乘参数估计以及对不同票价产品对产品的乘客模式评估研究等。

Transit Lab 计划每年由机构发起人共同确定具体的研究主题,每个主题都有指定的交通机构联络人,提供基本数据,并与研究团队密切合作,制定问题、评估替代方案和实施结果。例如全龄实验室(MIT AGELAB)会研究不同年龄段的出行与交通需求,开展交通与宜居社区、最后一英里物流项目等研究(表 2-10-9)。

表 2-10-9 麻省理工交通实验室研究项目简介

项目名称	所属机构	项目简介
城市轨道交通系统的意外事件管理	CTA	项目旨在评估计划外铁路中断(事故)对系统性能的影响,包括乘客对事故的响应,以及交通服务的需求和运营可能发生的变化。机器学习技术被应用于为中央办公室和终端调度员提供决策支持,以缓解事故造成的拥塞
公交车性能可视化仪表板	MBTA,CTA	交通实验室的学生使用自动收集的数据(APC、AVL、AFC)构建了一个定制仪表板,以可视化整个 MBTA 和 CTA 总线网络在十几个不同性能指标上的性能。机构工作人员可以按路线、时间段、方向和指标进行筛选,以便快速、详细地查询。未来,该项目将包括一个识别系统,以根据性能和乘客量确定基础设施升级位置的优先级
新型机动性的仿真与分析	TFL	在战略层面,JTL 正在开发仿真和分析平台,以了解和传达新基础设施和变革性技术(如自动驾驶汽车)的影响。其中一些方法和工具已在英国科学博物馆的“我们的生活在数据中”展览上展出。JTL 和 TfL 的良好记录和承诺使其成为了解和塑造城市交通未来的理想研究伙伴

城市交通实验室(JTL)将行为科学和交通技术结合在一起,以塑造出行行为、设计交通系统并改进交通政策(表 2-10-10)。研究员将此框架应用于管理汽车所有权和使用、优化公共

① 资料来源:https://www.transitlab.mit.edu/。

交通规划和运营，促进步行和骑自行车的主动模式、管理自动驾驶汽车和共享移动服务，以及设计多模式城市交通系统。该跨学科实验室成员包括社会科学家、数据管理员、设计师、计算机科学家、运输工程师和各行各业的规划师。

表 2-10-10　麻省理工学院城市交通实验室研究课题

研究领域	最新研究课题
城市交通的行为基础	态度和情绪化出行 Attitudinal and Emotional Travel 交通研究传统上将个人的出行行为解释为一种有意识的、效用最大化的选择，这种选择源自不同出行选择的功能特征以及它们提供的机会。 在 JTL，将社会心理学的见解融入出行行为的研究中，考虑态度和情绪如何也可能激发出行行为。 社会流动共享 Social Mobility Sharing 在该集群中的研究侧重于共享出行中存在的三个层面的社会互动。在个人层面，侧重于人们如何看待这种独特的交通环境，并调查这些态度如何影响个人对这种模式的使用。在互动层面，考虑共享游乐设施中的社会动态，考虑个人如何为同行乘客的体验作出贡献。在系统层面，研究重点是如何通过基于包容偏好的匹配、定价、信息传播和社会混合，将社会方面纳入更广泛的移动共享系统设计中。 交通中的机器学习 Machine Learning for Transportation JTL 的机器学习集群专注于使用新颖的机器学习视角来了解旅行行为并解决交通挑战。超越使用离散选择模型(DCM)的传统方法，使用深度神经网络(DNN)来预测个人出行决策并检测出行模式的变化
交通政策：制定、实施和评估	区域交通规划与经济发展(Regional Transportation Planning and Economic Development) 通过可达性指标检查交通基础设施、土地使用配置、汽车所有权、出行选择、生产力和集聚之间的关系。开发了容量受限的可达性(CCA)方法来量化容量约束对新基础设施贡献的有效可达性的影响程度。研究了高铁如何重塑中国的城际可达性模式，并通过生成性和复杂的再分配效应增强跨地区的集聚经济。追溯波士顿地区城市铁路发展的历史，以及它仍然对当今的住宅和旅行选择产生影响的方式。 自动驾驶汽车和城(Autonomous Vehicles and Cities) 在 JTL 通过研究人们对自动驾驶汽车偏好的形成过程来研究人、政策和城市景观将如何与这项新技术相互作用；通过信息、价格、运营和机构的整合，评估如何在公共交通系统中嵌入共享 AV 服务；设想市政府如何制定自动驾驶政策，以建设更公平、可持续、高效和宜居的城市；检查自动驾驶汽车对城市系统的潜在二次影响，包括土地使用和环境以及减轻负面影响的政策。 政策公平、接受与合规(Policy Equity, Acceptance & Compliance) 交通政策的成功取决于它们与公众的行为反应以及特定环境的社会规范和社会目标的兼容性。成功的政策必须响应用户的需求，增强目标群体的流动性，或激励行为改变。在 JTL，试图明确这些交通政策的规范基础，并评估政策是否真正实现了这些愿望。强调三个密切相关的政策参数的重要性：公众对公平的看法、政策接受度和政策合规性
公共交通：推动公共交通的未来	公共交通管理(Public Transportation Management) 将行为科学和系统工程相结合，以确定如何改善公共交通乘客的流动，更好地了解需求，并为交通机构提供政策解决方案，以帮助他们应对这一领域的新挑战。 芝加哥交通管理局麻省理工学院合作伙伴 Chicago Transit Authority — MIT Partnership 随着新的移动服务的引入，城市交通正在迅速发展，包括汽车共享、自行车共享以及按需出租车和班车。这些模式与公共交通可既冲突又互补。Transit Lab 与芝加哥交通管理局合作，确定新模式与公共交通相结合的方式，以改善用户体验，同时实现可持续性

（续表）

研究领域	最新研究课题
公共交通：推动公共交通的未来	香港地铁(Hong Kong MTR) 乘客分配到旅程,该研究正在研究将个别乘客分配到火车旅行的问题; 评估未来运营和需求管理设计的工具,随着网络的未来扩展,需要更好的工具来回答运营问题以及设计和评估应对中断的策略,需求增加等; 个性化客户信息和客户细分,长期以来,信息一直被认为是改变行为的重要工具。然而,一般信息的提供往往被证明是无效的。该项目旨在开发一个框架,向地铁用户提供个性化的信息。 伦敦交通(Transport for London) 通过与整个伦敦交通局的团队合作,进行票价支付数据和客户分析、运营和中断管理,以及战略规划和政策

七、利兹大学交通研究所

利兹大学交通研究所是利兹大学的一个独立学术部门,也是环境学院的一部分。研究所旨在促进对交通活动、运营和使用的理解,并提供可以影响交通政策和实践的优秀的国际研究成果,为更广泛的经济和社会作出贡献。其研究热点如表 2-10-11 所示[①]。

表 2-10-11　利兹大学交通类研究课题

研究领域	最近研究
互联共享出行	ELVITEN:集成到运输和电力网络中的电动 L 类车辆 致力于在欧洲实现更具创新性、更可持续和更互联的城市交通,重点是自行车、踏板车、三轮车和四轮车(EL-VS); MODALES:修正驾驶员行为以适应低排放 道路运输是污染物和温室气体排放的主要来源。欧盟资助的 MODALES 项目研究影响排放的行为,旨在通过专门的培训、宣传和驾驶员辅助应用程序进行教育,减少交通造成的空气污染。 U-PASS:创新城市交通管理和政策的城市公共管理和服务创新 项目研究如何提高交通的效益,同时限制其不利因素。该项目旨在为城市交通的新服务和政策设计提供创新,重点关注可交易信用计划、自动驾驶汽车、电动驾驶、拼车、汽车共享和自行车等政策和服务
自动化	XCYCLE 项目:减少骑行者死亡并提高与机动车辆交互舒适度的先进措施 2020 年欧盟资助的 XCYCLE 项目开发了旨在改善对骑车人的主动和被动检测的技术、向驾驶员和骑车人通报路口危险的系统、在车辆和现场提供信息的有效方法以及旨在减少碰撞的合作系统
自适应,欧盟委员会	通过根据情况和驾驶员状态动态调整自动化水平,为日常交通开发各种自动驾驶功能部分自动化:停车辅助将车辆停放在拥挤或不方便的位置,例如小型停车位,可以部分自动化,驾驶员通过定制的遥控器(RC)进行控制

① 资料来源:https://environment.leeds.ac.uk/transport-research。

(续表)

研究领域	最近研究
能源与气候变化	电动汽车的地下通道 将研究一种新的路边收费解决方案以进行部署。电力通路地下技术(STEP)项目涉及测试和评估 Trojan Energy 创新的路边充电解决方案——充电点插入地面的齐平连接,解锁低碳出行
南半球交通	低收入社区交通和可达性国际网络 INTALInC 旨在建立持久研究合作关系以确保交通专业人士和城市规划者能满足全球南方城市极具挑战性的流动性、可达性、安全、健康和环境需求

八、名古屋大学社会移动研究所

2019 年,名古屋大学绿色交通合作研究中心(GREMO)①升级为新的社会移动研究所(Global Research Institute for Mobility in Society),隶属于名古屋大学未来社会创新研究所(Institutes of Innovation for Future Society)。名古屋大学在移动性方面的研究得到了世界各地研究中心的广泛认可。截至 2022 年 10 月,该研究所已与 15 个国内外研究中心(3 所国内大学、12 所海外大学)签订了学术交流协议。

名古屋大学致力于跨学科融合研究。例如,名古屋大学创新中心(COI)计划的人与人相连的移动创新基地项目,在高龄化社会中,老年人可以根据自己的意愿随时随地移动,提高外出频率和社会参与率,实现让老年人充满活力的移动社会。

产学共创平台联合研究促进计划(OPERA)的人机协奏技术联盟项目,利用各种智能机器,开发能够提供与人协作服务的基本软件 Harmoware,以此建立人类与智能机器协作的新社会。它将成为掌握人类状态、参照数据库、理解人类行为、对人类行为发挥作用的新型协作服务平台。

未来社会创造计划(Mirai)的 FUTURE 生活方式社会共创基地项目,旨在建立无论住在哪里都有生活价值的社区模式,开发能提高人类活动丰富性的行动支持系统,实现以有限资源提供的健康、医疗和教育服务,所有这些都建立在通用社交活动平台,可以适用于任何国家和地区;中部先进移动实现平台(CAMIP)项目,三项举措包括:①根据地区和气候,与地方政府和其他实体合作规划和设计"移动城市发展";②规划和设计的"移动城市发展"的社会实施和不断发展的一揽子计划;③"移动城市发展"必不可少的商业模式和要素技术的自我创新。

名古屋大学工学部/工学研究生院/川口实验室②以构建人类友好型泛在社会为目标,从构建移动泛在环境的基础网络技术,到环境感知技术、平台软件技术、接口技术、演示系统开发,进行了广泛的研究与开发,包括以下三个热点研究领域。

① 资料来源:https://www.gremo.mirai.nagoya-u.ac.jp/member/。
② 资料来源:https://www.ucl.nuee.nagoya-u.ac.jp/。

城市设计团队聚焦于开发用于存储和提取不同粒度和格式的时空数据、使用 GPS 数据分析人流以及生成伪人流的系统①,采用分布式模拟模型来处理信息。同时开发了不同粒度和格式时空数据的统一保存和提取系统,特别是基于大规模城市地区运动历史生成虚拟人流数据,从出行数据中提取和建模用户的移动和停留趋势来生成合成的人流数据。这比传统方法具有更高粒度和更多样化模型数据集。

另一个热点研究领域是“城市传感(Urban Sensing Group)”,使用从房间级别到城市级别的各个区域级别的传感器数据进行研究。研究员正在使用 3D 通行传感器和 Wi-Fi 数据包传感器分析人类移动性,使用热释电传感器进行位置估计,以及使用环境传感器和智能电表进行家庭电力分析。以东山动植物园项目为例,通过在休闲设施上使用 Wi-Fi 数据包传感器来估计公园的游客人流量,通过人流量的精准感知和预测,为访客建立更加有效的设施管理和各种交通与活动服务。

第三个热点领域是超智能、高效社会的协同移动(Synergic Mobility)。通过自动驾驶整合各种服务,监控人员、货物和服务的流动及城市监控系统。以搭载多个服务模块的自动驾驶汽车为平台,实现超高效率服务。目标是建成超智能系统,应对日本人口老龄化导致劳动力急剧下降的未来。其协同移动②项目使用自动驾驶汽车环境识别、大规模人流模拟,提供新的物流和人员流动方式。

第四节　结合学科发展时空维度回顾的城市交通学六点思考

一、城市交通不单是人或物移动，而牵涉社会、经济、政策等诸多方面

近一个世纪前,胡蘧然便提到:“交通的根本性质是除去距离带来的障碍,以满足人们生活中的欲望。”随着社会从马车时代到机动车时代再转向后信息化时代,城市交通不再简单为人或物的活动,而是演变为蕴含着诸多因素的社会现象。

随着时代发展,从经济、社会、地理等方面对交通做出的研究与解读不胜枚举,国外学科设置中也不乏与交通相关联的教育课程,如纽约大学“交通经济学”、麻省理工学院“区域增长与交通经济核算”、利兹大学“交通运输与评估”、香港大学“交通政策与评价”等课程,以及东京大学结合国家政策和社会机制的研学。这些顶级高校都将与交通相关的社会、经济、政策等多要素纳入教学和人才培养体系,世界级交通研究中心更加关注交通与健康、政策、信息化的联系。

二、城市交通不是纯粹工程问题，而是城市系统科学的重要组成

根据百年专著回溯,流传下来或是现在一代代学者深入研究的交通理论绝不是字面上

① 资料来源:https://www.youtube.com/channel/UCrf5seeEdvN-0XCEH5hTdfw。
② 资料来源:https://synergic.mobi/。

“修桥铺路”问题。1931 年日本学者增井幸雄在《交通政策》一书中便讲到交通与经济有着不可分割的关系，譬如交通与居住地的选择关联。

交通系统是属于城市系统的一个子系统，无论是规划与建设，或是治理与维护，交通发展都应放在大的城市系统中分析与研究。不同城市有着不同的需求，交通建设绝不能成“抄图作业”。交通系统不仅提供了一个服务于人和物流动的系统，而且通过提高可达性，影响城市增长模式和经济活动水平，必须考虑城市的经济、社会、文化发展现状，包括人口密度、城市形态、气候变化等复杂因素。

进入后城市化的英、美、日等发达国家，对城市交通的研究更加聚焦于提升品质与增强出行者体验感与获得感，如伦敦大学学院交通研究中心对弱势群体的出行研究、名古屋大学社会移动研究所对人的行为活动的研究与数据采集、京都大学对城市夜间巴士环境提升的研究，都是为了增强人们出行的安全性与舒适度。

不同的国情、经济发展、社会表现之下，交通问题的解决都应放在自己的城市系统中去统筹考虑，全面分析，综合考虑，综合治理，因地制宜。

三、城市交通学是以人为本的交通研究，人的需求应作为首要对象

城市交通的目的从来都是服务于人，尽管在历史长河中城市交通的发展可能会走错方向，但最终都会被证实交通是为人服务。J. M. 汤姆逊在《城市布局与交通规划》中提出的“交通问题 30 问”皆是站在服务于人的角度，对多个世界大城市的交通模式提出质疑，其提出的城市交通理想模式标准也都是以人为主体开展。

全球交通研究中心的研究综述无不包括城市交通研究“以人为本”的基本底线，例如伦敦大学学院“以促进交通系统安全、可持续、高效、可靠、公平、人人可及，并促进健康和福祉”，名古屋大学为了让社会在未来能接受和实施新的移动技术，从消费者角度(以人为本)开展包括社会基础设施和社会系统在内的跨学科研究，其研究方法被定义为“以人为中心的移动性”。加州大学先进交通技术合作伙伴计划目标是通过开发解决方案为所有人实现安全、公平、高效和碳中和的交通系统。

四、城市交通学的研究内容并非一成不变，具有时空动态属性

城市交通的研究一直随着城市发展演变而变化，从 20 世纪 60 年代到 80 年代再到 90 年代末，从单纯的小汽车交通工程转向了公交优先及环境约束、社会发展，再到 21 世纪对人的需求日益关注，包括对慢行交通、生活品质的回归。交通的主题一直紧跟时代步伐不断更新，未来交通发展必将随着时代变迁而升级，信息化对交通的影响，使得学者不得不重视智能交通的发展，但绝不限于信息化技术，而是进行全新研究突破，如麻省理工学院自动驾驶研究、大数据建模与分析课题，帝国理工学院的智能交通系统研究都通过智慧化手段，从交通方面减少城市的碳排放。

五、城市交通学科从来就不是单一学科，必须多学科交叉发展

城市系统间的子系统相互关联且牵制，交通既然是城市系统的重要组成部分，那么其必然与城市环境、城市经济、城市资源等多系统相互影响，城市交通研究不能单纯地从交通看交通，而应掌握多学科的知识与信息，筑牢城市交通的学科基础。

对比国内交通学科设置，世界名校交通专业设置及机构、人才培养存在很大不同，交通硕士培养和课程设计往往会涉及多个院系和学科。麻省理工学院交通专业硕士课程由工程学院、管理学院、建筑与规划学院和计算学院四个学院共建。香港大学交通政策与规划硕士项目由社会科学学院地理系主办，由城市规划与设计系、土木工程系等单位联合培养。纽约大学的研究生 Capstone 项目强调数据科学、政策知识、治理实践。

由此可见，城市交通学科不是单一工程专业，其发展与信息、地理、经济等专业紧密相关。

六、中国城市交通学科建设既要借鉴国外经验更要因地制宜

无论是经济、社会、文化发展差异，还是不同城市空间形态与人口密度差异，北美、欧洲、亚洲城市的交通学科发展都有较大差异，例如北美城市对交通工程、交通安全等领域更加关注，尽管提出了 TOD 等很多绿色交通理念，但在本土的实践却很不理想。以英国伦敦为代表的欧洲城市对轨道交通运输、物流发展更加重视，步行与自行车交通也得到了更多的关注，尤其在北欧和大城市高密度的核心区。日本等亚洲国家的城市交通研究更偏向于交通可达性、公平性，包括对弱势群体的关注。中国的交通类学科目前主要依托大运输背景建设，城市交通学科发展与北美交通工程、日本交通工学理论有着较大的学缘关系，而针对国内更广大中小城镇、更广泛出行群体的研究仍相对不足，例如数量远多于小汽车保有量的电动自行车的通行、停放、充电技术的研究，再如以两轮、三轮电动车为主体的城市物流系统规划。

中国城市交通学科建设不能一味借鉴国外理论与实践成果，应根据新时代需求，以人民为中心研究不同地区、不同城市、城市不同区位的交通学问题与科学理论，正如 1951 年梁思成为译自伦敦专著《城市计划与道路交通》作序时所提到："我们必须注意，英国情形与中国情形不同，大处有政治经济制度不同，小处如我们因为目前尚有大量的人力车、三轮车、助力车而不同，问题是不会完全相同的，我们只可借鉴，但不可'毫无批判地硬搬、模仿与替代'"。

· 参考文献 ·

[1] 袁泉. 国外城市交通交叉学科项目设置和课程组织[R]. 上海：同济大学交通运输工程学院、城市交通研究院，2021.

[2] 吴娇蓉，陈小鸿，叶建红，等. 新工科背景下城市交通交叉学科创建探索[J]. 交通与运输，2020，36(2)：101-104.

[3] 石雪怡，樊秀娣. 英国大学跨学科研究成果评价机制探析[J]. 上海教育评估研究，2020，9(5)：40-43，68.

[4] 李阳，王宏志，陈戈珩，等. 国外学科交叉型创新人才培养与启示[J]. 现代教育科学，2017(8)：152-156.

[5] 李海生. 国外高校交叉学科研究生培养面临的问题、对策及启示[J]. 中国高教研究,2022(3):30-36.
[6] 王兆君,任兴旺. 国外跨学科研究生教育经验及其对我国跨学科研究生培养的启示[J]. 青岛科技大学学报(社会科学版),2018,34(2):109-116.
[7] 朱永东,张振刚,叶玉嘉. MIT 跨学科培养研究生的特点及启示[J]. 高等工程教育研究,2015(2):134-138.
[8] 何玉宏. 城市交通的社会学分析[J]. 社会科学家,2016(1):34-40.
[9] 马林. 新中国城市交通规划的探索与发展[J]. 国际城市规划,2019,34(4):49-53,71.

附录 C
国际城市交通政策案例文本简介

本附录以英国的《未来城市交通发展战略》《大伦敦市长交通战略》和法国的《大巴黎计划 2030》《大巴黎城市交通规划 2030》为案例，简要介绍国际城市交通政策的主要内容。

2019 年，英国交通部制定了《未来城市交通发展战略》，通过剖析英国交通发展现状，分析新技术模式带来的影响，提出要采取积极主动的措施应对交通领域的深刻变化，明确了未来交通出行的九大原则，指导政府、地方和行业决策，并制定了交通行业的 4 个优先方向和 12 项具体工作，以实现未来交通的美好愿景。

2018 版的《大伦敦市长交通战略》的规划期限为 2041 年，由挑战、愿景、健康街道与健康市民、优质的公共交通体验、新住所和就业以及愿景实施 6 个章节组成，提出改善街道、提升公交全过程品质、交通与良性增长和不确定性条件下的实施 4 个方面的 26 条政策和 108 项措施。

《大巴黎计划 2030》提出了实现长期共同发展和建设紧凑、多极与绿色的大都市的九种可持续发展手段；并提出加强公共交通连通性、改善外围地区公共交通、优先发展铁路沿线地区、跨区地带的多中心发展、连接市郊铁路网络、确保对外枢纽联络畅通、构建全球物流体系七大策略应对挑战。

《大巴黎城市交通规划 2020》由三份文件构成，主文件阐述 2010—2020 年间将会遇到的挑战、要达成的目标及要实施的行动方案，环境报告用以评估上述活动对环境的影响，无障碍报告用以确保每一项活动都充分考虑无障碍要求。提出九方面应对措施：建设短距离出行城市；提高公共交通吸引力；拓展安宁化街区建设，扶持步行和自行车交通发展；严格控制个人机动化出行方式；全面的交通无障碍建设；合理组织货运交通；改善城市交通的环境绩效；通过公共治理促进规划实施；唤醒市民与企业的责任感。

一、《未来城市交通发展战略》(Future of Mobility: Urban Strategy)

过去半个世纪,英国在交通方面的重点在于增加基础设施,以满足日益增长的需求。随着新技术的进步和新出行模式的变革,交通出行范式将迎来新一轮变革。2019 年,英国交通部制定了《未来城市交通发展战略》,通过剖析英国交通发展现状,分析新技术模式带来的影响,提出了未来交通发展的原则与行动方向。

1. 交通现状

机动车的出现给 20 世纪英国的交通带来了颠覆性的变化。1900—1950 年,机动车保有量几乎从零增长到 500 万辆。1950 年以后,随着人们生活水平的提高,机动车的拥有量和使用量迅速增加,目前小汽车出行已成为英国市民不可或缺的选择。

然而,高度机动化在便利市民出行的同时也引发了一系列新的问题。安全方面,尽管英国拥有世界上最为安全的道路,但 2017 年英国仍有 1 793 人死于道路交通事故,24 831 人严重受伤。环境方面,城镇中道路周边氮氧化物浓度的 80% 来自于道路交通,交通涉及的温室气体排放占总量的 27%,2010 年城市道路噪声的社会成本就高达 70 亿到 100 亿英镑。健康方面,对小汽车的依赖加剧了人们缺乏体育活动的情况,2017 年英格兰 64% 的成年人超重或肥胖。

2. 交通领域的深刻变革

交通技术革新深刻影响着人与货物移动的方式。大数据和通信技术正在重塑出行,能够向人们提供实时的交通信息,并为政策决策、交通运营管理提供有力支撑。传感技术、计算能力和软件工程的发展带动了自动驾驶技术的快速发展。道路交通出行工具正实现清洁化转型,电池价格的下降、能源密度和电机的改善、可替代燃料的发展,能够有效减少交通排放。新型交通工具和出行模式正在出现,无人机被用于支持紧急服务和基础设施检查,电动滑板车、电动自行车、电子货运自行车正以新形式引入。

交通需求革新,新生代与老年人口出行需求差异显著。总体交通出行需求不断增长,预计在未来几十年里,英格兰和威尔士的公路出行需求仍将继续增长。人均出行需求持续降低,通勤出行由于弹性工作、居家办公、兼职和自主创业的增多而减少,购物出行由于网上购物的发展而减少。人口老龄化加剧,出行代际差异明显,英国人口结构预计在未来几十年将发生显著变化,与前几代人相比,年轻人减少拥车和用车的可能性更大。智能手机出行服务使出行服务消费态度变化加快,18～75 岁的人使用智能手机的比例从 2012 年的 52% 提升到 2018 年的 87%。

商业模式革新,交通商业运营模式向多元化服务转型。网约车、出行即服务等新型数字交通商业模式持续涌现,英国 2014 年至 2018 年 9 月对网约车公司的外部投资达 542 亿美元。共享出行市场快速增长,拼车服务越来越普遍,全球最大的长途平车平台 BlaBlaCar 的忠实用户已超过 1 800 万。

3. 面向未来交通出行的发展原则与行动

英国提出要采取积极主动的措施来应对交通领域的深刻变化,并明确原则来指导政府、地方和行业决策。为促进涵盖货运、客运和服务的城市交通创新，提出了指导未来交通出行的九大原则。一是对新型出行方式和服务模式进行安全和可靠的设计。新型的车辆、服务和基础设施要建立安全的保障，防范网络威胁，并保护好个人的安全和隐私。二是出行领域创新的收益必须惠及英国所有地区以及全部社会阶层。政府和企业在制定交通政策和交通服务时，必须考虑所有人的需求，确保公共交通服务的公平性，保障无法使用互联网、没有智能手机或银行账户的人也能够享受到良好的交通服务。三是步行、骑行等方式必须仍是短距离城市出行的最佳选择。新技术和平台应该有助于人们更容易地选择骑行或步行，支持骑行步行投资战略和目标的实现。四是高效的公共交通系统是交通系统高效运行的基础。无论技术如何发展，应对需求，个体机动化交通在容量方面的优势永远无法与集约化的交通方式相抗衡。五是新型出行服务模式必须引导交通出行向零排放模式转型。英国的目标是建立一个零排放汽车技术的新市场，到 2030 年的小汽车新车销售中 50%～70% 是超低排放的。六是交通领域的创新必须通过空间的高效利用来实现缓解拥堵，将通过合乘拼车、货车联运、智慧停车等多种方式来实现。七是必须保持出行市场的开放性，以激励创新并为消费者提供最好的选择。八是新的交通服务必须作为综合出行服务系统的一部分。九是必须合理地共享新型交通服务的数据，以提升交通系统的运营效率与服务水平。

2019 年，英国以监管审查为核心，制定了交通行业的 4 个优先方向和 12 项具体工作（附表 C-1），以实现未来交通的美好愿景。一是推进管理制度法规变革为交通新技术落地创造良好制度法规环境，主要聚焦电动车与滑板车、出行即服务、数据共享、自动驾驶和需求响应式公交服务四个领域。二是增加行业企业和地方政府对交通创新的支持力度，包括未来交通试验区、数据共享、新能源技术、新兴交通服务和空间规划设计四个方面。三是确保政府决策的稳健性以充分应对创新带来的不确定性，可采用新兴技术与交通服务评估、公众参与和专家咨询等方式。四是进行适应交通新兴技术应用的配套基础设施建设，如建设充电设施、自动驾驶技术试验系统、无人机管理系统。

附表 C-1　应对未来交通的优先方向

实施灵活的监管框架	
	完善四个重点领域的法规和制度，并启动监管审查，包括电动车与滑板车、出行即服务、数据共享、自动驾驶和需求响应式公交服务
加大对行业企业和地方政府的支持	
鼓励试验	启动四个未来交通试验区，作为城市转型基金的一部分，将获得 9 000 万英镑的资金
鼓励共享数据	加强停车、交管数据的开放共享，通过开办交通数据竞赛等活动更好地发挥数据价值
支持汽车行业发展	继续交付 10 亿英镑的先进推进中心和 2.46 英镑的法拉第电池挑战，通过 8 000 万英镑的驱动电气挑战支持电机技术创新
支持地方政府	提高对地方当局需求的理解，并加大地方对新兴交通服务的支持力度
规划城市环境	发布指导意见，支持地方关于城市空间分配和设计的决策

（续表）

确保政府决策有力	
在决策中考虑未来	更新交通评估和建模策略，以更好地考虑近期和未来发展，包括在技术方面更新"网络标签"，使用不确定性工具包，在主要计划评估中试行定量方案
强化分析和研究	加强关于新交通技术、服务及其影响的分析
理解公众	针对交通和技术的公众态度，完成一项关于网联和自动驾驶汽车的公共对话，并就新的交通技术向公众提供说明
配套基础设施建设项目	
零排放车辆	启动 4 亿英镑的充电基础设施投资，启动 200 万英镑的电动货运自行车资助项目，更新建筑法规政策确保新建筑均配建充电桩
网联和自动驾驶汽车	与 Meridian 合作继续开发英国的试验台生态系统，建立程序来验证安全性，继续支持对英国自动驾驶汽车安全部署的监管和审查
无人机	启动未来飞行计划，该项目将获得高达 1.25 亿英镑的资金，建立确保公众安全的城市无人机管理系统

二、《大伦敦市长交通战略》（Mayor's Transport Strategy）

大伦敦地区交通规划涉及三个不同层次的规划，分别是《大伦敦市长交通战略》（*Mayor's Transport Strategy*）、《大伦敦规划》（*The London Plan*）、《地区性实施规划》（*Local Implementation Plan*）。前两个规划由大伦敦市政府制定，后者由各自治市议会制定，《地区性实施规划》是各市区为当地制定的以明确如何实施市长交通战略的政府性文件。迄今为止，已于 2001 年、2010 年、2018 年依法发布了三版大伦敦市长交通战略。2018 版的《大伦敦市长交通战略》（以下简称 MTS2018）是保守党特蕾莎政府时期，工党市长卡恩（Sadiq Khan）的交通执政纲领，2018 年 3 月由大伦敦市政府发布。

MTS2018 的规划期限为 2041 年，时效 20 年，由挑战、愿景、健康街道与健康市民、优质的公共交通体验、新住所和就业以及愿景实施 6 个章节组成，共提出涉及改善街道、提升公交全过程品质、交通与良性增长和不确定性下的实施 4 个方面的 26 条政策和 108 项措施。

1. 挑战

伦敦的交通系统改善了市民的生活质量，但在很多方面仍有不尽如人意之处，甚至引发了新的问题。因此，需要重新考虑人们的交通出行方式。

在伦敦，死亡率最高的疾病多数与民众缺乏运动有关。民众过于依赖小汽车出行，导致缺乏运动。小汽车占据了大量道路空间，但是承载的人数很少，还给城市带来了空气污染、公共交通出行不畅、货运效率降低、商业活动减少等一系列问题。此外，机动车对步行和骑行者的安全威胁也非常严重。多数伦敦市民经常采用公共交通出行，由于公交车到站时间不可靠、外伦敦地区缺乏必要的公共交通服务等问题严重，市民经常抱怨公共交通出行体验不佳。

随着人口的增长，2041 年伦敦每日的出行量将增加至 3 300 万人次。如何应对出行需求增长、人口老龄化以及交通与住房的关系，是未来需重点关注的问题。随着新科技、新模式的到来，如何应对人们的生活和工作方式发生的变化也是未来需要思考的问题。

2. 愿景

MTS2018 的中心目标是未来的伦敦能为不断增长的人口提供住房，并且打造成为一个更加宜居的城市。MTS2018 以"健康街道战略"为核心，愿景目标是通过降低城市居民对私家车的依赖，引导交通出行模式向更加健康、更有效率的绿色出行方式转变，最终将伦敦打造成一个街道有活力、交通有效率、空间有魅力的宜居城市，实现 2041 年城市绿色出行比例(步行、自行车和公共交通)达到 80%的目标。大伦敦地区交通发展的具体目标和指标如附表 C-2 所示。

附表 C-2 大伦敦地区交通发展目标和指标

任务目标	指标	时限和要求
调整交通结构	交通方式分担率	2041 年，小汽车分担率从 37%降低至 20% 2041 年，绿色交通分担率达到 80%
打造健康街道	活动出行	2041 年，每人每日积极交通活动时长达 20 分钟
	交通事故伤亡	2030 年，公交车交通事故零伤亡 2041 年，交通事故零伤亡
	中心城区交通量	2026 年，早高峰货运量降低 10% 2041 年，总体交通量降低 10%～15%
	交通排放	2018 年，新增出租车零排放 2023 年，新增租赁车零排放 2025 年，新增公交车零排放 2030 年，新增小汽车零排放 2040 年，新增其他车辆零排放 2050 年，交通系统零排放
建设公共交通	铁路系统	2030 年早期，启动 Crossrail2 持续推进伦敦城郊地铁建设
	公共交通系统	2041 年，提高公交系统可达性，使公交接驳时间减半
推动城市发展	居住	2041 年，新增超过一百万套住房
	就业	2041 年，创造一百三十万个就业机会
	土地	实现土地高密度开发和混合利用

为实现美好的发展愿景，MTS2018 明确了大伦敦地区未来 20 多年的三大交通发展战略，即健康街道与健康市民、提升公共交通体验、新住宅和新就业。

3. 健康街道与健康市民

具有吸引力的街道环境能够鼓励人们选择积极的出行方式，每人每日活动 20 分钟能够有效预防身体和心理疾病。坚持以人为本的理念，通过对交通网络和街道的规划设计，提供安全、便捷、舒适的人行道和自行车道，打造更和谐高效的街道空间，提高货运管理水平，减少小汽车出行，为步行、自行车和公共交通提供更公平的路权和更便利的环境。可达包容的交通系统和健康宜人街道设计是这一策略的基本要求，尤其强调街道活力、安全与绿色的塑造(附表 C-3)。

附表 C-3　健康街道与健康市民政策

1	积极出行的健康收益,改善步行自行车环境:宜居邻里、健康路线、安全易达停车、无障碍设计、降低紧张度、保障实施、牛津街步行化改造、全域战略自行车网络、地方街区改造、保护提升促进步行网络、休闲步道、标识清晰可辨、数据支撑规划、增加公共自行车使用、探索共享单车、全社会推广、规章宣传、街道无车活动
2	道路交通安全零伤亡:更低速度限制、中心地区优先设置、交叉口道路安全减少措施、街道行驶车辆最高安全标准、智能速度助手、自动应急制动、地面公交安全标准、培训教育活动、提升应急处置能力、Vision Zero、摩托车设计手册、提高摩托车培训要求、允许借用公交专用道、提高驾驶员路权共享意识、严格执法
3	保障个人安全,降低犯罪率,提升街道安全:优先解决高危犯罪、提升脆弱群体安保、摩托车盗窃整治行动、应对恐怖袭击
4	高效利用街道网络,优化空间布局,提高人流物流效率:减少临街物流配送负面影响、推动轨道物流、增加水运物流、巩固配送网络、改善最后一公里服务、共用商业服务、微配送服务网络、鼓励零排放/步行自行车配送、配送时间、地方进出与装卸限制、路缘装卸区管理、在线工具简化货运规章流程、释放铁路运力服务货运、支持居民车辆使用共享、保持各类道路收费机制、更复杂的道路收费机制、工作地停车杠杆、资金调控引导地方实施交通降低策略、地方适当引入交通需求管理手段
5	改善空气/环境质量,减排、限车、限行、限停:超低排放区、地面公交欧六排放标准、空气污染综合警报系统调控车辆使用、解决地方污染热点与敏感点、环保清洁税、柴油车辆报废基金
6	零排放城市,超低排放区,零排放区:双层巴士清洁能源、零排放出租车、零排放私约车、零排放政府车辆、超低排放区规章与收费机理、充分合理充电加油设施、零排放实施方案、技术发展降低 PM 排放水平、最小化新增交通服务能源影响、持续监测报告空气污染与排放、最小化新增交通服务能源影响、持续监测报告空气污染与排放、最小化交通建设运营空气污染与排放、减少水运污染排放、交通局用地及物业低碳能源措施包、满足非道路移动源低排放区标准、健康风险研究
7	保护自然风貌与建筑环境:增加街道绿植覆盖、建立可持续排水系统、循环经济
8	应对气候变化建设韧性城市:研究恶劣天气与气候变化风险及影响、交通设施建设提升韧性、降低过多交通噪音与震动下的暴露水平、减轻轨道与地铁的噪音震动影响

1) 积极、包容和安全的出行

改善步行和骑行环境,打造宜人慢行空间,实现居民至少 20 分钟积极出行。城市街道与空间的设计,应兼顾活力与安全,让街道慢行环境更加有吸引力与迷人,培养居民对慢行的依赖。伦敦将通过健康街道与空间的设计与落地(附图 C-1),实现“每个市民每天至少 20 分钟活力出行”的任务目标。

通过“零伤亡愿景”目标解决道路安全问题,营造安全交通系统体系,实现城市交通零死亡、零重伤。伦敦将通过交通安全体系的打造,提高居民出行的安全性。通过车辆限速、街道改善等手段,实现 2041 年交通系统零死亡、零重伤的战略目标。此外,关注骑摩托车的安全性,通过更好的街道照明,设计良好的公共设施和交通基础设施以及全方位的监控覆盖为个人安全提供保障。

2) 更高效地利用街道网络

通过采用先进的交通管理技术来减少交通拥堵,给予行人、骑行者和公交车优先权,确保所有道路使用者体验到更好的效果。并更好地管理伦敦的货运方式,大幅减少小汽车的使用,转而使用更集约的交通出行方式。逐渐将街道空间分配给绿色交通,结合公共交通改善,采取

附图 C-1　健康街道场景示意图

措施控制需求，让街道更适合步行、骑行和公共交通出行，同时也适合出租车、配送车辆、服务车辆、小汽车和摩托车。

提升货运网络配送和服务的效率，减少物流和服务活动对伦敦中心区和城镇中心的影响。最大限度地利用伦敦铁路网承担客运和货运。减少小汽车的使用，削减小汽车通行、停车空间。改变交通付费的方式，重新审视拥堵收费方案，应对伦敦中心区的拥堵难题。减少小汽车使用的机会，提高替代方案的有效性和可靠性，推进小汽车出行向其他交通方式转移。

3）改善空气和环境质量

建设城市绿色低碳交通体系，实现伦敦市交通系统零污染。围绕超低排放区建设，提出了一系列雄心勃勃的任务目标，并就不同的交通方式和时间节点，对任务目标进行了阶段性分解，计划于 2050 年实现伦敦市交通系统零排放的战略目标。

减少道路交通带来的有害空气污染，加快清洁车辆的转换进程，将超低排放区的范围从中心区拓展到南北环路，提高车辆排放标准。实现零碳城市和良好的空气质量，逐步推行公共交通车辆零排放、私有和商务车辆零排放。减少非道路交通源的碳排放，包括铁路排放、基础设施排放、内河船舶碳排放、低碳发电等。此外，还将管控非道路产生的细颗粒物和其他排放，提高自然和人造环境及气候变化的适应能力，减少交通噪声。

4. 优质的公共交通体验

通过完善公交网络、提升公共交通服务品质、给予优先通行权等方式，以及包括车辆站点无阶梯式设计、公共交通系统零障碍搭乘改造在内的一系列精细化的品质提升方案，增加公共交通的吸引力，促进人们从小汽车出行转移到公共交通出行，削弱小汽车的主导地位（附表 C-4）。

附表 C-4 优质的公共交通体验政策

1	协调改善公共交通，提供具有吸引力的全程公交服务
2	公共交通运营安全零伤亡，维护设施、培训员工、信息推送、快速应急
3	确保公共交通出行费用合理可承担
4	改善公共交通体验，使其更便捷、更舒适、更安全
5	改善公共交通可达性与包容性，服务特殊脆弱群体
6	塑造地面服务网络，改善公交服务质量，使其更快、更可靠、更易达、更舒适
7	改善轨道服务水平，解决拥堵问题，提升轨道交通服务，使其更安全、现代、可靠、一体化：多渠道信息服务、Crossrail2、Elizabeth、投资轨道、提高铁路运力和可靠性、调整市郊铁路、改善铁路本地服务、铁路内外一体化、多模式换乘、地上铁、Dockland 轻轨、有轨电车、站台改造
8	水运服务
9	强化区域、国家、国际联系，与公共交通服务一体化整合：加大东南部投资、推进 HS2 实施、改善班车服务
10	增加夜间公共交通服务，支撑夜生活经济发展
11	确保出租车与网约车服务更有序、安全、易达，代表伦敦形象

1）提高安全性、经济性，提升服务质量和水平

以安全性和价格可负担性为前提，以乘客服务水平提升为宗旨，打造便捷、易用的公共交通系统。实现公共交通安全下的零伤亡愿景，致力于消除伦敦铁路、地铁、地上铁、轻轨铁路、有轨电车、河道和缆车服务的死亡和重伤事故。形成价格实惠的公共交通系统，保证公共交通票价维持在所有伦敦市民均能够负担的水平。提升乘客服务水平，使乘客能够享受到舒适、安全、可靠的出行。

2）提高公共交通可达性和包容性

围绕公共交通的可达性和包容性，持续提升残疾人和老年人的出行体验，保障其自由、独立地享用公共交通服务。包括提升公交车、地铁、铁路和其他服务方式的便捷性和包容性，并提供线路图、约车服务等辅助交通服务。

3）完善公交网络的改善和发展

持续推进公交车道路网络建设，重塑公交网络，将公交服务集中在可允许优质公交车优先通行的街道上，保证可靠快速的服务。形成便捷、可靠、可达性强的公交车网络。改善公交车发车时间和可靠性，实施公交车优先计划，在街道上给予公交车优先通行权。提供需求响应式服务。

4）提高铁路服务质量，解决拥堵问题

持续提升铁路系统出行的可靠性、舒适性以及服务效率，并逐步扩大其行程覆盖范围。新建 Crossrail2 横贯城铁，帮助 28 万人在早高峰时段进入伦敦中心区。通过轨道交通服务促进内伦敦和外伦敦地区由小汽车向轨道交通的出行方式转移。将郊区铁路服务管理权下放给伦敦交通局，以便更有效、更快地改进乘客服务。提升航运服务，加强伦敦与广大东南部及更远地区的交通联系，加强伦敦长途客运服务。扩大夜间公共交通服务网络，振奋夜间经济。打

造安全、稳妥、便利的世界级出租车和月租车服务环境，为各运营商提供发展机会。

5. 新住所和就业

面对持续增长的交通压力以及住房与工作需求，伦敦将坚持高密度利用、混合开发的城市规划理念，持续扩建公共交通系统，实现伦敦欠发达地区就业和居住供给能力的逐步提升。大伦敦市政府计划每年建设 6.5 万个可负担住房、创造共计 130 万个工作机会以及建设与居住就业相匹配的交通系统，来消除人口增长对城市空间和交通系统造成的冲击和影响(附表 C-5)。

1) 改变发展类型

提高公共交通可达性，在公共交通便利地区建成高密度、混合用地的社区，促进形成更为紧凑的城市。在新开发区中考虑积极出行，设计街道网络时提高十大健康街道指标，抑制小汽车的使用。在新发展中引入高效货运和服务，支持非高峰时段、夜间配送的货运和服务计划。

2) 塑造城市形象

利用交通来支持和引导城市良性发展，对中央活动区、城镇中心、发展机遇区(Opportunity Areas)、伦敦郊区、广大东南部地区采取针对性措施。通过建设新铁路线，改进铁路服务，拓展有轨电车网络，改善公共交通服务，提高跨河连通性，释放发展潜力。拓展交通用地上的新住宅区和工作机会，形成沿交通增长廊道规划与投资协调机制，形成发展机遇区规划框架。

附表 C-5　新住所和就业政策

1	营造高密度、混合使用场所，释放欠发展地区增长潜力
2	改善公交可达性 新开发地区整合主动出行，限制停车配建供给 新开发地区整合高效货运与配送服务 交通支撑引领良性增长 新建、改善轨道线路，释放增长潜力 改善地面公共交通服务，提高跨河连通性，释放增长潜力 TFI 交通用地居住开发、站点开发、设施更新 形成沿交通增长廊道规划与投资协调机制，形成发展机遇区规划框架 利用公共资金推进新职住建设，方案评估融入良好增长原则 更新出行规划指南 提升机场公共交通服务联系
3	反对希思罗机场扩容

三、《大巴黎计划 2030》(*SDRIF: Le Schéma Directeur de la Région Ile-de-France*)

1. 愿景展望

《大巴黎计划 2030》在第 1 卷“区域愿景”(*VISION RÉGIONALE*)开篇就强调交通在巴黎大区的重要性。“巴黎人向往更多的空间，寻求更多的交通便捷性；希望 2030 年在任何时间、任何地点，生活会更方便；希望改善和增加典型街区的交通系统，应对经济危机，提高就业机遇；希望平衡住房、服务、交通、就业、绿地、娱乐等方面的差距，每个人都能享用公共资源与财富；

希望每个地区都可以提供服务、商店、学校、工作场所和极为便捷的交通出行；希望有更多游玩、闲逛的地方和花园，让人们在生活中有更多的交流与见面机会。改善交通条件、提高出行效率是巴黎人提高生活质量的基本愿望。”

《大巴黎计划 2030》坚持与可持续发展基本原则相契合，保护区域自然环境，建设集约化城市，将城市发展与公共交通系统发展联合起来。

2. 可持续发展手段

《大巴黎计划 2030》在第 2 卷《挑战、区域空间项目与目标》(*DÉFIS, PROJET SPATIAL RÉGIONAL ET OBJECTIFS*)中提出实现长期共同发展和建设紧凑、多极与绿色的大都市的九种可持续发展手段(附图 C-2)。

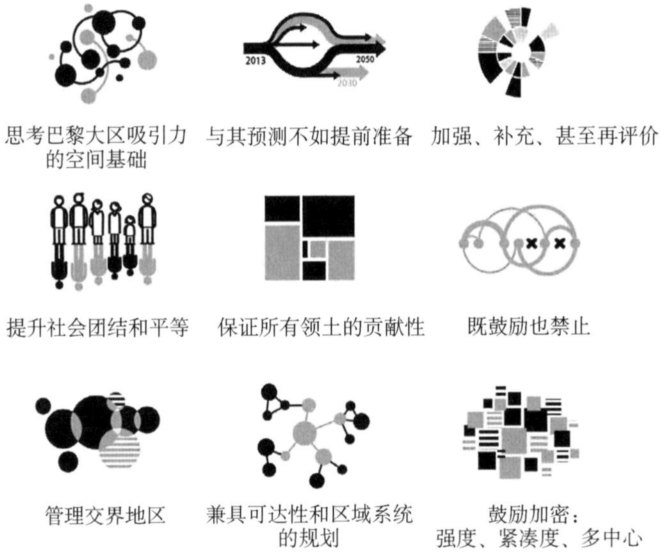

附图 C-2　可持续发展总体理念

把提升整体吸引力作为空间政策制定的重要目标——交通产生的吸引力最为强大。强化地区全球吸引力需要全新的发展模式，以保证世界一流城市优势，尽可能地减少社会不公与环境失衡所衍生问题，需要源源不断的动力来创造就业与财富，使绝大多数人受益。生活环境质量、社会凝聚力与领土完整性决定着一个地区的吸引力。这种吸引力在社会集体活力、社会关系发展能力、参与者互动质量、信息和人才流通都方面都起着重要作用。

与其预测未来，不如将更多的精力用在研究和制定更具灵活性、适应性和可逆性的政策上，以更早地做好准备——强大的交通系统才能形成鲁棒性与韧性。在不确定环境中，空间规划不是为了传递唯一可能的城市愿景，而是提出整体框架和必要工具，创造多种愿景来应对社会发展的多重隐患。在制定远期规划时，要接受大环境的不确定性，无须等到所有因素完全确定，立即采取行动才是要义。这种在不确定环境中的应对能力，要求极高的灵活性，需要适应科学知识、技术能力以及现实环境的变迁。因此巴黎大区的发展模式必须将鲁棒性与韧性结合起来，必须具备抵御危机的能力和快速应变的能力，以便更好地融入经济、社会以及环境的可持续发展与治理中。

应着重于提升和完善现有的设施，保证先前发展的延续性，而并不是优先着眼于新设施的增加——采取“先改善后新增”的交通发展模式应对未来。空间规划将基于现状，进一步巩固、补充，如有必要还会提出新的规划建议。应在大规模改善现状基础设施的同时，适度增加大巴黎快线等新的基础设施，或者重新配置重要基础设施。为了实现这种模式，需要考虑规划的可延续性，需要对传统概念进行拓展更新，需要实践全新理念，还需要重新定义与评估那些过时或者不现实的观点概念。

为了保证社会团结，应尊重地方和不同社会团体的多样化发展需求，减轻不平等现象——基于共生共赢共同利益，交通选择要灵活化、多样化。“共同利益”的倡议促进团结与平等，实现共赢式发展。各种多元化空间、身份、能源与地方竞争力都是“共同利益”所关注的。要充分认识、重视并组织各地及个人对大区的贡献。空间规划尤其要认识到个人生活与选择的多样性，不可硬性要求某种固定的出行模式和单一的居住地点。

保证所有地区都对区域整体发展有所贡献——交通用地与设施也可发挥交通以外的功效。空间规划必须处理土地问题，不能仅靠一张图纸来解决问题，要承认并重视多元化和不可替代性、不可互换性，不存在附属的土地，不存在无法利用的土地，所有土地都可以促进区域平等发展，每个人都是区域发展的贡献者。空间规划必须限制地域竞争，鼓励中心周边地区和偏远地区互补。

规划政策制定主要将以鼓励为主，要求以讨论和咨询的形式制定，而非强制性的规定，但是在保护农林地和自然空间、防止城市蔓延等方面还是需要严格的禁止性规定——刚柔并济，引导与管控并存，严控交通蔓延。与其强迫、约束和禁止，空间规划更应分享、理解和允许，各种会议、研讨与协商是规划成功不可或缺的条件。要理解，而非强迫，要满足，而非限制。与此同时，在保护基本农田、林地和天然土地等方面实施严格的行政措施是必要的。要严禁以交通方便为口号，新建高速公路和大量增加停车位，加剧小客车依赖性，区域的长期公共利益必须高于短期个人利益。

加强城市、城市边缘区和农村交接地区的协调发展——大型交通基础设施强化区域联系与协调发展。要充分发挥地域多样性，研究各个空间、各个层面上的平衡性、关联性和互动性，确保城市中心、周边和郊区之间的互动性和凝聚力，以用地多样、交通多样，实现功能多样，以功能融合促进社会融合。

发展多中心的区域体系，以增加就业和服务设施的可达性——借助交通设施塑造改变城市，形成相互依赖、交叠的多极化城市。结合周边地域情况，让城市更密集、更经济以积极应对住房危机，建立全新的区域交通政策推动公共交通发展的历史抉择，投资大型就业与活动中心促进经济发展与创新，提高所有地区信息设施与医疗设施的可达性和便利性，保护利用高品质环境，保证居民健康与生活品质。

通过增加现有城市化区域的土地利用开发强度，即加密的方式来支撑进一步的城市化发展，严控新城市化用地的蔓延——围绕公共交通节点高强度融合、高密度紧凑发展，通过公共交通廊道贯通节点实现多中心空间结构。高强度融合是指在传统城市结构下，将关系密切的两种高品质空间新城中心新建、老城中心更新联系在一起，实现社会性与功能性的密集和融合。区域强度越高，社会和经济相互作用的机遇就越多，这种有效、高效组织带来的平均出行距离降低和出行次数减少，将降低小客车使用依赖性。高密度紧凑是在生活区域、城市区域层面限制住宅无底线蔓延和降低轨道交通站点距离的方式。紧凑城市的发展原则将抑制城市分散化、扩大化发展。在地区层面加强空间紧凑性，就是将职住与公共交通紧密绑定，增加密度与混合度，提升居民的本地就业率。实现地区层面的多极化，要正确认识多中心结构，必须重视地方特色，避免同质化，要加强与交通网络的联系，实现空间的自我构建与稳定。

3. 七大策略应对挑战（附图 C-3）

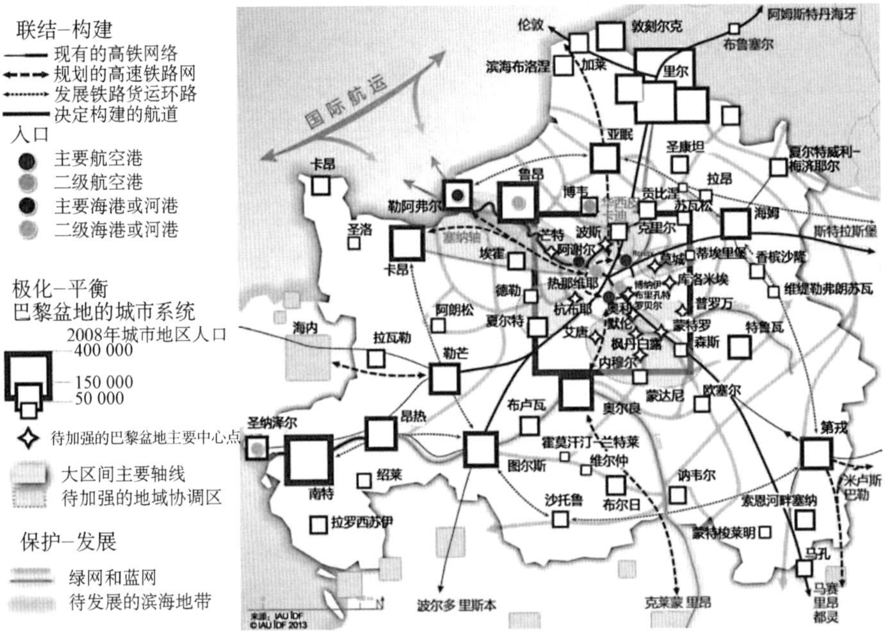

附图 C-3　交通挑战应对设想示意图

加强公共交通连通性。巴黎中心的交通服务可通往各战略区域，但外围地区仍有待完善。这些外围地区居住着大量居民和就业者，尽管过去 10 年公共交通的使用已显著增加，但小客车仍是主导方式。因此，要继续加强和完善现状放射型公共交通网络，延长区域快线与铁路线路，推进大巴黎快线实施，并辅助以有轨电车和公交专用道，形成连贯完善的公共交通网络。

改善外围地区公共交通。伴随公共交通发展和可预期性的人口紧凑型增长，中心地区开始向近郊与乡村接壤处蔓延，需要及时、有效地控制城市蔓延，保护开放空间的环境与功能。国家铁路网与泛欧铁路网的完善，将令诸多外围地区成为新的城市门户。各中心间的公共交通将通过快速铁路改善、新线贯通和衔接大巴黎快线变得更为便捷。

优先发展铁路沿线地区。铁路沿线非连续分布的远郊地区将进一步提高城市化速度，得益于发达的公共交通网络，这些地区的经济职能、服务供应及设施更新强化将得到有力巩固，强化其与巴黎中心地区的联系。在这些新兴生活区，需要完善地面公交网络以更好地满足人民诉求。交通体系的可靠性及铁路网络的改进完善也将纳入实施计划。

跨区地带的多中心发展。各大区将依托发达的区域快线与中心城联系，这些地区将成为住宅集中、经济活动的支撑点，形成更多的中心，进一步强化多中心空间结构，抑制城市扩张，减少职住长距离出行，形成交通便捷的城市。同时，围绕交通站点的保障房建设，将打破行政边界限制，保证地区的联合团结并加以更广泛持续的延伸。

连接市郊铁路网络。巴黎大区的铁路网络需进一步发展，以解决日益严峻的小客车交通问题。全面发展轨道交通具有极大的挑战，为了提高公共服务质量，需形成互补的发展格局。现有铁路网络及大巴黎快线的建设可以深化主要节点间的联系，外围大区高速公路的发展可以促进节点联系，有轨电车、快速公交等全新形式将提高公共交通运载能力与服务可靠性。

确保对外枢纽联络畅通。枢纽及其周边经济活动是促进经济发展最具吸引力的服务工具，巴黎大区与枢纽的联系应更加紧密畅通。同时，引入更多的企业和欧盟级、世界级研究机构入驻，推动经济多样化发展，提高应对经济危机的韧性。

构建全球物流体系。借助海港与铁路构建世界级物流体系，建立物流中心，实现铁路—水路等多式联运。

四、《大巴黎城市交通规划 2020》（*PDUIF: Plan de Déplacements Urbains de la Région Ile-de-France*）

《大巴黎计划 2030》中的交通政策更多体现的是交通与空间、环境保护、社会团结之间的关系，并未指出具体的交通政策，仅是列出关键的基础设施项目。其对交通政策的阐述主要集中于法定规划《大巴黎城市交通规划 2020》中。

1. 规划目标

《大巴黎城市交通规划 2020》旨在满足交通需求、环境保护与确保健康、生活质量之间取得持续的平衡，同时考虑减轻政府财政压力。规划由三份文件构成，主文件阐述 2010—2020 年间将会遇到的挑战、要达成的目标及要实施的行动方案，环境报告用以评估上述活动对环境的影响，无障碍报告用以确保每一项活动都充分考虑无障碍要求。

2. 重大挑战与应对措施

建设短距离出行城市。继续提高城市建成区的空间使用强度和空间连续度；建设适合可替代小汽车交通方式的城市街区（例如安宁化街区）；加强交通规划与用地规划的衔接整合，从需求端进一步缩减长距离出行需求。

提高公共交通吸引力。增加 25% 的公共交通供给；通过舒适性和准点率提升公共交通服务质量；重点提升公共交通网络节点服务；全面推进公共交通信息化建设。

拓展安宁化街区建设，扶持步行和自行车交通发展。进一步推广安宁化街区，尽可能覆盖学校周边街区和人口密集的居住区；对巴黎大区步行和自行车交通的阻断点进行精准的识别和消除；在交通枢纽周边增加总计 2 万个自行车停车位；在全区完成 4 400 公里的自行车道建设。

严格控制个人机动化出行方式。鼓励小汽车共享和拼车出行；压缩摩托车的停车空间；严格控制交通污染，优化道路安全；通过停车管理政策调节小汽车使用。将整个巴黎大区划分成 4 个停车管理空间区域，对不同区域内的新增私人停车位采用不同等级的限制，其中巴黎内城为严格限制区。

全面的交通无障碍建设。彻底消除日常出行最常用路径上的交通障碍，尤其是连接公共交通车站和主要公共建筑、商业街区之间的通道；通过简单的改造消除全路网 80% 的障碍点；所有铁路车站和部分公共汽车线路实现 100% 无障碍化。

合理组织货运交通。将物流需求纳入城市总体发展战略规划进行考虑，在铁路和水运沿线预留物流发展用地；加强对配送车辆通行和停放的管理；通过水运转运建筑垃圾。

改善城市交通的环境绩效。鼓励使用清洁能源汽车，布设 4 万个充电桩(其中路内充电桩 1.6 万个)；2020 年单位车辆(包括政府和企业)中清洁能源汽车占比不低于 25%；2025 年公共汽车将全部改用电动车辆或使用生物气体燃料。

通过公共治理促进规划实施。加大规划宣传力度，保证信息完全公开透明，方便社会各界查阅了解规划内容和措施；成立“巴黎大区城市机动性观察站”，对规划实施情况进行持续跟踪和评估，并在网上公开评估报告；巴黎大区内的市镇和巴黎内城的各分区应在《大巴黎城市交通规划 2020》指导下，编制本区的地方交通出行规划。

唤醒市民与企业的责任感。鼓励大型企业为员工通勤提供单位班车服务，覆盖 30% 员工的通勤交通；将中心城区内使用个体机动车交通方式(小汽车、摩托车)接送孩子的通学交通比例控制在 10% 以内；建成覆盖所有交通方式的实时交通信息系统，方便出行者灵活选择出行方式。